ZHANLÜEXING XINXING CHANYE
FAZHAN YANJIU

战略性新兴产业发展研究

顾乃华◎编著

暨南大学出版社
JINAN UNIVERSITY PRESS

中国·广州

图书在版编目（CIP）数据

战略性新兴产业发展研究/顾乃华编著．—广州：暨南大学出版社，2022.5
ISBN 978－7－5668－3369－3

Ⅰ.①战…　Ⅱ.①顾…　Ⅲ.①新兴产业—产业发展—研究—中国　Ⅳ.①F249.244.4

中国版本图书馆 CIP 数据核字(2021)第 277182 号

战略性新兴产业发展研究
ZHANLÜEXING XINXING CHANYE FAZHAN YANJIU
编著者：顾乃华

出 版 人：张晋升
责任编辑：冯　琳　谭莉慧
责任校对：孙劭贤　王燕丽　林玉翠
责任印制：周一丹　郑玉婷

出版发行：暨南大学出版社（510630）
电　　话：总编室（8620）85221601
营销部（8620）85225284　85228291　85228292　85226712
传　　真：（8620）85221583（办公室）　85223774（营销部）
网　　址：http：//www.jnupress.com
排　　版：广州市天河星辰文化发展部照排中心
印　　刷：佛山市浩文彩色印刷有限公司
开　　本：787mm×1092mm　1/16
印　　张：25.75
字　　数：642 千
版　　次：2022 年 5 月第 1 版
印　　次：2022 年 5 月第 1 次
定　　价：108.00 元

前　言

战略性新兴产业是新兴科技与新兴产业的深度融合，代表着新一轮科技革命和产业变革的方向，是培育发展新动能、获取未来竞争新优势的关键领域，具有知识技术密集、物质资源消耗少、成长潜力大、综合效益好等特点。近年来，我国战略性新兴产业持续快速发展，逐步成为推动经济高质量发展的重要引擎。“十三五”以来，我国战略性新兴产业呈现五大发展态势：一是产业规模持续扩大，新兴动能增长强劲。2015—2019 年间，我国战略性新兴产业规模以上工业增加值年均增速达 10.4%，比全部规模以上工业增加值增速高出 4.3 个百分点；龙头企业不断涌现，A 股市场战略性新兴产业企业占比超过 43%，其中营收规模达百亿元以上的企业超过 10%，引领作用凸显。二是政策环境逐步优化。近年来，从国家到地方政府、从总体到细分领域，各项战略性新兴产业政策规划陆续出台并实施，为战略性新兴产业的发展提供了公平的竞争环境、完善的规范体系和强大的金融资金与人才支撑。三是创新能级有效提升。2019 年我国战略性新兴产业上市企业研发强度达 7.66%，比“十二五”末提高 1.22 个百分点，其中新一代信息技术、新能源汽车等产业上市企业研发强度分别达 10.18% 和 9.31%；国家重点实验室、国际工程研究中心等创新中心数量显著增加，科技中介服务不断完善。四是集群建设成效显著。截至目前，全国共有 66 个战略性新兴产业集群，国家级产业集群的建设有效带动省、市层面培育建设地方新兴产业集群，形成了一批经济新增长极，有效助推地方经济高质量发展。五是国际合作逐步深化。我国与英、德等国共同推进国际合作园区建设，积极引导外资企业落户，有效促进技术转移和人才、资金等要素引入。但是，战略性新兴产业的发展也面临着国际环境复杂多变、国内经济转型发展以及新一轮科技变革等诸多挑战。因此，我们有必要深入了解我国战略性新兴产业的区域布局以及各细分产业的发展现状、与国外产业的发展差距、发展过程中存在的问题和发展态势，以便为我国战略性新兴产业更好、更快发展提供科学有效的建议。

本书聚焦于新一代信息技术、生物、新能源汽车、新能源、新材料、高端装备制造、数字创意等七大战略性新兴产业，从发展环境、产业链布局、发展趋势等维度对其发展现状展开深度剖析，并重点分析了京津冀地区、长三角地区和珠三角地区等区域战略性新兴产业的发展基础、发展政策、发展成果及区域内重点城市的发展情况，有助于读者了解新一代信息技术冲击下我国战略性新兴产业的发展动态。书稿的内容框架由笔者拟定，各章初稿由暨南大学产业经济研究院硕士研究生负责撰写，最终由笔者审定。以下为各章执笔者：

第一章“战略性新兴产业概述”，黄捷锐、蔡嘉媛、陈茗、连晓云；

第二章“京津冀地区战略性新兴产业发展研究”，钟艳菲；

第三章“长三角地区战略性新兴产业发展研究”，蔡嘉媛；

第四章“珠三角地区战略性新兴产业发展研究”，张倩倩；

第五章“新一代信息技术产业”，曾聪；

第六章“生物产业”，连晓云；

第七章“新能源汽车产业”，黄捷锐；

第八章“新能源产业”，刘沁欣；

第九章“新材料产业”，陈茗；

第十章“高端装备制造产业”，陈燕虹；

第十一章“数字创意产业”，何嘉淇。

本书力求反映我国战略性新兴产业发展的区域布局、市场现状、存在问题及发展态势，供相关机构决策参考。当然，限于研究能力、数据可得性等因素，本书的内容和观点难免存在不全面、不准确之处，敬请读者批评指正。

顾乃华

2021 年 12 月于暨南园

CONTENTS 目录

第一章　战略性新兴产业概述①

第一节　战略性新兴产业的定义

战略性新兴产业是指以重大技术突破和重大发展需求为基础，对经济社会全局和长远发展具有重大引领带动作用，知识技术密集、物质资源消耗少、成长潜力大、综合效益好的产业。战略性新兴产业代表新一轮科技革命和产业变革的方向，是培育发展新动能、获取未来竞争新优势的关键领域。

2010 年，国务院印发的《国务院关于加快培育和发展战略性新兴产业的决定》（国发〔2010〕32 号）中指出，战略性新兴产业包含以下七大重点领域：节能环保产业、新一代信息技术产业、生物产业、高端装备制造产业、新能源产业、新材料产业和新能源汽车产业。2018 年，国家统计局发布《战略性新兴产业分类（2018）》（国家统计局令第 23 号），在原有七大领域的基础上新增数字创意产业和相关服务业两大领域。

第二节　各国战略性新兴产业发展战略比较

一、中国

近年来，我国战略性新兴产业持续快速发展，新兴动能愈发强劲，有效推动了我国经济的高质量发展。具体而言，2015—2019 年，我国规模以上工业战略性新兴产业增加值年均增速达 10. 4%，比同期全部规模以上工业增加值增速高出 4. 3 个百分点；规模以上服务业战略性新兴产业企业营业收入年均增速达 15. 1%，比同期全部规模以上服务业企业增速高出 3. 5 个百分点。在出口贸易方面，战略性新兴产业成为外贸出口主引擎，2019 年重点工业行业累计出口交货值达 60 000 亿元，比 2018 年增长了 10. 2%，对我国出口贸易增长贡献率达 67. 1%。在 A 股上市公司中，共有 1 634 家战略性新兴产业企业，占全部上市公司数量的 43. 4%，龙头企业的不断涌现为我国战略性新兴产业的发展提供了强大的引领作用。

我国战略性新兴产业的发展壮大，离不开一系列有利政策的强效支撑。近年来，我国战略性新兴产业的政策支撑体系逐步完善，政策环境持续优化。2010 年国务院印发《国务院关于加快培育和发展战略性新兴产业的决定》，将节能环保产业、新一代信息技术产

① 本章作者：黄捷锐、蔡嘉媛、陈茗、连晓云，均为暨南大学产业经济研究院研究生。

业、生物产业、高端装备制造产业、新能源产业、新材料产业、新能源汽车产业七大产业确定为我国战略性新兴产业发展的重点领域以来，我国相继发布了一系列战略规划，并根据实际发展情况对重点领域作出动态调整，比如2018年国家统计局公布《战略性新兴产业分类（2018)》，在原有七大领域的基础上新增数字创意产业和相关服务业两大领域。此外，相关部门相继出台了一系列针对细分领域的产业政策和推动重大工程实施的政策性文件；地方层面也基于自身产业基础和发展优势，制定并实施了一系列促进产业发展的政策规划。

在国家层面，2012年7月，《国务院关于印发“十二五”国家战略性新兴产业发展规划的通知》（国发〔2012〕28号）将节能环保产业、新一代信息技术产业、生物产业、高端装备制造产业、新能源产业、新材料产业、新能源汽车产业作为该时期战略性新兴产业发展的重点方向，并提出推进重大节能技术与装备产业化工程、高性能集成电路工程、生物育种工程等20项重大工程，指出将通过加大财税金融政策扶持、完善技术创新和人才政策、营造良好的市场环境、加快推进重点领域和关键环节改革等政策措施推动战略性新兴产业发展。2016年11月，《国务院关于印发“十三五”国家战略性新兴产业发展规划的通知》（国发〔2016〕67号）发布，对“十三五”期间我国战略性新兴产业的发展目标、重点任务、政策措施等作出全面部署安排。其中提出，到2020年，战略性新兴产业增加值占国内生产总值比重达到15%，形成新一代信息技术产业、高端装备制造产业、生物产业、绿色低碳产业、数字创意产业5个产值规模10万亿元级的新支柱，并在更广领域形成大批跨界融合的新增长点，平均每年带动新增就业100万人以上。2020年9月，国家发展改革委等四部门联合印发《关于扩大战略性新兴产业投资培育壮大新增长点增长极的指导意见》（发改高技〔2020〕1409号)，将聚焦重点产业投资领域、打造产业集聚发展新高地、增强资金保障能力作为扩大战略性新兴产业投资的三大重点任务，推动战略性新兴产业更好地发展，为我国经济增长注入新的动力。

在地方层面，各级政府基于自身产业基础和发展优势，制定并出台了一系列促进产业发展的政策规划。比如，2016年11月，江苏省人民政府发布《江苏省“十三五”战略性新兴产业发展规划》（苏政办发〔2016〕137号)，将新一代信息技术产业、高端软件和信息服务业、生物技术和新医药产业、新材料产业、高端装备制造产业、节能环保产业、新能源和能源互联网产业、新能源汽车产业、空天海洋装备产业、数字创意产业十大产业确定为重点发展领域，通过提升产业创新能力、培育优强骨干企业、扩大应用试点示范、推动集聚集约发展、提高产业国际化水平、引进培养高端人才、推进军民深度融合等举措，推动江苏战略性新兴产业发展成为综合实力国内领先、全省国民经济发展的支柱产业。2020年5月，广东省发布《广东省人民政府关于培育发展战略性支柱产业集群和战略性新兴产业集群的意见》（粤府函〔2020〕82号)，指出将培育新一代电子信息、智能家电、生物医药与健康等十大战略性支柱产业集群，以及智能机器人、前沿新材料、区块链与量子信息等十大战略性新兴产业集群，推动产业链、创新链、人才链、资金链和政策链相互贯通，加快建设现代产业体系。

在对战略性新兴产业制定总体发展战略的基础上，针对战略性新兴产业细分领域的政策规划也相继印发，为战略性新兴产业五大领域八大行业的发展提供强有力的规划支撑。

例如，2020 年 7 月，《国务院关于印发新时期促进集成电路产业和软件产业高质量发展若干政策的通知》（国发〔2020〕8 号），从财税、投融资、研究开发、进出口、人才、知识产权、市场应用、国际合作等方面制定相关政策，优化集成电路产业和软件产业发展环境，深化产业国际合作，提升产业创新能力和发展质量。2020 年 10 月，《国务院办公厅关于印发新能源汽车产业发展规划（2021—2035 年）的通知》（国办发〔2020〕39 号）指出将通过提高技术创新能力、构建新型产业生态、推动产业融合发展、完善基础设施体系、深化开放合作等举措，推动我国新能源汽车产业高质量发展。

战略性新兴产业的发展对高素质人才、资金等要素投入具有较高需求，近年来国家和地方政府出台了一系列政策，保障复合型高技能人才供应和金融资源支持。在复合型高技能人才培养政策上，针对战略性新兴产业人才紧缺问题，《教育部等四部门印发〈关于在院校实施“学历证书 + 若干职业技能等级证书”制度试点方案〉的通知》（教职成〔2019〕6 号）启动“1 + X”证书试点工作，优化复合型技能人才培养模式，为战略性新兴产业发展提供人才支撑。在金融支持上，国务院办公厅发布《国务院办公厅转发证监会关于开展创新企业境内发行股票或存托凭证试点若干意见的通知》（国办发〔2018〕21 号），引导部分新兴产业领域“独角兽”企业获得优先上市机会。国家发改委联合政策性银行提供不低于 1.5 万亿元和 8 000 亿元融资。此外，各地区陆续设立专项资金扶持产业发展，例如，四川建立规模为 30 亿元的战略性新兴产业和高端成长型产业基金支持战略性新兴产业重点企业的发展。

二、美国

美国对新兴产业的发展规划与支持主要源于两大战略——“国家创新战略”和“先进制造战略”。2009 年，奥巴马政府发布《美国国家创新战略：推动可持续增长和高质量就业》（A Strategy for American Innovation: Driving Towards Sustainable Growth and Quality Jobs），提出重点推动清洁能源、先进车辆、健康医疗等领域的技术突破，提升基础研究投入和培育新一代技术人才。2011 年，美国对第一版《美国国家创新战略》进行了修订，推出了《美国创新战略：确保我们的经济增长与繁荣》（A Strategy For American Innovation: Securing our Economic Growth and Prosperity）。在新一版的战略规划中，美国将重点突破领域修订为清洁能源、生物技术、纳米材料、先进制造、空间技术、健康医疗和教育技术等多个领域，并继续强调了基础研究的重要性。2015 年，美国发布新一版《美国国家创新战略》，重申美国政府将加大对创新的支持力度，并围绕医疗卫生、先进车辆技术、智慧城市、清洁能源、空间探索、教育技术、高性能计算、人体大脑开发等关键领域进行重点突破。

在先进制造业方面，美国于 2012 年推出《国家先进制造战略计划》（National Strategic Plan for Advanced Manufacturing），协调多部门支持先进制造业发展，并增加先进制造领域的研发投入。2018 年，《美国先进制造领先战略》（Strategy for American Leadership in Advanced Manufacturing）发布，提出了三大发展目标：开发新的制造技术、培育新型制造业劳动力、扩展美国制造业产业链。针对新的制造技术，美国将智能制造系统、新型材料、医药产品、电子设计和制造以及粮食农业产品制造五大领域作为未来的重点发展方向。同时，美国在五大领域中也明确了各领域的优先发展事项，例如智能制造领域优先发展数字制造、工业机器人、人工智能、制造业网络安全系统等，电子设计和制造领域优先发展半导体设计和制造、新型材料、新型设备和架构。

除了以上战略，美国在细分行业也有众多发展和支持计划。以“机器人计划”为例，2011 年，美国国家科学基金会（NSF）、美国国立卫生研究院（NIH）、美国农业部（USDA）和美国航空航天局（NASA）联合发起“国家机器人计划（National Robotics Initiative）”，该计划旨在发展下一代机器人，并寻求将其应用在工业、太空探索、卫生健康、军事和农业等领域。2017 年，美国发布“国家机器人计划 2.0（National Robotics Initiative 2.0）”，该计划聚焦于“协作机器人”，关注机器人与机器人协作、机器人与人类协作、机器人在各种复杂环境下工作、机器人与云平台之间的信息传输以及软硬件在机器人身上的合理搭配。2021 年，美国继续发布“国家机器人计划 3.0（National Robotics Initiative 3.0）”，该计划将焦点从“协作”转移至聚焦机器人技术的集成创新。

纵观美国在新兴产业方面的战略规划，可以发现其战略呈现以下特点：第一，重视基础研究。美国在其历次“国家创新战略”中都突出强调了基础研究的重要性，并指出基础研究可能无法带来短期的效益，但从长远看却可以带来无法想象的收益。第二，注重人才培养。美国在“国家创新战略”和“先进制造战略”中，都把新一代劳动力培养置于重要位置，并积极探索教育改革，力图培育出符合先进技术发展需求的新一代技术人才。第三，强调市场机制与产业政策的有机结合。美国一方面强调市场机制的重要性，给予私人部门充分的自由进行研发创新，另一方面，积极资助高等院校和研究中心等公共服务部门，通过公共科技服务体系和企业研发的有机结合，极大释放了美国的创新活力，并有效促进了科技进步。

三、日本

日本规划布局新兴产业发展具有悠久的历史。20 世纪 90 年代，日本颁布《新技术立国》《科学技术创造立国》和《21 世纪的产业结构》等政策，试图将产业发展重点从汽车、电子等领域转向信息技术等新兴产业。[①] 进入 21 世纪后，日本一方面通过《科学技术基本计划》推进基础研究向前发展，另一方面则通过《分领域推进战略》等产业发展战略推进关键产业突破。

《科学技术基本计划》每五年为一期，第一期于 1996—2000 年实施，在实施期内，日本通过增加科技投资、改革科技体制、构建理想研发环境和确定重点推进领域等措施，大力发展基础研究，提高日本科技的国际竞争力。[②] 以第三期《科学技术基本计划》为例，日本将 8 大领域的 62 项技术纳入发展计划，其中生命科学、信息技术、环境科学、纳米

① 于潇宇，刘小鸽．新常态下中国产业政策的转型——日本工业化后期产业政策演变的经验启示［J］．现代经济探讨，2019（3）：108－115.

② 胡明晖．从《科学技术基本计划》看日本科技发展战略［J］．科学管理研究，2012，30（2）：116－120.

材料技术这四个领域被确定为优先发展领域。《分领域推进战略》于2006年发布，它以《科学技术基本计划》为基础，将生命科学、信息技术、环境科学、纳米材料技术确定为“四大重点推进领域”，将能源、先进制造、社会基础设施和前沿科学确定为“四大推进领域”。[①] 除了对八大领域进行顶层设计，《分领域推进战略》还确定了273项重点研究课题、62项重点科学技术项目，并从62项重点科学技术项目中选定了五大项目作为“国家核心技术”项目。

除了对多个领域的综合规划，针对某些关键领域，日本政府也推出了相应的战略规划。以新能源汽车发展战略为例，日本在2007年和2009年先后发布《下一代汽车及燃料计划》和《下一代汽车普及战略》，对未来日本新能源汽车产业发展提出了初步规划。2010年，日本公布《新一代汽车战略2010》，从整体战略、电池战略、资源战略、基础设施建设战略、系统战略、国际标准化战略等多个方面详细规划了新能源汽车的发展路线和发展目标。根据《新一代汽车战略2010》，2020年日本新车销售中，新一代汽车[②]销售占比将达到20%～50%。2016年，日本发布《纯电动汽车与插电式混合动力汽车路线图》和《氢与燃料电池汽车战略路线图（修订版）》，进一步细化了未来日本新能源汽车产业的发展目标。在产业支持措施上，日本政府使用了税收减免、购车补贴等需求侧的激励措施，同时也对充电基础设施建设给予相应补贴。

四、德国

作为全球工业强国，德国一直都非常重视新兴产业发展。2006年，德国推出《德国高技术战略（2006—2009）》，试图通过促进高科技产业发展，提升德国全球竞争力。《德国高技术战略（2006—2009）》将医疗健康、气候与资源保护、交通、安全四大领域列为重点资助领域，并将信息与通信技术、纳米技术、环境技术、燃料电池技术纳入重点资助的横向技术。在实施措施上，德国联邦政府提出，2008年德国研究开发的支出预算将达到国内生产总值的2.7%，政府总投入金额将达到150亿欧元。[③] 2010年，德国推出《德国高技术战略2020：思想·创新·增长》。新的“高技术战略”聚焦于气候与能源、营养与健康、物流、安全和通信五大领域，并针对各个领域提出了具体的行动路线。除此之外，新的战略也确定了多个“未来项目[④]”，包括低碳城市建设、能源供应网络改造、可再生能源开发、个性化医疗、通过有针对性的营养保健获得健康、老龄化应对、2020年电动汽车保有量突破100万辆、通信网络保护、通信网络能耗下降、全球知识的数字化及普及、未来的工作环境与组织[⑤]。

为落实《德国高技术战略2020》，德国工业界于2013年向德国政府提交了《保障德

① 朴明哲．日本科学技术分领域推进战略［J］．全球科技经济瞭望，2007（3）：30－34.

② 包括纯电动汽车、插电式混合动力汽车、燃料电池汽车和其他清洁能源汽车。

③ 黄群．德国高技术战略实施进展［J/OL］（2008－03－24），http：//news. sciencenet. cn/html/showxwnews1. aspx?id＝204339.

④ “未来项目”是指最具挑战性且位于国家需求领域的示范项目。

⑤ 黄群．德国2020高科技战略：创意·创新·增长［J］．科技导报，2011（8）：15－21.

国制造业的未来：关于实施“工业4.0”战略的建议》，该建议很快就被德国政府采纳。德国“工业4.0”战略的核心是“智能+网络化”，通过机器人、物联网和软件的高度集成，并应用信息技术与网络技术，使传统生产制造走向智能制造和智能生产。[①] 德国“工业4.0”战略并没有设定优先发展的产业，但明确了德国制造业的发展方向为智能制造，这有利于充分发挥德国制造业强国的优势，使德国在工业制造领域始终保持领先。

2018年，德国更新了其“高技术战略”，并公布《德国高技术战略2025》。这一战略计划将2025年德国研究开发的预算支出提升至国内生产总值的3.5%，并提出了三大行动领域和12项发展重点，包括抗击癌症、数字化医疗、减少“白色污染”、降低温室气体排放、发展循环经济、保护生物多样性、发展清洁的交通工具、支持电池自主制造等。新的“高技术战略”直面德国当前所面临的挑战与机遇，在继承《德国高技术战略2010》《德国高技术战略2020》的基础上，勾勒了德国未来发展的蓝图，为德国工业向前发展指明了方向。

第三节　发展战略性新兴产业的重要意义

发展战略性新兴产业对我国抢占新一轮科技革命和产业变革的制高点具有重要意义。全球正处于新一轮科技革命和产业变革快速发展的时期，许多将对未来经济社会产生重大影响的新发现、新技术不断涌现，战略性新兴产业作为此次大变革中的关键领域，其重要地位日益凸显，世界各国尤其是发达国家纷纷采取措施以加快新兴产业的发展，如美国的“国家创新战略”和“先进制造战略”、德国的“高技术战略”等。在全球竞争日趋激烈的国际形势下，推进战略性新兴产业更好更快地发展是我国应对挑战、抢占变革制高点的客观需要。

发展战略性新兴产业对我国转变经济发展方式、实现可持续发展具有重要意义。改革开放以来，我国经济依靠重工业先行的发展战略实现了持续的高速增长。但重工业先行的发展战略具有高污染、高能耗的特点，在实现快速发展的同时也带来了严峻的环境问题。为缓和粗放型发展给资源环境带来的压力，我国亟须加快转变经济发展方式，促进资源节约型和环境友好型社会建设。前文对战略性新兴产业的定义中提及，战略性新兴产业是知识技术密集、物质资源消耗少、成长潜力大、综合效益好的产业，发展战略性新兴产业能够减少对物质资源的依赖，通过知识技术的突破来提升产业发展水平，从而培育新的经济增长点，在实现经济发展的同时减轻环境压力，以实现可持续发展。

发展战略性新兴产业对我国建设现代产业体系、实现产业结构优化升级具有重要意义。当前，我国经济已迈入新发展阶段，建设现代产业体系是实现经济高质量发展的重要支撑。战略性新兴产业包括节能环保、新一代信息技术、生物、高端装备制造、新能源汽车、新材料、新能源、数字创意等产业，《中华人民共和国国民经济和社会发展第十四个五年规划和2035年远景目标纲要》（简称“十四五”规划）中明确指出，推动互联网、大数据、人工智能等同各产业深度融合，推动先进制造业集群发展，构建一批各具特色、

---

① 丁纯，李君扬．德国“工业4.0”：内容、动因与前景及其启示［J］．德国研究，2014，29（4）：49－66，126.

优势互补、结构合理的战略性新兴产业增长引擎，培育新技术、新产品、新业态、新模式。可见，战略性新兴产业是建设现代产业体系、实现产业结构优化升级的关键领域，加快战略性新兴产业发展有利于实现创新驱动战略、推动我国产业链向高端迈进、提升整体产业水平。

第二章　京津冀地区战略性新兴产业发展研究[①]

第一节　京津冀地区战略性新兴产业发展基础

一、地理位置优越，交通网络发达

京津冀地区地处华北平原，地理位置优越，向南连接长三角经济带，向东连接东北老工业基地，向西连接西部大开发地区，是我国人口、物资、资金的主要集散地。同时，京津冀地区是我国交通网络线路密度最高的地区之一，铁路、公路、航运以及航空业发达。在京津冀协同发展战略支持下，京津冀地区城际交通网络密度迅速提高。根据《京津冀协同发展交通一体化规划》（如图 2－1 所示），京津冀将打造以城镇为主轴，由“单中心放射状”到“四纵四横一环”的交通网络，实现京津冀地区交通网络一体化，大大缩短区域内不同城市之间的交通时间。2020 年，京津冀城际铁路网全程 4 450 公里。

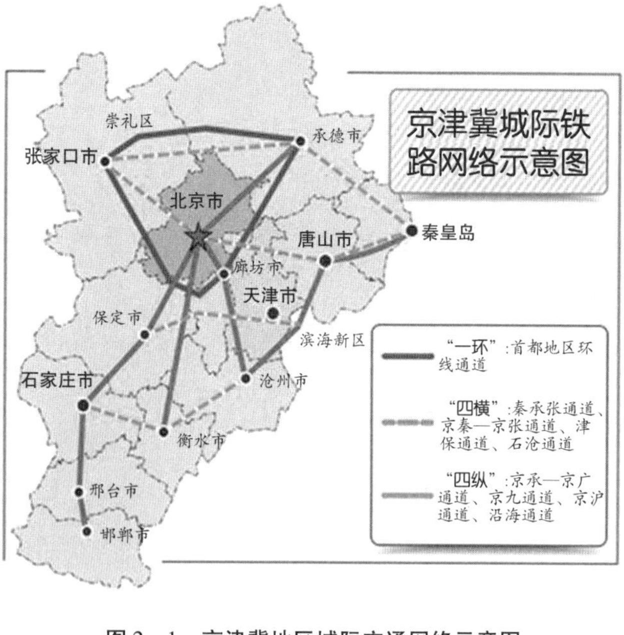

图 2－1　京津冀地区城际交通网络示意图

资料来源：中国政府网．http：//www.gov.cn/.

① 本章作者：钟艳菲，暨南大学产业经济研究院研究生。

二、科研实力雄厚，人才储备丰富

与长三角和珠三角经济带相比，京津冀地区在科研实力和人才储备上具有领先优势。根据教育部公布的数据，截至2020年，北京有普通高等学校92所、天津56所、河北125所。其中，北京共有26所“211”工程重点建设大学和8所“985”重点建设高校，名校质量和数量均位居全国第一。同时，京津冀地区科研活动人员总量达25.6万人，在全国占比17.8%，科研人员中获得博士学位和高级职称的比例达37.11%。另外，2020年京津冀地区研究实验基地数量为1 051个，北京拥有98个国家重点实验室、天津4个、河北4个。2020年，北京、天津均入选我国“最具知识竞争力的城市”十强，其中北京已经连续三年蝉联第一。可见，京津冀地区科研实力雄厚，是我国科技创新的高地。

三、经济发展迅猛，产业结构优化

京津冀地区经济发展水平不断提高，产业结构不断优化。据图2－2所示，京津冀三地的国内生产总值之和从2015年的69 358.9亿元增加至2019年的84 580.1亿元，涨幅达21.95%。另外，北京和天津人均国内生产总值连续多年位居全国前列，其中，2019年，北京人均国内生产总值164 220元，位居全国第三。从产业结构来看，京津冀地区以第二、第三产业为主，工业、商业以及服务业发达。另外，京津冀地区金融、信息服务、科技研发等生产性服务业发展迅速，呈现出知识密集、资本密集、技术密集的特点，经济高质量发展走在全国前列，为战略性新兴产业发展奠定了坚实的经济和产业基础。

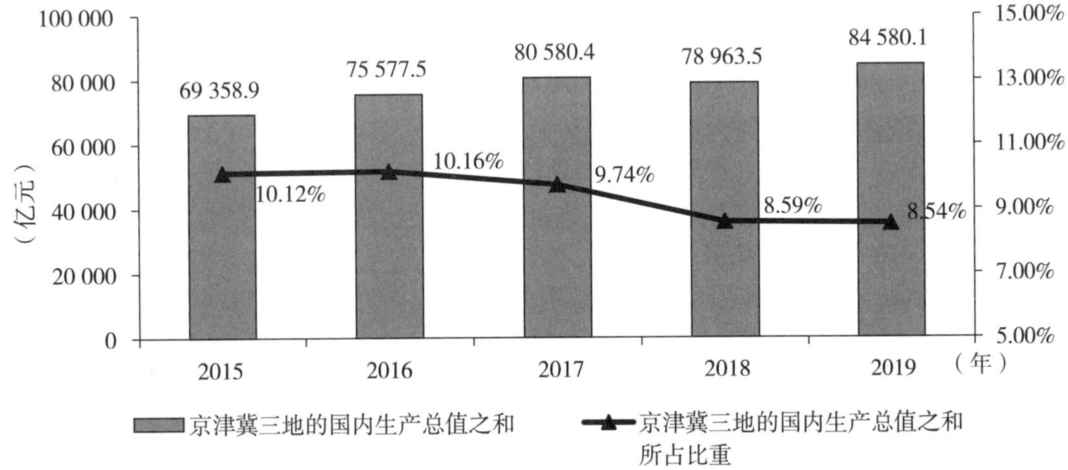

图2－2　2015—2019年京津冀三地的国内生产总值之和及其占全国国内生产总值比重

资料来源：2016—2020年《北京区域统计年鉴》。

四、国家战略护航，产业政策加速

（一）京津冀协同发展战略

2015 年，京津冀协同发展上升为国家战略，成为我国三大发展战略之一。京津冀协同发展战略的目标主要包括疏解北京非首都功能、推动京津冀产业转型升级、优化京津冀产业空间布局、加快经济发展模式转变、促进区域协调发展、增强京津冀地区对环渤海经济带发展的引领作用等。这一国家重大发展战略立足于地区经济发展新模式，探索未来城市发展的新路径。

京津冀协同发展战略实施后，京津冀一体化程度迅速提高，在交通、环保、产业转移等重点领域率先实现新突破。交通一体化是区域经济一体化的先决条件。自规划实施以来，京津冀城际和区际交通网络密度不断提高，覆盖海陆空领域的交通网络建设项目逐渐落地，如廊坊至涿州、固安至保定城际铁路等。京津冀城际交通网络建设有利于北京、天津、河北三地的人口、资本、生产要素等资源自由流动，是京津冀区域内的产业转移的先决条件之一。在产业转型升级方面，产业转移不仅为北京发展高精尖的高技术产业和战略性新兴产业腾出空间，也有利于天津、河北两地突破战略性新兴产业发展的瓶颈。北京中关村有多家企业和高校开始在天津、河北两地设立分支机构。目前，近 500 家中关村企业在河北设立了 1 000 余家分支机构，近 400 家在天津设立了 500 余家分支机构。不仅如此，北京高校与天津、河北两地的合作越来越密切，北京大学与天津的高校、科研机构合作 170 余个项目，与河北合作 160 余个项目。

（二）战略性新兴产业政策

2009 年，为应对经济发展面临的复杂形势，我国提出发展战略性新兴产业的重大举措。十余年来，国务院出台了有关发展战略性新兴产业的多项政策文件，既有战略性新兴产业的总体规划，也有加快战略性新兴产业发展的指导意见，具体政策内容详见表 2 - 1。

表 2 - 1　国务院有关战略性新兴产业发展规划

年份	文件	重点产业	指标
2010 年	《国家关于加快培育和发展战略性新兴产业的决定》	把新一代信息技术产业、生物产业、高端装备制造产业以及节能环保产业发展成为支柱产业； 占据新能源产业、新材料产业以及新能源汽车产业先发优势	2015 年，战略性新兴产业增加值占我国 GDP 的比重达到 8% 左右； 2020 年，达到 15% 左右

（续上表）

年份	文件	重点产业	指标
2012 年	《“十二五”国家战略性新兴产业发展规划》	把新一代信息技术产业、生物产业、高端装备制造产业以及节能环保产业发展成为支柱产业； 占据新能源产业、新材料产业以及新能源汽车产业先发优势	战略性新兴产业增加值年均增长 20%以上，到 2015 年，战略性新兴产业增加值占我国 GDP 比重达到 8%左右； 到 2020 年，战略性新兴产业逐渐突显出对国民经济发展的引领作用，增加值占我国 GDP 比重达到 15%
2016 年	《“十三五”国家战略性新兴产业发展规划》	把新一代信息技术产业、高端装备制造产业、生物产业、绿色低碳产业以及数字创意产业建设成十万亿元级产业集群	战略性新兴产业增加值占国内生产总值比重达到 15%，平均每年带动新增就业 100 万人以上； 发明专利拥有量年均增速达到 15%以上
2021 年	《中华人民共和国国民经济和社会发展第十四个五年规划和 2035 年远景目标纲要》	聚焦新一代信息技术、生物技术、新能源、新材料、高端装备、新能源汽车、绿色环保以及航空航天、海洋装备等战略性新兴产业	推动战略性新兴产业融合化、集群化、生态化发展，战略性新兴产业增加值占 GDP 比重超过 17%

资料来源：中国政府网．http：//www. gov. cn/.

五、国际合作加深，进出口活跃

京津冀协同发展战略从制度层面为京津冀地区经济发展深入合作做好了顶层设计，北京、天津、河北联合发布的《“十三五”时期京津冀国民经济和社会发展规划》是京津冀协同发展的重要决定，京津冀地区协同程度不断提高。另外，作为我国对外开放的前沿阵地之一，北京、天津及河北出台了多项有利于引进和利用外资的政策，京津冀地区已经成为我国外商投资、国际贸易最活跃的地区之一。同时，北京自贸区、天津港保税区等自由贸易区的建设为京津冀地区发展战略性新兴产业提供了国际合作的渠道。据北京统计局京津冀协同发展专题的数据（如图 2－3 所示），京津冀地区的进出口贸易活动活跃，进出口总体规模逐年扩大，进出口总额从 2015 年的 4 852. 4 亿美元增加到 2018 年的 5 888. 2 亿美元，涨幅达到 21. 35%。其中，京津冀地区 2018 年相较于 2015 年的进口总额增长速度快于出口总额，为 24. 65%。另外，2018 年京津冀地区外商投资的比例占全国外商投资的比重为 23. 14%，展现出京津冀地区强大的吸引力。

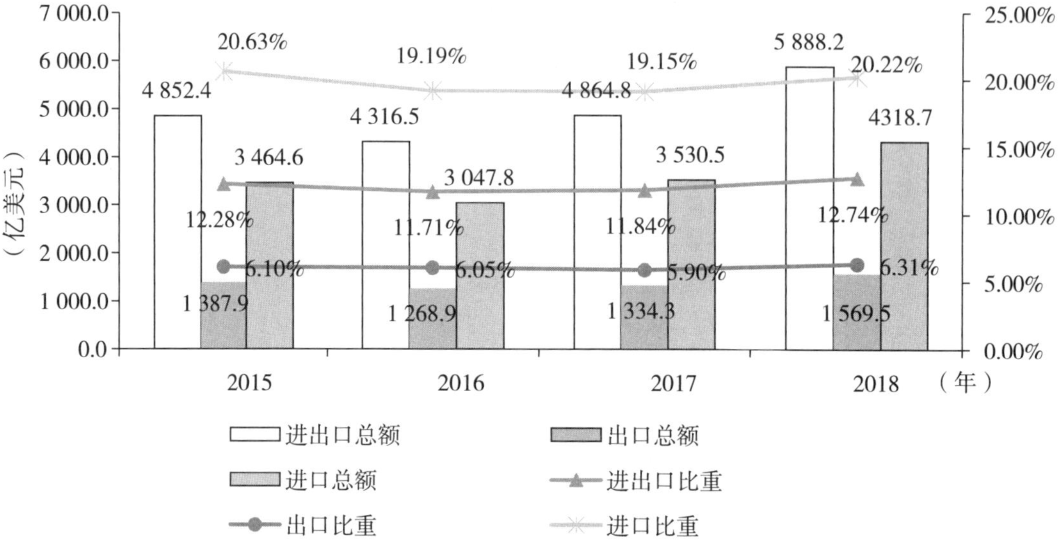

图 2-3 京津冀进出口发展情况

资料来源：北京市统计局 . http：//tjj. beijing. gov. cn/.

第二节 京津冀地区战略性新兴产业发展概况

一、北京战略性新兴产业发展概况

（一）北京战略性新兴产业政策

一直以来，加快高新技术产业发展、促进经济高质量发展都是北京市政府的重要使命之一。早在 20 世纪 80 年代，“中关村电子一条街”已经汇集了全国最具活力的电子信息产业。1999 年，中关村科技园正式挂牌成立，成为我国最早的高新技术产业开发区、自主创新示范区和人才特区。自此，中关村科技园逐渐发展成为北京乃至全国科技创新的风向标。

2011 年，国务院出台了有关加快发展战略性新兴产业的政策文件，充分说明了战略性新兴产业对我国经济和社会发展的重要性。为全面贯彻落实中共中央、国务院有关战略性新兴产业的总体部署，2011 年，北京市人民政府颁布了《北京市关于加快培育和发展战略性新兴产业的实施意见》（以下简称《实施意见》）。《实施意见》这一纲领性文件划定了北京集中发展的重点新兴产业，与国家战略性新兴产业发展重点一致，同时，明确了北京战略性新兴产业的优势领域，确定了以优势产业为主导，以关键前沿领域为重点的战略性新兴产业发展规划。北京市人民政府指出，要依靠中关村国家自主创新示范区引领带动作用，充分发挥首都科技智力优势，发展科技含量高、附加值高的高端产业。另外，规划建设经济开发区、产业园区，组织一批重大创新成果示范项目，集中人才、资本等生产要素资源，发挥集聚效应、规模经济作用，打造一批百亿级和千亿级产业基地，增强北京战略性新兴产业竞争力和辐射力。《实施意见》进一步指出，为了加强战略性新兴产业发展的保障机制，北京市区各级政府要不断增强配套服务能力，不仅要从制度建设上把好第一关，还要为政策落地做好具体设计。

除《实施意见》外，北京市人民政府还在“十二五”规划、“十三五”规划中，明确了不同时期战略性新兴产业发展的侧重点，因时制宜发展战略性新兴产业。北京市各部委就自己主管的领域，出台了相应的战略性新兴产业发展的具体办法，如《北京市加快科技创新发展新一代信息技术产业的指导意见》等。

（二）北京战略性新兴产业布局

北京战略性新兴产业布局分三步：首先，把优势产业——信息技术产业做大做强，让信息技术产业成为北京战略性新兴产业的引擎；其次，突破生物医药产业、新材料产业和新能源汽车产业的技术瓶颈，迈上发展新台阶；最后，集中力量攻克新能源、航空航天和高端装备制造业，占据先发优势。目前，北京已经形成了以中关村科技园为中心向周边区域辐射的产业空间布局。中关村科技园区作为我国科技资源、人才储备最丰富的区域，现已形成一区十六园的发展格局。其中，海淀园是北京高新技术的研究、孵化中心和商贸中心，丰台园、昌平园、亦庄科技园、电子城科技园、德胜科技园、雍和园是高新技术产业的发展基地。中关村科技园聚集了联想、百度等2万余家高新技术企业，在新一代信息技术、航空航天、生物医药等战略性新兴产业领域处于国内外领先水平。中关村已经建成了中关村软件园、中关村生命科学园、北大生物城、上地信息产业基地、永丰高新技术产业基地等多个专业化产业基地。

作为我国高学历人才密集地，中关村科技园内高校、科研院所林立，拥有高等院校40余所，其中“211”工程院校26所、“985”工程院校8所；国家级和市级科研院所200余所，国家重点实验室和工程研究中心150余个。无论是从数量还是质量上，北京拥有的科研资源和科研人才均位列全国第一。因此，中关村科技园是我国创新创业最活跃的区域，也是最受投资机构欢迎的区域之一。

（三）北京战略性新兴产业发展成果

1. 企业数量小幅上升

据北京第三次和第四次经济普查公报数据（如图2－4所示），2014到2018年，北京从事战略性新兴产业生产的企业数量小幅上升，从943家增加至1 002家，增长6.26%。截至2018年，北京战略性新兴产业企业数量排名前三的产业分别为生物产业、高端装备制造产业和新一代信息技术产业。国家政策倾斜吸引了大量资本进入高端装备制造产业、生物产业等新兴产业。高端装备制造产业、生物产业、新能源汽车产业等产业企业数量迅速扩张，其中，高端装备制造产业企业数量翻了近一番，生物产业企业数量增长约40%。同时，部分战略性新兴产业企业数量出现不同幅度下降，新一代信息技术、新材料和节能环保三个产业的企业数量降幅分别为17.74%、21.14%和40.18%，这主要是由企业并购、落后产能淘汰导致的。

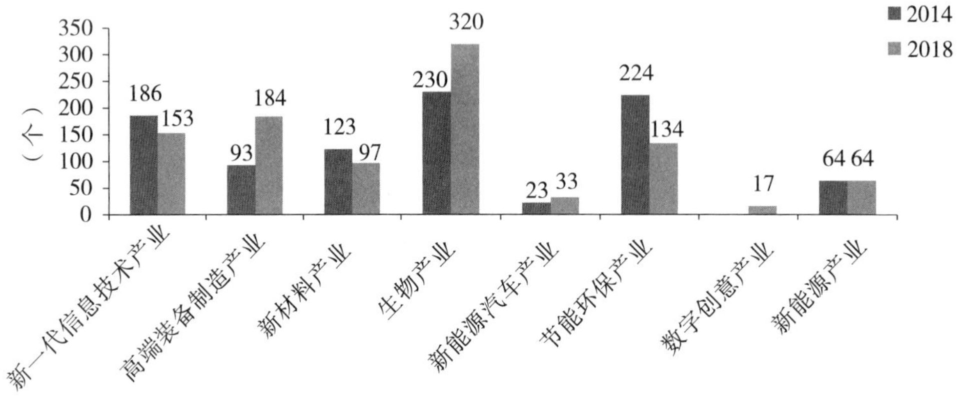

图 2-4 北京战略性新兴产业细分行业企业数量①

资料来源:《北京市第三次全国经济普查主要数据公报(第四号)》《北京市第四次全国经济普查主要数据公报(第四号)》。

2. 产业规模不断扩大

据图 2-5 所示,北京战略性新兴产业总体规模不断扩大,战略性新兴产业增加值从 2016 年的 5 654.7 亿元增加至 2019 年的 8 405.5 亿元,涨幅达 48.65%。与此同时,战略性新兴产业对北京经济发展的引领作用越来越显著。2016—2019 年,北京战略性新兴产业增加值在北京地区生产总值增加值中所占比重总体保持在 20% 以上。另外,北京高技术产业也表现出相似的发展活力。2016—2019 年,高技术产业增加值增长率达到 46.55%。2019 年,北京的战略性新兴产业和高技术产业增加值之和约占北京地区生产总值增加值的 48.16%,这意味着北京产业结构转型升级取得了重大成效,经济运行朝着集约、高效、高端的方向发展。

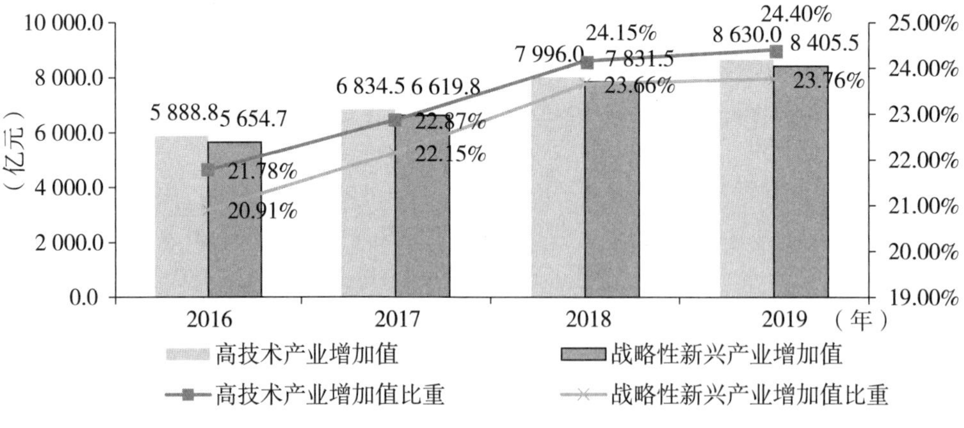

图 2-5 2016—2019 年北京高技术产业、战略性新兴产业发展情况

资料来源:《北京统计年鉴(2020)》。

① 2014 年《北京第三次全国经济普查主要数据公报(第四号)》未统计数字创意产业数据。

3. 特色产业逐渐突显

新一代信息技术产业逐渐成为北京战略性新兴产业的主导产业。据北京第三和第四次经济普查公报统计，2014—2018 年，新一代信息技术产业产值从 1 735.6 亿元增加至1 930 亿元，涨幅达 11.2%，占规模以上工业产值的比重为 38.82%。同时，高端装备制造产业成为北京战略性新兴产业发展最迅速的产业，产值增长约 1.7 倍；其次是生物产业，增长 1 倍左右（详见图 2－6）。可见，新一代信息技术产业已经占据了北京战略性新兴产业的主导地位，而高端装备制造产业和生物产业借国家政策的东风，发展速度也不断加快。

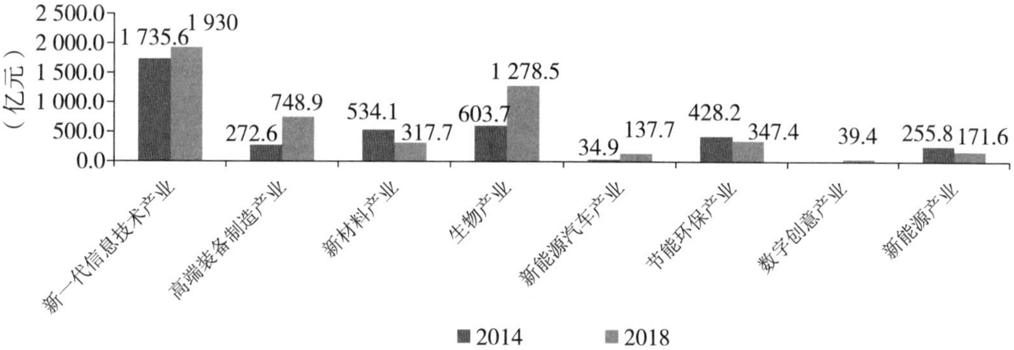

图 2－6　北京 2014 年和 2018 年规模以上工业战略性新兴产业产值①

资料来源：《北京市第三次全国经济普查主要数据公报（第四号）》《北京市第四次全国经济普查主要数据公报（第四号）》。

4. 自主创新能力不断增强

近年来，北京战略性新兴产业自主创新活动非常活跃。据 2020 年《北京统计年鉴》数据，2015—2019 年，北京专利授予总量逐年上升，从 94 031 件增加到 131 716 件，增速为 40.08%。其中，发明专利从 35 308 件增加到 53 127 件，增速为 50.47%，比专利总量增长高 10 个百分点左右（详见图 2－7）。可见，北京专利数量增长主要由发明专利数量增长驱动，这意味着北京自主创新能力正逐渐增强。

---

① 2014 年《北京第三次全国经济普查主要数据公报（第四号）》未统计数字创意产业数据。

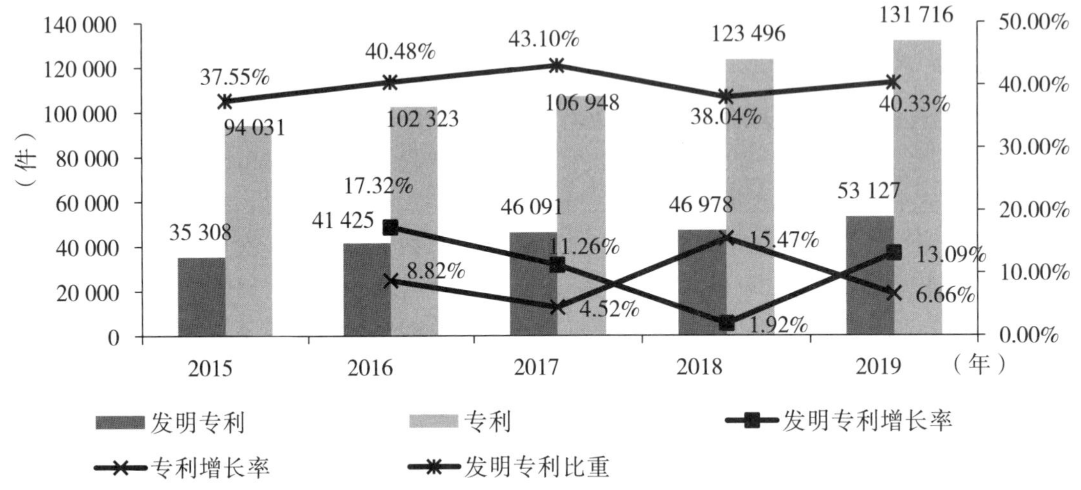

图 2-7　2015—2019 年北京专利授予情况

资料来源：《北京统计年鉴（2020）》。

另外，科技创新带来的经济效益不断提高。据图 2-8 所示，北京中关村科技园技术收入逐渐提高，从 2015 年的 6 623.6 亿元增加至 2019 年的 13 450.8 亿元，翻了一番，占总收入的比重从 16.23% 上升至 20.25%。

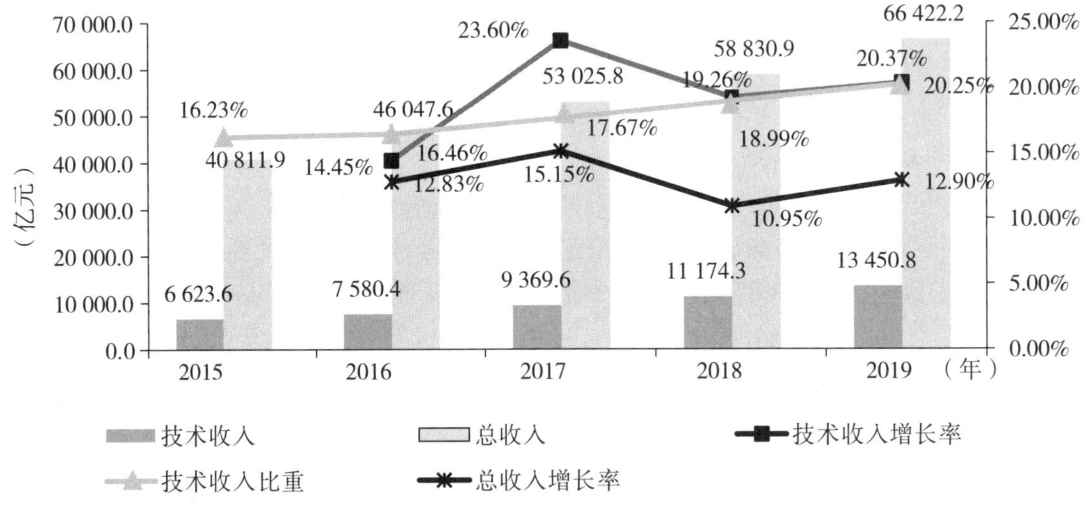

图 2-8　2015—2019 年中关村技术收入及其占比

资料来源：《北京统计年鉴（2020）》。

（四）北京战略性新兴产业重点领域

据北京第四次经济普查统计，北京战略性新兴产业产值规模排名前三的产业包括新一代信息技术产业、生物产业以及高端装备制造产业。本节将简要介绍这三大产业。

1. 新一代信息技术产业

首先，从产业规模来看，北京新一代信息产业总产值总体呈上升趋势，从2015年的1 589.1亿元增加至2019年的1 989.0亿元，涨幅达到25.17%，占北京战略性新兴产业比重在35%以上（详见图2－9）。另外，据《北京统计年鉴》数据，2016—2020年，新一代信息技术产业占北京战略性新兴产业产值的比重始终保持第一，这意味着新一代信息技术产业已经成长为北京战略性新兴产业的主导产业。其次，通过比较北京第三和第四次经济普查公报的数据可知，新一代信息技术产业的企业数量有所下降，从2014年的186家缩减到2018年的153家，降幅为17.74%，这主要是由行业内部竞争和企业并购导致。

图2－9　2015—2019年北京新一代信息技术产业发展情况

资料来源：2016—2020年《北京统计年鉴》。

新一代信息技术产业的细分领域主要包括云计算、大数据、物联网、人工智能和5G。截至2019年，北京新一代信息技术产业总体规模为1 989.0亿元，仅占北京地区生产总值的5.62%，因此，该产业细分领域的产业规模非常有限。那么，通过新一代信息技术产业细分领域来分析整个产业的发展趋势，难度较大。本文将通过分析北京电子信息产业和高技术电子信息产业的发展情况来了解北京新一代信息技术产业发展趋势。北京电子信息产业主要分为工业电子信息产业①和服务业电子信息产业②两大部分。据图2－10所示，北京工业电子信息产业总体呈增长趋势，从2015年的2 110.2亿元上涨到2019年的2 600.5亿元，增速达到23.23%。与此同时，服务业电子信息产业发展迅猛，2015—2019年，产业总产值从2 600.0亿元增加至4 783.9亿元，涨幅为84.00%，占地区生产总值比重达到13.52%，比工业电子信息产业高出6.17个百分点。可见，北京电子信息产业的主导产业是服务业电子信息产业。另外，通过加和这两个产业产值可发现，2015—2019年，电子信息产业占地区生产总值的比重约为1/5，可见，电子信息产业对北京地区经济发展具有举足轻重的作用。

---

① 工业电子信息产业以计算机、通信和其他电子设备制造业数据表示。

② 服务业电子信息产业以信息传输、软件和信息技术服务业数据表示。

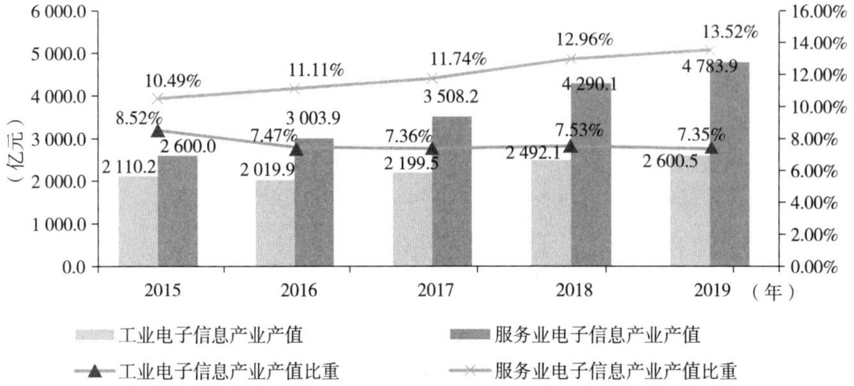

图 2-10　2015—2019 年北京电子信息产业发展情况

资料来源：2016—2020 年《北京统计年鉴》。

北京工业电子信息产业和服务业电子信息产业营业收入、利润总额增长迅速。由图 2-11可知，2015—2019 年，工业电子信息产业营业收入从 2 567. 7 亿元增加到 3 625. 0 亿元，增速达到 41. 18%；利润总额从 63. 8 亿元增加到 199. 2 亿元，增速超过 200%。同时，服务业电子信息产业营业收入从 2016 年的 7 767. 7 亿元上升至 2019 年的 14 678. 3 亿元，增长约 88. 97%；利润总额从 1 841. 0 亿元上升至 2 275. 9 亿元，增长约 23. 62%。并且，工业电子信息产业和服务业电子信息产业的市场需求分化明显。截至 2019 年，工业电子信息产业营业收入仅为服务业电子信息产业的 24. 70%。

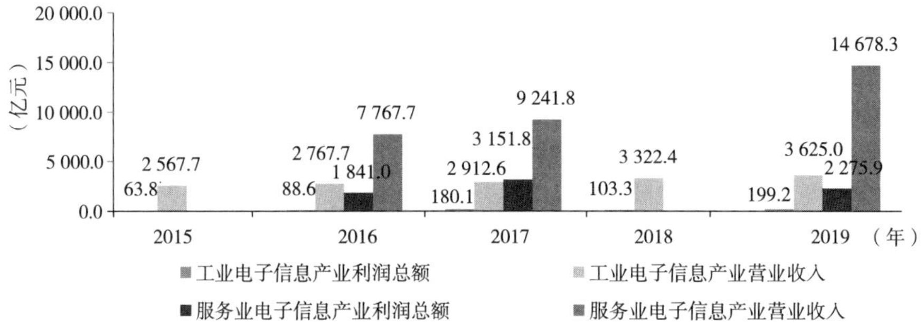

图 2-11　2015—2019 年北京工业及服务业电子信息产业营业收入、利润总额①

资料来源：2016—2020 年《北京统计年鉴》。

北京高技术制造业主要依靠高技术工业电子信息产业的带动作用。据图 2-12 所示，电子及通信设备制造业产值从 2015 年的 1 085. 1 亿元增加到 2019 年的 2 372. 6 亿元，增长约 119%，占高技术制造业的比重也从 31. 01% 上升到 50. 44%。由此可见，这五年来，电子及通信设备制造业发展迅猛，并逐渐发挥了对北京高技术制造业的支撑作用。

① 2015 年和 2018 年服务业电子信息产业营业收入及利润总额数据缺失。

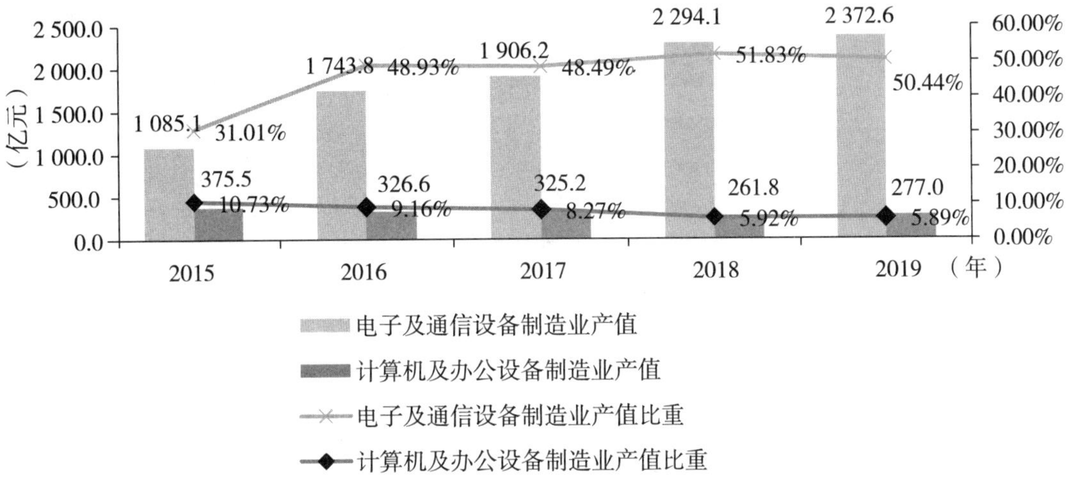

图 2－12　2015—2019 年北京高技术电子信息产业发展情况

资料来源：2016—2020 年《北京统计年鉴》。

北京电子信息产业集群突显。北京电子信息产业主要分布在中关村科技园，截至 2019 年，中关村科技园共有 7 997 家电子信息企业，其中电子信息设备制造业 404 家、信息技术服务业 6 716 家、互联网服务业 877 家，包括了百度、字节跳动等互联网领军企业。2019 年，中关村科技园电子信息产业总收入达到 14 218. 4 亿元，其中，电子信息设备制造业3 256. 9亿元、信息技术服务业 6 828. 4 亿元、互联网服务业 4 132. 1 亿元。通过比较电子信息产业细分领域的企业数量和总收入可知，电子信息设备制造业、信息技术服务业、互联网服务业的企业平均收入分别为 8. 06 亿元、1. 02 亿元和 4. 71 亿元，可见，电子信息设备制造业、互联网服务业多是“大而强”的大型企业，信息技术服务业多是“小而精”的高精尖企业。

2. 生物产业

一直以来，北京生物产业都处于全国领先地位，拥有全国一流的医药制造业企业以及医疗服务资源。2010 年，国务院把生物产业列为九大战略性新兴产业之一，生物产业战略地位飞速提升。截至目前，北京已经形成了覆盖全产业链的高水平生物产业。

北京生物产业扩张速度远远快于其他战略性新兴产业。据 2016—2020 年《北京统计年鉴》数据，北京生物产业总产值从 681. 7 亿元增加到 1 393. 6 亿元，翻了一番左右（详见图 2－13）。同时，截至 2019 年，北京生物产业在战略性新兴产业的占比达到 27. 18%，仅次于新一代信息技术产业。可见，生物产业在北京战略性新兴产业中的战略地位迅速上升。

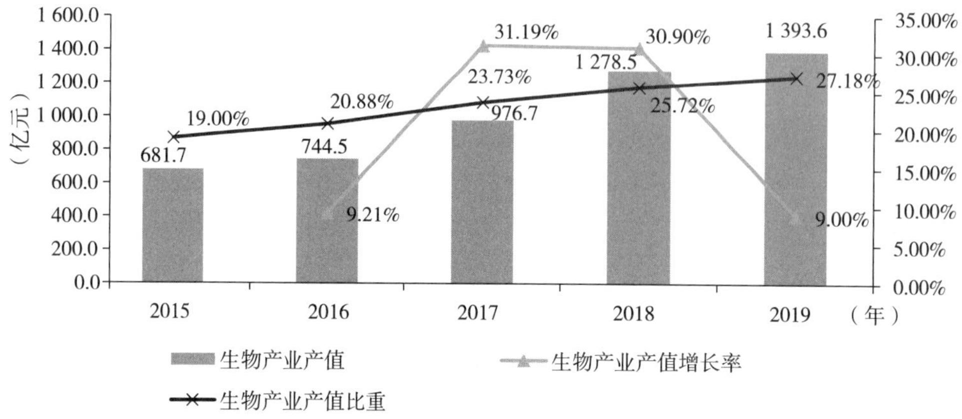

图 2－13　2015—2019 年北京生物产业发展情况

资料来源：2016—2020 年《北京统计年鉴》。

北京生物产业是以医药制造产业为主导，医疗器械、生物农业等领域协同发展的格局。本节以医药制造产业为代表来分析北京生物产业的总体规模和发展情况。

北京医药制造产业总体规模逐年扩大，市场需求增长迅速。近年来，北京医药制造产业总产值呈稳步上升趋势，但增速有所回落。由图 2－14 可知，自 2015—2019 年，北京医药制造产业产值从 702. 3 亿元增长至 1 221. 6 亿元，年均增长 14. 84%。其中，与 2018 年相比，2019 年增速回落 9. 5 个百分点，增速仅为 6. 9%。另外，医药制造产业主营业务收入迅速增加，从 2015 年的 686. 4 亿元增长到 2019 年的 1 298. 4 亿元，年均增长 17. 28%。与此同时，医药制造产业利润总额从 2015 年的 126. 6 亿元增加到 2019 年 214. 3 亿元，年均增长 14. 06%，其中，自 2017 年起，医药制造产业利润总额增速迅速下降，从 28. 47% 下降至 3. 90%。总体而言，医药制造产业主营业务收入增速高于其利润总额增速，这意味着虽然医药制造产业市场需求不断扩大，但是由于经营成本上升、研发费用提高，医药制造产业利润增长较为缓慢。

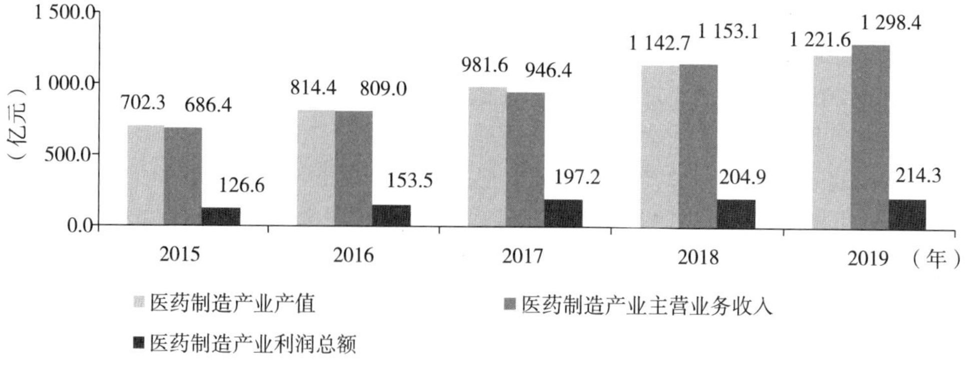

图 2－14　2015—2019 年北京医药制造业发展情况

资料来源：2016—2020 年《北京统计年鉴》。

据《北京统计年鉴》数据，截至2019年，北京规模以上医药制造产业企业共有235家，其中大中型企业64家，产值980.4亿元，占医药制造产业总产值的比重为80.26%。可见，北京医药制造产业以大中型医药企业为主体，27%的企业贡献了北京医药制造产业约80%左右的产值。目前，北京医药制造产业主要集中在化学药、生物药、中药等领域，拥有100余个亿元医药品种，其中，医药健康领域源头创新品种数量全国第一；培育了一批国内外知名的医药企业，如诺华、同仁堂等。

北京源头创新的新药品种数量在全国排名第一，全国约40%的新药源于北京。北京在生物医药领域的成就，主要得益于丰富的科研资源和扎实的基础研究实力。具体而言，北京聚集了70余家一流高校和科研院所，200余个市级以上重点实验室，60余个国家工程研究中心，4个国家重大科技基础设施。

北京生物产业集群已经形成了以中关村科技园为核心，依托中关村生命科学园、大兴生物医药基地、亦庄生物医药园三大生物医药产业基地，技术、人才、资源不断向海淀、昌平、大兴集聚的产业空间布局。2019年，中关村科技园汇集了1 708家生物工程和新医药企业，其中，包括华夏英泰、中因科技、卡替医疗等多家知名医药企业，实现工业总产值1 234.5亿元，成为中关村第四大产业重点领域。中关村生命科学园是北京生物产业发展的制高点，代表了北京乃至全国最先进、最前沿的生物产业发展趋势，主要以生命科学、生物技术以及生物医药为研究方向。大兴生物医药基地的生物医药产业布局为“1+4+2”，拥有生物药、现代中药、化学药、医疗器械四大板块。亦庄生物医药园的产业体系以医药制造为主体，涵盖医疗服务、医疗保健等领域。

3. 高端装备制造产业

随着产业转移步伐加快，装备制造产业内部升级换代，逐渐由中低端向高端领域发展，在国内外市场需求不断扩大和国家及地区政策的双重推动下，北京高端装备制造产业呈现出良好的发展态势，且因其对经济增长、产业转型升级和区域协调发展的重要作用，战略地位日益显著。

从产业规模来看，北京高端装备制造业的总体规模迅速扩张。据2016—2020年《北京统计年鉴》数据（如图2－15所示），2015—2019年，北京高端装备制造产业总产值从409.5亿元上升至722.9亿元，涨幅达到76.53%。另外，截至2019年，北京高端装备制造产业占战略性新兴产业比重达到14.10%，位居第三。

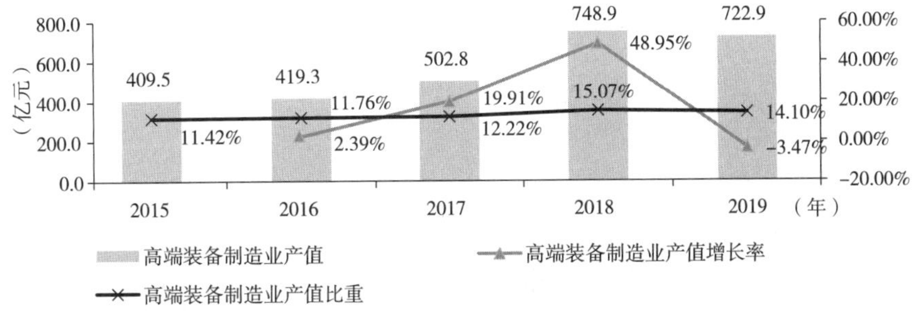

图2－15　2015—2019年北京高端装备制造业发展情况

资料来源：2016—2020年《北京统计年鉴》。

根据国家统计局《战略性新兴产业分类（2018）》的有关定义，高端装备制造产业包括智能制造装备产业、航空装备产业、卫星及应用产业、轨道交通装备产业和海洋工程装备产业五大领域。由于数据可得性限制，本节将以航空航天装备制造为代表分析北京高端装备制造产业的发展情况。由图 2－16 可知，从 2015—2019 年，航空、航天器及设备制造业产业规模平稳上升，产值、主营业务收入和利润总额的增加值分别为 99. 9 亿元、86. 9 亿元和 10. 9 亿元，年均涨幅分别为 9. 30%、7. 99% 和 15. 85%，航空、航天器及设备制造产业利润总额增速分别高于产值、主营业务收入 6. 58、7. 96 个百分点，这与高端装备制造产业资金投入大、产出低、附加值高的特性密不可分。与前两个产业相比，航空、航天器及设备制造业增长较为缓慢，这主要是由于航空航天装备制造产业化程度较低、细分市场需求较小造成的。

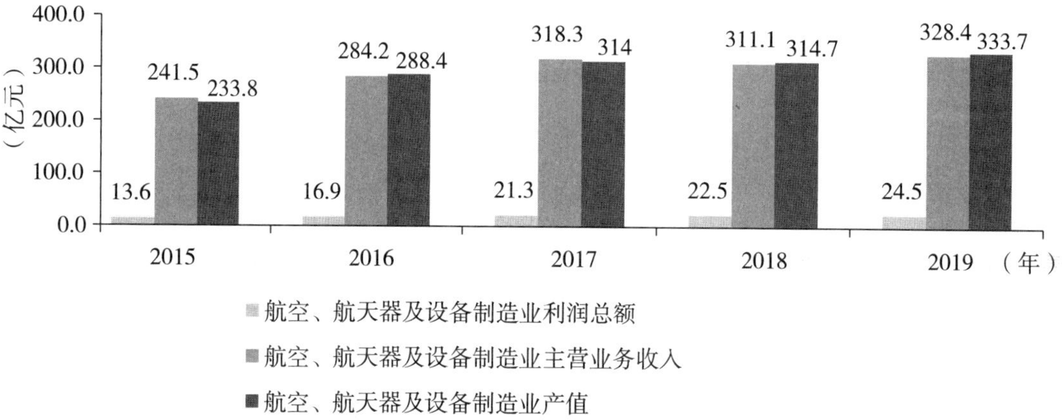

图 2－16　2015—2019 年北京航空、航天器及设备制造业发展情况

资料来源：2016—2020 年《北京统计年鉴》。

由于航空航天装备制造产业资金投入大、投资周期长等特点以及国家安全的需要，我国航空航天装备制造业多为国有控股企业。我国航空航天装备制造业能取得如今的成就，国家政策和国有企业功不可没。据图 2－17 所示，从 2015—2019 年，北京航空、航天器及设备制造业研究与试验发展（R&D）经费支出增长迅速，从 15. 0 亿元增加至 23. 2 亿元，涨幅为 54. 67%。同时，航空、航天器及设备制造业研发投入在高技术产业中逐年上升，研发投入占比仅次于电子信息产业。北京航空、航天器及设备制造业 R&D 经费支出占高技术产业 R&D 经费总支出的比重从 2015 年的 12. 48% 上升至 2019 年的 15. 75%。

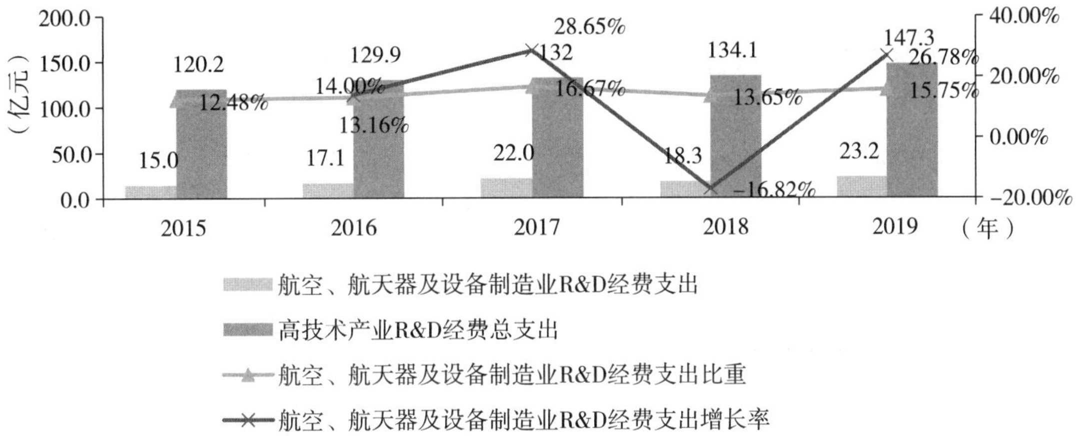

图 2－17　2015—2019 年北京航空、航天器及设备制造业 R&D 经费支出情况

资料来源：2016—2020 年《北京统计年鉴》。

航空航天装备制造业巨大的 R&D 投入成效显著。据图 2－18 所示，从 2015—2019 年，航空、航天器及设备制造业的专利授予数量从 368 件增加至 746 件，增长 102. 72%。其中，发明专利授予数量从 251 件增加至 530 件，增长 111. 16%。另外，从平均增速来看，航空航天装备制造业发明专利增长呈平稳上升趋势。2015—2019 年，发明专利授予数量年均增长 20. 8%，这意味着北京航空航天装备制造业科技水平逐年上升。

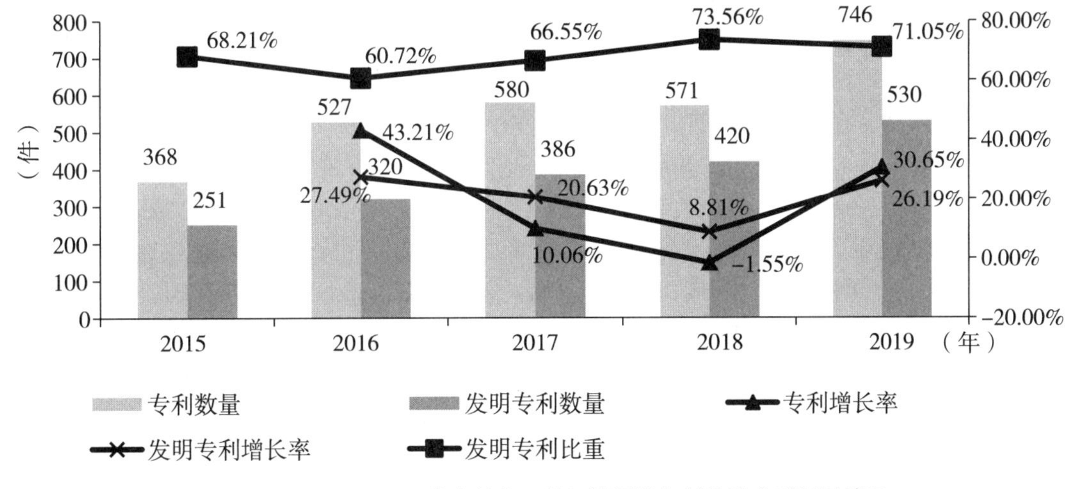

图 2－18　2015—2019 北京航空、航天器及设备制造业专利授予情况

资料来源：2016—2020 年《北京统计年鉴》。

二、天津战略性新兴产业发展概况

（一）天津战略性新兴产业政策

“十三五”时期，天津市人民政府提出了提高经济发展质量和发展效率、激发创新创业活力的发展目标。战略性新兴产业不仅为经济发展提供新动能、为自主创新注入新活力，还为解决就业问题找到新途径。因此，战略性新兴产业成为天津推动经济社会发展的全新突破口。2016 年，天津市人民政府出台了《天津市国民经济和社会发展第十三个五年规划纲要》（以下简称《规划》），为天津战略性新兴产业的发展走向做好了顶层设计。《规划》指出，“十二五”期间，天津战略性新兴产业已经取得一定的发展成就：产业规模逐渐扩大，新经济不断涌现，产业链不断延伸，经济集聚效应不断增强。《规划》进一步提出了天津“十三五”期间战略性新兴产业发展目标：把天津建设成为特色鲜明、自主创新、开放竞争的国际战略性新兴产业集聚地。到 2020 年，战略性新兴产业总体规模达到 1.5 万亿元，在工业总产值中占比 35%，把高端装备制造、新一代信息技术、航空航天等战略性新兴产业发展成优势支柱产业。

2017 年，为指导天津战略性新兴产业政策具体实施，天津市人民政府出台了相关的指导意见，进一步明确了天津战略性新兴产业的发展目标：第一，战略性新兴产业成为天津经济持续向好发展的新支柱，产业规模达到 1.5 万亿元，占全市生产总值的比重达到 20%，形成涵盖新一代信息技术、高端装备、生物医药等领域的高技术产业集群。第二，天津成为国内自主创新发源地之一，拥有国际一流的创新平台，掌握一批核心关键技术，发明专利数量年均增长 15% 以上，企业专利申请和授权数占比 80% 以上，创新成果产业化能力大幅提高，在关键领域拥有先发优势。第三，充分发挥集聚效应，打造国家级产业集群，培育一批“大而强”的国际化企业集团和一批“小而精”的创新型企业，实现协同发展，力争打入世界制造业 500 强。第四，不断提高政府对战略性新兴产业发展的服务能力，从制度建设、产业政策、服务平台等方面入手，打造“一条龙”服务体系。另外，依据现实基础和发展目标，把新一代信息技术、高端装备制造、节能环保、生物医药和数字创意作为天津战略性新兴产业的重点领域，并提出了各领域发展的具体目标。

在纲领性文件基础上，天津各部委出台促进战略性新兴产业重点领域发展的相关文件，如《天津贯彻国家信息产业发展指南实施方案》等。

（二）天津战略性新兴产业布局

天津战略性新兴产业主要布局在天津市滨海新区，滨海新区依托经济开发区及其特色产业园区，打造战略性新兴产业集群。截至目前，天津市滨海新区共有五大功能区，包括天津经济技术开发区、天津港保税区、天津滨海高新区、天津东疆保税港区和中新天津生态城。

这五大功能区基于现实基础和发展需要，打造了各具特色的战略性新兴产业集群（详见表 2－2）。作为我国第一批国家级经济技术开发区，发展起步早，工业、服务业发达，天津经济技术开发区依托逸仙科学工业园、微电子工业区等特色产业基地，形成了以电子信息、生物医药为主导，高端装备制造、新材料、新能源等多领域共同发展的战略性新兴产业发展格局。天津港保税区位于天津港港区内，地理位置优越，海上交通便捷。根据自身临海的特点，天津港保税区主要发展与海洋有关的战略性新兴产业，例如，高端船舶装备、氢能开发、海洋生物医药等。作为我国首批创新型科技园区，天津滨海高新区是天津科技创新的主阵地，形成了“企业 + 高校”的研发体系，拥有国家级和市级企业技术中心 60 余家，研发投入占 GDP 比重 8%，天津市每年约有 60% 以上的专利申请来自天津高新区的企业。天津东疆保税港区有航运物流、融资租赁和国际贸易三大主导产业，其中，融资租赁是东疆保税港区的主导优势产业，租赁标的物覆盖范围广，既有大型交通运输工具，如飞机、船舶等，也有新能源、医疗器械等。中新天津生态城是中国和新加坡两国在环保领域合作的典型示范，主要发展节能环保、新能源、文化创意等战略性新兴产业。

表 2 - 2　滨海新区的经济开发区及产业园区概览

经济开发区	主要产业园
天津经济技术开发区	逸仙科学工业园、微电子工业区、现代产业园、南部新兴产业区、滨海—中关村科技园区等
天津港保税区	综合保税区、中欧智能制造产业园、空港智能制造产业园、生物医药产业园、保税物流园区、海港保税区、空港保税区、保险产业园、中国民航产业化基地
天津滨海高新区	未来科技城、国家广告产业园、华苑科技园、海洋科技园
天津东疆保税港区	东疆国家租赁、保理、基金产业园
中新天津生态城	国家动漫产业综合示范园、生态科技园、信息园、北部产业园、企业总部园

资料来源：天津市统计局 . http：//stats. tj. gov. cn/.

（三）天津战略性新兴产业发展成果

1. 企业数量不断增加

2017 年天津从事战略性新兴产业生产的企业数量合计为 844 家，在 2019 年增加到 1 137家，增长约 34. 7%。其中，新材料产业的企业数量连续三年居于首位，从 2017 年的 230 家增加至 2019 年的 302 家，增长 31. 3%；其次是高端装备制造产业，从 2017 年的 135 家增加至 2019 年的 216 家，增长 60. 0%。总体而言，天津战略性新兴产业发展较为均衡，各新兴产业的企业数量大体呈阶梯式上升趋势，形成了以新材料产业为主导，各新兴产业共同发展的战略性新兴产业格局。

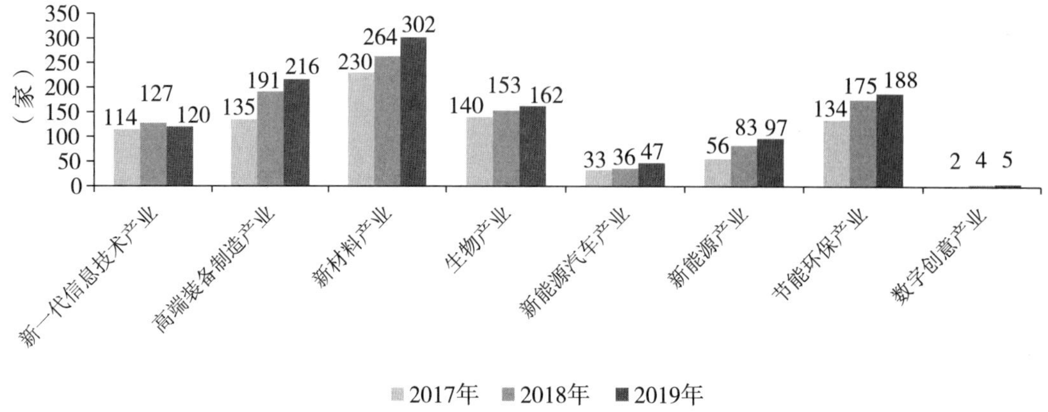

图 2－19 天津战略性新兴产业企业数量

资料来源：2016—2020 年《天津统计年鉴》。

2. 产业规模逐渐扩大

据图 2－20 所示，天津战略性新兴产业规模总体呈上升趋势，增加值增长率从 2017 年的 7.2% 上升至 2019 年的 10.7%，涨幅达 48.6%。据图 2－19 所示，产业增加值占规模以上工业总产值的比重从 2015 年的 17.5% 上升至 2019 年的 22.1%，增长 26.3%。

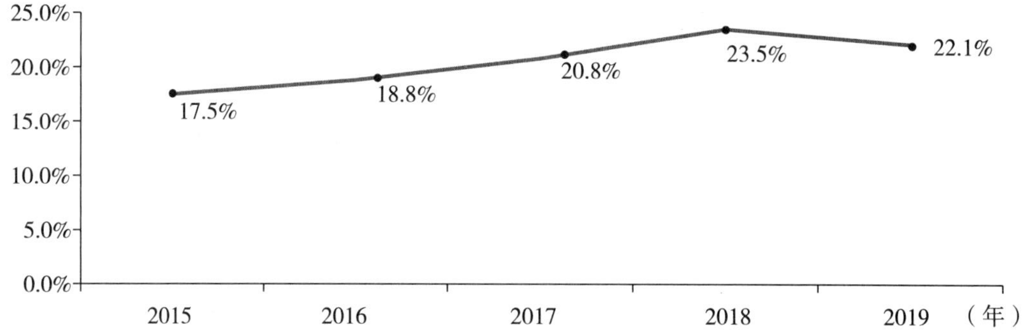

图 2－20 2015—2019 天津战略性新兴产业增加值占规模以上工业总产值的比重

资料来源：2016—2020 年《天津统计年鉴》。

3. 主导产业逐渐突显

天津战略性新兴产业的主导产业主要包括新材料产业、新一代信息技术产业和生物产业。据图 2－21 所示，2017—2019 年，新一代信息技术产业增加值占天津战略性新兴产业增加值的比重年均 30.7%，新材料产业年均 19.0%；生物产业增加值的比重增长迅速，从 13.7% 上升至 24.9%，涨幅达 11.2%。另外，高端装备制造产业增加值的比重出现小幅上升，从 10.3% 上升至 14.4%；新能源产业和节能环保产业所占比重基本保持平衡，年均分别为 7.5% 和 7.8%。

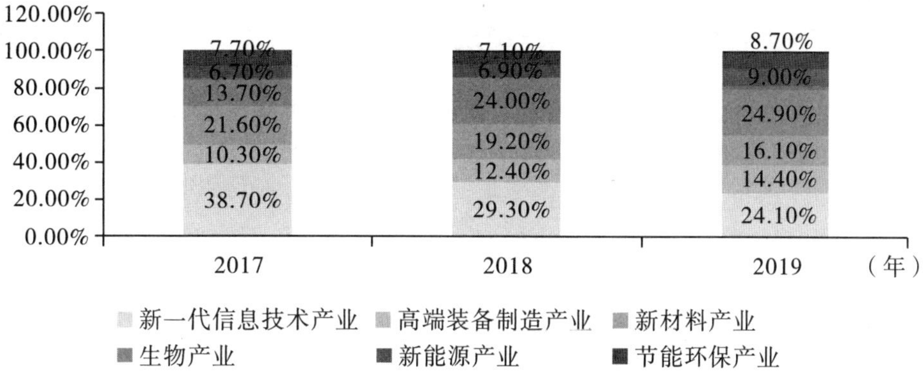

图 2－21　天津战略性新兴产业中各产业增加值占总增加值的比重

资料来源：2016—2020 年《天津统计年鉴》。

4. 自主创新能力有所提升

近年来，天津自主创新能力逐渐增强，其中，科技创新成果平稳增加。据图 2－22 所示，天津 2015—2019 年专利授予量从 37 342 件增加到 57 799 件，涨幅达到 54.78%。另外，发明专利数量从 2015 年的 4 624 件增加至 2019 年的 5 025 件，增长 8.67%。与专利授予总量增长速度相比，发明专利增长比较缓慢，天津科学技术创新仍有很大的成长空间。

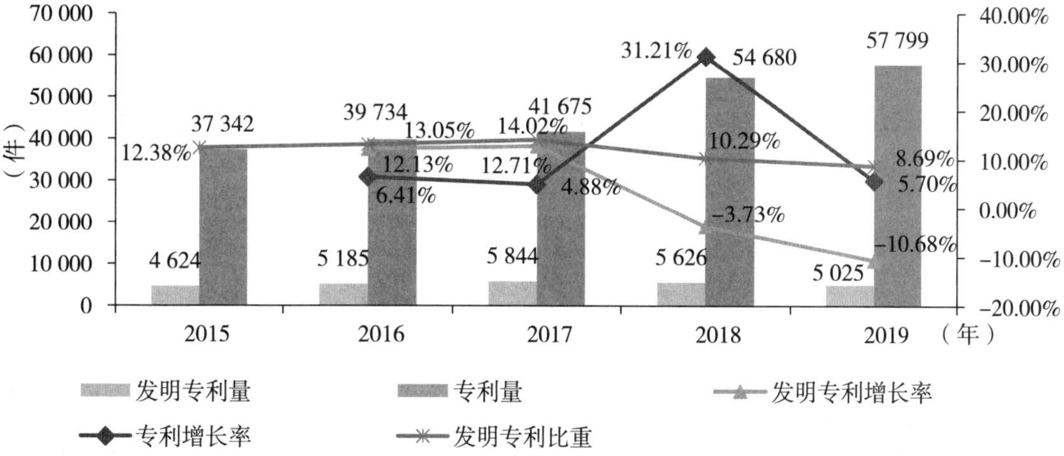

图 2－22　2015—2019 年天津发明专利和专利授予量

资料来源：2016—2020 年《天津统计年鉴》。

（四）天津战略性新兴产业重点领域

战略性新兴产业对天津工业产业发展的支撑作用越来越突出。据《天津统计年鉴》数据统计，截至2019年，工业战略性新兴产业增加值在规模以上工业增加值中占比达到22.1%，而生物产业、新一代信息技术产业以及新材料产业在工业战略性新兴产业增加值所占比重排名前三。本节将简要分析这三个产业。

1. 生物产业

近年来，在国家政策和天津政府大力支持下，天津生物产业发展迅猛，从事生物产业生产的企业有序增加，产业规模不断扩大。根据《天津统计年鉴》的数据，从2017—2019年，生物产业的企业数量从140家上升至162家，年均涨幅7.6%，同时，生物产业增加值增长率分别为12.5%、7.5%、9.3%，年均增长9.8%。另外，生物产业在天津战略性新兴产业中的战略地位不断提升，截至2019年，生物产业占战略性新兴产业增加值的比重仅次于新一代信息技术产业。据图2－23所示，生物产业占战略性新兴产业增加值的比重总体呈上升趋势，从2015年的16.0%上升至2019年的24.9%，比重增长率55.6%。

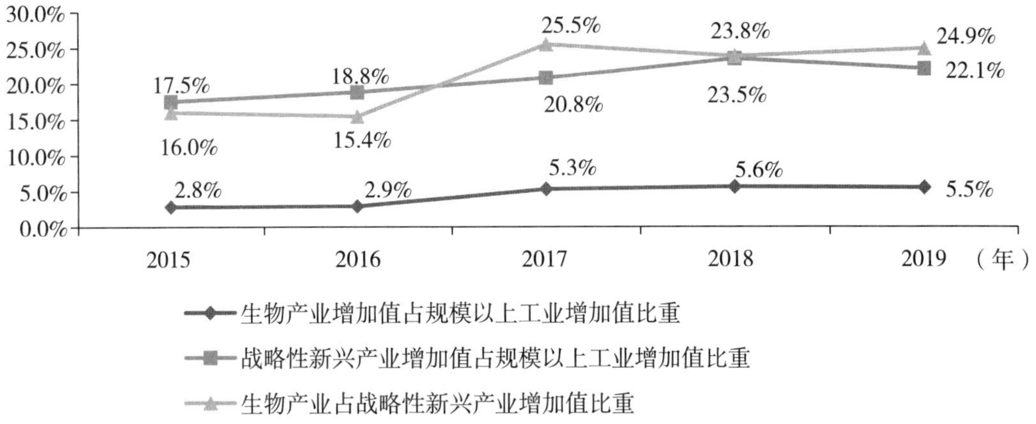

图2－23　2015—2019年天津生物产业增加值变化情况

资料来源：2016—2020年《天津统计年鉴》。

由图2－24可知，天津战略性新兴产业中，生物产业的企业生产效率属于中上游水平，明显高于高端装备制造、新材料等产业。2019年，生物产业以14.1%的企业数量为战略性新兴产业贡献24.9%的增加值。天津生物医药产业发展起步早，现已经成为天津市的优势产业之一，因此，与其他战略性新兴产业相比，天津生物产业发展基础更优越，企业生产效率更高。

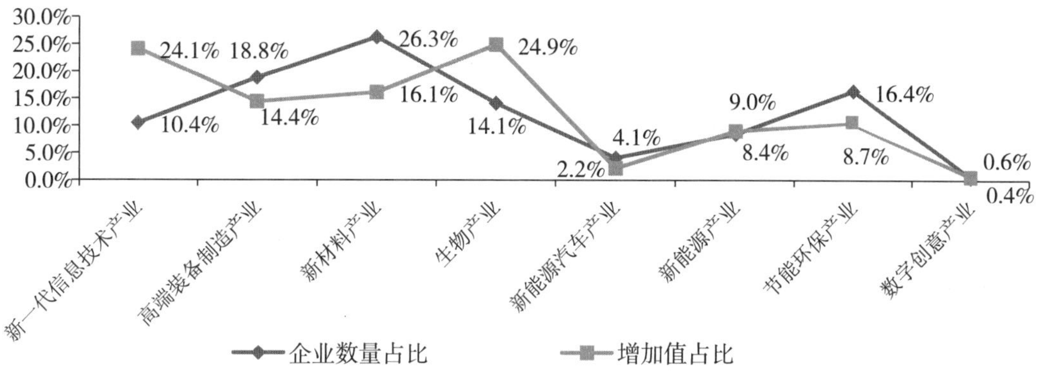

图 2－24　天津各战略性新兴产业的企业数量占比、增加值占比

资料来源：《天津统计年鉴（2020）》。

从产业链来看，天津生物产业已经形成了以医药制造业为主体，覆盖药品、医疗器械、生物农业等领域的产业体系。根据《天津统计年鉴》的数据，2017—2019 年，天津医药制造业占生物产业企业数量的比重平均保持在 61.21%，换而言之，医药制造业是天津生物产业发展的中坚力量。

从产业空间布局来看，天津生物产业主要分布在滨海新区，此外，部分生物产业子领域分布在武清、北辰、西青。滨海新区是国家级综合改革创新区，在国家政策支持下，成为天津战略性新兴产业发展的高地。作为战略性新兴产业重要组成部分，生物产业逐渐成为滨海新区的特色产业，依托国家生物医药国际创新园，产业规模迅速扩大。2018 年，滨海新区医药制造业增长 9.8%，比全市平均水平多 1 个百分点，高于规模以上工业企业平均增长水平。滨海新区生物产业链条覆盖了产品研发、制造、营销等各个环节，拥有一批国内生物领域领先企业，例如：天津天堰科技、盛实百草、天津强微特生物。武清开发区把生物产业作为主攻方向之一，建设了生物产业发展相应的配套设施，吸引了包括天狮药业、红日药业、赛诺制药等 60 多家知名药企或生物企业入驻产业园区。武清区通过招商引资，引进了 23 个重大生物医药项目，初步形成了涵盖基因测序、中药颗粒、医疗器械、诊断试剂的生物产业体系。北辰区主要发展医疗器械产业，依托天津医药医疗器械工业园，打造医疗器械产业集群。天津医药医疗器械工业园以医疗器械研发、成果转化为发展重点，吸引了一批大型生物医药企业入驻，包括天津医药集团、陕西医药集团环球印务有限公司、天津欣普赛尔生物医药科技有限公司、天宸（天津）生物科技、国药集团（天津）医疗器械等，园区细分为医疗器械研发、生产、包装、运输等板块，产业发展初具规模。西青经开区生物产业覆盖产业链上中下游，形成了从药品研发生产、医疗器械到医药服务平台的全方位生物医药体系，拥有一批一流医药企业，如同仁堂、赫素制药、太平洋制药等，生产的心脑血管、抗菌和抗癌三大类药品处于业内领先水平。

从自主创新能力来看，天津拥有一批国内知名专业院校，如南开大学、天津大学、天津医科大学等，建设了一批生物医药科技创新平台，如工程技术研究中心、重点实验室等，形成了产学研一体化发展体系。一大批高水平研发平台为天津生物产业提供了强有力的支撑。截至 2018 年，天津生物医药领域科研创新硕果累累，累计获批 3 106 件国产药品、2 238 件国产医疗器械。

2. 新一代信息技术产业

天津是我国电子信息产业基地之一。自 20 世纪 90 年代，天津规划建设了微电子工业园，天津电子信息产业已经历经了二十余年的发展历程，电子信息产业成为天津经济发展的优势产业之一。在电子信息产业基础上，天津新一代信息技术产业呈稳步发展趋势。2017—2019 年，新一代信息技术产业增加值增长率分别为 3.8%、2.1%、9.2%，年均增长 5.03%。相较于新能源汽车、数字创意产业等战略性新兴产业，新一代信息技术产业增加值增长率较低，但由于新一代信息技术产业规模更大，所以产业增加值的绝对值要明显高于其他战略性新兴产业。另外，新一代信息技术产业在天津战略性新兴产业中的战略地位不断提升。据图 2-25 所示，从 2015—2019 年，新一代信息技术产业占战略性新兴产业增加值比重总体保持在 25% 左右，其中，2017 年，新一代信息技术产业增加值占比一度上升至 30.77%，也就是说，战略性新兴产业产值增长有 1/3 来自于新一代信息技术产业。可见，新一代信息技术产业对天津战略性新兴产业的发展具有非常重大的意义。

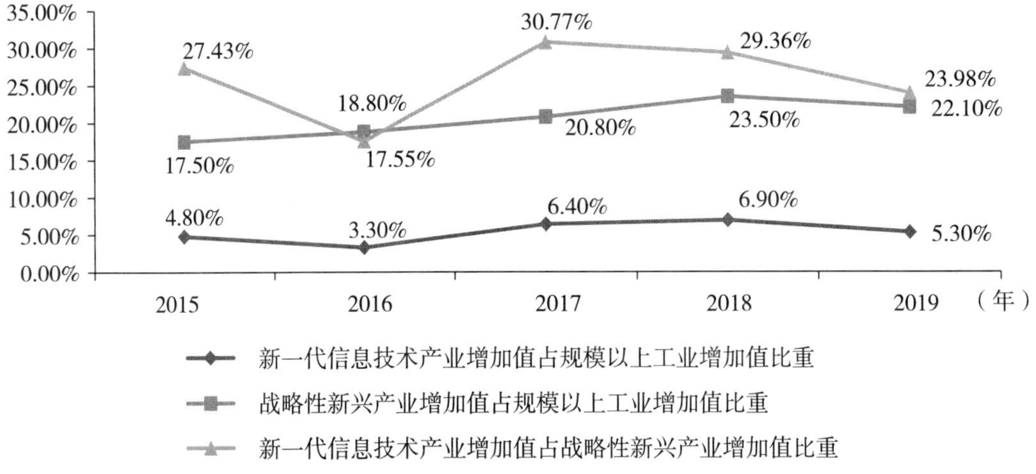

图 2-25 2015—2019 年天津新一代信息技术产业发展情况

资料来源：2016—2020 年《天津统计年鉴》。

由于发展起步早、产业成熟度高，加上政策因势利导，天津新一代信息技术产业发展成效明显优于其他战略性新兴产业。截至 2019 年，天津仅有 120 家该产业企业，仅占天津战略性新兴产业企业数量的 10.4%，却贡献了 24.1% 的战略性新兴产业增加值，平均创造了 2.31% 的增加值，在战略性新兴产业中居于首位，高于行业平均水平 1.2 个百分点。

从产业链来看，天津新一代信息技术产业的产业格局是以下一代信息网络为主导，覆盖人工智能、信息安全等领域。近年来，新一代信息技术产业对天津产业科技水平发展的带动作用逐步增强。电子及通信设备制造业和计算机及办公设备制造业，作为天津市新一代信息技术产业的重要组成部分，总体发展趋势较为平稳。据图 2-26 所示，2015—2019

年天津电子及通信设备制造业占规模以上工业企业增加值的比重平均保持在6.84%。计算机及办公设备制造业占规模以上工业企业增加值的比重小幅上涨，从2015年的1%增加到2019年的1.8%。2015年电子及通信设备制造业和计算机及办公设备制造业的增加值，对高技术产业增加值的贡献率为64.4%[①]，在2019年贡献率下降为54.3%。但从总体来看，以电子及通信设备制造业、计算机及办公设备制造业为代表的新一代信息技术产业是天津市高技术产业发展的重要组成部分。另外，与“大而强”的企业为主体的生物产业不同，新一代信息技术产业市场垄断程度较低，大中小型企业均有自己的细分市场，但也造成经营成本上升、利润摊薄的情况。2020年《天津统计年鉴》数据显示，截至2019年，天津共有256家下一代信息网络企业，占高技术产业企业数量的比重为53.22%，其中233家为电子及通信设备制造企业，23家为计算机及办公设备制造企业。同时，电子及通信设备制造业、计算机及办公设备制造业的营业收入利润率分别为3.7%、3.6%，成本费用利润率分别为4.2%、3.9%；无论是营业收入利润率还是成本费用利润率，均处于高技术产业的最后两位。这意味着与其他战略性新兴产业相比，无论是技术还是市场，新一代信息技术产业的竞争尤为激烈。

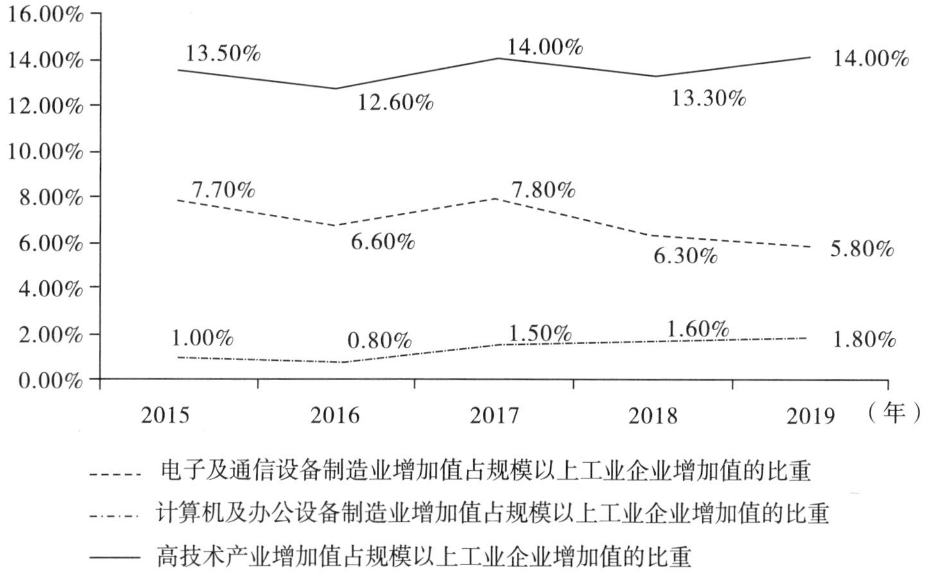

图2-26　2015—2019高技术产业增加值占规模以上工业增加值比重

资料来源：2016—2020年《天津统计年鉴》。

3. 新材料产业

据2020年《天津统计年鉴》的数据显示，2017年，新材料产业迎来发展高峰期，产业增加值比上年增长33.6%，增长率仅次于数字创意产业；2018—2019年，新材料产业增加值继续增长，但增速明显回落，仅为7.0%和5.8%。与此同时，从事新材料产业生

① 贡献率：（电子通信设备制造业增加值比重+计算机及办公设备制造业增加值比重）/高技术产业增加值比重。

产的企业数量大幅度上升，从 2017 年的 230 家增加到 2019 年的 302 家，年均涨幅达到 14.59%。截至 2019 年，新材料产业的企业数量在天津战略性新兴产业中排名第一，远远超过其他战略性新兴产业。

随着扩张速度加快，新材料产业在战略性新兴产业中所占的比重总体上升，但与生物产业、新一代信息技术产业相比，新材料产业占比的波动幅度更大。据图 2－27 所示，新材料产业占战略性新兴产业的比重呈波动上升趋势，从 2015 年的 10.86% 上升到 2019 年的 16.29%，涨幅达到 50% 左右。2019 年，新材料产业成为天津战略性新兴产业的第三大产业，仅次于生物产业和新一代信息技术产业。总体而言，可能因为政策变动和产业处于发展初期的影响，新材料产业规模扩张速度变动幅度较大，但新材料产业总体还是呈上升趋势，在战略性新兴产业中的战略地位也逐渐提高。

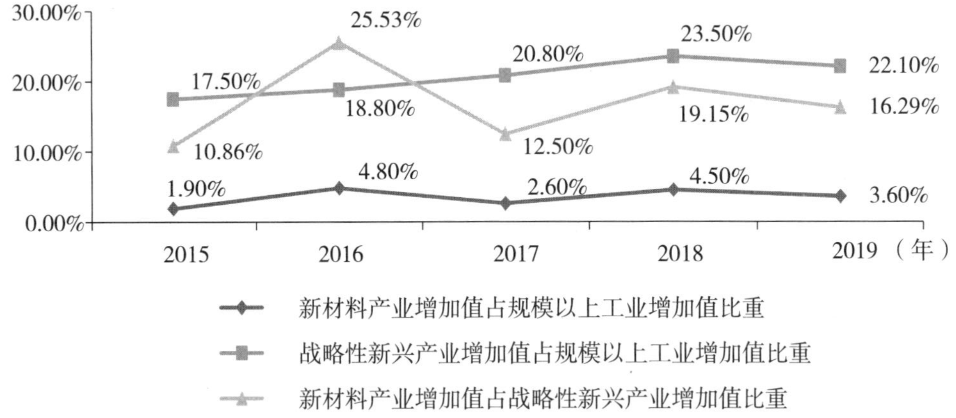

图 2－27　2015—2019 年新材料产业、战略性新兴产业占规上工业比重

资料来源：2016—2020 年《天津统计年鉴》。

从产业链来看，天津新材料产业链条较为完整，涵盖了基础材料、关键战略材料和前沿材料等领域，高精尖材料优势地位逐渐凸显。2015 年，天津把新材料产业纳入工业发展重点领域，通过政策引导，吸引了一批国内知名的新材料企业，例如：中环领先、银龙预应力、三环乐喜、环欧半导体等，形成了新材料产业集群；同时，天津引进了一批辐射作用强的企业（金发科技、富通集团、三安光电、忠旺铝业等）。目前，天津新材料领域已经形成多条子领域产业链，其中，高性能膜材料领域凭借多家一流的企业，处于行业领先水平。

从前沿材料来看，半导体材料、超导材料、稀土永磁材料等领域是天津发展较快的新材料产业，领先企业数量增长较快。在稀土永磁材料领域，天津以生产和加工为主，多原材料密集型企业，处在产业链下游，包括三环乐喜、麦格昆磁等企业；同时，天津也在积极发展处于新材料产业链上游的领域，如天津包钢稀土研究所等。在金属材料领域，天津拥有天津重工、银龙股份、立中集团等优势企业，处于行业领先地位，占据了较大的市场份额。在半导体材料领域，天津处在产业链中游，典型企业包括环欧半导体、中芯国际、中环领先、三安光电等，负责生产加工及配套服务。在超导材料领域，天津富通研发的高温超导电缆、海泰的高温超导薄膜材料全国领先。

从自主创新能力来看，在政策支持和企业自主创新活动增加的双重作用下，天津新材料产业源头创新成果丰硕，纳米材料、超级电容器、荧光粉体等领域不断实现新突破，突破了大型复杂薄壁件技术的技术瓶颈，为我国生产飞机核心零部件提供技术支撑。此外，天津在特种分离膜应用技术上保持国内领先水平，应用范围覆盖催化反应、渗透汽化、生物发酵等行业。为跟上产业科技创新需要，天津加快了行业研究院、重点实验室、工程技术中心等平台建设，鼓励创新型人才落户天津，提高天津自主创新能力。

三、河北战略性新兴产业发展概况

（一）河北战略性新兴产业政策

2011 年，河北省人民政府出台了有关加快战略性新兴产业发展的政策文件，明确指出战略性新兴产业对河北省经济社会发展全局具有重大意义，结合河北省发展面临的严峻挑战，必须加快发展战略性新兴产业，从资金、人才、基础设施等方面保障战略性新兴产业的发展。同时，确定了河北省战略性新兴产业发展的重点领域（详见表 2-3）。

“十三五”时期，河北省人民政府颁布了有关战略性新兴产业的发展规划，指出了“十三五”期间，河北战略性新兴产业的发展目标是：迅速扩大战略性新兴产业产值规模，增强对产业转型升级的支撑作用，使高端装备制造、新一代信息技术、生物、新材料成为全省新的主导产业；同时，不断增强自主创新能力，拓宽协同发展渠道，完善制度建设。

表 2-3 河北省战略性新兴产业重大工程

战略性新兴产业重大工程	细分领域
新能源及应用示范工程	太阳能光伏电池生产、风力发电、智能电网
信息产业升级工程	芯片设计制造、通信网络设备、物联网、平板显示、半导体照明、软件与信息服务、云计算等
生物产业创新发展工程	生物医药、生物农业、生物能源、生物制造等
新材料特色产业链壮大工程	新能源材料、电子信息材料、非晶材料、稀土功能材料、特种陶瓷等新型功能材料，高品质特殊钢、新型合金材料、工程塑料等先进结构材料，碳纤维、玄武岩纤维、芳纶、新型纺织材料、超高分子量聚乙烯纤维等高性能纤维及其复合材料
高端装备制造工程	现代轨道交通装备、高端输变电装备、核电装备、通用航空装备、电子工业装备、医学工程装备、工业智能装备等

（续上表）

战略性新兴产业重大工程	细分领域
节能环保技术产业化工程	高效输变电传输设备、高效电机、余热余压利用、节能监测等先进节能技术和产品的开发应用，发展生物处理、环境监测、大气和水污染防治、清洁生产等环保技术和产品
新能源汽车示范工程	纯电动、混合动力等新能源汽车整车及关键零部件，动力电池、充电装备、电控系统等的生产制造和研发检测平台建设
新兴海洋产业培育工程	海洋生物技术、海水综合利用、海洋风能、海洋工程技术等的开发和产业化；海洋生物技术，重点开展海藻蛋白类、多糖类、维生素类海洋活性物质规模化提取技术研究

资料来源：河北省人民政府《河北省人民政府印发〈关于加快培育和发展战略性新兴产业意见〉的通知》（冀政〔2011〕147号），2011年12月。

（二）河北战略性新兴产业布局

张家口、承德、廊坊以及保定是河北发展战略性新兴产业的主阵地，在承接北京产业转移的背景下，逐渐形成了环首都经济圈。河北省人民政府决定把环首都经济圈建设成为创新创业示范区、科技成果孵化区、新兴产业示范区以及现代物流园区，为河北省其他城市发展战略性新兴产业提供示范带动作用。根据各市的优势产业，张家口、承德、廊坊和保定的产业发展定位各具特色。张家口成为我国第一次举办冬奥会的城市之一，冬奥会为张家口带来大量的游客，促进张家口旅游业的发展。承德将凭借其丰富的矿产资源，发展成为现代工业城市。廊坊电子信息产业发达，将打造京津冀电子信息走廊、环渤海休闲商务中心城市。保定的产业定位是旅游业和节能环保产业。

河北战略性新兴产业集聚在沿海经济带、中部和南部地区，形成了一批新兴产业集聚区。河北沿海经济带主要包括秦皇岛、唐山、沧州等，这些地区地理位置优越、经济基础良好，主要发展高端装备制造、新能源汽车、新兴海洋产业等领域。其中，中日曹妃甸生态工业园是节能环保产业国际合作的典型示范。冀中南地区以石家庄为核心，依托铁路干线（京广、京九铁路）向周围城市辐射，在邯郸、衡水、邢东等地规划建设了一批经济开发区，发展生物医药、新一代信息技术、新能源等领域，形成了一批特色产业基地。

河北培育了一批省内龙头企业，以龙头企业为着力点发展产业集群。省内大型国有企业开滦集团、河北钢铁、冀中能源、冀东发展等成为战略性新兴产业发展的主力军，开展了中国电子半导体照明产业基地、中国钢研涿州基地、中国船舶重工集团邯郸基地等合作项目建设，以推动大中小型企业协同发展。

（三）河北战略性新兴产业发展成果

河北省战略性新兴产业的企业数量逐渐增多。据《河北省第四次全国经济普查公报（第六号）》（以下简称《普查公报》）统计，截至2018年，从事战略性新兴产业生产的规模以上工业企业 2 191 个，占全省规模以上工业企业的比重达到 16%，主要分布在新材料、生物及节能环保领域。

《普查公报》指出，截至 2018 年，河北省共有规模以上高科技制造业企业 649 家，比 2013 年末增长 40.5%（2013 年 462 家），占该省规模以上制造业企业总数的 5.1%，高于 2013 年的比重。同时，高科技企业研发经费支出 43.6 亿元，比 2013 年翻了一番，占比达 11.9%，高于 2013 年 1.9 个百分点；高科技企业研发经费支出在营业收入中的占比为 2.7%，高于制造业平均水平。同时，河北自主创新能力不断提高。2018 年，规模以上高科技制造业企业专利申请多达 1 633 件，其中发明专利申请 719 件，分别比 2013 年上升 84.9% 和 78.4%；近一半为发明专利申请，比制造业平均水平高 7.7%。可见，河北制造业高科技企业数量增长较快，科技研发投入也随之上涨，带动了全省自主创新水平提高。

除了政策引导之外，企业家也越来越意识到自主创新能力和科技实力的重要性。据《普查公报》显示，无论是否为高科技企业，自主 R&D 活动规模均不断扩大。2018 年，共有 1 748 家规模以上工业企业进行 R&D 活动，比 2013 年增长 104.9%，超过全省规模以上工业企业总数的十分之一。同时，规模以上工业企业 R&D 经费支出 381.99 亿元，与 2013 年相比，上涨 64.1%。科研投入增加促使创新成果数量增长迅速。2018 年，规模以上工业企业专利申请达 1.67 万件，其中发明专利申请 0.61 万件，与 2013 年相比，涨幅分别为 82.2% 和 98.7%，2018 年发明专利占比达 36.53%。

据图 2－28 所示，2015—2020 年，河北高新技术产业增加值总体呈上升趋势，年均增长率保持在 6.6% 以上。截至 2020 年，河北高新技术产业增加值占规模以上工业增加值的比重为 19.4%。高新技术产业增加值增速排名前四的产业为生物医药健康产业、新能源产业、新材料产业、信息智能产业，涨幅分别为 15.0%、13.7%、6.2%、6.1%。自 2018 年，《河北省国民经济和社会发展统计公报》开始统计战略性新兴产业增加值变化情况。2018—2020 年，战略性新兴产业增加值分别增长 10%、10.3%、7.8%。

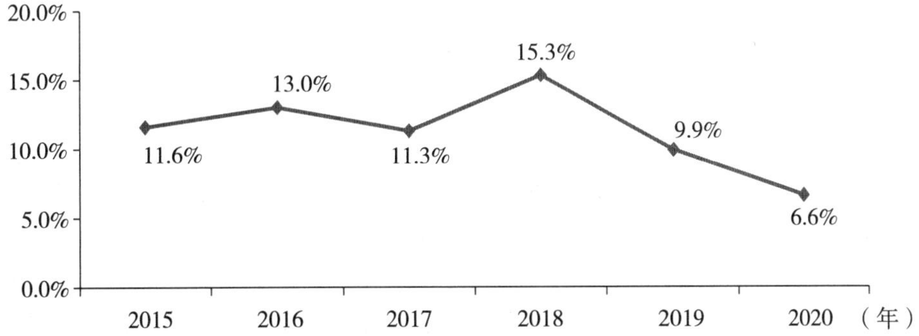

图 2－28　河北高新技术产业增加值增长率

资料来源：2015—2020 年《河北省国民经济和社会发展统计公报》。

（四）河北战略性新兴产业重点领域

据 2020 年《河北省国民经济和社会发展统计公报》，规模以上工业八大重点产业增加值同比增长 6.4%，其中生物医药健康产业增加值同比增长 15.0%，新能源产业同比增长 13.7%，信息智能产业增长 6.1%。本节将简要分析这三个产业的发展概况。

1. 生物医药健康产业

从研发、生产及销售的产业链环节来看，河北生物产业位于整个产业链的中游，主要发展生物医药健康产业，范围涵盖了化学药、中药、生物药等药品制造，医疗卫生用品制造以及医疗仪器制造等领域。

2015 年，河北生物医药健康产业增加值增速与全省规模以上工业增加值增速基本持平，分别为 4.8%、4.4%。但从 2016 年开始，生物医药健康产业发展逐渐加速，产业增加值稳步上升，逐渐超过规模以上工业增加值增速，二者之间的差距不断拉大。在 2018 年，即生物医药健康产业发展的巅峰期，生物医药健康产业增加值增速超过规模以上工业 8 个百分点。2019 年，生物医药健康产业增加值增速有所回落，但仍高于规模以上工业 4.8 个百分点（详见图 2-29）。可见，生物医药健康产业在河北工业发展中处于领先地位。

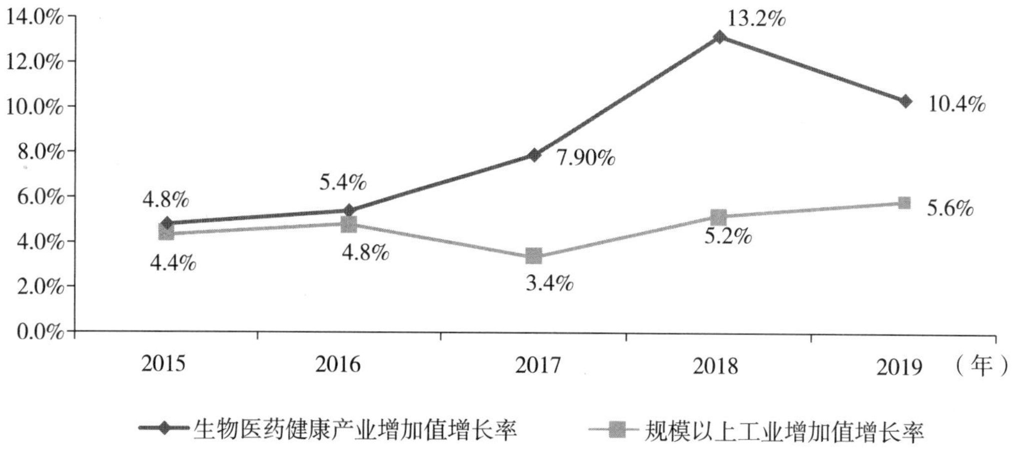

图 2-29 2015—2019 年河北生物医药健康产业和规模以上工业的增加值增长率

资料来源：河北省统计局．http：//tjj.hebei.gov.cn/.

在产值规模不断扩大的同时，河北生物医药健康产业的主营业务收入有所下降，但盈利能力不断增强。据图 2-30 所示，从 2015—2019 年，河北生物医药健康产业主营业务收入波动幅度较大，平均保持在 897.68 亿元。截至 2019 年，生物医药健康产业总产值占规模以上工业总产值的比重为 1.45%。不同于主营业务收入变动较大，生物医药健康产业利润总额持续上升，增长率从 2015 年的 74.1 亿元增加到 2019 年的 116.2 亿元，涨幅达到 56.82%，这主要是依靠规模经济摊薄研发制造成本。总体而言，近年来，河北生物医药健康产业发展步伐加快，产业增加值增速不断提高，企业盈利能力持续增强，但由于市场开拓不足，导致主营业务收入波动幅度较大。

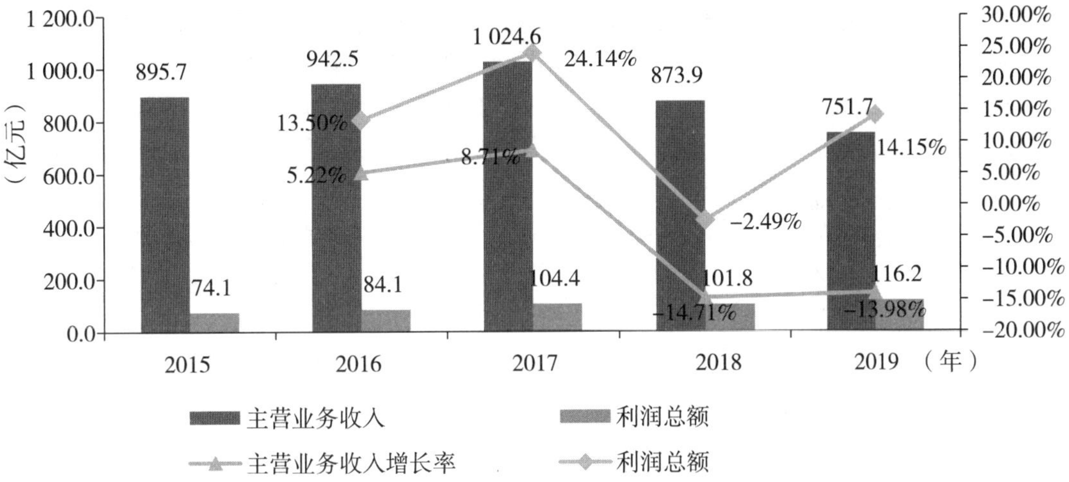

图 2-30　2015—2019 年河北生物医药健康产业主营业务收入和利润总额

资料来源：河北省统计局 . http：//tjj. hebei. gov. cn/.

从产业结构来看，河北生物医药健康产业的发展主要依靠成品药制造，其次是原料药制造，这两类均属于原材料密集型行业，科技含量有限，利润上升空间不足。由于技术难度大、资金需求大等问题，河北医疗器械制造业仍有较大的成长空间。近年来，随着医疗保健意识的增强，医疗保健市场成为医药行业亟待发掘的市场，成为河北医药制造业未来的发展方向之一。

从地区分布来看，河北生物医药健康产业分布较为集中，形成了以省会城市石家庄为中心向周围城市辐射的产业空间布局。2019 年，河北生物医药健康产业共有 282 家企业，主要分布于石家庄、保定、邢台，占全省医药企业比重达到 70. 57%。其中，石家庄排名第一，共 151 家，占比达到 53. 55%。其次是保定 29 家、邢台 19 家。受省际及省内产业转型升级影响，保定、邢台等开始承接部分原材料密集型的医药制造产业转移，生物医药健康产业企业逐渐增多，产值不断上升。

2. 新能源产业

按照新能源来源分类，河北太阳能、风能和生物质能储量较为丰富。就太阳能而言，受纬度和地理位置影响，河北太阳能资源较为丰富。河北地处暖温带，属温带季风气候，但同时省内大部分地区距海洋较远，气候大陆性特征明显，冬季受西伯利亚冷高压影响，降水少，光照时间充足，太阳能资源丰富，可达 5 000 兆焦耳/平方米以上。河北太阳能资源在东部地区中遥遥领先。河北太阳能生产企业不仅在省内架设太阳能发电设施，还把发展蓝图拓展到太阳能资源更加丰富的西部地区。西部地区自然资源丰富，但由于经济较为落后，资源发掘力度较小。河北将本省太阳能发电企业扎根在西部尚未通电的乡村地区，达到了双赢的局面。例如，敦煌古丝绸之路上的并网发电站。另外，河北在其他太阳能应用领域，如多晶硅太阳能，也取得一定进展。

就风能资源而言，受到地形和气候影响，河北拥有较为丰富的风能资源。河北地处华北平原，地势平坦开阔，气流受地形影响较小，风力较大。并且，河北冬季受来自西伯利亚的冷高压气流影响，多大风天气。河北不仅拥有风能储量优势，而且区位优势明显，处于华北电网的核心地带，上网条件便利。河北风力发电项目建设最早可追溯到1995年，于2006年开始大规模发电，截至2018年，河北建成233个风力发电场，风电装机2 000万千瓦。河北已经在张家口、沧州等地建设了一批百万千瓦级风电基地，如坝上地区风电示范基地、承德围场风电基地等。

就生物质能源而言，河北农业发达，特别是中部和南部平原玉米、小麦种植面积大，生物质能源丰富。另外，经济作物如果树、棉花等也会产生大量生物质能源。大力发展生物质能发电项目，不仅有利于提高资源利用率，而且有利于缓解环境压力。由于绿色经济发展需要，生物质能成为新能源发展的重要部分，"十三五"期间，河北生物质能发电装机达到217.43万千瓦。另外，城镇生活垃圾发电项目也属于生物质能利用的重要组成部分。发展垃圾发电项目主要是出于环境保护的目的。由于经济发展的城乡差距，农村人口不断向城市集中，由此出现在城市周围的垃圾包围圈问题越来越严重，依靠科技的力量减少城市生活垃圾，发展垃圾发电产业，实现城市生活垃圾资源化，降低生活垃圾对环境造成的污染，成为我国各级政府努力的方向。"十一五"期间，河北已经开始探索城市生活垃圾资源化途径，开展了垃圾发电项目。

3. 信息智能产业

近年来，河北信息智能产业稳步发展，业务板块涵盖了软件技术服务业、人工智能、装备智能化等领域，引进培养了一批信息技术优势企业，华为技术服务、浪潮、秦皇岛尼特等信息技术知名企业落户河北，石家庄、廊坊、承德、秦皇岛等城市是全省信息智能产业发展较快的地区，建设了一批各具特色的软件信息技术服务产业园区。

从产业规模来看，2013—2015年，河北软件企业数量总体保持上升趋势，从250家发展到280家左右，但2016年，很多软件企业破产，数量锐减至204家。2016年，河北信息智能产业实现销售收入210亿元，其中，信息技术服务172.2亿元，比上年增长15.27%；产品制造36.25亿元，增长8%；嵌入式软件1.25亿元，下降24%。从整个行业的发展水平来看，河北信息智能产业从业人员平均3.5万人，具有信息行业服务资质的企业206家，通过CMMI认证的软件企业49家。2017年，河北信息智能产业扭转颓势，总产值上升至296.9亿元，比上年增长14.2%，盈利达到36.8亿元，增长7.1%，贡献了53.7亿元税收，同比增长8.8%。

在国家政策支持下，河北培育了一批信息技术优势企业，其中，百亿级企业1家、十亿级企业4家、亿元级企业40家，这40家亿元级企业贡献了行业97.8%的营业收入，总计290.5亿元。河北信息技术企业具备较强的竞争力，持有信息系统集成与服务资质证书企业260家，通过ITSS（信息技术服务）评估企业14家。另外，河北信息技术企业中上市公司多达26家（含新三板）。这些信息技术优势企业不仅促进了河北经济社会发展，而且增强了河北在全国的竞争力。例如，华为技术服务有限公司为河北贡献的财政收入保持在年均8亿~12亿元。海湾安全技术有限公司在火灾报警系统领域国内市场份额高达40%。唐山汇中仪表股份有限公司生产的超声热量表，打破了该市场长期被外国垄断的局面，该公司市场占有率达40%。

信息技术产业发展日新月异，专业化分工程度不断提高，为提高经济效率，企业外包呈现规模化趋势。信息技术业链条不断延伸，逐渐形成围绕产品研发设计、制造到营销服务的一条龙模式。国家颁布一系列促进战略性新兴产业的政策以后，河北信息技术产业的产业结构发生了变化，新一代信息技术产业比重不断提高。

从产业空间布局来看，河北信息技术产业集中在环首都经济圈，石家庄、唐山、保定、廊坊、秦皇岛五市包揽了整个信息技术产业97%的营业收入。河北信息技术产业发展水平地区差异较大，冀南（邯郸、衡水）发展较慢，冀中、冀北（石家庄、廊坊、秦皇岛）发展较快。

第三节　石家庄战略性新兴产业发展研究

一、发展概况

“十三五”期间，石家庄战略性新兴产业取得重大发展。据石家庄第四次经济普查数据，截至2018年底，全市共有310家战略性新兴产业企业，在规模以上工业企业中占比达到14.2%。其中，战略性新兴产业企业数量排名前三的行业分别为：生物产业，共127家，在战略性新兴产业企业数量中占41.0%；新材料产业，共60家，占19.4%；节能环保产业，共40家，占12.9%。另外，据图2-31所示，2015—2020年，石家庄高新技术产业增加值逐年增加，年均增长超过11.0%。在实施京津冀协同发展战略的背景下，作为承接北京、天津两地产业转移的主阵地，石家庄战略性新兴产业发展速度和发展质量双双提升，以工业园区、产业基地为依托的产业集群规模不断壮大，逐渐形成了以生物医药、高端装备制造为特色的战略性新兴产业体系。

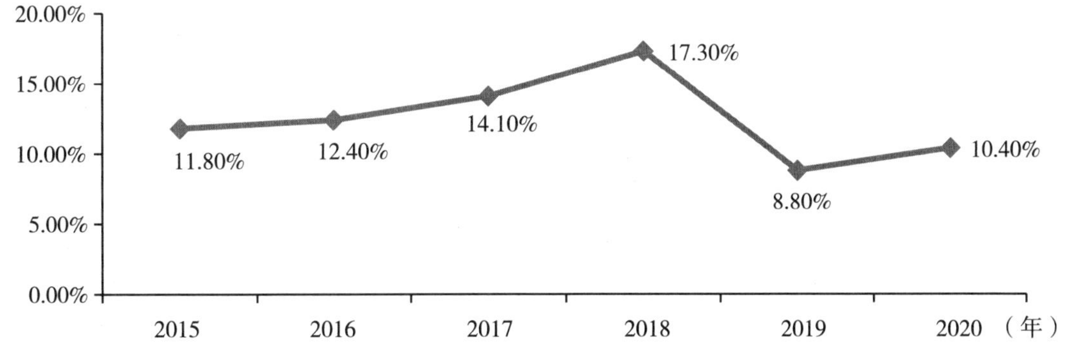

图2-31　石家庄规模以上高技术产业增加值增长率

资料来源：2015—2020年《石家庄市国民经济和社会发展统计公报》。

为全面贯彻落实国务院有关战略性新兴产业的总体部署，石家庄市人民政府出台了一系列针对战略性新兴产业的政策文件。石家庄市人民政府充分认识到战略性新兴产业在地区经济和社会发展中的关键作用，结合本地经济发展的客观形势和实际需要，提出了石家庄重点发展的战略性新兴产业。截至2020年，石家庄已经在高新区、鹿泉区和栾城区规划建设了一批生物医药、光电导航、通用航空等领域的产业基地和综合示范区。与此同时，石家庄也在不断延伸战略性新兴产业细分领域产业链，着力打造覆盖各领域、全产业链的战略性新兴产业体系。

二、重点领域

本节将简要介绍生物产业、高端装备制造产业、新一代信息技术产业这三大战略性新兴产业的发展概况。根据石家庄统计局公布的《石家庄统计年鉴》和《石家庄国民经济与社会发展统计公报》数据，暂无与《国家统计局战略性新兴产业分类（2018）》匹配的生物产业、新一代信息技术产业分类，本节将按照医药制造业、电子信息产业来分析这两个行业的发展情况。

（一）医药制造业

作为河北的省会城市，石家庄已经成为承接北京、天津产业转移的主阵地，引进了大量的医药制造企业。石家庄医药制造业进入了飞速发展阶段，全市医药企业数量不断增加。2015 年，石家庄共有 101 家医药企业，占全省医药企业的 38.11%，实现工业总产值 544.90 亿元，占全省医药制造业产值的比重为 70.43%，可见，石家庄是河北省医药制造业的集聚地。伴随着医药企业数量的增加，石家庄医药制造业产业规模逐渐扩大。据图 2－32，2015—2020 年，石家庄医药制造业发展迅速，增加值增长率从 2015 年的 2.5% 提高到 2020 年的 19.1%，涨幅达 664.0%。其中，2018 年，医药制造业增加值增速最快，达到 172.2%；受到国内经济下行压力影响，2019 年增速有所回落，增长率降至 11.3%；但由于受到 2020 年新冠肺炎疫情影响，医药行业逆势上升，石家庄医药制造业增加值增长率也达到了六年来的峰值。受大环境影响，石家庄生物医药产业未来几年可能迎来发展的关键期。

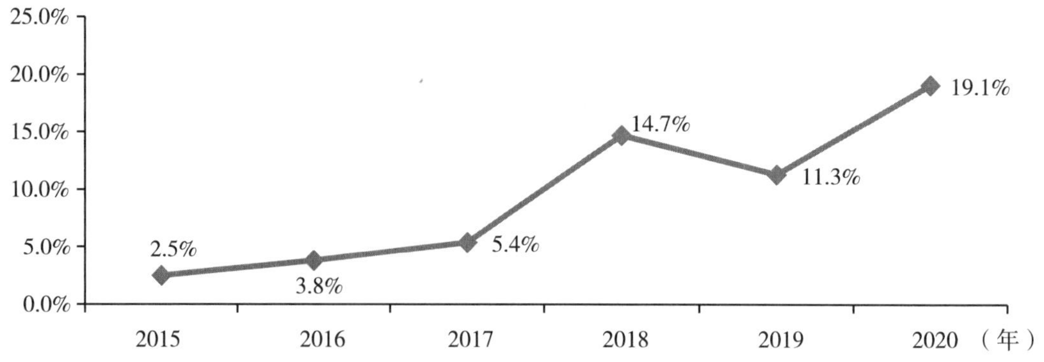

图 2－32 石家庄医药制造业增加值增长率

资料来源：2015—2020 年《石家庄市国民经济和社会发展统计公报》。

石家庄高新技术产业开发区汇集了大量医药企业，石家庄国际生物医药产业园、生命科学创新园和京津冀产业协同创新园三大医药产业园区已经成为石家庄生物医药产业的主要承载地。这三大产业园的生物医药产业发展定位各有不同，覆盖了生物医药产业的研发、生产、销售的各个环节。石家庄国际生物医药产业园立足国内市场，面向国际，致力于成为国内外领先的生物医药产业基地，专注于原料药、化学药、现代中药、制剂等药品的制造、生产和销售。生命科学创新园是石家庄生物医药产业的创新源泉，拥有一大批高等院校、科研院所，进行生命科学、生物医药等方向的研发活动。京津冀产业协同创新园是石家庄为承接北京、天津产业转移专门规划建设的产业园区，园区内引进了许多来自北京、天津的医药企业，为石家庄生物医药产业发展提供了资金、技术、人才等资源。

截至2019年，石家庄高新区基本形成了以生物医药产业为主体的产业格局，拥有1 623家医药企业，其中，包括石药集团、以岭药业等国内知名医药企业；生物医药产业产值占全区工业总产值的46.86%，成为高新区的主导产业。另外，根据2019年发布的《中国生物医药产业园区竞争力评价及分析报告》，石家庄高新区在中国生物医药产业园区综合竞争力前50强中位列第八，拥有9 380项专利和400余个在研新药，其中33个为国家一类新药和独家品种。

（二）高端装备制造产业

“十三五”前期，在国家和地方政策双重支持下，石家庄高端装备制造产业成长速度较快。由图2－33可知，2015—2017年，石家庄高端装备制造产业增加值增长率从15.0%上升至23.9%，增长60.0%左右。另外，这三年来，石家庄装备制造产业也总体保持增长趋势，增长率从2015年的5.3%上升至2017年的11.5%，增长117.0%左右。由于2018—2020年的《石家庄市国民经济和社会发展统计公报》缺少高端装备制造产业的数据，本文将以装备制造产业增加值数据分析石家庄高端装备制造产业发展情况。由图2－33可知，自2018年开始，装备制造产业增加值增速逐渐下降，2019年和2020年，装备制造产业增加值与2018年相比不升反降，总体而言，石家庄装备制造产业扩张速度先快后慢，产业发展动力不足，这可能和市场开拓不足、产品竞争力下降有关。

图2－33　2015—2020年石家庄高端装备制造及装备制造产业增长率情况[①]

资料来源：2015—2020年《石家庄市国民经济和社会发展统计公报》。

① 2017—2019年石家庄高端装备制造产业增长率数据缺失。

石家庄装备制造产业园位于石家庄栾城区，毗邻雄安新区，已经成为石家庄发展高端装备制造产业的前沿阵地，重点发展了通用航空、轨道交通两大高端装备制造领域。其中，通用航空细分为航空制造、改装维修、通航运营、科技研发、会展销售、航空运动及航空培训七大板块。2016 年，石家庄装备制造产业园被批准成为“全国交通运输高端装备制造产业知名品牌创建示范区”；2017 年，被批准成为“国家首批通用航空产业综合示范区”。目前，石家庄装备制造产业园已经汇聚了一批通用航空、轨道交通领域的知名企业，例如，中航通飞华北飞机工业有限公司、德国科普费尔集团、石家庄安瑞科气体机械有限公司等。

（三）电子信息产业

作为石家庄高技术产业之一，电子信息产业近年来不断取得新的发展。据《石家庄市国民经济和社会发展统计公报》，2015—2017 年，电子信息产业增加值增长率分别为 12.6%、4.8%和 18.8%，总体涨幅达到 49.21%。产业增加值每年波动幅度较大，但始终保持增长态势。同时，2015 和 2017 年，石家庄高技术产业增加值增长率分别为 11.8%和 14.1%，低于电子信息产业 0.8 和 4.7 个百分点。这意味着电子信息产业是石家庄高技术产业中发展较快的产业，对石家庄高技术产业发展的带动作用逐渐增强。

石家庄电子信息产业最发达的区域是鹿泉经济开发区。2011 年，鹿泉经济开发区成立了石家庄·中国半导体光谷，这是河北省千亿级产业园区之一，成为河北省战略性新兴产业和产业转型升级的重要抓手。同时，鹿泉经济开发区是石家庄电子信息产业基地，以中国电科 54 所、13 所作为电子信息产业的龙头企业，重点发展半导体、集成电路、电子元器件等领域。在石家庄的政策扶持下，鹿泉经济开发区重点培育了一大批国内一流的电子信息企业。例如，河北普兴电子材料有限公司已经成为我国第一大硅外延材料生产企业，该公司拥有国内规模最大、级别最高的净化厂房和国际一流的检测清洗设备；河北博威集成电路有限公司的射频集成电路市场占有率全国第一；河北远东哈里斯通信有限公司作为中外合资公司，是石家庄国际合作的典型示范企业。

第三章　长三角地区战略性新兴产业发展研究[①]

长江三角洲地区（以下简称“长三角地区”）包括上海市、江苏省、浙江省、安徽省等三省一市，区域占地面积35.8万平方千米，约占全国土地总面积的3.73%。

“十三五”时期，长三角地区以不到4%的国土面积，贡献了全国近1/4的经济总量、1/3的进出口总额，且聚集了全国近1/4的“双一流”高校、国家重点实验室等创新基地，是我国经济发展最活跃、开放水平最高、创新能力最强的区域之一，为战略性新兴产业的培育与发展奠定了坚实的经济和科技基础。

近年来，在一系列国家、省市级产业政策的推动下，长三角地区战略性新兴产业取得了显著成效，成为区域经济高质量发展的重要引擎。

第一节　长三角地区战略性新兴产业发展基础

一、经济发展基础雄厚，产业结构持续优化

长三角地区经济综合实力雄厚，经济增长活力强劲，为战略性新兴产业的培育与发展奠定了坚实的经济基础。

我国及长三角地区各相关省市的统计数据显示（见图3－1），“十三五”时期长三角地区生产总值（GDP）持续增长，由2016年的17.91万亿元增长至2020年的24.47万亿元，增长36.63%，约占国内生产总值的1/4。

虽然在新冠肺炎疫情的影响下，2020年长三角地区经济增速有所放缓，增长率仅为3.14%，但其GDP占比仍超过24%，比上年提高0.15个百分点。

① 本章作者：蔡嘉媛，暨南大学产业经济研究院研究生。

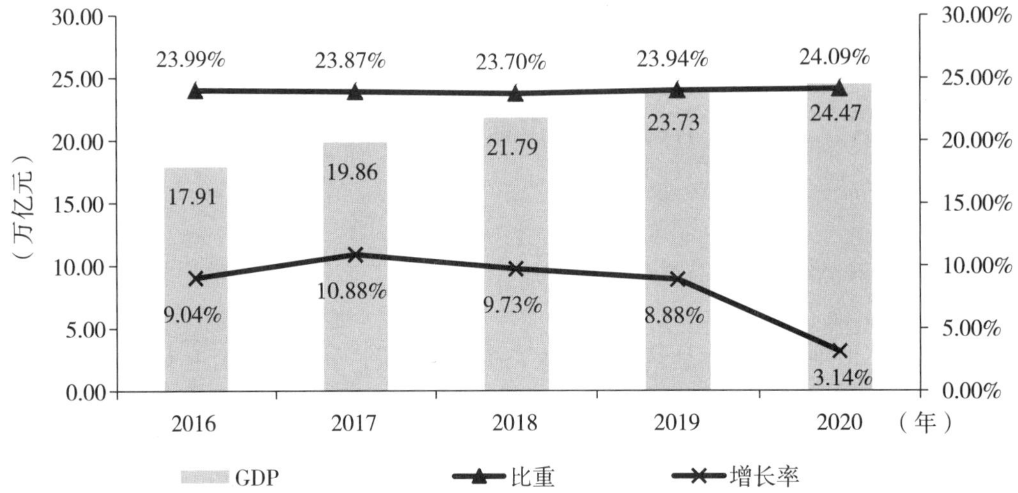

图 3－1　2016—2020 年长三角地区生产总值发展情况

资料来源：根据长三角各省市及国家统计局数据整理。

从长三角区域内各省市来看，上海、江苏、浙江、安徽等三省一市的生产总值均呈良好增长态势（见图 3－2）。其中，江苏的经济体量居长三角地区各省市首位，2020 年江苏地区生产总值达到 102 719 亿元，成为继广东之后第二个 GDP 突破十万亿元的省份；浙江地区生产总值位列江苏之后，2020 年地区生产总值达到 64 613 亿元；上海和安徽的经济体量接近，2020 年地区生产总值分别为 38 701 亿元和 38 681 亿元。虽然受新冠肺炎疫情影响，2020 年各地区经济增长速度趋缓，但三省一市经济仍保持正增长态势。

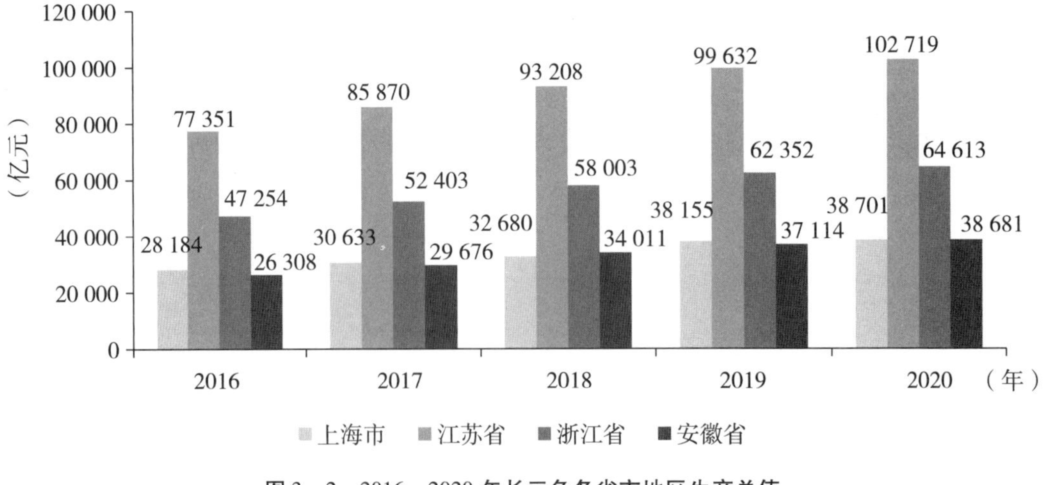

图 3－2　2016—2020 年长三角各省市地区生产总值

资料来源：根据长三角各省市统计局数据整理。

“十三五”时期，长三角地区产业结构持续优化，第三产业比重超过 50%，成为经济发展的主导产业，为战略性新兴产业的发展提供服务、技术支撑。虽然发展新兴产业是产业结构优化的主导方向，但三次产业结构的转型升级反过来对战略性新兴产业的发展提供了不可或缺的技术和服务支撑。例如，生产性服务业为战略性新兴产业的发展提供了必不可少的人才资本、知识资本及资金支持，助推产业生产效率提升，促进产业技术进步。2016—2020 年，长三角地区第三产业占比呈持续增长趋势，由 52.86% 提升至 56.44%，提高了 3.58 个百分点；第一和第二产业占比均呈下降趋势，分别下降了 2.94 和 0.64 个百分点（见图 3－3）。

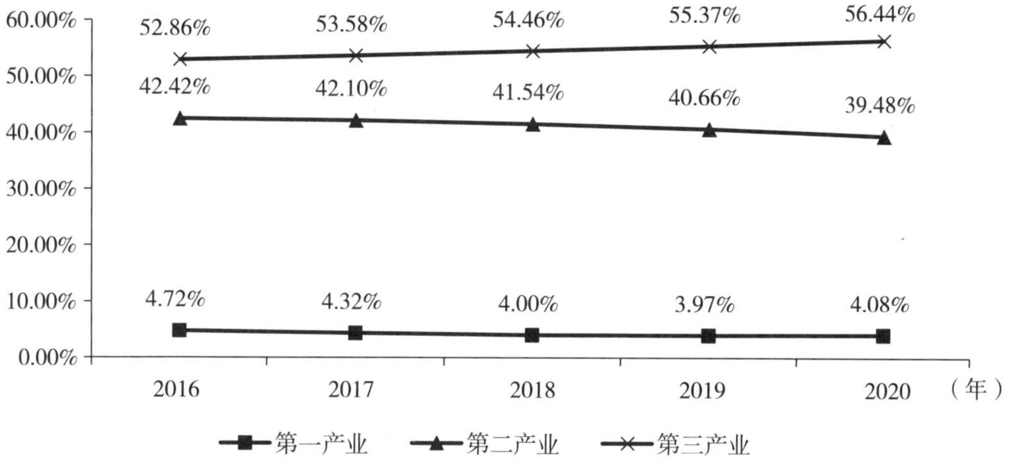

图 3－3　2016—2020 年长三角各省市三大产业生产总值占比情况

资料来源：根据长三角各省市统计年鉴数据整理。

二、产业禀赋各有千秋，特色产业错位发展

长三角地区是我国制造业发展的“重镇”之一，在工业化与城市化的发展过程中，长三角地区各省市依靠自身禀赋，形成了各具特色的产业格局，产业多样化特征明显。

上海市服务业发展领先全国，第三产业比重连年超过 70%，拥有无可比拟的人才、技术与资金优势。日趋完备的金融市场体系为战略性新兴产业发展提供了良好的融资环境和充足的资金支持，日益开放的国际环境为战略性新兴产业实现技术突破、产品及服务创新等提供了良好的协作交流平台。近年来，上海市积极推进“五个中心”建设，发挥区域龙头作用，经济辐射作用不断增强，带动了苏浙皖三地联动发展。

江苏省是我国的传统制造业基地，工业实力雄厚，为先进制造业的发展提供了坚实的产业基础。自 2017 年以来，江苏省第二产业增加值已连续四年位居全国第一，2020 年第二产业增加值达 44 226.43 亿元，比第二名的广东省高出 776.26 亿元，同比增长 3.7%，比广东省高出 1.9 个百分点。近年来，江苏省着力推进产业链与创新链的融合发展，汇集了一批行业领军企业，创新活力持续增强，产业结构加快向中高端迈进，成为引领长三角地区先进制造业发展的主引擎。

浙江省的数字经济与民营经济走在全国前列，是浙江经济最突出的两大产业优势。其

一，作为中国互联网经济的重要发源地，浙江省在电子商务、移动支付、云计算、物联网等领域处于国际领先地位，产业集群发展态势良好，聚集了阿里巴巴、海康威视、网易等信息领域的龙头企业，数字经济核心产业快速发展，2020 年增加值达 7 020 亿元，同比增长 13.0%。其二，作为浙江省最亮丽的名片，民营经济对浙江经济增长贡献巨大。2020 年，浙江省民营经济增加值约占地区生产总值的 66.3%，民间投资占固定资产投资总额的 59.8%，民营企业进出口额分别占全省总额的 57.3% 和 82.1%，由此而来的税收占全省税收收入的 73.9%，民营企业已成为区域经济增长的主引擎。近年来，浙江省充分发挥民营经济的创新活力，着力打造数字经济创新高地，产业集聚水平稳步提升。

安徽省经过多年发展，已建立起门类相对齐全、配套能力较强的工业体系，2016—2020 年工业增加值平均增速超过 8.5%，成为长三角地区工业增长速度最快的省份。近年来，安徽省发挥制造特色鲜明、创新活力强劲等优势，抢抓新一轮信息技术革命机遇，加快布局产业链与创新链，推进新业态、新产业、打造具有重要影响力的科技创新策源地和新兴产业聚集地。

三、政策支撑持续强化，重点领域逐步明晰

2019 年 12 月，中共中央、国务院发布《长江三角洲区域一体化发展规划纲要》，将上海、江苏、浙江、安徽等三省一市全域作为长江三角洲区域一体化发展的规划范围，指出长三角地区将加强协同创新产业体系建设，基于各省市产业基础和发展条件，围绕重点领域，打造一批国家级战略性新兴产业基地；并通过强化组织协调、健全推进机制、建立“1 + N”规划政策体系、抓好督促落实等举措推进规划的实施。2020 年 12 月，科技部发布《长三角科技创新共同体建设发展规划》，进一步明确长三角地区战略性新兴产业的重点领域，并通过建立完善专家咨询机制、优化财政资金支持方式、建立跟踪评估机制等措施进一步完善保障机制，着力推动长三角地区战略性新兴产业的发展壮大，提升长三角地区协同创新能力。具体政策内容如表 3 – 1 所示：

表 3 – 1 长三角战略性新兴产业发展政策

时间	名称	重点领域
2019 年 12 月	《长江三角洲区域一体化发展规划纲要》	围绕电子信息、高端装备、生物医药、汽车、航空航天、新材料、绿色化工、节能环保、智能家电、纺织服装等十大领域，强化区域优势产业协作，推动传统产业升级改造，建设一批国家级战略性新兴产业基地，形成若干世界级制造业集群； 聚焦集成电路、新型显示、人工智能、大数据、物联网、新能源汽车、前沿新材料等十大重点领域，加快发展新能源、智能汽车、新一代移动通信产业，延伸机器人、集成电路产业链，培育一批具有国际竞争力的龙头企业

（续上表）

时间	名称	重点领域
2020 年 12 月	《长三角科技创新共同体建设发展规划》	聚焦集成电路、人工智能、先进材料、生物医药、高端装备、生物育种等重点领域协同开展核心技术攻关； 聚焦量子信息、类脑芯片、第三代半导体、细胞与免疫治疗等领域建设一批国家级战略性新兴产业创新示范基地，打造若干具有国际竞争力的先进制造业集群； 围绕集成电路、人工智能、生物医药、先进制造、物联网、互联网等高端高新产业，建立完善区域产业创新链

资料来源：中国政府网．http：//www. gov. cn/.

四、基础设施互联互通，政务服务高效联动

长三角地区的交通一体化发展初见成效，基本形成枢纽型机场、枢纽型港口、高铁网络和高速公路网络等区域快速交通格局。交通设施的互联互通有助于优化城市间的资源配置，提高城市间的协作质量和效率。近年来，在长三角一体化发展战略的指引下，沪苏浙皖等三省一市相关职能部门积极推动跨区域交通基础设施建设，构建起互联互通、分工协作、管理协同的基础设施体系，基本形成集城轨、市域（郊）铁路、城铁、普铁、高铁于一体的现代轨道交通体系，省际公路的通达能力也在不断增强，世界级机场群建设稳步推进，港口航道运输能力持续提升，为长三角地区战略性新兴产业协同发展提供必要的交通基础。

长三角地区政务服务“一网通办”工作成效显著，基本形成统一用户认证、政务数据共享、电子证照互认、政务应用集成等多样化的对接模式。近年来，为推进长三角一体化发展，沪苏浙皖三省一市联合建设了长三角“一网通办”线上专栏和线下专窗，依托国家政务服务平台统一身份认证系统，实现“一地认证、全网通办”。2020 年，该专窗已实现 51 个事项可跨省通办，其中包括 30 个企业服务事项和 21 个个人服务事项。① 各城市政务服务的高效联动有效提升了长三角地区的营商环境质量，政务服务能力稳步提升，为吸引战略性新兴产业龙头企业及高端人才入驻提供了强大的支撑力量，也为长三角地区各省市的联动发展提供了必不可少的协作平台。

五、国际合作持续深化，开放平台协同推进

长三角地区拥有通江达海、承东启西、联南接北的区位优势，口岸资源优良，国际联系紧密，开放水平高于全国其他区域，为战略性新兴产业在核心技术方面的国际交流与合作提供了机会。2016—2020 年长三角地区进出口总值及实际利用外资情况如表 3－2 所示，2020 年，长三角共拥有开放口岸 46 个，进出口总额占全国比重超过 30%，2020 年在新冠

① 魏房忠．长三角地区政务服务“一网通办”的实践与思考［J］．中国信息化，2020（9）：103－104.

肺炎疫情影响下仍逆势增长，比重达 32.28%，比 2019 年提高了 1.71 个百分点；实际利用外资金额占全国比重超过 55%，2020 年达到 57.29%，比 2019 年提高了 1.79 个百分点。

表 3－2 2016—2020 年长三角地区进出口总值及实际利用外资情况

年份	进出口总值（亿元）			实际利用外资金额（亿美元）		
	长三角	中国	长三角占比	长三角	中国	长三角占比
2016	87 448.08	296 870	29.46%	754.02	1 260.01	59.84%
2017	101 491.03	324 914	31.24%	759.42	1 310.35	57.96%
2018	110 492.50	357 452	30.91%	785.32	1 349.66	58.19%
2019	113 013.91	369 658	30.57%	766.68	1 381.35	55.50%
2020	118 522.42	367 200	32.28%	827.23	1 444.00	57.29%

资料来源：根据长三角各省市 2016—2020 年统计公报数据整理。

从各省市具体情况来看（见图 3－4、3－5），江苏省的进出口总值与实际利用外资金额均位列长三角三省一市之首，2020 年进出口总值达 44 501 亿元，实际利用外资金额达 284 亿美元。上海市进出口总值保持平稳增长，由 2016 年的 28 664 亿元增长至 2020 年的 34 828 亿元。浙江省进出口总值快速提升，由 2016 年的 22 202 亿元提高至 2020 年的 33 808亿元，同比上涨 52.27%。安徽省作为中部地区省份，其进出口总值弱于其他省市，但其增长速度不容忽视，由 2016 年的 2 947 亿元增长至 2020 年的 5 385 亿元，增幅高达 82.73%；实际利用外资总额持续稳定增长，自 2019 年超过浙江省实际利用外资水平，成为外商投资的重点区域。

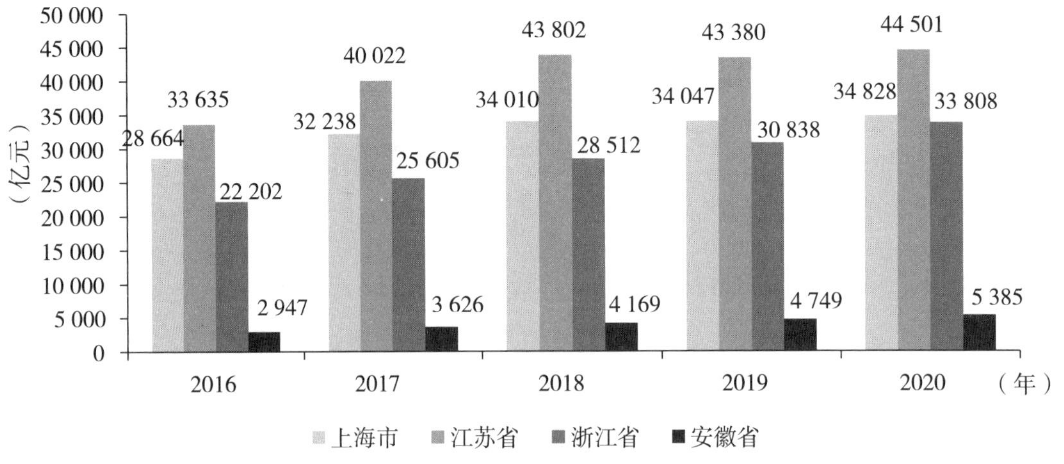

图 3－4 2016—2020 年长三角各省市进出口总值情况

资料来源：根据长三角各省市 2016—2020 年统计公报数据整理。

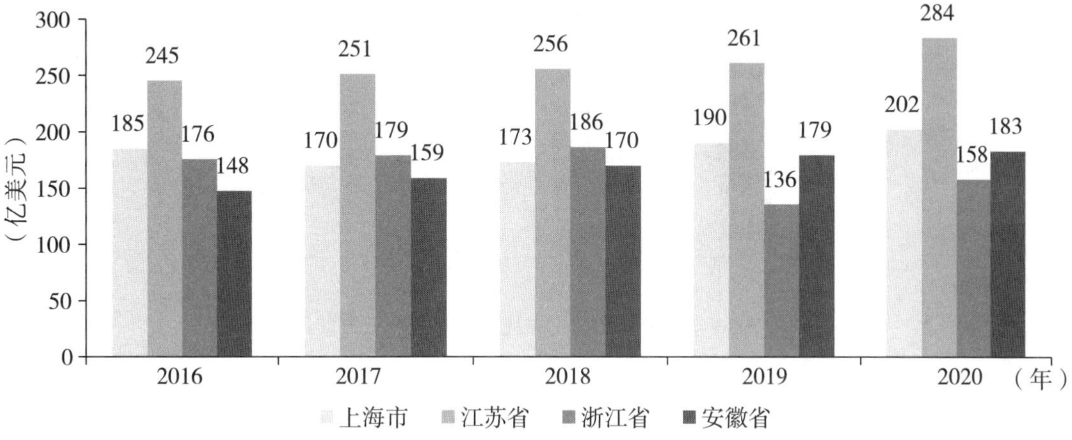

图 3-5　2016—2020 年长三角各省市实际利用外资金额情况

资料来源：根据长三角各省市 2016—2020 年统计公报数据整理。

近年来，长三角地区国际园区合作建设不断推进。长三角区域与欧盟创新驿站等国际机构紧密合作，建设形成中以上海创新、中欧（无锡）生命科技创新产业园、杭州万向国际聚能城等国际合作园区。依托各类特色产业园区，长三角跨境电商、保税贸易等新型贸易方式发展迅速，外贸能级显著提升，为国内外企业交流与合作提供了对接平台。

第二节　长三角地区战略性新兴产业发展概况

一、长三角地区战略性新兴产业整体发展概况

（一）新兴动能稳步提升

近年来，在国家、省、市级一系列产业政策的推动下，长三角地区战略性新兴产业发展取得了显著成效。由于上海、江苏、浙江、安徽等三省一市的战略性新兴产业涵盖范围及统计口径均存在差异，无法从绝对值上展开分析，此处仅分析各省市战略性新兴产业的产值占比情况。上海市设立战略性新兴产业发展专项资金，公布产业地图，并将战略性新兴产业、先进制造业作为发展重点；在一系列措施的推动下，2020 年上海工业战略性新兴产业快速发展，产值占规模以上工业总产值的比重突破 40.0%。江苏省专门设立战略性新兴产业专项资金，并围绕高端装备、车联网、集成电路等重点领域先后出台了 15 项政策措施和行动计划，着力培育经济新动能，2020 年战略性新兴产业逆势增长，产值占比达到 37.8%，成为推动经济加速回暖的重要“引擎”。浙江省委十四届七次全会明确指出重点发展数字经济、生物医药、新材料等领域，战略性新兴产业加速发展，2020 年增加值同比增长 10.2%，占比达 37.5%。安徽省产业转型成效明显，新兴动能增长强劲，战略性新兴产业增加值年均增速达到 17.3%，产值占规模以上工业总产值比重突破 40%，位列长三角地区各省市之首。

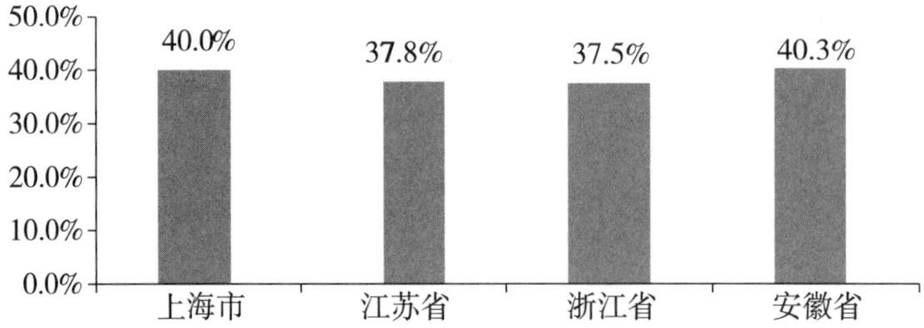

图 3－6　2020 年长三角三省一市战略性新兴产业产值占比情况

资料来源：根据长三角各省市 2016—2020 年统计公报数据整理。

（二）产业集聚优势凸显

一方面，长三角地区已建成一批实验室、创新中心、科技中心等高水平创新基地，成为国内名副其实的新兴产业创新策源地。截至 2020 年，长三角拥有上海张江、安徽合肥 2 个综合性国家科学中心，聚集了 450 所普通高校、159 所国家重点实验室、82 所国家工程技术研究中心、20 家国家数据中心和 373 家地方技术服务类平台，拥有 34 个国家级高新技术产业开发区，占全国的 21.3%，拥有 35 546 套科学仪器，占全国总数的 30%。[①] 根据长三角科技资源共享服务平台数据，上海、江苏、浙江、安徽分别建有 789 家、929 家、458 家、452 家重点实验室、工程技术研究中心、地方技术服务类平台等创新基地（见图 3－7）。科技创新载体的集聚为长三角战略性新兴产业的培育与发展提供了源源不断的动力。

图 3－7　长三角科研基地分布情况

资料来源：长三角科技资源共享服务平台官网．http：//www.csjpt.cn/.

---

① 周正柱，李瑶瑶，冯加浩．协同创新背景下长三角区域科技创新一体化发展［J］．科学发展，2020（11）：57－64.

另一方面，长三角汇集了一批优秀企业，产业主体创新活力强盛。截至 2020 年末，长三角地区拥有高新技术企业 44 126 家，占全国总数的 26%。根据最新发布的《2020 长三角百强企业榜》，2019 年长三角地区百强企业营业收入再创新纪录，达 16.4 万亿元，比 2019 年高出 1.9 万亿元，同比增长 13.57%；在净利润方面，百强企业净利润合计达 7 112.3亿元，比 2019 年增长 19.60%。榜单中营收超千亿元的企业占比突破 50%，且分别有 21 家企业跻身世界 500 强和 128 家企业入围中国企业 500 强，整体排名优于上年。此外，长三角区域内创新型企业数量众多，根据胡润研究院发布的《2020 年全球独角兽榜》，长三角地区"独角兽"企业共 83 家，比粤港澳大湾区多 50 家；从城市分布看，上海 47 家，杭州 20 家，南京 11 家，分别位居上榜中国城市的第 2、4、5 位。

（三）创新能力显著增强

科研创新投入持续提升。根据长三角科技资源共享平台显示，截至 2020 年，长三角区域研发经费支出 5 950 亿元，占全国总投入的比重超过 30%。在研发强度方面，"十三五"时期，长三角地区的研发强度连年增强（见表 3－3），由 2016 年的 2.61% 增长至 2019 年的 2.83%，连续 4 年高于全国研发强度。其中，上海的研发强度连续 4 年均超过 3%；江苏和浙江的研发强度也逐年增强，2019 年分别达到 2.79% 和 2.68%，均高于全国的研发强度；安徽的研发投入较低，基本与全国平均水平持平。在人力资源方面，长三角拥有研发活动人员 17 954 人，占全国的 16.4%，其中中国科学院、工程院院士共 336 名，占全国总数的 18.6%。此外，长三角建有上海张江、苏南、杭州、宁波温州和合芜蚌等 5 个国际自主创新示范区，上海闵行、江苏苏南、浙江等 3 个国家成果转移转化示范区。

表 3－3　2016—2020 年长三角地区科技研发强度情况

年份	上海	江苏	浙江	安徽	长三角	中国
2016	3.82%	2.62%	2.43%	1.97%	2.61%	2.10%
2017	3.93%	2.63%	2.45%	2.09%	2.67%	2.12%
2018	4.16%	2.69%	2.57%	2.16%	2.73%	2.14%
2019	3.93%	2.79%	2.68%	2.03%	2.83%	2.23%

资料来源：根据 2016—2020 年长三角各省市统计公报及中国统计年鉴数据整理。

区域科创成果明显增加。"十三五"时期，长三角地区年专利授权量由 2016 年的 57.77 万件增长至 2019 年的 78.28 万件，占全国专利授权量的比重超过 30%；其中发明专利授权量由 2016 年的 10.29 万件增长至 2019 年的 11.13 万件，约占全国发明专利授权总量的 25%（见图 3－8）。

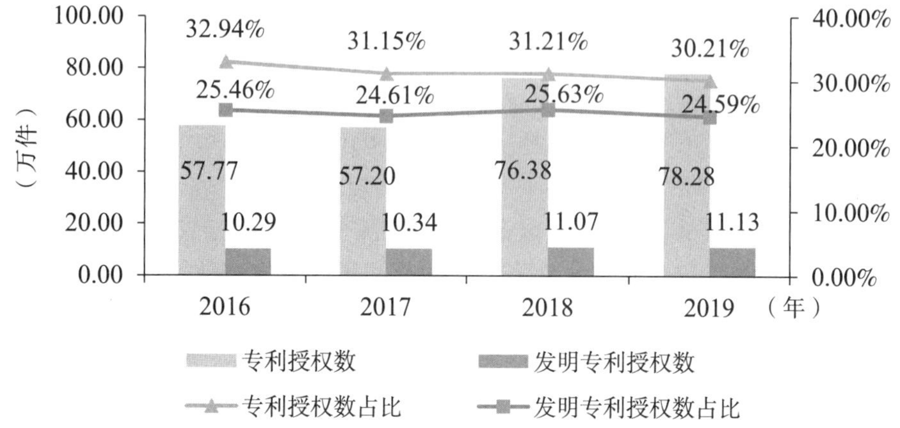

图3-8 2016—2020年长三角地区专利授权情况

资料来源：根据2016—2020年长三角各省市统计公报及中国统计年鉴数据整理。

（四）区域协同不断推进

长三角地区已基本建立起成熟的科技资源共享机制。2008年，上海、江苏、浙江、安徽等三省一市正式建立长三角区域创新体系建设联席会议制度，成为长三角地区首个协同发展平台，在长三角一体化战略的驱动下，该平台发挥着越来越重要的作用，有效提升了区域内的科技资源配置效率。2017年，上海市科委、浙江省科技厅、嘉兴市政府三方联合试点科技创新券的跨区域使用，取得良好成效；在此基础上，长三角地区各城市逐步开展科技创新券专项服务，充分发挥其桥梁作用，提升科技服务共享水平。2018年，三省一市科技部门携手建立长三角科技资源共享服务平台，充分调动长三角地区各省市科技资源与科技服务的开放共享，进一步推进科技创新共同体建设。此外，上海、杭州、苏州、合肥等9个城市依托G60沪昆高速公路，联合推进G60科创走廊建设，在园区合作、产城融合、审批制度改革等方面实施顶层布局，成为长三角地区独具特色的协同融合发展平台。在上述一系列举措的推动下，长三角地区协同创新水平得到有效提升，《2021长三角区域协同创新指数》显示，近十年长三角区域的协同创新指数翻了一番，从基期2011年的100.00分提升至2020年的227.05分，创新协同建设效果显著。

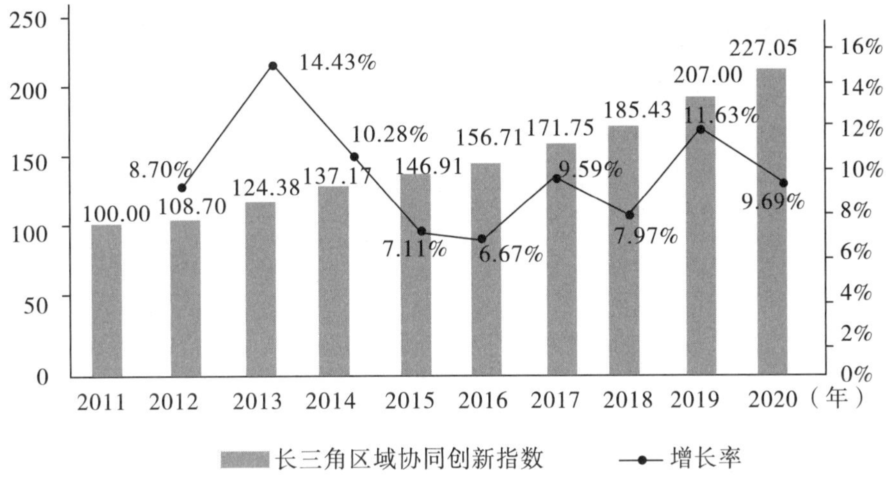

图 3－9　2011—2020 年长三角区域协同创新指数发展情况

资料来源：《2021 长三角区域协同创新指数》。

二、上海市战略性新兴产业发展情况

上海是中国经济发展水平最高的城市，“十三五”时期，上海经济持续快速发展，经济总量不断突破，2020 年地区生产总值达 38 700.58 亿元，占全国的 3.8%，关区进出口商品总额占全国的 20% 左右，已基本建成综合经济实力雄厚、产业能级高、集聚辐射能力强的国际经济中心，战略性新兴产业发展领先全国。

（一）产业发展政策

上海市对战略性新兴产业的规划布局早于长三角其他省市，早在 2012 年 1 月，上海市人民政府就印发《上海市战略性新兴产业发展“十二五”规划》，指出上海将重点发展五大主导产业、积极培育两大先导产业；同年，上海设立战略性新兴产业发展专项资金，为推动战略性新兴产业发展提供资金支持。2016 年 8 月，上海市出台《上海市制造业转型升级“十三五”规划》，进一步将战略性新兴产业的涵盖范围扩大为九大产业，并通过深化体制机制改革、强化土地统筹利用、健全规划实施机制等一系列举措保障战略性新兴产业的发展。2021 年 1 月，发布《上海市国民经济和社会发展第十四个五年规划和二〇三五年远景目标纲要》，进一步明确上海将聚焦集成电路、生物医药、人工智能三大关键领域，增强集成电路产业自主创新能力，提升生物医药产业链协同水平，促进人工智能深度赋能实体经济，发挥三大产业引领作用；并促进电子信息、高端装备、汽车、先进材料、生命健康、时尚消费品六大重点产业集群发展，主要包括：促进电子信息产业稳中提质，扩大生命健康产业多元优质供给，以新能源、智能网联为方向提升汽车产业特色优势和规模，提升高端装备产业自主研发、制造与系统集成能力，推动新材料产业集约化、高端化和绿色化发展，打造时尚高端的现代消费品产业等。

（二）产业布局情况

上海市基于各区的资源禀赋和产业基础，对全市的战略性新兴产业进行了科学的布局规划，对各个区重点发展的产业具有清晰的发展布局，并将其作为投资上海的选址参考，在市政府官网公开展示，便于投资者查阅，为长三角地区其他城市提供典型示范。

上海市共有16个下辖区，大部分辖区均重点布局了三类产业（见图3－9），例如徐汇区主要布局人工智能、生命健康、文化创意等产业，长宁区主要布局智能互联网、航空服务和时尚创意等产业，黄浦区主要布局金融服务、专业服务及商贸旅游等服务业。位于上海西部的四个区则分别重点布局四类产业，例如嘉定区重点发展汽车、智能传感器、医疗装备、机器人等产业，青浦区重点布局信息技术、现代物流、会展旅游和北斗导航等产业。浦东新区有别于其他辖区，是上海的金融和经济发展高地，且地处长江入海口，区位条件优越，因此重点布局了金融服务、集成电路、生命健康、航空及高端装备、汽车、航运贸易、文化创意等七大产业。奉贤区生态宜居，重点发展美丽健康产业。

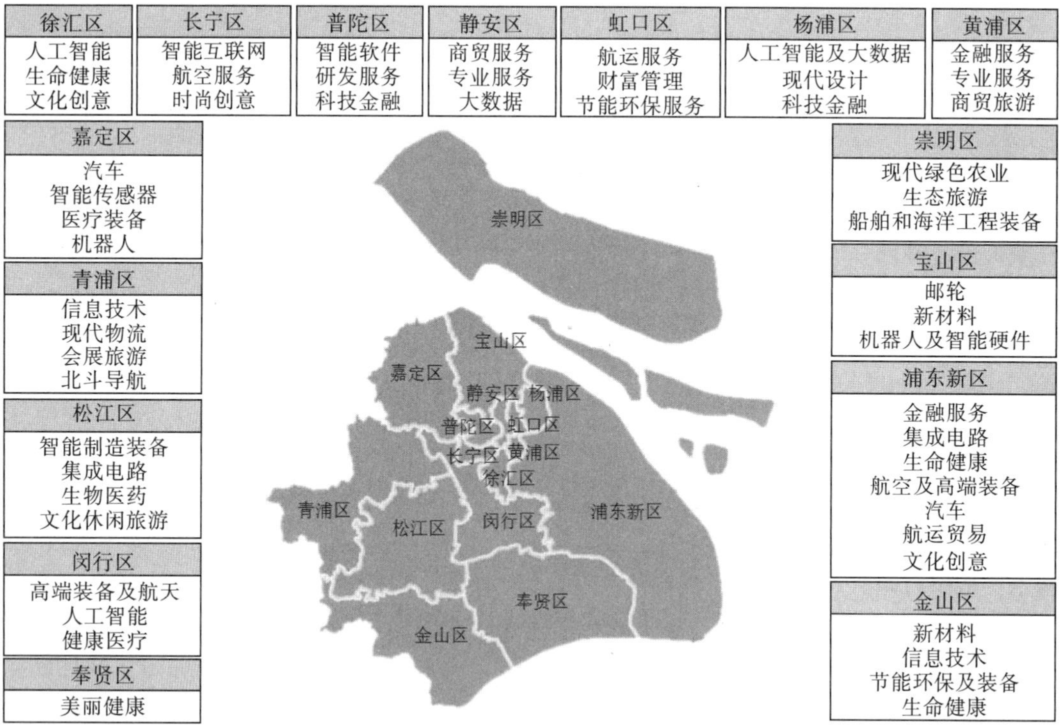

图3－10 上海市产业地图

资料来源：上海市人民政府官网．http：//map. sheitc. sh. gov. cn/.

（三）产业发展成果

1. 增速与占比双提升

2016—2020年，上海市战略性新兴产业快速发展，增加值突破三个千亿级台阶，占地区生产总值比重持续上升。通过整理并比较上海市历年统计公报的相关资料发现，“十三五”时期上海市战略性新兴产业增加值持续增长，由2016年的4 182. 26亿元增长至2020年的7 327. 58亿元，连续突破5 000亿元、6 000亿元、7 000亿元三个千亿级台阶，增长速度自2017年以来均超过8%（见图3 - 10）。从占比看，战略性新兴产业增加值占上海市地区生产总值的比重持续上升，由2016年的15. 2%提高到2020年的18. 9%。

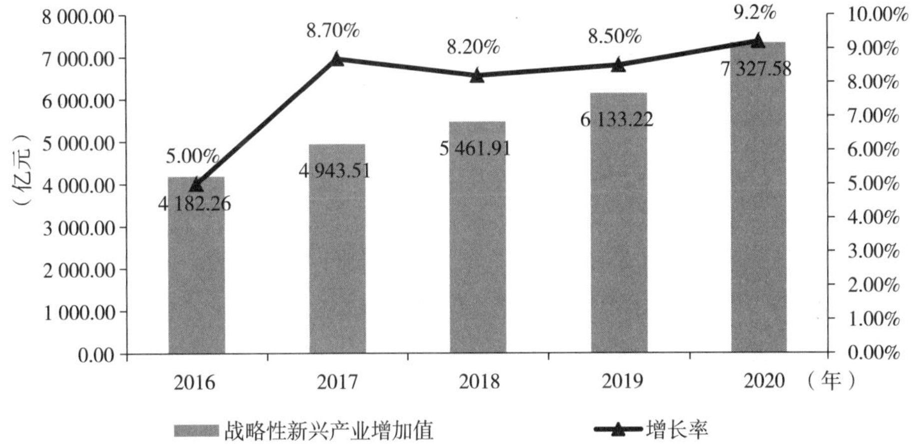

图3 - 11　上海市战略性新兴产业总体增长情况

资料来源：2016—2020年《上海市国民经济和社会发展统计公报》。

2. 服务业占比较大

“十三五”时期，上海市服务业新兴产业占比略高于工业新兴产业。如表3 - 4所示，服务业新兴产业增加值由2016年的2 374. 51亿元增长至2020年的4 367. 79亿元；从增长率看，服务业新兴产业增速持续上升，由2016年的6. 9%上升至2019年的13. 3%，2020年受新冠肺炎疫情影响增速有所回落，为8. 9%，比2019年下降4. 4个百分点。从占比看，“十三五”时期上海市服务业新兴产业增加值占比均超过54%，高于工业新兴产业增加值占比；2020年占比最高，达59. 6%。工业新兴产业增加值由2016年的1 807. 75亿元增长至2020年的2 959. 79亿元，增速呈“升—降—升”趋势，经过2019年3. 3%的低速增长后，2020年快速增长，增速达9. 6%，为2016年以来的最高水平，增加值占比维持在43% ~46%，2020年有所下降。通过以上分析发现，上海市战略性新兴产业的发展以服务业为主，该现象与上海“三二一”型的产业结构不无关系，上海市服务业发展基础雄厚，为战略性新兴产业中的服务业提供了坚实的产业基础。

表 3-4 上海市战略性新兴产业工业与服务业增长情况

年份		2016	2017	2018	2019	2020
工业新兴产业	增加值	1 807.75	2 262.64	2 377.60	2 710.43	2 959.79
	增长率	2.7%	8.1%	4.2%	3.3%	9.6%
	占比	43.2%	45.8%	43.5%	44.2%	40.4%
服务业新兴产业	增加值	2 374.51	2 680.87	3 084.31	3 422.79	4 367.79
	增长率	6.9%	9.2%	11.3%	13.3%	8.9%
	占比	56.8%	54.2%	56.5%	55.8%	59.6%
新兴产业增加值占 GDP 比重		14.8%	16.1%	16.7%	16.1%	18.9%

资料来源：2016—2020 年《上海市国民经济和社会发展统计公报》。

3. 科创板企业成果凸显

上海市一批战略性新兴产业企业在科创板上市，2020 年各大产业整体均实现快速增长，助推企业转型升级和地区经济高质量发展。分行业看，生物医药产业的增长率最高，52 家生物医药公司 2020 年的净利润同比增长了 377%，新能源、新一代信息技术、高端装备等产业的业绩分别同比增长了 49%、46% 和 40%，节能环保、新材料等产业净利润分别同比增长 34% 和 14%。从细分领域看，体外诊断、集成电路及光伏三大产业业绩亮眼。受疫情防控和医疗需求增加的影响，体外诊断产业部分检测仪器、检测试剂等医疗器械公司业绩爆发式增长，5 家公司合计净利润增幅达 2020%；集成电路产业下游需求旺盛，使得半导体行业景气度持续走高，26 家公司净利润增幅达 154%；受国家政策支持，光伏产业业绩大幅提升，8 家公司合计净利润增幅达 94%，呈良好发展态势。

（四）重点产业发展情况

从战略性新兴行业各细分领域看，上海生物医药、新材料等产业的工业总产值超千亿元，2021 年 1 月份发布的上海市"十四五"规划将集成电路产业、生物医药产业、人工智能产业确定为上海重点发展的三大领域。因此，本部分重点分析上海市集成电路、生物医药、新材料三个产业的具体发展情况。

1. 集成电路产业："一核多极"

集成电路产业依托创新资源分布情况，打造以浦东新区张江高科技园区为核心的"一核多极"空间布局，实现产业链与创新链融合发展。

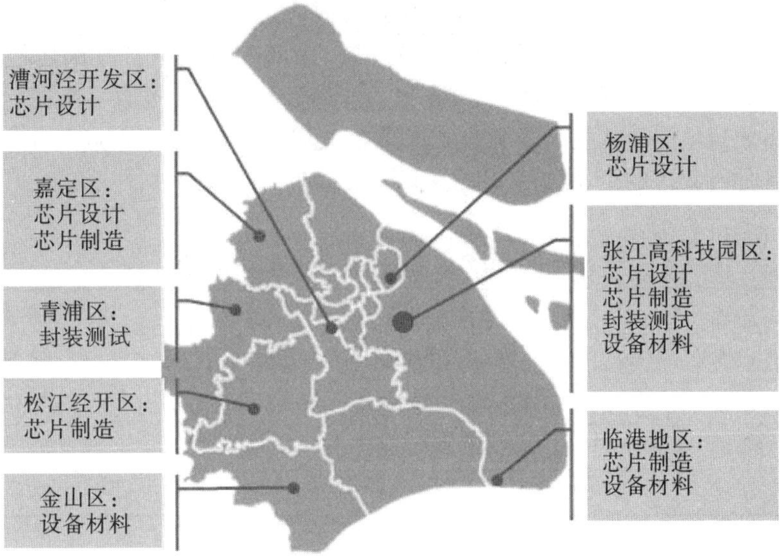

图 3－12　2019 年上海市集成电路产业空间布局

资料来源：上海市人民政府官网．http：//map. sheitc. sh. gov. cn/.

上海市聚集了国家智能传感器创新中心、国家集成电路创新中心、传感技术联合国家重点实验室等研发平台，上海交通大学微电子学院、复旦大学微电子学院、华东师范大学信息科学技术学院等高等院校以及中国科学院上海微系统与信息技术研究所、中国科学院上海高等研究院等科研院所，并成立了上海市集成电路行业协会，为集成电路的培育和发展提供强有力的资源支撑。

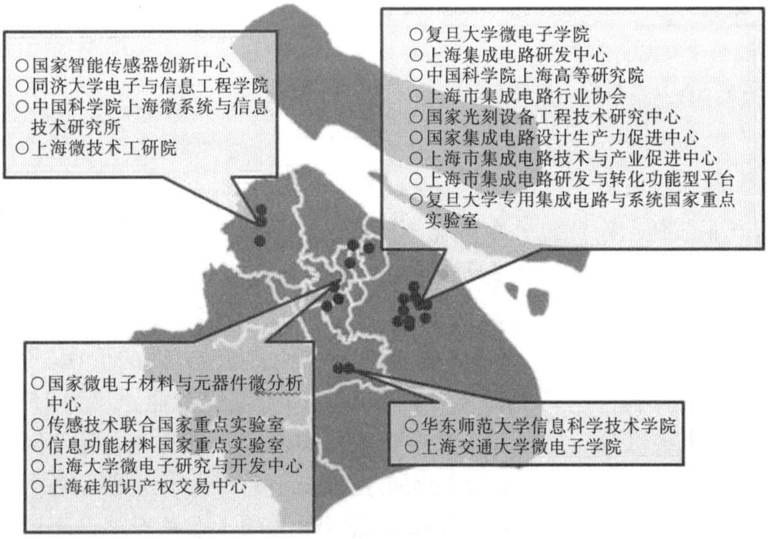

图 3－13　上海市集成电路产业创新资源分布图

资料来源：上海市人民政府官网．http：//map. sheitc. sh. gov. cn.

截至 2019 年，上海市集成电路产业主营业务收入达 946.56 亿元，重点企业达 90 家。从细分领域看，芯片制造产业主营业务收入最高，达 299.58 亿元，其次是芯片设计产业，达 256.97 亿元（见表 3－5）。从区域分布看，浦东新区主营业务收入最高，达到 702.99 亿元，占全市集成电路企业主营业务收入比重超七成；共有 57 家重点企业布局在浦东新区，远高于其他行政区的企业数量（见表 3－6）。

表 3－5　上海集成电路产业细分领域发展情况

细分领域	主营业务收入（亿元）	重点企业（家）
芯片设计	256.97	37
芯片制造	299.58	9
封装测试	254.88	11
设备材料	135.13	33

资料来源：上海市人民政府官网．http：//map.sheitc.sh.gov.cn/.

表 3－6　上海集成电路产业各区发展情况

行政区	主营业务收入（亿元）	重点企业（家）
浦东新区	702.99	57
松江区	91.65	6
闵行区	34.30	5
嘉定区	30.18	5
宝山区	14.91	1
青浦区	5.57	2
中心城区	67.81	14

资料来源：上海市人民政府官网．http：//map.sheitc.sh.gov.cn/.

注：与表 3－5 总收入不等为计量误差。

2. 生物医药产业：“1＋3＋X”

生物医药产业依托创新资源分布情况，打造以浦东新区、奉贤区、金山区、嘉定区为重点发展区域的“1＋3＋X”空间布局。2020 年，上海生物医药产业共有 313 家重点企业，总产值达 1 102.02 亿元。从细分产业看，化学药品产值最高，达 482.23 亿元；其次是药品研发及医疗服务，产值为 235.03 亿元；虽然医疗器械方面的重点企业数量高达 132 家，但其产值低于化学药品和药品研发及医疗服务两个细分产业，仅为 152.92 亿元（见表 3－7）。从上海市各区分布情况看，浦东新区、闵行区、奉贤区、嘉定区是上海市生物医药产业发展的重点区域，浦东新区生物医药产业工业总产值和主营业务收入均最高，分别达 471.84 亿元和 461.35 亿元；虽然闵行、嘉定两区的工业总产值低于浦东新区，其增长速度不容小觑，增长率分别高出浦东新区 4.3 个和 5 个百分点；青浦、奉贤、嘉定、金山四区的主营业务收入增速均高于浦东新区（见表 3－8）。

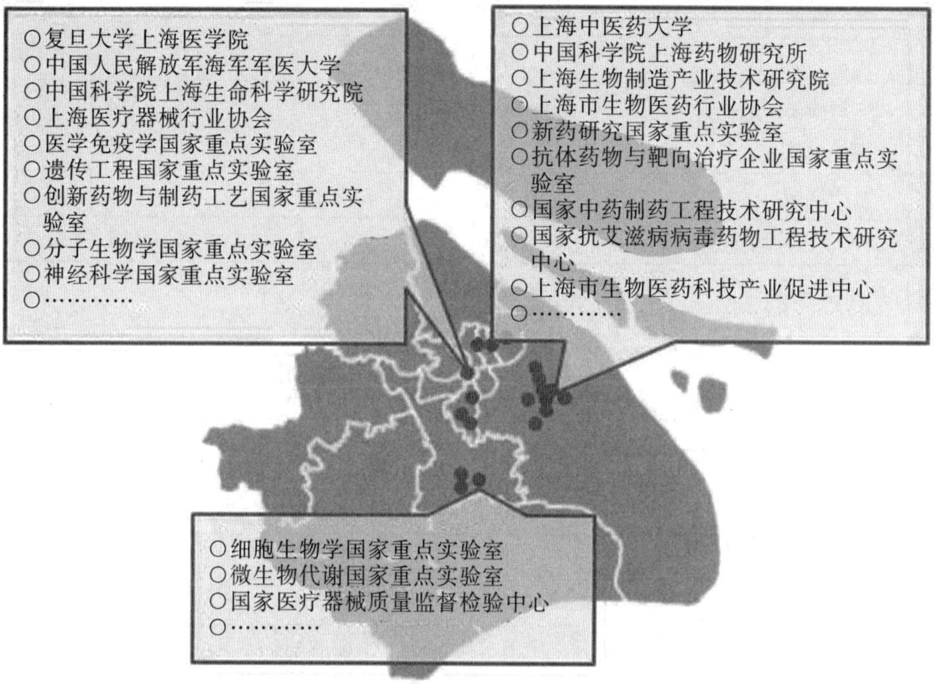

图 3－14　上海市生物医药产业创新资源分布图

资料来源：上海市人民政府官网 . http：//map. sheitc. sh. gov. cn/.

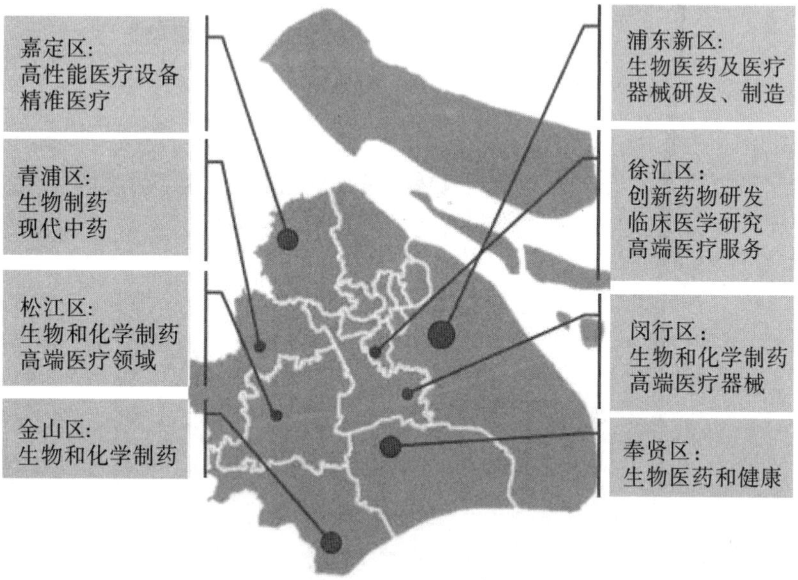

图 3－15　上海市生物医药产业空间布局

资料来源：上海市人民政府官网 . http：//map. sheitc. sh. gov. cn/.

表 3-7 上海生物医药产业细分领域发展情况

细分领域	主营业务收入（亿元）	重点企业（家）
化学药品	482.23	82
生物药品	123.42	50
现代中药	108.42	35
医疗器械	152.92	132
药品研发及医疗服务	235.03	14

资料来源：上海市人民政府官网．http：//map.sheitc.sh.gov.cn/.

表 3-8 上海生物医药产业各区发展情况

行政区	工业总产值		主营业务收入	
	累计（亿元）	增长（%）	累计（亿元）	增长（%）
浦东新区	471.84	11.6	461.35	7.5
闵行区	201.30	15.9	177.30	5.9
奉贤区	155.51	-3.7	170.53	13.6
嘉定区	63.86	16.6	63.83	13.1
金山区	51.39	-2.7	54.46	12.2
青浦区	43.29	7.3	44.22	14.7
其他区	80.12	-16.1	121.65	4.1

资料来源：上海市人民政府官网．http：//map.sheitc.sh.gov.cn/.

3. 新材料产业："3+X"

与集成电路和生物医药产业略有不同的是，上海市新材料产业相关创新资源集中分布在徐汇、长宁、虹口及静安四区，主要包括金属有机化学、信息功能材料、生命有机化学等国家重点实验室；而新材料的产业园区则主要分布在金山区、宝山区及奉贤区等地，重点打造"3+X"空间布局。

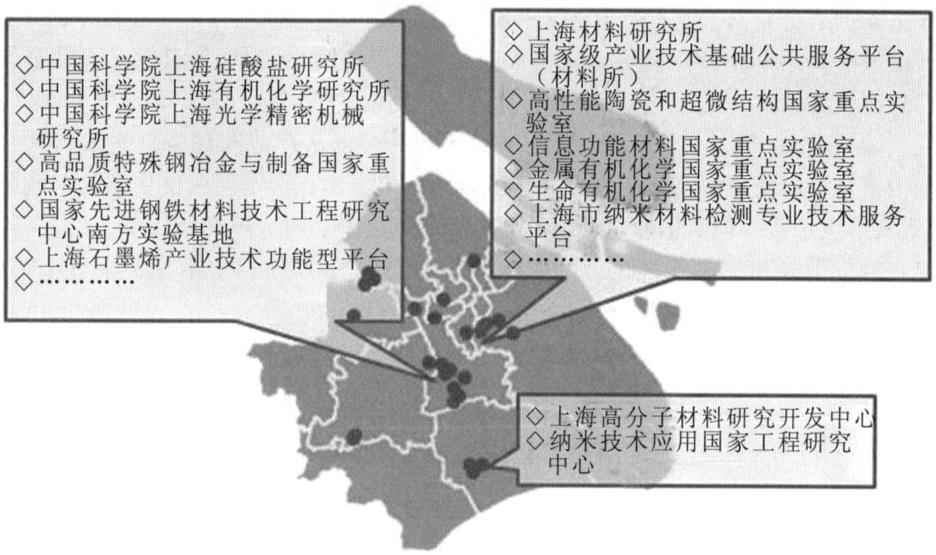

图 3-16　上海市新材料产业创新资源分布图

资料来源：上海市人民政府官网 . http：//map. sheitc. sh. gov. cn/.

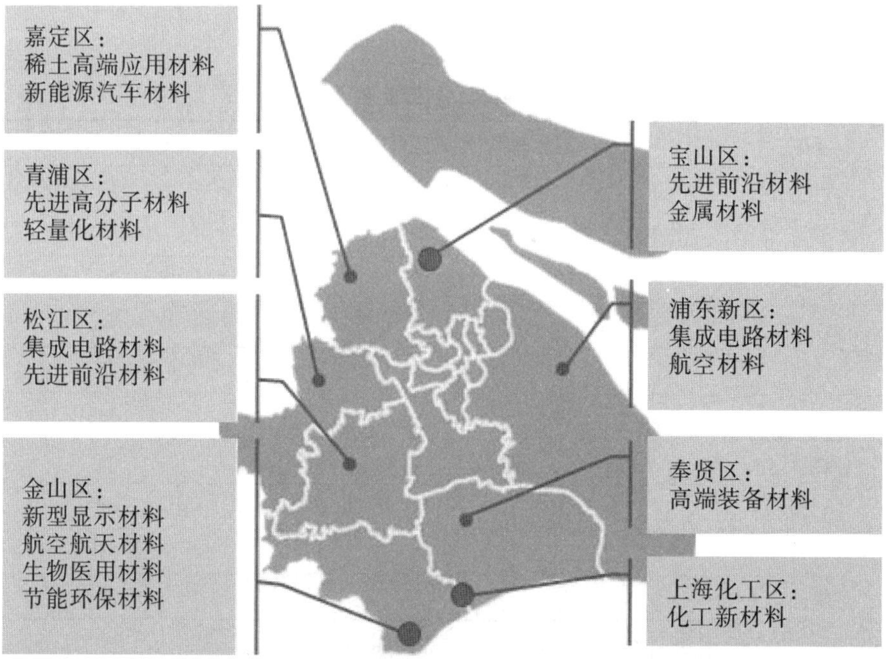

图 3-17　上海市新材料产业空间布局

资料来源：上海市人民政府官网 . http：//map. sheitc. sh. gov. cn/.

上海新材料产业细分领域发展情况如表 3-9、3-10 所示，2020 年，上海新材料产业共有547家重点企业，工业总产值达2 448.47亿元。从细分领域看，先进高分子材料的工业总产值最高，共1 383.51亿元，占全市新材料总产值的56.51%；其次是高端金属结构材料，总产值为558.51亿元；排名第三的是特种金属功能材料，总产值233.98亿元；其余细分领域工业总产值均低于200亿元（见表3-9）。从产业布局看，浦东新区、宝山区、金山区是上海新材料产业的重点布局区域。位于金山、奉贤两区交界处的上海化工区仅有12家重点企业，但其工业总产值位列各行政区之首，共499.79亿元，远高于排名第二和第三的宝山区和浦东新区，后两者的工业总产值分别为348.16亿元和341.77亿元（见表3-10）。

表3-9 上海新材料产业细分领域发展情况

细分领域	工业总产值（亿元）	产值占比（%）
先进高分子材料	1 383.51	56.51
高端金属结构材料	558.51	22.81
特种金属功能材料	233.98	9.56
高性能纤维及复合材料	146.71	5.9
新型无机非金属材料	117.59	4.80
前沿新材料	8.17	0.33

资料来源：上海市人民政府官网．http：//map.sheitc.sh.gov.cn/.

表3-10 上海新材料产业各区发展情况

区域	工业总产值（亿元）	重点企业（家）
上海化工区	499.79	12
浦东新区	341.77	59
宝山区	348.16	39
金山区	310.93	92
青浦区	213.80	73
松江区	241.94	71
嘉定区	180.18	66
闵行区	136.06	62
奉贤区	107.76	51
其他	68.08	22

资料来源：上海市人民政府官网．http：//map.sheitc.sh.gov.cn/.

注：上海化工区位于金山区和奉贤区的交界处，为上海新材料产业“3+X”空间布局的三大重点区域之一，故此处单独列出。

三、江苏省战略性新兴产业发展情况

江苏省是中国经济最活跃的省份之一，自 2009 年起人均 GDP 稳居全国首位，是全国唯一一个所有地级行政区均跻身百强的省份，综合发展实力位居全国前列。“十三五”时期，江苏省经济总量连续跨越三个万亿级台阶，地区生产总值突破 10 万亿元，经济发展“量”和“质”均显著增强，战略性新兴产业和高新技术产业等新兴发展动能持续释放。

（一）产业发展政策

2011 年 12 月，江苏省人民政府印发《江苏省“十二五”培育和发展战略性新兴产业规划》，明确江苏省十大战略性新兴产业的涵盖范围，并通过提升创新能力、产品应用示范、高端人才引领、产业与金融融合、产业国际化发展等五大工程构建产业支撑体系，创新体制机制，保障规划落实。2016 年 11 月，发布《江苏省“十三五”战略性新兴产业发展规划》，重新调整了战略性新兴产业的重点发展领域，并通过加强统筹协调、加大财税支持、拓宽融资渠道、优化发展环境、强化监测评估等举措保障规划实施，推动战略性新兴产业发展成为全省国民经济发展的支柱产业。2020 年 12 月，发布《江苏省国民经济和社会发展第十四个五年规划和二〇三五年远景目标》，指出江苏省将聚焦前沿领域，强化技术攻关，加快技术迭代与产业升级，大力支持头部企业创新发展，打造国家级战略性新兴产业集群建设高地，将战略性新兴产业发展成为引领全省经济发展的新引擎。

（二）产业布局情况

《江苏省“十二五”培育和发展战略性新兴产业规划》和《江苏省“十三五”战略性新兴产业发展规划》均对江苏省的战略性新兴产业发展进行了明确的规划布局。其中，《江苏省“十二五”培育和发展战略性新兴产业规划》指出，江苏省将重点支持南京重点发展软件及智能电网，苏州重点布局纳米技术及材料应用，无锡重点发展物联网、云计算及光伏产业，泰州重点发展生物技术及新医药。《江苏省“十三五”战略性新兴产业发展规划》则在“十二五”规划的基础上，基于各地区产业发展情况重新规划布局，指出将打造南京软件和智能电网、苏州纳米、无锡物联网、常州智能制造、南通海工装备、泰州生物医药、扬州新光源、徐州高端装备、连云港新医药、镇江新材料等标志性产业创新高地。

基于发展基础和政策支撑的产业布局有效推动江苏省各地区重点产业的快速发展，形成差异化发展格局，避免了重复投资和低水平建设，推动江苏省战略性新兴产业的快速发展。例如，软件和信息服务业向来是南京市的优势产业，2019 年南京市软件业务收入突破 5 000 亿元，产业规模位居全省第一、全国第四，在相关产业政策的推动下，逐渐发展成为南京市的产业地标。纳米技术应用是苏州工业园区重点发展的三大特色产业之一，截至 2019 年末，苏州工业园区纳米技术应用产业产值达 810 亿元，累计引进 690 家企业，集聚了 362 个行业领军团队，成为全球八大纳米产业集聚区之一。物联网产业是无锡市的龙头产业之一，目前已集聚了 2 000 多家物联网相关企业，产业规模突破 2 000 亿元，占全省比重接近 50%、占全国比重超过 1/4，已发展成为国家乃至国际的物联网产业新高地。生物医药产业是泰州市的三大战略性主导产业之一，获批建设国内首个国家级医药高新区，聚集了扬子江药业集团、江山制药、苏中制药等一批全国医药百强企业，产值占全国比重接近1/4，在全国地级市中位列第一，并入选《2020生物医药产业园区百强榜》前十名。

图3－18 江苏省战略性新兴产业布局情况

资料来源：江苏省人民政府《江苏省“十三五”战略性新兴产业发展规划》，2016年11月。

（三）产业发展成果

1. 产值占比不断提升

“十三五”时期，江苏省高新技术产业及战略性新兴产业产值占比持续提升，增幅则呈波动趋势。如表3－11所示，从占比看，2016—2020年高新技术产业产值占规模以上工业总产值比重均超过40%，由2016年的41.5%持续增长至2020年的46.5%；战略性新兴产业产值占规模以上工业总产值比重均超过30%，由2016年的30.2%提升至2020年的37.8%。从增速看，“十三五”时期，高新技术产业产值增速呈“升—降—升”趋势，2017年增长率达最大值，为14.4%；战略性新兴产业产值增速呈先升后降趋势，2017年达到最大增速，为13.6%。由此可见，虽然江苏省高新技术产业及战略性新兴产业的增速受多种因素影响有所波动，但两者的产值占比均呈稳步提升态势，逐步成为江苏省经济发展的重要驱动力，推动江苏省产业结构向中高端迈进。

表 3－11　2016—2020 年江苏省战略性新兴产业发展情况

年份		2016	2017	2018	2019	2020
高新技术产业产值	增长率	8.0%	14.4%	11.0%	6.0%	7.7%
	占规模以上工业总产值比重	41.5%	42.7%	43.8%	44.4%	46.5%
战略性新兴产业产值	增长率	10.5%	13.6%	8.8%	7.6%	11.0%
	占规模以上工业总产值比重	30.2%	31.0%	32.0%	32.8%	37.8%

资料来源：2016—2020 年《江苏省国民经济和社会发展统计公报》。

2. 科创产出不断突破

2020 年，江苏省专利申请量高达 75.17 万件，比 2019 年增长 26.5%；专利授权量达 49.92 万件，比 2019 年增长 58.8%（见图 3－18）。其中，企业专利申请量达 61.24 万件，专利授权量达 41.98 万件，分别比 2019 年增长 29.9% 和 68.3%，占全省专利申请量和授权量的比重分别为 81.5% 和 84.1%；有效发明专利达 29.16 万件，比 2019 年增加了 4.88 万件，万人发明专利拥有量达 36.14 件，比 2019 年增加了 5.98 件，位居全国省份首位。此外，前沿技术不断突破，"神威·太湖之光"超级计算机、"奋斗者"号万米载人潜水器、未来网络等重大原创性科技成果不断涌现，科技创新产出不断增加，科技进步贡献率达 65%。

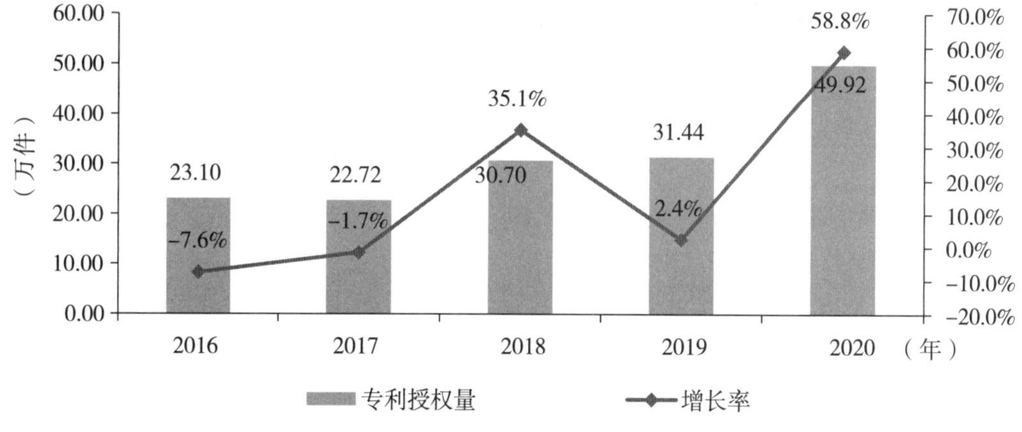

图 3－19　2016—2020 年江苏省专利授权量及其增长率

资料来源：2016—2020 年《江苏省国民经济和社会发展统计公报》。

3. 高企作用不断凸显

2020 年，江苏省净增高新技术企业数量超过 8 000 家，高新技术企业数量累计达 3.3 万家（见图 3－20），其中规模以上工业高新技术企业数量超过 1 万家，占全省规模以上工业企业数量的 26.9%，其产值占全部规模以上工业总产值的 46.5%、高新技术产业产值的 68.7%，利润占所有规模以上工业企业利润的 50.0%；产值份额比 2019 年提升了 2.1 个百分点。高新技术企业逐渐成为江苏省稳增长、调结构、促转型的重要推动力。

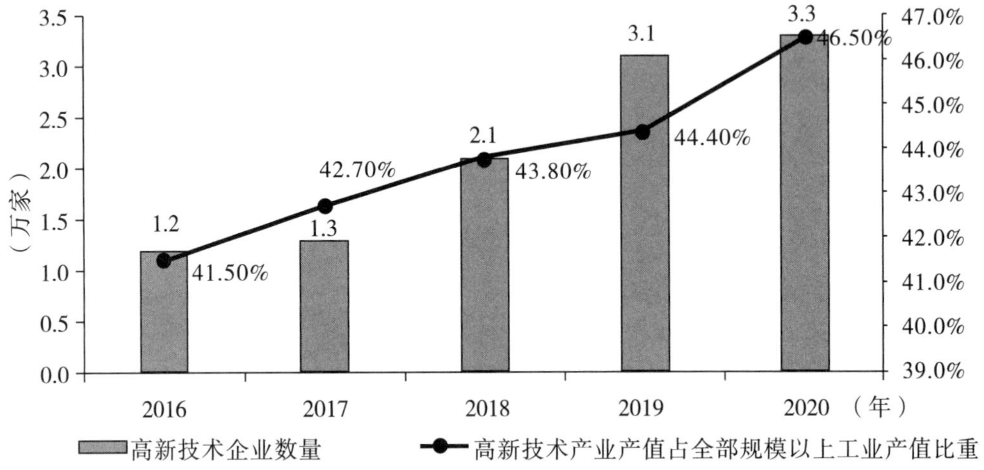

图 3－20　2016—2020 年江苏省高新技术企业发展情况

资料来源：2016—2020 年《江苏省国民经济和社会发展统计公报》。

4. 创新能力不断增强

其一，江苏省研发投入持续增长，2019 年全社会研发与试验发展活动经费支出 2 779.52亿元，位居全国第二，仅次于广东省的 3 098.49 亿元，占地区生产总值比重达 2.79%（见图 3－21）。此外，江苏省专门设立了战略性新兴产业发展专项资金，截至 2020 年末累计拨付 86 亿元。其二，科技创新引领作用不断增强，根据 118 家重点企业的研发统计数据，2020 年全省重点企业研发经费投入强度、有效发明专利数量保持较快增长速度，为企业营收的快速增长发挥了显著的引领作用。其三，研发载体规模持续扩大，截至 2020 年末，江苏省共有国家级企业技术中心 117 个，国家和省际重点实验室 183 个，工程技术研究中心 3 679 个，科技服务平台 275 个，企业院士工作站 349 个，区域创新能力位居全国前列。

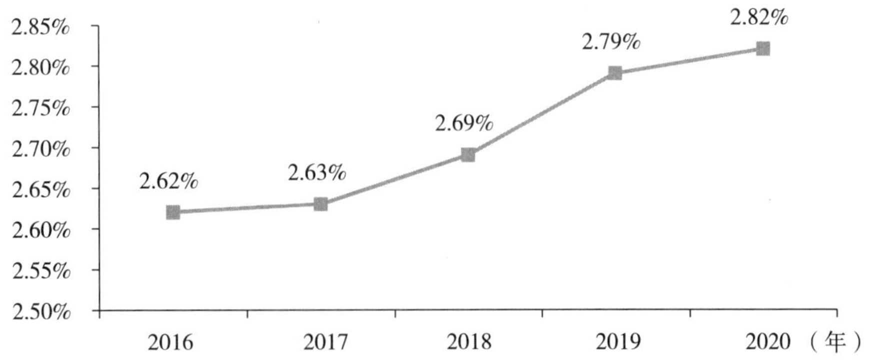

图 3－21　2016—2020 年江苏省研发强度

资料来源：2016—2020 年《江苏省国民经济和社会发展统计公报》。

5. 政策支撑不断强化

江苏省及其下辖市出台了一系列政策举措，助推企业技术创新，激发人才创新活力。江苏省围绕高端装备、车联网、集成电路等领域，相继出台了15项政策举措和行动计划，推动经济新动能增长。南京市出台了“打造一流创新生态”的市委“一号文件”，近三年共投入200多亿元建设创新名城，有效激励了人才、企业、科研机构等创新主体。连云港市推出“暖企22条”，助推企业复工复产和技术创新，共计减免企业税费61.5亿元。扬州市实行“科技创新28条”“知识产权13条”等政策措施，引导企业加大研发投入，强化政策激励作用，2020年市本级科技专项资金首次突破7亿元。

四、浙江省战略性新兴产业发展情况

近年来，浙江省深入实施“八八战略”，奋力打造“重要窗口”，着力推进经济高质量发展，2020年地区生产总值突破6万亿元，人均生产总值超过10万元，经济结构持续向高端化、数字化转型，创新能力位居全国前列，战略性新兴产业发展取得显著成效。

（一）产业发展政策

2010年，在国家提出发展战略性新兴产业的要求下，浙江省根据全省实际情况及发展基础，将九大产业确定为重点发展的战略性新兴产业，并于2011年出台《关于加快培育和发展战略性新兴产业的实施意见》，明确战略性新兴产业的发展目标，对各地区产业发展重点提供全面指引，并通过拓宽融资渠道、加大财政扶持力度等举措，推进重大项目建设，培育龙头骨干企业。2017年9月，发布《浙江省培育发展战略性新兴产业行动计划（2017—2020年）》，将战略性新兴产业范围扩大至十个细分领域，并通过开展试点示范、实施重大项目、推动集聚发展、深化开放合作、集聚高端人才等举措，推动战略性新兴产业发展成为全省国民经济的重要支柱产业。2020年11月，通过《关于制定浙江省国民经济和社会发展第十四个五年规划和二〇三五年远景目标的建议》，指出浙江将做优做强战略性新兴产业，加快形成一批战略性新兴产业集群；大力培育生命健康产业，推动信息技术与生物技术融合创新；超前布局发展类脑芯片、第三代半导体、人工智能、生物工程、柔性电子、前沿新材料、量子信息等未来产业，加快建设未来产业先导区。

（二）产业布局情况

浙江省战略性新兴产业空间布局相对集中，主要分布在杭州市、宁波市、嘉兴市、绍兴市等地，以上四市的战略性新兴产业增加值约占浙江省战略性新兴产业的70%。其中，杭州市重点发展新一代信息技术和物联网产业，宁波市和嘉兴市重点布局新能源产业，临近海洋的舟山市和宁波市利用区位优势布局发展海洋新兴产业。

（三）产业发展成果

1. 产业规模持续扩大，占比稳步提升

“十三五”时期，浙江省战略性新兴产业在一系列政策举措的推动下，产业规模持续扩大，相继突破两个千亿元台阶，由2016年的3 206亿元增长至2020年的5 525亿元。从增速看，浙江省战略性新兴产业增速连续5年超过规模以上工业增加值增速，呈“升—降—升”波动趋势，由2016年的8.6%增至2017年的12.2%，2018年、2019年略微下降，2020年虽然面临突如其来的新冠肺炎疫情和日趋复杂的外部环境，浙江省仍坚定不移培育新兴动能，战略性新兴产业增速逆势回升，达10.2%。从占比看，2016—2020年浙江省战略性新兴产业增加值占规模以上工业增加值的比重提高10个百分点以上，由2016年的22.9%提升至2020年的33.1%，新兴动能逐渐成为经济高质量发展的重要引擎。（见图3-22）

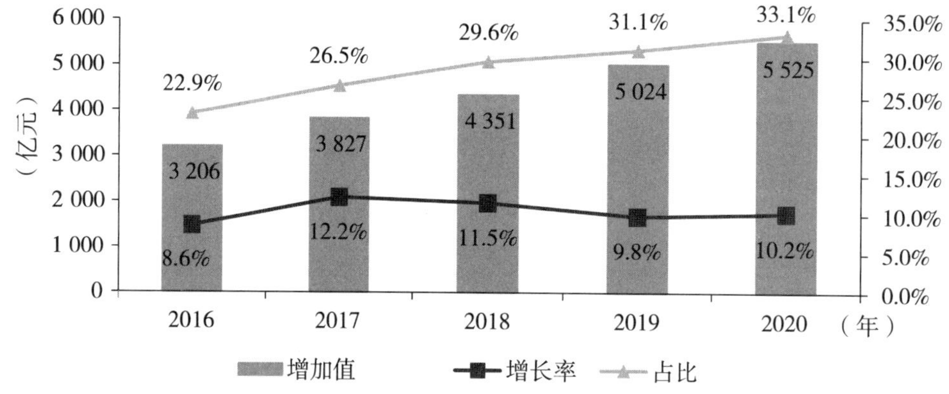

图3-22 2016—2020年浙江省战略性新兴产业增加值发展情况

资料来源：2016—2020年《浙江省国民经济和社会发展统计公报》。

2. 细分产业增速不一，信息技术与生物产业领跑整体

信息技术服务和生物医药是浙江省入选首批国家战略性新兴产业集群的三大产业集群之二。根据浙江省历年统计公报的统计数据（见表3-12），新一代信息技术产业增加值增长速度远高于战略性新兴产业整体的增长速度，2016—2020年其增加值均保持两位数增长，其中2016、2017、2020年增长率均超过20%。其次是生物产业，其增加值自2017年起保持两位数增长，增长率也高于新兴产业整体增速。高端装备制造和节能环保制造业增速则呈波动趋势，经历2019年低速增长之后，2020年逆势回升，增长率分别为7.9%和8.7%。

表3-12 2016—2020年浙江省战略性新兴产业细分产业增加值增长情况

年份	2016	2017	2018	2019	2020
节能环保制造业	7.4%	11.4%	7.2%	5.7%	8.7%
高端装备制造业	9.6%	8.1%	9.2%	5.2%	7.9%
新一代信息技术产业	21.2%	21.5%	19.9%	18.4%	21.0%
生物产业	8.3%	12.5%	11.8%	11.6%	11.5%

资料来源：2016—2020年《浙江省国民经济和社会发展统计公报》。

3. 深入实施“一号工程”，数字产业快速发展

数字经济是浙江省八大万亿产业之一，近年来浙江省深入实施数字经济“一号工程”和五年倍增计划，着力打造数字强省，数字经济得到快速发展。2019 年，浙江省数字经济产业增加值达到 2.7 万亿元，基本是 2015 年增加值的两倍，占地区生产总值的比重突破 40.0%。2020 年数字经济核心产业增加值达到 7 020 亿元，同比增长 13.0%，占地区生产总值的比重突破 10.0%；人工智能产业增加值同比增长 21.3%，占规模以上工业增加值的比重达 3.9%。数字经济的发展有效助力浙江省抗疫防疫、防汛减灾、惠企便民，也充分彰显了在监管执法、城市治理中的效能。

4. 率先打造创新型省份，科创能力居全国前列

浙江省积极打造创新型省份，科技创新能力稳步提升。一是研发投入显著提高，2020 年，一般公共预算支出中的科技支出达 472 亿元，比 2015 年增加了 221 亿元，增幅达 88.2%，科技进步贡献率达到 65.0%，比 2015 年提高了 7.7 个百分点。二是科创载体数量快速增长，科创活力凸显。截至 2020 年末，浙江省共有国家认定的企业技术中心 131 家（含分中心），比 2015 年增长了近 40%；有效高新技术企业 2.2 万家，比 2015 年增长了 2.4 倍；科技型中小企业 6.9 万家，比 2015 年的增长了 1.9 倍；杭州城西科创走廊、西湖实验室、之江实验室等成为具有全国影响力的科创基地。三是区域创新能力有效增强，2020 年全年专利授权量达 39.2 万件，发明专利授权量达 5 万件，比上年增长 46.9%。

五、安徽省战略性新兴产业发展情况

面对日渐复杂严谨的外部环境，安徽省抢抓新一轮科技革命和产业变革机遇，聚焦重点领域，创新发展方式，培育经济发展新动能，有效促进全省战略性新兴产业发展，为地区经济高质量发展注入强大动能。

（一）产业发展政策

2012 年 2 月，安徽省人民政府发布《安徽省战略性新兴产业“十二五”发展规划》，将电子信息等八大产业确定为战略性新兴产业重点发展领域，并通过组织实施“千百十工程”，加大政策支持力度，加强要素资源保障，强力推进规划落实。2016 年 10 月，发布《安徽省战略性新兴产业“十三五”发展规划》，将战略性新兴产业重点领域重新调整为五大产业，并明确了各大产业的发展目标，通过夯实基础、深化改革、推进双创、培育龙头、强化创新、扩大开放六大举措推进全省战略性新兴产业发展。2020 年 12 月，发布《中共安徽省委关于制定国民经济和社会发展第十四个五年规划和二〇三五年远景目标的建议》，进一步调整战略性新兴产业的重点领域，指出安徽将加快发展十大新兴产业，并通过深入推进“三重一创”建设，构建一批各具特色、优势互补、结构合理的战略性新兴产业增长引擎；实施未来产业培育工程，布局发展量子科技、生物制造、先进核能等产业。

（二）产业布局情况

随着战略性新兴产业逐渐成为经济高质量发展的重要驱动力，安徽省加快产业布局，基于各地区产业发展基础和条件，逐渐形成合肥市新型显示器件、集成电路、新能源汽车和智能网联汽车，淮北市陶铝新材料，亳州市现代中药，阜阳市现代医药、绿色食品，马鞍山市绿色智慧制造，芜湖市智能网联汽车、高端装备制造，铜陵市先进材料，黄山市半导体材料、绿色空铁物流等的产业发展格局①，具体情况见图 3 – 23。

合肥市集成电路、人工智能、新型显示器件三大产业集群入选全国首批战略性新兴产业集群建设名单。截至 2020 年，以上三大国家级产业集群已集聚了 1 000 余家企业，全产业链产值逾 2 100 亿元。其中，集成电路产业集群共有 280 余家企业，设计领域的复合增长率位居全国首位，已基本构建起完备的全产业生态体系。人工智能产业集群共集聚 570 余家企业，初步构建起涵盖生产、研发、终端应用各环节的完整产业链，使得合肥在“2020 年全球人工智能最具创新力城市榜单”中排名全国第四。新型显示器件产业集群共有 90 余家企业，已基本实现全产业链布局，并逐步发展成为国内产业链最完备、技术水平最先进、面板产能最大的产业集群，其核心承载区合肥新站高新区的综合实力在 2020 年全国新型显示产业园区中排名第二。

此外，铜陵市先进结构材料产业入选全国首批战略性新兴产业集群建设名单。近 20 年，铜陵市积极培育铜基新材料产业，已发展成为我国铜材加工领域产业链最完备、品种最齐全、配套体系最完善的铜材精深加工产业基地，对全市规模以上工业增长贡献率接近 40%，聚集了铜陵有色、金威、精达等近 60 家规模以上企业，其中铜陵有色跻身世界 500 强。

亳州市作为华佗故里，积极传承与发展现代中药产业，吸引超过 50% 的全国医药百强企业落户亳州，现代中药产业体系逐渐由单纯饮片生产向提取、配方颗粒、中成药、药用辅料生产等产业链高端延伸。

宿州市着力推动经济发展转型升级，积极培育云计算产业，目前已发展成为华东地区最大的云计算中心，成为继克拉玛依之后华为合作的第二座城市。

---

① 中共安徽省委关于制定国民经济和社会发展第十四个五年规划和二〇三五年远景目标的建议［N］. 安徽日报，2020 – 12 – 11.

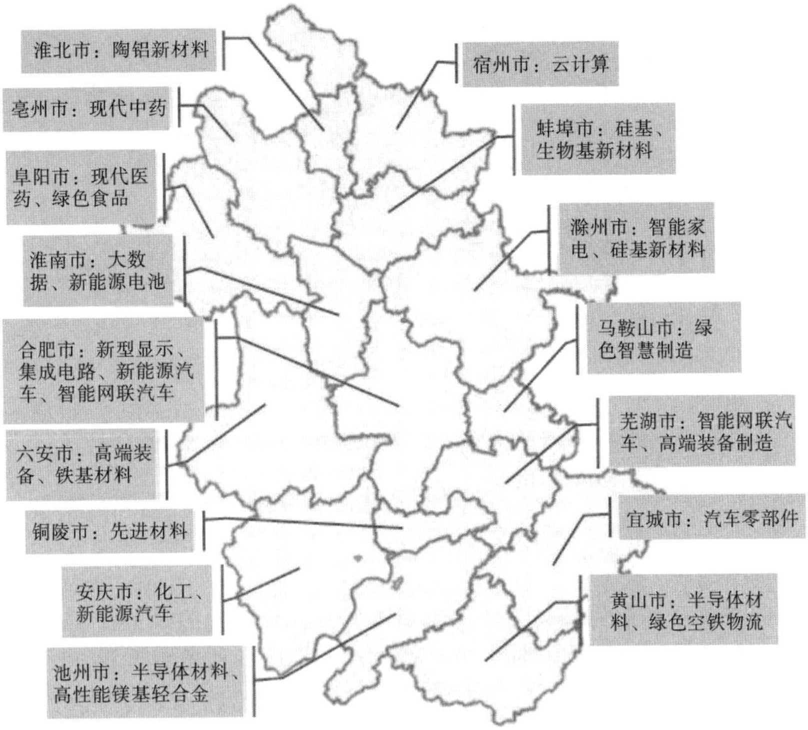

图 3－23　安徽省战略性新兴产业布局情况

资料来源：根据公开资料整理。

（三）产业发展成果

1. 产值与占比双提升

2016—2020 年，安徽省战略性新兴产业发展取得重大成效，总产值由 2016 年的 10 161.3亿元增长至2020 年的 19 417.9 亿元（见图 3－24），年均增速达到 17.6%，占规模以上工业总产值的比重由 2018 年的 29.5% 提高至 2020 年的 40.3%。2020 年，面对新冠肺炎疫情蔓延、洪涝灾害突发、外部环境日趋复杂，安徽省多措并举推动战略性新兴产业发展，使得战略性新兴产业逆势上扬，产值同比增长 18.0%，增幅比上一年提高 3.1 个百分点，比全省工业总产值高出 12.5 个百分点，产值占规模以上工业总产值的比重达 40.3%，比 2019 年提高了 4.8 个百分点。

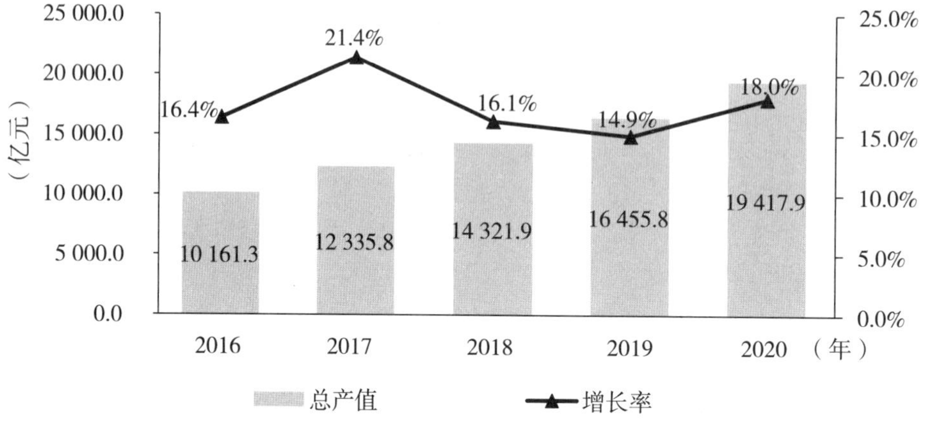

图 3－24 2016—2020 年安徽省战略性新兴产业产值情况

资料来源：安徽省统计局 . http：//tjj. ah. gov. cn/.

2. 优势产业规模持续扩大

安徽省战略性新兴产业包括新一代信息技术等八大产业。由于数字创意产业产值具体情况无从得知，表 3－13 仅列出其他七大产业的产值情况。从总量上看，2016—2020 年安徽省战略性新兴产业所涵盖的七大产业产值均呈持续增长趋势。2020 年，除数字创意产业外的七大产业产值均突破千亿元，其中新一代信息技术产业产值突破 5 000 亿元，新材料产业产值突破 4 500 亿元，节能环保产业产值突破 2 500 亿元、生物产业产值突破 2 000 亿元，新能源汽车产业产值突破 1 000 亿元。由以上统计数据分析可知，新一代信息技术和新材料产业是安徽省的优势产业，2020 年产业产值占全部规模以上工业产值比例分别达到 11.0% 和 9.7%。

表 3－13 2016—2020 年安徽省战略性新兴产业各产业产值情况

单位：亿元

年份	2016	2017	2018	2019	2020
新一代信息技术产业	2 613.2	3 135.8	3 534.1	4 113.7	5 286.1
高端装备制造产业	1 224.9	1 403.7	1 541.3	1 720.1	1 880.1
新材料产业	2 340.6	2 951.5	3 594.9	4 069.5	4 671.7
生物产业	1 142.3	1 353.6	1 582.4	1 921.0	2 357.1
新能源汽车产业	513.6	646.6	792.8	876.0	1 078.4
新能源产业	766.5	929.8	1 037.6	1 221.3	1 582.8
节能环保产业	1 560.2	1 917.5	2 253.0	2 660.8	2 897.7

资料来源：2016—2020 年《安徽省国民经济和社会发展统计公报》。

从增速看，2016—2020 年八大产业产值增速均呈波动趋势（见表 3－14）。其中，新一代信息技术、新材料、生物、新能源四大产业产值增速呈“升—降—升”；高端装备制造产业产值增速则呈“降—升—降”趋势；新能源汽车产业产值增速由2016年的32.8%连年下降至2019年的10.5%后，2020年增速剧增，达到23.1%，创2018年以来的最高水平；节能环保产业波动趋势最明显，呈“升—降—升—降”波动；数字创意产业产值增速自2018年以来持续下降。2020年，部分战略性新兴产业逆势上涨，除数字创意产业为负增长外，其他七大产业均为正增长，其中生物、新能源汽车、新一代信息技术、新能源等四大产业增速均超过20%，分别达到22.7%、23.1%、28.5%、29.6%，新一代信息技术、新能源汽车、新能源三大产业增幅均比上年提高逾10个百分点；高端装备制造、节能环保两大产业增速放缓，分别为9.3%和8.9%，分别比上年降低2.3和9.2个百分点。

表3-14　2016—2020年安徽省战略性新兴产业各产业产值增长情况

年份	2016	2017	2018	2019	2020
新一代信息技术产业	14.0%	20.0%	12.7%	16.4%	28.5%
高端装备制造产业	15.5%	14.6%	9.8%	11.6%	9.3%
新材料产业	15.5%	26.1%	21.8%	13.2%	14.8%
生物产业	11.8%	18.5%	16.9%	21.4%	22.7%
新能源汽车产业	32.8%	25.9%	22.6%	10.5%	23.1%
新能源产业	19.6%	21.3%	11.6%	17.7%	29.6%
节能环保产业	19.9%	22.9%	17.5%	18.1%	8.9%
数字创意产业	—	—	5.4%	-2.1%	-20.1%

资料来源：安徽省统计局 . http://tjj.ah.gov.cn/.

3. 省辖市占比提升，增速普遍上涨

2020年，安徽省下辖的16个省辖市中，共有10个城市的战略性新兴产业产值增长率超过全省水平，共有9个城市的增长率比2019年提高1个百分点以上；其中，淮北、淮南、六安三市战略性新兴产业产值分别增长30.7%、30.4%和20.7%，增幅分别比上年提高8.1、18.3、9.5个百分点。从各市战略性新兴产业产值占全市规模以上工业总产值的比重上看，16个城市的占比均比2019年提高1个百分点以上；其中，六安、滁州、池州、淮南、芜湖、阜阳六市占比分别提高了11.1、9.2、7.6、7.1、6.4、5.4个百分点。合肥、徐州、芜湖等三个城市共为安徽省战略性新兴产业贡献了近50%的产值。

4. 产业发展后劲增强，产业集聚态势凸显

安徽省战略性新兴产业的发展后劲进一步增强。2020年，全省共有规模以上战略性新兴产业企业5 085户，比2019年净增443户；其中，产值超百亿元的企业共14户，比上年净增3户；超十亿元的企业共221户，比上年净增24户；超亿元的企业共2 314户，比上年净增269户。此外，安徽省战略性新兴产业集聚发展态势逐渐凸显。2020年，全省共有4个国家级战略性新兴产业集群，共聚集了近500家规模以上战略性新兴产业企业，全

产业链产值突破 3 000 亿元；共有 26 个省级重大新兴产业基地，共聚集了近 2 000 家规模以上战略性新兴产业企业，全产业链产值超过 7 500 亿元；共有 37 个省级重大新兴产业工程，共聚集了近 900 家产业链关联企业，累计产值接近 2 000 亿元。

（四）存在的问题

1. 部分产业规模较小

在安徽省所列的八大战略性新兴产业中，数字创意、新能源及高端装备制造三大产业产值占全部战略性新兴产业总产值的比重仅为 17.5%。其中，数字创意产业产值占比最低，仅为 1.2%；新能源产业产值占比次低，仅占总产值的 7.5%；高端装备制造产业的占比为 8.9%。此外，在 15 种国家重点关注的主要工业新产品中，全省工业机器人产量占全国产量的比重仅为 3%，光缆、动车组、服务器等新产品产量几乎为 0。

2. 部分城市发展后劲不足

从战略性新兴产业企业数量看，阜阳、淮北、宿州三市的战略性新兴产业企业数量分别为 335 户、123 户和 168 户，占全市规模以上工业企业数量的比重分别为 19.7%、18.6% 和 16.4%，低于安徽省的平均水平 27.7%。从净增企业数量看，合肥、蚌埠、池州三市的战略性新兴产业企业数量分别为 688 户、322 户、156 户，2020 年分别净增 3 户，远低于芜湖、滁州、马鞍山等市净增数量，芜湖、滁州、马鞍山三市 2020 年净增企业数量分别达 105 户、68 户和 44 户。

3. 盈利能力较弱

从产业层面看，2020 年安徽全省规模以上战略性新兴产业营收利润率为 5.8%，比全省规模以上工业利润率低 0.3 个百分点。在安徽省所列的八大产业中，高端装备制造、新材料、新一代信息技术、新能源汽车、数字创意五大产业的营业收入利润率均低于全省规模以上战略性新兴产业平均水平，分别为 5.7%、4.9%、4.6%、3.4% 和 0.8%。从区域层面看，安徽省 16 个下辖市中，合肥、阜阳、蚌埠等七市规模以上战略性新兴产业营收利润率低于全省平均水平；其中，池州、铜陵、淮南三市分别为 4.4%、1.9% 和 1.9%。

第三节　区域重点城市战略性新兴产业发展现状

一、苏州市战略性新兴产业发展概况

苏州市根据自身产业基础和发展条件，明确本市重点发展的八大战略性新兴产业和四大先导产业。在一系列政策举措的推动下，苏州市战略性新兴产业持续快速发展，经济结构持续向中高端方向迈进。

（一）新兴产业规模壮大

近年来，随着创新发展战略持续深化，苏州市战略性新兴产业规模不断壮大。据表

3－15数据，2020年苏州市战略性新兴产业产值达19 399.82亿元，增长率为5.9%，比2019年提高4.3个百分点；从占比看，2020年新兴产业产值占比达55.7%，比2019年提高了2.1个百分点。从细分领域看，新材料、高端装备制造、新型平板显示三大产业产值位居前三，2020年产值分别为5 141.47亿元、4 436.32亿元和3 158.84亿元，占新兴产业总产值的比重分别为14.8%、12.7%和9.1%。从增速看，2020年生物技术和新医药、软件和集成电路产业增速超过10%，分别达17.7%和15.7%，明显高于其他产业增速。从企业数量看，高端装备制造和新材料产业的企业数量最多，分别为922家和857家，两者之和占新兴产业企业总数的58.1%，高于两者产值之和占总产值的比重，说明苏州新材料、高端装备制造企业的单位产值仍存在提升空间。与其相反的是，新型平板显示产业以6.3%的企业占比贡献了9.1%的产值。

表3－15 2020年苏州市战略性新兴产业发展情况

	工业总产值（亿元）	增长率	比重	单位数（个）
新兴产业	19 399.82	5.9%	55.7%	3 061
新能源	1 221.83	5.7%	3.5%	177
新材料	5 141.47	2.7%	14.8%	857
生物技术和新医药	1 122.31	17.7%	3.2%	236
智能电网和物联网	1 651.00	3.3%	4.7%	251
节能环保	1 519.61	10.0%	4.4%	287
新型平板显示	3 158.84	3.9%	9.1%	194
高端装备制造	4 436.32	6.0%	12.7%	922
软件和集成电路	1 148.42	15.7%	3.3%	137

资料来源：苏州市统计局《2021年苏州市情市力》，2021年4月。

（二）创新动能愈加强劲

“十三五”时期，苏州市研发强度显著提升，2016—2020年苏州市创新转型监测指标如表3－16所示，全社会R&D支出占GDP的比重由2.73%提升至3.70%，科技进步贡献率达到66.5%。2020年，战略性新兴产业投资额达1 330.3亿元，比2019年增长35%；其中，智能电网和物联网、生物技术和新医药、节能环保产业的投资增速分别达到64.7%、46.0%和42.1%，高于新兴产业总体投资增速。科技实力持续壮大，2020年苏州市万人有效发明专利拥有量达到68.85件，比2019年增长17.37%。研发载体逐步增加，成立材料科学姑苏实验室，启动实施深时数字地球国际大科学技术，加快建设清华苏州环境创新研究院、西北工业大学太仓长三角研究院等重大创新载体。企业集聚趋势持续凸显，2020年新增省级以上企业技术中心132家，净增2 720家高新技术企业，截至2020年末共拥有有效高新技术企业9 772家，生物医药产业集群企业数量超过3 000家，博瑞、康宁、信达生物、杰瑞、基石等一批生物医药企业陆续在港交所和科创板上市，全市科创板上市企业数量位列全国第三。

表 3-16 2016—2020 年苏州市创新转型监测指标

	R&D 支出占 GDP 比重	年末发明专利拥有量（件）	万人有效发明专利拥有量（件）
2016	2.73%	40 724	38.25
2017	2.77%	49 169	46.02
2018	3.23%	56 821	53.00
2019	3.64%	63 062	58.66
2020	3.70%	74 008	68.85

资料来源：苏州市统计局《2021 年苏州市情市力》，2021 年 4 月。

二、杭州市战略性新兴产业发展概况

近年来，杭州市积极构建“1+6”产业集群，深化落实“新制造业”计划，着力建设“全国数字经济第一城”。经过深入实施一系列推进举措，数字经济和新制造业取得显著成效，产业结构持续升级迭代，经济高质量发展势头强劲。

（一）“1+6”产业集群规模持续扩大

为加快布局未来产业，2017 年杭州市正式实施“1+6”产业集群建设。经过一系列政策措施的推进，杭州市“1+6”产业集群规模持续扩大。2020 年，信息经济产业增加值达 15 856 亿元；其中，电子信息产品制造、数字经济核心、软件与信息服务、数字内容产业增加值呈两位数增长，增速分别为 14.7%、13.3%、12.9% 和 12.7%。六大千亿级产业集群规模基本呈扩大趋势，从增加值看，文化创意、金融服务、健康产业增加值超过千亿元，分别达到 2 285 亿元、2 041 亿元和 1 156 亿元，时尚产业规模较小，仅为 282 亿元，有待进一步发展。从增长率看，时尚、高端装备及金融服务产业增加值均呈两位数增长，增长率分别为 16.3%、14.3% 和 10.6%；受新冠肺炎疫情影响，2020 年旅游休闲产业增加值同比下降 16.3%，预计随着疫情得到有效控制，2021 年旅游休闲产业将有较大幅度提升。从占比看，文化创意、金融服务产业占 GDP 比重分别达到 14.2% 和 12.7%。综合来看，作为一座历史文化名城，杭州市的文化创意产业发展态势良好，信息经济和金融服务在一系列重点发展政策的推进下也取得了显著成效，建议以后能够在政策、资金、人力上加大对其他四大产业的支持力度，加快培育和发展旅游休闲、健康、时尚及高端装备产业。

表 3-17 2020 年杭州市“1+6”产业集群发展情况

指标	增加值（亿元）	增长率	占 GDP 比重
信息经济产业	15 856	—	—
数字经济核心产业	4 290	13.3%	26.6%
电子商务产业	1 933	3.0%	12.0%

（续上表）

指标	增加值（亿元）	增长率	占 GDP 比重
云计算与大数据产业	1 389	1.6%	8.6%
物联网产业	600	8.1%	3.7%
数字内容产业	3 113	12.7%	19.3%
软件与信息服务产业	3 441	12.9%	21.4%
电子信息产品制造产业	1 090	14.7%	6.8%
文化创意产业	2 285	8.2%	14.2%
旅游休闲产业	999	-16.3%	6.2%
金融服务产业	2 041	10.6%	12.7%
健康产业	1 156	8.3%	7.2%
时尚产业（制造业）	282	16.3%	1.8%
高端装备产业（制造业）	791	14.3%	4.9%

资料来源：杭州市统计局 . http：//tjj. hangzhou. gov. cn/.

（二）新制造业产能加快提升

2019 年，杭州市提出“新制造业”计划，着力推进传统制造业向高端化、智能化方向发展。2016—2020 年，杭州市规模以上工业增加值由 2 990 亿元增长至 3 634 亿元，增幅超过 21.5%，年均增长率达 5.0%。其中，2015—2019 年的年均增长率达到 6%，但 2020 年受新冠肺炎疫情影响，规模以上工业增加值仅增长 3.8%。在高端制造、智能制造领域，杭州市取得较快发展。“十三五”时期，杭州市战略性新兴产业基本保持两位数增长，2020 年受经济下行压力及新冠肺炎疫情的影响，增速有所放缓，2020 年增长率下降为 8.1%（见图 3－25），战略性新兴产业、高新技术产业增加值分别为 1 415 亿元和 2 448 亿元。

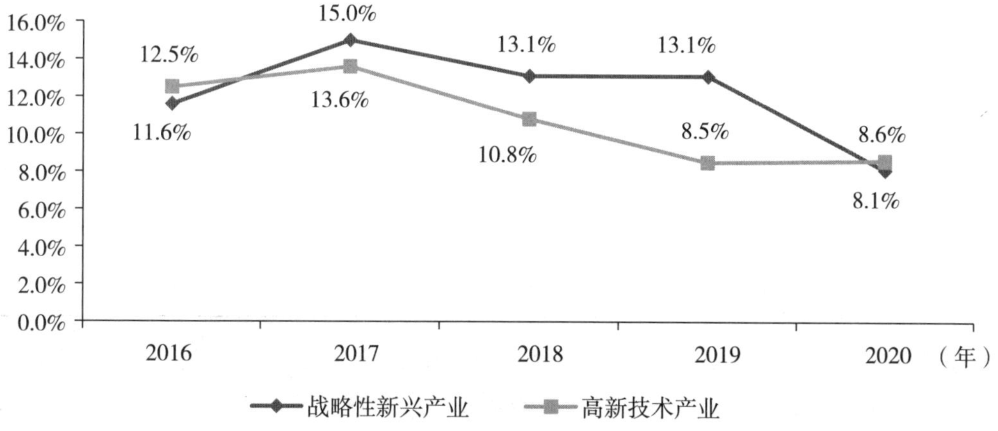

图 3－25　2016—2020 年杭州市战略性新兴产业和高新技术产业增长情况

资料来源：杭州市统计局 . http：//tjj. hangzhou. gov. cn/.

（三）数字经济成为鲜明特色

自2017年底浙江省委提出将数字经济作为“一号工程”建设以来，杭州市深入实施省政府提出的产业规划部署，将数字经济产业发展成为杭州市的特色产业。自2018年以来，杭州市数字经济产业连续三年保持两位数增长，2018—2020年的增长率分别达到15.0%、15.1%、13.3%，远高于地区生产总值增速。2020年，杭州市数字经济核心产业增加值突破4 000亿元，达到4 290亿元，占地区生产总值的比重达到26.6%，比2018年提升3个百分点以上。根据《2019城市数字发展指数报告》显示，杭州市数字发展在全国城市中位列第一，基本实现打造“全国数字经济第一城”的发展目标。

三、合肥市战略性新兴产业发展概况

近年来，合肥市抢抓发展机遇，聚焦新兴产业，大力推进战略性新兴产业集群建设。“功夫不负有心人”，合肥市战略性新兴产业已经发展成为合肥市的“产业地标”，成为实施创新驱动发展战略的主要抓手，为合肥市的产业转型升级和经济高质量发展注入强大功能。

（一）完善产业生态，驱动经济质变

“十三五”时期，合肥市获批建设集成电路、人工智能、新型显示器件等三个国家级战略性新兴产业集群，入选数量在全国城市中排名第四，在所有省会城市中排名第二。截至2020年，以上三大国家级产业集群已集聚了1 000余家企业，全产业链产值逾2 100亿元。其中，集成电路产业集群共有280余家企业，设计领域的复合增长率位居全国首位，已基本构建起完备的全产业生态体系。人工智能产业集群共集聚570余家企业，初步构建起涵盖生产、研发、终端应用各环节的完整产业链，使得合肥在“2020年全球人工智能最具创新力城市榜单”中排名全国第四。新型显示器件产业集群共有90余家企业，已基本实现全产业链布局，并逐步发展成为国内产业链最完备、技术水平最先进、面板产能最大的产业集群，其核心承载区合肥新站高新区的综合实力在2020年全国新型显示产业园区中排名第二。

在上述三大产业集群发展的驱动下，2020年战略性新兴产业产值增长18.2%，占规模以上工业产值比重达55.5%，比2019年提高3.8个百分点，对工业增长的贡献率超80%，成为合肥市经济高质量发展的主要引擎。

（二）创新政策支持，提升创新能力

合肥市出台了一系列政策支持战略性新兴产业的培育与发展。一是出台“高质量发展30条”政策，每年投入逾百亿元支持产业发展；二是出台集成电路、人工智能、“中国声谷”等专项支撑政策，2019年投入十亿元支持相关企业发展；三是出台大项目“一事一议”导则、“三重一创”等政策，2019年投入约25亿元支持战略性新兴产业发展。2020年，合肥市战略性新兴产业投资同比增长9.3%。在一系列政策引导与推动下，截至2019

年末，合肥共建设省级以上（重点）实验室130个、工程研究中心61个、企业技术中心347个；三大国家级战略性新兴产业集群共建有141个省级及以上的工程（技术）研究中心、重点实验室及企业技术中心等研发机构，其中15个为国家级。2019年新增专利授权数336个，拥有国际专利115个。在《2020全球城市基础前沿研究监测指数》中，合肥市入选全球二十强。

（三）集聚龙头企业，引领行业发展

合肥市获批的三大国家级产业集群均集聚了一批行业领军企业，对全市战略性新兴产业的发展起引领作用。在新型显示器件产业集群中，集聚了维信诺、京东方、视涯等一批领军企业。其中，维信诺是全球为数不多具备AMOLED量产能力的企业之一，多年占据全球PMOLED市场占有率前列，其柔性显示技术处于全国科技前沿；京东方的大尺寸面板出货量位居全球首位，提供了全球约1/4的显示屏，为中国显示产业的发展贡献了硬核力量。在集成电路产业集群中，集聚了长鑫存储、晶合集成、奕斯伟、君正、联发科等龙头企业。其中，长鑫存储是我国大陆规模最大、技术最先进的DRAM设计制造一体化企业；奕斯伟是我国最大的COF卷带生产基地；晶合集成专注于半导体晶圆代工生产，是安徽省首个超百亿级集成电路项目，也是我国最大的晶圆代工生产企业。在人工智能产业集群中，集聚了科大讯飞、华米科技、中科类脑等一批领军企业。其中，科大讯飞的智能语音技术和人工智能核心技术始终保持在全球领先水平，华米科技的智能穿戴产品出货量位列全球首位，中科类脑致力于为产业智能化转型升级提供系统解决方案，拥有最先进的类脑技术。

总体上，合肥市战略性新兴产业在一系列政策、投资、人才的支撑下，取得了重大突破。根据2021年合肥“两会”相关报道，合肥市提出的2035年远景目标，首位便是建设高端创新要素密集、科技创新实力雄厚、国际创新交流活跃、创新成果辐射广泛的全球科创新枢纽。

第四章　珠三角地区战略性新兴产业发展研究[①]

第一节　珠三角地区战略性新兴产业发展基础

一、珠三角经济区，区位优势明显

1994 年，中共广东省委七届三次全会首次宣布珠江三角洲经济区成立，珠三角经济区由广州、深圳、中山、肇庆、珠海、惠州、江门、佛山、东莞九个城市组成，占地面积仅有 5.54 万平方千米，不到广东省土地面积的 1/3。根据广东省统计年鉴，到 2019 年末，珠三角常住人口为 6 446.89 万人，拥有全省一半以上的人口；2020 年，珠三角经济区 GDP 达到 8.95 万亿元，约占全省经济总量的 4/5。珠三角经济区的城市集中在广东省的中部和南部，辐射范围涵盖我国中部、西部和南部等地区，靠近香港和澳门，与东南亚相望，是南方对外开放的门户。珠三角经济区是我国人口数量最多、经济发展最快、创新能力最强、科研水平最高的著名城市圈之一，被誉为“南海明珠”。

珠三角是广东省的核心经济区，在文化、经济等领域都发挥着举足轻重的作用，而广东省是我国经济第一大省，为我国经济发展画上了浓墨重彩的一笔。同时，珠三角作为我国改革开放的带头地区，其前行经验为我国改革开放的大格局起到了重要的探索和示范作用，是我国参与世界经济活动、与各国交流往来的主要区域之一。一方面，珠三角先进的制造业和服务业在全球范围内发挥着巨大的影响力；另一方面，珠三角拥有强大的创新能力和前沿的高新技术，为我国走在世界前列的过程中起到关键的作用。

2009 年 10 月 28 日，粤港澳三地政府在澳门提出“大珠三角”的概念，从“珠三角”走向“大珠三角”，珠江三角洲的九座城市牵手香港和澳门，建立珠江口大湾区，最终打造成闻名世界的城市群。2019 年 2 月 18 日，国家出台了进一步建设和发展粤港澳大湾区的重量级文件，巩固粤港澳大湾区在我国经济增长、建设世界级科研创新中心的地位，提升粤港澳大湾区在“一带一路”建设与对外开放中的支撑带动作用。香港、澳门和珠江三角洲的九座城市将对标世界著名的其他三大湾区，打造成全球范围内有名的城市圈，展现中国名片。

---

① 本章作者：张倩倩，暨南大学产业经济研究院研究生。

二、经济发展快速，展现带头作用

珠三角经济发展劲头强势，经济实力雄厚，为广东省贡献 80.8% 的经济总量。根据 2020 年广东省统计公报数据，2020 年广东省的 GDP 达到 110 760.94 亿元（初步核算数），较上年增长 2.6%，仍然保持着全国经济第一大省的称号（见图 4－1）。新经济[①]增加值 27 862.23 亿元，较上年增长 3.0%，占全省 GDP 的 25.2%。珠三角经济区 2020 年 GDP 达到 89 523.93 亿元，较上年增长 2.4%。珠三角九市中经济实力排名前五的为深圳、广州、佛山、东莞、惠州，2020 年 GDP 分别为 27 670.24 亿元、25 019.11 亿元、10 816.47 亿元、9 650.19 亿元、4 221.79 亿元，较上年增长分别为 2.76%、5.88%、0.61%、1.77%、1.06%，其中广州市的 GDP 增速位列全国第一。珠三角经济区地区生产总值占全省比重为 80.8%，为广东省的经济建设和经济飞腾做出巨大的贡献，远远超出东翼、西翼、北部生态发展区等其他区域。2020 年，珠三角规模以上工业增加值较上年增长 1.6%。此外，珠三角对我国的经济也发挥着较大的影响力。据广东省统计局和国家统计局数据，2020 年，珠三角占我国 GDP 总量份额为 8.81%，较上年持平，较 2017 年 9.11% 下降了 0.3%，珠三角持续为我国经济总量快速增长保驾护航。

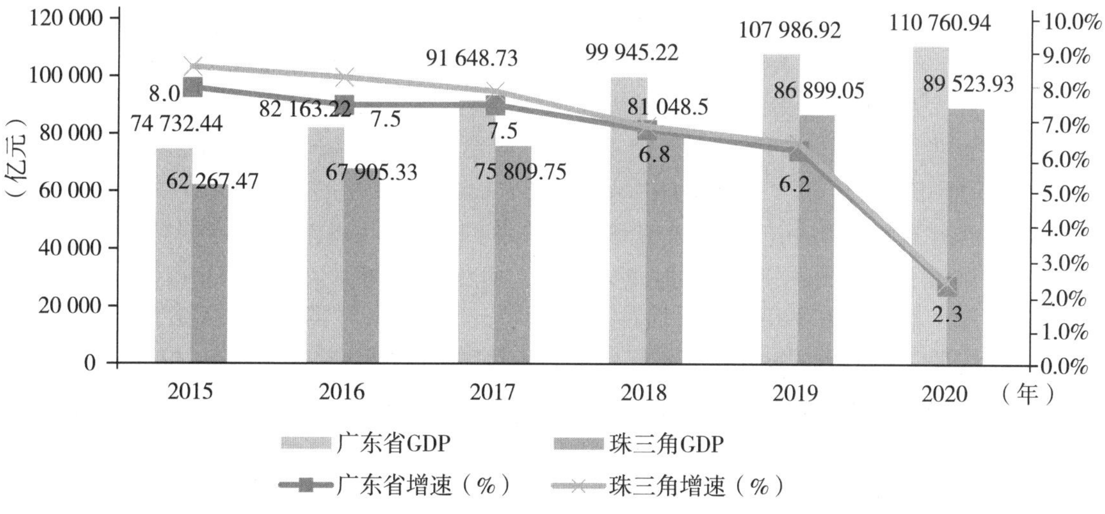

图 4－1　2015—2020 年广东地区生产总值及增速

资料来源：2015—2020 年《广东省国民经济和社会发展统计公报》。

三、产业规模扩大，发展势头迅猛

珠三角地区的战略性新兴产业规模持续扩大，新引擎作用愈加凸显，高新企业数量和资产规模持续增加，对全省战略性新兴产业发展的支撑作用进一步加强。广东省统计局数

① 新产业、新业态、新商业模式的简称。

据显示，在第十二个五年规划期间，广东省战略性新兴产业年均增速超过12%，以战略性新兴产业为主的高技术制造业增加值从2010年的4 850.59亿元增长到2015年8 172.2亿元，增长了3 321.61亿元，平均每年增长11%。2019年，广东省规模以上工业增加值为33 616.10亿元，对比上年实现4.7%的增长。其中广东省高端制造产业规模增长迅速，先进制造业增长5.1%，高技术制造业增长7.3%。2018年末，广东省高技术制造业企业数量累计达79 418家，较五年前的42 878家实现了85.2%的增长，高技术企业的资产累计为46 744.39亿元，较五年前增长106.8%。2018年，广东省规模以上高技术制造业企业数量为8 525家，占全国总数的25.4%，营业收入和利润分别占全国总规模的29.8%和22.8%，均在1/5以上。分区域来看，2019年，广州市战略性新兴产业增加值为4 397.8亿元，占GDP比重为24.25%，较上年增长7.5%；高新技术产品产值7.8万亿元，对比去年实现增长9.6%，新兴产业是广州市经济发展的新增长点，为广州市的经济发展注入了新活力。而深圳重点发展新一代信息技术、海洋经济、绿色低碳、数字经济、新材料、高端装备制造、生物医药七大战略性新兴产业，2019年深圳战略性新兴产业增加值累计为10 155.51亿元，与去年对比增长8.8%，占GDP比重达到37.7%，战略性新兴产业呈现快速发展态势，将成为深圳经济增长的新引擎。

四、创新能力强劲，科研成果丰富

珠三角的科技企业和高校数量众多，科研基础扎实且创新能力强，具有高效的创新效率，在资源、人才、资金等方面具有较大的优势，科技创新成果十分丰富。就广东全省来看，十三五期间，广东省的区域创新综合能力继续领跑全国，R&D经费支出从2010年前的808.75亿元上升至2019年的3 098.49亿元，实现了2.8倍的增长，R&D经费支出在GDP中所占比重从2010年的1.76%上升至2019年的2.88%。R&D课题项目数从2010年的112 680项上升至2019年的224 904项，实现了约100%的增长。科技研究机构数由2010年的4 452所上升至2019年的32 347所。从2010—2019年，广东省的技术合同成交额从242.5亿元增长至2 272.78亿元，实现了8.4倍的增长。R&D科研人员从2010年44.66万人上升至2019年的109.15万人。专利申请受理量从2010年的152 907件上升至2019年的807 700件，实现了4.3倍的增长；专利申请授权量从2010年的119 346件上涨至2019年的527 389件，实现了3.4倍增长，其中发明专利由13 691件增长至59 742件。

分区域来看，2018年，珠三角专利申请量为717 655项，占全省的90.4%，专利授权量为429 106项，占全省89.77%。在九个城市中，专利授权量排名前四位的分别是深圳、广州、东莞和佛山，分别为140 202项、89 826项、65 985项和51 010项（见图4－2）。

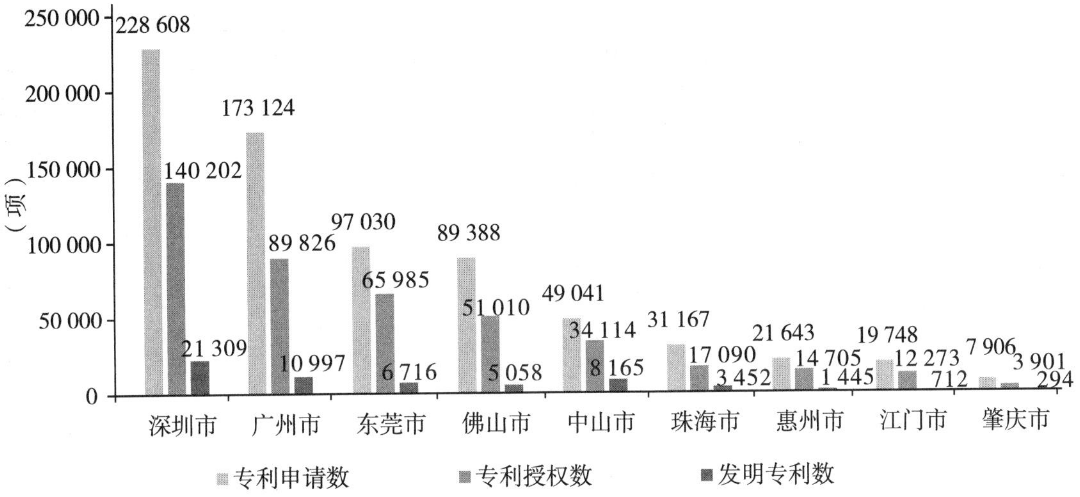

图 4－2　珠三角专利数量情况

资料来源：《中国城市统计年鉴（2019）》。

截至 2021 年 3 月 10 日，珠三角地区的战略性新兴产业相关专利授权数量庞大，战略性新兴产业专题专利数据库显示，珠三角战略性新兴产业专利数量累计达到 1 071 917 项，其中发明专利累计 618 376 项，通过珠三角九市内部比较，深圳市的专利数量远远超越其他的城市，专利申请量为 525 015 项，是广州市的 2. 8 倍，专利授权量为 342 591 项（见图 4－3）。

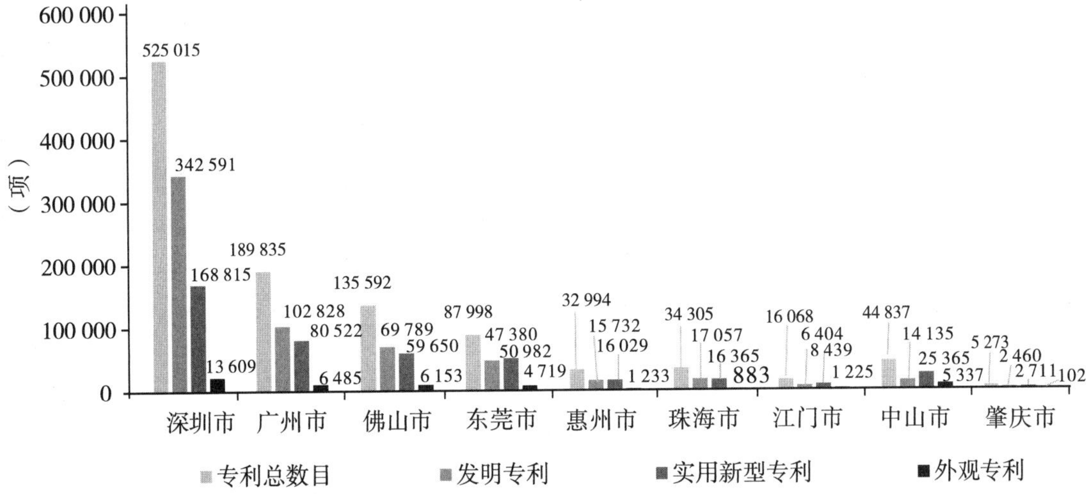

图 4－3　珠三角战略性新兴产业专利授权情况

资料来源：广东省知识产权保护中心战略性新兴产业专题专利数据库（数据截至 2021 年 3 月 10 日，根据地名检索获得数据）. https：//gpic. gd. cn/#/industry.

珠三角地区聚集广东省内主要的高级人力资源和科研资源。截至 2020 年，由教育部统计的珠三角高校数量分布情况，如图 4 – 4 所示，广东省共拥有 154 所高校，位列全国第二，高校主要分布在珠三角地区，其中广州高校数量为 84 所，深圳高校数量为 10 所，珠海高校数量为 8 所，东莞高校数量为 7 所。广东全省普通本专科在校学生数量由 2010 年的 142. 66 万人上升至 2019 年的 205. 40 万人。据各市统计年鉴，2019 年，珠三角地区中广州市普通本专科在校学生数量为 1 140 949 人，珠海为 139 291 人，佛山为 129 945 人，其中本专科在校学生超过 10 万人以上的城市有广州市、珠海市、佛山市、东莞市、深圳市、肇庆市。

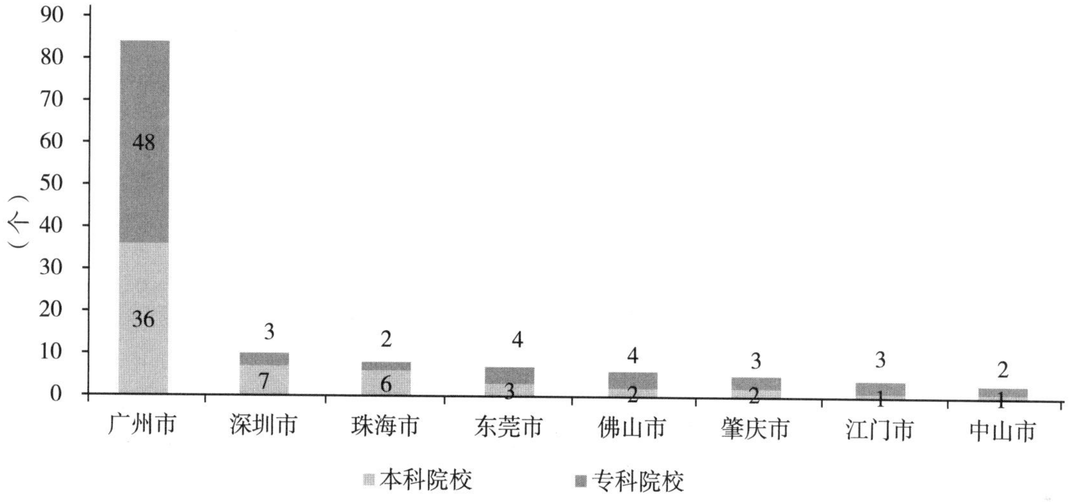

图 4 – 4　珠三角高校数量分布情况

资料来源：教育部官网 . https：//hudong. moe. gov. cn/qggxmd/.

从创新载体来看，根据各市统计公报数据，2019 年末，广州市各级创新载体共有 608 个；深圳市各级创新载体有 2 258 个，且拥有 5 个省级战略性新兴产业基地；佛山市各级工程中心累计达到 3 079 家；东莞市全市各级创新载体共有 716 家，新型研发机构共 59 家，众创空间共 81 家；中山市各级工程中心累计达 325 家，有 63 家创新载体平台；江门市省级以上创新平台 413 个；肇庆市国家级创新平台总数累计达到 206 家。珠三角地区重视创新基础设施的建设，对每个城市有明确的创新功能定位，为科技创新奠定了坚实的基础（见图 4 – 5）。

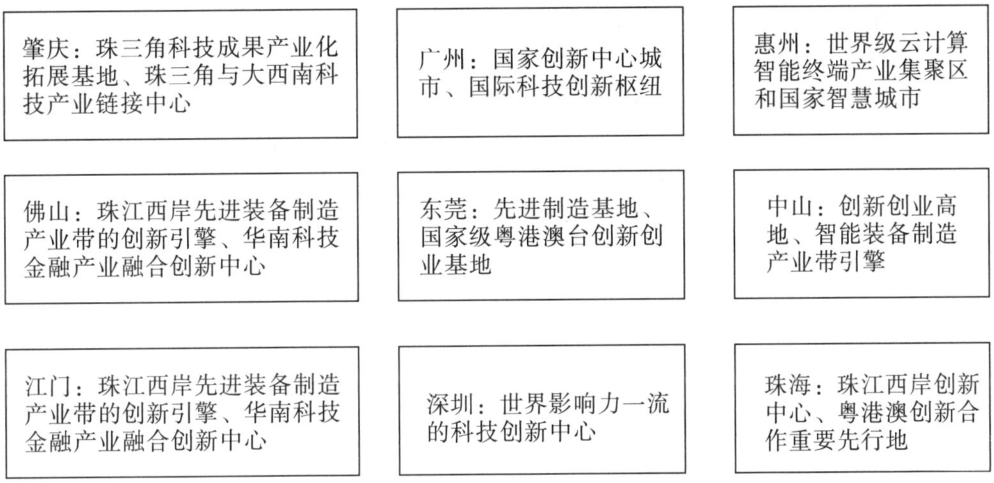

图 4－5 珠三角九市科技创新功能定位

资料来源：根据公开资料整理绘制。

五、产业集聚加速，推进区域协同

珠三角战略性新兴产业聚集特征明显，具有较大的增长潜力，能够带动经济发展，通过加强区域间合作，促进粤港澳大湾区协同发展。2020 年 3 月，广东省提出培育“双十”产业集群，即十大战略性支柱产业集群和十大战略性新兴产业集群；2019 年，广东省十大战略性支柱产业集群的营收为 15 万亿元，十大战略性新兴产业集群营收为 1.5 万亿元。广东战略性新兴产业“十三五”规划的发展目标提及，建成国家级高技术产业基地 15 家，以及省级战略性新兴产业基地 42 家，发展形成七大产值规模超千亿元的战略性新兴产业集群①，珠三角已获得第一批国家级战略性新兴产业区域聚集发展试点的资质，移动智能终端、基因检测、新能源汽车等先进技术和产业规模等已走在全国前列。分区域来看，根据各市 2019 年统计公报，到 2019 年末，广州全市有认定的高新技术企业累计达到12 174 家，珠海市达到 2 203 家，佛山市为 4 873 家，东莞市达 6 228 家，中山市超 2 500 家，江门市累计 1 582 家，肇庆市累计 544 家。从产业聚集来看，2021 年 2 月 26 日，东莞市召开战略性新兴产业基地建设动员会，在松山湖、临深、水乡等地区布局了数字经济、生物医药、智能制造、新材料、新能源、新一代电子信息、高端装备制造七大重点产业基地，打造一批千亿级战略性新兴产业集群，构筑支撑未来高质量经济发展的新增长点。广州市聚焦新一代信息技术、人工智能、生物医药、新能源、新材料、新能源汽车六个重点领域，投入大量专项资金，推动形成了相关的六大新兴产业集群。佛山作为广东省内有代表性的制造业地区，以三个梯次打造“2 + 2 + 4”先进制造业集群，形成以高端装备制造业为主的佛山市三龙湾高端创新产业集聚区。深圳重点聚集高端装备制造、新一代信息技术、绿色低碳等高新领域，打造万亿级战略性新兴产业集群，且深圳南山智园聚集数百家高科技

① 指新一代移动通信、平板显示、高端软件、半导体照明、生物医药、智能制造装备、新材料。

企业。广、佛、肇三座城市携手打造“三区一带”经济圈，构建战略性新兴产业发展平台，珠海和佛山两市共建先进装备制造产业基地，深圳和东莞两市共建世界级先进制造产业集群。粤港澳大湾区重点抢抓高端装备制造、生物医药、新材料、新一代信息技术四类战略性新兴产业的新发展机遇，香港、澳门发挥科技和资金优势，广州、深圳充分展现自主创新的特长，佛山、东莞等深耕于生产制造领域，各城市共同推进战略性新兴产业配套，以协同合作提升国际竞争力。

六、新业态新模式，持续不断涌现

时代快速进步，各种技术层出不穷，新兴产业也随之出现，新兴产业营商环境的不断优化大大促进了战略性新兴产业的发展。跨境电商、在线购物、物联网、数字经济、云计算、5G 技术、大数据、互联网 + 、VR 技术等新兴信息技术产业在迅猛发展，出现一大批产业融合、产业升级、资源整合的新产业模式。在 2020 年“双十一”电子商务购物节中，阿里巴巴发布的数据显示，广东省是交易额最多的省份，其中购买人数最多的城市是深圳，深圳市以人均交易额 7 506 元位列全国各大城市榜首，广州市以人均交易额 5 925 元位列全国第四。广东省电子商务网上购物普及率、电子商务订单、电子商务市场规模等均走在全国前列。根据海关总署广东分署数据，在 2020 年“双十一”期间，广东跨境电商出口清单为 3 811. 44 万票，较上一年增长 22. 19%；货值为 57. 14 亿元，较上一年增长 152. 81%，广东省跨境电商交易量占全国份额七成以上。此外，广东省汇集了一大批全球先进的 5G 核心企业和相关企业，如华为、海思、中兴等高科技企业，形成了全球最大的 5G 产业聚集区，拥有 5G 技术完整的产业链体系。2018 年，通过一系列指标计算和评选，广东省的数字经济发展指数排在全国城市第一，互联网发展综合指数也居全国第一；数字创意产业加速发展，中国信息通信研究院公布 2018 年广东省数字经济产业规模为 4. 29 万亿元，占全国 13. 7%，排名全国第一。珠三角各地坚实的科技创新基础和优越的创新环境，将进一步加速人工智能、数字经济等新兴产业发展。

七、政策保驾护航，产业环境优化

广东省全面支持战略性新兴产业发展，珠三角各市也持续加大对新兴产业各个领域的政策扶持力度，使得战略性新兴产业发展环境得到进一步优化和提升。国家层面上，《粤港澳大湾区发展规划纲要》于 2019 年 2 月正式出台，该政策提出在经济、文化、创新、科技、对外开放等方面建设国际大平台，这将进一步促进珠三角九市与香港、澳门的合作交流。在省级总体部署上，《广东省战略性新兴产业发展“十三五”规划》于 2017 年 8 月正式发布，全面梳理省内战略性新兴产业的基础情况，归纳总结当前产业所处的发展环境与面临的形势，并提出了发展目标，规划新一代信息技术产业、生物产业[①]等战略性新兴

① 具体包括新一代信息技术产业、生物产业、高端装备与新材料产业、绿色低碳产业、数字创意产业、生命科学和海洋产业。

产业的发展布局。2017 年 12 月，广东省政府出台《珠江西岸先进装备制造产业带聚焦攻坚行动计划（2018—2020 年）》，文件对战略新兴产业的发展重点进行安排和布局。《广东省培育新能源战略性新兴产业集群行动计划（2021—2025 年）》在 2020 年 10 月 8 日正式出台，该项政策对新能源产业的总体方向进行部署，提出了发展目标，并规划了核能、风能、太阳能、氢能等 10 个领域中的重点任务。2020 年 8 月 25 日，广东省人民政府发布“1 +20”战略性产业集群政策，从战略性支柱产业和新兴产业集群中分别选取十个进行重点培育，建成国际先进水平的产业集群基地，此外，还提出要对战略性新兴产业发展环境进行优化。珠三角的各市也相继出台了战略性新兴产业的相关政策，全力营造有利于战略性新兴产业发展的运行环境，推动新兴产业成为社会发展、经济增长和产业转型升级的重要驱动力。

第二节　珠三角地区战略性新兴产业发展概况

珠三角地区的地理位置十分优越，是中国最早改革开放的一批城市，同时创新氛围浓厚，在高科技领域具备资源、信息、人力、技术等优势，先进制造业基础扎实，得天独厚的行业优势为战略性新兴产业的发展提供了有力支撑。目前，珠三角聚焦新一代信息技术、海洋经济、数字经济、绿色低碳、新材料、高端装备制造、生物医药等战略性新兴产业，通过寻找新的增长点，形成现代化产业体系，打造产业发展新支柱，构建万亿级的产业集群，将带动经济高质量、高增长、高水平发展，完成产业结构转型升级。

一、珠三角战略性新兴产业发展布局

珠三角地区是广东省的经济和创新中心，其对战略性新兴产业的规划布局开始较早，且制定了明确的目标。《珠江三角洲地区改革发展规划纲要（2008—2020 年）》于 2008 年 12 月正式出台，该政策对珠三角九座城市的产业发展方向做出了明确的指示，提出要整合相关城市资源和产业优势，构建协同发展的广佛肇、深莞惠、珠中江三个区域联合发展经济圈，通过依托各地区优势产业，对以战略性新兴产业为核心的先进产业进行布局规划，实现产业优化和结构转型，推进经济的协调发展及可持续增长。广州市作为省会老城，优先发展高端服务业、高端装备制造业、信息技术业、创意产业等先进产业，优化产业结构。深圳市的科技创新能力十分强大，互联网产业、电子信息产业加速发展。东莞市要加快推进现代服务业和电子高端产品制造业等产业发展，实现产业结构升级。广佛肇经济圈重点布局发展金融、信息服务、文化创意和高科技产业，形成知识密集型产业带。深莞惠经济圈重点推进汽车、电子信息、材料等产业发展，形成技术密集型产业带，珠中江经济圈重点发展石油化工、能源、文化创意等产业，形成先进制造业产业带。

2010 年 8 月《珠江三角洲产业布局一体化规划（2009—2020 年）》出台，提出珠江三角洲重点发展现代服务业和高技术制造业，到 2020 年，战略性新兴产业将发展成为珠三角乃至全省重要的主导产业，并让各区域进行产业分工合作，协同发展。此次规划制定了“A 计划”和“530”产业体系，其中“A 计划”是将珠江三角洲分为东、西及沿海三块

区域，广州、东莞和深圳组成东边地区，重点布局金融业和创意文化产业等现代服务业以及新能源产业、生物医药产业、新材料产业、新一代电子信息产业等战略性新兴产业。广州、佛山、中山、珠海、肇庆组成西边地区，重点发展高端装备制造产业、新能源汽车产业、新能源产业等战略性新兴产业，将优势传统产业和电子商务等现代服务业结合起来，进行全功能、全盘和全面发展，建成全产业链和产业基地。以惠州、深圳、珠海、江门为沿海地区，对新能源产业、生物医药产业、海洋经济产业等战略性新兴产业进行布局规划，与先进制造业和现代服务业相互促进，共同为经济增长注入动能和活力。“530”产业体系”即以高端发展为战略意向，发展现代服务业、战略性新兴产业和高技术产业、先进制造业、现代农业、优势传统产业5大产业领域，以及其中涵盖到的30个重点产业。

《深化广佛同城化战略合作框架协议》在2018年12月正式出台，广佛同城经济圈将以广佛一体化为重点发展取向，以高端装备制造、汽车制造、新一代信息技术、生物医药、生命健康等战略性新兴产业为重点发展产业，培育并建成万亿级产业集群，以应对新的技术变革和产业革命。

《关于构建“一核一带一区”区域发展新格局促进全省区域协调发展的意见》在2019年7月正式出台，以珠三角地区为核心，发挥经济和技术的引领带动作用，而沿海经济带则作为发展带以及北部生态发展区发挥产业配套和辅助作用，合作构建成“一核一带一区”的区块发展新格局。其中对珠三角地区提出了明确的发展要求，珠三角地区要发展高端产业，重点发展海洋经济、新一代信息技术、数字经济、高端装备制造、生物医药、新材料、绿色低碳等战略性新兴产业。通过新产业、新业态、新模式进一步推动产业融合，让互联网、大数据、人工智能与实体经济进行深度融合，一方面要形成专业化产业链分工和产业链协作体系，另一方面通过经济圈和区域形成城市间产业融合、产业协同、产业互补的空间布局，从而实现经济高质量增长及可持续发展。

珠三角各市重点布局和培育发展相关战略性新兴产业，得益于产业一体化的空间布局，珠三角将成为广东省乃至全国经济高质量发展的重要区域，以及全世界最具有竞争力和活力的城市群之一。

二、珠三角战略性新兴产业发展政策

广东省已经出台的新兴产业领域的相关政策文件和顶层设计，涵盖战略性新兴产业各类行业。在广东省“十四五”规划中提到，该时期十大战略性新兴产业集群营业收入要达到年均增长10%以上。在各细分领域中，新一代信息技术和生物医药产业如何布局成为焦点，2019年12月出台了《广东省培育新一代信息技术产业集群行动计划（2019—2025年）》，2020年4月出台了《关于促进生物医药创新发展的若干政策措施》等政策，除了上述两个产业外，其他战略性新兴产业也相继出台规划布局和政策文件，持续完善保障措施，优化新兴产业发展环境。珠三角各市也紧跟步伐，发布了产业相关政策规划，广州市相继出台《广州市战略性新兴产业第十三个五年发展规划（2016—2020年）》等政策文件；推进改革措施；深圳市出台《深圳市关于进一步加快发展战略性新兴产业的实施方案》等政策文件；东莞市出台《东莞市战略性新兴产业基地规划建设实施方案》和《关于培育发展战略性产业集群的实施意见》等文件；其他的珠三角城市也出台了一系列将战略性新兴产业作为优先重点发展产业的政策文件，并提出要形成具有国际竞争力和影响力的亿级产业集群，促进产业现代化发展，优化产业发展环境，改善企业营商环境。

表4-1　广东省及珠三角九市战略性新兴产业的政策文件（部分）

地区	政策	内容
广东省	《广东省战略性新兴产业发展“十三五”规划》	到2020年，战略性新兴产业增加值占GDP比重达到16%，重点发展新一代信息技术、生物、高端装备与新材料、绿色低碳、数字创意产业
	《广东省人民政府关于培育发展战略性支柱产业集群和战略性新兴产业集群的意见》	建成十大战略性支柱产业集群和十大战略性新兴产业集群
广州	《广州市战略性新兴产业第十三个五年发展规划（2016—2020年）》	将新一代信息技术，生物与健康，新材料与高端制造、时尚创意，新能源汽车，新能源与节能环保五大产业作为发展重点
深圳	《深圳市关于进一步加快发展战略性新兴产业的实施方案》	提出围绕新一代信息技术、高端装备制造、绿色低碳、生物医药、数字经济、新材料、海洋经济七大战略性新兴产业，加快形成具有国际竞争力的万亿级和千亿级产业集群
佛山	《佛山市政府办公室关于加快推进标准化战略工作的实施意见》	围绕高端新型电子信息产业、高端装备制造、新能源汽车、新材料、节能环保、生物医药等战略性新兴产业，加快推进相关产业标准体系
东莞	《东莞市战略性新兴产业基地规划建设实施方案》	投入200亿元构建战略性新兴产业基金，布局七大战略性新兴产业基地。在产业定位方面，建设世界级新一代信息技术、高端装备制造、新材料、新能源、生物医药、数字经济产业基地
珠海	《珠海市关于加快发展战略性新兴产业的意见》	提出将高端新型电子信息、生物医药、新能源及新能源汽车、新材料、航空、海洋工程及节能环保七个产业作为珠海市新兴产业
江门	《江门市扶持战略性新兴产业（绿色光源）发展优惠办法》	推动市战略性新兴产业（绿色光源）的发展，鼓励LED项目的投资，提高企业创新能力，打造自主品牌，做大做强LED产业

（续上表）

地区	政策	内容
肇庆	《肇庆市人民政府关于加快培育和发展高新技术产业和战略性新兴产业的若干意见》	力争到 2015 年，围绕高新技术产业和战略性新兴产业发展重点，在高端新型电子信息、生物医药、新材料、高端装备制造、新能源汽车、LED 等领域形成产业集群，其工业总产值突破千亿元，增加值占全市 GDP 的比重达到 15%
中山	《中山市人民政府关于加快培育发展战略性新兴产业的实施意见》	率先突破发展高端新型电子信息、半导体照明、新能源汽车产业，实现新能源、生物医药、高端装备制造领先发展，培育引进节能环保和新材料产业
惠州	《惠州市人民政府关于加快培育和发展战略性新兴产业的若干意见》	重点培育和发展高端新型电子信息、半导体照明（LED）、新能源汽车、新材料、新能源、节能环保和生物七个产业

资料来源：根据广东省及各市政府官网整理绘制。

三、珠三角战略性新兴产业发展成果

（一）新一代电子信息技术产业

广东省新一代电子信息技术已经进入到高速发展阶段，新一代电子信息产业规模庞大，是省内主要支柱产业之一，也是省内工业发展和经济增长的重要引擎。广东省拥有大量的新一代电子信息产业企业，这些企业主要承担研发和制造职能。2020 年 10 月，广东省政府出台《广东省发展新一代电子信息战略性支柱产业集群行动计划（2021—2025 年）》，计划指出预计到 2025 年，新一代电子信息产业营业收入要达到 6. 6 万亿元，工业增加值达到 1. 4 万亿元。根据广东省统计局公布的数据，2020 年，以新一代电子信息技术等为代表的新兴产业发展十分迅速，新经济增加值较上一年增长 3% 左右，占 GDP 的比重为 25. 2%，有力支撑了经济的稳定增长。从产业集群来看，通信设备制造业占据新一代信息技术的一半以上比重，产业集群程度最高，且聚集效果明显。2020 年前三季度数据显示，新一代电子信息产业工业总产值为 29 630. 14 亿元，较上一年下降 0. 1%，实现工业增加值6 111. 13亿元，较上一年增长 0. 7%，拉动产业集群增长 0. 7%。广东省新一代电子信息产业主要有 9 个种类行业，在 2020 年前三个季度中，通信设备制造业工业总产值为 15 367. 56 亿元，较上一年增长 5. 6%，占新一代电子信息产业总产值的 51. 9%，实现工业增加值为3 367. 03亿元，较上一年增长 6. 1%，占新一代电子信息产业增加的 55. 1%，拉动产业集群增长 3. 2%。电子器件制造产业体量较大，总产值和工业增加值分别达 4 223. 12 亿元、849. 69 亿元，占比分别为 14. 3%、13. 9%。电子元件及电子专用材料制造虽出现负增长，但总产值规模和工业增加值分别为 3 884. 63 亿元、935. 42 亿元，占比分别为 13. 1% 和 15. 3%。广播电视设备制造工业增加值增长速度为 56. 8%、雷达及配套设备产业增加值增长速度为22.0%，智能消费设备制造产业增加值增长速度为20.9%，以上三个细分产业增长速度较快，共计为新一代信息技术产业带来1%的增长。

表4－2　2020年前三季度广东新一代电子信息产业集群增长情况

行业名称	工业总产值（亿元）	工业总产值		工业增加值（亿元）	工业增加值		拉动该产业集群增长（个百分点）
		占比（%）	增长（%）		占比（%）	增长（%）	
新一代电子信息产业	29 630.14	100	－0.1	6 111.13	100	0.7	0.7
计算机制造	2 489.98	8.4	－5.4	345.36	5.7	－6.6	－0.4
通信设备制造	15 367.56	51.9	5.6	3 367.03	55.1	0.1	3.2
广播电视设备制造	349.18	1.2	51.5	92.85	1.5	56.8	0.6
雷达及配套设备制造	12.02	0	22.9	2.18	0	22.0	0
非专业视听设备制造	1 679.27	5.7	－9.7	178.17	2.9	－6.1	－0.2
智能消费设备制造	648.88	2.2	22.7	146.58	2.4	20.9	0.4
电子器件制造	4 223.12	14.3	0.4	849.69	13.9	0	0.1
电子元件及电子专用材料制造	3 884.63	13.1	－13.3	935.42	15.3.	－12.91	－2.3
其他电子设备制造	975.49	3.3	－16	193.83	3.2	－17.6	－0.7

资料来源：广东省统计局．http：//stats.gd.gov.cn/tjfx/content/post_3146078.html.

从区域分布来看，新一代电子信息产业呈现以珠三角为核心的区域布局。广东省统计局数据显示，2020年前三季度，珠三角经济区的新一代电子信息产业规模庞大，产业整体蓬勃发展，新一代电子信息产业实现工业增加值5 965.20亿元，占广东省内九成以上，是广东省新一代电子信息产业发展的重要增长点。2019年珠三角新一代电子信息产业实现了持续增长，增加值为9 227.08亿元，较2018年的8 766.47亿元增长了5.25%。从珠三角地区的各个城市来看，2020年前三季度，深圳新一代电子信息产业实现工业增加值3 706.31亿元，位列珠三角地区第一名，占区内比重60.1%。东莞市以产业增加值1 017.06亿元排在珠三角地区第二名，占比达16.5%；第三名为惠州，新一代电子信息产业增加值为456.59亿元，占珠三角地区的比重为7.4%；广州市以304.58亿元的新一代电子信息产业增加值排在第四位，比重为4.9%。总体来看，新一代电子信息产业是广东省重要的产业之一，广州、深圳等城市已经掌握了该产业不同细分领域中领先世界的技术，珠三角地区已经聚集了思科、富士康、康佳、创维、华为、腾讯、中兴、TCL、立讯精密等创新龙头制造企业，目前珠三角地区已经形成了以深圳为重要研发基地，东莞、惠州、广州、珠海等地为配套生产基地的新一代电子信息产业集群。

表 4-3 2018—2020 年前三季度广东主要地市新一代电子信息产业集群增加值

	2020 年前三季度		2019 年		2018 年	
区域	总量（亿元）	占比（%）	总量（亿元）	占比（%）	总量（亿元）	占比（%）
全省	6 111. 12	—	9 227. 08	—	8 766. 47	—
珠三角九市	5 965. 20	96. 7	9 042. 00	96. 8	8 630. 00	97
广州	304. 58	4. 9	475. 53	5. 1	370. 70	4. 2
深圳	3 706. 31	60. 1	5 527. 91	59. 2	5 585. 81	62. 8
珠海	151. 61	2. 5	209. 04	2. 2	203. 65	2. 3
佛山	120. 23	1. 9	178. 53	1. 9	179. 77	2. 0
东莞	1 017. 06	16. 5	1 704. 47	18. 3	1 374. 27	15. 4
中山	97. 97	1. 6	139. 03	1. 5	160. 40	1. 8
江门	77. 14	1. 3	98. 36	1. 1	76. 45	0. 9
惠州	456. 59	7. 4	657. 68	7. 0	639. 00	7. 2
肇庆	33. 72	0. 5	51. 45	0. 6	39. 93	0. 4

资料来源：广东省统计局 . http：//stats. gd. gov. cn/tjfx/content/post_3146078. html.

（二）生物医药产业

近年来，广东省重点聚焦生物医药产业，推动生物医药成为省内战略性新兴产业的先导支柱产业，目前，珠三角是全省乃至全国范围内具有强大影响力的生物医药产业基地。珠三角的生物医药产业呈现出三级梯队发展格局，以广州和深圳为核心带动周边地区形成珠三角生物医药产业中心带，珠三角生物医药产业规模大且聚集度高，区域内企业实力强劲，呈现出“双核多中心”的发展格局，为广东省经济增长和高质量发展注入新活力、融入新动能。2019 年 3 月出台《关于加快推进生物医药产业发展的实施意见》，规划广东省到 2022 年，实现产业规模 4 000 亿元以上，营业收入超千亿、百亿、亿元的企业分别培育 1、10、100 家。珠三角城市之间的生物医药产业发展速度差异较大，第一梯队产业规模约是第二、三梯队的 2 倍和 10 倍。根据火石创造数据库，2018 年，广州和深圳规模以上生物医药产业总产值和营业收入都超过 280 亿元，是珠三角生物医药产业发展的第一梯队。珠海、佛山与中山生物医药产业总产值和营业收入在 80 亿元至 150 亿元区间内，处于珠三角地区生物医药产业第二梯队。惠州、东莞、江门和肇庆四个城市的生物医药产业总产值和营业收入在 30 亿元上下波动，处于珠三角产业发展的第三梯队。

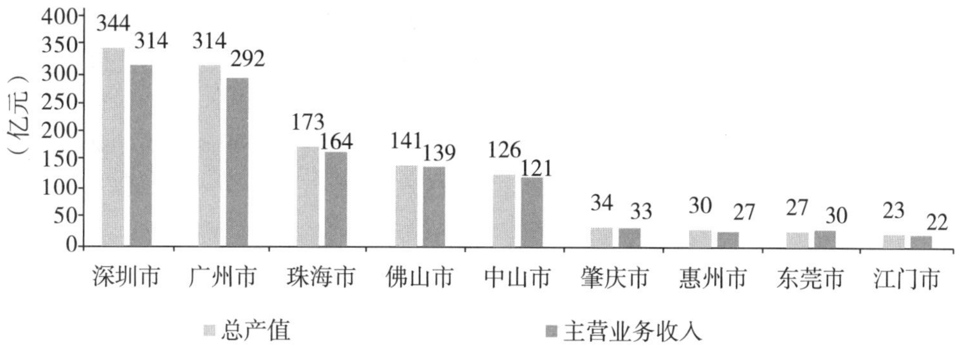

图 4－6　2018 年湾区生物医药制造业规模

资料来源：粤港澳大湾区生物医药产业发展概览［DB/OL］. 火石创造数据库 . https：//mp. weixin. qq. com/s/gySgXnIoZw2EffYQ19u6qQ.

从区域布局来看，2018 年，珠三角九市生物医药企业数量为 12 236 家，广州市和深圳市聚集了珠三角地区 80% 以上的生物医药企业，其中广州为 50%，深圳为 30%，形成了以广深为核心、周边地区协同发展的格局。截至 2020 年 8 月，广州市生物医药产业国家高新技术企业数量为 1 000 家，医疗器械生产企业为 1 204 家，药品生产企业 123 家，汇聚广药集团、达安基因、万孚生物等知名企业。从各城市生物医药企业的数量来看，截至 2020 年末，深圳以 58 家上市生物医药企业排在第一位，广州 46 家次之，珠海以 17 家上市企业排在第三，佛山、中山和东莞上市企业数量都是 7 家，江门 5 家，惠州 2 家（见表 4－4）。

表 4－4　珠三角生物医药企业分布数量表

单位：家

类别	广州	深圳	珠海	佛山	中山	东莞	惠州	江门	肇庆
生物医药企业（2018 年）	5 742	3 517	501	786	346	553	341	193	257
生物医药药品企业（2018 年）	3 167	1 240	189	211	236	117	128	96	224
生物医药医疗器械企业（2018 年）	2 575	2 277	312	575	110	436	213	97	33
上市生物医药企业（截至 2020 年末）	46	58	17	7	7	7	2	5	0

资料来源：新机遇，珠三角九市生物医药产业您了解多少？［DB/OL］. 火石创造数据库 . https：//www. sohu. com/a/341988211_610510.

在生物医药产业科技创新方面，广州和深圳的创新成果数量依然是在珠三角地区的前列，具备技术上的绝对优势。广州市国内专利申请数达到 28 126 件，专利授权数有 14 595

件，国产药品获批数为3 495 件，创新医疗器械审批数为13 件，位居珠三角地区生物医药产业首位。深圳市国内专利申请数为17 381 件，专利授权数为11 632 件，国产药品获批数为982 件，创新医疗器械审批数为20 件，位居珠三角地区生物医药产业第二名。佛山和珠海分别以专利授权数1 619 件、1 509 件排在珠江三角洲地区生物医药产业第三位和第四位。（见表4－5）

表4－5　珠三角九市生物医药创新成果分布情况

单位：件

地区	国内专利申请数	国内专利授权数	国产药品获批数	创新医疗器械审批数
广州	28 126	14 595	3 495	13
深圳	17 381	11 632	982	20
珠海	2 238	1 509	613	1
佛山	3 481	1 619	747	0
中山	1 334	711	1 052	0
东莞	2 322	1 274	503	2
惠州	480	269	588	0
江门	728	345	1 038	0
肇庆	273	113	248	0

资料来源：新机遇，珠三角九市生物医药产业您了解多少？［DB/OL］. 火石创造数据库 . https：//www. sohu. com/a/341988211_610510.

从产业集聚来看，广东省生物医药重点产业园主要分布在广州、深圳、东莞和中山，其中广州拥有4 个，广州国际生物岛以科技研发与产品开发为主，广东医谷产业园以打造成集医疗产业研发、投资、配套为一体的生物科技园为目标，规模集聚效应非常明显；深圳拥有2 个，其中，深圳国际生物谷将打造成为生命健康等高新技术生物医疗产业园；东莞1 个，东莞松山湖高新区将发展医疗器械、生物医药和医疗保健品等领域的产业集群；中山1 个，中山市将火炬高新区打造成为国内具有竞争力和影响力的生物医药产业制造区（见表4－6）。珠三角地区快速发展生物医药产业已经取得明显成效，目前已经具备坚实的产业基础，全产业链布局完备，具有良好的生产规模效应和产业集群效应。

表4－6　珠三角九城重点园区分布情况

重点园区名称	城市
广州科学城生物产业基地	广州
广州国际生物岛	广州
中新知识城生命健康产业基地	广州
广东医谷产业园	广州

（续上表）

深圳国际生物谷	深圳
重点园区名称	城市
深圳国家生物产业基地	深圳
东莞松山湖高新技术产业开发区	东莞
中山火炬高技术产业开发区	中山

资料来源：根据公开资料整理。

（三）新能源汽车产业

新能源汽车已经是广东省重要的支柱产业之一，珠三角地区内聚集着新能源汽车产业的绝大部分企业，区域内拥有新能源汽车整车的全产业链，主要集中在汽车整车制造和汽车零部件制造。2020 年 9 月，广东省政府出台《广东省发展汽车战略性支柱产业集群行动计划（2021—2025 年）》，规划到 2025 年，全省汽车制造业营业收入超过 1.1 万亿元，其中新能源汽车数量超过 60 万辆，公用充电桩建设量超过 15 万个。就汽车产业而言，2020 年前三季度，珠三角核心区产业总产值 5 575.49 亿元，同比增长 0.6%；工业增加值 1 265.77 亿元，同比下降 1.8%，占广东省比重为 97.5%。广州、佛山和深圳工业增加值分别达到 837.61 亿元、174.43 亿元、89.97 亿元，东莞市为 37.04 亿元，惠州市为 36.43 亿元等（见表 4 －7）。

表 4 －7　2020 年前三季度广东分地市汽车产业发展情况

地区	工业总产值（亿元）	工业总产值增长（%）	增加值（亿元）	增加值占比（%）	增加值增长（%）
广东省	5 698.58	0.6	1 266.89	100.0	－1.3
珠三角核心区	5 575.49	0.6	1 265.77	97.5	－1.8
广州市	3 719.16	2.3	837.61	64.5	－2.2
佛山市	729.82	5.8	174.43	13.4	4.4
深圳市	500.99	－10.7	89.97	6.9	－3.9
东莞市	151.93	－15.4	37.04	2.9	－15.2
惠州市	128.32	1.3	36.43	2.8	－0.4
中山市	112.18	－3.7	28.55	2.2	－5.5
肇庆市	89.97	10.3	26.25	2.0	16.0
江门市	87.98	－8.9	23.92	1.8	－11.0
珠海市	55.15	5.5	1.59	0.9	－2.3

资料来源：广东省统计局. http://stats.gd.gov.cn/tjfx/index.html.

根据广东省统计局数据，2020 年，广东省新能源汽车整体上险量为 166 316 台，排名在全国首位；而新能源汽车产量也持续发力，较上一年增长 27.6%。高工产业研究院（GGII）数据显示，2020 年 1—4 月珠三角地区新能源汽车销量仅为 26 786 辆，由于新冠肺炎疫情等，相比去年同期下降 59%。从新能源车辆细分类型来看，乘用车销量为 22 641 辆，下降 63%；商用车销量为 4 145 辆，增长 13%。2019 年珠三角新能源汽车销量约为 19.2 万辆，其中 1 月、3 月、5 月、6 月的销量都超过了 2 万辆（见图 4－7）。

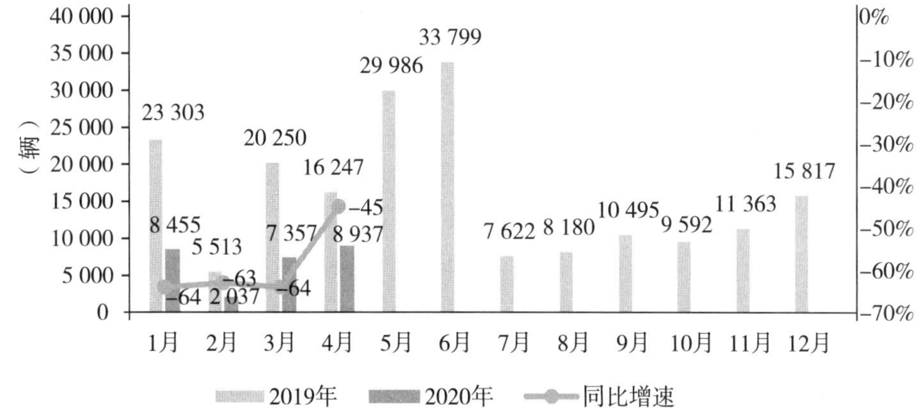

图 4－7　2020 年 1—4 月珠三角地区新能源汽车销量分析

资料来源：高工产业研究院（GGII）.2020 年中国新能源乘用车市场调研报告［EB/OL］. http：//www. gg－ii. com/art－2477. html.

如图 4－8 所示，从珠三角地区各城市的销量来看，2020 年 1—4 月，深圳市和广州市新能源汽车销量分别为 10 442 辆和 10 087 辆，位列前两名，东莞市和佛山市销量分别为 2 854辆和 1 836 辆，排在第三、四名。从增速来看，实现正增长的有佛山、惠州和江门三市，其他城市都是负增长。其中，惠州与同期对比增长 39%，达到了最大增长幅度，接下来是佛山的 9% 和江门的 2%。珠三角地区内新能源汽车企业众多，其中本土企业有传统车企广汽集团、广通汽车，新能源汽车企业有珠海银隆、比亚迪、五洲龙、小鹏汽车等。比亚迪作为最早布局国内新能源汽车产业的企业，目前已经在电池、电机电控、整车制造方面拥有前沿技术，具有一套完整的新能源汽车产业链。2017 年 5 月，小鹏汽车成功落户肇庆，并投入上百亿元建设国内一流的新能源汽车基地。2021 年 3 月，小鹏汽车获得 5 亿元的广东省产业发展基金战略投资。在动力电池方面，珠三角汇聚深圳沃特玛、比克、亿纬锂能、德赛等诸多影响力大的本土电池企业，在电机电控方面，珠三角地区电机产品发展成熟，厂商数目较多，汇集深圳大地和、中山大洋电机、佛山南洋电机、英威腾、金泰德胜等品牌。

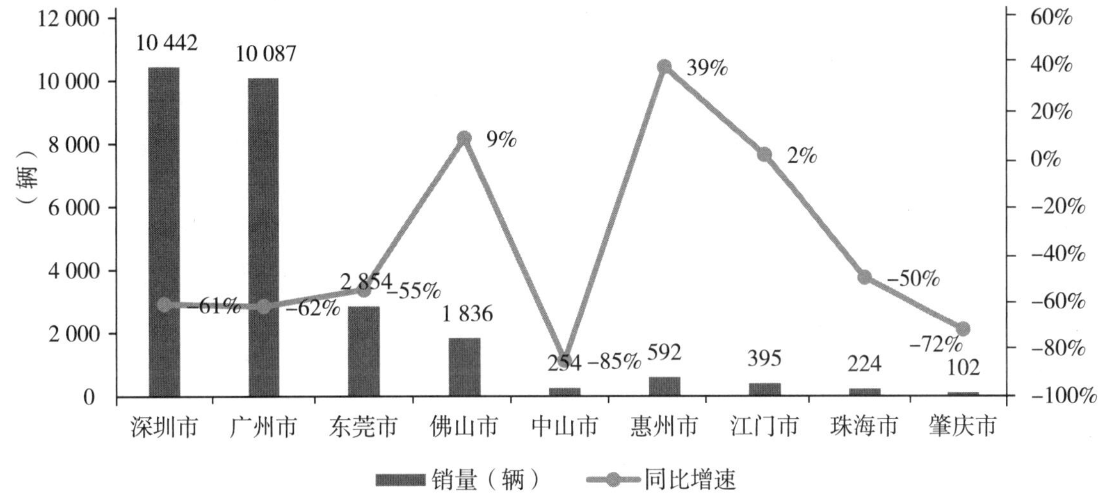

图 4-8　2020 年 1—4 月珠三角地区各城市新能源汽车销量分析

资料来源：高工产业研究院（GGII）. 2020 年中国新能源乘用车市场调研报告［EB/OL］. http://www.gg-ii.com/art-2477.html.

珠三角的新能源汽车产业打造以广州—深圳为核心地区进行研发和制造的产业集群，通过广汽、比亚迪两大知名汽车集团，辐射周边地区，使其成为涵盖汽车制造、三电技术、电池等领域的新能源汽车生产制造基地，并加大纯电动汽车和插电式混合动力汽车的生产力度，初步探索氢能源燃料电池汽车，构建新能源汽车全产业链。新能源乘用车生产主要在广州、深圳、肇庆，而珠海、佛山、惠州、中山重点打造新能源客车生产基地。2020 年 9 月，佛山市出台相关政策对氢燃料电池汽车进行补贴，推动氢燃料电池汽车发展。肇庆高新区目前已引进小鹏汽车、鼎星新能源汽车等汽车整车制造企业，同时引进数十家汽车零配件制造企业，构建产值超千亿元的肇庆新能源汽车产业集群。珠三角新能源汽车发展水平位居全国前列，聚集了众多传统车企和新能源汽车的总部和生产基地，其快速发展离不开珠三角雄厚的经济实力和创新能力强劲的制造业。

表 4-8　珠三角汽车产业集群主要车企

城市	主要车企/基地	产能规划（万辆）	投资规模（亿元）
广州	广汽乘用车	20	46.94
佛山	长江汽车	16	110
	陆地方舟	5	17.83
深圳	南京金龙	年产 1 万辆大中型客车、2 万辆轻型商用车	80
肇庆	小鹏汽车	10	100

资料来源：中商产业研究院．中国珠三角汽车产业集群新能源汽车投资格局分析［EB/OL］. https://www.sohu.com/a/284406932_350221.

（四）新材料产业

珠三角的新材料产业经过这几年的布局，产业发展迅速，目前已具有较为成熟的产业链，形成了从研发、制造到应用的新材料产业体系，产业规模、技术和资源等指标都处于国内领先的地位。2020 年 9 月，广东省政府发布《广东省培育前沿新材料战略性新兴产业集群行动计划（2021—2025 年）》，规划到 2025 年，前沿新材料产业营业收入实现1 000 亿元，进一步优化产业布局和产业集群，攻克新型半导体材料、先进金属材料、纳米材料等关键核心技术。2020 年广东省新材料制造业工业总产值达 7 782. 1 亿元，工业增加值为 1599. 4 亿元，相关企业数量有 6 669 个，营业收入约达 7 800 亿元，基本保持稳中有升的发展态势。从区域来看，据深圳市统计局和中国百强研究院数据，深圳市新材料规模扩张速度较快，产业蓬勃发展，2020 年，深圳市新材料产业规模为 2 950 亿元，较 2019 年的 2 534亿元增长 16. 42%。据东莞市统计局数据，截至 2020 年 3 月，东莞市新兴产业累计登记4. 73 万户，新材料行业登记数达到 7 800 户，对比同期增长接近 30%；东莞市已经对新材料产业设定发展目标，到2025 年，产业产值总规模要超过 2 000 亿元，新材料产业将进一步成长和崛起。

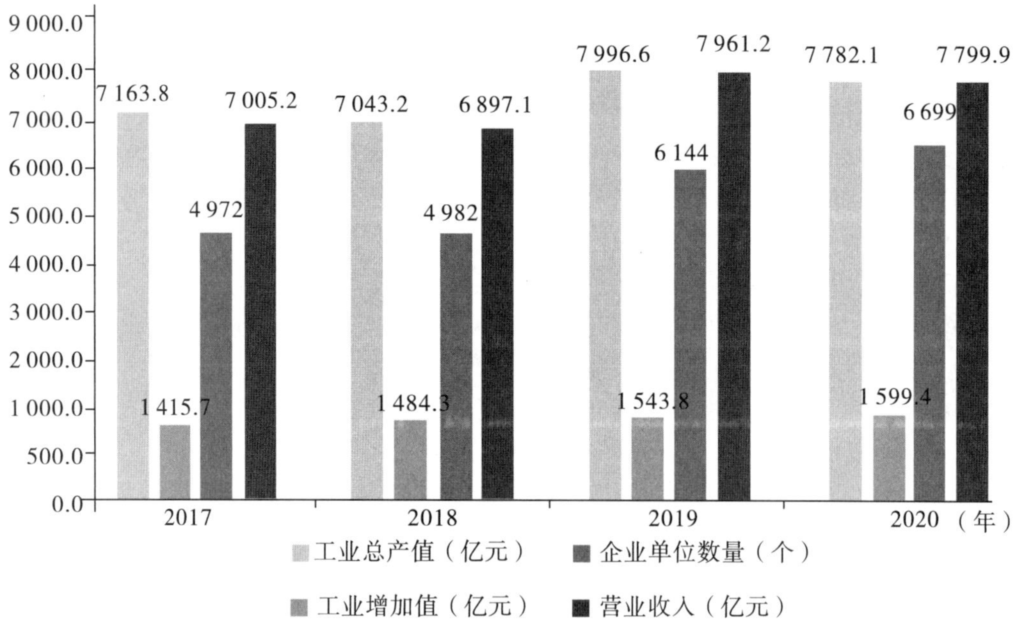

图 4－9　2017—2020 年广东省新材料产业市场规模

资料来源：广东省新材料产业技术发展现状及对策研究［J/OL］. 广东科技杂志 . https：//mp. weixin. qq. com/s/qFMpdvrW9uiDbkcR2pNvmQ.

从产业分布来看，珠三角新材料产业聚集程度较高，主要集聚在广州、深圳、佛山等城市，拥有高新技术产业和先进制造业等产业基础，而创新型中小企业是新材料行业的主力军，新材料产业发展成效显著。广州市着重关注和布局新材料产业，广东省人民政府网站显示，2019 年广州市新材料领域企业数量超 400 家，其中有 2 家产值超百亿的企业，17 家十亿级企业，100 多家亿级企业；以广州开发区为中心，推动高分子材料、金属材料、生物医用材料等新材料产业集群的形成与发展。新材料在线网显示，深圳 2019 年已有近 3 000家新材料企业，形成电子信息材料、新能源材料、生物材料、纳米材料、超导材料、环保材料等产业集群，区域内汇聚着新纶科技、拓日新能源、德方纳米、古力新型材料、杜邦中国、富士康等新材料企业。佛山的新材料产业基础十分坚实且发展特色明显，目前已经形成电子信息材料、新功能材料、新型建筑材料、新能源材料、生物材料、陶瓷材料、智能显示材料等产业集群。东莞已经布局第三代半导体材料、高分子材料、超材料等新材料产业集群。依靠着区位、产业基础、资本等优势，珠三角地区的新材料产业与生物医疗、节能环保等产业形成了相互推动、共同进步的发展格局。珠三角新材料产业集聚态势明显，已经逐渐成为具有影响力和竞争力的新材料引领示范区。新材料产业发展态势强劲，成为广东建设制造强省的重要铺垫和经济增长的新亮点。

表 4－9 珠三角各城市新材料产业布局情况

城市	新材料产业布局
深圳市	支撑领域：电子信息材料、新能源材料、生物材料等；优势领域：新型功能材料、功能结构一体化材料等；新兴领域：超材料、纳米材料、超导材料等 产业规模：2020 年 2 300 亿元
广州市	先进高分子材料、先进无机非金属材料、先进复合材料、先进合金材料、工程塑料及精细化工材料 产业规模：2020 年 4 200 亿元
东莞市	金属合金、功能玻璃、高分子复合材料、储能材料及电子功能材料等 产业规模：2020 年 1 200 亿元
佛山市	先进陶瓷、绿色建材、金属材料、节能环保新材料等 产业规模：2025 年超 3 000 亿元
中山市	新型功能材料、高性能复合材料和先进复合材料 产业规模：超 200 亿元
惠州市	石化能源新材料、电子信息两大产业集群 产业规模：2020 年 500 亿元
江门市	新能源电池材料、先进石化材料、高端装备用新材料等 产业规模：2020 年 400 亿元
珠海市	新能源新材料、高性能纤维及复合材料、生物可降解材料、化工新材料 产业规模：超 500 亿元
肇庆市	金属新材料、新型电子材料和符合新材料等 产业规模：2020 年 1 000 亿元

资料来源：粤港澳大湾区各城市新材料产业布局情况［EB/OL］. http：//www.elecfans.com/d/1213765.html.

第三节 区域重点城市战略性新兴产业发展研究

一、深圳市战略性新兴产业发展概况

（一）新兴产业加速发展，产业规模稳健增长

深圳经济保持较快的增长速度，已经成为全国经济体量排名第三的城市，战略性新兴产业加速发展，高端产业发展良好。深圳市统计局数据显示，深圳市 GDP 从 2015 年的 1.84 万亿元增长到 2020 年的 2.77 万亿元，年均增长 7.1%，经济总量位居全国第三，经济实力有目共睹；2020 年制造业水平也显著提升，先进制造业增加值占规模以上工业增加值的 72.5%，超出广东省数据 16.4 个百分点。战略性新兴产业快速发展，2018—2020 年，深圳市战略性新兴产业增加值年均增长 7.0%；2020 年深圳市战略性新兴产业规模持续扩大，产业增加值达到 10 272.72 亿元，占全市 GDP 的 37.1%，战略性新兴产业发展水平较高，实现了产业转型和优化升级（见图 4 – 10）。

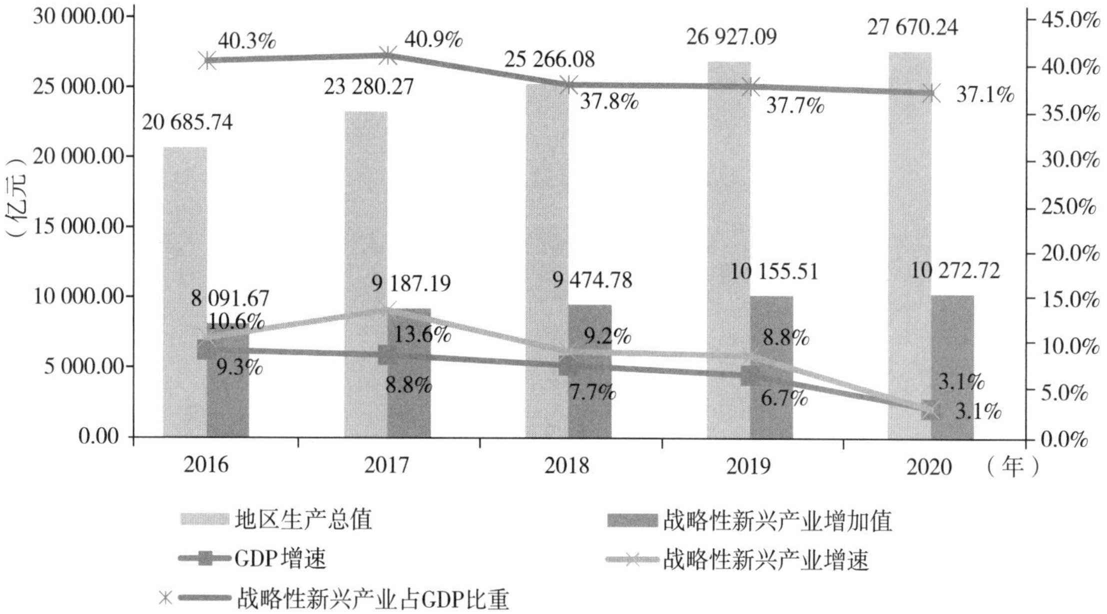

图 4 – 10 深圳市 GDP 及战略性新兴产业增加值情况

资料来源：深圳市统计局. http：//tjj. sz. gov. cn/.

根据深圳市人民政府规划，深圳市目前已经形成了四大支柱产业、七大战略性新兴产

业、五大未来产业共同发展的格局。① 从2020年分行业具体数据来看，增长速度较快的有生物医药产业、高端装备制造产业、绿色低碳产业和数字经济产业，增长率分别为20.85%、20.57%、13.13%和0.29%，增加值分别达到408.25亿元、1 380.69亿元、1 227.04亿元和1 601.03亿元。接下来是新一代信息技术产业，产业增加值达到4 893.45亿元，同比下降3.79%；海洋经济产业增加值427.76亿元，较上一年下降12.54%；新材料产业增加值334.5亿元，下降19.62%；深圳市战略性新兴产业实现正增长，发展态势良好。根据2019年深圳市统计公报中支柱产业的数据，金融业增加值为4 189.63亿元，同比增长14.23%；物流业增加值达到2 766.67亿元，同比增长0.98%；规模以上文化及相关产业增加值为1 775.98亿元，较去年下降3.95%；高新技术产业增加值为9 747亿元，较上一年增长5.59%，深圳市支柱产业充分发挥了资金和技术等带动作用。

表4-10　深圳市2018—2020年七大战略性新兴产业增加值对比

单位：亿元

	新一代信息技术产业增加值	数字经济产业增加值	高端装备制造产业增加值	海洋经济产业增加值	绿色低碳产业增加值	新材料产业增加值	生物医药产业增加值
2018年	4 772.02	1 240.73	1 065.82	421.69	990.73	365.61	298.58
2019年	5 086.15	1 596.59	1 145.07	489.09	1 084.61	416.19	337.81
2020年	4 893.45	1 601.03	1 380.69	427.76	1 227.04	334.50	408.25

表4-11　深圳市2018—2020年四大支柱产业增加值对比

单位：亿元

	金融业增加值	现代物流业增加值	规模以上文化创意产业增加值	高新技术产业增加值
2018年	3 067.21	2 541.58	1 560.52	8 296.63
2019年	3 667.63	2 739.82	1 849.05	9 230.85
2020年	4 189.63	2 766.67	1 775.98	9 747

资料来源：深圳市统计局.http：//tjj.sz.gov.cn/.

从深圳市2019年规模以上工业增加值前十的行业数据中可以发现（见表4-12），计算机、通信和其他电子设备制造业较上年增长5.5%，良好的互联网产业环境带动相关产业进步；汽车制造业2018年的增速为12.4%，2019年较上年下降8.4%，由于各大造车新势力已经相继入场布局完毕，新能源汽车热浪已经逐渐退却；2018年医药制造增速为

① 其中四大支柱产业包括文化创意产业、高新技术产业、现代物流业、金融业；七大战略性新兴产业包括新一代信息技术产业、海洋经济产业、高端装备制造产业、生物医药产业、数字经济产业、新材料产业、绿色低碳产业；五大未来产业包括生命健康产业、航空航天产业、机器人产业、可穿戴设备产业、智能装备产业。

25%，2019 年医药制造业较上年增长 10.2%，均保持正向增长的态势，医药工业制造业优势明显。依托深厚的制造业基础和科技创新实力，深圳市积极推动战略性新兴产业进一步发展壮大，展现出稳中有进、进中提质的产业发展态势，成为全省乃至全国范围内战略性新兴产业发展的引领者和榜样。

表 4-12 2018—2019 年规模以上工业增加值前十大行业及增速

2018 年		2019 年	
行业	增速	行业	增速
计算机、通信和其他电子设备制造业	-14.0%	计算机、通信和其他电子设备制造业	5.5%
电气机械和器材制造业	-2.6%	电气机械和器材制造业	7.1%
专用设备制造业	10.0%	专用设备制造业	8.9%
电力、热力生产和供应业	3.0%	电力、热力生产和供应业	3.4%
石油和天然气开采业	-12.5%	石油和天然气开采业	18.5%
橡胶和塑料制品业	15.0%	橡胶和塑料制品业	-13.0%
通用设备制造业	2.2%	通用设备制造业	7.2%
金属制品业	0.5%	金属制品业	-5.4%
汽车制造业	12.4%	汽车制造业	-8.4%
医药制造业	25.0%	医药制造业	10.2%

资料来源：深圳市统计局 . http：//tjj. sz. gov. cn/.

（二）创新能力持续提升，专利数量领跑全国

深圳市创新能力排在全国前列，具有较明显的竞争优势，发展动力加快转换，创新示范引领特征越来越明显。深圳市统计局数据显示，2019 年深圳市 R&D 经费投入为 1 328 亿元，较上一年增长 14.39%，占全年 GDP 比重的 4.9%，2015—2019 年实现了年均增长 16.0%，科研投入强度走在国际前列。从深圳市知识产权局公布的数据来看，2019 年深圳市专利申请量为 26.15 万件，占全国比重的 6.23%，占广东省比重的 32.38%，较 2018 年的 22.86 万件增长了 14.39%；其中有效发明专利量为 13.85 万件，较上一年的 11.89 万件增长了 16.48%，各项专利数据指标位居全国各大城市首位，创新成果颇丰。2020 年，深圳市 PCT 国际专利申请量为 2 万件，较上一年增长 15.7%，对比 2015 年实现了 1.5 倍的增长，领跑全国，自主创新能力和创新引领能力优势明显。

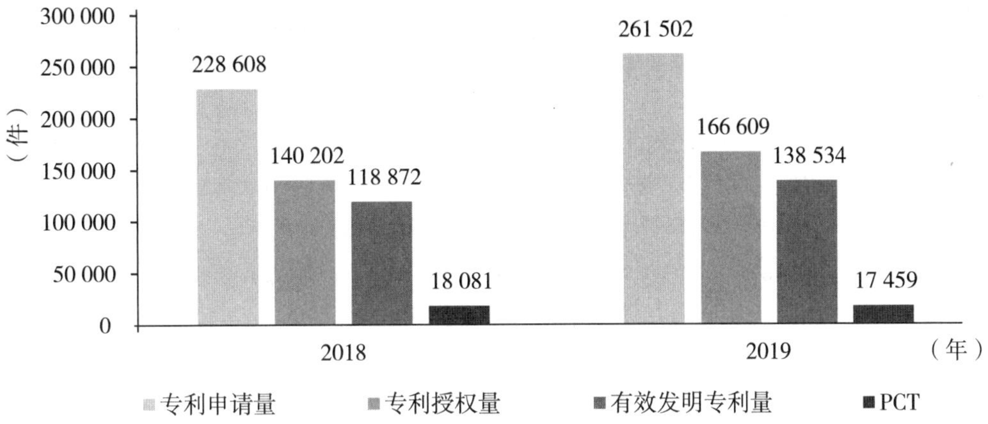

图 4－11　2018—2019 年深圳市专利数据

资料来源：深圳市市场监督管理局（深圳市知识产权局）. http：//amr. sz. gov. cn/.

分区域来看，深圳市各区的创新氛围都非常浓厚。南山区汇集了深圳市较多的高新技术企业，信息技术、互联网、节能环保等战略性新兴产业发展强盛，各大企业的科研创新水平突出，2019 年，南山区以 69 084 件专利申请量和 37 188 件发明专利申请量排在全市第一，专利申请量较 2018 年实现 13. 54% 增长。宝安区、龙岗区、龙华区和福田区分别以 60 833 件、41 384 件、28 817 件和 22 558 件专利申请量依次排在其后，而其他行政区大企业数量较少，专利申请水平较低。值得关注的是，大鹏新区以 24. 82% 的专利申请量增长率排在全市第一（见表 4－13）。

表 4－13　深圳市各区 2019 年专利申请量

地区	发明（件）	实用新型（件）	外观设计（件）	2019 年申请总量（件）	2019 年专利申请量增速（%）
南山区	37 188	20 508	11 388	69 084	13. 54
宝安区	10 006	34 106	16 721	60 833	20. 43
龙岗区	11 876	17 003	12 505	41 384	24. 37
龙华区	4 598	15 705	8 514	28 817	19. 51
福田区	9 133	8 759	4 666	22 558	7. 57
光明区	3 801	8 515	3 223	15 539	21. 59
罗湖区	2 632	3 774	5 406	11 812	－28. 76
坪山区	2 934	4 654	1 643	9 231	20. 7
盐田区	236	357	678	1 271	9. 66
大鹏新区	410	374	66	850	24. 82

资料来源：深圳市市场监督管理局（深圳市知识产权局）. http：//amr. sz. gov. cn/.

2019 年，南山区有效专利拥有量为 59 284 件排在第一，龙岗区以 32 667 件排在第二，福田区以 15 206 件位列第三。2019 年，深圳市有效发明专利密度为 106. 35 件/万人，其中南山区有效发明密度 396. 92 件/万人、龙岗区 136. 89 件/万人、大鹏新区 119. 22 件/万人，三个区域均高于全市的平均水平。截至 2019 年末，盐田区、龙岗区、大鹏新区近五年的有效发明专利维持率都在 90% 以上，高于全市的平均水平（85. 2%）。2019 年，南山区以 7 351 件 PCT 专利申请量位居全市榜首，其中光明区、大鹏新区、南山区、龙岗区的增长率为正，光明区以 114. 05% 的增长率远远超出其他区。综合看来，深圳市各区的技术发展活动非常活跃，带动了经济的进步和高新科技产业的发展（见表 4 - 14）。

表 4 - 14　2019 深圳各区有效发明专利拥有量及专利密度

地区	有效发明专利拥有量（件）	专利密度（件/万人）	近五年发明专利维持率（%）	PCT 申请量（件）	PCT 申请量增速（%）
南山区	59 284	396. 92	85. 11	7 351	4. 2
龙岗区	32 667	136. 89	93. 36	5 207	2. 7
福田区	15 206	93. 08	82. 95	1 892	-29. 98
宝安区	9 570	29. 38	72. 43	867	-47. 58
龙华区	6 430	38. 44	81. 62	290	-11. 31
光明区	6 449	103. 18	84. 32	1 417	114. 05
坪山区	4 363	97. 76	84. 32	312	-24. 46
罗湖区	1 809	17. 4	73. 85	46	-40. 26
大鹏新区	1 824	119. 22	92. 43	23	76. 92
盐田区	932	38. 37	94. 21	54	-50

资料来源：深圳市市场监督管理局（深圳市知识产权局）. http：//amr. sz. gov. cn/.

深圳市高新技术企业发明专利授权数量数据显示，2019 年，华为技术有限公司以发明专利授权量 28 740 项位列第一，中兴通讯股份有限公司以 16 268 项排在第二，第三是腾讯科技（深圳）有限公司，共有 7 350 项发明专利授权量。努比亚技术有限公司以 103. 51% 的发明专利有效率排在深圳市高新技术企业第一（见图 4 - 12）。

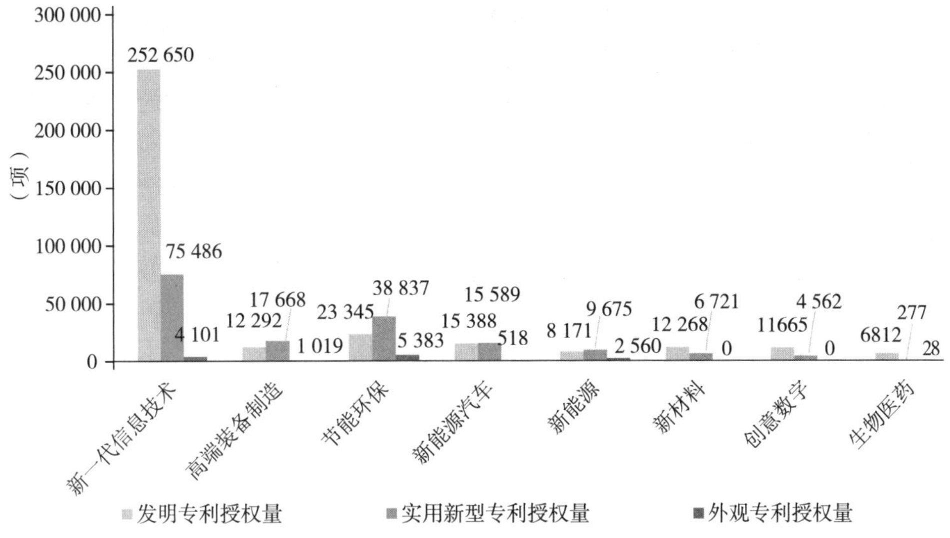

图 4－12　深圳高新技术企业专利授权量及有效率

资料来源：深圳市市场监督管理局（深圳市知识产权局）. http：//amr. sz. gov. cn/.

从战略性新兴产业专利来看，深圳市新一代信息技术专利授权数量远远超出其他产业，新一代信息技术专利产业授权数量为 332 237 项排第一名，授权量第二名为节能环保产业，共有 67 565 项，第三位是新能源汽车产业，专利授权量为 31 495 项。接下来分别为高端装备制造产业专利授权量 30 979 项，新能源产业 20 406 项，新材料产业 18 989 项，创意数字产业 16 227 项，生物医药产业为 7 117 项（见图 4－13）。

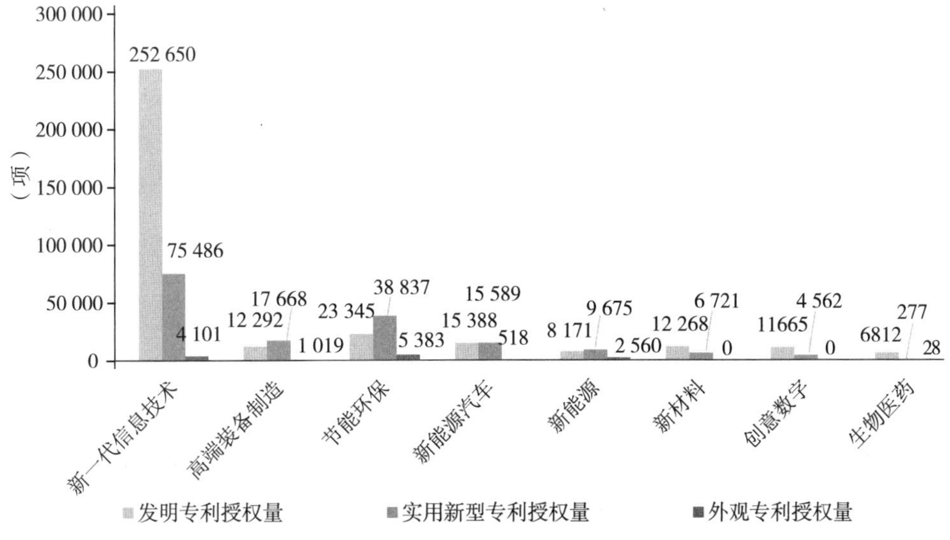

图 4－13　深圳市战略性新兴产业专利授权量

资料来源：广东省知识产权保护中心战略性新兴产业专题专利数据库（数据截至 2021 年 3 月 10 日，根据地名检索获得数据）. https：//gpic. gd. cn/#/industry.

从深圳市科技创新委员会资料可知，1996 年深圳市建立第一个工程中心——深圳市数字通信工程技术研究开发中心，至 2021 年，已建成 2 709 个各级创新载体平台。深圳市的自主创新能力全国领先，并通过充分发挥对外开放的互相合作交流模式的作用，实现了创新能力新跨越，取得了优异的创新产业绩效。2020 年，多家国家级科研平台落地深圳，光明科学城等重大平台也在加速建设中。同时，战略性新兴产业企业不断涌现。深圳华大基因股份有限公司是 1999 年成立的国家高新技术企业，不仅建设了国家基因库，而且拥有全球先进的基因组学研发机构，其官网数据显示，截至 2021 年 3 月 10 日已发表论文 3 489 篇。深圳光启高等理工研究院于 2010 年成立，在 Meta - RF 技术、超材料等新材料领域做出较大突破，具有全球领先技术水平。深圳市创新氛围浓厚，科技资源丰富，战略性新兴产业发展快速。

表 4 - 15　部分国家级创新载体名单

创新载体名称	载体类型	级别	主管部门	依托单位
深圳创维 - RGB 电子有限公司技术中心	企业技术中心	国家部委	市工信局	深圳创维 - RGB 电子有限公司
国家医用诊断仪器工程技术研究中心	工程中心	国家部委	市科创委	深圳迈瑞生物医疗电子股份有限公司
深圳市中药药学及分子药理学研究省部共建国家重点实验室培育基地	重点实验室	国家部委	市科创委	香港理工大学深圳研究院
深圳市中金岭南有色金属股份有限公司技术中心	企业技术中心	国家部委	市工信局	深圳市中金岭南有色金属股份有限公司
国家生化工程技术研究中心（深圳分中心）	工程中心	国家部委	市发改委	深圳大学
中兴通讯股份有限公司技术中心	企业技术中心	国家部委	市工信局	中兴通讯股份有限公司
华为技术有限公司技术中心	企业技术中心	国家部委	市工信局	华为技术有限公司
深圳华强集团有限公司技术中心	企业技术中心	国家部委	市工信局	深圳华强集团有限公司
深圳海王集团股份有限公司技术中心	企业技术中心	国家部委	市工信局	深圳海王集团股份有限公司

资料来源：深圳市科技创新委员会 . http：//stic. sz. gov. cn/.

（三）企业实力不断增强，新兴产业繁荣发展

深圳市战略性新兴产业企业迅猛发展。根据深圳市场监督管理局数据，2020 年，深圳

战略性新兴产业数量呈现快速增长的态势，新一代信息技术、海洋经济、创意数字等产业新登记企业数量增长率均在40%以上。在2020年期间，七大战略性新兴产业新登记企业数量为38 662家，同比上升33.2%。新一代信息技术产业、数字经济产业、高端装备制造产业的企业登记数量位列前三，增长速度分别为44.5%、58.2%、75.0%，涌现出深圳英飞拓科技、深圳云天励飞等许多高成长性的高新技术企业。根据深圳市“十三五”报告，2020年，深圳市国家级高新技术企业数量超过1.85万家，对比2015年实现了3倍的增长，位列全国各大城市的第二名；此外，拥有产值超过百亿元的企业44家，产值超千亿元的企业7家，高质量的优势企业发展快速。2020年，深圳市智能制造设备、人工智能和新兴显示器件三个产业集群入选国家级产业集群发展工程，产业集聚效应已然显现，战略性新兴产业的高速增长成为深圳市经济发展的新活力。

深圳市经济增量主要依靠战略性新兴产业，2020年战略性新兴产业对GDP增长的贡献率达到37.15%。深圳市是锂离子电池的主要生产基地，锂离子电池的产业链包括原材料、电池材料、电芯及PACK封装、应用。深圳的相关产业主要处于产业链中游，包括电芯及PACK封装环节，这里聚集大量生产锂离子电池的相关企业，形成了独特相关技术和产业集群。深圳宝安电池园区内的企业主要布局电池加工组装环节，尤其是电池设备及材料的生产、电池的组装。深圳龙岗区聚集了一大批电池高新技术企业，有深圳比克电池、比亚迪电池和深圳高能达电池等。深圳市比亚迪锂电池有限公司主要生产磷酸铁锂电池，2020年其新推出的“刀片电池”通过改变结构对电池进行创新，引起社会轰动。据中商情报网发布的《2020年中国动力锂离子电池企业装机量20强榜单》，2019年比亚迪电池动力离子电池累计装机量为10 757.85 MWh，市场占有率为17.31%，2020年上半年比亚迪电池动力离子电池累计装机量为2.45 GWh，市场占有率为14.01%，位居市场第二名。深圳比克电池有限公司主要研发、生产锂离子电芯和PACK电池，为动力电池、生活数码电池、手机电池、笔记本电脑电池、储能电池等领域提供产品，2019年，动力离子电池累计装机量为687.51MWh，市场占有率为1.11%。深圳市德赛电池科技股份有限公司主要从事无汞碱锰电池、锂离子充电电池等电池研发和生产销售，2020年德赛电池的锂电池增长速度较快，根据其官网数据，营业收入累计193.89亿元。经过十几年的发展，深圳市的锂电池产业与国际水平的差距逐渐缩小，甚至有部分技术已处于国际领先水平。

深圳市新材料产业的发展速度十分快，且具有良好的产业基础，为深圳市电子信息产业转型升级提供了保障。目前，深圳市新材料产业应用范围十分广泛①，涉及各行各业。各个行政区的侧重点也不同，南山区主要聚焦在特种玻璃、显示材料、新能源材料等领域；宝安区主攻电子信息材料和先进高分子材料；龙岗区具有比亚迪、富士康、信仪玻璃等知名新材料企业，聚焦于电子信息材料、新型储能材料等领域。同时新材料产业的蓬勃发展必然依托企业的进步，公开资料数据显示，深圳华烯新材料有限公司通过研发和生产电子功能材料、光电显示材料、解控显示等为消费类电子行业提供产品，其2020年前三季度的营业收入为16.41亿元。中国南玻集团股份有限公司主要在节能环保玻璃、电子显

① 应用范围包括电子信息材料、新能源材料、生物材料、新型功能材料等优势领域，以及高技术领域的超材料、纳米材料及超导材料。

示玻璃、太阳能光伏等新材料领域进行研发生产，2020 年前三季度营业收入为 74.68 亿元。2021 年 1 月，南玻集团的超薄电子玻璃、低辐射镀膜玻璃荣获工信部颁发的“制造业单项冠军产品”称号。深圳市德方纳米科技股份有限公司为业内龙头企业，专注于纳米级锂离子电池材料等领域，为新能源汽车电池提供产品和服务。2020 年，德方纳米的纳米磷酸铁锂市场份额为 26.59%，为宁德时代和比亚迪供应相关产品；2020 年前三季度，德方纳米实现营业收入 5.75 亿元。

经过四十多年改革开放的经验累积，深圳市的数字经济发展和成就已经赫然处于全国领先的行列。深圳市的数字经济核心产业包含电子信息制造业、软件信息、信息传输等领域。2021 年 1 月，深圳市工信局发布《深圳市数字经济产业创新发展实施方案（2021—2023 年）》，对数字经济的未来发展定下基调和方向，提出重点发展包括高端软件、人工智能、区块链在内等 12 个产业领域。① 数字经济产业集群也逐渐形成，南山区汇集了同州电子、创维科技、TCL、康佳集团等终端生产技术企业以及腾讯科技等方案、内容和技术提供商，中兴科技等设备提供商；龙岗区汇聚了华为、航嘉等企业；福田区有天威视讯、联想系统集成（深圳）有限公司等企业。腾讯科技（深圳）有限公司主要从事计算机软硬件开发、技术服务及信息服务等领域，同时在娱乐、财经、科技、金融等领域都有涉及，是拥有国内用户最多的互联网企业。腾讯公布其 2020 年总营收为 4 820.64 亿元，同比增长 28%，其中网络游戏营收 1 561 亿元，同比增长 36%。TCL 科技集团股份有限公司主要聚焦半导体、电子产品及家电等领域研发和生产销售，根据其年报，2020 年营收 766.8 亿元，同比增长 33.9%，半导体是 TCL 科技收入来源的主要部分，占其 2020 年总营收的 60.99%。深圳市的战略性新兴产业都呈现积极向上的发展态势，各行政区的产业布局都蒸蒸日上，产业集群加速形成，企业的竞争力提升速度加快，战略性新兴产业为深圳市经济带来新的增长极。

（四）区域发展各具特色，持续改善产业环境

深圳市已然走到了全省乃至全国战略性新兴产业发展的前列，但由于地区差异性和产业发展差异性，各区的发展具有不同的特色。如表 4－16 所示，从各区的 GDP 经济总量来看，2019 年南山区以 6 103.69 亿元位列首位，龙岗区和福田区的 GDP 总量分别为 4 685.78亿元和 4 546.5 亿元，排在第二、三位。宝安区、龙华区、罗湖区分别位列第四、五、六位。而光明区排在第七位，突破了千亿元大关。就 GDP 增长率来看，坪山区、盐田区、龙岗区和光明区的增速均在 8% 以上。从各区的产业规模来看，2019 年深圳市新一代信息技术、低碳环保等七大战略性新兴产业规模为 10 155.51 亿元，增速为 8.8%，其中南山区和龙岗区是深圳战略性新兴产业最集中的地区，浓厚的创新氛围和优越的创业环境使其增加值分别达到了 3 389.09 亿元和 2 692.35 亿元，占该区 GDP 比重分别为 55.53% 和 57.46%。

南山区和龙岗区战略性新兴产业增加值合计 6 081.44 亿元，占据了深圳市战略性新兴

---

① 具体包括高端软件、人工智能、区块链、大数据、云计算、信息安全、互联网、工业互联网、智慧城市、金融科技、电子商务和数字创意。

产业总增加值的59.92%，总量十分庞大。南山区战略性新兴产业发展十分迅速，产业增加值占全市战略性新兴产业增加值的33.40%，龙岗区的战略性新兴产业也取得较大突破，增加值占全市比重达到26.53%。宝安区、龙华区、福田区、光明区、坪山区、大鹏新区、罗湖区、盐田区等区的战略性新兴产业脚步也紧跟其后，增加值占全市比重分别为11.64%、10.83%、6.50%、3.92%、2.80%、1.91%、1.47%、1.00%。

表4-16　2019年深圳各区GDP及战略性新兴产业增加值情况

地区	GDP（亿元）	增速（%）	战略性新兴产业增加值（亿元）	战略性新兴产业增加值占GDP比重（%）
南山区	6 103.69	7.6	3 389.09	55.53
龙岗区	4 685.78	8.1	2 692.35	57.46
福田区	4 546.50	7.2	659.39	14.50
宝安区	3 853.58	6.6	1 181.27	30.65
龙华区	2 510.77	2.5	1 099.01	43.77
罗湖区	2 390.26	6.8	148.89	6.23
光明区	1 020.92	8.0	397.81	38.97
坪山区	760.87	8.5	284.56	37.40
盐田区	656.48	8.2	101.80	15.51
大鹏新区	351.44	5.5	194.05	55.22

资料来源：2019年深圳市各区国民经济和社会发展统计公报。

通过深圳市各区的统计公报数据，就战略性新兴产业来看，南山区是深圳市发展最好的区域，2019年，南山区国家级高新技术企业有4 008家，较上一年增长11.99%，占全市国家级高新技术企业23.2%的比重；全区战略性新兴产业增加值为3 389.09亿元，较上一年增长14.32%。分行业来看，新一代信息技术产业增加值为1 285.03亿元，较上一年增长11.1%；数字经济产业增加值为1 145.52亿元，较上一年增长21.4%；高端装备制造产业增加值为201.29亿元，较上一年增长5%；绿色低碳产业增加值为229.42亿元，较上一年增长19.5%；海洋经济产业增加值为396.61亿元，较上一年增长14.1%；新材料产业增加值为31.55亿元，较上一年增长16.1%；生物医药产业增加值为99.67亿元，较上一年增长10%。南山区主要聚焦信息技术和数字经济等新兴产业的发展，区域内聚集了腾讯科技、中兴通讯、大疆科技、大族激光、金蝶、TCL等高科技企业，起到了引领和带头作用。

罗湖区也在加紧布局区战略性新兴产业，发展速度迅猛。2019年，全区国家级高新技术企业有310家，较上一年增长14.8%；全区战略性新兴产业增加值达到148.89亿元，较上一年增长18.11%。分行业来看，增长速度较快的有新材料产业、海洋经济产业、生物医药产业，增长速度分别为30.2%、22.9%和12.8%，增加值分别为3.69亿元、7.37亿元、1.96亿元。新一代信息技术产业增加值为37.23亿元，较上一年增长3.7%；数字经济产业增加值为 36. 58 亿元，较上一年增长 2. 2%；高端装备制造产业增加值为 0. 94 亿元，较上一年下降 18%；绿色低碳产业增加值为 61. 13 亿元，较上一年增长 8. 6%。罗湖区主要以绿色低碳产业和新一代信息技术产业为发展突破口，重点布局新材料和海洋经济产业，加速区域内战略性新兴产业进一步发展。

龙岗区战略性新兴产业的发展速度在全市也是名列前茅，发展成果丰富。2019 年，全区国家级高新技术企业有 2 215 家，较上一年增长 23%；全区战略性新兴产业增加值为 2 692. 35亿元，较上一年增长 6. 36%。分行业来看，新一代信息技术产业增加值为 1 934. 64亿元，较上一年增长 11. 7%；数字经济产业增加值为 56. 30 亿元，较上一年增长 4. 2%；高端装备制造产业增加值为 467. 74 亿元，较上一年上升 11. 7%；绿色低碳产业增加值为 114. 19 亿元，较上一年增长 0. 5%；海洋经济产业增加值为 1. 21 亿元，较上一年增长 13. 4%；新材料产业增加值为 101. 62 亿元，较上一年增长 30. 4%；生物医药产业增加值为 16. 64 亿元，较上一年增长 25. 1%。龙岗区重点发展新一代信息技术产业，占比达到 71. 86%，区域内聚集了华为、新天下、比亚迪等一大批知名高科技企业。

福田区战略性新兴产业的发展成绩也较为瞩目。2019 年，全区国家级高新技术企业有 1 293 家，较上一年增长 6. 94%；全区战略性新兴产业增加值达到 659. 39 亿元，较上一年增长 25. 92%。分行业来看，新一代信息技术产业增加值为 260. 02 亿元，较上一年增长 7. 7%；数字经济产业增加值为 194. 81 亿元，较上一年增长 7. 9%；绿色低碳产业增加值为 137. 06 亿元，较上一年增长 3%；海洋经济产业增加值为 10. 07 亿元，较上一年增长 11. 3%；新材料产业增加值为 34. 76 亿元，较上一年增长 19. 9%；生物医药产业增加值为 19. 50 亿元，较上一年增长 11. 6%。新一代信息技术产业在福田区得到了快速发展，数字经济和绿色低碳产业也紧跟步伐，腾邦、金立、昱科环球等技术领先的企业引领福田区战略性新兴产业发展和产业转型升级。

2019 年，宝安区战略性新兴产业增加值为 1 181. 27 亿元，其中新一代信息技术产业增加值为 602. 89 亿元，数字经济产业增加值为 91. 29 亿元，高端装备制造产业增加值为 187. 56 亿元，绿色低碳产业增加值为 191. 07 亿元，海洋经济产业增加值为 9. 08 亿元，新材料产业增加值为 60. 25 亿元，生物医药产业增加值为 39. 140 亿元，区内已经集聚 5 万多家工业企业，其中国家级高新技术企业有 4 885 家。宝安区以新一代信息技术产业为发展核心，加速布局高端装备制造产业和绿色低碳产业，提高产业支撑力，推动产业攀升至价值链高端环节。

2019 年，龙华区战略性新兴产业增加值为 1 099. 01 亿元，分行业来看，新一代信息技术产业增加值为 663. 45 亿元，数字经济产业增加值为 34. 97 亿元，高端装备制造产业增加值为 240. 92 亿元，绿色低碳产业增加值为 48. 56 亿元，海洋经济产业增加值为 1. 85 亿元，新材料产业增加值为 73. 56 亿元，生物医药产业增加值为 35. 69 亿元。龙华区重点关注新一代信息技术产业和高端装备制造产业，建设高质量发展的高端制造基地，带动经济质量进一步提升。

2019 年，光明区战略性新兴产业增加值达到 397. 81 亿元，分行业来看，新一代信息技术产业增加值为 205. 41 亿元，数字经济产业增加值为 23. 08 亿元，高端装备制造产业增加值为 19. 98 亿元，绿色低碳产业增加值为 38. 82 亿元，海洋经济产业增加值为 0. 33 亿元，新材料产业增加值为47.97亿元，生物医药产业增加值为62.21亿元。光明区重点打造新一代信息技术产业发展新高地，以带动产业上下游的协同发展。

2019年，大鹏新区实现战略性新兴产业增加值为194.05亿元，同比上升0.2%。分具体行业来看，绿色低碳产业增加值为164.69亿元，新材料产业增加值为16.90亿元，新一代信息技术产业增加值为9.78亿元，数字经济产业增加值为1.57亿元，生物医药产业增加值为0.99亿元，高端装备制造业增加值为0.23亿元。大鹏新区结合本地区位优势，重点发展绿色低碳产业。

深圳市结合各区的资源优势和产业特色，因势利导、错位协同、互助互补发展战略性新兴产业，形成空间战略规划，加快七大战略性新兴产业布局，对各区的产业发展形成“10+1”定位（见图4-14），并建设多个产业科技园，如南山科技园、深圳科技园、高发科技园、盐田国际创意港、深华科技园、清湖科技园、国际低碳城、国际生物谷、坪山国家生物产业基地、九龙山科技园、深汕特别合作区、珠三角区域合作产业园等，形成战略性新兴产业集群，产业效益逐渐增强，企业竞争力不断提升，为深圳市经济高质量发展升级奠定坚实基础，成为国内战略性新兴产业规模大、产业成果多、产业集聚性强的城市之一。

图4-14 深圳市“10+1”定位及重点项目

资料来源：根据公开资料整理。

为了维护良好的战略性新兴产业发展环境，深圳市及下属各行政区都已出台产业发展规划及配套政策，加强相关基础设施建设，优化产业发展环境。深圳市在2018年11月出台《深圳市战略性新兴产业发展专项资金扶持政策》，目的是优化深圳产业结构，推动深圳战略性新兴产业快速进步和发展，构建创新型的产业体系。深圳市各行政区战略性新兴产业呈现如火如荼的发展态势，各区的战略性新兴产业发展和培育工作稳步推进，构筑现代化的产业支柱和经济体系，在各方面都形成了强大的优势。经过多年的布局和优化，深圳市战略性新兴产业已经取得丰富的成果，经济高质量增长的可持续性得到保障，对外开放水平进一步提高，成为具有国际影响力和竞争力的创新型城市，继续保持先行者和引领者的地位。

二、广州市战略性新兴产业发展概况

（一）产业政策支持，产业规模扩大

2016 年 11 月，广州市政府出台《广州市战略性新兴产业第十三个五年发展规划（2016—2020 年）》，重点发展新一代信息技术产业、新能源与节能环保产业等五个战略性新兴产业，明确产业发展方向，加快产业转型升级；还相继出台《黄埔区 广州开发区新一代信息技术产业发展实施细则》《广州市加快生物医药产业发展实施意见》《广州市新能源汽车发展工作方案（2017—2020 年）》《广州制造 2025 战略规划》等相关政策，给予战略性新兴产业大力支持，提升战略性新兴产业政策的有效性，集中资源提升产业和企业的竞争力。同时广州市制定一系列优化营商环境政策，如《广州市优化营商环境条例（草案）》《广州市对标国际先进水平全面优化营商环境的若干措施》，政策提出简化办事流程，提升办事效率和成本，让企业少跑腿，推动营商环境改革“再提速”。2020 年 7 月，中国社科院对各大城市的营商环境进行评分，广州营商环境综合评分获得全国第一，且已连续 3 年获得该项荣誉的首位，广州市通过营造宽松的市场环境充分激发了市场活力。

广州市经济规模继续扩大，战略性新兴产业引领经济达成“新”增长。广州市统计局数据显示（见表 4－17），2020 年，广州市 GDP 总量为 25 019.1 亿元，较上一年增长 5.89%，排在全国各大城市第四名。分区域来看，2020 年，天河区 GDP 为 5 312.8 亿元，领跑全市，较上一年增长 5.26%；黄埔区 GDP 达到 3 662.7 亿元，位居第二位，较上一年增长 4.57%；越秀区 GDP 为 3 370.1 亿元，较上一年增长 7.48%，排在第三位；番禺区 GDP 为 2 278.3 亿元，白云区 GDP 为 2 245.1 亿元，海珠区 GDP 为 2 086.9 亿元，南沙区 GDP 为 1 847.1 亿元，排在第四到第七位。从各区增速来看，南沙区增速为 9.74%，排名第一；番禺区增速为 9.56%，排在第二；从化区增速为 8.54%，排在第三。

表 4－17 广州市各辖区 2020 年 GDP 排名

地区	2020 年（亿元）	2019 年（亿元）	增量（亿元）	名义增速（%）
广州市	25 019.1	23 628.2	1 390.9	5.89
天河区	5 312.8	5 047.4	265.4	5.26
黄埔区	3 662.7	3 502.5	160.2	4.57
越秀区	3 370.1	3 135.5	234.6	7.48
番禺区	2 278.3	2 079.5	198.8	9.56
白云区	2 245.1	2 211.8	33.3	1.51
海珠区	2 086.9	1 935.1	151.8	7.84
南沙区	1 847.1	1 683.2	163.9	9.74
花都区	1 682.2	1 562.8	119.4	7.64
荔湾区	1 086.1	1 104.5	－18.4	－1.67

（续上表）

地区	2020 年（亿元）	2019 年（亿元）	增量（亿元）	名义增速（%）
增城区	1 062. 6	1 010. 5	52. 2	5. 16
从化区	386. 3	355. 9	30. 5	8. 56

资料来源：广州市统计局. http：//tjj. gz. gov. cn/.

2020 年，根据广州市统计局公布数据，广州八大新兴产业合计实现增加值 6757. 15 亿元，比上年增长 3. 7%，占全市 GDP 的比重接近三成。在突如其来的新冠肺炎疫情影响下，新一代信息技术、人工智能、生物科技产业增加值的增长速度为 2. 5%，其中生物医药产业增长 2. 9%、新一代信息技术产业增长 4%，战略性新兴产业抵御风险能力较强，是广州市经济增长的重要引擎。如表 4 – 18 所示，2020 年，广州市规模以上先进制造业产值为 11 597. 41 亿元，增速为 4. 76%，规模以上高技术制造业产值为 2 998. 99 亿元，较上一年增长 4. 35%。先进制造业分行业来看，高端电子信息制造业产值 1 454. 86 亿元，正增长 2. 67%；先进装备制造业产值 7 092. 29 亿元，正增长 8. 40%；石油化工产业产值为 1 390. 76亿元，较上一年下降 6. 69%；先进轻纺制造业产值为 844. 77 亿元，正增长速度为 0. 64%；新材料制造业产值为 639. 42 亿元，较上一年下降 2. 63%。高技术制造业分行业来看，医药制造业产值 414. 36 亿元，较上一年增长 18. 96%；航空、航天器及设备制造业产值 34. 32 亿元，较上一年下降 18. 79%；电子及通信设备制造业产值为 2 001. 19 亿元，较上一年增长 0. 91%；计算机及办公设备制造业产值为 218. 62 亿元，较上一年增长 5. 27%；医疗器设备及仪器仪表制造业产值为 293. 55 亿元，较上一年增长 5. 52%；信息化学品制造业产值为 36. 94 亿元，较上一年增长 156. 70%。对比行业数据来看，广州市生物医药、先进装备制造、电子信息行业的增长速度较快，发展潜力巨大。

表 4 – 18　广州市规模以上先进、高技术制造业及分行业产值

	2020 年产值（亿元）	同比增速（%）
一、先进制造业（合计）	11 597. 41	4. 76
其中：高端电子信息制造业	1 454. 86	2. 67
先进装备制造业	7 092. 29	8. 40
石油化工产业	1 390. 76	– 6. 69
先进轻纺制造业	844. 77	0. 64
新材料制造业	639. 42	– 2. 63
生物医药及高性能医疗器械制造业	412. 06	26. 46
二、高技术制造业（合计）	2 998. 99	4. 35
其中：医药制造业	414. 36	18. 96
航空、航天器及设备制造业	34. 32	– 18. 79

（续上表）

	2020 年产值（亿元）	同比增速（%）
电子及通信设备制造业	2 001.19	0.91
计算机及办公设备制造业	218.62	5.27
医疗器设备及仪器仪表制造业	293.55	5.52
信息化学品制造业	36.94	156.70

资料来源：广州统计年鉴（2021 年）. https：//lwzb.gzstats.gov.cn：20001/datav/admin/home/www_nj/.

（二）企业快速发展，产业聚集明显

广州市加快战略性新兴产业布局和发展规划，重点打造新兴产业集群以发挥聚集效应，构筑经济增长新高地。根据广州市政府报告，2019 年，广州市完成高水平、高科技、高质量的战略性新兴产业重点项目数量达到 147 个，覆盖研发、生产、销售等全产业链。2019 年，全市累计有认定的高新技术企业数量达到 12 174 家。广州市重点关注战略性新兴产业发展平台的规划和建设，以“一区三城十三节点”战略布局地区产业发展，让人工智能与数字经济试验区发挥区域科学技术的创新带动作用，广州科学城、知识城、南沙科学城这三个科学城实现资源集合和平台展示的作用，发挥增城经济技术开发区核心区等六个片区经济金融商务区的作用，而广州国际生物岛、天河智慧城等七个片区则发挥产业集聚作用，充分提高企业研发和生产效率。“一区三城十三节点”的区域协同发展让广州战略性新兴产业的空间布局和发展方向更加清晰。

同时广州市各行政区也在规划战略性新兴产业发展方向，并构建完整的战略性新兴产业链，做大做强新兴产业，优化经济结构。海珠区重点发展人工智能、数字经济、网络安全、大数据等战略性新兴产业，打造广州互联网信息安全中心，联想、奇安信、阿里巴巴、腾讯等网络科技企业聚集该区。黄埔区和广州开发区是广州经济发展和科技创新的重要区域之一，具有强烈的经济引领效应，以 IAB 产业①为重点发展的战略性新产业，发挥其重点产业的牵引力作用，使得生物医药、新能源汽车、集成电路、新材料、绿色能源、高端装备等战略性新兴产业蓬勃发展。该区域内聚集了广汽本田、金溢科技、百度 Apollo、智行者科技、360 企业安全集团、赛纳生物科技、万孚生物、广州立邦涂料等知名企业。南沙区以航道运输、高端制造、金融科技、旅游策划、生命健康为五大主导产业，重点布局 IAB 产业与 NEM 产业②等战略性新兴产业。公开数据显示，南沙区已集聚着广汽丰田、日本电装、路易达孚等知名企业，区内已经有人工智能企业 180 多家，医谷产业园区入驻生物科技创新企业 155 家。天河区构建“两轴两带多片区”的空间发展格局，重点发展智能网联新能源汽车、新一代信息技术、人工智能、数字创意、智能装备、生物医药等产业，区内聚集着网易、小鹏汽车、广州趣丸、极飞科技等知名企业。白云区重点发展绿

① IAB 产业包含新一代信息技术、人工智能、生物医药。

② NEM 产业包含新能源、新材料。

色低碳、新能源、高端装备制造、生物医药等产业，依托民营科技园、千邦生物科技园、广州同创科技园、白云电器装备制造产业基地，构建有标志性引领性的战略性新兴产业集群。番禺区依托广州大学城、番禺汽车城等平台，重点发展新能源汽车、人工智能与数字经济、软件与信息服务、互联网等战略性新兴产业，区内聚集携程、紫晶存储、海大集团、欢聚时代、广汽新能源、广汽菲克、奥园集团等知名企业。越秀区聚焦生物医药、人工智能产业，以“一轴带动，组团集聚”为布局方向，积极推进高端健康医疗等战略性新兴产业发展。荔湾区积极开展 IAB 计划，布局相关战略性新兴产业园，依托广州国际科技创新产业区、金昊科技园、安华科技园等产业园构建产业发展新平台。花都区大力促进时尚创意、智能网联、医药制造、新一代信息技术、电子显示、新能源汽车等战略性新兴产业的发展，充分发挥花都高技术光电子产业基地、花都纯电动汽车产业基地等平台的优势带动作用。增城区聚焦新能源汽车、新能源、健康医疗、新一代信息技术等战略性新兴产业，通过增城战略性新兴产业综合基地、阿里巴巴新零售华南运营中心等产业基地打造以战略性新兴产业为主的产业园。从化区重点聚焦新能源、生物医药、新一代信息产业、人工智能、农业科技等产业，依托从化明珠工业园、美都健康产业基地等战略性新兴产业基地，构建专业化产业园，区内汇聚京东智能电商、广汽比亚迪、广州宏晟光电、广州莱泰制药、广州白云山汉方等战略性新兴企业，辐射带动从化区的经济快速发展。

表 4－19　广州市科技园的战略性新兴产业重点发展方向

科技园	发展方向
中新广州知识城	重点发展新一代信息技术、生物医药、智能装备、节能环保、科技服务等新兴产业，集聚创新人才、创新团队、创新企业等国际高端要素资源，打造世界一流的生态低碳智慧型知识新城
科学城	发展新一代信息技术、生物与健康、新材料、节能环保、现代服务业，引进一批高成长性企业和国家重大创新成果转化项目，加速产城融合发展，成为珠三角国家自主创新示范区先导区、世界级研发中心
天河智慧城	重点发展软件、移动互联网、数字创意、电子商务、地理信息、生物医药等产业
琶洲互联网创新集聚区	汇集知名互联网企业及相关科技创新、金融机构，发展互联网金融、电商物流、云计算和大数据等电子商务、移动互联网产业。将琶洲打造成中国科技创新、会展产业、国际贸易的门户
广州国际生物岛	重点开展中医药现代化和功能基因研究，建立先进的生物医药研发平台，集聚具有高端技术开发能力的研究机构和产业群，建设具有重要影响力的生物医药、健康医疗产业技术创新与国际交流合作基地，打造国际一流的生物医药研发和产业化基地，成为创新之岛、活力之岛
大学城	建设大学城孵化集群，推广新型孵化模式，成立众创空间联盟，推进产学研协同创新发展，促进大学城创新资源开放共享

（续上表）

科技园	发展方向
广州国际创新城	力争在医药健康、物联网应用、电子商务、节能环保服务、设计服务、国际教育等领域形成特色产业集群，加快提升广州大学城创新功能，成为华南科技创新服务引擎
南沙明珠科技城	重点发展航运物流、跨境电商、金融保险、电子信息、高端装备制造、软件及服务外包、新能源、新材料及生命科学等战略性新兴产业，充分利用自贸实验区和国家自主创新示范区“双自”联动发展机制，面向国际国内集聚各类创新资源

资料来源：根据公开资料整理。

（三）创新动力十足，科技发展加速

广州市强大的科技力量为战略性新兴产业建设和发展起到重要铺垫作用。广州市在生物医学、新材料等领域取得重大突破，建设全省首个细胞生物、全国首个高分子材料等产业重大创新平台。2019 年，在世界知识产权组织发布的《全球创新指数报告》榜单中，广州市位列第 21。2020 年，广州市高新技术企业数目超过 1.2 万家，根据《深圳商报》读创平台的数据，截至 2021 年 3 月，广州生物医药企业达 5 500 家，数量居全国第三。

近年来，广州市创新体系不断优化，科技创新活力持续提升，研发经费支出从 2015 年的 380.13 亿元增加到 2019 年的 677.74 亿元，研发人员也在快速增加，2018 年和 2019 年分别为 20.36 万人和 22.90 万人。广州市研发强度不断增强，2019 年研发强度达到 2.87%，较上一年增加 0.24 个百分点。广州市不断壮大创新动能，用创新带动经济发展和经济增长（见图 4－15）。

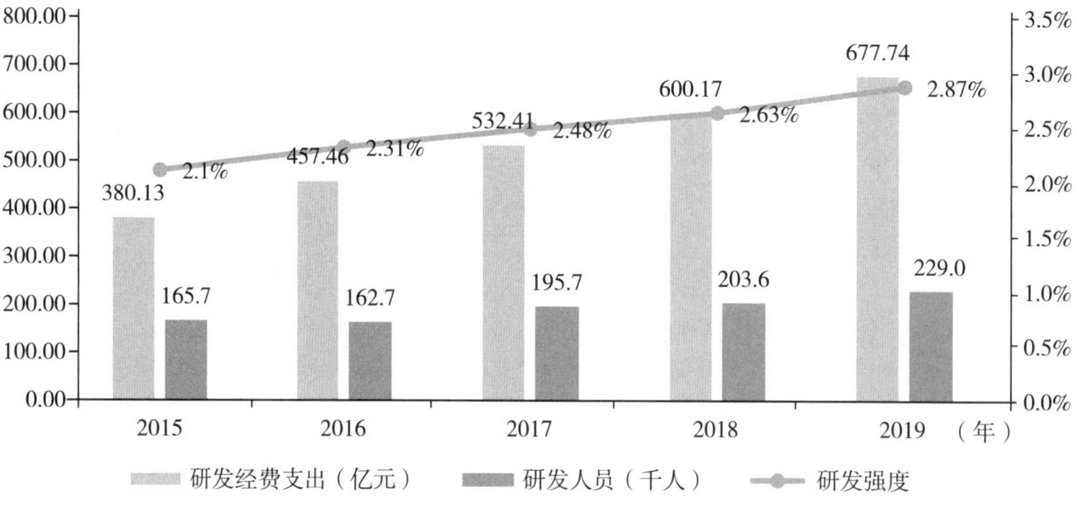

图 4－15 广州市研发经费支出、研发人员及研发强度

资料来源：广州统计年鉴（2015—2020 年）. https：//lwzb. gzstats. gov. cn：20001/datav/admin/home/www_nj/.

分区域来看，见图 4 - 16，2019 年，天河区以 173. 32 亿元的研发经费领先于其他区，黄埔区以 153. 42 亿元的研发经费支出次之，且只有上述两个区研发经费支出突破百亿元，海珠区以 69. 79 亿元排在第三，此外，研发经费支出突破 50 亿元的地区分别有越秀区、番禺区、南沙区。各区的创新生态系统逐渐完善，科技创新水平得到显著提升。

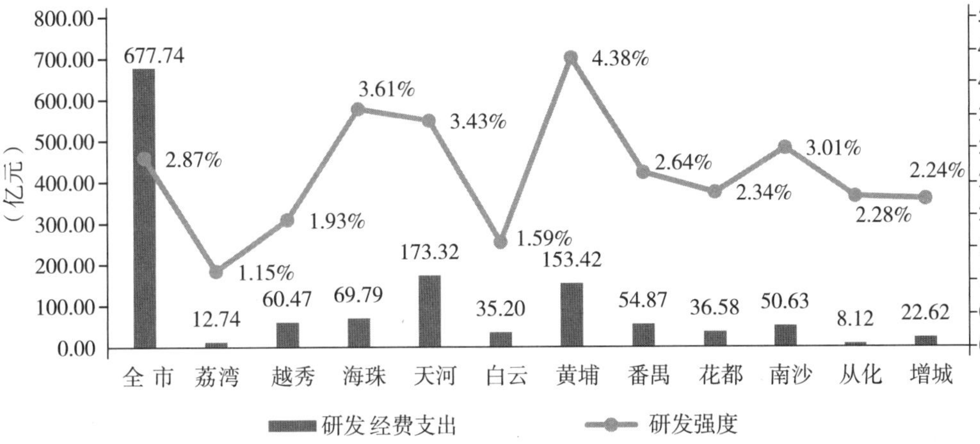

图 4 - 16 2019 年广州市各区研发经费支出及研发强度

资料来源：广州统计年鉴（2019 年）. https：//lwzb. gzstats. gov. cn：20001/datav/admin/home/www_nj/.

从专利情况来看，相比于 2018 年，不管是专利申请量还是专利授权量，广州市 2019 年的数据都是增加的，专利申请量为 17. 7 万件，专利授权量为 10. 5 万件（见图 4 - 17）。从专利类型看，实用新型专利的申请和授权数量都超过了发明专利及外观设计专利。广州市的创新动力和核心技术提供能力都得到了有效和快速的提升。

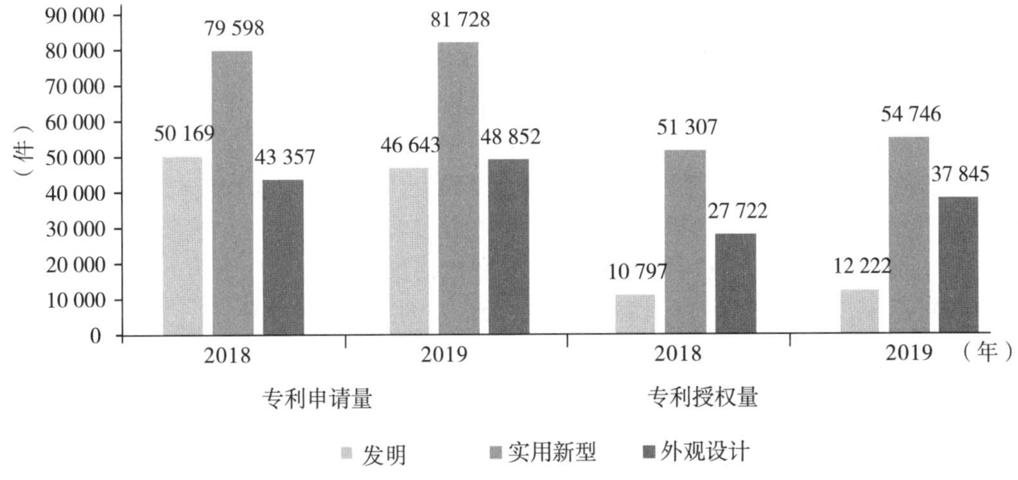

图 4 - 17 2018—2019 年广州市专利申请量和授权量

资料来源：广州统计年鉴（2018—2019 年）. https：//lwzb. gzstats. gov. cn：20001/datav/admin/home/www_nj/.

从战略性新兴产业细分领域的专利数量来观察，广州市的新一代信息技术专利授权数量为70 318 件，远远超过其他战略性新兴产业；接下来是节能环保产业，专利数量为42 152件；高端装备制造产业专利数量为20 163 件，排在第三；生物医药产业专利数量为16 589件，新能源产业专利数量为12 633 件，新材料产业专利数量为12 012 件，新能源汽车产业专利数量为11 705 件，创意数字产业专利数量为4 263 件（见图4－18）。比较发现，广州市新一代信息技术和节能环保产业成果丰富，创新动力较足。

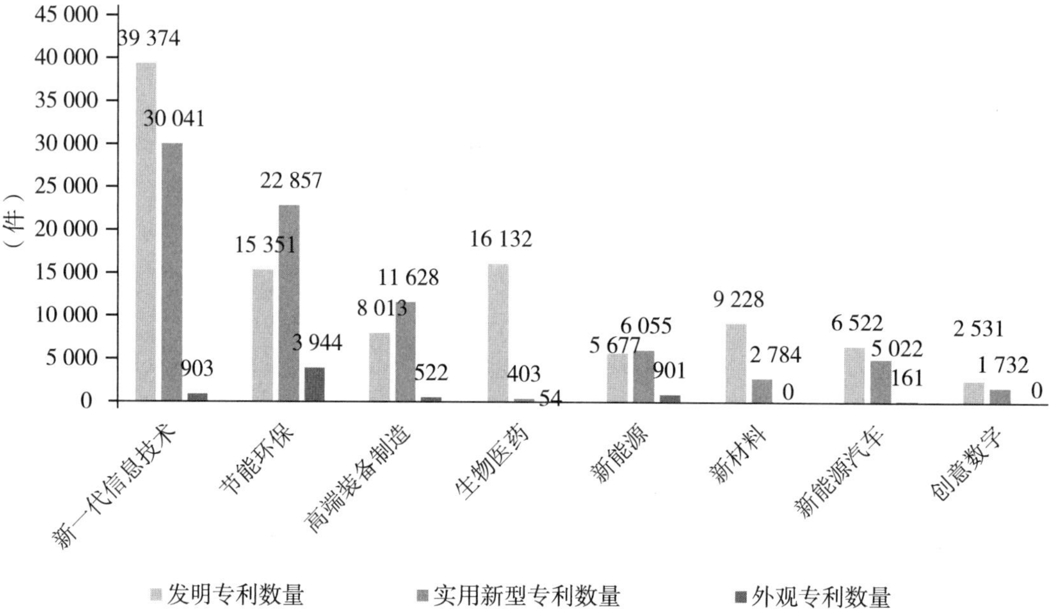

图4－18 广州市战略性新兴产业发明专利累计授权量

资料来源：广东省知识产权保护中心战略性新兴产业专题专利数据库（数据截至2021年3月10日，根据地名检索获得数据）. https://gpic. gd. cn/#/industry.

分区域看，广州市各区的创新成果都较为丰富（见图4－19）。天河区作为广州 CBD，聚集了大量高科技及现代服务业企业，该区2019年专利申请量和授权量分别为11 752件、3 696件，位列广州市首位。黄埔区科技力量十分强大，专利申请量和授权量分别为9 387件、2 803件，排在第二位。越秀区专利申请量和授权量分别为6 217件、1 609件，排在第三位。番禺区和越秀区不相上下，番禺区专利申请量和授权量分别为6 156件、1 288件，排在第四位。总体来说，广州市创新力度较大，创新生态环境良好。

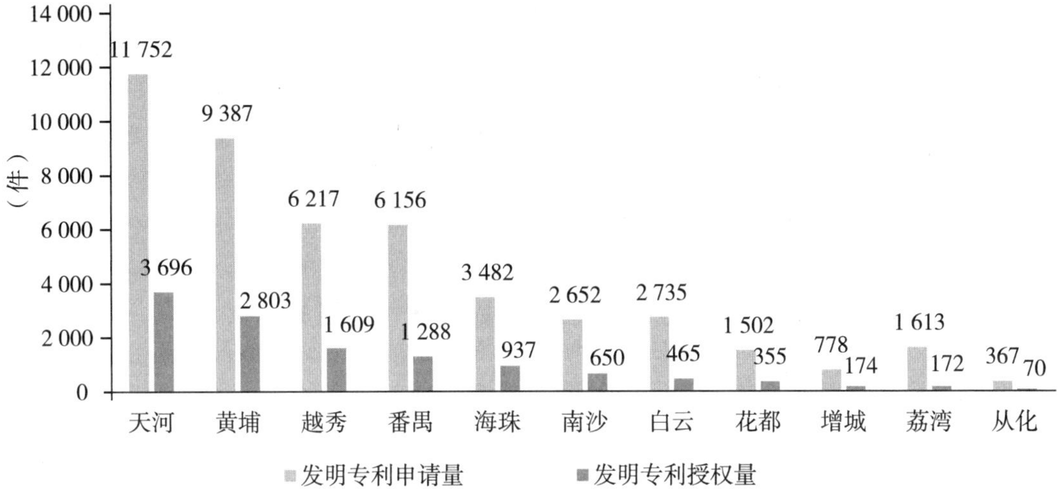

图 4－19 2019 年广州市各区发明专利申请量及授权量

资料来源：广州市统计局 . http：//tjj. gz. gov. cn/.

广州市战略性新兴产业正在蓬勃发展中，通过培育和发展战略性新兴产业，优化产业结构，增强产业综合竞争力，为经济增长注入新动能，保持经济向上的驱动力。广州市已经形成新一代信息技术、生物医药、高端装备制造、时尚创意等八大战略性新兴产业集群，整合全市各区的科研和创新资源，逐步加强科技研发力量，建设大量科技园和产业基地，区域聚集效应凸显，大大促进了新兴产业和企业的进步与发展，成为国际创新型城市。

第五章　新一代信息技术产业[①]

第一节　新一代信息技术产业的界定

根据《国务院关于加快培育和发展战略性新兴产业的决定》，新一代信息技术产业主要包括六个方面，分别是下一代通信网络、物联网、三网融合、新型平板显示、高性能集成电路和以云计算为代表的高端软件。

我国通信网络经历了由2G向3G、再由3G向4G发展的过程，目前，我国主流的通信网络是4G（第四代移动通信技术）通信网络。下一代通信网络代表了未来主流的通信网络，在不久的将来，5G（第五代移动通信技术）将成为我国的主流通信网络，因此，5G可以作为下一代通信网络的代表。

物联网使人、机、物在任何时间、任何地点实现互联互通，并衍生出工业互联网、车联网等细分领域的物联网应用平台，尤其是基于我国庞大的制造业基础，再加上近年来消费互联网红利逐渐消失并向产业互联网转变的趋势，工业互联网将成为未来新一代信息技术发展的重点。

三网融合是指电信网、计算机网和有线电视网三者之间的融合。三网融合能够打破广电在内容输送、电信在宽带运营领域的垄断，从而构建一个健全、高效的通信网络。光通信技术的发展，为综合传送各种业务信息提供了必要的带宽和高质量的传输，是三网融合的理想平台，光纤通信技术是宽带技术的主体，因此光通信器件中的光纤光缆等可作为三网融合在新一代信息技术中的代表。

我国显示技术经历了由CRT（阴极射线管）向LCD（液晶显示器）发展，再由LCD向OLED（有机发光二极管）的发展历程。OLED是目前最新的显示技术，利用的是有机半导体材料和发光材料在电场驱动下，通过载流子复合导致发光的现象。OLED广泛应用于电子产品领域，其中应用最广泛的是智能手机，其次为笔记本、显示屏、电视、平板、数码相机等。OLED显示屏色彩更加浓艳，且可以对色彩进行调整，是显示技术在新一代信息技术中的代表。

集成电路是通过半导体工艺把一定数量的常用电子元件，如电阻、电容、晶体管等集成在一小块或几小块半导体晶片或介质基片上，使其成为具有所需电路功能的微型结构。半导体的供应和技术工艺直接决定着集成电路的性能，而芯片又是内含集成电路的硅片。因此，集成电路作为新一代信息技术的上游产业，直接影响着5G产业的发展，进而影响整个新一代信息技术产业。

---

① 本章作者：曾聪，暨南大学产业经济研究院研究生。

云计算狭义上可以理解为一种提供资源的网络，使用者可以随时根据需求获取“云”上的资源，按使用量付费。因此，云计算的核心在于大数据的存储和服务，为数据使用方提供资源。

综上所述，根据新一代信息技术产业包括的六个方面，可以将新一代信息技术产业划分为六个代表性的细分领域：5G、物联网、光通信、OLED、集成电路和云计算。其中，集成电路、光通信和OLED属于产业链的上游，云计算和5G属于产业链的中游，物联网以及云计算提供的直接服务和5G产品属于产业链的下游。在上游领域的产业中，集成电路和光通信对中游的5G技术有着直接影响，OLED作为新一代显示技术，对下游产品如智能手机、计算机、平板显示等有着直接影响。在中游领域的产业中，5G和云计算为物联网提供直接支持，其中5G为物联网人、机、物随时随地的万物互联提供技术支持，云计算则为物联网平台的搭建提供大数据支持。在下游领域的产业中，物联网广泛应用于智慧城市、VR、智能交通、智慧医疗等领域，并衍生出工业互联网等平台。此外，5G和云计算也直接提供下游产品，如5G手机、云计算服务等。新一代信息技术产业链如图5-1所示。

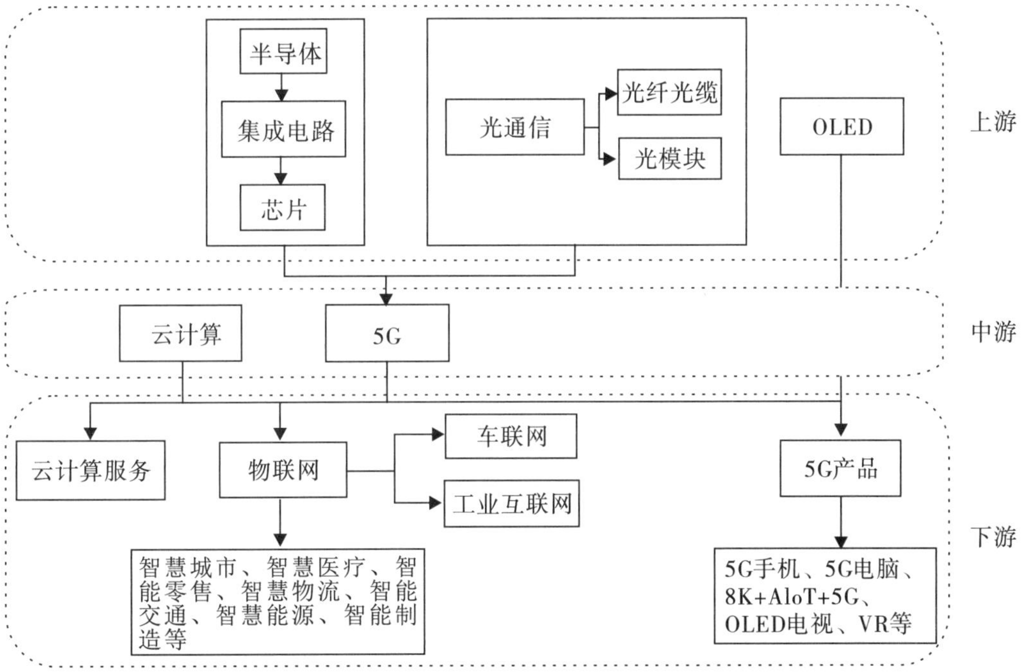

图5-1 新一代信息技术产业链

资料来源：根据公开资料整理。

第二节 新一代信息技术产业政策

新一代信息技术产业可分为支持型产业和应用型产业两类，其中上游的集成电路、光通信和OLED属于支持型产业，中下游的5G、云计算和物联网属于应用型产业，新一代信息技术各细分领域产业政策如下。

一、支持型产业政策

（一）集成电路产业政策

我国的集成电路产业政策主要体现在税收优惠方面，集成电路的销售、进口等行为及符合条件的集成电路企业都可享受一定程度的税收优惠，包括企业所得税的免征、减半征收等。此外，我国的集成电路产业政策还对集成电路的纳米设计水平提出了新的要求，以及在其他各方面支持集成电路的发展，具体政策如表5－1所示。

表5－1 集成电路产业政策

文件	发布部门	发布时间	主要内容
《鼓励软件产业和集成电路产业发展的若干政策》	国务院	2000年6月	销售、进口集成电路产品，符合条件的集成电路企业可享受税收优惠
《进一步鼓励软件产业和集成电路产业发展的若干政策》	国务院	2011年2月	
《“十三五”国家信息化规划》	国务院	2016年12月	集成电路实现28nm（纳米）工艺规模量产，设计水平迈向16/14nm
《关于集成电路生产企业有关企业所得税政策问题的通知》	财政部、税务总局、国家发改委、工业和信息化部	2018年3月	符合条件的集成电路生产企业，自获利年度起前两年免征企业所得税，第三年至第五年减半征收企业所得税
《关于集成电路设计和软件产业企业所得税政策的公告》	财政部、税务总局	2019年5月	符合条件的集成电路设计企业前两年免征企业所得税，第三年至第五年减半征收企业所得税
《新时期促进集成电路产业和软件产业高质量发展的若干政策》	国务院	2020年7月	对符合条件集成电路企业在财税政策、投融资政策、研究开发政策、进出口政策、人才政策、知识产权政策和市场应用政策等方面给予更大的支持

资料来源：工业和信息化部．https：//www. miit. gov. cn/.

（二）光通信产业政策

我国针对光通信产业制定了一系列的行业政策和规划，支持和鼓励光通信业务服务的推广应用和相关关键技术的研发、突破和应用，推动光通信器件、材料、元件等的规模化生产和应用，提升供给保障能力。此外，光通信产业的发展规划设定了 2023 年电子元器件销售规模达到 21 000 亿元的目标，具体政策如表 5-2 所示。

表 5-2 光通信产业政策

文件	发布部门	发布时间	主要内容
《三网融合推广方案》	国务院	2015 年 9 月	在全国范围推动光电、电信业务双向进入；加快宽带网络建设改造和统筹
《“十三五”国家科技创新规划》	国务院	2016 年 8 月	重点加强超高速超大容量超长距离光通信、可见光通信等技术研发及应用
《“十三五”国家战略性新兴产业发展规划》	国务院	2016 年 11 月	提升新型片式元件、光通信器件、专用电子材料供给保障能力
《中国光电子器件产业技术发展路线图（2018—2022 年）》	中国电子元件行业协会	2017 年 12 月	25 Gb/s 及以上 DFB 激光器芯片规模生产，200G、400G 产品规模化生产，提高核心光电子芯片国产化
《战略性新兴产业重点产品和服务指导目录》	国家发改委	2018 年 10 月	将“光通信设备”及其中的“波分复用设备”“半导体激光器”列入新一代信息技术产业重点产品和服务
《基础电子元器件产业发展行动计划（2021—2023 年）》	工业和信息化部	2021 年 1 月	到 2023 年，电子元器件销售总额达到 21 000亿元，力争 15 家企业营收规模突破 100 亿元

资料来源：工业和信息化部 . https：//www. miit. gov. cn/.

（三）OLED 产业政策

在 OLED 领域，我国制定了新型平板显示市场份额达到全球 20% 以上的目标，加快推动 OLED 技术的研发和产业化。此外，我国还制定相关产业政策，提出在 OLED 的某些特定领域要实现技术突破和国产化、规模化应用，具体政策内容如表 5-3 所示。

表 5-3 OLED 产业政策

文件	发布部门	发布时间	主要内容
《国务院关于印发工业转型升级规划（2011—2015）的通知》	国务院	2011 年 12 月	加快 OLED 等新型显示技术的研发和产业化，平板显示产业规模占全球 20% 以上

（续上表）

文件	发布部门	发布时间	主要内容
《国务院关于印发“十二五”国家战略性新兴产业发展规划的通知》	国务院	2012 年 7 月	加快推进 OLED 技术研发和产业化，攻克 OLED 关键技术和关键装备、材料，提高 OLED 照明的经济性
《国务院关于印发“十二五”国家自主创新能力建设规划的通知》	国务院	2013 年 1 月	将新型显示技术作为战略性新兴产业创新能力建设重点
《2014—2016 年新型显示产业创新发展行动计划》	工业和信息化部、国家发改委	2014 年 4 月	突破 AMOLED 背板、蒸镀和封装等关键工艺技术，实现 AMOLED 面板量产和柔性显示等新型应用
《促进制造业产品和服务质量提升的实施意见》	工业和信息化部	2019 年 9 月	支持印刷及柔性显示创新中心建设，加强关键共性技术攻关，积极推进创新成果的商品化、产业化

资料来源：工业和信息化部．https：//www. miit. gov. cn/.

二、应用型产业政策

（一）5G 产业政策

5G 产业作为新兴产业，近几年才在我国迅速发展起来，我国也是近两三年才开始制定针对 5G 领域的产业政策。我国制定 5G 产业政策的初衷是为了促进 5G 基站的规划建设和发展，提高 5G 的商业化应用水平和 5G 网络覆盖率。之后，随着工业互联网的发展，开始出现推动 5G 和工业互联网融合发展的政策，5G 产业政策具体内容如表 5 -4 所示。

表 5 -4　5G 产业政策

文件	发布部门	发布时间	主要内容
《关于开展深入推进宽带网络提速降费支撑经济高质量发展 2019 专项行动的通知》	工业和信息化部	2019 年 5 月	指导各地做好 5G 基站站址规划等工作，进一步优化 5G 发展环境。继续推动 5G 技术研发和产业化，促进系统、芯片、终端等产业链进一步成熟
《推动重点消费品更新升级畅通资源循环利用实施方案（2019—2020 年）》	国家发改委	2019 年 6 月	加快推进 5G 手机商业应用

（续上表）

文件	发布部门	发布时间	主要内容
《“5G + 工业互联网” 512 工程推进方案》	工业和信息化部	2019 年 11 月	促进 5G 和工业互联网的融合发展
《长江三角洲区域一体化发展规划纲要》	国务院	2019 年 12 月	到 2025 年，5G 网络覆盖率达到 80%，基础设施互联互通基本实现
《关于促进消费扩容提质加快形成强大国内市场的实施意见》	国家发改委	2020 年 3 月	加快 5G 网络等信息基础设施建设和商用步伐
《工业和信息化部关于推动 5G 加快发展的通知》	工业和信息化部	2020 年 3 月	加快 5G 网络建设进度、支持加大基站站址资源、加强电力和频率保障、推进网络共享和异网漫游

资料来源：工业和信息化部 . https：//www. miit. gov. cn/.

（二）云计算产业政策

针对云计算产业，我国制定了相应的产业政策，鼓励推广云计算在重点领域的应用，促进跨部门的数据资源共享，并设定 2019 年国内云计算市场规模达到 4 300 亿元的产业发展目标，2020 年推动新增 100 万家企业上云，具体产业政策内容如表 5 – 5 所示。

表 5 – 5　云计算产业政策

文件	发布部门	发布时间	主要内容
《关于促进云计算创新发展培育信息产业新业态的意见》	国务院	2015 年 1 月	到 2017 年，云计算在重点领域的应用得到深化。到 2020 年，云计算应用基本普及，达到国际先进水平
《促进大数据发展行动纲要》	国务院	2015 年 8 月	2017 年底前形成跨部门数据资源共享共用格局，2018 年底前建成国家政府数据统一开放平台
《云服务发展三年行动计划（2017—2019 年）》	工业和信息化部	2017 年 3 月	到 2019 年，我国云计算产业规模达到 4 300亿元，涌现 2 ~ 3 家在全球云计算市场中具有较大份额的领军企业
《推动企业上云实施指南（2018—2020 年）》	工业和信息化部	2018 年 8 月	到 2020 年，全国新增上云企业 100 万家，形成一批有影响力、带动力的云平台和企业上云体验中心

（续上表）

文件	发布部门	发布时间	主要内容
《工业和信息化部关于工业大数据发展的指导意见》	工业和信息化部	2020 年 5 月	打造资源富集、应用繁荣、产业进步、治理有序的工业大数据生态体系

资料来源：工业和信息化部．https：//www.miit.gov.cn/.

（三）工业互联网产业政策

2015 年 5 月 19 日，国务院发布《中国制造 2025》，提出要在未来 10 年实现由“制造大国”向“制造强国”转变的目标，这为工业互联网的发展提供了制造业基础。

随着“互联网 +”概念的提出，互联网与制造业开始联系在一起，我国出台一系列政策来推动互联网与制造业的深度融合，这也为工业互联网的出现提供了机会，具体政策内容如表 5 –6 所示。

表 5 –6 “互联网 + 制造”产业政策

文件	发布部门	发布时间	主要内容
《国务院关于积极推进“互联网 +”行动的指导意见》	国务院	2015 年 7 月	到 2018 年，推动互联网与 11 个领域的融合发展进一步深化
《关于深化制造业与互联网融合发展的指导意见》	国务院	2016 年 5 月	到 2018 年底，制造业重点行业骨干企业互联网“双创”平台普及率达到 80%，相比 2015 年底，工业云企业用户翻一番，新产品研发周期缩短 12%，库存周转率提高 25%，能源利用率提高 5%
《信息化和工业化融合发展规划（2016—2020）》	工业和信息化部	2016 年 11 月	到 2020 年，信息化和工业化融合发展指数达到 85%，比 2015 年提高约 12%，进入两化融合集成提升与创新突破阶段的企业比例达 30%，比 2015 年提高约 15%

资料来源：工业和信息化部．https：//www.miit.gov.cn/.

随着互联网和制造业的深度融合，工业互联网应运而生，我国针对近几年新出现的工业互联网制定了相关支持政策及近期和远期工业互联网的发展规划和目标，提高工业软件化率，培育 30 万个工业 App，推动 40 万家企业上云上平台，实现工业互联网关键技术的突破，推广工业互联网的应用，具体政策内容如表 5 –7 所示。

表5-7　工业互联网产业政策

文件	发布部门	发布时间	主要内容
《关于深化“互联网+先进制造业”发展工业互联网的指导意见》	国务院	2017年11月	提出到2025年、2035年和21世纪中叶工业互联网的建设发展目标
《工业互联网APP培育工程实施方案（2018—2020年）》	工业和信息化部	2018年5月	到2020年，培育30万个面向特定行业、特定场景的工业App，企业关键业务环节工业技术软件化率达到50%
《“5G+工业互联网”512工程推进方案》	工业和信息化部	2019年11月	到2022年，突破一批面向工业互联网特定需求的5G关键技术，打造5个产业公共服务平台，内网建设改造覆盖10个重点行业，形成至少20大典型工业应用场景
《工业互联网专项工作组2020年工作计划》	工业和信息化部	2020年7月	新增标识注册量20亿，发展50家重点行业/区域平台，推动40万家企业上云上平台，制定工业互联网领域标准不少于10项
《工业互联网创新发展行动计划（2021—2023年）》	工业和信息化部	2021年1月	（1）在10个重点行业打造30个5G全连接工厂，打造3~5个具有国际影响力的综合型工业互联网平台； （2）重点企业生产效率提高20%以上，新模式应用普及率达到30%； （3）培育发展40个以上主营业务收入超10亿元的创新型领军企业，5个国家级工业互联网产业示范基地

资料来源：工业和信息化部.https://www.miit.gov.cn/.

三、新一代信息技术应用的相关政策

新一代信息技术广泛应用于多个行业、领域，我国针对新一代信息技术的应用制定了一系列的产业政策，包括智能机器人、智能汽车、人工智能、“互联网+医疗”、车联网、智能船舶等，具体如表5-8所示。

表5-8　新一代信息技术应用政策

文件	发布部门	发布时间	主要内容
《智能机器人关键技术产业化实施方案》	国家发改委	2017年12月	新一代信息技术在智能机器人领域的产业化

（续上表）

文件	发布部门	发布时间	主要内容
《智能汽车关键技术产业化实施方案》	国家发改委	2017 年 12 月	新一代信息技术在智能汽车领域的产业化
《人工智能标准化白皮书》	中国电子技术标准化研究院	2018 年 1 月	制定人工智能产业发展的标准体系，提出近期急需研制的基础和关键标准项目
《关于促进“互联网＋医疗健康”发展的意见》	国务院	2018 年 5 月	健全“互联网＋医疗”服务体系，完善“互联网＋医疗”支撑体系，保障数据信息安全
《车联网（智能网联汽车）产业发展行动计划》	工业和信息化部、国防科工局	2018 年 12 月	新一代信息技术在车联网领域的发展应用
《智能船舶发展行动计划（2019—2021 年）》	工业和信息化部、交通运输部、国防科工局	2018 年 12 月	新一代信息技术在智能船舶领域的发展应用
《建材工业智能制造数字转型行动计划（2021—2023 年）》	工业和信息化部	2020 年 9 月	到 2023 年，培育 5 家年产值过亿的建材行业信息化、智能化供应商，建立 10 个建材细分公共服务平台、5 个建材行业智能制造创新平台，培育 100 个建材工业 App，建立 50 个建材行业智能工厂，打造 20 个数字矿山

资料来源：工业和信息化部．https：//www. miit. gov. cn/.

第三节　新一代信息技术细分领域产业研究

一、工业互联网产业分析

（一）行业发展现状

工业互联网可以通俗地理解为将工业制造业系统与互联网深度融合的结果，其本质是通过互联网技术建立起一个全球统一的工业网络平台，将全球的工厂、生产线、设备、产品、客户和供应商等连接起来，实现优质资源和要素的共享，从而提高生产效率和降低生产成本，实现传统工业制造业的转型升级和智能化发展。

根据《中国工业互联网产业经济发展白皮书（2020 年）》，2019 年，我国工业互联网市场规模为 3.41 万亿元，比上年增长约 22%。其中，工业互联网直接市场规模为 0.92 万亿元，工业互联网带动其他产业的间接市场规模为 2.49 万亿元。我国工业互联网市场规模近几年增长迅速，2017—2019 年工业互联网市场规模情况如图 5 - 2 所示。

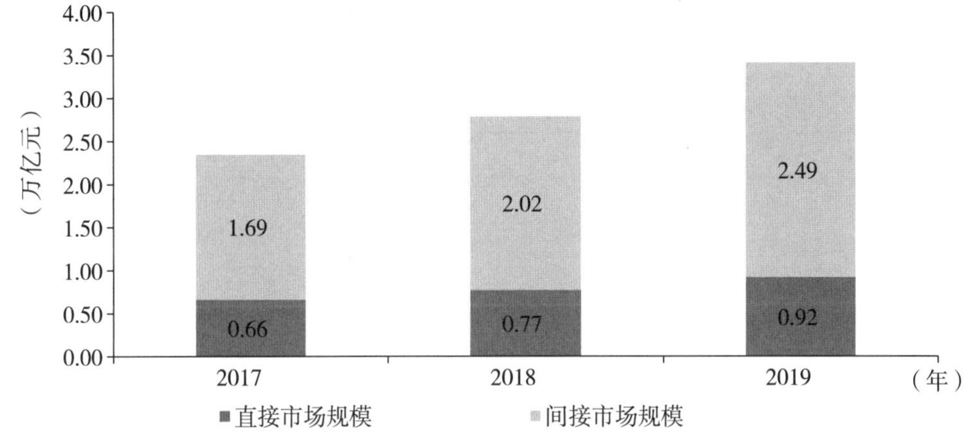

图 5 - 2　我国 2017—2019 年工业互联网市场规模情况

资料来源：中国工业互联网研究院《中国工业互联网产业经济发展白皮书（2020 年）》，2020 年 8 月。

我国工业互联网的间接市场规模远远大于直接市场规模，从 2017—2019 年市场规模数据来看，我国工业互联网间接市场规模约为直接市场规模的三倍，这意味着我国工业互联网的更大作用在于带动其他产业快速发展、创造更大的价值。

2019 年，我国工业互联网带动第一产业、第二产业和第三产业的产业增加值分别为 0.05 万亿元、1.78 万亿元和 1.58 万亿元。2017—2019 年，我国工业互联网带动第一产业、第二产业和第三产业的产业增加值情况如图 5 - 3 所示。

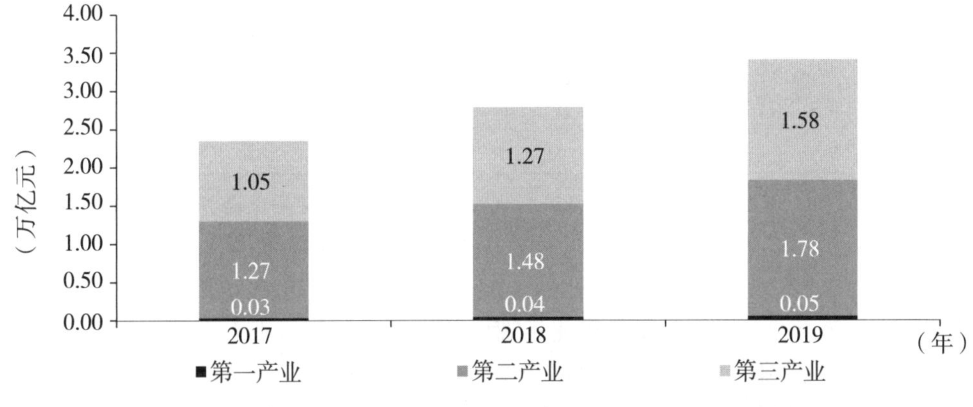

图 5 - 3　2017—2019 年工业互联网带动第一、二、三产业增加值

资料来源：中国工业互联网研究院《中国工业互联网产业经济发展白皮书（2020 年）》，2020 年 8 月。

我国由于工业互联网主要为工业企业、制造业等服务，因此对第二产业产值的带动作用最大。随着我国经济不断转型升级，工业互联网也逐步由传统制造工业向更高端的服务业延伸，因此，工业互联网对第三产业产值也有较大的带动作用。而工业互联网在农业中的应用较少，因此对第一产业的带动作用很小。相比于第二产业和第三产业，我国工业互联网对第一产业的带动作用微乎其微。

2019 年，我国工业互联网带动各行业的产业增加值情况如表 5－9 所示。

表 5－9　2019 年工业互联网带动各行业产业增加值

行业名称	带动产业增加值（亿元）
制造业	14 694.68
信息传输、软件和信息技术服务业	6 777.81
批发和零售业	2 523.9
采矿业	1 874.69
金融业	1 771.23
交通运输、仓储和邮政业	1 350.98
租赁和商务服务业	1 198.48
电力、热力、燃气及水生产和供应业	1 153.23
房地产业	1 146.74
农业	493.35
住宿和餐饮业	306.91
科学研究和技术服务业	299.04
居民服务、修理和其他服务业	244.90
文化、体育和娱乐业	136.74
水利、环境和公共设施管理业	49.69
教育	32.48
建筑业	30.94
公共管理、社会保障和社会组织	24.76
卫生和社会工作	8.08

资料来源：中国工业互联网研究院《中国工业互联网产业经济发展白皮书（2020 年）》，2020 年 8 月。

根据 2019 年工业互联网带动各产业增加值的数据，我国工业互联网对制造业的带动作用最大，带动制造业产值增加高达约 14 700 亿元；其次为信息传输、软件和信息技术服务业，工业互联网带动产值增加 6 777.81 亿元。此外，工业互联网带动产值超过 1 000 亿元的行业依次为批发和零售业，采矿业，金融业，交通运输、仓储和邮政业，租赁和商务服务业，电力、热力、燃气及水生产和供应业，房地产业。工业互联网对农业，住宿和餐饮业，科学研究和技术服务业，居民服务、修理和其他服务业，文化、体育和娱乐业，水利、环境和公共设施管理业，教育，建筑业，公共管理、社会保障和社会组织，卫生和社会工作的带动作用较小，带动产值增加均低于500亿元。

从工业互联网行业的地域分布来看，我国工业互联网主要集中在珠三角、京津冀、长三角、东北、西南、西北及长江中游地区，呈现区域集中化分布的态势。2019年，长三角地区以7 205.76亿元的市场规模遥遥领先，其后依次为西南地区、珠三角地区和长江中游地区，其工业互联网市场规模均超过3 000亿元，京津冀地区市场规模也接近3 000亿元。再后面依次为东北地区和西北地区，其工业互联网市场规模约为1 500亿元。

2019年，我国工业互联网的市场份额在各省区市的分布情况如图5－4所示。

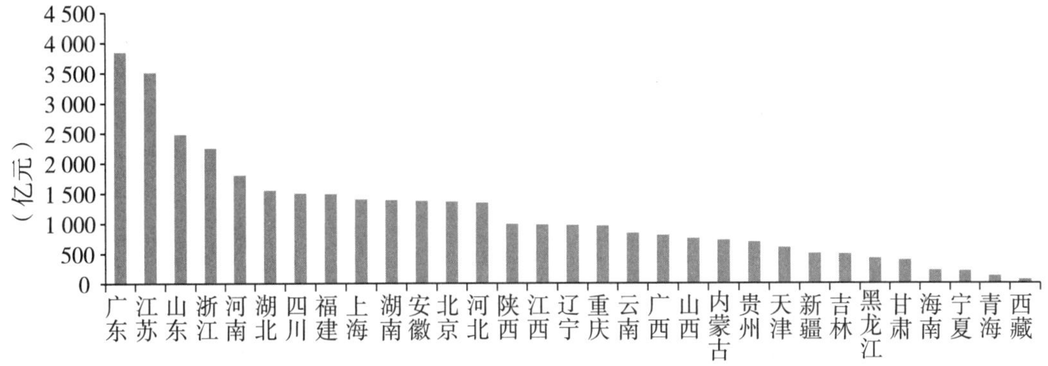

图5－4　2019年各省区市工业互联网市场规模

资料来源：中国工业互联网研究院《中国工业互联网产业经济发展白皮书（2020年）》，2020年8月。

2019年，广东省的工业互联网市场规模为3 847亿元，是全国最高。其次为江苏省，其工业互联网市场规模为3 573亿元。紧随其后是山东省和浙江省，其工业互联网的市场规模均超过2 000亿元。此外，工业互联网市场规模1 000亿元以上的省市依次为河南省、湖北省、四川省、福建省、上海市、湖南省、安徽省、北京市和河北省。

（二）行业竞争格局

1. 全球竞争格局

从全球工业互联网的市场结构来看，工业互联网产品主要包括软件与平台、硬件与网络、工业信息安全三大部分，其中，2018年工业信息安全的市场占比仅1.9%，软件与平台和硬件与网络两类产品则几乎平分了剩下的工业互联网产品市场，市场占比分别为48.3%和49.8%，各部分工业互联网产品的市场占比情况如图5－5所示。

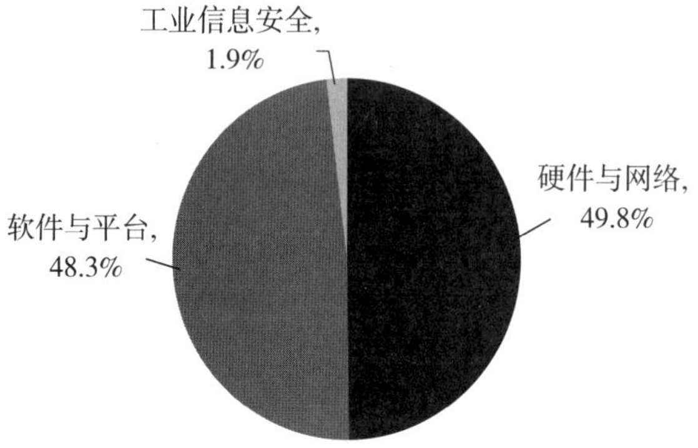

图 5-5　2018 年全球工业互联网产品市场结构

资料来源：前瞻产业研究院 .2020 年全球工业互联网行业产品竞争格局和发展前景预测［EB/OL］. https：//baijiahao. baidu. com/s? id = 1685837363945011200&wfr = spider&for = pc.

工业互联网各部分产品的市场规模都逐年增加，图 5-6 至图 5-8 展示了硬件与网络产品、软件与平台产品和工业信息安全产品的市场规模。

2016—2019 年全球硬件与网络产品的市场规模情况如图 5-6 所示。硬件与网络产品主要为工业互联网平台提供所需要的硬件设备，包括工业级芯片、控制器、传感器、工业机器人、智能机床等。硬件与网络产品的全球市场规模自 2016 年以来逐年提升，至 2019 年市场规模已达到 4 219. 2 亿美元。

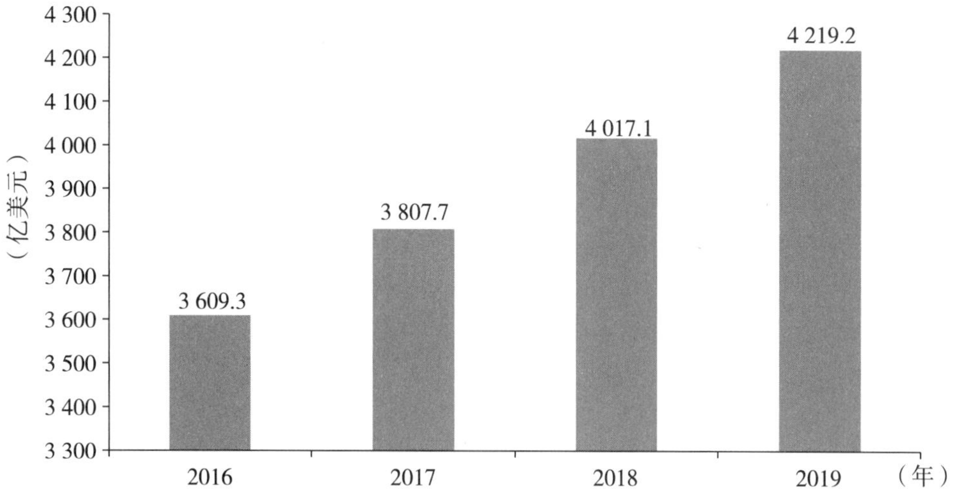

图 5-6　2016—2019 年全球工业互联网硬件与网络产品市场规模

资料来源：前瞻产业研究院 .2020 年全球工业互联网行业产品竞争格局和发展前景预测［EB/OL］. https：//baijiahao. baidu. com/s? id = 1685837363945011200&wfr = spider&for = pc.

2016—2019 年全球软件与平台产品的市场规模情况如图 5-7 所示。软件与平台产品由边缘层、平台层和应用层构成，其中，边缘层用于收集工业领域中的大数据；平台层主要用于解决收集到的海量数据的存储问题以及云计算的问题，主要包括的设备有存储器、服务器等；应用层则针对各种应用场景下的方案，例如工业 App 等。软件与平台产品的全球市场规模自 2016 年以来逐年提升，至 2019 年市场规模已达到 4 088. 7 亿美元。

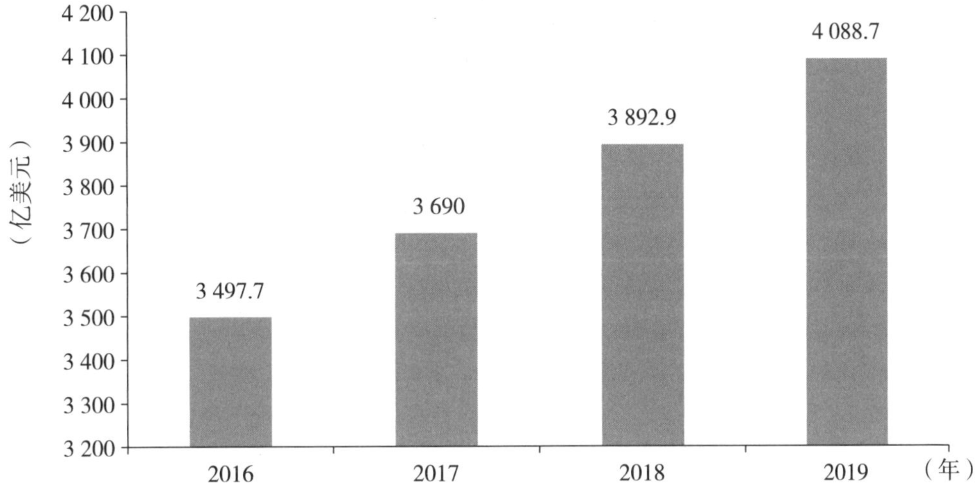

图 5 – 7　2016—2019 年全球工业互联网软件与平台产品市场规模

资料来源：前瞻产业研究院 . 2020 年全球工业互联网行业产品竞争格局和发展前景预测［EB/OL］. https：//baijiahao. baidu. com/s？ id = 1685837363945011200&wfr = spider&for = pc.

2016—2019 年全球工业信息安全产品的市场规模情况如图 5 – 8 所示。工业信息安全产品主要负责保护工业互联网的平台信息安全问题，防止重要数据信息泄露、平台病毒入侵等问题，属于为其他两类工业互联网产品服务的产品，其市场规模远不及其他两类产品，在全球工业互联网产品市场中的占比仅 2% 左右。2016 年以来市场规模持续上升，至 2019 年全球市场规模达到 156. 6 亿美元。

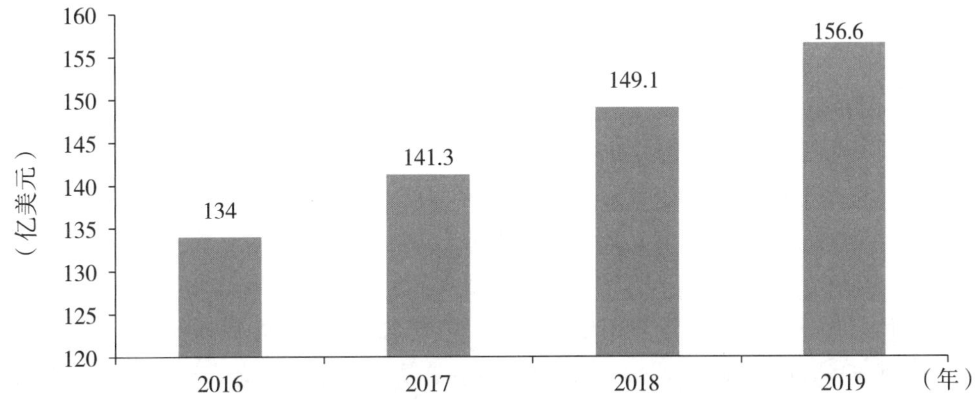

图 5 – 8　2016—2019 年全球工业互联网工业信息安全产品市场规模

资料来源：前瞻产业研究院 . 2020 年全球工业互联网行业产品竞争格局和发展前景预测［EB/OL］. https：//baijiahao. baidu. com/s？ id = 1685837363945011200&wfr = spider&for = pc.

综合全球工业互联网的三大产品市场规模情况来看，各类产品的市场规模自 2016 年以来都实现了稳步提升，预计未来全球工业互联网的行业规模将继续扩大。

2. 国内竞争格局

2018 年，我国工业和信息化部印发的《关于发布 2018 年工业转型升级资金（部门预算）项目指南的通知》，评选出八大工业互联网平台，分别是阿里的 supET、东方国信的 Cloudiip、浪潮软件的浪潮云、海尔的海尔 COSMOPlat、航天云网的 INDICS、用友的用友精智、徐工集团的 Xrea 和三一集团的根云。目前，我国工业互联网平台的市场份额主要被这八家企业的上述产品占据，此外，还有近 270 家工业互联网平台，但大部分为中小型平台，仅提供 SaaS 型软件应用，盈利能力不足且发展方向趋向于门户化而非平台化，市场占有率不高。

从工业互联网未来行业竞争格局的发展趋势看，短期内，随着工业互联网市场规模的迅速扩大，将吸引大量参与者进入，各种类型的大、中、小型工业互联网平台并存，呈现几家大平台主导下的“群雄逐鹿”的局面。

从长期看，随着工业互联网市场的逐渐饱和与成熟，行业竞争格局将由“群雄逐鹿”转向“寡头垄断”甚至“一家独大”的局面。

（三）行业发展的有利因素

1. 工业互联网处于新兴阶段，市场规模庞大且每年增长迅速

工业互联网这个概念最近几年才在我国提出，2017 年我国才开始出现有关工业互联网产业的政策。工业互联网产业仍处于新兴阶段，随着越来越多的企业上云和我国工业制造业向智能制造方向发展，我国工业互联网产业的市场规模每年都在不断地快速扩张，从 2017 年的 2.35 万亿元增长到 2019 年的 3.41 万亿元。目前，行业处于发展初期，行业规范和标准还未建立完善，相关技术也未成熟，存在广阔的发展空间。

2. 国家政策鼓励和支持工业互联网的发展

我国出台了大量行业政策以支持和鼓励工业互联网的发展，《中国制造 2025》提出的将中国建设为“制造强国”的目标为工业互联网的发展提供了庞大的制造业基础。随后一系列“互联网 +”、互联网与制造业融合发展的政策出台为工业互联网产业的诞生奠定了基础。2017 年开始，国家开始出台大量扶持工业互联网产业发展的行业政策，包括《关于深化“互联网 + 先进制造业”发展工业互联网的指导意见》《“5G + 工业互联网”512 工程推进方案》《工业互联网专项工作组 2020 年工作计划》《工业互联网创新发展行动计划（2021—2023 年）》等。因此，在国家政策的大力支持下，未来工业互联网产业将有更为广阔的发展前景。

3. 信息技术产业的成熟为工业互联网的发展提供了基础

工业互联网的发展依赖 5G、云计算、大数据等信息技术的支持。5G 技术为工业互联网平台提供高质量通信网络支持，而云计算和大数据技术则为工业互联网平台提供数据信息方面的支持。近年来，5G、云计算、大数据等信息技术发展迅速，实现了从模仿到追赶再到超越的过程，信息技术逐步走向成熟，这为工业互联网实现融合、快速发展奠定了良

好的基础。

近年来我国信息技术产业发展迅速，根据国家统计局数据，软件和信息技术服务业2015—2020年业务收入如图5－9所示。

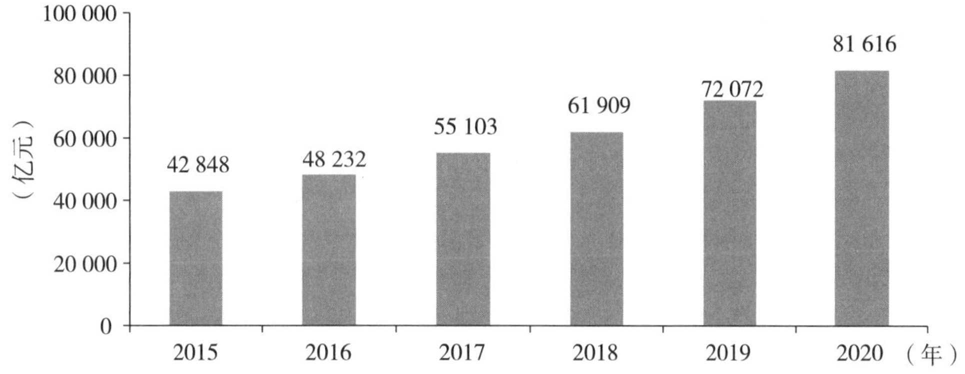

图5－9　2015—2020年软件和信息服务业收入

资料来源：国家统计局. http：//www. stats. gov. cn/.

我国信息技术产业的快速发展为我国改造传统产业、推动工业互联网落地、打造先进的工业互联网平台提供了发展基础。

4. 我国制造业迫切需要产业升级

我国是制造业大国，2019年，我国工业增加值达31万亿元，工业规模居世界第一。然而，我国制造业的实力与国外发达国家仍有较大差距。长期以来，我国制造业以低端劳动密集型为主，附加值低，利润空间小。而欧美日发达国家则依靠先进的技术和广阔的市场，加速工业互联网的布局，以形成智能制造方面的优势。因此，我国制造业由低端向高端结构转型已成必然趋势，工业互联网作为降低生产企业成本、提高效率、促进制造业升级的驱动力，将在我国制造业向高端转型的过程中得到快速发展。

5. 企业加速上云，为工业互联网发展带来机遇

云制造将云计算、大数据、物联网、智能制造等技术融合运用于工业制造生产中，是工业制造企业的一种新的生产模式，工业制造企业向云端迁移可以有效降低企业成本，提高企业的运营效率。因此，越来越多的工业制造企业开始向云端迁移发展，加上我国政策的推动，加速了我国企业上云的进程，例如我国工业和信息化部发布的《工业互联网发展行动计划（2018—2020年）》表明，到2020年底推动30万家企业上云，培育超过30万个工业App。企业上云向智能制造方向发展，使得工业制造企业纷纷投入工业互联网的布局中，促进了工业互联网的快速发展。

（四）行业发展的不利因素

1. 技术发展水平较低，核心技术高度依赖进口

工业互联网是推动实体经济发展和转型的重要驱动力。然而，我国支撑工业互联网发展的技术水平较低，与国外发达国家相比尚有很大差距。我国行业领先的工业互联网平台都是建立在国外基础产业体系之上的，许多核心技术高度依赖对外进口。例如，我国目前70%以上的智能终端处理器、95%以上的处理器的高端专用芯片和绝大多数存储芯片，以及高端装备仪器、高端数控机床等关键件的精加工生产线95%以上的制造及检测设备都要依靠进口。此外，根据2019年数据，我国超过90%的高端工业软件、超过95%的高端PLC和超过95%的工业网络协议基本被欧美日企业所垄断，超过50%的工业服务平台采用的是国外的开源架构。

2. 行业缺乏统一的标准

目前，我国工业互联网缺乏通用的行业标准，工业互联网标准的碎片化现象较为严重，亟须多种通信协议和标准的融合联通。我国工业企业数量众多，制造业生产设备更是种类繁多，导致不同工业企业、不同制造业生产设备的功能参数和通信参数各不相同，此外，制造业生产设备与制造管理系统之间也缺乏统一的集成机制，制约了生产智能化和加工系统信息化水平提高的进程。因此，我国工业互联网在国家标准还没有制定的情况下，其工业互联网平台的运营、推广和研发等活动都不可避免地会遇到不同行业、不同工业企业、不同制造业生产设备的格式和数据端口不一致的情况。

3. 数据采集能力不足且设备兼容难度高

现阶段我国工业互联网平台对工业数据的采集能力和管理能力较弱，数据采集的核心在于将成千上万的工业制造业设备连接在一个网络中。数据采集是工业互联网平台的基础，其首要解决的问题是将工业中的人、机器设备和业务系统连接在一起。然而，我国当前制造业工业设备数量多达数千万，在工业互联网中连接的工业设备数量却不足百万，只有约20%的设备实现联网，80%以上的机器设备尚未联网，是不能交互的“哑设备”，从而导致我国工业互联网平台无法实现人、机器设备和业务系统间的互联互通，工业企业信息化联通水平低下，制约了工业互联网平台的数据采集能力。

此外，我国工业制造业设备的数据兼容难度大，我国目前有超过40种工业以太网协议和工业现场总线协议，极大阻碍了不同的工业制造业设备接入工业互联网。加之我国半数以上的工业互联网平台采用国外开源架构，缺乏本土开源开放的通用平台，使开发者难以快速在平台上实现聚集，严重制约了我国工业互联网的快速发展。

4. 平台安全存在重大隐患

在工业互联网中连接了成千上万的工业设备，只需在设备中安装一个芯片，便可实现远程的数据采集和监控，在便利了工业互联网及时对设备进行远程诊断和修复的同时，也带来了诸多安全方面的担忧。在过去，黑客及网络病毒的侵入仅能控制一台手机或一台计算机，而在工业互联网平台的环境下，可能直接控制一个工厂、一家企业甚至一片区域。此外，我国工业互联网平台在数据产权确认、跨境流转、交易、保护等方面的标准尚不健

全，工业企业的信息安全机制和防护措施尚不完备，许多工业企业对上云后的数据资产流失、隐私数据泄露、数据安全等方面存在顾虑。

5. 从长期看，工业互联网有向寡头垄断发展的趋势

目前，我国工业互联网平台的竞争格局为国内八大工业互联网平台占据了行业主要的市场份额，其他近 270 家中小型工业互联网平台市场占有率不高、盈利能力不足且发展方向趋向于门户化而非平台化。随着未来工业互联网市场规模迅速扩大，将有大量工业互联网企业涌入，由于行业尚处于新兴阶段，尚未建立完善的行业标准，且相关技术不成熟，许多尚不成熟的小平台大量存在。但从长期来看，随着工业互联网技术的不断成熟，行业标准的不断完善，许多小平台将被淘汰出局。并且工业互联网平台依赖于大数据的采集和管理，最终工业互联网平台的发展趋势将是全国一体化、联网化，因此，工业互联网在长期有向寡头垄断发展的趋势，为新企业的进入和现存企业的生存带来极大的挑战。

（五）行业发展建议

1. 加快信息技术的研发和突破

我国工业互联网的平台建设近年来有了长足的发展和突破，然而，在工业互联网核心技术方面与国外发达国家仍有较大差距，许多核心技术高度依赖对外进口，自主创新能力弱。因此，应加强核心信息技术的攻关突破，要加快推进基础技术的研发，实现关键硬件的技术突破，促进信息技术在工业制造领域的进一步渗透，从而打破国外发达国家的技术垄断，使我国工业互联网在高端领域创造更大的价值。

2. 尽快建立完善的工业互联网标准

工业互联网标准的缺乏导致工业互联网无法将数以千万计的工业制造设备按统一的集成机制实现联网，出现不同行业、不同设备会遇到数据端口不一致的情况，极大阻碍了工业互联网的快速发展。我国应加快推进工业互联网的标识体系建设，制定一套完善的工业互联网统一标准，包括统一的工业互联网架构、协议等，实现工业制造企业生产的精准对接。

3. 全面推进大数据中心建设

工业互联网平台的一个重要功能是大数据信息的共享，数据是工业互联网的生命。我国应全面推进大数据中心建设，为数据的收集、处理、分析、共享提供全国性的平台，促进数据要素信息的流通与共享，从而为工业互联网的发展提供数据支撑。

4. 加强工业互联网平台安全建设

我国应制定和完善工业互联网安全规范，研究制定工业互联网平台建设评价、工业 App 管理、工业互联网大数据分类等标准，就工业数据的收集、处理、传输、分析、存储、共享等环节制定具体的安全化机制和策略。加强工业互联网平台的预警监测能力，对工业互联网可能出现的风险实施随时监测。在工业互联网的系统安全方面，应针对工业控制系统方面的隐患制定防范应对措施，在数据安全方面应制定相应的法律，实施强制性监督。

5. 加强人才培养

工业互联网在带动我国制造业及其他行业产值增加的同时，也极大地带动了我国就业人数的增长。2019 年，工业互联网带动新增就业人数达 312.2 万人，新增就业主要来自两方面，一是传统领域升级使岗位变动而增加新的就业机会；二是多领域的融合创造了新的就业岗位。因此，我国应大力培养多层次的复合型人才，尤其是同时掌握运营技术和信息技术的复合型人才。

二、5G 产业分析

（一）5G 定义和我国移动通信技术的演进

5G 是第五代移动通信技术，作为新一代移动通信技术，具有可靠性高、低时延、高速率、大带宽等优势，不仅为人们提供了更高质量的通信服务，还在向物联网、人工智能、工业智能制造等方向的渗透过程中，实现人与物、物与物之间的万物互联。

我国移动通信技术的演进过程如表 5－10 所示。

表 5－10　我国移动通信技术的演进

移动通信技术	主要特点	速率
1G	模拟语音	最大速率 2.4 K
2G	数字语音、短信	最大速率 64 K，带宽 200 kHz
3G	语音、互联网接入	最大速率 2 M，带宽 1.6 MHz
4G	语音、视频、移动互联网接入	最大速率 100 M，带宽 20 MHz
5G	增强型移动宽带、超高可靠低时延通信、海量机器类通信等三大场景	最大速率 20 G，带宽 100 MHz

资料来源：根据公开资料整理。

（二）行业市场现状

2019 年是我国 5G 商用的元年，全国各地纷纷出台相关政策支持 5G 产业的发展，将 5G 作为重点发展任务。自 2019 年 6 月我国工业和信息化部正式颁发 5G 商用牌照以来，各大 5G 运营商陆续地推出了 5G 手机套餐，至此 5G 开始正式商用，5G 将与物联网、云计算、人工智能等新一代信息技术相融合，推动我国数字智能经济的发展。

近几年，我国 5G 产业的市场规模增长迅猛，每年 5G 产业规模增长幅度都超过 100%。2018 年，我国 5G 通信产业规模约为 1 000 亿元，2019 年增长到 2 250 亿元，到 2020 年，5G 产业的市场规模增长至 5 000 亿元左右。5G 产业目前还未在我国实现大规模普遍应用，随着 5G 在我国使用的渗透率不断提高，未来 5G 将呈现爆发式增长，市场前景十分广阔。

5G 在我国的应用主要可分为消费端应用和产业端应用，消费端应用主要是指 5G 消费终端产品，包括 5G 手机、5G 电脑等。2020 年，我国 5G 消费终端产品的分布如图 5－10 所示。

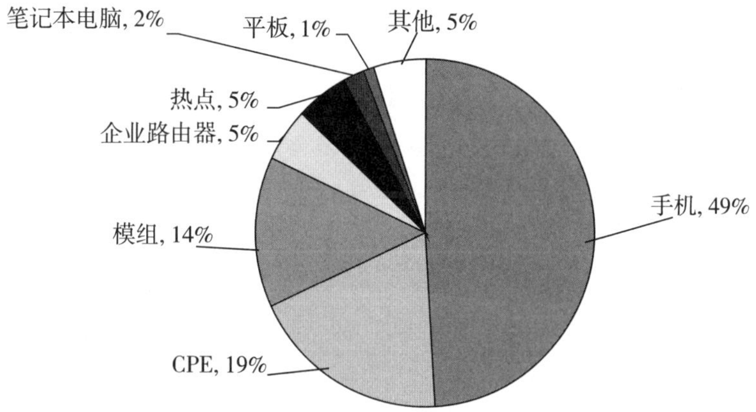

图 5－10　2020 年 5G 终端产品分布

资料来源：5G 行业应用《5G 最新进展深度解析 2020 版——全球市场篇》，2021 年 2 月。

目前，我国 5G 终端产品种类多样，已有近 20 种，包括 5G 手机、无人机、5G 电脑、平板电视、CPE 等。其中，5G 手机为 5G 终端产品的主要形态，占近一半比例，CPE 和模组也是 5G 终端产品应用较多的领域，分别占终端产品分布的 19% 和 14%。

5G 技术在产业端的应用主要包括物联网、车联网、智能制造、智慧医疗等产业端场景。相比于消费端，5G 在产业端的应用更能体现 5G 技术的三大核心技术能力，且 5G 在产业端能够创造更大的商业价值，未来产业端的规模将比消费端更为广阔。但在现阶段，5G 处于早期的基础设施建设阶段，其建设仍需要几年时间，因此，目前能够更快落地应用的是消费端领域，5G 在消费端的应用仍是现阶段 5G 应用的主导。

从 5G 行业在我国各地区的发展情况来看，我国目前有近 30 个 5G 产业园，具体情况如表 5－11 所示。

表 5－11　我国 5G 产业园分布情况

产业园名称	所属地区
广州市 5G 产业园	广东省广州市
深圳市福田区 5G 高端创意产业园	广东省深圳市
深圳市宝安区“5G＋AloT”产业示范园区	广东省深圳市
汕头市 5G 产业园	广东省汕头市
东实东莞 5G 产业园区	广东省东莞市
泉州市永春县 5G 智慧制造示范产业园	福建省泉州市
江西赣州信丰高新区 5G 产业园	江西省赣州市

（续上表）

产业园名称	所属地区
萍乡市丰达兴5G产业园	江西省萍乡市
三一重工长沙5G智造产业园	湖南省长沙市
中国（杭州）5G创业谷	浙江省杭州市
嵊州5G产业园	浙江省绍兴市
浙江三门县5G产业园	浙江省台州市
余姚5G智慧产业园	浙江省余姚市
浦东新区金桥5G产业生态园	上海市
江苏如皋5G新材料产业园	江苏省如皋市
合肥市庐阳大数据产业园	安徽省合肥市
蚌埠市高新区5G产业园	安徽省蚌埠市
金寨春兴精工5G科技产业园	安徽省六安市
首钢园5G示范园区	北京市
北京经济开发区5G建设应用示范区	北京市
房山5G自动驾驶示范区	北京市
许昌5G泛在小镇	河南省许昌市
河南鹤壁5G产业园	河南省鹤壁市
青岛城阳区5G产业园	山东省青岛市
重庆市5G产业园	重庆市
成都高新区新川创新科技园	四川省成都市

资料来源：中商产业研究院.2020年全国5G产业园分布地图及名单汇总［EB/OL］. https://www.afzhan. com/news/detail/80168. html.

5G产业园区作为5G产业发展的重要载体，聚集了全国专业的人力、物力、财力、智力，能够高效调动可利用资源，推动5G的技术突破和实现5G的落地应用。从目前5G产业区域分布的情况来看，我国5G产业园区主要集中在珠三角和长三角一带，尤其是广东省和浙江省，此外，北方的京津冀地区及西南的成渝地区也分布有5G产业园区。

2020年，我国各省5G基础设施建设指数如图5－11所示。广东省、浙江省和江苏省的已建成5G基站和规划建设5G基站数量均居全国前三，北京市、重庆市、天津市和上海市在5G网络覆盖方面具有领先优势，因此，这七个省市的5G基础设施建设在我国属于第一梯队。

河南省、山东省、贵州省、山西省、湖北省、四川省和江西省在我国5G基础设施建设方面属于第二梯队，这些省份的5G基础设施建设较为出色，为5G的大规模应用打下了良好的基础。

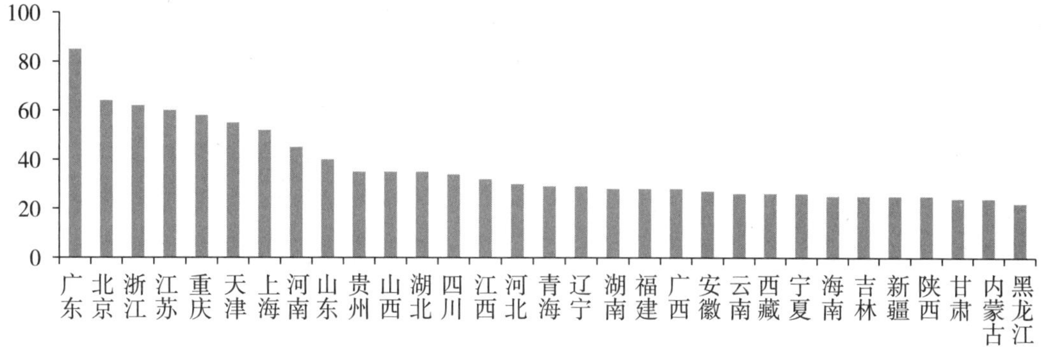

图 5－11　2020 年各省 5G 基础设施建设指数

资料来源：赛迪智库《中国 5G 区域发展指数白皮书》，2020 年 8 月。

（三）行业竞争格局

目前，5G 行业无论在我国还是全球都处于早期的探索和推广阶段，相关基础设施建设刚起步，需要 3～4 年时间才能基本建成，同时，5G 相关的技术还不够成熟。因此，5G 应用在物联网、人工智能、工业智能化等产业端领域落地实现应用还为时尚早，而 5G 应用在消费端实现应用落地则在短期能够实现，目前 5G 技术在全球的应用也主要是以消费终端设备为主，比如 5G 手机、平板电脑等，其中，5G 手机的应用在消费端设备中约占一半比例，是主要的终端设备形态。

1．手机处理器

手机处理器是手机最核心的部件，是整台手机的控制中心，负责手机的各种应用、数据运算等的功能。2019 年，全球手机处理器的市场份额情况如图 5－12 所示。

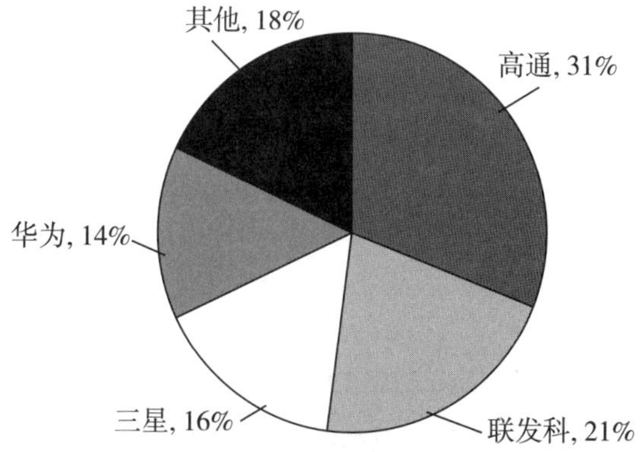

图 5－12　2019 年全球手机处理器市场份额

资料来源：头豹研究院《2020 年中国 5G 手机行业概览》，2020 年 4 月。

手机处理器对核心技术的要求极高，因此，整个行业集中度高，呈现“一超多强”的行业竞争格局。美国高通公司在全球手机处理器行业中处于遥遥领先的地位，中国大陆的华为海思和台湾的联发科以及韩国的三星等公司是其强有力的竞争对手。

华为智能手机凭借着自主研发的手机处理器（麒麟系列芯片），在全球的市场份额不断提升。在国内主流5G手机厂家中，仅华为具有自主研发并量产手机处理器芯片的能力。华为自主研发并生产的麒麟芯片仅供自家产品使用，不对外销售，以确保自身手机的核心竞争力。手机处理器直接决定手机的性能，是5G手机的核心竞争力，不具备自主研发和大量生产手机处理器芯片的企业，只能对外采购手机处理器，从而导致手机同质化严重，产品毛利率低且手机性能难以超越市场水平。而华为、三星、苹果等具有自主研发手机处理器芯片能力的企业，能够不断突破行业的上限，推出超越市场的产品，并凭借着对该项核心技术的掌握获取更高的毛利率。

2. 基带芯片

基带芯片对于5G手机数据信息的传输十分重要，是手机正常上网和通话的保证，基带芯片技术直接决定着移动通信技术的数据传输速度能否达到5G所需要的水平。

目前，全球的基带芯片市场主要由高通、华为、三星、紫光展锐和联发科五大巨头垄断。其中，高通公司生产的基带芯片从性能上看具有绝对的优势，高通公司研制的骁龙X55基带芯片采用了7 nm工艺制造流程，是我国厂家进口最多的基带芯片，其下载速率高达7 Gbps，是目前全球下载速率最高的基带芯片，因此，高通公司在基带芯片行业具有最强的竞争实力。

基带芯片决定了5G手机的信号接收能力，装配了高性能基带芯片的5G手机可以抢占市场先机，在5G手机市场中占据领先地位。目前，我国国内主要手机厂商vivo、小米、OPPO等公司都长期依赖于向高通公司进口基带芯片，不仅需要支付高额的基带芯片专利使用费，还随时面临基带芯片被高通公司断供的风险，在基带芯片方面受制于人。华为作为我国唯一具有自主生产基带芯片能力的企业，其基带芯片性能与高通公司相比尚有不小差距。

3. 手机面板

目前，我国的手机面板已从LCD升级到了AMOLED，手机的许多功能包括人脸识别、指纹识别、屏下摄像等，均需要在高透光性的AMOLED面板上实现。

2021年，在全球AMOLED智能机面板市场中，韩国三星公司的AMOLED手机面板出货量约占全球的72%，基本垄断了全球的AMOLED手机面板市场。国内京东方的AMOLED手机面板出货量占全球9%，份额为全球第2。我国厂商缺乏AMOLED显示面板的核心技术，产能虽小但逐年增大，全球AMOLED面板市场呈现三星独家垄断的局面。

目前，我国的5G手机主要使用AMOLED面板，其供应主要依赖于从三星进口，三星具有全球最完整的面板显示相关技术，远远领先于我国企业。华为曾因三星暂停向其供应AMOLED面板，导致其推出的某款手机产能不足。为避免类似情况再次发生，华为向国内多家面板厂商采购AMOLED面板，以解决本土AMOLED面板产能不足和过度依赖进口的问题。我国目前也正在加快国产AMOLED面板的发展进程，以实现AMOLED面板自给自足。

（四）行业壁垒

1. 技术壁垒

5G 行业的发展，核心在于 5G 技术的不断突破。5G 技术的应用包括消费端的应用和产业端的应用，消费端主要为 5G 终端设备如 5G 手机、5G 平板电脑等，产业端应用主要为 5G 与物联网、云计算等融合在各个场景中的应用。

从 5G 终端设备看，以 5G 手机为例，面临的技术需求包括手机处理器、基带芯片和 AMOLED 面板等，目前，全球仅有高通、三星、华为等 5G 巨头能够实现这些技术的自主研发和相关配件的批量生产。不具备 5G 技术自主研发能力的企业只能依赖外购以满足配件的供应，从而导致产品同质化严重，难以形成核心竞争力。从 5G 在产业端的应用来看，5G 移动通信技术与云计算、物联网、大数据、智慧工业等实现融合应用，以及实现 5G 在各大实际场景中的落地应用，需要相应的高端技术支持。因此，5G 行业存在极高的技术壁垒。

2. 基础建设壁垒

5G 移动通信网络相比于 4G，传输速率和信号强度都有极大提升，但由于 5G 信号频率过高，导致其在信息传播过程中的衰减较大，因此，需要建设大量高密度的 5G 基站以保证 5G 网络信号和信息数据传输正常。

5G 的基础设施建设包括几个方面，一是 5G 基础网络建设，例如 5G 基站、5G 设备的研发和运营维护等。二是网络架构的升级改造，将传统的通信机房升级改造为数据中心，通信网络向云化、智能化、虚拟化方向演进。三是业务应用的对接，通过 5G 通信基础设施联通各个行业的生产全过程和各种类型的数据，满足在 5G 时代公众和社会对信息数据的存储、传输、处理的需求。四是新型治理架构，5G 信息基础设施应建立基础架构以实现信息基础设施及网络空间管理和治理，满足社会新型数字化需求。

具体来看，5G 基础设施的重点包括：一是基础配套设施的建设，例如机房、管线、铁塔等设施的储备、改造、升级和运行维护模式的协同；二是研发与部署 5G 基础网络设备，包括 5G 基站、传输网、核心网等；三是部署 5G 新型云应用平台，与新业务进行协同；四是促进 5G 与物联网、车联网等融合的基础设施，实现人、机、物的万物互联。

目前，5G 网络的基础设施建设仍处于初期，主要是运营商进行投资，未来 5 年 5G 网络的新型基础设施建设投资预计在 10 000 亿～15 000 亿元，所需资金巨大，工程规模庞大。因此，在 5G 行业基础设施建设方面被几大运营商垄断。

（五）行业发展存在的问题

1. 5G 基础设施建设尚不完善，覆盖范围小

5G 的信号频率过高，导致其在信息传播过程中损耗很快，因此，单个 5G 基站信号覆盖范围极小，要实现全国范围内 5G 信号的全覆盖，需要高密度地建设大量 5G 基站及相关基础设施。然而，目前我国现有的 5G 基站数量及 5G 基础设施建设情况还远未达到实现 5G 全范围覆盖的条件，5G 设备仅在部分区域能够接收到信号并正常使用，导致用户体

验感不佳，这极大地阻碍了5G产业的快速发展。

2. 5G技术尚不成熟

5G网络的部署方式包括独立组网（SA）和非独立组网（NSA），非独立组网是基于现有的4G网络设备来部署5G网络，即同时使用4G无线网、4G核心网和5G无线网，而独立组网则是新建5G网络。目前我国主要采用的是非独立组网，其优点为节约成本和网络投资，但无法支持5G网络高连接密度、低时延的特点，不足以实现5G在增强型移动宽带、超高可靠低时延通信、海量机器类通信三大场景的应用。独立组网将成为我国未来5G网络部署的主流，但目前独立组网技术尚不成熟，且成本高。

（六）行业发展建议

1. 完善5G基础设施的建设

5G由于信号频率极高，信息传播过程中衰减快，需要建设大量高密度的5G基站及相关基础设施建设以保证5G信号的正常使用。不同频段的5G站间距密集度情况如表5－12所示。

表5－12 不同频段的5G站间距密集度

5G频段（GHz）	站间距（米）
2.6	350～450
3.5	250～350
4.9	200～300

资料来源：根据公开资料整理。

我国5G基站建设可以参考以上站间距来规划选址，并根据独立组网要求及具体业务需要来优化5G基站站址的布局。目前，在政策层面我国大力鼓励5G基础设施的大规模建设，我国在5G基础设施方面的投资和建设也呈爆发式增长，应尽快完成5G基础设施的建设以支撑5G产业的高速发展。

2. 加快实现5G相关技术的突破

目前，我国5G技术尚不成熟，组网方式仍以非独立组网为主，不能有效满足5G网络低时延、高传输速度的优点，也无法支撑5G在三大场景的应用。因此，要加大对独立组网技术的研发力度，尽快实现独立组网的成熟应用，完成我国组网方式由非独立组网向独立组网转变。

在5G终端设备方面，尚有手机处理器、基带芯片、OLED面板等技术与国外发达国家存在较大差距，或依赖受制于国外。因此，要加快5G应用方面的支持型技术的研发进度，早日实现国产化，以摆脱对国外的依赖。

3. 降低5G的运营成本

5G运营成本高于4G的一个重要原因在于基站数量的大大增加，从而导致5G运营成本的大幅提高。因此，加大5G通信基站材料方面的研究，在5G基站的材料方面实现技术突破，能大幅降低5G基站的建造成本，进而降低5G运营成本。

4. 深化5G的融合应用

应进一步深化5G与云计算、智能工业、物联网、大数据等领域的融合应用，挖掘各个行业对5G的需求，并在推动5G与各行各业融合应用的过程中，逐步总结出可复制和推广的一套标准模式，以快速实现5G从试点示范向商业化推广和应用发展。

三、云计算产业分析

（一）云计算简介

云计算可通俗地理解为“资源的网络”，可以随时为使用者提供“云”上的资源，并根据其使用量收取相应的费用，云计算提供的是与互联网、信息技术、软件相关的一种服务。

云计算主要包括三个细分领域，分别是基础设施即服务（IaaS）、平台即服务（PaaS）和软件即服务（SaaS）。IaaS提供了基础计算机资源，使用者需要自行解决底层的技术问题，实现基础设施的使用逻辑；PaaS为开发者提供了软件开发平台，使用者无须考虑底层的技术问题和基础设施的使用逻辑，只需根据自身的个性化需求设计，开发出属于自己的应用软件；SaaS则无须考虑任何问题，直接向第三方购买现成的软件服务。因此，从使用者自身承担的工作量来看，IaaS > PaaS > SaaS，具体情况如表5-13所示。

表5-13 IaaS、PaaS、SaaS使用者和供应商承担的工作量对比

<table>
<tr><th>工作类型</th><th>IaaS</th><th>PaaS</th><th>SaaS</th></tr>
<tr><td>应用</td><td rowspan="4">使用者承担</td><td>使用者承担</td><td rowspan="9">供应方承担</td></tr>
<tr><td>运行</td><td rowspan="8">供应方承担</td></tr>
<tr><td>安全与集成</td></tr>
<tr><td>数据库</td></tr>
<tr><td>服务器</td><td rowspan="5">供应方承担</td></tr>
<tr><td>虚拟化</td></tr>
<tr><td>服务器硬件</td></tr>
<tr><td>存储</td></tr>
<tr><td>网络</td></tr>
</table>

资料来源：IaaS、PaaS和SaaS［EB/OL］. 湖中小筑. https：//www.jianshu.com/p/76987116ef91.

（二）云计算市场情况

自2006年云计算概念被正式提出以来，各国政府纷纷制定相关“云优先”策略，全

球云计算市场规模在过去十年经历了突飞猛进的发展，全球云计算产业的市场规模扩大数倍。近几年，全球云计算市场规模保持稳步增长，2019 年，全球云计算市场规模达 1 883 亿美元，比上年增长 20.9%。近两年全球云计算产业的市场规模及三大细分市场规模的情况如图 5－13 所示。

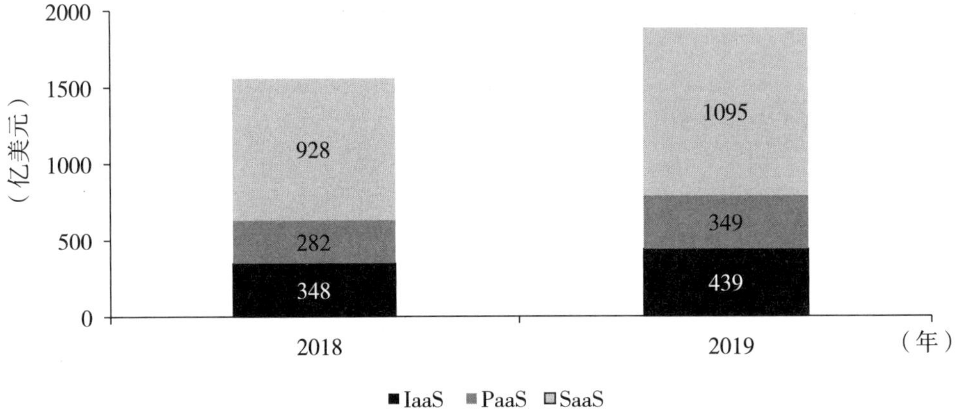

图 5－13　2018—2019 年全球云计算三大细分市场规模

资料来源：中商产业研究院.2020 年全球云计算及三大细分市场规模分析及预测［EB/OL］. https：//www. askci. com/news/chanye/20200812/1006381181445. shtml.

从全球云计算的三大细分市场来看，SaaS 占据着主要的市场份额，2018 年和 2019 年 SaaS 的市场份额都达到了 60% 左右，说明目前全球云计算市场的主流经营模式是通过向使用者出售现成的软件应用服务来获取收入。

近几年，我国云计算市场规模增长迅猛。根据锐观咨询整理的数据，2019 年，我国云计算产业市场规模为 1 290.7 亿元，比上年增长 34%，我国 2015—2019 年云计算产业市场规模情况如图 5－14 所示。

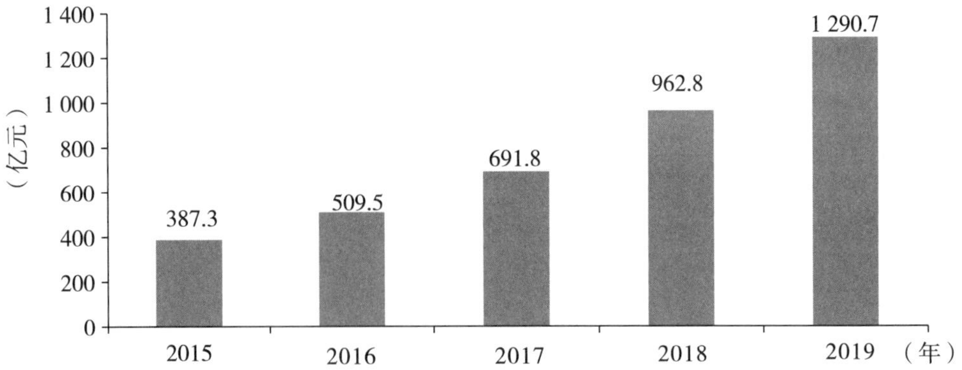

图 5－14　2015—2019 年我国云计算市场规模

资料来源：2020 云计算行业市场发展趋势分析［EB/OL］. 锐观咨询. https：//www. reportrc. com/article/20200810/11479. html.

根据云计算服务使用的排他性，还可将云计算产业分为公有云和私有云。2016—2019年我国公有云和私有云的市场规模情况如图 5－15 所示。

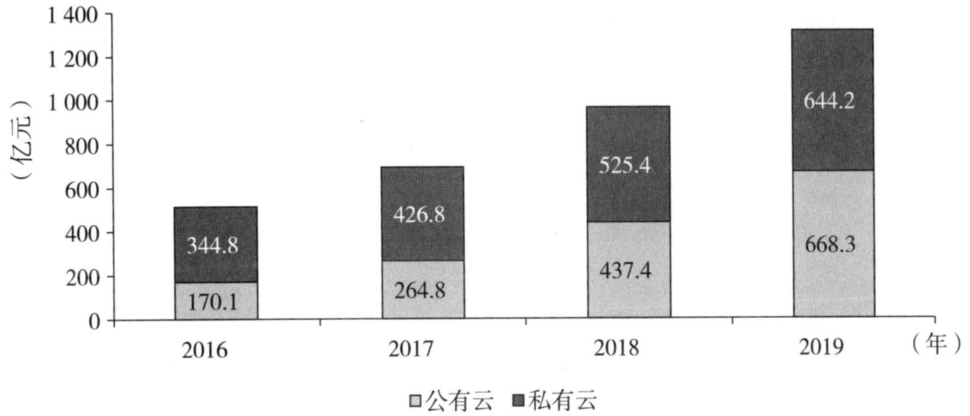

图 5－15　2016—2019 年我国公有云和私有云市场规模

资料来源：中国信息通信研究院《云计算发展白皮书》，2020 年 7 月。

2016 年，我国云计算市场以私有云为主体，所占市场份额比例高达约 66%。近几年，我国云计算产业的市场规模高速增长，公有云和私有云的市场规模也迅速扩大，但私有云的市场规模的增速远高于公有云的市场规模，两者市场规模的差距逐年缩小。直至 2019 年，我国公有云的市场规模首次超过了私有云的市场规模。未来，预计公有云的市场规模会持续高于私有云的市场规模，且两者之间的差距会继续逐年扩大。

2009—2020 年上半年，我国云计算产业投资的前十大地区分布情况如表 5－14 所示。

表 5－14　我国云计算产业投资的前十大地区

地区	投资额（亿元）
北京	1 730
上海	1 018
广东	797
浙江	529
江苏	278
四川	108
湖北	82
福建	68
天津	50
山东	44

资料来源：2020 中国云计算行业研究报告（简版）[EB/OL]. 融资中国. https://www.sohu.com/a/412742800_413933.

从云计算产业的区域发展结构来看，我国 2009—2020 年上半年对云计算产业的投资绝大多数集中在北京、上海、广东、浙江和江苏等地，这也与各地区的经济发展水平基本保持一致。因此，我国云计算产业呈现区域密集式发展，主要集中在珠三角、长三角、京津冀以及西南地区。我国 2018 年各地区云计算产业的市场份额情况如图 5－16 所示。

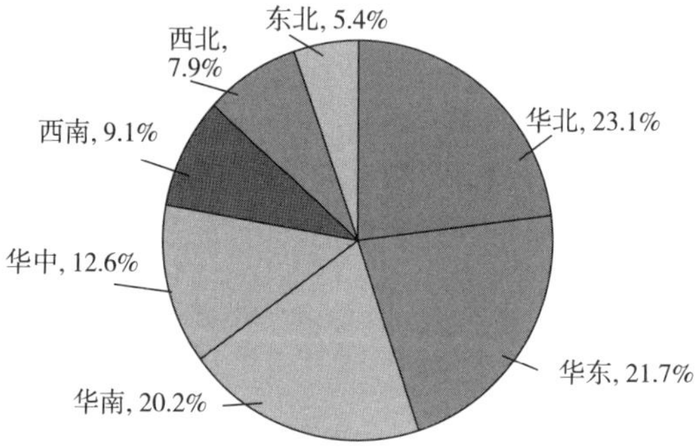

图 5－16 2018 年我国云计算产业区域发展结构

资料来源：2018 中国云计算行业发展环境、发展现状、行业特点、未来趋势及发展建议［EB/OL］. 智研咨询 . https：//www. chyxx. com/industry/201911/800528. html.

华北、华东、华南地区主导了我国云计算产业的发展，约占全国云计算市场份额的三分之二，其重要原因在于这些地区集中了我国主要的金融、互联网、制造和消费品企业，为云计算产业在这些地区的快速落地和发展提供了有力支撑。

（三）行业竞争格局

2018—2020 年第三季度，全球 IaaS 市场份额情况如图 5－17 所示。

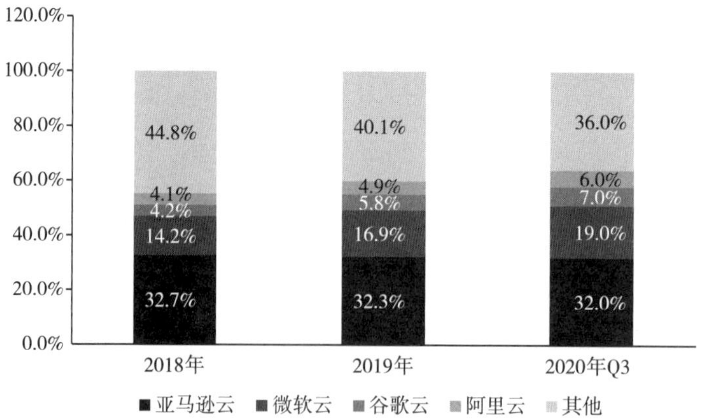

图 5－17 2018—2020 年第三季度全球 IaaS 市场份额

资料来源：兴业证券《云计算：行稳致远，持续高景气的最核心赛道——行业周报（2. 01—2. 07）》，2021 年 2 月。

从全球 IaaS 市场行业竞争格局来看，市场份额前四位分别为亚马逊云、微软云、谷歌云和阿里云，占据了全球一半以上的市场份额，且近几年四大厂家占据的市场份额总额仍不断上升，从 2018 年的 55.2% 上升到了 2020 年第三季度的 64.0%，形成明显的寡头垄断格局，强者恒强，头部厂商市场垄断格局稳定。在四大头部厂家中，亚马逊凭借用户基数的优势在云业务领域上遥遥领先，IaaS 市场份额近几年稳定在 32% 左右，超过其他三大厂商市场份额总和。亚马逊的云业务涉及各个行业领域，包括金融、零售、旅行、媒体和娱乐、电力、电子商务、汽车行业和公用事业。微软云为全球第二大 IaaS 厂商，市场份额由 2018 年的 14.2% 上升至 2020 年第三季度的 19.0%，云业务包括微软 Office、领英、Azure 和其他云服务。谷歌云作为全球第三大 IaaS 厂商，全球市场份额从 2018 年的 4.2% 上升到 2020 年第三季度的 7.0%，其云业务的主要特色在于人工智能，其未来目标是三年内在人工智能方面取得实质性突破。

我国 2020 年第三季度云计算市场份额情况如图 5－18 所示。

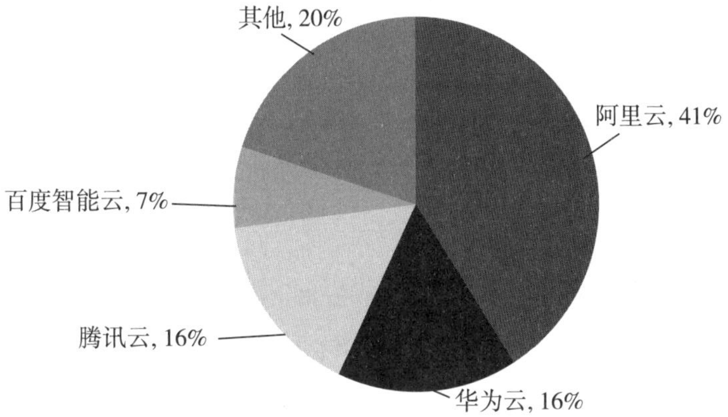

图 5－18　2020 年第三季度全国云计算市场份额

资料来源：国内云排名：百度第四、华为第二，阿里云继续榜首［EB/OL］. Canalys. http://finance.sina.com.cn/stock/relnews/us/2020－12－21/doc－iiznezxs8119708.shtml.

我国云计算行业竞争格局呈现明显的寡头垄断格局，2020 年第三季度，前四大云计算服务的阿里云、华为云、腾讯云、百度智能云的市场份额合计占全国的 80%，基本垄断了全国的云计算市场。其中，阿里云占全国 41% 的市场份额，在全国遥遥领先，超过了华为云、腾讯云和百度智能云三家市场份额总和。阿里云凭借其强大的客户、生态和运营能力，持续支持推动互联网行业的业务系统上云，不断在金融、零售和政府三大领域推动云化转型，从而持续扩大竞争优势，使全国云计算市场的行业竞争格局呈现“一超多强”的局面。

2018 年，我国云计算在各行业中的应用情况如图 5－19 所示。

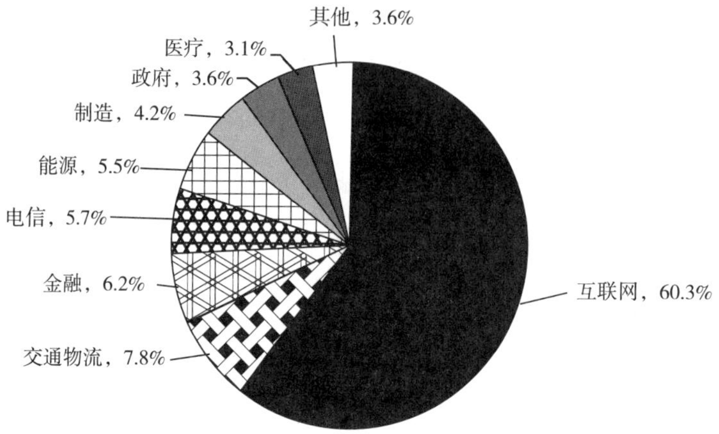

图5-19 2018年我国云计算在各行业中的应用

资料来源：2018中国云计算行业发展环境、发展现状、行业特点、未来趋势及发展建议[EB/OL]. 智研咨询. https://www.chyxx.com/industry/201911/800528.html.

从我国云计算产业在各行业中的应用情况来看，我国云计算主要应用于互联网领域，所占比重约60%。此外，云计算的应用在交通物流、金融、电信、能源、制造、政府和医疗等行业也占据了较大份额。从云计算应用的行业结构可以看出，互联网行业对云计算产业的推动作用最大，因此，互联网企业在云计算的技术研发及云计算产业中的应用和发展上，相比其他行业的公司具有较大的优势，全球和全国前几大云计算厂商无一不是互联网巨头。随着“互联网+”的趋势不断深化，互联网与制造业、金融等多个行业深度融合，互联网行业迅速发展扩张，将极大地推动云计算产业的快速发展。

（四）进入壁垒

1. 行业准入壁垒

根据《中华人民共和国电信条例》，未取得电信业务经营许可证，任何个人或组织不得从事电信业务经营活动。根据我国相关法律规定，在我国从事云计算业务需要取得《增值电信业务经营许可证》，我国对该类许可证的申请企业，在企业资质条件审核方面非常严格，云计算业务经营许可证的取得门槛较高。同时，虽然我国同意外资企业在遵守我国法律法规的前提下，与我国持证企业开展技术合作，但国内云计算业务的经营主体仍应是我国企业。亚马逊、微软等国外云计算巨头，在我国只能提供技术上的支持和服务，不得参与实体经营，不得接触客户，不能掌握数据，业务经营方必须是我国取得云计算业务经营许可证的公司。因此，我国行业进入许可制度构成云计算行业的准入壁垒。

2. 技术壁垒

云计算行业的技术特征包括大规模集群管理能力、虚拟化技术、安全保障能力、通用性要求、高效的资源运维能力和支持按需自助服务及按需计费。公有云需要提供海量的计算机资源，对随时出现的来自多方面的资源分配请求，需要随时应对，不能出现宕机的情况。因此，云计算对资源管理软件、虚拟化等技术有着极高的要求。只有具备自主研发能力和核心技术的大型互联网公司，才有足够的技术支持所需的云计算服务，许多中小企业在技术和相关基础设施建设方面较为薄弱，随着公有云竞争的加剧，缺乏核心技术的小公司很快在公有云竞争中败下阵来，逐渐退出云计算市场。

3. 资金壁垒

云计算产业是一个具备明显规模经济效应的市场，前期的基础设施投资巨大，而后期运营增加的成本非常小。云计算产业需要积累到一定数量的客户群体后才能产生规模经济效应，从而实现盈利。2020 年，亚马逊在云服务基础设施建设方面的资本开支多达 233 亿美元，谷歌在云服务基础设施建设方面的全年资本开支也高达约 220 亿美元。云计算市场是一场“资金消耗”大战，只有拥有雄厚资本实力的大公司才具备前期大量“烧钱”建设云计算基础设施的实力，而这类大公司往往也将成为云计算产业的最终垄断者。亚马逊、微软、阿里等云计算大厂，都是以前期资本投入形成先发优势，再靠性价比打开获取海量客户的通道，最后依靠增值服务来提升盈利能力，从而实现公司云计算业务的迅猛增长。

（五）行业发展存在问题

1. 过度进行基础设施建设，轻视服务

在国家支持和鼓励云计算产业快速发展的政策推动下，全国许多地方都投入了大量资金进行云计算的建设工作，许多建设项目投资动辄数千万甚至上亿元。然而，现阶段对云计算的投资主要集中在云计算数据中心等基础设施建设方面，对未来云计算的实际应用需求考虑较少。云计算建设的目的在于更好地提供增值服务，而目前许多云计算建设还停留在上层政府的推动建设层面，盲目推动云计算数据中心的建设，造成许多无效投资和重复建设。

2. 数据和系统安全存在隐患

云计算的虚拟化技术能有效地提高硬件资源的效率、利用率和灵活性，降低云计算系统的操作成本和代价。然而，虚拟化技术不仅面临着传统网络被网络病毒入侵等安全方面的威胁，而且将许多系统连接在一起，如果其中一个系统感染上了病毒，还可能牵连到其他系统，甚至可能影响到后台的数据信息和存储。此外，许多企业上云后，将自己的主要业务放在了云端中心上，这虽然可以实现在系统内与其他用户共享数据和资源，为企业节约了大量成本和时间精力，但带来了更大的数据泄露和系统安全方面的风险。企业在云端上的许多数据是企业的商业机密，一旦泄露将极大影响到企业未来的生存和发展。

3. 重视方案设计，忽视市场需求

目前，关于云计算的应用，提出了许多漂亮的名词概念，例如制造云、工业云、医疗云、旅游云、电子政务云等，并且基于这些漂亮的名词，许多地方对云计算的未来应用提出宏大的设计方案和美好的憧憬。然而，这其中许多关于云应用的方案设计没有充分考虑市场需求，仅仅是提出了一些脱离实际的方案并让政府为此买单。此外，许多地方提出的发展方案内容极其相似，没有结合当地经济、社会、发展特色等实际情况，存在理论与实际脱节的问题。

4. 缺乏统一的云计算标准

云计算的标准对于云计算实现应用落地至关重要，目前，可以通过许多不同的终端设备来使用云服务，包括手机、电脑、平板等。这些不同种类的终端设备都需要与云端进行数据交互，如果没有一个统一的接口，就无法使各个终端设备接入云端，从而无法实现真正的互联互通，这会使得云计算失去其原本存在的意义。然而，尽管目前云计算产品种类十分丰富，但云计算行业还未形成统一的云计算标准，不同厂商仍有自己的标准，云计算统一标准的形成仍任重道远。

（六）行业发展建议

1. 重视解决云计算安全问题

应重点解决和预防云计算在数据信息泄露、病毒入侵等安全方面的威胁和隐患，对API访问控制权限或密钥生成、存储方面进行加强管理，同时，制定严谨周密的数据销毁措施和流程，以避免数据丢失的问题。对于云计算在数据信息共享方面存在的漏洞，应重点关注其云计算资源的配置问题，避免错误配置造成的严重影响。由于云计算将多个终端设备连接在云端，一旦某个系统遭病毒入侵就可能祸及其他系统，因此，需要恰当地将不同系统和终端设备隔离开来。

2. 推动云计算应用尽快落地

目前，我国对云计算的应用已提出了诸如云制造、云医疗、云交通等漂亮的词语，并为此设计了诸多宏大的方案和美好的憧憬，但许多还停留在理论和设计阶段，并未很好地实现落地应用，并且许多地方只是照搬相似的云应用方案，未充分考虑当地实际的经济社会发展特色。因此，在推动云计算落地应用为广大人民提供服务的过程中，应充分了解、分析和预测当地市场需求，提供更高质量的云计算服务，满足企业云计算需求，加速推进云计算与传统产业的融合应用、生活场景的应用，全面实现云计算的落地应用。

3. 尽快制定统一的云计算标准

加快制定统一的云计算标准，包括云计算行业的应用、服务和关键技术等标准。通过建立统一的云计算标准，可以为所有接入云端的终端设备提供一个统一的接口，使大量不同种类的终端设备都能够接入云端进行数据交互，从而实现真正的互联互通。应建立健全云计算服务能力测评的工作流程和指标体系，积极推动与国际主流的测评体系结果的互认。

4. 提升云服务供给水平和能力

我国目前云计算的服务水平与企业需求仍有较大的差距，应加大对云服务发展所需资金、人才、信贷等方面的支持力度，尽快培育出一大批云服务能力和技术实力强大的云计算企业和云计算平台。同时，鼓励和促进产业链内云计算企业之间的协作，不断丰富云计算产品和服务。此外，鼓励培育发展高技术服务企业，为云计算提供高质量配套服务，以保证企业能够顺利地部署云任务。

四、光通信产业分析

（一）光通信产业简介

光通信产业在新一代信息技术产业链中处于上游位置，光通信技术凭借其高传输速率、低损耗、抗干扰性强等优点，为5G高数据信息传输速率需求、云计算大数据中心的信息传输和高数据容量要求提供了有力的支持。光通信产业的主要应用市场是电信市场和数据中心市场，其中，电信市场目前是光通信主要的应用市场，也是最早支撑光通信产业发展起来的市场，光通信在电信市场中主要应用于骨干网、汇聚网、城域网、接入网等，其市场规模大，收入占比高。数据中心市场是光通信产业增长速度最快的应用市场，未来预计市场规模将超过电信市场。

光通信产业的细分领域包括光芯片、光模块、光线缆和光设备，其中，光芯片、光模块等光器件处于光通信产业链上游，市场规模小，毛利率低，主要由日美企业主导。光线缆和光设备处于光通信产业链下游，市场规模大，毛利率低，主要由中美企业主导。随着近年来云计算、5G等产业的迅猛发展，对光通信产业链中下游的光纤光缆和光设备等的需求将大幅提升，进而带动光通信产业链上游的光芯片、光模块等光器件的发展，因此，未来光通信产业有很大的增长潜力。

（二）光通信市场情况

2013年，我国开始了4G基础设施的建设，提出“宽带中国”，我国光通信产业的市场规模呈现连年高速增长的态势，2014—2019年我国光通信产业的市场规模情况如图5－20所示。

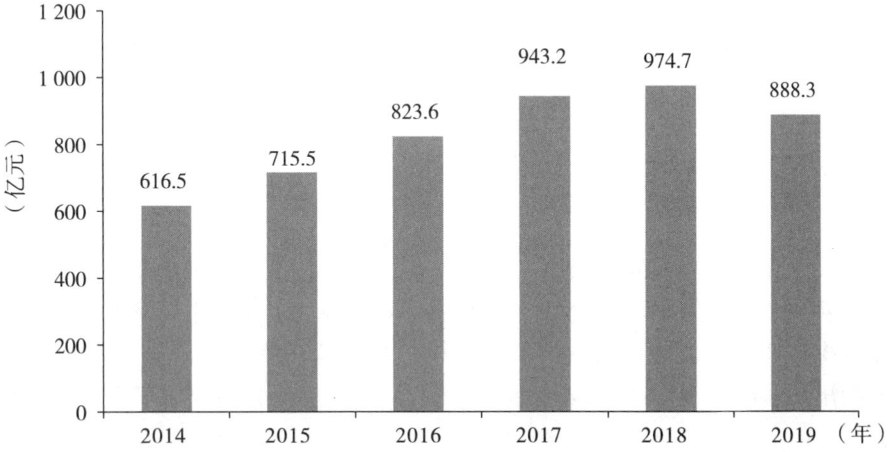

图5－20　2014—2019年我国光通信市场规模

资料来源：前瞻产业研究院．中国光通信行业市场规模快速增长，预计2025年超1 700亿元［EB/OL］．http：//www.elecfans.com/d/1452400.html.

2014—2018 年，我国光通信产业的市场规模随着 4G 建设的推进和“宽带中国”战略的提出实现了持续高速增长。然而，2019 年，由于我国 4G 基础设施建设接近尾声，5G 才刚开始进入商用，我国光通信市场尤其是光纤光缆面临着青黄不接的问题，2019 年光通信市场规模较 2018 年有所下降。但这只是 4G 开始向 5G 转变而出现的暂时情况，随着 5G 于 2019 年开始商用，我国 5G 市场开始迅猛增长，光通信市场规模下降的趋势将逐步遏制，未来我国光通信市场规模仍有望大幅上升。

2019 年，我国光通信产业的细分市场结构如图 5－21 所示。

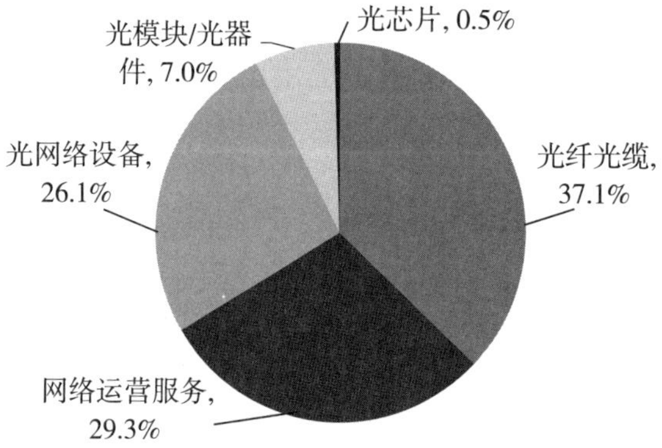

图 5－21 2019 年我国光通信产业细分市场结构

资料来源：前瞻产业研究院. 中国光通信行业市场规模快速增长，预计 2025 年超 1 700 亿元［EB/OL］. http：//www. elecfans. com/d/1452400. html.

从我国光通信产业的细分市场结构来看，光通信市场主要集中在光纤光缆、网络运营服务和光网络设备等光通信产业链中下游领域，市场份额占比超过 90%，而光通信产业链上游的光模块/光器件、光芯片等在光通信产业中的市场份额仅占 7.5%。数据通信市场对光通信产业链上游的光模块/光器件、光芯片等的刺激和推动作用较大，随着全球互联网巨头亚马逊、谷歌、微软以及国内互联网巨头腾讯、阿里、百度等公司纷纷在全球范围内建立数据中心，数据通信市场将在未来迎来高速增长，未来光模块/光器件、光芯片等在光通信市场中所占比重也将进一步增大。

我国光通信产业在地区上呈现集中分布的特征，主要集中在珠三角、长三角、华中、西南和京津冀地区。

武汉是我国光通信产业的发源地，覆盖产业链的各个环节，其光通信产业已经成为支撑武汉“中国光谷”发展的主导产业。黄石的保安镇金塘工业园主要发展光纤连接器、光纤适配器、陶瓷插芯等领域。荆州的凯乐光电通信高科技荆州工业园是重要的光通信线缆、器件的出口、研发和生产基地。武汉、黄石、荆州等地共同构成了我国光通信产业的华中聚集区。

京津冀地区位于首都附近，凭借其独特的政治、文化中心的条件，吸引了国内外众多光通信大型企业和相关科研机构的入驻，成为我国光通信产业的一大聚集区。

长三角地区在终端光器件和光设备制造方面具有极强的实力，珠三角地区有着很强的终端制造实力，西南地区在光通信产业方面具有较高的成长性，这些得天独厚的优势都使得这些地区成为我国光通信产业的聚集区。

（三）行业竞争格局

2018 年，全球各地区光纤市场份额情况如图 5－22 所示。

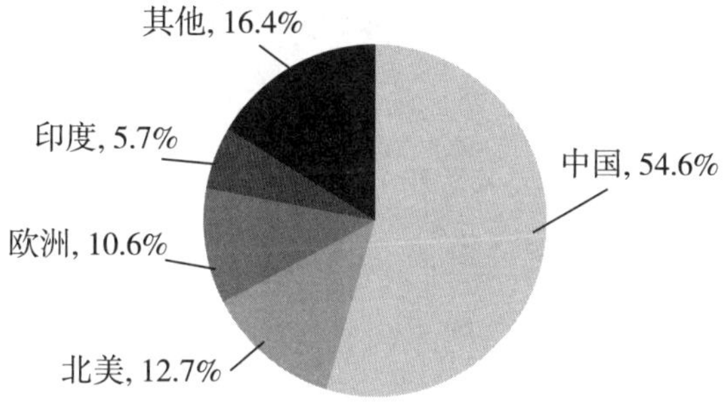

图 5－22 2018 年全球光纤市场份额

资料来源：招商银行研究院《5G 之光通信篇——光通信，信息传输的终极方案》，2020 年 8 月。

从光纤市场在全球分布的情况来看，我国光纤市场在全球所占份额为 54.6%，超过全球北美、欧洲、印度及其他地区市场份额的总和，具有绝对的主导地位。中国、欧洲、北美、印度等地区所占光纤市场份额总和占全球的 80% 以上，基本垄断了全球的光纤产业。

全球光纤光缆企业市场份额如图 5－23 所示。

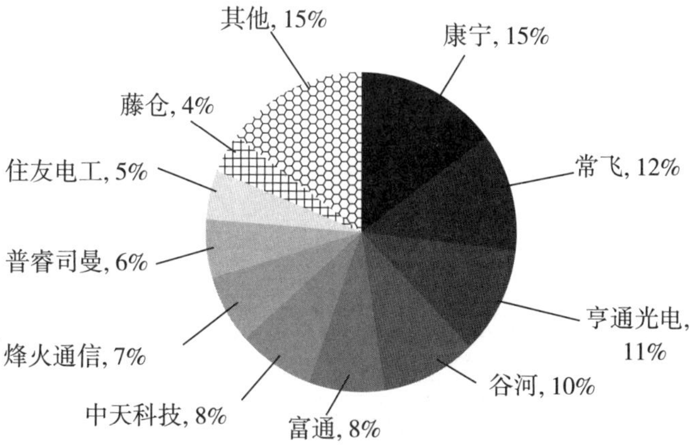

图 5－23 全球光纤光缆企业市场份额

资料来源：招商银行研究院《5G 之光通信篇——光通信，信息传输的终极方案》，2020 年 8 月。

全球光纤光缆市场集中度较高，市场份额排名前十的光纤光缆大企业的市场份额在全球占比共达到 85%，呈现由少数企业垄断全球光纤光缆市场的竞争格局。然而，并未有一家企业在全球光纤光缆市场上一家独大，许多头部企业在全球的市场份额势均力敌，因此，相比于绝对的寡头垄断市场，全球光纤光缆市场的竞争较为激烈。

全球光器件企业市场份额情况如图5－24所示。

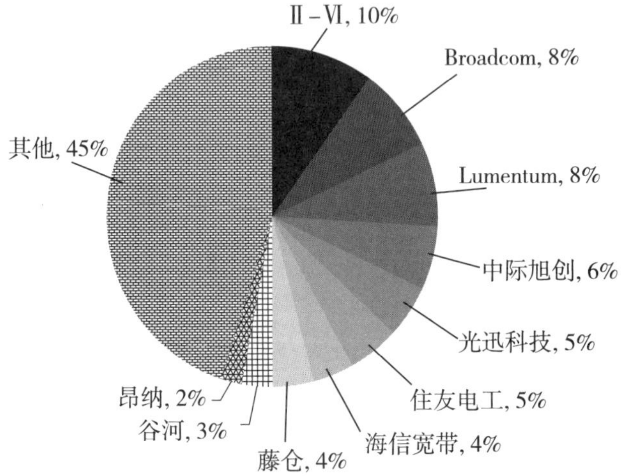

图5－24　全球光器件企业市场份额

资料来源：招商银行研究院《5G之光通信篇——光通信，信息传输的终极方案》，2020年8月。

全球光器件企业的市场集中度较低，全球前十大光器件企业的市场份额总和为55%，虽占据全球光器件市场一半以上的份额，但并未形成绝对垄断的市场格局。全球光器件市场中也并不存在一家独大的公司，市场份额最大的仅占10%，市场竞争较为激烈。此外，全球光器件企业市场份额排名前三的都是国外企业，尽管国内企业市场份额总和在全球占比最高，但国内光器件的头部企业与国外尚存在较大差距。

全球光传输设备企业市场份额如图5－25所示。

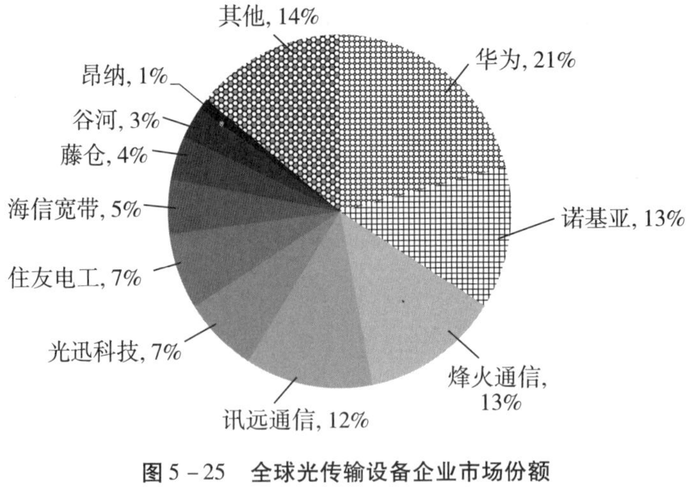

图5－25　全球光传输设备企业市场份额

资料来源：招商银行研究院《5G之光通信篇——光通信，信息传输的终极方案》，2020年8月。

全球光传输设备市场具有极高的市场集中度，全球前十大企业在光传输设备市场中的全球市场份额总和达到86%，基本主导了整个全球光传输设备市场，呈现高度寡头垄断的市场竞争格局。从企业层面来看，华为以21%的全球市场份额在全球光传输设备市场中遥遥领先，但尚未达到垄断全球市场的能力，诺基亚、烽火通信、讯远通信等也有较高的市场份额。

全球路由器设备市场份额情况如图5-26所示。

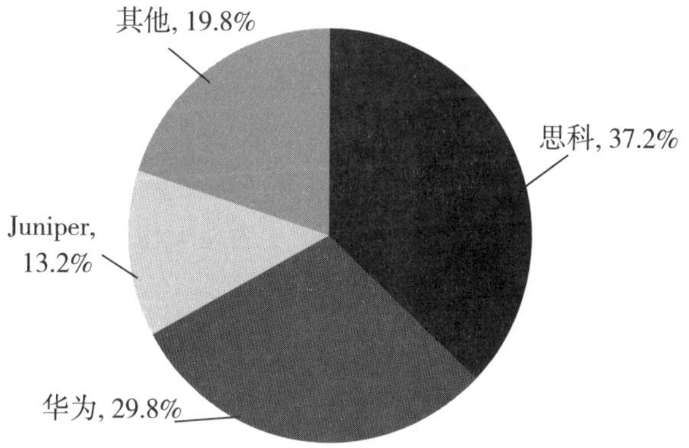

图5-26　全球路由器设备企业市场份额

资料来源：招商银行研究院《5G之光通信篇——光通信，信息传输的终极方案》，2020年8月。

全球路由器设备市场呈现高度寡头垄断的市场竞争格局，全球前三大企业思科、华为和Juniper的路由器设备占全球市场份额高达80%，三大巨头几乎垄断了全球整个路由器设备市场。其中，思科以37.2%的市场份额位居全球第一，华为其次，Juniper以13.2%的市场份额位居全球第三，三大巨头都拥有较强的全球垄断能力。

全球交换机设备市场份额情况如图5-27所示。

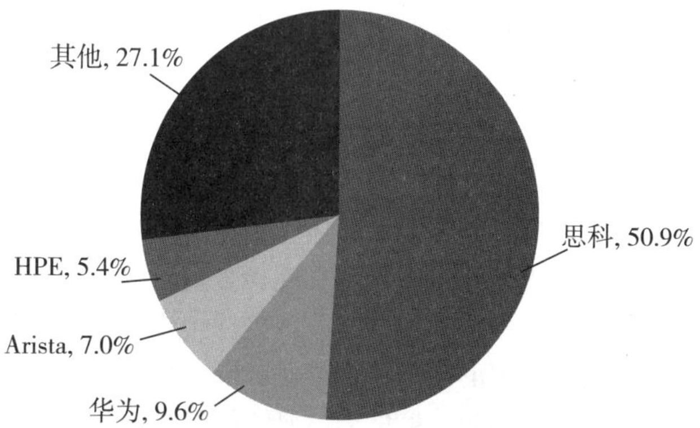

图5-27　全球交换机设备企业市场份额

资料来源：招商银行研究院《5G之光通信篇——光通信，信息传输的终极方案》，2020年8月。

全球交换机设备行业集中度高，全球前四大企业的全球交换机设备的市场份额达到70%以上。其中，思科以50.9%的全球交换机设备市场份额垄断了全球大部分的市场，其他巨头如华为、Arista和HPE的全球市场份额均低于10%，全球交换机设备市场呈现“一超多强”的垄断格局，思科在全球市场具有绝对的优势。

（四）行业发展建议与展望

1. 向上游高端领域突破

在整个光通信产业中，处于产业链上游的光模块/光器件、光芯片等的核心技术含量高，具有极高的技术壁垒，产品附加值大、利润率高，是光通信产业链的核心。处于光通信产业链中下游的光纤光缆、光设备等技术含量较低，附加值较少，利润率低。我国目前光通信企业的整体实力偏弱，在光通信产业链中的布局主要集中于低技术含量、低利润率的中低端领域。位于中高端领域的光芯片与国外发达国家相比尚有较大差距，许多光芯片严重依赖于从国外进口，严重制约了光器件以及中下游光通信设备的进一步发展。因此，未来我国在光通信领域应集中资源和精力加大对上游光芯片、光模块的自主研发和突破，缩小与国外发达国家在技术水平上的差距，争取早日实现光芯片、光模块等光通信高端领域产品的国产化，以摆脱对国外进口的依赖，从而促进整个光通信产业的发展，并有力支撑中下游5G、云计算等产业的发展。

2. 光芯片将成为未来短期内重点突破方向

目前，全球光芯片的核心技术主要被日美企业所掌握，我国虽然也能大批量生产光芯片，但生产制造的主要是无源芯片、中低速率芯片，产品附加值少、利润率低且同质化严重。现阶段，我国生产制造光模块所需要的相干DSP芯片、高速率光芯片、电跨阻放大器芯片（TIA）、半导体制冷器（TEC）和可调谐激光器芯片等高核心技术、高附加值的光器件主要还是依赖从国外进口，这直接制约了光通信产业上游的光模块及光器件的生产，进而影响中下游光纤光缆、光设备的发展，最终影响包括5G、云计算等整个新一代信息技术产业的发展。因此，突破高端光芯片的核心技术、摆脱对外依赖、实现高端光芯片国产化，是短期内光通信产业应发展和突破的重中之重。

3. 提升光通信装备条件和工艺技术水平

我国在光通信器件领域的基础理论研究与国外发达国家相差不大，但推动光通信器件取得技术突破和实现创新发展的核心在于光通信装备条件和关键工艺技术，薄弱的光通信装备平台和较差的工艺技术严重制约了我国光通信器件的研究和发展。我国光器件工艺研究的关键装备条件、光器件在关键技术方面的掌握和突破能力以及光器件工艺的研究和创新能力与国际先进水平仍有较大差距，导致我国虽然在光器件前沿的理论研究成果较为丰富，但基础理论研究与光通信技术的应用存在严重脱节，难以促进光器件应用成果的有效转化和落地。因此，我国在进行光通信器件理论研究的同时，应重点提升我国光器件工艺技术水平和装备条件，使光器件关键技术的创新、研究和应用成果的转化落地能够跟上理论研究发展的速度，赶上国际先进水平。

4. 中期将朝硅光集成方向发展

光模块是数据中心的核心部件，高速光模块应用于数据中心，在提升数据中心性能的同时，也带来了许多问题。传统光模块体积较大、功耗较多且成本很高，而硅光集成技术使用硅基衬底材料做光学介质，能有效地提升数据中心的性能，并降低产品的价格。光电芯片一体封装功耗低、尺寸小且延迟更低，同时，能更好地为光器件散热，这很好地满足了数据中心不断提高的高密度和低功耗的要求。因此，硅光集成将成为光通信产业中期的发展趋势。

5. 长期将向光电子技术应用方向发展

近年来，大数据、云计算、5G 和人工智能等产业迅猛发展，光电子市场规模迎来了前所未有的扩大，光电子技术在自动驾驶、智能工业、高性能计算、数据中心、消费电子、生物医疗等领域实现了更为广泛的应用。光电子技术能够支撑高性能计算体系和数据中心的发展，实现大规模的商业应用。在消费电子市场领域，由于对大带宽的需求呈现爆发式增长，而光纤能够确保海量数据信息的无损耗高质量高速传输，因此光电子技术有力推动了消费电子市场的发展。此外，光纤激光器精度更高、散热和稳定性更好、体积小重量轻，它应用在工业制造中能大幅度地提高焊接、雕刻、切割效率。因此，从长期来看，光电子技术应用场景广泛、市场空间广阔。

五、集成电路产业分析

（一）行业简介

集成电路包括垂直分工和 IDM（集成器件制造）两种模式，集成电路产业链包括 IC 设计、IC 制造和 IC 封测等。IC 设计主要是设计和规划 IC 芯片的规格、性能和细节等；IC 制造则是将设计好的 IC 芯片制造出来的过程，主要包括金属溅镀、涂布光阻、蚀刻技术、光阻去除等；IC 封测主要是为了保护制作好的小且薄的芯片以避免其受到刮伤损坏，而将制作好的 IC 芯片封装起来。

在垂直分工模式下，IC 设计、IC 制造和 IC 封测分别由不同的企业完成，代表性的 IC 设计企业有华为海思、高通、联发科、博通等，代表性的 IC 制造企业有中芯国际、台积电等，代表性的 IC 封测企业有华天科技、通富微电、晶方科技、长电科技、安靠、日月光等。而在 IDM 模式下，IC 设计、IC 制造和 IC 封测均在一家企业内完成，代表性 IDM 企业有三星、意法半导体、英特尔、德州仪器等。

集成电路行业技术含量较高，且行业所需前期投资巨大，因此，在 IDM 模式下，企业需要同时在 IC 设计、IC 制造和 IC 封测多个方面进行钻研和经营，所需技术力量和资源投入巨大，经营风险和研发风险也极高。而在垂直分工模式下，IC 设计、IC 制造和 IC 封测分别由不同企业完成，各个企业可以在各自擅长的领域进行深度钻研和耕作，产业链内的企业间也可进行合作和互补，有效降低集成电路的研发风险和经营风险，并减小投资。因此，未来集成电路的垂直分工模式将逐渐崛起。

（二）市场情况

2011 年至 2019 年，全球集成电路市场规模情况如图 5－28 所示。

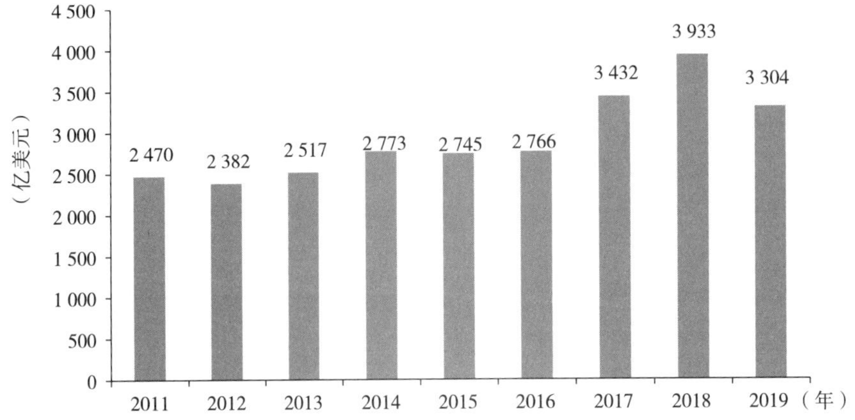

图 5－28　2011—2019 年全球集成电路市场规模

资料来源：开源证券研究所《集成电路景气回暖，国产替代趋势加快——行业投资策略》，2020 年 11 月。

集成电路作为“现代工业的粮食”，是全球信息产业的核心和基础，在通信、军事、电子设备、电子芯片等方面均有极其广泛的应用，对一个国家的信息安全、经济建设乃至国家安全有着极为重要的意义。全球集成电路的市场规模高达数千亿美元，2018 年以前总体趋势为逐年扩大，然而近两三年来，全球集成电路的市场规模开始下滑，趋近饱和。

2010—2019 年，我国集成电路市场规模情况如图 5－29 所示。

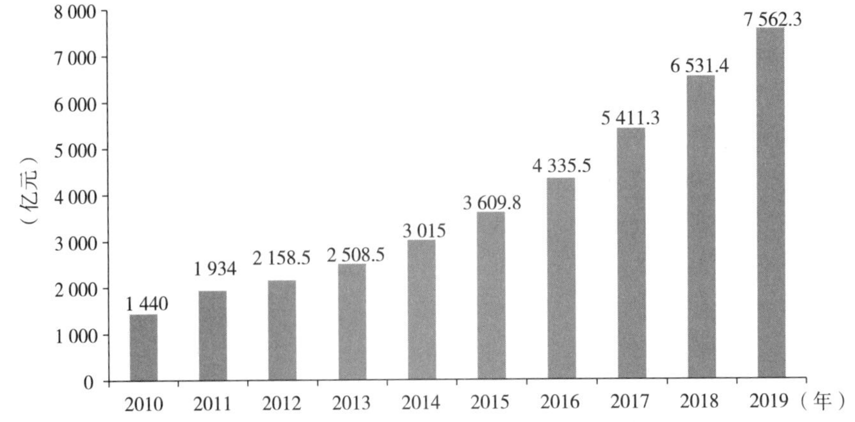

图 5－29　2010—2019 年我国集成电路市场规模

资料来源：中国半导体行业协会，前瞻产业研究院. 2020 年中国集成电路封测行业市场现状及发展趋势分析 行业市场容量巨大（组图）［EB/OL］. https：//baijiahao. baidu. com/s? id = 1684142153970344303&wfr = spider&for = pc.

与全球集成电路市场规模下滑相反，我国集成电路市场始终保持着高速增长的态势。我国集成电路产业起步较晚，但经过近 20 年的发展后，我国集成电路产业从无到有，从弱到强，在全球半导体市场中的影响力越来越大。在国内稳定的经济增长环境、人口红利以及巨大的市场需求等有利条件的支撑下，我国集成电路市场规模每年稳步扩大，尤其是近几年，集成电路市场更是实现了迅猛增长，市场规模由 2010 年的 1 440 亿元迅速增长到 2019 年的 7 562. 3 亿元，市场空间非常广阔。近几年我国集成电路市场规模的飞速发展主要受益于物联网、5G、智能制造等下游领域的高速发展，带动了作为新一代信息技术产业上游领域的集成电路市场的快速扩张。

2012—2019 年，我国集成电路进出口额及贸易逆差额情况如图 5 - 30 所示。

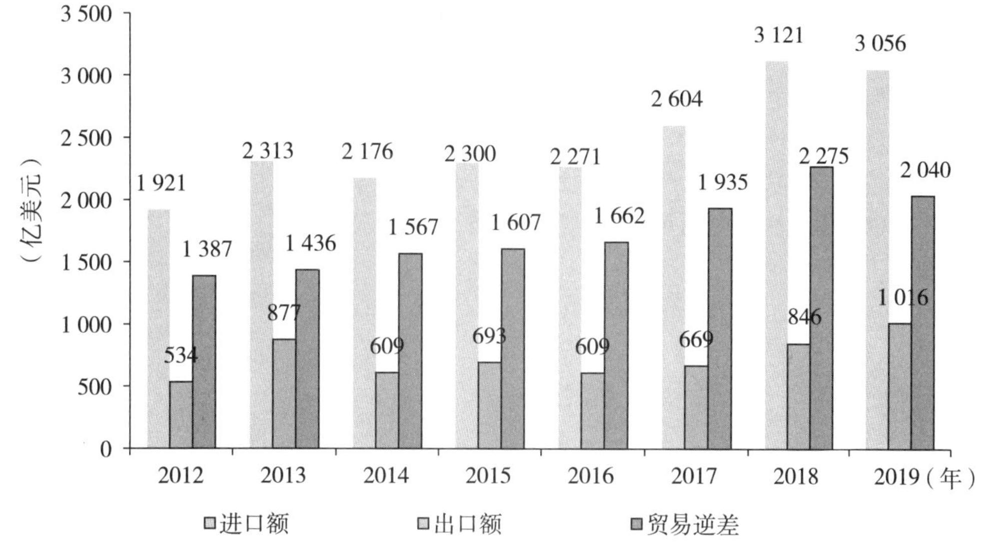

图 5 - 30　2012—2019 年我国集成电路进出口额及贸易逆差额

资料来源：开源证券研究所《集成电路景气回暖，国产替代趋势加快——行业投资策略》，2020 年 11 月。

我国半导体芯片大多依赖国外进口，自给率低。我国集成电路市场需求巨大，约占全球集成电路市场规模的近 1/3。然而，我国本土企业的集成电路产值却不足 7%，自给率仅为 22% 左右。长期以来，我国集成电路的进口额远大于集成电路的出口额，集成电路每年的贸易逆差也在逐年提升。2019 年，我国集成电路贸易逆差额相比 2018 年有所下降，表明我国集成电路的自给率开始上升，未来，我国本土企业的集成电路市场空间将不断扩大。

集成电路市场可以细分为集成电路设计业、集成电路制造业和集成电路封测业三个领域，2020 年 1—9 月我国集成电路细分市场的分布情况如图 5 - 31 所示。

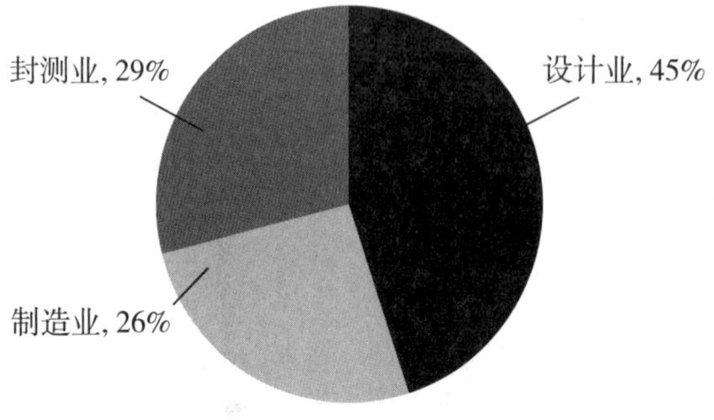

图 5－31 2020 年 1—9 月我国集成电路细分市场分布

资料来源：中国半导体行业协会，前瞻产业研究院．上升为国家战略的集成电路产业有多重要？[EB/OL]．https：//new. qq. com/rain/a/20201214A05GQV00.

目前，我国集成电路市场的细分市场中，设计业占比为45%，在三个细分市场中占比最大，且市场规模的增速最快。封测业和制造业的市场占比较小，分别为29%和26%。因此，未来我国集成电路产业最大的增长点在于集成电路设计业。

2012—2019 年我国封测市场规模情况如图 5－32 所示。

图 5－32 2012—2019 年我国封测市场规模

资料来源：华创证券研究所《集成电路行业深度研究报告——供需错配带动行业周期上行，封测龙头盈利能力有望持续提升》，2021 年 1 月。

2012 年以来，我国封测市场规模持续快速增长，尤其是近几年封测市场规模增长迅速，2019 年，我国封测市场规模达到 2 350 亿元。处于集成电路产业链下游的封测市场近年来的快速发展得益于集成电路上游的 IC 芯片设计行业的高速发展，IC 芯片设计行业推动了封测市场规模的不断扩大，我国 IC 封测行业的增长速度已远超全球 IC 封测行业的增速。目前，封测环节已经成为我国集成电路产业链中最为成熟的环节。

2019 年，我国封测行业前十大企业中内资企业、合资企业和外资企业的销售额占比情况如图 5 - 33 所示。

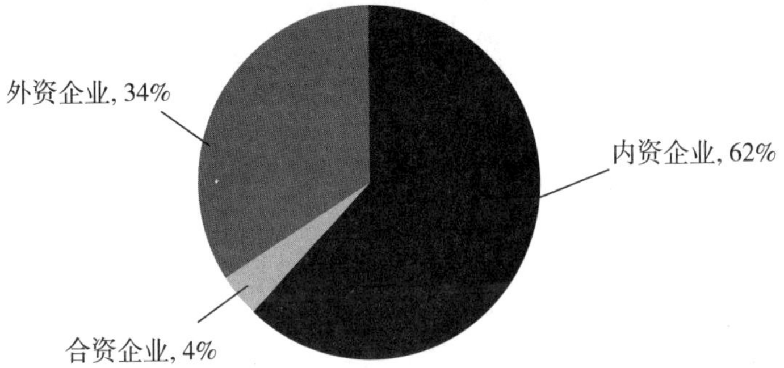

图 5 - 33 2019 年我国封测行业前十大企业中三类企业市场份额

资料来源：华创证券研究所《集成电路行业深度研究报告——供需错配带动行业周期上行，封测龙头盈利能力有望持续提升》，2021 年 1 月。

目前我国集成电路的封测市场的竞争格局是以内资企业为主，在前十大封测企业的市场份额中，内资企业占比超过 60%，基本垄断了国内的封测市场。外资封测企业在前十大封测企业市场份额中占比 34%，在国内的封测市场中也有一定的影响力。而合资企业在国内前十大封测企业中的市场份额仅 4%，其影响力微不足道。

2019 年，我国半导体封测前十大企业如表 5 - 15 所示。

表 5 - 15 2019 年我国半导体封测前十大企业

企业名称	销售额（亿元）
江苏长电科技股份有限公司	235.6
南通华达微电子集团有限公司	225.1
天水华天电子集团	97.4
恩智浦半导体	81.8
威讯联合半导体（北京）有限公司	61.9
三星电子（苏州）半导体有限公司	60.0
海太半导体（无锡）有限公司	38.9
安靠封装测试（上海）有限公司	37.7
全讯射频科技（无锡）有限公司	34.0
晟碟半导体（上海）有限公司	27.0

资料来源：华创证券研究所《集成电路行业深度研究报告——供需错配带动行业周期上行，封测龙头盈利能力有望持续提升》，2021 年 1 月。

2019 年，我国封测市场规模达到 2 350 亿元，而国内前十大封测企业的销售额合计约

899.4 亿元，仅占国内封测市场份额的 38% 左右，因此，我国封测行业的市场集中度较低，竞争较为激烈，没有能够主导整个国内封测市场的巨头企业。传统封测技术壁垒较低，产品同质化现象较为严重，因而利润空间较小、同业竞争激烈。未来，我国要向技术含量更高、附加值更大的高级封测方向进行升级。

2013—2019 年，我国 IC 设计业市场规模情况如图 5－34 所示。

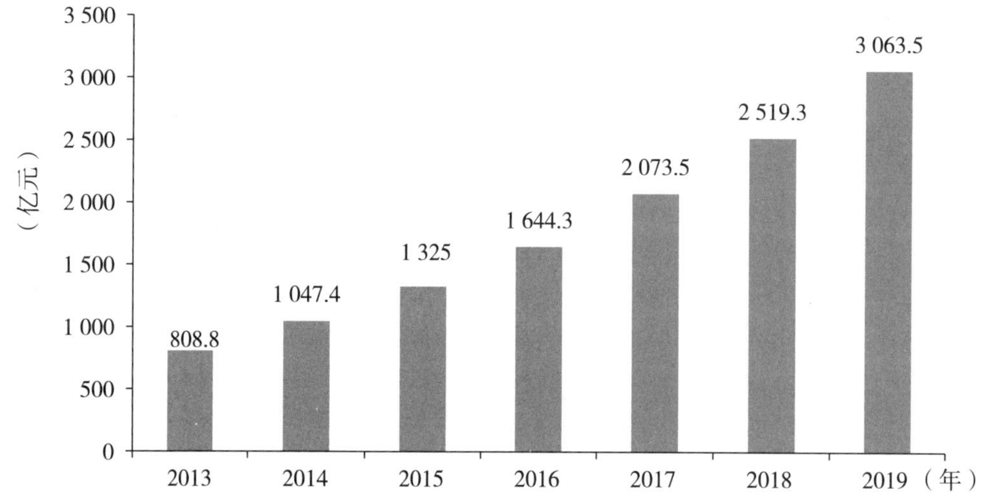

图 5－34　2013—2019 年我国 IC 设计业市场规模

资料来源：华创证券研究所《集成电路行业深度研究报告——供需错配带动行业周期上行，封测龙头盈利能力有望持续提升》，2021 年 1 月。

我国 IC 设计业的市场规模近些年来实现了高速增长，从 2013 年的 808.8 亿元增长至 2019 年的 3 063.5 亿元，增速在全球持续领先。

我国 IC 设计业市场呈现高市场集中度的行业竞争格局，国内主要的 IC 设计企业有韦尔股份、北京智芯微、紫光展锐、华为海思半导体、中兴微电子、华大半导体、格科微、比特大陆、汇顶科技等。2020 年，我国前十大 IC 设计企业的国内市场份额总和达到 48.9%，在国内 IC 设计业市场有较强的影响力和垄断势力。这十大 IC 设计企业中，六家位于长江三角洲地区，三家位于珠江三角洲地区，还有一家在环渤海地区。

2013—2019 年，我国 IC 制造业市场规模情况如图 5－35 所示。

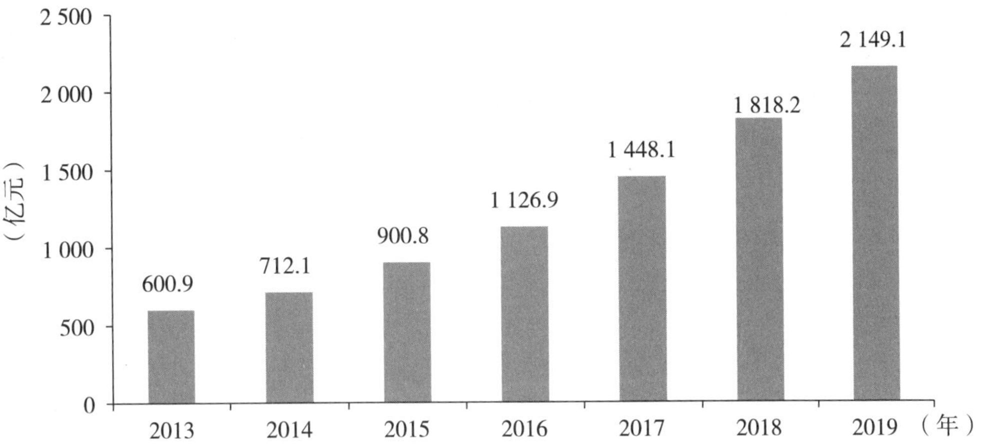

图 5－35　2013—2019 年我国 IC 制造业市场规模

资料来源：华创证券研究所《集成电路行业深度研究报告——供需错配带动行业周期上行，封测龙头盈利能力有望持续提升》，2021 年 1 月。

近些年来，我国 IC 制造业的市场规模呈现逐年快速增长的态势，市场规模由 2013 年的 600 亿元左右迅速增长至 2019 年的约 2 150 亿元。

2019 年，我国集成电路制造业的产量达 2 018. 2 亿块，主要集中在长三角地区、珠三角地区和环渤海京津冀地区三大核心区。2019 年我国集成电路制造业产量区域占比情况如图 5－36 所示。

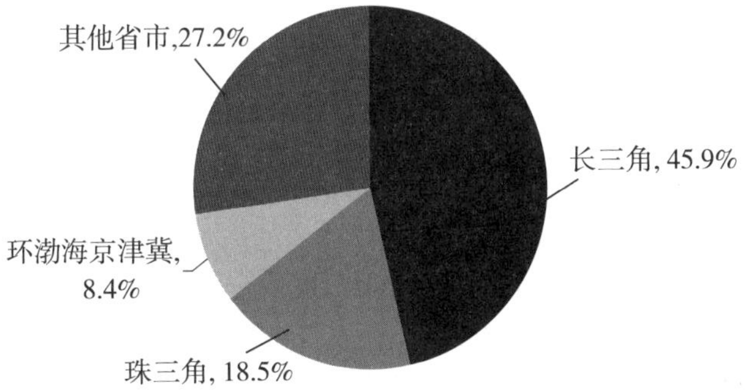

图 5－36　2019 年我国集成电路制造业产量区域占比

资料来源：前瞻产业研究院．十张图了解集成电路制造业　三大核心区域发展格局［EB/OL］．https：//www. sohu. com/a/378102470_473133.

从我国 2019 年集成电路制造业产量在各地区分布的情况来看，长三角地区集成电路产量占比最大，达 45. 9%，几乎占据了我国集成电路制造业的半壁江山。珠三角地区和环渤海京津冀地区的集成电路制造业产量也较大，分别为 18. 5% 和 8. 4%，三大核心区的集成电路制造业产量占全国 70% 以上。因此，我国集成电路制造业具有明显的发展区域集中分布特征。

长三角地区有着全国最扎实、技术最先进的集成电路产业基础，集成电路材料、装备、设计、制造、封测等产业链全面发展，同时，长三角地区正着手打造数字经济产业集群，为集成电路在该地区的进一步发展提供了新动能。环渤海京津冀地区是我国传统制造业重心，在产业升级的趋势下大力支持高端制造业的发展，使得该地区的集成电路制造业得以快速发展。珠三角地区则汇聚了众多的行业内领先的半导体公司，推动着该地区的集成电路产业高速发展。

（三）行业发展建议和展望

1. 加强集成电路的人才培养

根据我国2020年9月发布的《中国集成电路产业人才白皮书（2019—2020年版）》（以下简称《白皮书》），我国直接从事集成电路行业的从业人员规模约为51.19万人，其中设计业18.12万人、制造业17.19万人、封测业15.88万人，而按照目前集成电路产业的发展态势及对应的人均产值推断，《白皮书》预测，到2022年我国整个集成电路行业需要的人才总量将达到74.45万人左右，其中设计业27.04万人，制造业26.43万人，封测业20.98万人。这意味着我国集成电路行业存在超过20万人的人才缺口。同时，《白皮书》还指出，在高校就业方面，示范性微电子学院毕业的博士生更愿意去科研院所或高校工作，本科生就业的比例也远远低于硕士和博士毕业生。因此，我国集成电路人才结构失调，人才匮乏极为严重。一方面，我国应大力培养更多的集成电路人才，尽快在各院校推动建设更多的集成电路学科，以更好地培养综合材料、化学、物理、化工等跨学科领域的集成电路人才；另一方面，应鼓励高校集成电路相关的毕业生进入集成电路行业工作，以缓解我国集成电路人才结构失调、人才匮乏的问题。

2. 提高自产率，摆脱进口依赖

集成电路是新一代信息技术产业的基础和核心，对国家经济、社会发展以及国家信息安全、国防战略安全都至关重要。近年来，在全球集成电路产业呈现不断萎缩态势的情况下，我国集成电路产业规模仍逐年扩大，技术研发实力和创新能力不断提高，但仍存在核心产品创新不足、技术含量不高的问题，产品大多处于全球集成电路产业的中低端水平。

目前，我国高端芯片与发达国家相比尚有较大的差距，在全球芯片市场上我国仅占10%左右。我国是全球最大的芯片进口国，2019年，我国从国外进口的高端芯片，包括价值356亿美元的逻辑电路、价值168亿美元的微控制器和微处理器、价值416亿美元的存储器和价值213亿美元的模拟集成电路。这些进口的产品在国内市场上占70%～80%，其中1/3左右在国内使用，剩下的则被装成整机再次出口。

而在半导体领域，美国、欧洲、中国、日本和韩国的半导体占据了全球半导体市场约95%的半导体产能和几乎100%的半导体市场。目前，美国主导了全球半导体市场，其半导体的技术和应用水平在全球遥遥领先，我国半导体产业与美国还有很大的差距。因此，我国应不断加大对高端芯片和半导体领域的研发投入，在学习国外发达国家先进技术的同时积极自主创新，实现弯道超车，通过高额的研发投入来获取最先进的技术和产品，再通过高质量、高技术含量、高性能的产品来获取更高的市场份额，从而能赚取更高的利润继续投入高端芯片和半导体的研发，实现集成电路产业的良性循环发展，最终提高集成电路产品的自产率，摆脱进口依赖。

第六章　生物产业[①]

第一节　生物产业与生物医药产业概述

一、生物产业与生物医药产业的定义

（一）生物产业的定义

生物产业是将科学与技术应用于生物体及其部分、产物和模型，为改变生物及非生物物质而创造新技术、产品以及服务的同类生产经营活动单位的集合[②]。近年来，世界上主要发达国家和新兴经济体纷纷将生物产业发展纳入国家重要战略部署中，生物产业在各国抢占未来科学技术制高点与提升自身国际竞争力的重要性日益显现。随着各国扶持政策推出，生物产业规模呈现快速扩张的局面，根据《战略性新兴产业分类（2018）》[③]，生物产业包括生物医药产业、生物医学工程产业、生物农业及相关产业、生物质能产业、其他生物业五大类别。其中，生物医药产业和生物医学工程产业是生物产业的核心，占据生物产业市场的70%以上，而生物农业及相关产业、生物质能产业与其他生物业属于多学科交叉融合领域，目前相关统计数据较少，本章不展开研究。

（二）生物医药产业的定义

生物医药产业有广义和狭义两种概念，广义的生物医药产业指将现代生物技术与各种形式的新药研发、生产相结合，以及与各种疾病的诊断、预防和治疗相结合的高技术产业，即“现代生物技术与新医药”。狭义的生物医药产业指以基因工程、细胞工程、发酵工程和酶工程为基础的现代生物技术应用于医药领域的产业[④]，主要医药产品包括血液制品、基因工程药物、疫苗、诊断试剂等。此外，现有文献通常将生物医学工程产业纳入广义的生物医药产业范畴。基于数据可得性，本章以包含生物医学工程的广义生物医药产业为研究对象。

生物医药产业包括生物技术产业和医药产业，而现代医药产业又包含两大支柱产业：

---

① 本章作者：连晓云，暨南大学产业经济研究院研究生。

② 国家发改委．生物产业发展“十一五”规划［Z］．2007－04－08。

③ 国家统计局．战略性新兴产业分类（2018）［Z］．2018－11－07。

④ 吴翠玲，李培进，蔡国友，等．对生物医药产业可持续发展战略的思考［J］．中国生物工程杂志，2003（11）：100－103.

制药产业与生物医学工程产业，具体如图6-1所示。其中，制药产业可以分为生物制品、化学药、中药三大领域。生物制品是指应用普通的或以基因工程、细胞工程、蛋白质工程、发酵工程等生物技术获得的微生物、细胞及各种动物和人源的组织和液体等生物材料制备的，用于人类疾病预防、治疗和诊断的药品，生物制品与一般药品最大的不同在于它是通过刺激机体免疫系统发挥功效的；化学药是指从天然矿物、动植物中提取有效成分，经过化学合成研制的药物，是具有缓解、预防和诊断疾病以及具有调节机体功能化合物的统称；中药是指以中国传统医药理论指导采集、炮制、制剂，说明作用机理，应用于预防、治疗、诊断疾病并具有康复与保健作用的药物，中药可以分为中药饮片和中成药，以植物、动物、矿物等的药用部分为主要原材料。目前在我国医药市场中，化学药市场份额占比雄踞榜首，中药次之，生物制品虽占比较低，但其发展前景广阔。

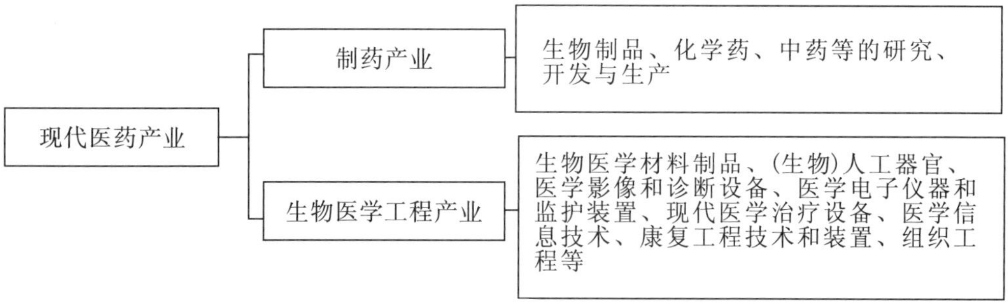

图6-1 现代医药产业分类

资料来源：根据公开资料整理。

二、生物医药产业的特点

（一）高技术含量

基于前文对生物医药产业的定义，可以将生物医药理解为现代生物技术在医药领域的应用，而现代生物技术是指对生物或其成分进行改造和利用的技术，是生物科学和工程技术结合的产物，其内容涉及多个学科的知识应用。因此，生物医药产业是一种典型的知识密集型产业，对生产设备、从业人员、产品等都具有极高的科学技术要求，其起源和发展需要建立在具有一定水平的基础研究之上。

（二）高资金投入

在生物医药产业链的每个环节都需要巨大的资金投入。据Tufts Center统计数据显示，在不考虑机会成本和时间成本的情况下，国外药企成功开发一款新药需要的费用为13.95亿美元，研发支出通常占据收入的10%~20%，行业龙头企业甚至达到40%。此外，医药产品对生产环境（厂房、设备、物料等）具有严格的要求，部分特殊类别的药品还需配置专用设施。在流通环节，以疫苗为例，在疫苗完成生产后，必须严格按照贮存温度保存于相应的冷藏设备中，并设置自动温度记录仪进行温度记录，出库后采用冷链运输，过程中资金成本极高。

（三）长研发周期

目前，一个生物医药产品从立项到获批上市需要经过诸多环节和严格复杂的审批程序，主要流程见图6－2，这一流程需要花费10年甚至更长的时间。而且在新产品上市初期，民众对其接受度有限，新市场的培养也需要一定的时间。因此，生物医药新产品的价值必须经历漫长的周期才能实现。

图6－2　医药产品上市流程

资料来源：根据公开资料整理。

（四）高利润回报

一款新的生物医药产品在研发前期需要的投入极高，包括但不限于资金和时间投入，而且面临着极大的不确定性。生物医药行业的高利润是对其高投入、高风险的补偿，因而新产品一旦研发成功并进入市场后，相关企业将获得巨额的利润，特别是新产品、专利产品极有可能形成垄断优势，使得投资方在短时间内收回投资资金。

（五）高研发风险

产品开发需要经过漫长的周期和各个试验阶段，只要有一个环节出现问题，整个产品开发都会受到影响，面临周期延长甚至项目失败的风险。前瞻产业研究院报告显示，通常一种新型的生物工程药物开发成功率仅为5%～10%。除此之外，伴随着生物医药产业的快速发展，市场竞争也愈发激烈，率先注册新药证书的企业能够获得先发优势，抢占市场份额，而落后的企业将面临投资成本无法转化为预期收益的局面。

（六）强政策管制

生物医药产业与人类的生命健康有着密不可分的联系，承担着重要的社会责任，作为一个特殊的行业，其性质决定了生物医药产业必须受到国家法律法规的严格监管，因而医药产品的各个阶段（研发、生产、定价、销售、进出口）都需符合法律政策的规范。对于没有取得《药品注册证》《药品生产许可证》等有关规范证件的药品，不得在市场上进行销售。当前，国家食品药品监督管理总局为该行业的主管部门，负责对各类药品、医疗器械和卫生材料的研究、生产、流通及使用进行行政监督和技术监督。此外，主要的监管部门还包括国家卫生健康委员会、国家发展和改革委员会、人力资源和社会保障部。

三、生物医药产业链概况

（一）生物医药产业链构成

整个生物医药产业链可以分为上游、中游、下游三个环节：行业的上游为药物开发与原材料生产加工，药物开发需要经过新药的发现、临床前研究、临床试验等环节，原材料生产加工包括原料药、药用辅料、中药材等的生产加工，这两个部分的主要参与者有政府研究机构、高等院校、生物科技公司、药企研究部门、合同委托研究机构（CRO）等；行业的中游为医药产品生产，主要包括化学药、生物制品和中药三大类药物的生产制造，主要参与者有各类制药企业；行业的下游为医药流通与应用，通过这一环节，医药产品最终进入消费市场。现阶段生物医药的终端渠道主要包括零售药店、医院和诊所等医疗机构，医药电商则是未来的一个发展趋势。

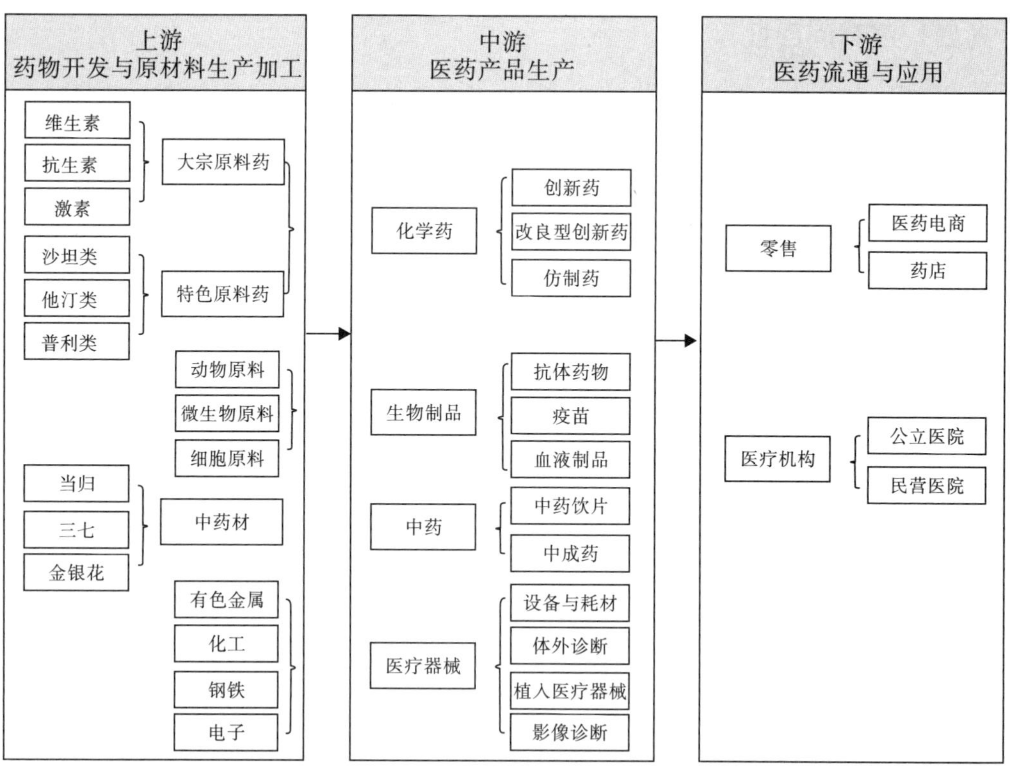

图6-3 生物医药产业链

资料来源：根据公开资料整理。

（二）生物医药产业价值链分析

根据波特的价值理论[①]，生物医药产业价值链是生物医药产业链的价值分布和关联，其链条的上游、中游、下游三个环节存在着上中下游关系和相互价值的交换过程。[②] 每个企业都处于生物医药产业链中的某一个环节或者多个环节，其竞争优势的获取是由企业内部的经营管理和企业与产业价值链中参与者之间的关系共同决定的。

生物医药产业链的上游主要分为药物开发与原材料生产加工两个部分，二者对中下游企业的议价能力不同。药物开发方面，前文提及一种新药从发现到审批上市需要经过诸多环节，不仅时间周期很长，而且需要投入大量的资金成本与高技术人才支持，具有较高的成本壁垒和技术壁垒，限制了新企业的进入，市场集中度相对高，能获得一定的垄断利润，对中下游企业议价能力高；原材料生产加工方面，目前原料药市场主要有大宗原料药、特色原料药、中药材三个品类，大宗原料药市场需求稳定，主要凭借成本和产能优势参与竞争，而特色原料药的下游制剂处于不断的更新迭代中，具有明显的生命周期，主要凭借抢仿速度、质量、价格等因素参与竞争。此外，专利原料药正在逐步打开市场，但目前国内参与企业寥寥无几，专利原料药主要供应原研药企，具有专利限制和高技术门槛，因此也具有高产品附加值，未来将持续吸引企业进入，成为企业的转型方向。

生物医药产业链的中游为医药产品生产，这一环节对于资金、技术、人才等的要求相对产业链上游环节低，处于“微笑曲线”的中间段，即产品附加值低，利润空间相对有限，在与上下游企业的议价过程中，处于不利的位置。这一类企业获取竞争优势主要通过提高自身经营管理水平、产品质量、产能等以实现规模经济的途径来实现，或者通过实行垂直一体化战略，向上游研发与下游销售扩张，延长产业链。

生物医药产业链的下游为医药流通与应用，医药产品主要通过零售药店、医药电商、医疗机构等进入市场，最终到达消费者。整个产业链中的价值大部分在此环节实现，下游企业不仅为中上游研发制造环节带来市场需求，也为产品销售和服务延伸提供了诸多途径，因此下游销售渠道的建设具有重要意义。随着医药产品市场的扩大和销售渠道的多样化，下游零售批发企业可以通过完善营销模式、树立品牌形象等方式扩大市场份额，医疗机构则可以通过提升服务水平、建立良好口碑等稳定消费者/患者，凭借客户群体的规模来赢得和维持企业的竞争优势。

生物医药产业价值链的总体提升主要依赖于研发和销售环节的加强，因而生物医药企业提高竞争优势的主要手段是向产业链的两端延伸，即加强上游环节的研发能力与拓展下游环节的营销渠道。

（三）生物医药产业链各环节重点企业

表6－1梳理了生物医药产业链上中下游各环节的重点企业。整体来看，国外生物医药重点企业主要分布在美国、欧洲、日本等发达国家和地区，国内生物医药重点企业则集

---

① PORTER M E. The competitive advantage [M]. New York: Free Press, 1985.

② 马彦．生物医药产业价值链的整合化研究［D］．上海：复旦大学，2007.

中分布于京津冀、长三角、珠三角等区域。国内外企业分布有一个共同点：重点企业均布局于经济发展水平较高的地区，这些地区有众多高校和科研院所，能够提供技术与人才支持，这与生物医药行业知识密集、资金密集、高技术人才密集的特点有关。

产业链上游药物开发与原材料生产加工环节，国内原料药重点企业有天宇股份、华海药业（沙坦类原料药主要供应商）、健友股份（肝素原料药龙头）等，主要分布在江浙地区，随着供应商技术成熟、产能释放，部分原料药出口比例逐步提高；Bioiberica 为欧洲主要的肝素原料供应商，占据大部分市场份额。研发企业以瑞士的罗氏（Roche）、美国的辉瑞（Pfizer）为首，企业以研发为基础，研发投入占收入的近 20%，具有强劲的研发和创新实力，在产业链中处于绝对优势地位；国内也涌现了一批深耕药物研究与生产的企业，如恒瑞医药、复星医药等。产业链中游医药产品生产环节，梳理了化学药、生物制品、中药三个类别的重点企业以及医疗器械行业的部分企业，此环节的国内外企业大多不仅布局医药制造，业务范围还延伸至上游的药物研发环节，形成上中乃至下游一体化的格局。产业链下游医药流通与应用参与企业主要为零售药店、批发商、医药电商，CVS Health 是美国最大的药品零售商，Medipal 是日本最大的医药批发公司；国内医药零售除了传统销售渠道（如九州通、南京医药、同仁堂等）外，还出现了以阿里健康等为代表的新兴医药电商形式。

此外，随着医药外包行业的发展，国内外已经涌现出一批在各细分领域具有龙头地位的企业。在 CRO（合同研究组织）领域，药明康德、康龙化成等龙头企业通过“API + 制剂”、布局 CDMO 全产业链等方式提升业务的附加产值与竞争实力；美国的昆泰（IQVIA）和 Syneos Health 是领先的全球性合同研究组织，昆泰自 21 世纪初布局中国市场，新思界产业研究院数据显示，目前中国地区已经成为昆泰全球业务中增长最快的地区之一。在 CMO（合同生产组织）领域，睿智医药、博腾股份等企业均为国内知名的医药高新技术企业，业务涵盖合同研发与生产服务，实现在医药外包行业多领域的布局；德国的 Boehringer Ingelheim 作为生物制药 CMO 领域的领导者，是全球排名前 20 的生物制药公司之一，同样也是一家研发驱动的生物制药企业。在 CSO（合同销售组织）领域，国内目前处方药产品销售推广服务提供龙头企业为康哲药业。此外，泰凌医药自 1995 年进入内地市场后，也逐步发展成集医药产品研发、生产、经销、专业推广于一体的集团公司；in Ventiv Health 前身为私人的全球性专业服务机构，在与 INC Research 合并后跃升成为全球大型生物医药外包服务商，深耕地区市场。

表 6－1　生物医药产业链各环节重点企业

产业链环节		重点企业	
		国内	国外
上游：药物开发与原材料生产加工	原料药	天宇股份（浙江）、华海药业（浙江）、健友股份（江苏）、海普瑞（广东）	Bioiberica（西班牙）、Novartis（瑞士）
	研发	华大基因（广东）、贝瑞基因（北京）、恒瑞医药（江苏）、天坛生物（北京）	安进（Amgen，美国）、罗氏（瑞士）、辉瑞（美国）

(续上表)

产业链环节		重点企业	
		国内	国外
中游：医药产品生产	化学药	恒瑞医药（江苏）、复星医药（上海）、上海药业（上海）、科伦药业（四川）	辉瑞（美国）、葛兰素史克（英国）
	生物制品	中国生物（北京）、华兰生物（河南）、上海莱士（上海）、信达生物（江苏）	默沙东（美国）
	中药	片仔癀（福建）、云南白药（云南）、东阿阿胶（山东）、江中药业（江西）	美东生物 AOBO（美国）
	医疗器械	迈瑞医疗（广东）、乐普医疗（北京）、鱼跃医疗（江苏）	美敦力（美国）、皇家飞利浦（荷兰）
下游：医药流通与应用	批发零售	九州通（湖北）、南京医药（江苏）、同仁堂（北京）、阿里健康（香港）	CVS Health（美国）、Medipal（日本）
医药外包	CRO	药明康德（江苏）、泰格医药（浙江）、康龙化成（北京）、昭衍新药（北京）	昆泰（美国）、Syneos Health（美国）
	CMO	睿智医药（广东）、博腾股份（重庆）、九州药业（浙江）、鼎泰生物（湖北）	Boehringer Ingelheim（德国）
	CSO	康哲药业（广东）、泰凌医药（香港）、皓月医疗（辽宁）	in Ventiv Health（美国）

资料来源：根据公开资料整理。

四、我国生物医药产业布局

目前，生物医药产业大多呈现园区集聚化发展，由于生物医药产业是多学科交叉应用的知识与技术密集型行业，以产业园区的形式发展能够聚集资金、技术、人才、企业等资源，形成生物医药产业链一体化布局，有利于生物医药企业的快速成长。

（一）生物医药产业园区概况

1. 生物医药产业园区总产值逐年攀升

随着生物医药产业在国际竞争中的战略地位凸显，生物医药产业园区的建设与发展受到世界各国的高度重视。20 世纪 80 年代末起，我国开始布局高新技术产业开发区，得益于高新区的设立，生物医药产业迎来了全新的发展阶段。国家科学技术部和商务部数据显示，我国现设有 168 个国家高新技术产业开发区和 219 个国家级经济技术开发区，其中以生物医药产业作为重点发展方向的有 193 个，所占比例达到 49. 87%。如图 6－4 所示，我国生物医药产业园区总产值从 2015 年的 1. 10 万亿元增长至 2019 年的 2. 13 万亿元，复合年增长率为17.96%，依托于生物医药园区，我国生物医药产业实现了快速发展。

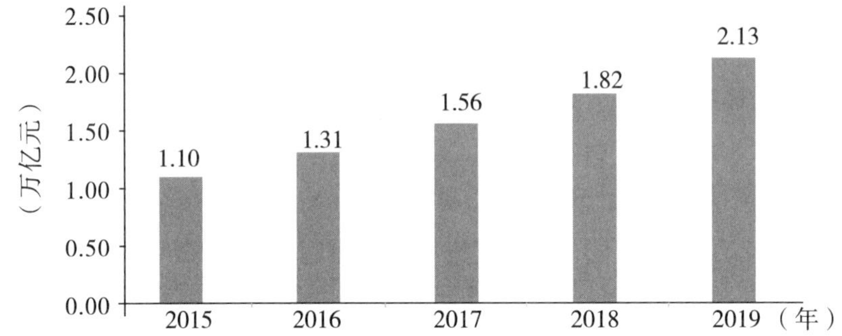

图6-4 2015—2019年生物医药产业园区总产值情况

资料来源：中商产业研究院《2020年中国生物医药产业园市场前景及投资研究报告》，2020年1月。

2. 生物医药产业百强园区区域分布不均

赛迪顾问通过构建三力[①]园区评估模型对我国生物医药产业园区的综合实力进行评价，评选出2020年百强生物医药产业园区，具体区域分布情况如图6-5所示。可以发现，我国生物医药产业百强园区区域分布不均，东西部差距较大，从国家对经济区域的划分来看，东部地区有60家，中部地区有17家，西部地区有15家，东北地区有8家，其中有40家百强园区集中在江苏、山东、广东三个省份，占比为40%。

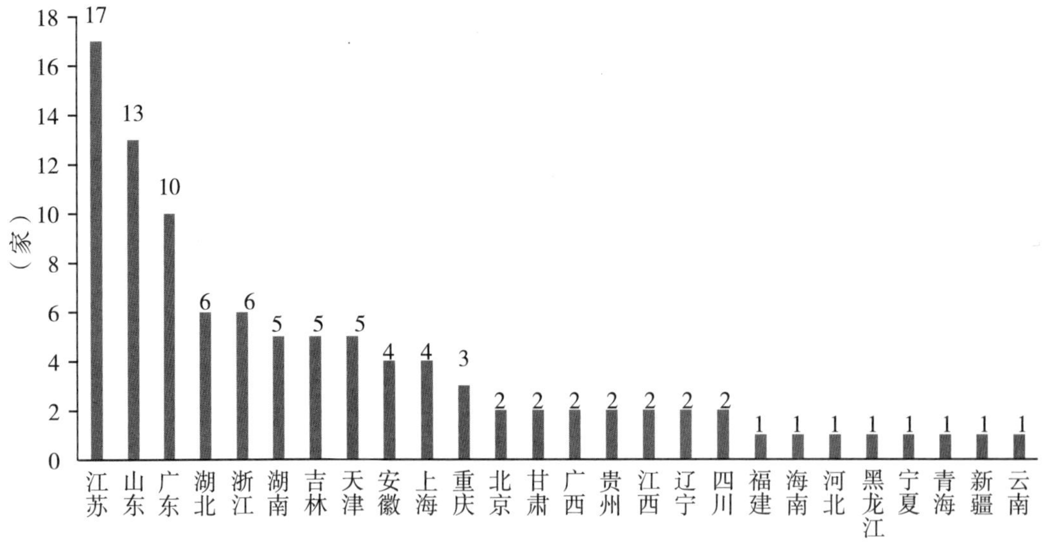

图6-5 2020年生物医药产业百强园区区域分布情况

资料来源：赛迪顾问《2020生物医药产业园区百强榜》，2020年6月。

① 赛迪三力模型的三大维度：内驱动力、外驱动力、扩容潜力。

（二）生物医药产业空间格局

从产业布局来看，我国生物医药产业经过几十年的发展已经形成以环渤海、长三角、珠三角为重点，东北、川渝等东中部地区快速发展的空间格局。环渤海地区聚集了我国最优质的教育资源，高等院校、科研院所数量众多，为生物医药产业发展储备了丰富的科技与人才资源。环渤海生物医药产业集群主要布局在北京、天津、山东、河北四个地区，具体来看，北京市人才、技术等创新资源优势突出，拥有多个临床医学研究中心和药物临床试验基地，是我国重要的生物医药研发中心；天津市以滨海新区为生物医药产业发展核心区，已初步完成包括药品研发、技术转化、生产流通等环节在内的生物医药全产业链布局，此外天津市还聚集了一批龙头药企，在中药现代化领域处于全国领先水平；山东省生物医药产业基础雄厚，是我国生物制药行业大省份，研发生产能力突出；河北省为我国制药企业聚集地之一，在生物医药生产与制造中发挥着重要作用。

长三角地区是我国参与国际竞争的重要窗口，拥有的跨国生物医药企业最多，在创新技术引进、国际交流、人才储备等方面优势明显，生物医药产业发展处于国内领先地位。长三角生物医药产业集群主要布局在上海、江苏、浙江三个地区，具体来看，上海市不仅聚集了国内知名高校和科研机构，还聚集了辉瑞、罗氏等全球顶尖药企的研发中心，是我国生物医药领域研发资源最密集、创新实力最强劲的地区之一；江苏省生物医药产业规模位居全国前列，生物医药产业成长性突出，正着力于构筑具有国际竞争力的医药产业创新高地；浙江省在诊断试剂、医疗器械等生物医药细分领域产业基础优势明显，数字化与医药产业融合特征突出，是我国高端研发及生产项目的汇聚地。

珠三角地区毗邻港澳，对外开放水平程度高，其先进制造业和现代服务业的基础在全球范围内都具有一定影响力，民营资本活跃，高素质人才密集，具备生物医药产业发展所必需的资金、人才、技术等条件。珠三角生物医药企业主要布局在广州、深圳两大核心城市，广州市是广东省高等院校的主要集聚地，生物医药产业发展历史悠久，现有生物医药企业近 4 000 家，培育了一批具有竞争力的企业集群，如金域医学、万孚生物等细分行业龙头企业；深圳市拥有全国唯一一个由国家筹建的基因库——深圳国家基因库，在基因检测、医疗器械等细分领域具有领先优势，国家重点实验室等创新载体诸多，生物医药产业创新成效显著。

东北、川渝等地区也逐渐形成各具特色的生物医药产业集群，东北长春高新区拥有强大的生物疫苗产能；重庆在医疗器械、化学药等领域优势明显；成都实现在创新药领域的快速发展。成渝经济圈已逐渐成为我国西部地区重要的生物医药产业成果转化基地。

五、全球生物医药产业发展概况

全球医药市场主要由生物制品和化学药两大部分构成，主要分布在美国、欧洲、日本等国家和地区，其中美国在生物医药产业所具备的研发实力和发展实力是国际上很多国家无法超越的，占据着明显的领先优势；欧洲地区部分国家如英国、德国也拥有坚实的生物医药研发基础，处于医药强国行列；日本生物医药产业起步较晚，但其凭借迅猛的发展速度成功跻身全球前列。

（一）美国：产业集聚式布局特征明显

美国生物医药产业集聚式布局特征明显，现已形成波士顿—剑桥地区、旧金山湾区、新泽西州、圣地亚哥等诸多生物医药集聚地。美国生物医药产业的发展主要依靠产学研结合模式和成熟的资本市场，因而生物医药产业集聚地区通常拥有众多著名高校、顶尖实验室等研究机构，能够为产业发展提供高水平的研发基地和高素质的人才支持。美国生物医药在国际市场中处于主导地位，国外生物技术网站GEN发布的《2019年全球25大生物技术公司》榜单显示，前十名的生物技术公司中有6家来自美国（具体见表6-2），数量优势明显。

表6-2　2019年全球十大生物技术公司

排名	企业名称	总部
1	安进	美国
2	诺和诺德	丹麦
3	CSL	澳大利亚
4	吉利德	美国
5	新基	美国
6	艾尔健	爱尔兰
7	恒瑞医药	中国
8	百建	美国
9	福泰	美国
10	再生元	美国

资料来源：GEN《2019年全球25大生物技术公司》，2019年11月。

（二）欧洲：政府在产业发展中参与度高

人口老龄化已经成为欧洲重要的人口问题，但同时也给生物医药产业带来了广阔的市场空间。智研咨询数据显示，目前全球医药市场份额有五分之一属于欧洲，产业发展紧随美国。欧洲生物医药产业较为突出的特色是政府在产业发展中的参与度高，绝大多数研发生产活动都是由政府、研发机构和医药企业合作完成。在德国，有超过一半的生物医药研发投入来自政府资助，可见，政府给予生物医药产业发展高度的重视以及巨大的投资力度。在产业布局上，与美国相同，欧洲生物医药产业也存在区域化集聚特征，如英国的伦敦、德国的莱茵河上游三角区、丹麦和瑞典的生物谷等。就英国伦敦生物医药产业集群来看，该地拥有牛津、剑桥两大顶尖名校和诸多知名研究机构，研发实力强劲。此外，还有一批支持技术转让的中介机构，技术交流渠道通畅，知识溢出效应明显，为培育生物医药产业集群提供了重要的研究力量储备。

（三）日本：民营医药企业是重要力量

与欧洲生物医药产业所处的市场环境相似，日本也是人口老龄化问题相对严峻的国家，市场需求逐年扩大，因此日本政府非常重视生物医药产业的发展，出台了一系列产业扶持政策，使得日本生物医药产业在起步较晚的情况下仍快速跻身医药强国行列。日本生物医药产业发展最开始是以仿制打开了市场，而后在政府的扶持下逐渐踏上创新道路，最终实现了产业立国。此外，日本政府倡导与民间企业、高校的合作交流，制定了地域流动研究等制度，促进了民营医药企业的发展。火石研究院报告显示，日本民间企业为国家生物医药产业贡献了 80% 以上的研究投入和 65% 以上的科研人员，可见，日本民间企业是生物医药产业发展过程中不可或缺的重要力量。同时，产业的快速发展也为企业创造了良好的生存环境，二者相辅相成、相互促进。

第二节　生物医药产业发展环境

一、国内外产业政策对比

产业政策对一国的产业形成与发展具有导向作用，二者之间存在着密切相关的联系，作为一种多学科交叉融合的产业，生物医药产业具有高技术含量、高投入、高风险、长周期、强管制等特点，其发展中需要大量的资金投入、高端的人才支持、坚实的技术基础，这些特殊性质也决定了生物医药产业持续健康发展离不开国家政策的支持与引导，国家政策对生物医药产业具有不容忽视的作用。

（一）国外生物医药产业相关政策

由于生物医药的行业特殊性，各国的行业管控严格，加之生物医药在科技强国中的重要地位日益凸显，各国纷纷出台相关政策扶持促进产业发展。表 6－3 梳理了国外生物医药产业的相关政策，可以发现，各国均有国家层级的生物医药、生物技术等相关政策发布，且核心的关注点大多放在生物技术创新上，其主要通过调整税收政策、鼓励研发与投资、提供资金资助、完善知识产权保护体系等方式为生物医药产业营造良好的政策环境。

除了颁布具体的政策文件之外，各国政府还出台了一系列支持生物医药产业政策发展的举措，如美国各州政府帮助组建各种生物医药行业组织、鼓励生物医药产品出口，将生物医药产业作为高新技术产业来扶持；德国通过政府投资引导，将生物技术、基因技术与信息技术列为未来三大科研重点，加大对生物医药产业的投资力度；英国通过建立风险投资支持生物技术等高技术中小企业。不仅上述医药强国大力扶持生物医药产业，印度等一些新兴国家也十分重视生物技术的突破创新，将信息、生物和材料三个领域定为重点扶持的高新技术产业。

表 6-3　国外生物医药产业的相关政策

国家与地区	政策名称	主要内容
美国	《生物技术未来投资和扩展法案》	修改相关税收政策，鼓励企业研究和投资生物产业
	《州政府生物技术议案》	囊括了美国所有州政府生物技术工业发展战略，其目的是为生物技术公司营造良好的政策环境，促进生物技术工业的发展
日本	《生物战略 2019——面向国际共鸣的生物社区的形成》	总体目标是“到 2030 年成为世界最先进的生物经济社会”，提出了包括生物医药在内的能让日本实现逆转的、有潜力的九个重点领域
印度	《国家生物技术发展战略 2015—2020：促进生物科学研究、教育及创业》	提出五大发展愿景和十大发展路径，并关注生物科技创新的全链条、全领域布局
英国	《发展生物经济，改善我们的生活、强化我们的经济：2030 年国家生物经济战略》	明确未来英国生物经济发展的四个主要战略目标；围绕研发投入、人力资源、基础设施、商业环境、区域发展和保障措施 6 个方面，提出了 15 项具体行动
欧盟	《生物技术工业宣言 2019——重振欧盟生物技术雄心》	提出制定科学创新的政策，拓宽生物技术方法获得渠道，建立公平和可持续的知识产权系统，建设支撑性和可预测的资助框架，发展生物技术工业创新战略 5 项关键行动
德国	《高技术战略 2025》	提出与癌症抗争（国家 10 年抗癌计划）、发展智能医学等 12 项具体任务以及相应的行动计划和标志性里程碑
俄罗斯	《2018—2020 年发展生物技术和基因工程发展措施计划》	确立了扩大国内需求、推动生物技术产品开发和出口、工业技术基础现代化等四方面发展目标，制定了发展生物医学和生物制药、农业生物技术、工业生物技术、生物能源等九大领域的具体措施
韩国	《生物健康产业创新战略》	提出搭建生物健康技术研发创新生态系统、推进全球水平的认可认证规范合理化、提高生物健康产业活力、支持新兴产业进入市场四项行动举措

资料来源：根据公开资料整理。

（二）国内生物医药产业相关政策

近年来，生物医药产业发展前景广阔，发展态势强劲，备受各级政府的关注，各级政府通过印发一系列产业政策来支持和推进生物医药产业的发展，这些产业政策对我国生物医药产业的持续健康发展以及产业核心竞争力的提升产生了深刻影响。由于各级政府发布的涉及生物医药产业的文件众多，无法一一列举，此处笔者仅梳理了近年来对生物医药产业产生较大影响的政策，具体内容见表6－4。

表6－4 近年来生物医药产业主要政策

发文时间	政策名称	主要内容
2021年3月	《中华人民共和国国民经济和社会发展第十四个五年规划和2035年远景目标纲要》	发展壮大战略性新兴产业，聚焦生物技术等战略性新兴产业，加快关键核心技术创新应用，增强要素保障能力，培育壮大产业发展新动能。推动生物技术和信息技术融合创新，加快发展生物医药、生物育种、生物材料、生物能源等产业，做大做强生物经济
2020年7月	《深化医药卫生体制改革2020年下半年重点工作任务》	提出五个重点任务：加强公共卫生体系建设、深入实施健康中国行动、深化公立医院综合改革、深化医疗保障制度改革、健全药品供应保障体系
2019年1月	《国家组织药品集中采购和使用试点方案》	选择北京、天津、上海、重庆、沈阳、大连、厦门、广州、深圳、成都、西安11个城市开展试点工作，具体措施如下：带量采购，以量换价；招采合一，保证使用；确保质量，保障供应；保证回款，降低交易成本
2016年10月	《关于全面推进卫生与健康科技创新的指导意见》	四个重点：加快建设协同高效的卫生与健康科技创新体系、加快培育和集聚高水平创新人才队伍、积极推动科技成果转移转化和推广应用、推动科技创新管理体制机制改革
2016年10月	《“健康中国2030”规划纲要》	明确提出促进医药产业发展，一是加强医药技术创新，到2030年，药品、医疗器械质量标准全面与国际接轨；二是提升产业发展水平，到2030年，具有自主知识产权新药和诊疗装备国际市场份额大幅提高，高端医疗设备市场国产化率大幅提高，实现医药工业中高速发展和向中高端迈进，跨入世界制药强国行列
2016年3月	《关于促进医药产业健康发展的指导意见》	明确七个主要任务为：加强技术创新，提高核心竞争能力；加快质量升级，促进绿色安全发展；优化产业结构，提升集约发展水平；发展现代物流，构建医药诚信体系；紧密衔接医改，营造良好市场环境；深化对外合作，拓展国际发展空间；培育新兴业态，推动产业智能发展
2016年3月	《关于开展仿制药质量和疗效一致性评价的意见》	就开展一致性评价工作提出明确评价对象和时限、确定参比制剂遴选原则、合理选用评价方法、落实企业主体责任、加强对一致性评价工作的管理、鼓励企业开展一致性评价工作等意见
2015年5月	《中国制造2025》	生物医药被确定为突破发展的重点领域之一，提出要发展针对重大疾病的化学药、中药、生物技术药物新产品；提高医疗器械的创新能力和产业化水平；实现生物3D打印、诱导多能干细胞等新技术的突破和应用

资料来源：中国政府网．http：//www. gov. cn.

通过表6-4可以看出，生物医药产业在国家规划中的战略地位日益凸显，除了国家政策扶持力度加大，国家对行业规范化发展的引导也在不断加强。我国生物医药产业政策主要涉及生物技术创新、深化体制改革、药品与医疗器械质量提升等方面。其中，支持技术创新是大多数政策的共同举措，创新作为生物医药产业发展的核心竞争力，对提升产业整体水平、缩小同行业强国的差距、扩大国际市场份额具有重要作用。此外，从长远来看，“4+7”药品集中采购①、仿制药一致性评价等政策的推进有利于优化生物医药产业的市场格局，提高产业市场集中度，加快我国生物医药产业向中高端及世界制药强国行列迈进。

（三）国内外生物医药产业政策对比分析

通过前文对国内外生物医药产业政策的梳理，可以发现，尽管各国处于不同的政治经济制度之下，但都将产业政策作为调控产业发展的重要工具，围绕生物技术，采取资金支持、知识产权保护、税收/采购政策调整等措施扶持生物医药产业发展。近年来，我国生物医药产业发展态势强劲，政策扶持力度不断加强，但是相对于国外医药强国仍存在一定差距，产业政策也有所不同。

在研发投入上，生物医药产业高度发达的国家和地区研发资金远超过我国。就具体国家来说，美国在生物医药领域的研发投入逐年增加，早在2005年生命科学领域投入的经费已经达到非国防研究预算支出的49%；德国超过一半的生物医药研发投入是通过由政府资助的研究中心和项目中心实施。此外，根据医药巨头罗氏、辉瑞、默克等企业的2019年年报数据，各公司的研发费用均超过90亿美元，研发投入占据销售收入的近20%。而中国医药行业的龙头企业如恒瑞医药和复兴医药，其研发投入分别为38.96亿元人民币和34.63亿元人民币，占收入的比例分别为16.73%和12.12%，与国外巨头药企相比差距甚远。

在产业布局上，美国和部分欧洲国家（如英国、德国）由于生物医药产业发展相对成熟，所以产业政策更侧重于布局的均衡性，对高技术中小企业有明显的偏向性，帮助激发中小企业的竞争活力。而我国当前生物医药行业集中度不高，导致产业政策侧重于重点地区增长极的培育，京津冀、长三角、珠三角三个地区是我国生物医药产业政策重点布局区域。另外，在细分行业布局方面，国家政策开始着眼于中药行业的培育，中药是我国特色的医药品类，具有悠久的文化资源和独特的技术优势，发展空间正在进一步扩大。

在产品专利上，相较于国内而言，国外更加注重知识产权保护，其完善的知识产权保护体系有助于为行业发展营造良好的创新环境，激发创新活力；在国际贸易上，国外产业政策的贸易保护色彩较为浓厚，以美国为例，其凭借在全球市场中的竞争优势，在外贸政策中显示出较为强势的态度，通过技术壁垒等手段限制医药产品进口，对我国出口形成了巨大挑战。

① 国家组织药品集中采购试点的范围包括4个直辖市——北京、天津、上海、重庆和7个城市——沈阳、大连、厦门、广州、深圳、成都、西安。

二、国内外市场需求分析

在全球经济快速发展、生活质量改善提高、疾病发病年轻化、人们健康意识加强、医疗卫生服务体系完善等多种因素综合作用的大背景之下，与人们身体健康密切相关的生物医药产业近年来一直保持着不断增长的态势，所面临的市场需求不断扩大。IQVIA 人类数据科学研究所发布的《展望 2024：全球药品支出和使用趋势》报告数据显示，预计到 2024 年，全球医药支出将超过 1.1 万亿美元，全球药品支出净额增速将从 2%增长到 5%，就具体国家来看，美国的药品市场占全球市场比例接近一半，是推动全球药物销量规模增长的主要驱动力，中国作为全球药品支出的第二大市场，是新兴市场的代表力量。以下主要就四个与医药行业密切相关的宏观环境展开分析。

（一）人口老龄化程度加深，生物医药产业市场需求增加

当前，全球范围内人口老龄化问题日趋严峻，且老龄化程度有进一步扩大的趋势，这一现象带来了生物医药产业市场需求规模的扩张。从图 6－6 可以看出，全球 65 岁以上人口的数量从 2015 年的 60 853.14 万人增加到 2019 年的 70 034 万人，五年总增长幅度为 15.09%，占全球人口的比重由 8.29%上升至 9%；中国 65 岁以上人口的数量从 2015 年的 14 386 万人增加到 2019 年的 17 603 万人，五年总增长幅度为 22.36%，占总人口的比重由 10.46%上升至 12.57%，且中国老龄化进程略快于全球。无论是在全球范围内还是在中国，迅速发展的人口老龄化趋势为生物医药产业未来的发展奠定了良好的市场需求基础。

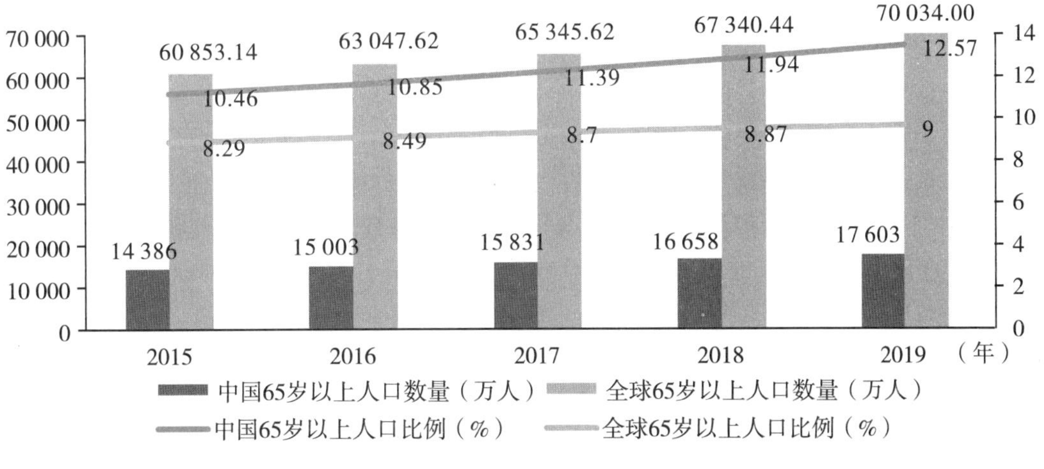

图 6－6　2015—2019 年中国与全球老龄化人口数量、比例

资料来源：2015—2019 年《中国统计年鉴》及公开资料。

（二）医疗卫生支出增长，生物医药产业市场覆盖面扩大

得益于我国医疗卫生体制改革进程的不断推进，国家财政在医疗卫生领域的投入呈现

出快速增长的趋势，生物医药产业的市场覆盖面得到进一步扩大。2019 年中国的财政医疗卫生支出为 16 665. 34 亿元，较 2015 年的 11 953. 18 亿元增长了 39. 42%，和 2008 年医改启动前的 3 182 亿元相比增加了 4. 24 倍，且近五年财政医疗卫生支出占全国财政支出的比重稳定在 7% 左右。国家对医疗卫生领域的深度关注有利于财政资金流向医院等医疗机构的基础建设，为民众提供更好的医疗卫生服务，从而促进我国生物医药产业整体水平的提升。

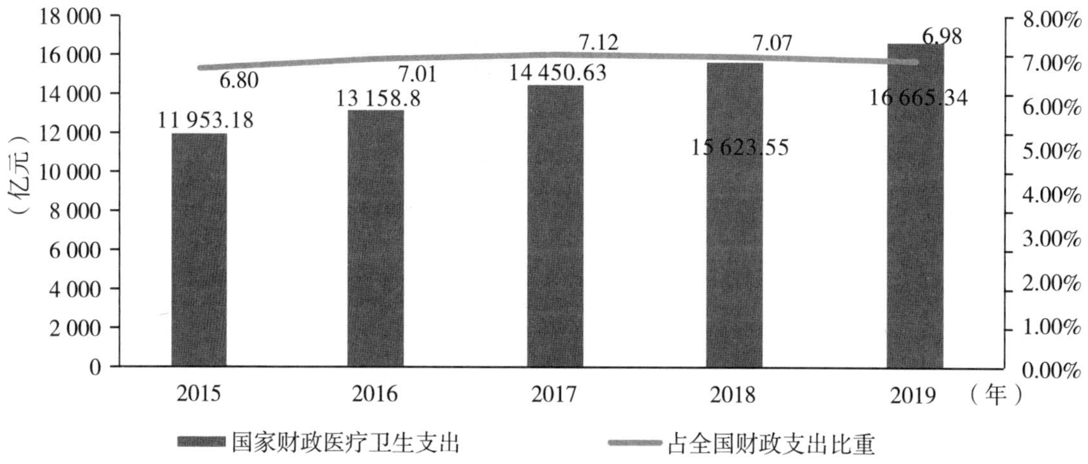

图 6 - 7　2015—2019 年中国财政医疗卫生支出情况

资料来源：2015—2019 年《中国统计年鉴》。

（三）医疗保险制度确立，提升医疗服务的可及性

自 1994 年起，我国逐步建立起包括城镇职工基本医疗保险制度、新型农村合作医疗制度和城镇居民基本医疗保险制度在内的现代医疗保障制度，这三大医保制度构成了覆盖全体国民的医疗体系。随着全民医保制度的基本确立，医疗服务的可及性大大提升，生物医药行业市场规模将持续扩大。由图 6 - 8 可见，我国医疗保险基金收入和支出都保持着逐年增长的态势，2019 年的医疗保险基金收入为 24 420. 9 亿元，支出为 20 854. 2 亿元，数值都达到了 2015 年的两倍以上。可见，医疗保险制度在一定程度上促进了我国医疗事业的快速发展，为居民的身体健康提供了重要保障。

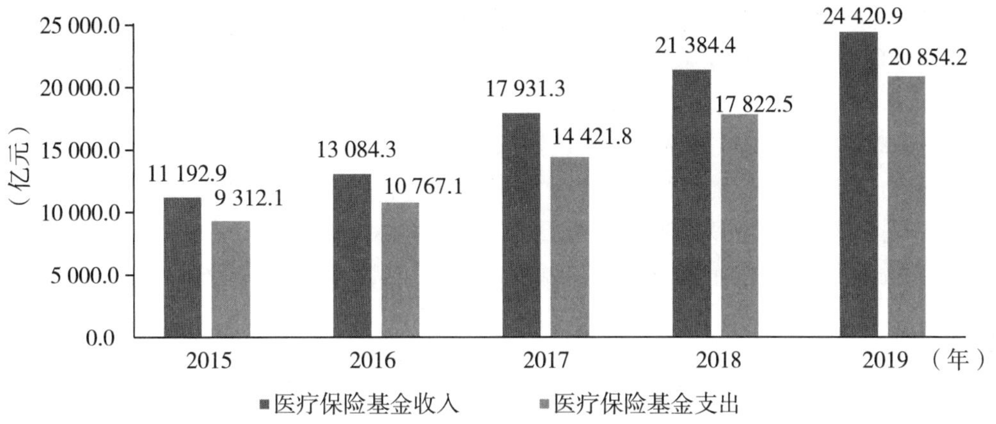

图 6－8 2015—2019 年中国医疗保险基金收入支出情况

资料来源：2015—2019 年《中国统计年鉴》。

（四）法定传染病发病率上升，生物医药产业在疾病防治中作用凸显

随着全球环境的恶化、生活节奏的加快，人们的身体健康问题日益突出，生物医药产业作为一个与人体健康密切相关的行业，在疾病防治中起着至关重要的作用。《2019 年全国法定传染病疫情概况》显示，乙类传染病报告发病 3 072 317 例，其中病毒性肝炎、肺结核、梅毒、淋病和猩红热占乙类传染病报告发病总数的比例高达 91.1%。图 6－9 绘制了 2015—2019 年乙类五大传染病的发病率走势图，可以发现，这五类传染病总体呈现上升趋势，2019 年病毒性肝炎、肺结核、梅毒的发病率较 2018 年有较大幅度上升，增长率均高于 30%。除了传染病外，我国慢性病如恶性肿瘤、糖尿病等的患病率在人口老龄化加深过程中也出现了增加的趋势，上述一系列疾病问题的出现都意味着我国生物医药产业市场的进一步扩大。

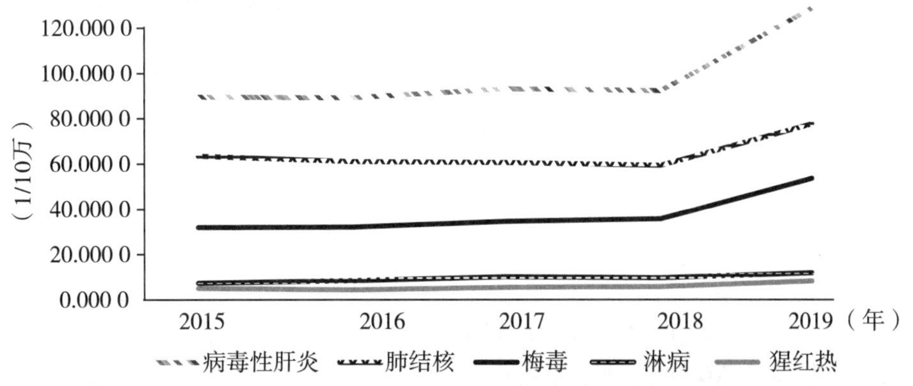

图 6－9 2015—2019 年中国五大法定传染病发病率情况

资料来源：疾病预防控制局 2015—2019 年《全国法定传染病疫情概况》。

三、新冠肺炎疫情对生物医药产业的影响分析

截至2020年3月4日24时，我国累计确诊病例89 952例，累计治愈出院病例85 138例，累计死亡病例4 636例。在新冠肺炎疫情影响之下，生物医药产业成为抗击疫情的中坚力量。根据《新型冠状病毒肺炎诊疗方案（试行第八版）》，在2019－nCoV诊疗方案中涉及的生物医药品类主要有抗生素等抗病毒药物，检测试剂、呼吸机等医疗器械以及疫苗，因此，上述行业受新冠肺炎疫情影响较大。

新冠肺炎疫情对生物医药产业的影响可以分为短期、中期、长期三个阶段。短期来看，生物医药行业整体下滑，但与疫情防治相关概念呈现阶段性提升；中期来看，2020下半年生物医药行业市场走势趋于稳定，相关资源倾向于疫苗研发。同时，疫情将加速生物医药产业与互联网、AI技术的融合，催生新业态；长期来看，随着疫情缓和，疫情对生物医药行业的影响将会弱化，但由于生物医药行业在疫情中的重要性，国家政策在未来可能会重点布局，推动行业高质量发展。

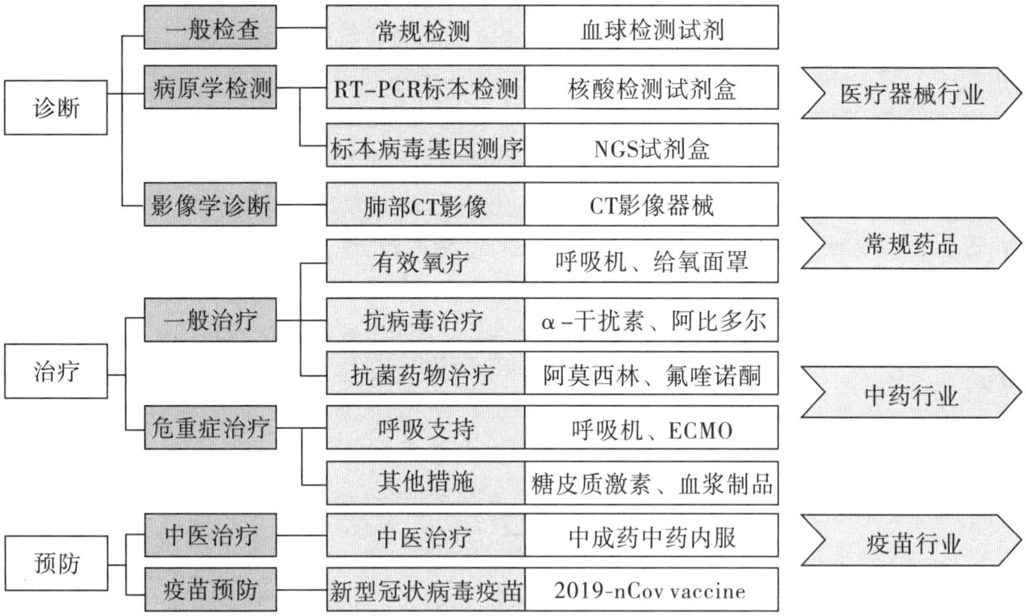

图6－10 疫情涉及的生物医药主要行业概览

资料来源：根据《新型冠状病毒肺炎诊疗方案（试行第八版）》整理绘制。

短期影响，2020年1月中下旬，我国新冠肺炎疫情开始发酵，此时正值春节假期停工，伴随着市场恐慌情绪的出现，如图6－11所示，生物医药产业整体股价呈现大幅下滑，尤其是与防疫无关的药物受到疫情冲击最大。同时，与疫情防治相关医药品类呈现阶段性提升，例如，防护口罩、防护服、医用酒精等防护用品，阿莫西林等抗病毒药物，核酸检测试剂盒等诊断试剂等都迎来了生产和销售上的大幅提升。

中期影响，2020下半年生物医药行业市场走势趋于稳定，但在疫情完全结束之前，生物医药产业的研发资源、资金流等会侧重于新冠病毒的诊疗与疫苗的研发方面，对部分创新药产生影响。此外，由于疫情暴发引起的各类防疫产品资源紧张问题，各类企业纷纷开辟生产线进行防疫产品生产，这可能导致未来防疫产品产能过剩问题的出现。但在疫情影响之下也催生了新业态，互联网与医药产业的结合如丁香医生、阿里健康、微医开通的在线义诊缓解了疫情下医院的压力，AI技术与医药产业的结合如电子病历、大数据健康管理、药物研发、药物运输等方面也显示出强大优势，“互联网 + 医疗”“AI + 医疗”将成为生物医药行业未来发展的方向之一。

长期影响，在国家层面，由于生物医药行业在此次疫情中显现出巨大的社会价值，国家将更加注重生物医药产业的发展，完善医疗卫生服务体系，加快医疗互联网建设，推动产业向中高端转型升级；在个人层面，伴随着疫情进入常态化防控阶段，个人防护意识可能会减弱但短时间内不会完全消退，尤其是在经历了非典和新冠肺炎两次疫情之后，公众在日常生活中会更加注重传染性疾病的防护和自身免疫力的提升，医用口罩、流感疫苗、医疗保健等行业有望迎来更多的发展机遇。

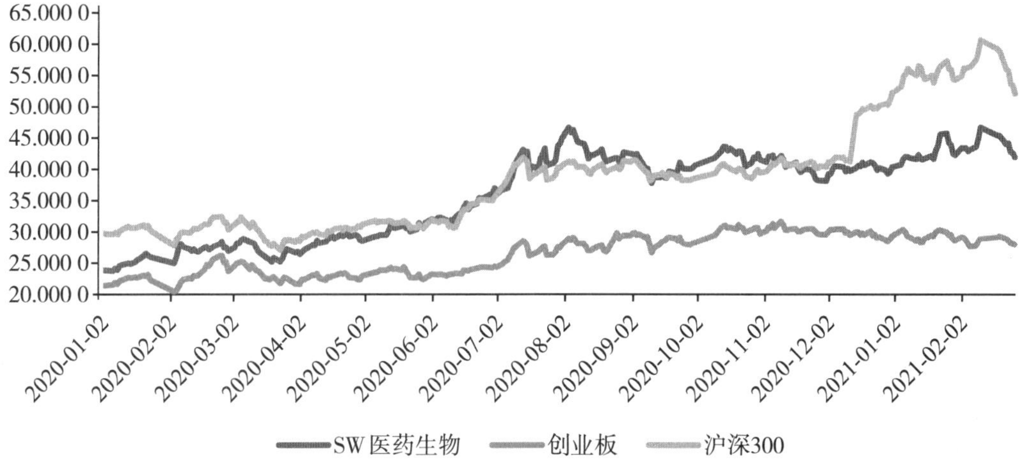

图6－11 2020年1月—2021年2月生物医药产业的市场表现

资料来源：Wind数据库。

第三节 生物医药产业SCP范式研究

一、生物医药产业市场结构

（一）生物医药产业市场规模持续增长

近年来，伴随着全球人口老龄化进程加快、人们的身体健康问题日益突出、各国对医疗领域的重视程度加强，生物医药行业迎来巨大的发展机遇，保持着稳定增长的态势。全球医药市场主要由生物药和化学药两大部分构成，相对于化学药而言，生物药的市场份额较小，但受研发创新和市场需求推动，生物药市场规模增速将会加快。如图 6－12 数据显示，全球医药市场规模从 2015 年的 11 050 亿美元增长至 2019 年的 13 244 亿美元，复合年增长率为 4.63%。另外根据弗若斯特沙利文研究报告预测，2024 年全球医药市场规模将达到 16 395 亿美元。可见，在未来很长一段时间内，医药市场规模将保持持续增长的态势。

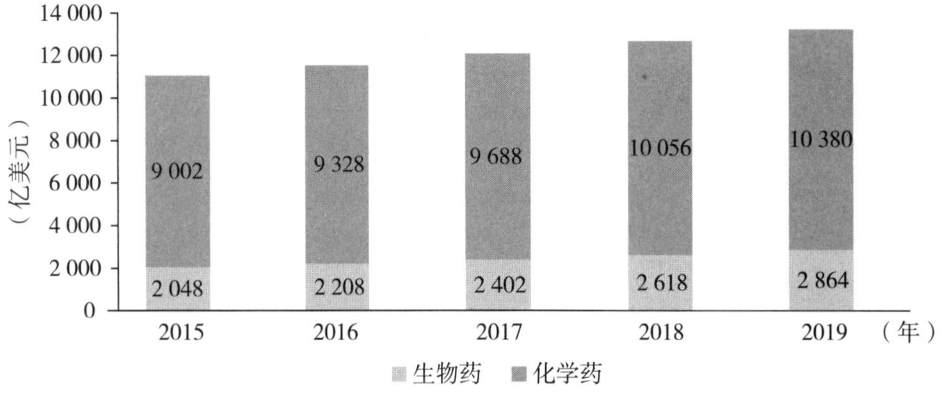

图 6－12　2015—2019 年全球医药市场规模

资料来源：Frost Sullivan《中国创新生物药市场研究报告》，2021 年 3 月。

在中国经济快速发展和医疗体制改革等的推动下，我国生物医药产业发展势头良好。从图 6－13 可以看出，我国医药市场规模从 2015 年的 12 207 亿元人民币增长至 2019 年的 16 406亿元人民币，复合年增长率为 7.67%，高于全球市场增速，其中生物药市场规模复合年增长率为 21.55%，远超化学药和中药增速。对比全球医药市场规模，尽管中国医药市场规模占全球市场规模的比重呈现出不断增长的趋势，2019 年市场规模占全球比重达到了 20% 的水平，但与欧美等老牌医药国家与地区相比仍存在一定差距，未来发展空间广阔。

图 6－13　2015—2019 年中国医药市场规模

资料来源：Frost Sullivan《中国创新生物药市场研究报告》，2021 年 3 月。

（二）我国生物医药产业市场集中度较低

市场集中度也称行业集中度，是衡量一个产业市场结构最基本、最重要的因素，是一个产业市场竞争和垄断程度的重要体现。本节参照温海涛①的做法，利用 Choice 上市企业数据选取生物医药产业各子行业中市值最高的前四家和前八家企业，利用其营业总收入进行行业集中度的测算，CR4 指的是细分行业中市值最大的四家企业占该行业市场的份额，CR8 指的是细分行业中市值最大的八家企业占该行业市场的份额，计算结果如表 6－5 所示。

表 6－5　生物医药各子行业市场集中度

单位：%

子行业	集中度	2015 年	2016 年	2017 年	2018 年	2019 年
生物制品	CR4	—	25.78	27.91	33.65	39.62
	CR8	—	31.95	34.08	39.81	46.55
化学制药	CR4	16.09	16.02	15.49	15.00	15.76
	CR8	24.19	24.09	23.54	22.58	23.36
中药	CR4	25.61	24.87	24.31	30.08	35.54
	CR8	39.34	38.62	38.51	43.51	47.34
医疗器械	CR4	16.84	15.47	15.43	15.26	16.02
	CR8	25.96	24.73	25.00	25.92	27.57
医药商业	CR4	48.08	46.00	41.53	42.40	42.94
	CR8	62.21	62.03	59.29	58.67	59.54
医疗服务	CR4	37.40	37.82	36.43	39.24	45.34
	CR8	57.54	59.54	60.10	64.92	70.50

资料来源：根据东方财富 Choice 上市企业数据计算。

2019 年，我国生物医药产业 CR8 为 6.66%，根据美国经济学家贝恩对市场集中度的划分标准，我国生物医药产业属于竞争型行业，与全球生物医药市场相比，我国产业集中度低，同质化竞争严重。从表 6－5 可以看出，近年来我国生物医药行业的市场集中度总体呈上升趋势；就各方行业 2015—2019 年的市场集中度均值来看，六个子行业的市场集中度排名从高到低依次为医疗服务、医药商业、生物制品、中药、医疗器械、化学制药，其中 2019 年医疗服务、医药商业、生物制品、中药四个行业的 CR4 处于 35% 和 50% 之间，CR8 处于 45% 和 75% 之间，均属于寡占Ⅳ型市场结构；医疗器械和化学制药行业集中度相对较低，属于竞争型市场结构。

根据 2021 年 3 月 8 日 A 股市值数据，医疗服务领域市值前四的企业分别为药明康德、

① 温海涛．基于 SCP 的我国生物医药产业绩效评价［J］．环渤海经济瞭望，2020（9）：44－46.

爱尔眼科、泰格医药、康龙化成，这四家企业占据该行业市场份额的比例将近50%，存在较强的市场垄断势力和较高的进入壁垒；医药商业领域市值前四的企业分别为大参林、益丰药房、上海医药、九州通，其中上海医药和九州通2019年市场份额分别为26.05%和13.90%，远高于排名前八的其他企业；生物制品领域市值前四的企业分别为智飞生物、长春高新、康泰生物、复星医药，复星医药作为该领域龙头企业，市场份额超过其他7家之和，处于行业的领先地位；中药领域市值前四的企业分别为云南白药、片仔癀、白云山、同仁堂，与生物制品领域情况一样，白云山市场份额为20.32%，遥遥领先其他企业。

从生物医药产业链上下游来看，医疗服务、医药商业属于产业链下游，即主要的价值实现环节，一旦在位企业成功建立品牌形象和口碑，新入企业前期需要投入大量资金与精力才能抢占市场份额，存在规模经济壁垒，因此此类行业市场集中度较高，存在一定的市场垄断势力，产品附加值高。生物制品行业涉及产业链上游的研发环节，生物药的研发具有程序复杂、周期长、资金投入大、失败风险高等特点，形成了较高的技术壁垒、资金壁垒，因此市场份额主要集中在几家龙头企业中。

（三）生物医药产业进入和退出壁垒高

进入和退出壁垒指的是潜在企业/新企业进入某行业市场可能遇到的不利条件或在位企业退出市场可能遇到的阻碍，是衡量一个产业市场结构的重要因素。图6-14绘制了2008—2019年医药制造业新加入企业的个数，由于2017年数据缺失，2018年新加入的企业数为2018年减2016年的值，从图中可以看出，我国医药制造业新加入企业的个数总体呈下降趋势，甚至个别年份（2011年、2018年、2019年）还出现了负增长，在一定程度上反映出生物医药行业进入壁垒在逐渐加强，这与上文提及的生物医药产业市场集中度逐年上升趋势相符。

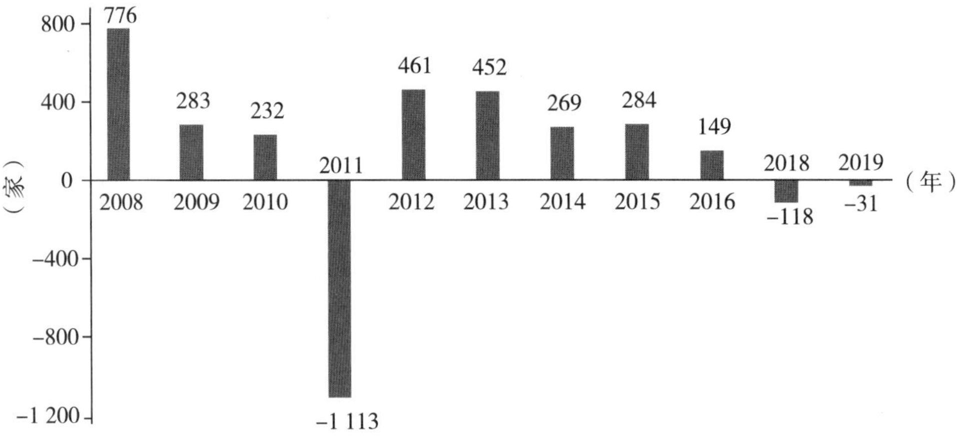

图6-14 2008—2019年医药制造业新加入企业个数

资料来源：2008—2019年《中国高技术产业统计年鉴》。

生物医药产业拥有较高的进入和退出壁垒，主要有如下原因：资金投入大，生物医药行业属于资金密集型行业，全产业链都需要大量的资金投入，尤其是研发环节不仅对资金规模有着极高的门槛，还要求企业必须有承担失败风险的能力；技术含量高，研发与创新实力是生物医药企业的核心竞争力，且生物医药行业是多学科知识交叉应用的领域，属于典型的知识密集型行业，对技术人才、研发平台、生产设备等要求严苛；政策监管严，生物医药产业关乎公众的生命健康问题，因此必须受到国家法律法规的严格管控，如新企业进入市场前必须取得经营许可、生产车间必须符合国家规范等；沉没成本大，新企业前期进入需要投入大量的资本与研发生产设备，医药相关设备具有较强的专业性且费用高昂，企业退出时进行设备转让难度大，难以以接近购入价格的价钱让出，导致了企业退出行业时需要付出巨大的成本。

二、生物医药企业市场行为

（一）企业间合作与并购行为日趋活跃

生物医药企业合作与并购行为能够帮助企业达到拓展产业链、快速打开新市场、减少或分散经营风险、扩大经营规模等目的，已经成为企业提升市场竞争力的重要方式。智研咨询数据显示，自 2016 年起，中国医药行业并购交易累计数量近 1 500 起，累计金额达 800 亿美元。随着我国生物医药研发势头的迅猛发展，生物医药领域的并购将成为未来医药行业并购活动的主力军。近年来，受益于医药政策红利的释放、资本市场上市新规的助推，以及持续医疗改革的驱动，我国生物医药行业并购市场活跃，企业积极寻求业务扩展与转型，其中较大的并购案例参与企业有华润医药、华西股份、海辰药业、沃森生物、远大医药、华东医药等，具体见表 6 – 6。

表 6 – 6　近年来部分大额生物医药产业并购案例

并购案例	行业领域	交易金额
华润医药集团 6 亿美元控股江中集团	药品/生物技术	6 亿美元
华西股份、海辰药业联合完成并购海外肿瘤药企	药品/生物技术	3.69 亿美元
哈药携手 GNC 进军保健品市场	药品/生物技术	2.999 5 亿美元
安捷伦收购艾森生物，扩大细胞分析产品线	医疗器械/诊断试剂	2.5 亿美元
远大医药全资收购上海运佳黄浦制药	药品/生物技术	15.51 亿元人民币
华东医药收购英国 Sinclair 全部股份	药品/生物技术	14.9 亿元人民币
沃森生物转让嘉和生物部分股权	药品/生物技术	13.116 6 亿元人民币

资料来源：根据 GBI Health 数据整理。

通过合作并购行为，企业能够实现资本和业务的高效整合。以沃森生物为例，该企业通过出资方式与外部合作方共同投资设立专业的投资平台，利用其帮助公司更加有效地筛选和孵化投资项目，降低研发与投资风险，有利于加快推进公司整体战略目标的实现。

（二）研发投入保持稳定增长，但与发达国家相比仍存在一定差距

在仿制药一致性评价和“4+7”带量采购政策实施的背景下，药品评审标准提高，质量优质且价格低的药品能够获得与政府的合作，成功占据有利的市场份额。因此，上述政策会推动生物医药企业加大研发投入，提高生物科技创新水平，从而提升医药产品品质和自身竞争力。Choice 上市企业数据显示，2019 年生物医药板块研发投入共计 505.79 亿元，较 2018 年的 395.85 亿元同比增长 27.77%。其中，有 133 家生物医药企业 2019 年研发投入超亿元，其中排名前四的企业分别是恒瑞医药（38.96 亿元）、复星医药（20.41 亿元）、迈瑞医疗（14.66 亿元）、上海医药（13.5 亿元），未来生物医药企业研发投入将继续保持稳定增长态势，以创新驱动行业发展。

整体来看，加大研发投入是生物医药行业的共识，但就细分行业而言，每个领域的研发投入与研发强度不尽相同。表 6-7 整理了生物医药各细分行业龙头企业的研发情况，可以看到，化学制药领域，恒瑞医药的研发强度为 16.73%，遥遥领先行业内其他企业，在强有力的研发投入支持下，恒瑞医药每 2~3 年都有创新药上市，具有绝对的技术与研发优势。生物制品领域，复星医药 2019 年研发投入达到 20.41 亿元，但由于其业务范围涵盖医疗器械、医疗服务等，营业总收入来源广，导致其研发强度不高；智飞生物研发强度为 1.60%，该企业 2019 年代理产品（非免疫规划疫苗，如四价 HPV 疫苗、九价 HPV 疫苗等）实现营业收入增长 136.33%，若减去此部分收入，企业研发强度为 19.37%，符合生物制品行业的研发投入特点。医疗器械行业研发强度处于中等水平，其研发投入方向主要为智能化信息化的高端产品，行业巨头迈瑞医疗研发投入为 14.66 亿元，略低于医药企业的研发投入。值得注意的是，医疗服务作为为企业提供研发生产等服务的行业，四家龙头企业平均研发投入仅为约 2.32 亿元，研发强度也处于较低水平，这与我国医疗服务行业尚处于起步阶段有关。未来随着行业的发展，研发强度将进一步提升。

表 6-7　2019 年生物医药各细分行业龙头企业研发情况

细分行业	企业名称	研发投入（亿元）	研发强度①（%）
化学制药	恒瑞医药	38.96	16.73
	新和成	4.34	5.70
	华东医药	10.73	3.03
	凯莱英	1.93	7.83
中药	云南白药	1.74	0.59
	片仔癀	1.19	2.09
	白云山	5.77	0.89
	同仁堂	1.11	0.84

① 研发强度为研发投入占营业总收入的比重。

（续上表）

细分行业	企业名称	研发投入（亿元）	研发强度（%）
生物制品	复星医药	20.41	7.14
	智飞生物	1.70	1.60
	长春高新	3.70	5.02
	康泰生物	1.98	10.20
医药商业	上海医药	13.50	0.72
	大参林	0.00	0.00
	益丰药房	0.05	0.05
	九州通	0.74	0.07
医疗器械	迈瑞医疗	14.66	8.85
	万泰生物	1.66	14.02
	爱美客	0.49	8.71
	英科医疗	0.68	3.25
医疗服务	药明康德	5.90	4.59
	爱尔眼科	1.52	1.52
	泰格医药	1.24	4.43
	康龙化成	0.63	1.67

资料来源：根据东方财富 Choice 上市企业数据。

通过上述分析，可以发现我国生物医药行业整体研发水平不高，与发达国家医药研发投入相比存在一定差距。同花顺和中康产业资本研究中心报告数据显示，美国制药巨头吉利德科学仅2020上半年研发费用就达到489.19亿元，几乎接近我国2019年所有上市公司研发投入的总和。可见，我国医药企业研发投入仍非常有限，自主创新能力有待进一步加强。

（三）不同细分行业的企业定价能力有所不同

生物医药产业作为一个具有特殊属性的产业，其产品价格的制定很大程度上受到国家相关政策的制约，如《中华人民共和国药品管理法》明令禁止药品上市许可持有人、药品生产企业、药品经营企业和医疗机构的暴利、价格垄断和价格欺诈等行为。

当前我国药品价格管理工作坚持市场调节药品价格的总体方向，对麻醉药品和第一类精神药品实行政府指导价，其他药品实行市场调节价。随着国家政策放松对价格的管制，生物医药企业在产品价格设定上能够获得更大的自主权，但对于不同细分行业的企业而言，定价能力仍有所不同：医疗服务和医药商业企业主要从事销售与服务业务，前期需要投入大量资金和精力，具有一定的进入壁垒，且这两个行业销售和服务的对象主要为消费者和患者，因此，企业的定价能力强；生物制品行业相比于化学制药行业，产品研发更加复杂，研发周期更长，资金投入更大，其特点限制了许多企业进入，市场份额主要集中在几家龙头企业，且新药上市后很难在短时间内寻找替代药品，加上我国对专利保护的重视程度加强，企业极易拥有市场垄断势力，定价能力强；中药板块作为凝聚中国特色文化底蕴的行业，企业存在两极分化现象，中成药和中药饮片的市场需求广阔，企业产品替代性弱，具有一定议价能力，而中药材等原材料企业规模小数量多，同质化竞争严重，属于市场价格被动接受方；医疗器械和化学制药行业，产业技术发展相对成熟，可替代产品多，市场价格趋于稳定，定价能力有限。虽然目前企业拥有自主定价权，但是国家定期对药品进行价格监测，开展成本调查，在价格制定上设置了一道隐形红线，极大地限制了企业的定价空间。

三、生物医药产业市场绩效

（一）生物医药产业整体盈利向上，但行业内企业发展参差不齐

盈利能力指的是企业获取利润的能力，能够反映企业经营业绩的好坏，通常采用净资产收益率、销售净利率、每股收益这三个指标进行评价。净资产收益率是指企业税后利润与平均净资产的比值，反映了企业对自由资本的利用效率；销售净利率是指净利润与销售收入的比值，反映了企业在销售收入中实际获取的收益水平；每股收益是指净利润与股本总数的比值，反映了每股所能创造的税后利润或现金流。本节根据 Choice 上市企业相关数据计算得到表 6 - 8，具体如下。

表 6 - 8 2017—2019 年生物医药产业盈利能力相关指标

	年份	平均值	最大值	最小值	标准差
净资产收益率	2017	13.54	150.89	-24.62	12.35
	2018	11.68	57.86	-153.22	14.14
	2019	9.32	47.67	-133.26	19.08
销售净利率	2017	14.78	81.08	-83.54	14.37
	2018	12.39	120.89	-197.64	21.62
	2019	9.01	53.43	-291.73	29.19
每股收益	2017	0.67	8.09	-0.42	0.74
	2018	0.64	5.92	-1.81	0.73
	2019	0.65	10.27	-3.86	1.01

资料来源：根据东方财富 Choice 上市企业数据计算。

可以看出，2017—2019 年间生物医药产业净资产收益率平均值在 9% ~14%，销售净利率平均值在 9% ~15%，每股收益平均值在 0.6 ~ 0.7，盈利能力相对稳定且处于一个不错的水平，但各指标之间标准差较大，在一定程度上反映出我国生物医药企业发展参差不齐。此外，反映盈利能力的三大指标总体呈下降趋势，下降的原因可能是生物医药企业市

场规模的扩大吸引潜在企业进入市场，而新入企业盈利能力较弱，加之医疗改革的推进、药品价格监管的加强、劳动力成本上升等种种原因，限制了企业的利润空间。

（二）在需求端推动下，生物医药产业成长性进一步提升

成长能力指的是企业未来扩展经营的能力，包括企业规模扩大、利润增加、市场占有率提高等方面，通常采用主营业务增长率进行评价，计算公式为（当年的主营业务收入 - 上年的主营业务收入）/上年的主营业务收入。图 6 - 15 绘制了 2015—2019 年生物医药行业主营业务收入及增速情况，在主营业务收入方面，2015—2019 年始终保持增长的趋势；在增速方面，2015—2018 年持续增长，2019 年有所回落，但都保持在 13% 以上的水平。可见，生物医药行业成长性较强，且在全球人口老龄化进程加快、疾病患病率增加、公众健康意识增加等因素的驱动下，生物医药产业未来面临的市场需求将逐渐扩大，业务规模也将进一步扩张。

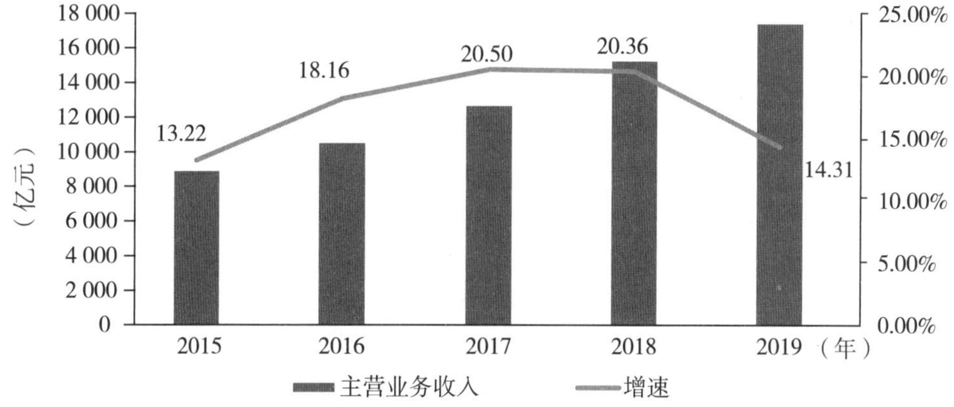

图 6 - 15 2015—2019 年生物医药行业主营业务收入及增速

资料来源：根据东方财富 Choice 上市企业数据计算。

（三）医药制造业专利数量呈增加趋势，但科技成果产业化水平较低

生物医药产业的一个重要特点是技术含量高，属于知识密集型行业，因而企业的技术创新能力能直接影响其经营业绩。现有研究大多采用专利指标来衡量某一地区/行业的创新能力，由于各家企业对于专利汇报情况不一，本节使用《中国高技术产业统计年鉴》中医药制造业的专利数据来进行分析。表 6 - 9 数据显示，我国医药制造业专利数量，无论是专利申请数还是有效发明专利数，都呈现增加趋势，这与生物医药企业研发投入力度加大、国家鼓励创新的政策有关。就细分板块来看，化学药品制造的专利数量最多，大致为生物药品制品制造的两倍，这是因为我国化学制药行业与生物制品行业相比技术较成熟、研发基础较完善。然而，与欧美等医药实力强劲的国家与地区相比，我国科技成果产业化水平较低，上市新药数目少，原研药的市场竞争力不够，未来生物医药行业加大研发投入、提升创新能力的同时，应更加注重产研结合。

表 6-9 2018 年和 2019 年我国医药制造业专利情况

行业	专利申请数（件）		有效发明专利数（件）	
	2018 年	2019 年	2018 年	2019 年
化学药品制造	7 902	9 028	19 729	20 509
中成药生产	4 078	4 373	11 979	12 121
生物药品制品制造	3 480	4 044	6 915	7 582

资料来源：2018—2019 年《中国高技术产业统计年鉴》。

第四节　生物医药产业存在的问题与未来发展趋势

一、我国生物医药产业发展存在的问题

（一）研发投入不足

研发能力是生物医药企业的核心竞争力之一，直接影响着企业未来的发展空间。国内上市公司 2019 年年报数据显示，恒瑞医药以研发投入 38.96 亿元人民币的金额位居榜首，而美国多家巨头药企研发投入均超过 90 亿美元，我国生物医药企业与之相比仍存在很大的差距。我国生物医药产业研发投入不足主要有两方面原因：一是国家对生物医药产业的资金支持远不及欧美等发达国家与地区；二是生物医药研发项目投入大、风险高、周期长的特点加大了企业的融资难度，资金不足问题极大地限制了企业的研发投入。

（二）产业集中度低

《中国高技术产业统计年鉴》的数据显示，2019 年我国医药制造业企业数为 7 392 家，且随着生物医药产业发展态势向好，将吸引更多企业进入该行业。然而在我国数量众多的生物医药企业中，存在相当部分规模较小的企业，这些中小企业之间资源分散，在产业链各环节重复布局、同质化竞争，导致产业内部出现产能过剩、产业结构不合理、市场集中度低等问题，其中医疗器械与化学制药行业 2019 年 CR4 不足 17%，龙头企业相对缺乏，其在促进生物医药产业转型升级中的作用难以显现。

（三）科研成果转化率低

我国生物医药的研究力量主要集中在高等院校及科研院所中，而生物医药企业在理论知识、技术水平、科研经费等方面相对较弱，研发能力与科研机构存在一定差距，因此，我国生物医药科研成果大部分来自国家科研机构。然而，科研机构与企业、市场之间联系疏离，高等院校、科研院所项目选题更多关注的是理论与技术的创新，忽视了市场需求，存在项目成果与市场需求不匹配、实践与理论脱节问题，导致了我国医药制造业专利成果

多，上市新药数目却远不及欧美等的情况，科研成果产业化水平低。

（四）医药产品国际竞争力不足

药品质量是生物医药企业最根本最核心的管理内容，但目前我国大部分企业对标国际，质量体系建设不完善，医药产品生产未接轨国际标准，导致我国医药产品国际认证水平低，对我国生物医药企业进入国际市场形成了一定阻碍。并且，我国出口的医药产品以原料药和仿制药居多，相较于具有高技术含量的原研药与创新药，此类药品可替代性强，质量参差不齐，难以在国际市场上站稳脚跟。因此，我国生物医药产品国际竞争力明显不足，企业国际化水平低。

二、生物医药产业的发展趋势与对策建议

“十四五”时期是我国全面建成小康社会、实现第一个百年奋斗目标之后，乘势而上开启全面建设社会主义现代化国家新征程、向第二个百年奋斗目标进军的第一个五年。《中华人民共和国国民经济和社会发展第十四个五年规划和2035年远景目标纲要》（简称“十四五”规划）中明确指出发展战略性新兴产业，加快壮大生物技术等产业，推动互联网、大数据、人工智能等同各产业深度融合，推动先进制造业集群发展，构建一批各具特色、优势互补、结构合理的战略性新兴产业增长引擎，培育新技术、新产品、新业态、新模式。此外，各地也将生物医药产业作为现代产业发展体系的重点领域，在国家和地方的规划部署下，生物医药产业将取得长足的发展。

（一）“十四五”期间生物医药产业的发展趋势

1. 产业集聚化程度提高

目前，我国生物医药产业已经形成以环渤海、长三角、珠三角为重点，东北、川渝等东中部地区快速发展的空间格局。生物医药高资金投入、高技术含量等特点决定了其产业集群的形成受到该地区要素资源集聚程度与政策环境的影响，随着各地对生物医药产业引导规划力度的加大，已经具备良好产业基础的地区将加速形成具有特色的生物医药产业园区。此外，生物医药企业在生物技术上的突破也会带来整个行业市场份额的进一步集中，未来生物医药产业集聚式发展的趋势将更加明显，生物医药产业园区和产业集群的规模将进一步扩大，有利于提高产业的整体竞争力，促进产业稳定持续发展。

2. 市场竞争日趋激烈，龙头企业开始扩展海外市场

近年来，随着全球人口老龄化进程加快、人们的身体健康问题日益突出、各国对医疗领域重视程度加强，生物医药行业迎来巨大的发展机遇，2019年国内医药制造业企业数量已经达到7 000余家，市场规模保持着稳定增长的态势，同时也带来了整个行业内竞争的加剧。在激烈的市场竞争环境中，各细分领域逐渐培育出龙头企业，这些龙头企业在研发创新、产品质量等方面处于行业领先位置，具有参与全球竞争的实力。Capital IQ数据显示，我国生物医药企业全球价值占比从2015的6.5%提高到2020年的14.4%，海外市场

规模逐渐扩大。此外，涉及人才、资本等跨境新政策的突破和产业并购重组的热潮也将加速生物医药企业国际化的进程，国内头部药企利用资本优势收购国外企业不仅能引进先进技术，还能扩大生产线和市场范围，有利于我国生物医药企业进一步向国际市场渗透。

3. 研发投入增加，创新药发展潜力巨大

生物医药产业具有高技术含量、高投入、高风险、长周期的特点，而这些特点决定了生物医药产业持续快速发展离不开巨额的要素投入。在全球生物医药市场规模不断扩大、竞争日趋激烈的背景下，加大研发投入、提升研发实力已经成为生物医药企业提高市场竞争力的核心要素之一。同时，企业研发投入的增加将给我国创新药领域带来巨大的发展空间，但目前我国创新药市场份额处于劣势地位，前瞻产业研究院数据显示，2018 年我国仿制药占据药品市场份额高达 63%，而创新药占比仅为 3%，创新药市场份额仍有很大的提升空间。中短期内，仿制药的主流地位不会改变，且仿制药一致性评价意见的发布，为其重塑市场格局提供了机遇。长期来看，仿制药市场将趋于饱和，企业将把更多资源转向创新药的研发，创新药作为生物医药企业未来的发展方向，存在巨大的发展潜力。

4. 医药外包服务行业发展前景广阔

生物医药产业市场需求扩大和科技变革加快，医药企业逐渐向创新药发展转型，这对研究开发和临床试验等环节的技术水平提出了更高的要求，因此，药企倾向于将研发活动移交给医药外包企业。医药外包行业发展至今已经渗透至生物医药产业链的各个环节，通过外包服务，企业能够利用外部资源完成新药的研发、生产、销售，从而达到缩减成本、降低研发风险、提高资源利用率等目的。近年来，受药品上市许可管理制度实施、原材料成本低廉、专利药过期等因素影响，全球医药外包服务呈现出向中国等发展中国家转移的趋势。此外，细胞及基因疗法等领域的技术更新也将推动我国医药外包服务行业快速发展，未来我国医药外包服务行业规模有望持续扩大。

5. 生物医药产业智能化、数字化发展

随着人工智能和大数据的迅速发展，人工智能与各个领域的融合程度不断提高，生物医药产业也不例外，尤其是疫情期间人工智能与医药产业的结合，如在线问诊、大数据健康管理等显现出巨大的优势。目前，人工智能已经被广泛地应用在生物医药新药开发、原材料鉴别、疾病诊断、健康管理等诸多领域，极大地推动了生物医药产业向智能化、数字化发展，生物医药产业与人工智能的融合有利于加快药物研发和基因检测的速度，提升疾病诊断的准确率，实现病患病情的周期管理。未来，人工智能与生物医药的深度融合将是行业的大势所趋。

（二）“十四五”期间生物医药产业发展的对策建议

1. 加强生物医药产业资金支持，优化融资环境

生物医药产业作为战略性新兴产业之一，是“十四五”规划中明确的发展对象，国家对其有明确的政策倾斜和资金支持，但相比欧美等发达国家，我国资本市场发展不够成熟，多样化融资渠道欠缺。首先，政府应适当进行投资引导，针对中小企业制定融资贷款等方面优惠政策，并鼓励民间资本参与生物医药产业投资；其次，应重视风险资本在扶持

高技术产业上的作用，为生物医药初创企业分担资金与风险压力；最后，应立足国情并借鉴国外经验，完善风险资本退出机制，激发风险资本市场积极性，通过调动各主体的参与度来拓展生物医药产业的融资渠道，优化融资环境。

2. 优化生物医药产业市场结构，培育龙头企业

当前我国生物医药产业规模扩张主要依赖于企业数量的增加，而不是企业实力的增强，因而各细分行业要加快培育龙头企业，发挥龙头企业的引领作用，带动整个产业的转型升级和高质量发展。一方面，应鼓励大型药企通过兼并重组重塑市场格局，减少中小企业在产业链环节重复布局的资源浪费行为，提高行业的市场集中度；另一方面，应鼓励龙头企业加大引资力度，促进更多产业链相关企业向其聚集，以集聚式发展提高市场竞争力。此外，要统筹协调生物医药产业在全国范围的布局，因地制宜地发展优势领域，形成各具特色的产业集群。

3. 深化生物医药产学研融合发展，促进成果转化

在高等院校与科研院所层面，应加强生物技术理论教育，培育高水平的科研人才与团队，为生物医药产业研究开发奠定坚实的人才基础。在企业层面，应通过建立创新战略联盟、校企合作等方式加强与高等院校、科研院所的合作。以产学研融合发展实现科研机构与医药企业之间的优势互补，即以高等院校及科研院所的研发优势弥补企业在理论知识与科研经费上的不足之处，以企业深耕市场的优势弥补科研机构在市场需求上的认知不足之处，缩小科研成果与市场需求之间的差距，促进科技成果转化。

4. 对标生物医药产业国际标准，提升国际竞争力

在顶层设计方面，我国应完善医药产品的质量标准体系，推进医药产品质量标准接轨国际水平，通过与国际标准的对比分析，发现我国生物医药产业的不足之处并着力解决，从而促进行业水平的整体提升。对于企业而言，要加快培育生物医药企业的世界眼光，激发企业向国际市场扩张的积极性与主动性，通过加大资金投入、兼并重组等手段扩大企业规模，提升企业研发实力，以国际标准要求产品的稳定性与安全性，提高企业的国际认可度，打造具备国际竞争力的药品品牌。

第七章　新能源汽车产业[①]

第一节　中国新能源汽车产业发展分析

一、新能源汽车的定义

根据工信部发布的《新能源汽车生产企业及产品准入管理规定》，新能源汽车是指采用新型动力系统，完全或者主要依靠新型能源驱动的汽车，包括插电式混合动力（含增程式）汽车、纯电动汽车和燃料电池汽车等。

二、中国新能源汽车产业发展战略与产业政策

（一）产业发展战略

针对我国新能源汽车产业中长期发展，国务院于2012年制订并发布了《节能与新能源汽车产业发展规划（2012—2020年）》，将纯电动驱动作为我国新能源汽车发展的技术路线，重点推进纯电动汽车和插电式混合动力汽车产业化，并提出2020年的发展目标为纯电动汽车和插电式混合动力汽车产能达到200万辆、累计产销量超过500万辆。

2020年，我国修订了新能源汽车发展规划，并发布《新能源汽车产业发展规划（2021—2035年）》，新的规划针对中长期发展提出了具体目标：2025年，我国纯电动乘用车新车平均电耗降至12.0千瓦时/百公里，新能源汽车新车销售量达到汽车新车销售总量的20%左右；2035年，纯电动汽车成为新销售车辆的主流，公共领域用车全面电动化，燃料电池汽车实现商业化应用。同时，该规划亦提出推动新能源汽车与信息通信、交通等产业融合，使新能源汽车生态逐步演变成汽车、交通、能源、信息通信等多领域多主体参与的“网状生态”。

（二）产业政策

1. 财政补贴政策

2009年1月，财政部、科技部发布《关于开展节能与新能源汽车示范推广试点工作的通知》和《节能与新能源汽车示范推广财政补助资金管理暂行办法》，在北京、重庆、

---

① 本章作者：黄捷锐，暨南大学产业经济研究院研究生。

上海等13个城市试点推广新能源汽车，通过财政政策对公交、出租、公务、环卫和邮政等公共服务领域购买节能与新能源汽车给予补助。其中，纯电动乘用车、纯电动客车的补贴额度为6万元/辆、50万元/辆，混合动力乘用车、混合动力客车最高可获得5万元/辆、42万元/辆的财政补贴。

2010年5月，财政部、科技部、工信部和发改委联合发布《关于开展私人购买新能源汽车补贴试点的通知》，在上海、长春、深圳、杭州和合肥5个城市开展私人购买新能源汽车试点补贴，其中插电式混合动力乘用车的补贴上限为5万元/辆，纯电动乘用车的补贴上限为6万元/辆。

2013年，财政部等四部委发布《关于继续开展新能源汽车推广应用工作的通知》，将补贴标准更改为依据新能源汽车续航里程进行差异化补贴，并明确：2014年新能源汽车补贴在2013年的补贴基准上下调10%，2015年在2013年的补贴基准上下调20%①。2015年开始，财政部等四部委依据我国新能源汽车产业发展的实际情况，对每一年新能源汽车补贴都提出了不同标准，总体上呈现补贴不断下滑的趋势，同时补贴对象向长续航里程和高能量密度的新能源汽车倾斜。

2020年，财政部等四部委发布《关于完善新能源汽车推广应用财政补贴政策的通知》，将新能源汽车推广应用财政补贴政策实施期限延长至2022年底，同时2020年补贴标准维持不变，2021年、2022年补贴标准分别在上一年基础上退坡10%、20%。

2. 税收优惠政策

2014年7月，国务院发布《关于加快新能源汽车推广应用的指导意见》，宣布纯电动汽车、插电式（含增程式）混合动力汽车和燃料电池汽车可享受免征车辆购置税优惠，期限为2014年9月1日至2017年12月31日。2017年，财政部、税务总局、工信部和科技部联合发布《关于免征新能源汽车车辆购置税的公告》，宣布将新能源汽车免征车辆购置税的优惠延长至2020年12月31日。2020年4月，为应对新冠肺炎疫情带来的不利影响、促进汽车消费，财政部等四部委发布《关于新能源汽车免征车辆购置税有关政策的公告》，提出2021年1月1日至2022年12月31日期间，新购置的新能源汽车继续享受免征车辆购置税优惠。

3. 双积分政策

2017年9月，工信部等五部委发布《乘用车企业平均燃料消耗量与新能源汽车积分并行管理办法》（以下简称《办法》），宣布自2018年4月1日起对乘用车企业实施平均燃料消耗量与新能源汽车积分管理。根据《办法》，若车企平均燃料消耗量的实际值小于达标值，则平均燃油消耗量积分为正；若车企新能源汽车积分实际值高于达标值，则产生正积分。

2020年6月，工信部发布《关于修改〈乘用车企业平均燃料消耗量与新能源汽车积分并行管理办法〉的决定》，明确了2021—2023年新能源汽车积分比例要求分别为14%、16%、18%，并对相关实施细则进行了修改。

---

① 涉及车型有纯电动乘用车、插电式混合动力（含增程式）乘用车、纯电动专用车、燃料电池汽车。

三、中国新能源汽车产业市场分析

（一）市场规模增长放缓，新冠肺炎疫情影响短暂

2009 年，中国新能源汽车销量不足 500 辆，市场尚未形成规模。在“十城千辆”工程、新能源汽车购置补贴等政策的支持下，中国新能源汽车市场逐步壮大，产销量连续多年保持高速增长。2015 年，中国新能源汽车销量突破 10 万辆，实现产量 34.0 万辆、销量 33.1 万辆，中国跃居全球第一大新能源汽车市场。短短三年后，产销量突破百万大关，其中产量高达 127.0 万辆，较 2015 年增长 273.5%，销量达 125.6 万辆，较 2015 年增长 279.5%（见图 7 -1）。根据中国汽车工程学会、德国汽车工业协会发布的《中德电动汽车合作发展报告》，自 2015 年起，我国新能源汽车产销量连续五年居全球之首。

图 7 -1 中国新能源汽车产量及增速

资料来源：中国汽车工业协会 . http://www. caam. org. cn/.

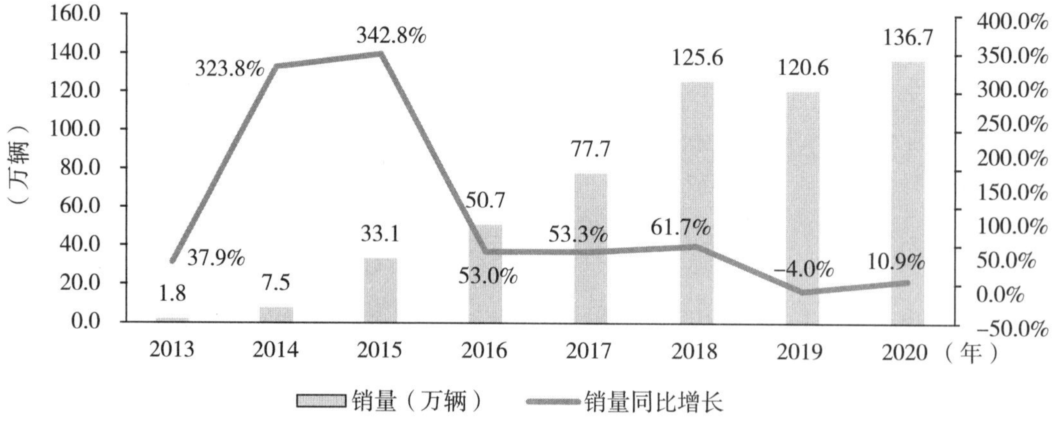

图 7 -2 中国新能源汽车销量及增速

资料来源：中国汽车工业协会 . http：//www. caam. org. cn/.

2019 年，受整体汽车市场不景气影响，我国新能源汽车销量出现首次下滑，增长率跌至 -4.0%（见图 7-2）。2020 年，新冠肺炎疫情席卷全球，严重拖累全球经济增长，对汽车消费产生沉重打击，导致 1—6 月我国新能源汽车销量负增长。然而，随着经济逐渐复苏以及多地出台汽车刺激政策，新能源汽车市场迅速回暖，如图 7-3 所示，7 月份增速恢复正增长，10 月份和 11 月份同比增速跃升至 113.4% 和 109.8%。2020 年全年我国新能源汽车市场实现产量 136.6 万辆，同比增长 7.5%，销量 136.7 万辆，同比增长 10.9%。

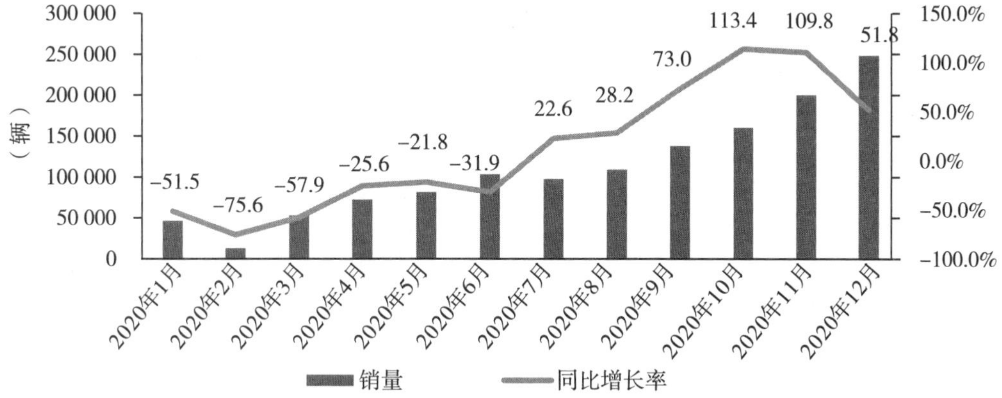

图 7-3 2020 年中国新能源汽车月度销量及增速

资料来源：中国汽车工业协会 . http://www. caam. org. cn/.

（二）纯电动汽车是新能源汽车市场销售主力

分车型结构看，新能源乘用车的销售量远高于商用车。早期我国新能源汽车市场示范推广集中于公交、公务等领域，民众对新能源乘用车续航里程和充电基础设施普遍抱有疑虑，所以早期商用车销售量高于乘用车。然而，随着市场逐渐成熟以及民众对新能源乘用车接受度的提高，新能源乘用车销量大幅提升，带动其市场份额快速提高，并于 2020 年实现 91.15% 的市场份额（见图 7-4）。

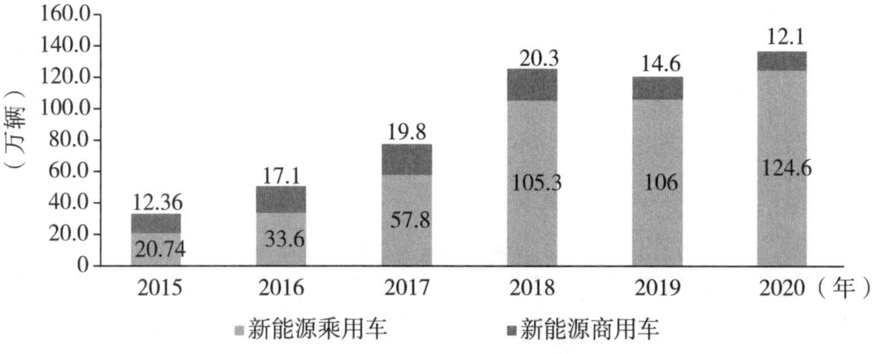

图 7-4 2015—2020 年中国新能源乘用车和商用车销量

资料来源：中国汽车工业协会 . http://www. caam. org. cn/.

分动力类型看，纯电动汽车更受民众欢迎。纯电动驱动是我国新能源汽车发展的技术路线，得到了政府的大力推广。如图 7－5 所示，2020 年，纯电动汽车销量达 111.6 万辆，而插电式混合动力汽车销量仅 25.1 万辆，纯电动汽车的市场占有率远高于插电式混合动力汽车。然而，随着新能源汽车补贴逐年下滑并将于 2022 年完全退出，性价比更佳的插电式混合动力汽车开始受到市场青睐。中国汽车工业协会数据显示，2020 年插电式混合动力汽车销量同比增长 8.66%，市场份额提升至 18.36%。

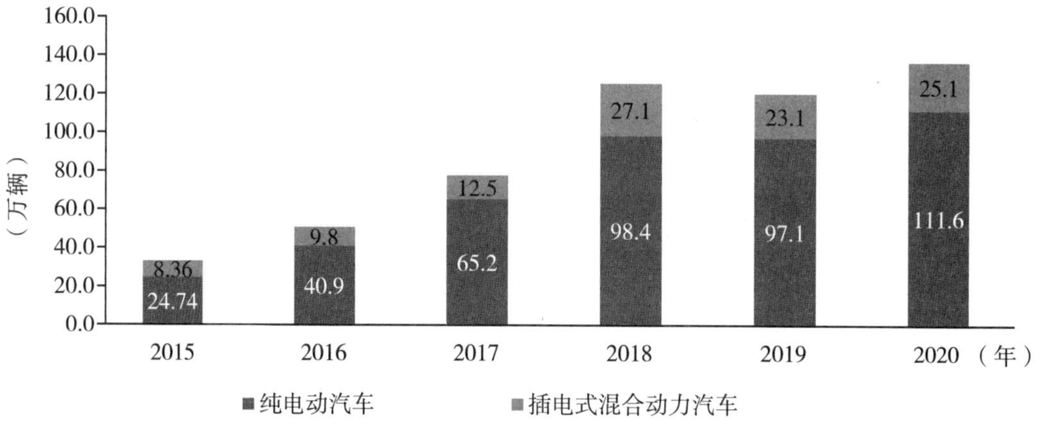

图 7－5　2015—2020 年中国纯电动汽车和插电式混合动力汽车销量

资料来源：中国汽车工业协会 . http：//www. caam. org. cn/.

（三）纯电动汽车市场集中度上升，插电式混合动力汽车市场集中度下降

2020 年，中国纯电动汽车市场的 CR3、CR5 和 CR10 分别为 44.10%、56.90% 和 77.10%。相比 2019 年，CR3 提高了 7.3 个百分点，CR5 提高了 6.6 个百分点，CR10 提高了 5.9 个百分点，市场集中度提升较为明显，但总体并未呈现过度集中的现象。插电式混合动力汽车则相反，市场集中度趋于下降。2017 年，插电式混合动力汽车市场的 CR3、CR5 和 CR10 分别为 90.10%、94.40% 和 98.70%，市场处于集中度较高水平。2019 年，插电式混合动力汽车市场的 CR3、CR5 和 CR10 分别为 55.90%、77.60% 和 90.60%，相比 2017 年，CR3 下降了 34.2 个百分点，CR5 下降了 16.8 个百分点，CR10 下降了 8.1 个百分点。经过三年市场更迭，市场竞争程度开始加剧，头部企业攫取的市场份额不断被后来者抢夺。目前市场集中度已显著下降，少数巨头垄断市场的局面已不再，取而代之的是整体呈现分散局面。

表 7－1　中国纯电动汽车市场集中度

时间	CR3	CR5	CR10
2017 年	38.40%	53.40%	79.60%
2018 年	41.70%	55.00%	75.80%

（续上表）

时间	CR3	CR5	CR10
2019 年	36.80%	50.30%	71.20%
2020 年	44.10%	56.90%	77.10%

资料来源：乘联会. http：//www.cpcaauto.com/.

表 7－2　中国插电式混合动力汽车市场集中度

时间	CR3	CR5	CR10
2017 年	90.10%	94.40%	98.70%
2018 年	68.70%	87.80%	94.60%
2019 年	55.90%	77.60%	90.60%
2020 年	46.90%	68.60%	87.80%

资料来源：乘联会. http：//www.cpcaauto.com/.

从具体车企看，2020 年上汽通用五菱以 163 594 辆的销量获得纯电动汽车市场的冠军，排名第二和第三的分别是特斯拉和比亚迪，其销量为 138 505 辆和 103 429 辆，如表 7－3所示。得益于旗下五菱宏光 MINIEV 的热销，上汽通用五菱的市场占有率由 2019 年的 6.70% 提升至 17.80%，并跃居市场销量冠军。五菱宏光 MINIEV 是一款小型纯电动汽车，主打低价与短途出行，于 2020 年 7 月上市，全年累计销量 127 651 辆，9—12 月连续 4 个月蝉联中国新能源汽车销量冠军。除了上汽通用五菱，特斯拉表现也很亮眼。2019 年特斯拉在纯电动领域的市场占有率为 6.80%，2020 年其市场占有率提升了 8.3 个百分点，达到 15.10%。特斯拉市场占有率的提升主要来源于其主动降低价格进入中低端纯电动汽车市场。随着特斯拉上海工厂的建设进入尾声并开始具备生产能力，特斯拉本地化生产所带来的成本下降将为特斯拉纯电动汽车带来更多价格下降空间，价格下降辅以特斯拉前期建立的高端电动车品牌形象，特斯拉对中低端电动车市场形成了降维打击。另外，蔚来汽车首次进入纯电动汽车销量前十。

表 7－3　2020 年中国纯电动汽车和插电式混合动力汽车销量前十企业

纯电动汽车			插电式混合动力汽车		
厂商	销量（辆）	市场占比（%）	厂商	销量（辆）	市场占比（%）
上汽通用五菱	163 594	17.80	比亚迪	42 084	19.10
特斯拉	138 505	15.10	理想	33 457	15.20
比亚迪	103 429	11.20	华晨宝马	27 742	12.60
广汽埃安	63 306	6.90	上汽大众	24 206	11.00
长城汽车	54 070	5.90	上海汽车	23 553	10.70
北汽新能源	47 781	5.20	一汽大众	16 676	7.60

（续上表）

纯电动汽车			插电式混合动力汽车		
厂商	销量（辆）	市场占比（%）	厂商	销量（辆）	市场占比（%）
蔚来汽车	43 369	4.70	吉利汽车	8 697	4.00
奇瑞新能源	39 615	4.30	一汽丰田	7 133	3.20
长安汽车	27 743	3.00	广汽丰田	4 822	2.20
上海汽车	27 601	3.00	保时捷	4 819	2.20

资料来源：乘联会．http：//www.cpcaauto.com/.

在插电式混合动力汽车方面，2020 年销量第一名、第二名和第三名为比亚迪、理想和华晨宝马，销售量分别为 42 084 辆、33 457 辆和 27 742 辆，市场占有率分别为 19.10%、15.20% 和 12.60%。相比纯电动汽车市场以国产品牌为主，插电式混合动力汽车市场有较多合资企业参与，如华晨宝马、上汽大众等。另外值得注意的是，排名第二的理想汽车旗下只有“理想 ONE”一款车型，且于 2019 年 12 月才开始量产并交付用户。在短短一年时间，理想汽车便实现 3 万辆新能源汽车的销量，并获得 15.20% 的市场份额，成绩异常亮眼。

（四）新能源汽车产业集中分布于东部沿海地区

从区域分布看，中国新能源汽车产业分布与传统汽车产业分布有较大重合，但是更加集中于东部沿海地区。根据国家统计局数据，2020 年全国汽车产量前十省市为广东、吉林、上海、湖北、广西、北京、重庆、河北、安徽和天津，其产量之和为 1 833 万辆，占全国汽车产量的 72.7%。上述数据表明，中国汽车工业集中分布于东北、华北、长三角、珠三角和湖北、重庆等工业发达地区，其他省市也有汽车工业分布，但产能较低。新能源汽车生产也存在类似分布。根据汽车产业平台 MarkLines 统计，截至 2020 年，位于西北和西南地区的新能源汽车工厂有 33 家，占比为 15.7%，而位于华北、华东、华南、华中和东北地区的新能源汽车生产工厂有 177 家，占比达 84.3%（见表 7－4）。

从具体分布看（见表 7－5），截至 2020 年，华北地区新能源汽车产业集中于北京和天津两地，分别有 7 家和 9 家工厂；华东地区新能源汽车生产基地众多，且分布于多个地市，其中上海、杭州、南京三地就分布着 21 家新能源汽车生产制造工厂；华中地区的湖北省一直以来就是我国汽车工业重要的生产制造区域，上下游配套完善，共有 17 家新能源汽车生产制造工厂分布于此，其中 11 家位于武汉市；华南地区新能源汽车产业多分布于广东，共有 16 家新能源汽车生产制造工厂，其中广州 7 家、深圳 5 家；西南地区的新能源汽车生产基地集中于重庆和成都两地，分别有 13 家和 6 家新能源汽车生产制造工厂；东北地区的新能源汽车工厂主要位于沈阳和吉林两地，两地各有 4 家新能源汽车生产制造工厂。

表 7 – 4　中国新能源汽车生产基地区域分布

区域	东北	华北	华东	华南	华中	西南	西北
新能源汽车生产基地数量	10	32	72	27	36	26	7

资料来源：MarkLines. https：//www. marklines. com/cn/vehicle_sales/inde.

表 7 – 5　部分城市新能源汽车生产基地分布（截至 2020 年）

城市	武汉	重庆	北京	广州	深圳	上海	杭州	南京	天津	成都	沈阳	吉林
新能源汽车生产基地数量	11	13	7	7	5	9	7	5	9	6	4	4

资料来源：MarkLines. https：//www. marklines. com/cn/vehicle_sales/index.

我国新能源汽车的区域分布特点，既与其市场组成相关，也与其销售地域分布相关。我国新能源汽车市场有三种不同的参与者，分别是传统汽车厂商转型为新能源汽车厂商、新兴新能源汽车厂商和外资新能源车企，其中传统汽车厂商向新能源汽车转型是市场构成的重要一环。自 2009 年我国开始推广新能源汽车，传统车企纷纷转型生产新能源汽车，其中部分车企沿用了原有品牌，如上汽、一汽等，也有部分车企设立了专注于新能源汽车的新品牌，如广汽新能源、北汽新能源、吉利新能源等。然而，无论是沿用既有品牌抑或是设立新品牌，传统车企主要依托既有工厂生产新能源汽车，开设新工厂也会选择在汽车工业产业链配套完善的地区，这使得我国新能源汽车产业的区域分布与传统汽车工业区域分布存在较大重叠。另外，由于我国早期新能源汽车推广主要位于经济发达地区，同时新能源汽车售价相比传统燃油汽车更高，故新能源汽车销售多分布于购买力较强地区，如东部沿海及中部经济发达城市。根据乘联会统计的新能源乘用车销售数据，2020 年我国新能源乘用车销量前十地市为上海、北京、深圳、广州、天津、杭州、成都、郑州、重庆和柳州，销量总和为 55.2 万辆，占全国新能源乘用车总销量的 48%，新车销售向经济发达城市集中趋势明显（见表 7 – 6）。由于汽车远距离运输成本较高，汽车生产端贴近销售市场有利于降低物流成本，提高企业盈利水平，所以新能源汽车生产商会更加倾向于向终端销售市场靠拢，即重点围绕京津冀、长三角、珠三角和武汉、重庆、成都等经济发达地区开展生产布局。因此，相比于传统汽车工业的区域分布，我国新能源汽车产业呈现出更加集中于东部沿海及中部经济发达城市的区域分布特点。

表 7 – 6　2020 年新能源乘用车销售前十城市

单位：辆

地区	上海	北京	深圳	广州	天津	杭州	成都	郑州	重庆	柳州
销量	128 341	93 569	77 775	53 296	42 936	42 307	33 559	30 060	27 205	23 346

资料来源：乘联会 . http：//www. cpcaauto. com/.

值得注意的是，新兴新能源车企的生产布局更加集中于长三角和珠三角地区。新兴新能源车企通常主打智能网联概念，面向中高端消费群体，所以其销售更加依赖购买力强的东部一、二线城市。并且，新兴新能源汽车企业市场化程度高，所以在选择建设生产基地的时候有较大自由度。因此，新兴新能源车企倾向于在重点销售城市周围建设生产基地，贴近销售市场压缩物流成本的同时，也可以减少土地成本支出。例如，理想汽车、蔚来汽车、合众汽车分别在常州、合肥和桐乡自建新能源汽车生产基地，重点服务上海、南京、杭州等城市，小鹏汽车则在广东省肇庆市自建生产基地，重点服务广州、深圳等珠三角城市（见表7-7）。

表7-7　新兴新能源汽车企业自建生产基地分布

新能源汽车企业	生产基地位置
理想汽车	常州
威马汽车	温州
小鹏汽车	肇庆
蔚来汽车	合肥
合众汽车	桐乡
零跑汽车	金华
爱驰汽车	上饶
华人运通汽车	盐城
拜腾汽车	南京
恒大新能源汽车	广州、上海

资料来源：根据公开资料整理。

四、新能源汽车产业链分析

（一）新能源汽车产业链围绕动力电池进行上下游延伸

动力电池的生产制造流程贯穿了新能源汽车产业链的上游和中游。一般来说，电芯由正极、负极、隔膜和电解液四大部分构成，电芯经由PACK[①]等流程后组成电池或电池包。正极材料有磷酸铁锂（$LiFePO_4$）、钴酸锂（$LiCoO_2$）、镍钴锰酸锂（$LiNi_xCo_yMn_{1-x-y}O_2$）等多种类型，负极材料分为天然石墨和人造石墨两种，隔膜由聚乙烯和聚丙烯等材料构成，电解液主要成分是六氟磷酸锂。因此，围绕动力电池生产制造，新能源汽车产业链上游为电池原材料的采掘和生产，包括锂、钴等矿产开发以及人造石墨、聚乙烯等初级产品的加工，中游为动力电池、电机、电控等核心零部件生产，下游为整车制造（见图7-6）。

① “PACK”是指对电池组进行加工组装。

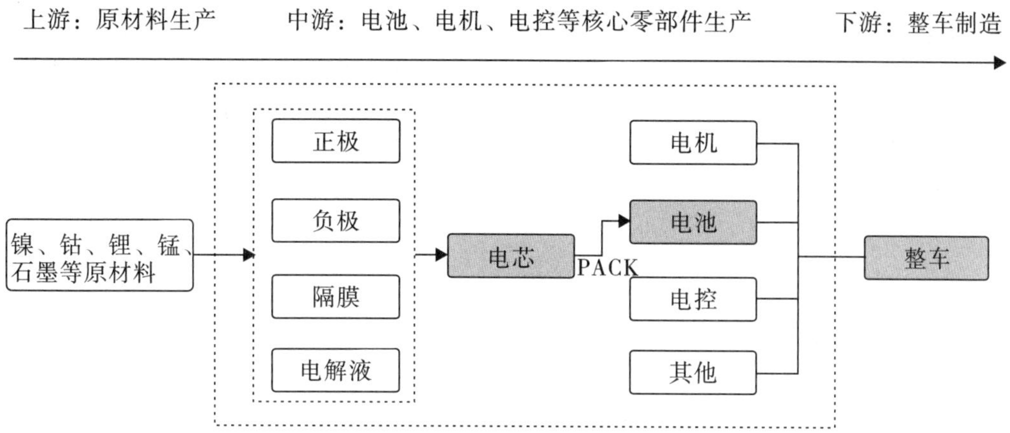

图 7－6　新能源汽车产业链组成

资料来源：根据公开资料整理。

伴随我国跃升全球第一大新能源汽车市场，我国新能源汽车产业链各环节蓬勃发展，涌现了众多优秀企业。在上游，我国目前已形成赣锋锂业、天齐锂业、华友钴业等重要原材料开采商，中游则有天赐材料、贝特瑞、当升科技、恩捷股份等电池材料生产商以及比亚迪、宁德时代、亿纬锂能、国轩高科等众多电池生产制造商，下游我国已形成比亚迪、北汽新能源、吉利汽车等传统车企以及蔚来汽车、理想汽车、小鹏汽车等“造车新势力”相互竞争的整车市场。

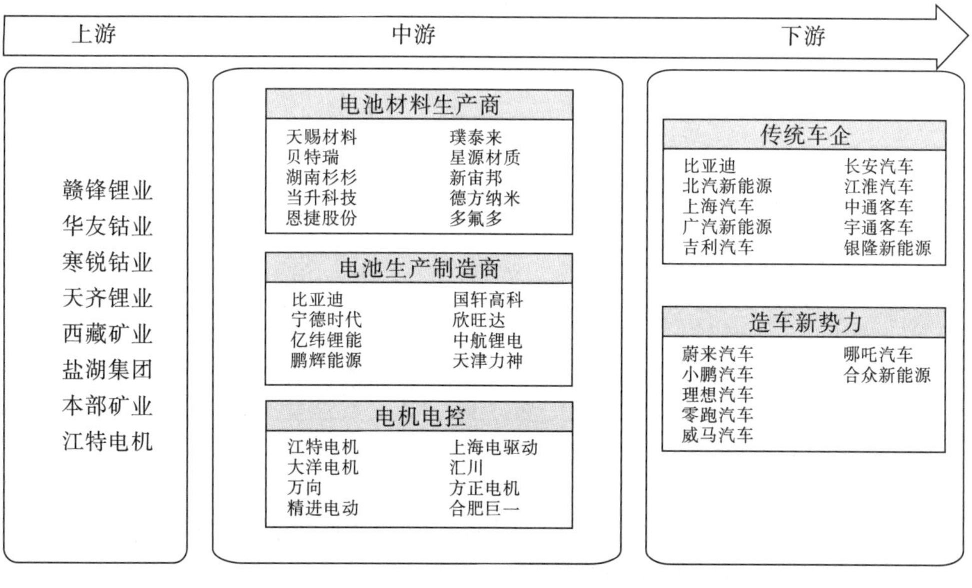

图 7－7　新能源汽车产业链相关企业

资料来源：根据公开资料整理。

（二）动力电池市场快速增长

2015 年，新能源汽车销量突破 10 万辆，彼时我国动力电池装车量为 15.53 GWh，而到了 2019 年，我国动力电池装车量已突破 60 GWh，是 2015 年装车量的 4 倍（见图 7-8）。根据中国汽车工业协会统计，2019 年，我国动力电池产量 85.4GWh，同比增长 21.0%，销量 75.6 GWh，同比增长 21.4%，装车量 62.19 GWh，同比增长 9.1%。

图 7-8 2015—2020 年动力电池装车量变化①

资料来源：中国汽车动力电池产业创新联盟。

2020 年 1—6 月，受新冠肺炎疫情影响，我国动力电池产量和装车量均呈大幅度负增长，产量累计下跌 45.8%，装车量累计下跌 41.7%。然而，7 月开始，新能源汽车销量回升带动动力电池市场回暖，动力电池产量和装车量同比增速恢复正增长，并于 12 月实现了 143.8%的高速增长，如图 7-9 所示。2020 年全年，我国动力电池产量为 83.4 GWh，同比下降 2.3%；销量为 65.9 GWh，同比下降 12.8%；装车量为 63.6 GWh，同比上升 2.3%。

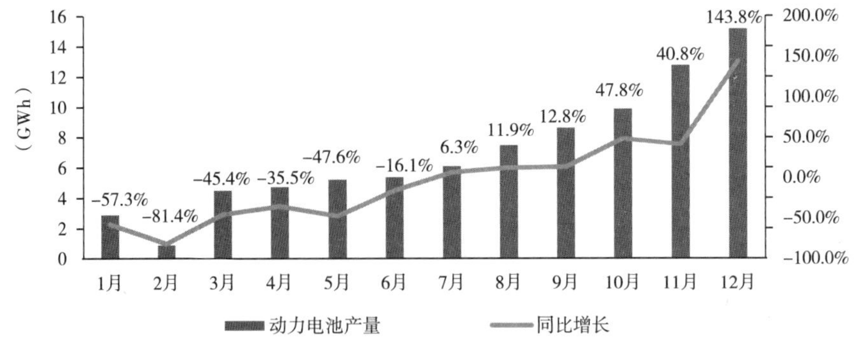

图 7-9 2020 年 1—12 月动力电池产量及增速

资料来源：中国汽车动力电池产业创新联盟。

① 中国汽车动力电池产业创新联盟无官方网站，其每月会同中汽协召开发布会，发布动力电池市场数据。

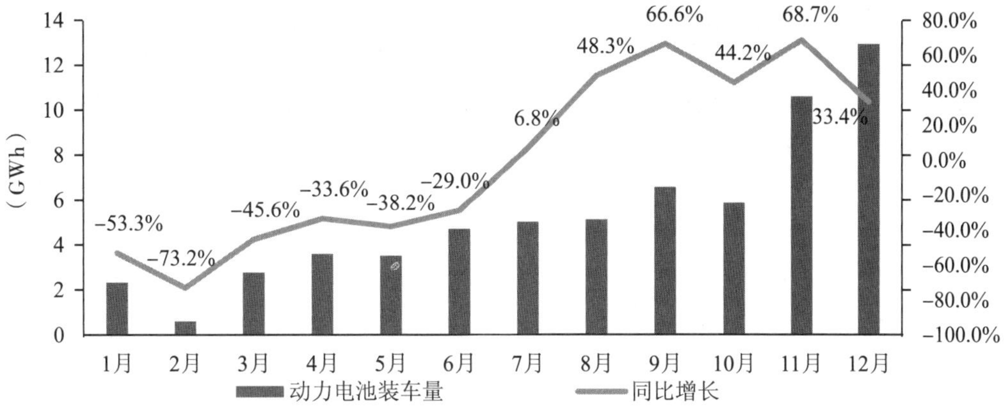

图 7－10 2020 年 1—12 月动力电池装车量及增速

资料来源：中国汽车动力电池产业创新联盟。

（三）三元材料电池和磷酸铁锂电池成为市场主流

根据正极材料类型不同，动力电池可以分为三元材料、磷酸铁锂、锰酸锂和钛酸锂等多种类型。磷酸铁锂电池具有成本低、稳定性好的特点，在新能源汽车发展初期是我国重点发展方向。如图 7－11 所示，2016 年，磷酸铁锂电池装车量约为 20. 36 GWh，市场占比 72. 0%，三元材料电池装车量为 6. 42 GWh，市场占比仅 22. 8%，磷酸铁锂电池装车量远高于三元材料电池。然而，随着“里程焦虑”问题凸显以及财政补贴向高能量密度电池倾斜，磷酸铁锂电池能量密度不高的短板逐渐显现，三元材料电池开始受到追捧。2018 年，三元材料电池的装车量达 33. 15GWh，市场占比 58. 0%，同期磷酸铁锂电池市场份额为 39. 0%，三元材料电池的市场份额开始反超磷酸铁锂电池。2019 年，两者市场份额差距进一步拉大，三元材料电池市场份额扩大至 66. 1%，磷酸铁锂电池市场份额则下降至 32. 5%。

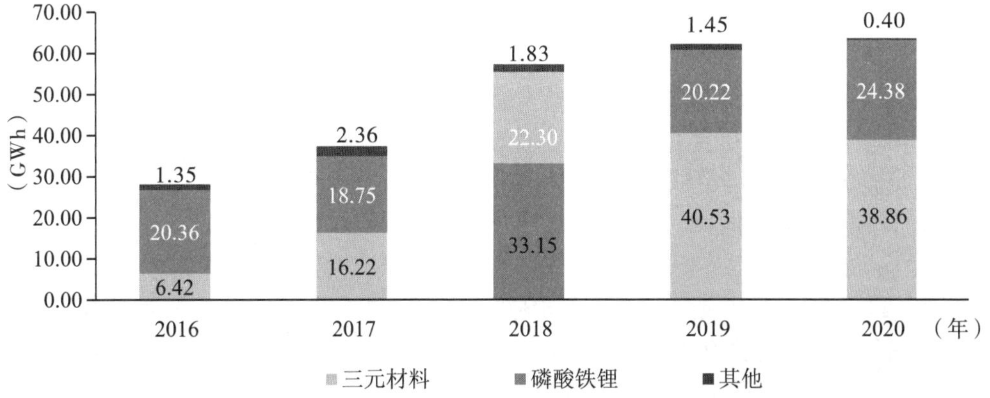

图 7－11 2016—2020 年不同材料类型动力电池装车量

资料来源：中国汽车动力电池产业创新联盟。

然而，根据最新的新能源汽车补贴政策，2022 年底新能源汽车的财政补贴政策将完全退出。受此影响，低成本的磷酸铁锂电池重获青睐。根据中国化学与物理电源行业协会数据，2020 年 12 月动力型三元材料的均价为 12. 11 万元/吨，动力型磷酸铁锂的均价为 3. 68 万元/吨，相比三元材料，磷酸铁锂材料的成本优势非常明显。从市场反应看，磷酸铁锂电池的装车量在 2020 年下半年开始回升。2020 年 12 月，磷酸铁锂电池产量为 6. 5 GWh，增速高达 452. 2%，装车量为 6. 9 GWh，同比上升 45. 5%。2020 年全年磷酸铁锂电池累计产量为 34. 6 GWh，同比上升 24. 7%，累计装车量为 24. 4 GWh，同比上升 20. 6%。从市场份额看，2020 年磷酸铁锂电池装车量占动力电池总装车量的 38. 31%，相比 2019 年上升约 6 个百分点，同期三元材料电池市场份额为 61. 06%，相比 2019 年下降约 5 个百分点，如图 7 – 12 所示。

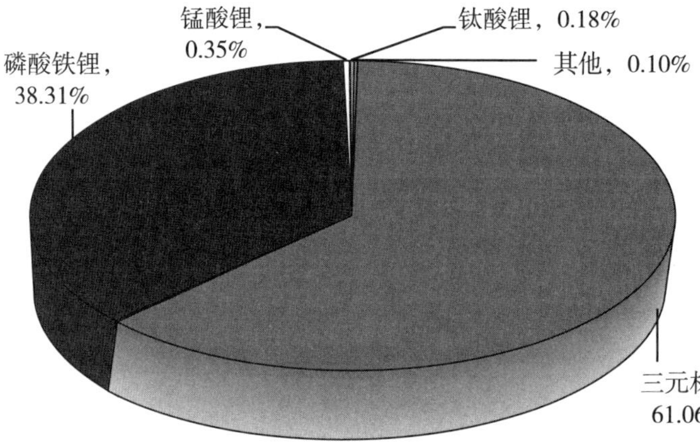

图 7 – 12　2020 年不同材料类型动力电池市场份额（根据装车量统计）

资料来源：中国汽车动力电池产业创新联盟。

（四）动力电池市场高度集中于头部企业

在新能源汽车产业发展早期，市场的快速膨胀使动力电池企业数量快速增长，但在经历市场激烈竞争之后，动力电池企业数量大幅下降。从动力电池装车配套数据看，2012 年我国仅有 40 家企业实现动力电池装车配套，2015 年企业数量达到顶峰，有 240 家企业实现了动力电池装车配套。2015 年以后，补贴下滑以及市场竞争加剧导致动力电池企业并购和破产增加，企业数量开始出现下降，如图 7 – 13 所示。在此期间，动力电池出货量一度排名第三的沃特玛出现了现金流危机，并最终走向破产。根据中国汽车动力电池产业创新联盟数据，2018 年动力电池配套企业数量降至 100 家以下，2020 年，该数量进一步降至 72 家，市场集中度显著提升。

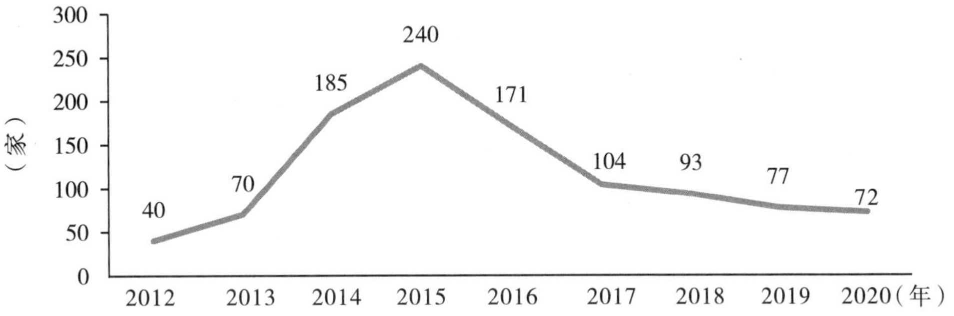

图 7－13 动力电池配套企业数量

资料来源：中国汽车动力电池产业创新联盟。

从市场集中度看，2020 年动力电池市场 CR3、CR5、CR10 分别为 71.3%、82.1% 和 91.8%，2019 年 CR3、CR5、CR10 分别为 73.4%、79.1% 和 87.9%。相比于 2019 年，2020 年动力电池市场集中度进一步提升，大部分市场正被少数几个巨头牢牢把控。

从具体企业看，2020 年，宁德时代以 31.79 GWh 的装车量和 50.0% 的市场占比稳居动力电池市场首位，排名第二和第三的是比亚迪和 LG 化学，其市场占比分别为 14.9% 和 6.5%，远低于宁德时代。值得注意的是，相较于 2019 年市场份额主要被国内企业占据，2020 年 LG 化学和松下等外资企业也获得了部分市场份额，且分别获得 6.5% 和 3.5% 的市场份额（见表 7－8）。工信部于 2019 年 6 月废止了《汽车动力蓄电池行业规范》，标志着我国取消了外资企业进入动力电池市场的限制，同时新能源汽车装配外资企业生产的动力电池也能获得相关财政补贴，这为外资动力电池企业配套我国新能源汽车提供了机会。

表 7－8 2019 年和 2020 年中国动力电池装车量前十企业

2019 年			2020 年		
企业	装车量（GWh）	市场占比	企业	装车量（GWh）	市场占比
宁德时代	31.46	50.6%	宁德时代	31.79	50.0%
比亚迪	10.75	17.3%	比亚迪	9.48	14.9%
国轩高科	3.43	5.5%	LG 化学	4.13	6.5%
力神电池	1.95	3.1%	中航锂电	3.55	5.6%
亿纬锂能	1.64	2.6%	国轩高科	3.32	5.2%
中航锂电	1.49	2.4%	松下	2.24	3.5%
时代上汽	1.43	2.3%	亿纬锂能	1.18	1.9%
孚能科技	1.21	1.9%	瑞浦能源	0.95	1.5%
比克电池	0.69	1.1%	力神电池	0.92	1.4%
欣旺达	0.65	1.0%	孚能科技	0.85	1.3%

资料来源：中国汽车动力电池产业创新联盟。

五、充电基础设施建设分析

（一）政策密集出台，支持充电基础设施建设

2015 年，国务院出台《关于加快电动汽车充电基础设施建设的指导意见》，提出充电基础设施建设的目标是适度超前、车桩相随、智能高效，2020 年可满足超过五百万辆电动汽车的充电需求。随后，国家发改委、国家能源局、工信部、住房城乡建设部联合发布《电动汽车充电基础设施发展指南（2015—2020 年）》，明确了我国充电基础设施建设的目标和重点任务。上述两份文件是我国建设充电基础设施的顶层设计，为我国充电基础设施的建设和发展提供了有力支撑。

2016 年，财政部等五部委出台《关于“十三五”新能源汽车充电基础设施奖励政策及加强新能源汽车推广应用的通知》，对充电基础设施建设、运营给予奖励和补贴。后续几年，我国陆续发布了《关于加快居民区电动汽车充电基础设施建设的通知》《关于统筹加快推进停车场与充电基础设施一体化建设的通知》《加快单位内部电动汽车充电基础设施建设》等一系列政策文件，推动了居民小区、办公场所等区域充电基础设施的建设。2020 年，“建设充电桩，推广新能源汽车”被写入政府工作报告。

表 7－9　充电基础设施相关政策

时间	政策
2015 年	《关于加快电动汽车充电基础设施建设的指导意见》
2015 年	《电动汽车充电基础设施发展指南（2015—2020 年）》
2016 年	《关于“十三五”新能源汽车充电基础设施奖励政策及加强新能源汽车推广应用的通知》
2016 年	《关于加快居民区电动汽车充电基础设施建设的通知》
2016 年	《关于统筹加快推进停车场与充电基础设施一体化建设的通知》
2017 年	《关于加快单位内部电动汽车充电基础设施的通知》
2018 年	《提升新能源汽车充电保障能力行动计划》
2019 年	《关于进一步完善新能源汽车推广应用财政补贴政策的通知》

资料来源：根据公开资料整理。

（二）公共充电桩和充电站保有量迅速提升，东部经济发达地区保有量较高

充电基础设施可分为集中式充换电站和分散式充电桩两类，其中充电桩根据安装位置不同可以分为公共充电桩和私人充电桩，根据电源输出类型不同可以分为交流桩和直流桩。

1. 公共充电桩

2015 年，我国新能源汽车保有量达到 58.32 万辆，同期我国公共充电桩保有量仅为 57 792 台，公共充电桩与电动汽车比例为 1∶10.09，充电桩数量远不能满足新能源汽车充

电需求。在一系列政策支持下，我国充电桩数量快速增长，2016 年公共充电桩保有量同比增长 157.87%，保有量突破 10 万台，2019 年公共充电桩保有量突破 50 万台，达到 51.6 万台。2020 年，我国充电桩保有量超过 80 万台，同比增长 56.35%，月均新增公共充电桩约 2.4 万台，公共充电桩与电动车汽车比例提升至 1∶6.09（见图 7 – 14）。

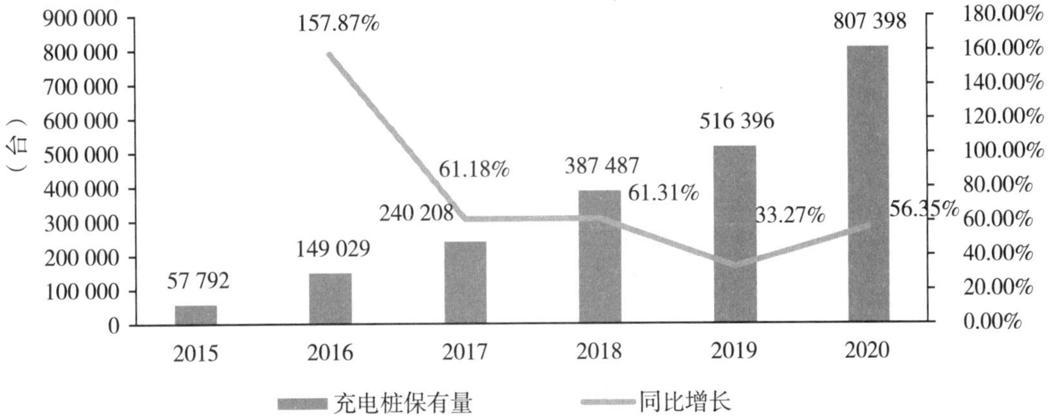

图 7 – 14　公共类充电桩保有量变化

资料来源：中国电动汽车充电基础设施促进联盟 . http：//www. evcipa. org. cn/.

充电桩可以分为直流充电桩和交流充电桩，直流充电桩可为电动汽车提供大功率的直流电，适合电动汽车进行“快充”，交流充电桩主要用于“慢充”。截至 2020 年底，我国直流充电桩保有量为 30.9 万台，同比增加 43.70%，占比 38.29%；交流充电桩保有量 49.8 万台，同比增加 65.40%，占比 61.71%（见图 7 – 15）。

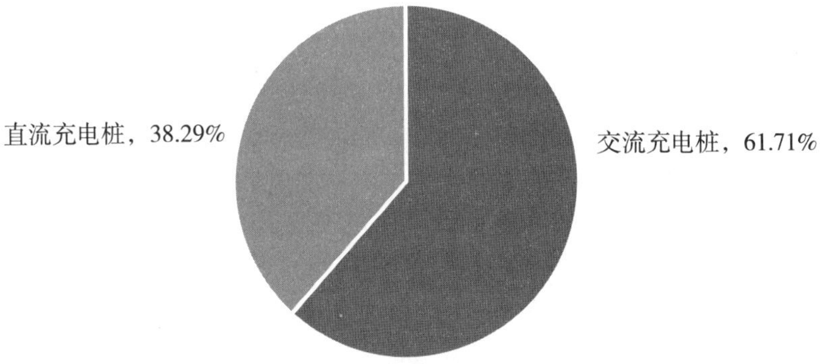

图 7 – 15　不同类型充电桩保有量（截至 2020 年底）

资料来源：中国电动汽车充电基础设施促进联盟 . http：//www. evcipa. org. cn/.

从区域分布看，公共充电桩主要分布于东部经济发达省份，与我国新能源汽车销售市场分布相匹配。2020 年，北京、广东、上海、江苏、浙江和山东六个省份或直辖市的充电桩保有量占我国充电桩保有量总量的 55.30%，前十省份保有量占比达到 72.27%（见图 7 – 16）。

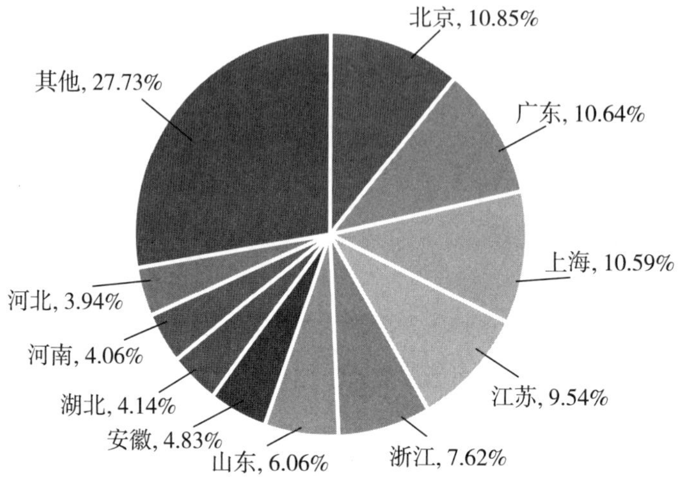

图 7－16 2020 年公共充电桩区域分布

资料来源：中国电动汽车充电基础设施促进联盟. http：//www. evcipa. org. cn/.

2020 年，新冠肺炎疫情的暴发严重影响了我国经济发展，对我国充电桩建设也造成了负面影响。2020 年 2 月，我国充电桩新增数量骤降至 195 台，环比下降 98. 68%，同比下降 96. 67%。从充电电量看，2020 年 2 月我国公共充电设施充电电量跌至 1. 72 亿千瓦时，环比下降 69. 98%，同比下降 44. 87%。

面对严峻的疫情，我国采取果断措施遏制了疫情蔓延，同时积极复工复产，扭转了疫情带来的不利影响。2020 年 3 月份开始，我国公共充电桩增量已恢复至正常水平，并于 8 月开始单月增量连续五个月突破一万台，12 月份公共充电桩单月增量突破 10 万台，达 112 207 台（见图 7－17）。4 月份开始，公共充电设施充电电量已超过去年同期水平（见图 7－18），2020 年全年累计充电电量 70. 55 亿 kWh，同比增长 36. 59%。

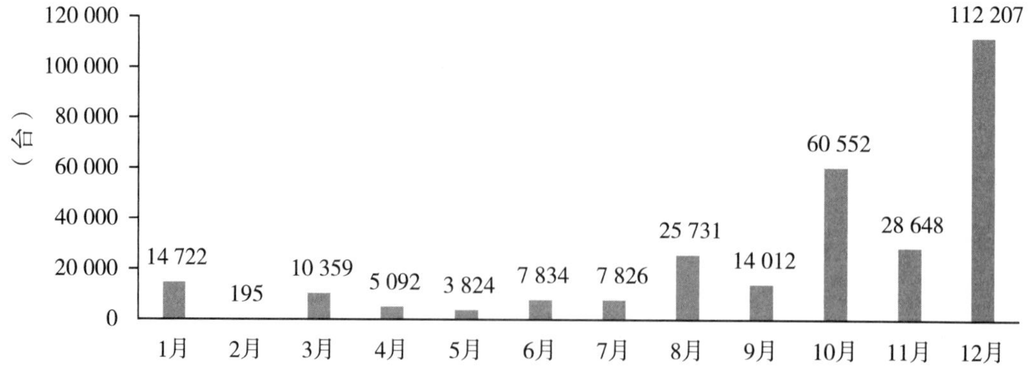

图 7－17 2020 年我国公共类充电桩月度增加量

资料来源：中国电动汽车充电基础设施促进联盟. http：//www. evcipa. org. cn/.

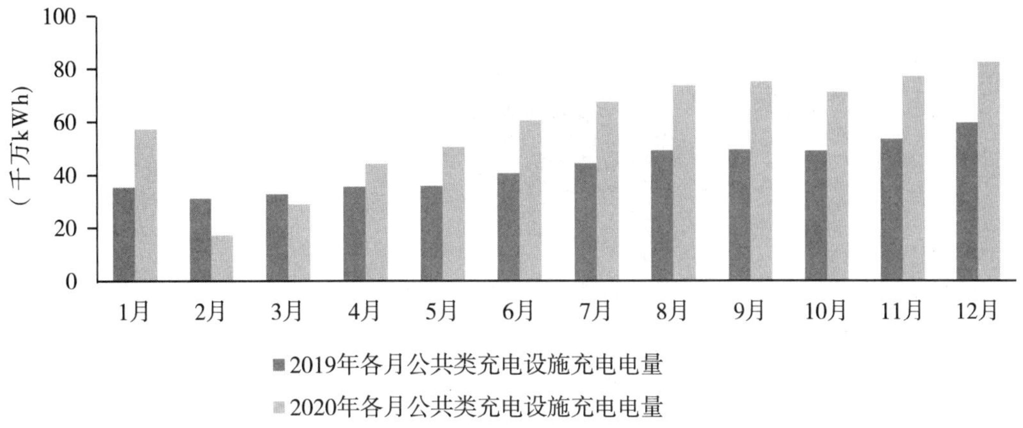

图 7－18　我国公共类充电设施月度充电电量

资料来源：中国电动汽车充电基础设施促进联盟. http：//www. evcipa. org. cn/.

2. 充电站

2020 年，我国公共充电站保有量为 6. 36 万座，同比增长 77. 41%，是 2015 年保有量的 60 余倍。2016—2020 年，年均新增公共充电站数量超过 1 万座，其中 2020 年新增公共充电站约 2. 7 万座。

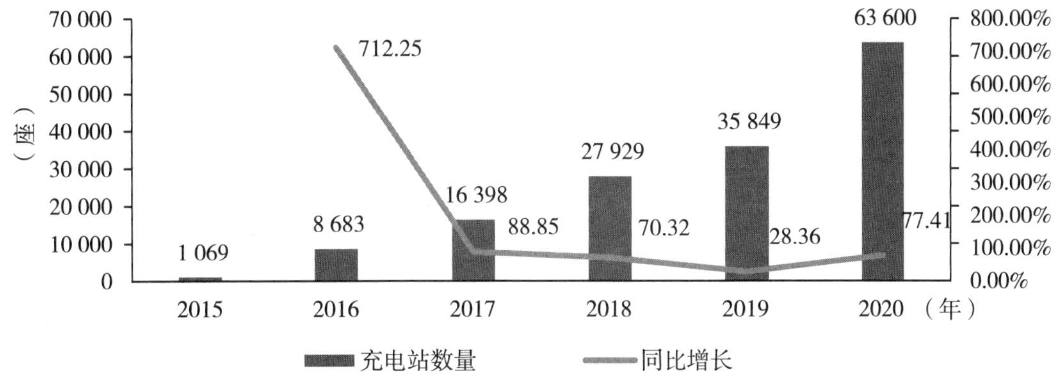

图 7－19　我国公共充电站保有量变化

资料来源：中国电动汽车充电基础设施促进联盟. http：//www. evcipa. org. cn/.

公共充电站的地理分布与公共充电桩相似，主要分布于东部沿海地区。截至 2020 年 12 月，广东省拥有 6 527 座公共充电站，保有量居全国之首，占全国公共充电站保有量总量的 10. 26%。公共充电站保有量排名第二、第三的则是江苏和上海，保有量分别是 6 229 座和 5 927 座，占比分别为 9. 79% 和 9. 32%。广东、江苏、上海、北京、浙江和山东六个省或直辖市的公共充电站保有量之和达 34 868 座，对应的占比为 54. 82%，保有量超过全国总保有量的一半（见图 7－20）。

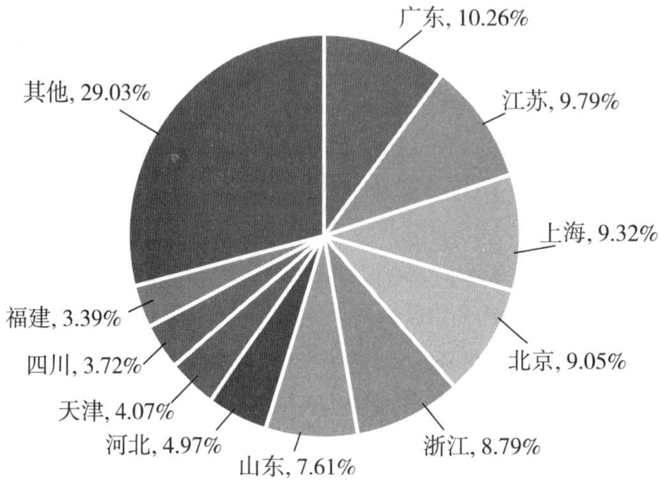

图 7-20 我国公共充电站分布（截至 2020 年 12 月）

资料来源：中国电动汽车充电基础设施促进联盟 . http：//www. evcipa. org. cn/.

（三）充电基础设施运营服务市场集中度进一步提升

充电基础设施运营服务市场可分为充电设施设备生产和运营服务两部分，下文主要从充电设施运营服务商角度探讨市场竞争情况。

目前，我国充电基础设施运营服务市场参与者有特来电、星星充电、国家电网、云快充等企业，整体市场趋于集中。2020 年，我国公共充电桩市场 CR3、CR5、CR10 分别为 73. 57%、83. 86% 和 92. 73%，市场高度集中于特来电、星星充电和国家电网三家企业。2019 年，公共充电桩 CR3、CR5、CR10 分别为 69. 00%、81. 54% 和 93. 31%。相比 2019 年，2020 年公共充电桩市场进一步向头部企业集中，前三家企业的市场占有率提升了 4 个百分点，前五家企业的市场占有率提升了 2 个百分点。

表 7-10 2019-2020 年公共充电桩市场和公共充电站市场行业集中度

年份	公共充电桩			公共充电站		
	CR3	CR5	CR10	CR3	CR5	CR10
2019	69. 00%	81. 54%	93. 31%	65. 41%	81. 56%	92. 01%
2020	73. 57%	83. 86%	92. 73%	73. 57%	83. 86%	92. 73%

公共充电站市场与公共充电桩市场相似，大部分市场份额集中于头部企业。2020 年，公共充电站运营服务市场 CR3、CR5、CR10 分别为 73. 57%、83. 86% 和 92. 73%，2019 年 CR3、CR5、CR10 分别为 65. 41%、81. 56% 和 92. 01%。相比 2019 年，2020 年 CR3 提高 8 百分点，CR5 提高 2 个百分点，市场集中度进一步提高。另外，充电站运营服务商与充电桩运营服务商高度重合，特来电、国家电网和星星充电分列充电站市占率前三。

从具体企业看，特来电、星星充电和国家电网是公共充电桩和充电站领域的龙头企业。截至 2020 年 12 月，特来电运营充电桩和充电站数量分别为 207 408 台、17 064 座，市场占有率分别为 25.69% 和 26.83%，运营数量和市场占有率均居市场首位；星星充电运营公共充电桩 205 150 台、公共充电站 8 817 座，位列公共充电桩市场第二和公共充电站市场第三；国家电网运营公共充电桩 181 471 台、公共充电站 15 721 座，排名分别为第三和第二。除了特来电、星星充电、国家电网等头部企业外，云快充、依威能源、上汽安悦等也是充电基础设施运营市场的重要参与者，但他们运营服务的充电桩和充电站数量相比头部企业大幅下降。以云快充为例，其运营的公共充电桩数量仅为 57 408 台，不到特来电的三分之一，运营的公共充电站数量为 3 580 座，为特来电的五分之一（见表 7－11）。

表 7－11　2020 年公共充电桩和公共充电站市场排名前十企业

运营商	充电桩数量（台）	占比（%）	运营商	充电站数量（座）	占比（%）
特来电	207 408	25.69	特来电	17 064	26.83
星星充电	205 150	25.41	国家电网	15 721	24.72
国家电网	181 471	22.48	星星充电	8 817	13.86
云快充	57 408	7.11	依威能源	6 692	10.52
依威能源	25 669	3.18	云快充	3 580	5.63
上汽安悦	19 762	2.45	上汽安悦	1 871	2.94
深圳车电网	14 878	1.84	万马爱充	1 411	2.22
中国普天	14 757	1.83	深圳车电网	1 374	2.16
万马爱充	12 998	1.61	珠海驿联	1 015	1.60
云杉智慧	9 193	1.14	桩到家	973	1.53
其他	58 704	7.27	其他	5 082	7.99

资料来源：中国电动汽车充电基础设施促进联盟. http：//www.evcipa.org.cn/.

六、燃料电池汽车发展分析

（一）燃料电池汽车简介

燃料电池汽车主要由燃料电池、驱动电机、DC/DC 转换器、高压储氢罐、辅助动力源和整车控制器等组成，其组成结构如图 7－21。相比以锂离子电池为动力装置的电动汽车，燃料电池汽车通常以氢气和氧气为燃料，故又称为氢燃料电池汽车。

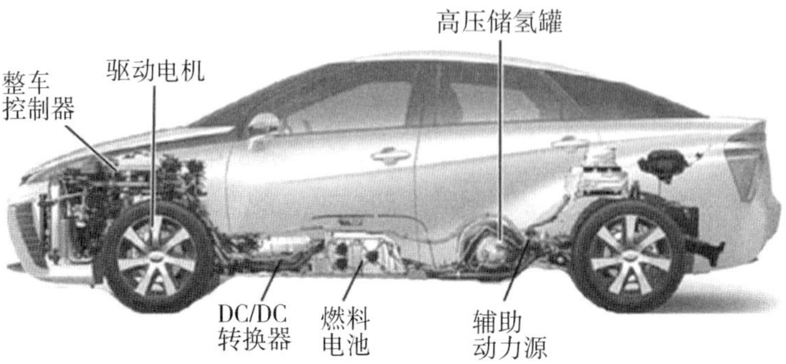

图 7－21　燃料电池汽车组成结构

资料来源：崔胜民. 新能源汽车技术解析［M］. 北京：化学工业出版社，2016.

根据电解质类型不同，燃料电池可以分为碱性燃料电池（AFC）、磷酸燃料电池（PAFC）、熔融碳酸盐燃料电池（MCFC）、固体氧化物燃料电池（SOFC）和质子交换膜燃料电池（PEMFC），其具体性能和应用见表 7－11。

质子交换膜燃料电池具有噪音小、启动时间短、工作温度适宜、比功高和维护方便等特点，被广泛应用于机动车领域。质子交换膜燃料电池由双极板、气体扩散层、催化剂和质子交换膜四部分组成，其中催化剂多使用贵金属铂，质子交换膜兼具隔膜和电解质作用，是其最重要的组件之一。当质子交换膜燃料电池工作时，氢气在阳极发生氧化反应，生成氢离子并释放电子，氧气在阴极发生还原反应并与氢离子结合生成水。

表 7－12　燃料电池分类

类型	比功率（W/kg）	电解质	工作温度/℃	启动时间	应用
碱性燃料电池（AFC）	35～105	液体氢氧化钾	50～200	几分钟	航天
磷酸燃料电池（PAFC）	100～220	液体磷酸水溶液	180～220	2～4 小时	发电站、轻便电源
熔融碳酸盐燃料电池（MCFC）	30～40	液体碳酸锂/碳酸钾	600～700	大于 10 小时	发电站
固体氧化物燃料电池（SOFC）	15～20	氧化锆系陶瓷	750～1 000	大于 10 小时	发电站
质子交换膜燃料电池（PEMFC）	300～1 000	固态高分子膜	25～105	几分钟	机动车、便携电源等

资料来源：中国汽车技术研究中心有限公司《氢燃料电池汽车产业发展研究报告》，2019 年 6 月。

燃料电池汽车的工作原理如图 7－22。通过加氢站向高压储氢罐加入氢气，在催化剂的作用下，氢气与氧气在燃料电池反应堆发生化学反应，产生电流并生成最终产物水，电流可以储存于动力电池之中，也可以直接驱动电机运行从而驱动汽车行驶。从其工作原理可以看出，燃料电池汽车在工作过程中，消耗的燃料主要是氢气和氧气，生成的废弃物主要是水。因此，燃料电池汽车是真正的清洁能源汽车。

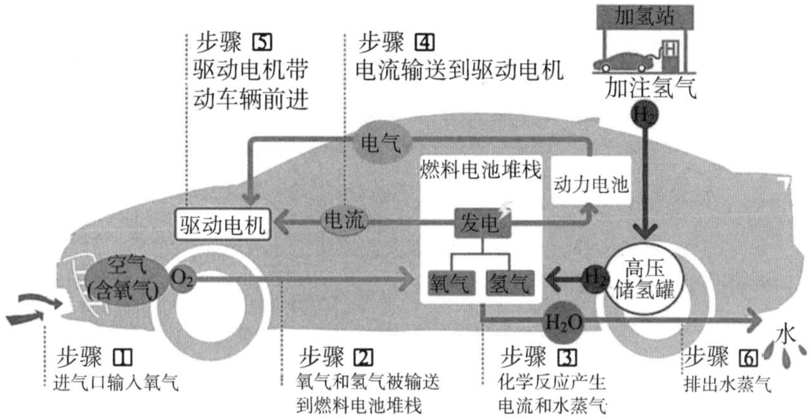

图 7－22　燃料电池汽车工作原理

资料来源：崔胜民．新能源汽车技术解析［M］．北京：化学工业出版社，2016.

（二）政策支持力度大，燃料电池汽车开始商业化示范应用

燃料电池具有悠久的发展历史，我国亦对燃料电池汽车研发在多方面给予支持。2001年，我国启动“十五”国家“863 计划”电动汽车重大专项，对燃料电池汽车、混合动力汽车和纯电动汽车三种整车技术的开发进行专项支持。2009 年，我国开始新能源汽车示范推广，燃料电池汽车亦被纳入推广之列。2010 年，我国提出培育和发展新能源汽车等七大战略性新兴产业，燃料电池汽车是其中突破的重点方向之一。2012 年，《节能与新能源汽车产业发展规划（2012—2020)》发布，燃料电池汽车被纳入发展规划。2016 年，我国发布《节能与新能源汽车技术路线图》，对燃料电池汽车发展进行了详细规划，包括其发展思路、发展目标、技术路线等。

尽管我国出台了众多政策支持燃料电池汽车发展，然而技术难度大、价格昂贵、加氢站配套缺失等问题制约了燃料电池汽车商业化运行。2016 年，我国燃料电池汽车销量仅为 629 辆，同期以锂离子电池为动力源的新能源汽车销量已达 50. 7 万辆，两者差距甚大。2019 年，我国燃料电池汽车产业实现产量 2 831 辆、销量 2 737 辆，均为历史最高值。然而，由于新冠肺炎疫情影响，2020 年我国燃料电池汽车产销量大幅下降，产量为 1 177 辆，同比下降 58. 4%，销量为 1 179 辆，同比下降 56. 9%（见图 7－23）。从月度数据看，2020 年 2 月份产销量为 0，2 月至 10 月的产销量则处于低水平（见图 7－24）。

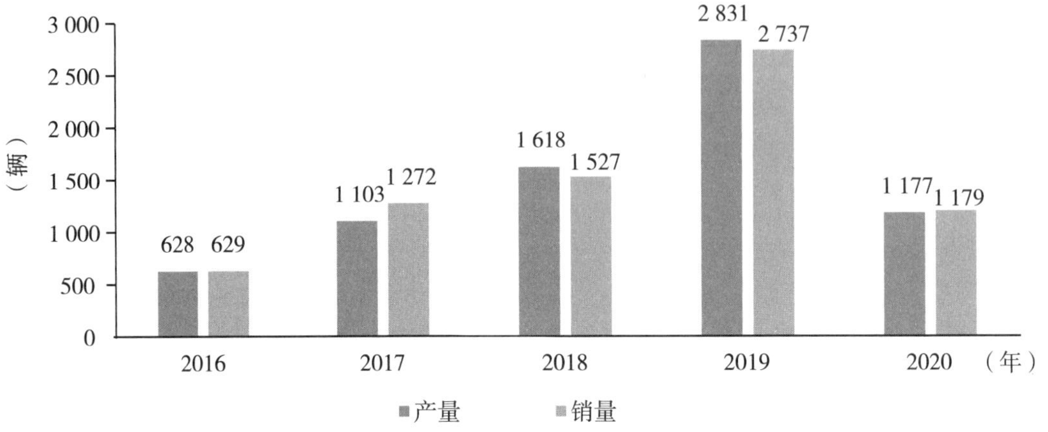

图 7－23　2016—2020 年中国燃料电池汽车产销量

资料来源：中国汽车工业协会 . http：//www. caam. org. cn/.

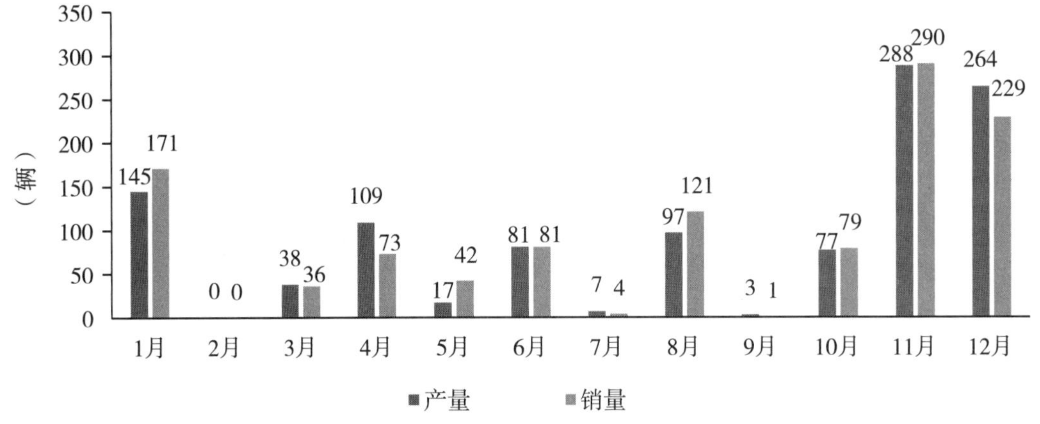

图 7－24　2020 年中国燃料电池汽车月度产销量

资料来源：中国汽车工业协会 . http：//www. caam. org. cn/.

2020 年，财政部等五部委发布《关于开展燃料电池汽车示范应用的通知》，鼓励燃料电池汽车示范城市推广燃料电池汽车。受此影响，我国多地政府增加了燃料电池汽车的采购，带动 11 月、12 月燃料电池汽车产量和销量的大幅攀升。2021 年，我国发布《新能源汽车产业发展规划（2021—2035）》，支持有条件的地区开展燃料电池汽车商业化示范运行，并希望经过十五年努力，实现燃料电池汽车商业化应用。

表 7－13　燃料电池汽车支持政策

时间	政策	与燃料电池汽车相关内容
2009 年	《关于开展节能与新能源汽车示范推广试点工作的通知》	对燃料电池汽车推广进行财政补助

（续上表）

时间	政策	与燃料电池汽车相关内容
2010 年	《国务院关于加快培育和发展战略性新兴产业的决定》	开展燃料电池汽车相关前沿技术研发，大力推进高能效、低排放节能汽车发展
2011 年	《中华人民共和国车船税法》	新能源汽车（纯电动、混合动力、燃料电池汽车）免征车船税
2012 年	《节能与新能源汽车产业发展规划（2012—2020 年）》	开展燃料电池电堆、发动机及其关键材料核心技术研究，继续开展燃料电池汽车示范运行
2015 年	《关于 2016—2020 年新能源汽车推广应用财政支持政策的通知》	2016—2020 年燃料电池汽车补贴保持不变
2016 年	《能源技术革命创新行动计划（2016—2030 年）》	将“氢能与燃料电池技术创新”列为能源技术创新的重点任务
2016 年	《节能与新能源汽车技术路线图》	提出了燃料电池汽车发展的总体思路、发展目标、总体技术路线和技术路线图
2016 年	《“十三五”国家战略性新兴产业发展规划》	系统推进燃料电池汽车研发与产业化
2020 年	《关于开展燃料电池汽车示范应用的通知》	在示范期间，通过“以奖代补”方式，鼓励燃料电池汽车推广应用
2020 年	《新能源汽车产业发展规划（2021—2035 年）》	支持有条件的地区开展燃料电池汽车商业化示范运行

资料来源：根据公开资料整理。

（三）燃料电池汽车销售与各地氢能产业发展战略高度相关

从区域分布看，燃料电池汽车销售集中于广州、佛山、张家口等城市，且以城市公交为主，如图 7－25 所示。目前燃料电池汽车推广存在诸多难点，包括技术、资金和加氢站建设等，且严重依赖地方政府采购，尚未形成商业化落地能力。2020 年，广州、佛山、张家口、潍坊四地所售出燃料电池均超过一百辆，合计 974 辆，占全国总销售量的 65%。在售出车辆中，客车占了绝大部分份额，前十城市中除了广州、北京，其余城市所售车型皆为燃料电池客车。广州所售车型虽然包含专用车，但客车售出量为 442 辆，占比 91%。

燃料电池汽车销售的地域分布，与当地的氢能产业布局息息相关。广州于 2020 年 6 月出台《广州市氢能产业发展规划（2019—2030）》，规划氢能产业产值 2022 年超过 200 亿元、2025 年超过 600 亿元、2030 年超过 2 000 亿元的目标。广州发展氢能产业优势明显，目前广州年制氢能力超过 10 万吨，有广州发展集团、普莱克斯、广州石化、空气化工、广钢气体等氢能供应企业，培育了广州鸿基创能、雄川氢能、广州雄韬氢恒等本土氢燃料电池企业，吸引了智氢科技、重塑、舜华等企业的氢燃料电池项目落地。2021 年 3

月，现代汽车全球首个海外氢燃料电池生产销售基地于广州开发区动工建设，该生产基地规划年产6 500套氢燃料电池系统，总投资达85亿元。佛山也提出了类似规划，根据《佛山市氢能源产业规划（2018—2030年）》，2025年佛山将培育超过100家氢能及燃料电池企业，并将对氢能产业投资约300亿元。佛山的氢能产业已初具规模，南海区集聚了华特气体、广东爱德曼公司、广东长江汽车、广顺新能源、广东泰罗斯汽车、拜特斯特等氢能和燃料电池企业；佛山和云浮两市共建氢能产业基地，形成了以广东国鸿科技有限公司、云浮飞驰新能源汽车公司等为代表的龙头企业集群，同时吸引了美国普顿、北京科泰克、江门联悦、巴拉德、上海重塑、东风特商等氢能源上下游企业落地；三水区在全国率先开通首条实现商业化运营的氢燃料电池公交车示范线路，以及两条连接佛山西站的氢燃料电池公交试运行线路。除了广州、佛山，张家口、潍坊、成都、北京等多地也进行了氢能产业规划，推动氢能燃料电池汽车上下游配套落地，大力推广绿色清洁城市交通系统。

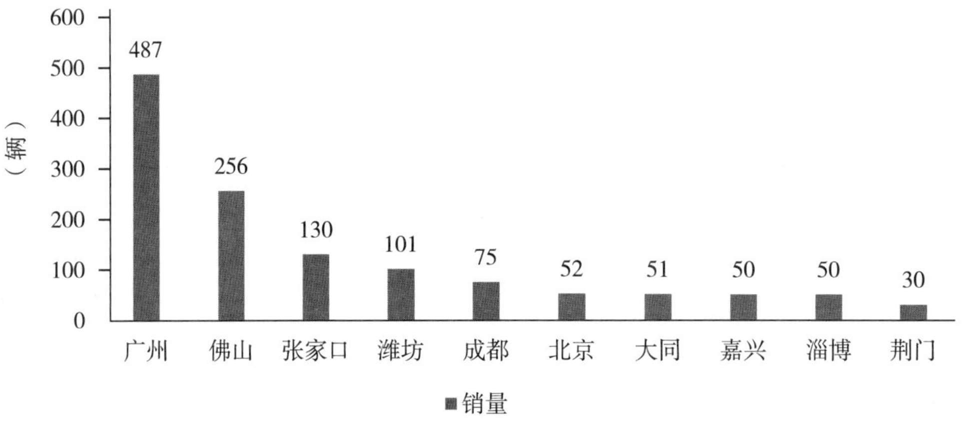

图7-25　2020年燃料电池汽车销量前十城市

资料来源：高工产业研究院《燃料电池汽车月度数据库》，2021年1月。

（四）商用车是市场主要销售车型，燃料电池乘用车尚未市场化落地

从车型结构看，我国燃料电池汽车市场以商用车为主，乘用车尚未实现商业化销售。根据高工产业研究院数据，2020年我国所售出燃料电池汽车中，客车占比为90.3%，专用车占比为9.7%，乘用车销售量为0。另外根据公开资料，目前我国已上市燃料电池乘用车仅有上汽大通的两款车型，分别为上汽荣威750 FCV和上汽荣威950 FCV，其续航里程分别为200 km和350 km。

燃料电池乘用车推广困难源于技术、成本和加氢站建设等方面。在技术方面，我国燃料电池系统关键零部件与国外有较大差距。以我国已上市的燃料电池乘用车上汽荣威950 FCV为例，其燃料电池电堆功率仅为45 kW，电堆功率密度为1.8 kW/L，低温冷启动性能为-20℃，而丰田Mirai、本田Clarity和现代NEXO等燃料电池汽车的电堆功率均超过100 kW，电堆功率密度达到3.1 kW/L，低温冷启动温度则为-30℃。并且，我国燃料电池电堆寿命约为5 000小时，同期国外燃料电池电堆已实现10 000小时的耐久性。除此之

外，我国在催化剂、质子交换膜、储氢瓶等关键部件上的技术也尚不成熟，对国外产品依赖度高。成本方面，燃料电池乘用车的制造成本约为150万元人民币，补贴后售价降至约50万元人民币，与高端纯电动汽车价格相当，与中低端纯电动汽车相比不具备任何价格优势。在加氢站建设上，根据中国氢能联盟数据，截至2020年底，我国已建成运营加氢站127座，新增61座。其中，在营81座，内部实验站13座，待运营32座，暂停运营1座。目前加氢站建设主要满足城市燃料电池公交示范运行需要，若大规模推广燃料电池乘用车，加氢站仍需大量建设。除了以上因素，氢气生产成本高、氢气储存运输危险性高也是制约燃料电池乘用车发展的重要问题。

相比燃料电池乘用车，商用车使用燃料电池系统具有较大优势。首先，商用车行驶路线固定、车辆集中，只需建设少量加氢站即可满足商用车需求，大大降低氢能基础设施建设资金支出。其次，商用车体积大，可容纳大体积的燃料电池系统。我国燃料电池电堆功率和密度均处于较低水平，但可通过增加电堆体积从而实现大功率输出，这在乘用车上显然不可行。最后，商用车特别是城市公交车推广使用燃料电池有利于增大燃料电池汽车曝光量，推动城市居民对燃料电池汽车的认可度，为未来燃料电池乘用车大规模推广奠定基础。

表7-14 不同燃料电池汽车技术参数对比

技术参数	荣威950	丰田 Mirai	本田 Clarity	现代 NEXO
车辆尺寸（mm）	4 996×1 857×1 502	4 890×1 815×1 535	4 895×1 877×1 478	4 670×1 860×1 630
车重（kg）	2 080	1 850	1 875	1 860
百公里加速时间（s）	12	9.7	8.8	9.6
最高车速（km/h）	160	175	165	179
续航里程（km）	430	502	589	609
燃料电池电堆功率（kW）	45	114	130	120
电堆功率密度（kW/L）	1.8	3.1	3.1	3.1
低温冷启动温度（℃）	-20	-30	-30	-30
储氢容量（kg）	4.2	5	5.5	6.3

资料来源：中国氢能联盟《中国氢能源及燃料电池产业白皮书》，2019年6月。

（五）产业链诸多环节国产化程度偏低

燃料电池汽车的核心是动力系统。根据中国汽车技术研究中心测算，燃料电池汽车动力系统成本中，燃料电池系统占比63%，电池、电机系统占比9%，车载储氢系统占比8%，其他零部件占比20%。因此，燃料电池汽车产业链围绕燃料电池展开，上游为燃料电池系统零部件制造和储氢系统零部件制造，包括双极板、气体扩散层、质子交换膜、催化剂和储氢瓶等，中游为燃料电池系统、驱动电机系统、整车控制系统、车载储氢系统、辅助储能系统等，下游为燃料电池汽车整车制造，配套产业为氢气的生产、储存和运输（见图7-26）。

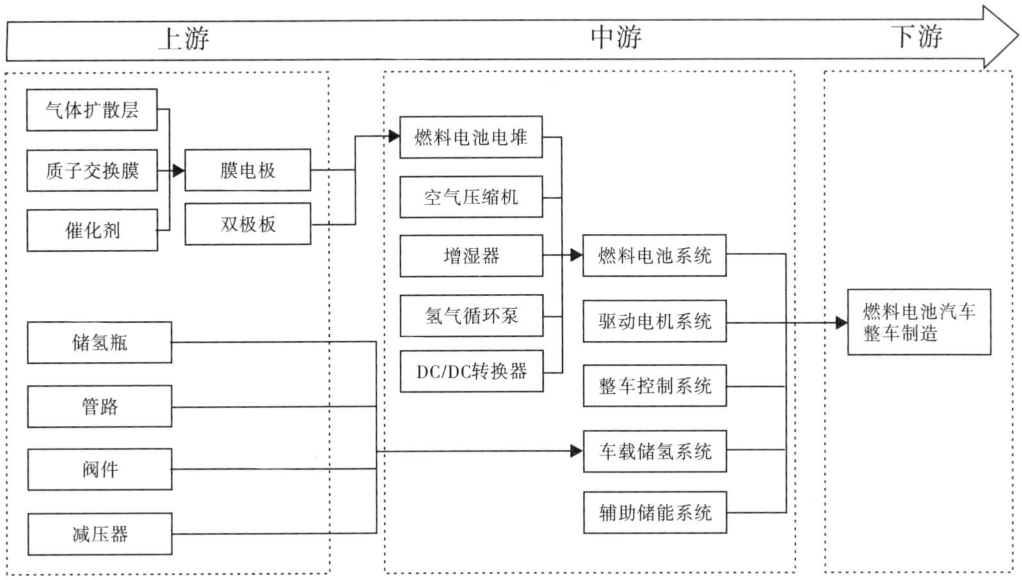

图 7 - 26 燃料电池汽车产业链

资料来源：根据公开资料整理。

燃料电池最早面世于 19 世纪，20 世纪 60 年代已被美国应用于阿波罗登月中。我国于 20 世纪 50 年代就开始燃料电池的研发，目前已有多项技术达到国外领先技术，如高活性催化剂、低铂电极、碳纸、高强度高质子电导率复合膜、高功率密度双极板等，但技术产业化进程缓慢，诸多商业化产品落后于国外。

如图 7 - 27，所示在上游产业方面，我国诸多产品仍依赖进口，甚至有部分产品存在产业空白。目前，膜电极、催化剂、质子交换膜、双极板等领域我国已有企业涉足，如新源动力、武汉理工新能源涉足膜电极生产，广东国鸿、明天氢能、新源动力涉足双极板制造，东岳集团涉足质子交换膜生产。尽管如此，我国企业在气体扩散层、碳纸、高压管路、减压器等方面的布局依然处于空白状态，严重依赖进口。并且，在我国已具备生产能力的产品上，高性能产品仍需要进口，如高性能质子交换膜需要从美国杜邦公司进口，铂催化剂需要从德国 BASF、美国 E - TEK、英国 JM、日本 TKK 等厂商进口。

在中游产业方面，我国企业在燃料电池电堆、燃料电池系统方面有产业化能力，但空气压缩机、氢气循环泵、增湿器等产品我国仍严重依赖进口。涉足燃料电池电堆的企业有神力科技、新源动力、广东国鸿、明天氢能等；涉足燃料电池系统的企业有亿华通、新源动力、氟尔赛、广东国鸿、重塑科技等。

在下游产业方面，我国已有较多企业进军燃料电池汽车生产，包括上汽集团、飞驰汽车、宇通客车、中国重汽、上汽荣威等，其中客车生产企业居多。飞驰汽车位于佛山市，以客车为主要生产车型，其生产的氢燃料电池公交车已有多辆在佛山、云浮两地示范运行。上汽集团是我国在燃料电池领域布局较早的车企，已积累多项先进技术，并发布荣威 750、荣威 950、上汽大通 FCV 等燃料电池汽车，旗下企业捷氢科技是我国领先的燃料电池系统生产商。上汽集团于 2020 年发布“氢战略”：在 2025 年前建立千人以上燃料电池研发团队，推出至少 10 款燃料电池车，形成万辆级燃料电池整车产销规模，市场占有率在 10% 以上。

总体来说，我国企业在燃料电池领域的布局集中于中下游产业，上游产业由于技术原因，在我国仍存在大量产业空白，需要依靠进口补足。

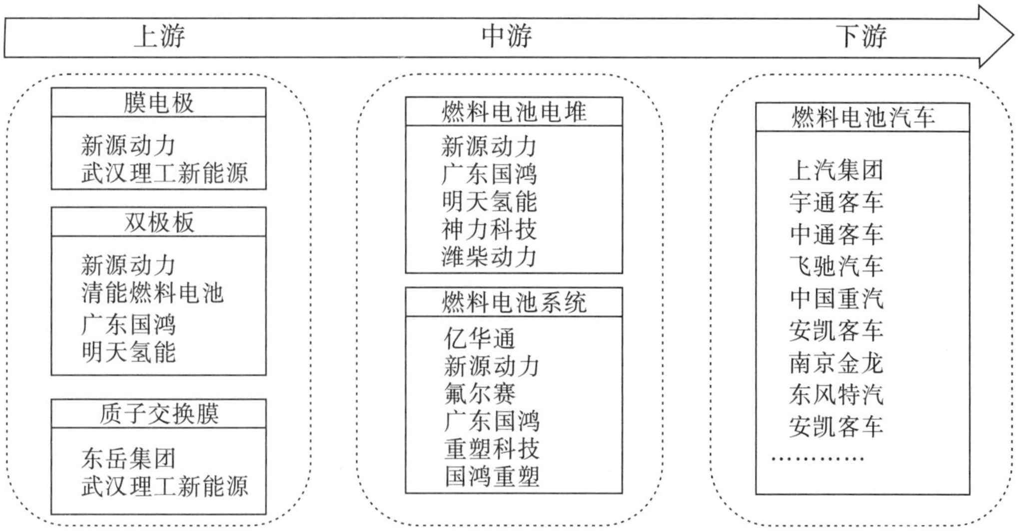

图 7－27　燃料电池汽车产业链企业

资料来源：根据公开资料整理。

（六）多地开始布局氢燃料电池汽车产业

围绕燃料电池汽车上下游产业链和氢能配套产业，我国多地陆续建设了多个燃料电池汽车产业园，部分地区初步形成了氢能燃料电池汽车产业集群。粗略统计，目前我国氢能燃料电池产业园约有 30 个，分布于东部和中部多个地区，江苏、上海、浙江和广东是该产业最具活力的地区。

佛山南海区仙湖氢谷规划面积约 47.3 平方公里，依托南海区现有汽车产业基础，重点布局氢燃料电池及动力总成、燃料电池汽车、分布式发电与备用电源系统、核心材料及部件、氢能装备等项目。目前，仙湖氢谷已吸引包括长江汽车、广东国鸿、广顺新能源、爱德曼、广东重塑、氢枫能源、泰罗斯、广东清极氢能、佛山索弗克等企业在内的众多氢能燃料电池汽车产业链上下游企业。

江苏如皋氢能小镇位于南通如皋经济技术开发区，规划面积 3.3 平方公里，重点布局氢气生产、储存、运输和燃料电池重点材料研发生产。如皋氢能小镇已建成氢能战略研究院、燃料电池检测中心，并规划建设燃料电池创新中心、氢能创业创新中心、氢能学院、氢能产业金融服务平台等。目前，园区已集聚了多家氢能和燃料电池汽车企业，如陆地方舟新能源、江苏清能、康迪科技等。

广州黄埔氢能产业创新核心区依托广州石化等现有氢能产业，重点建设广州国际氢能产业集聚区、湾区氢谷、氢能创新创业中心等产业集群专业园区，已经引进鸿基创能、群翌能源、摩氢科技、广州舜华、雄韬氢恒、雄川氢能等 20 个项目，总投资超 40 亿元，涵盖制氢储运和氢气加注装备、整车运营、燃料电池系统和电堆、燃料电池关键部件与材料、检测认证等氢能各个环节。根据规划，黄埔区 2025 年氢能产业规模将突破 200 亿元，2030 年突破千亿元，成为粤港澳大湾区氢能产业创新核心。

表 7－15　部分氢能产业园一览

省市	重点城市	产业园	代表性企业
辽宁	大连、抚顺、鞍山	新宾氢能产业园	新源动力、大连氢能源研究院
河北	张家口、霸州	张家口创坝产业园	亿华通、福田客车、宇通客车
山西	大同	大同氢能之都	雄韬氢能、新研氢能、氢雄云鼎、华熵氢能
山东	济南、潍坊、淄博、滨州、聊城	济南中国氢谷	东岳集团、潍柴动力、大洋电机、中通客车
河南	郑州、平顶山、新乡	新乡氢能产业园	宇通客车
安徽	六安	明天氢能产业园	明天氢能
江苏	如皋、苏州、张家港、盐城、镇江	如皋氢能产业园、丹徒氢能产业园、张家港氢能产业示范区、常熟氢燃料电池汽车产业园	百应能源、华昌化工、南通泽禾新能源科技有限公司、南通安思卓新能源有限公司、国富氢能、江苏清能新能源技术股份有限公司等
浙江	台州、嘉兴	湖州氢谷新能源汽车产业园、嘉兴港区长三角氢能产业示范区、金华氢谷	淳华氢能科技股份有限公司
上海	—	嘉定氢能与燃料电池产业园	上海燃料电池汽车动力系统有限公司、上汽大通、上海沐与康、上海驿蓝、上海新源动力、弗尔赛、上海小蓝等
湖北	武汉	武汉雄韬氢能产业园	武汉理工、雄韬股份、众宇动力、氢阳能源
广东	广州、佛山、云浮、深圳	佛山仙湖氢谷、广州国际氢能产业集聚区、佛山（云浮）产业转移工业园	大洋电机、飞驰汽车、长江汽车、爱德曼、鸿基创能、东风特商、国鸿氢能等

资料来源：根据公开资料整理。

第二节 发达国家新能源汽车产业发展分析

一、全球新能源汽车市场分析

（一）欧洲新能源汽车市场爆发带动全球新能源汽车市场逆势增长

2020 年，受新冠肺炎疫情影响，全球汽车消费大幅下滑，新能源汽车产业也受到波及。2020 年上半年，除了 2 月份外，全球新能源汽车销量处于严重负增长阶段，1—6 月销量累计下跌 13.93%，其中中国新能源汽车销量累计下降 42%。

为了减少新冠肺炎疫情带来的负面影响，全球多国积极出台措施刺激汽车消费，希望通过支撑汽车工业发展进行逆周期调控，带领经济走向复苏。例如，为提振汽车消费，德国为购买新能源汽车的消费者提供最高 9 000 欧元的补贴，法国为汽车工业提供 88 亿欧元的援助，中国多地亦为居民购买汽车提供补贴，并将新能源汽车补贴延长至 2022 年。在各国汽车工业提振政策影响下，全球新能源汽车消费在下半年迅速回升。2020 年 7 月开始，全球新能源汽车销量大幅反弹，7 月、8 月和 9 月分别实现 72%、59% 和 95% 的高增速，10 月、11 月和 12 月的增速更是大于 100%，分别为 134%、131%、109%（见图 7 – 28）。

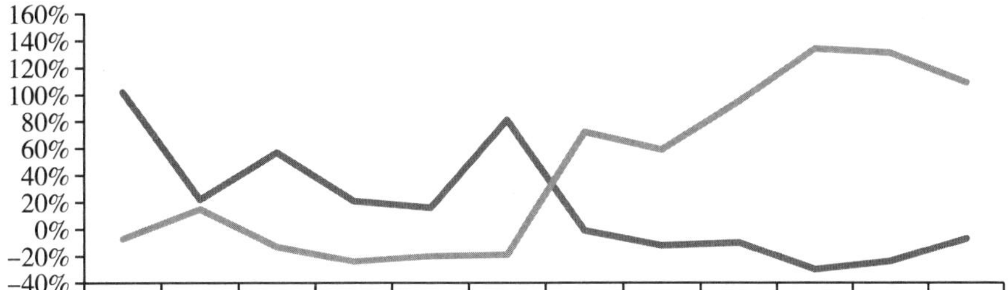

	1月	2月	3月	4月	5月	6月	7月	8月	9月	10月	11月	12月
2019年	102	22	57	21	16	81	−1	−12	−10	−30	−24	−7
2020年	−7	15	−13	−24	−20	−19	72	59	95	134	131	109

2019年　2020年

图 7 – 28 全球新能源汽车销量增速变化

资料来源：EV Volumes. https：//www. ev – volumes. com/.

2020 年，全球共售出新能源汽车 324.2 万辆，同比增长 43.0%，市场渗透率为 4.2%，同比提高 1.7 个百分点（见图 7 – 29）。新能源汽车销售量的大幅增长，主要得益于欧洲市场新能源汽车销售量大幅提升和中国新能源汽车市场的持续复苏。2020 年，欧洲新能源汽车销量 139.5 万辆，同比增长 137.0%，是全球新能源汽车销量增长最快的地区。中国新能源汽车市场在经历上半年的低谷后，下半年销量大幅回升，全年销量 136.7 万辆，累计增速 10.9%。

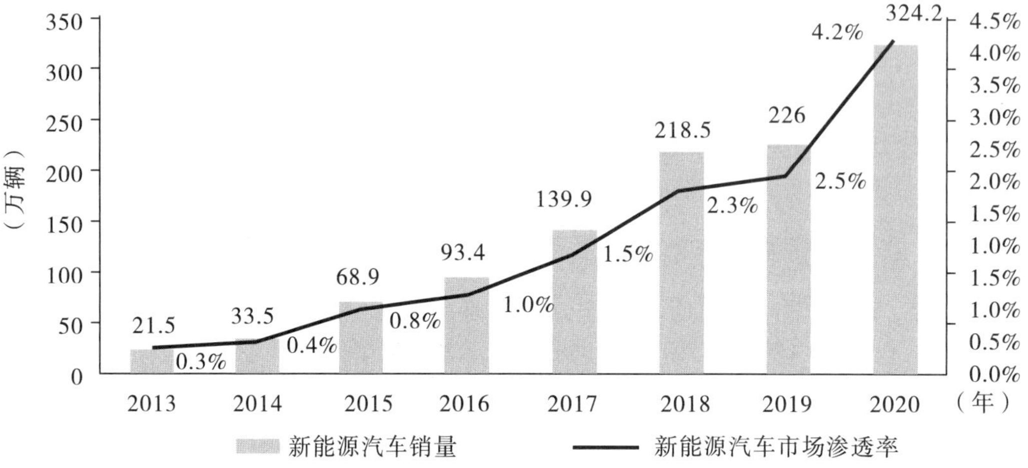

图 7－29 全球新能源汽车市场渗透率

资料来源：EV Volumes. https：//www. ev－volumes. com/.

从区域分布看，2020 年，欧洲地区、中国、美国和日本是新能源汽车销量最高的地区，其全球市场份额分别为 43. 06%、41. 24%、10. 12% 和 0. 96%，2019 年上述地区的市场份额分别为 25. 79%、52. 36%、13. 84% 和 1. 88%。欧洲地区不仅是新能源汽车销量增速最快的地区，也是全球新能源汽车第一大市场，2020 年其全球市场占比相比 2019 年提升了约 17 个百分点。中国市场虽然保持了 10. 90% 的增长速度，但受欧洲新能源汽车销量大幅跃升影响，其全球市场占比相比 2019 年下降了约 11 个百分点。

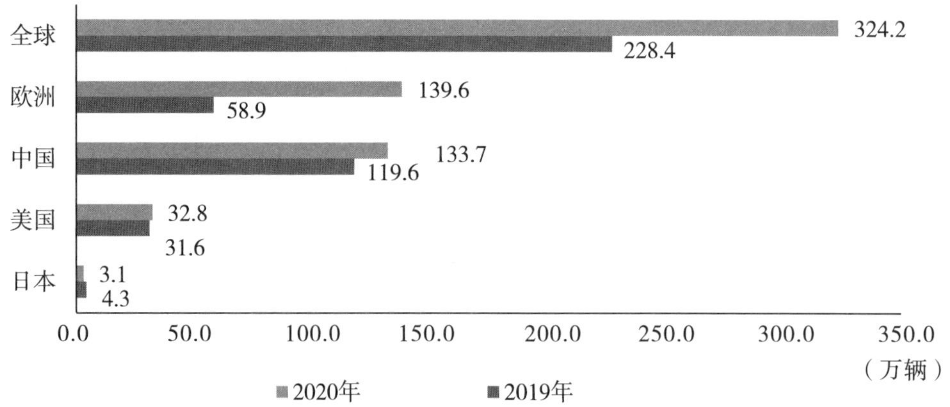

图 7－30 全球主要国家或地区新能源汽车销量

资料来源：EV Volumes. https：//www. ev－volumes. com/.

(二) 特斯拉是全球最受欢迎新能源车企

新能源车企方面，特斯拉依然是全球新能源汽车销量最高的车企，2020 年其全球销量达 49.95 万辆，同比增长 35.8%。大众紧随其后，全年销量为 22.02 万辆，排名第三的是比亚迪，其销量为 17.92 万辆。相比 2019 年，全球销量前十车企中，欧洲车企排名显著提高，例如，大众的排名从第六名提升至第二名，销量也从 8.42 万辆增加至 22.02 万辆，雷诺、沃尔沃、奥迪等则首次冲进前十。欧洲车企新能源汽车销量的提升，一方面是疫情之下欧洲各国鼓励汽车消费；另一方面则是欧洲开始执行史上最严格的碳排放法案，即要求 2020 年销售新车中的 95%，碳排放必须不超过 95 g/km，若超过限制标准则要进行罚款。为应对欧洲碳排放政策，欧洲车企纷纷推出新能源汽车，并且欧洲各国也推出了新能源汽车购置优惠政策，在多重因素叠加下，欧洲新能源汽车销量得到大幅提升。

表 7－16　2019 年和 2020 年全球新能源汽车销量 Top10 车企

2020 年			2019 年		
排名	车企	销量（辆）	排名	车企	销量（辆）
1	特斯拉	499 535	1	特斯拉	367 820
2	大众	220 220	2	比亚迪	229 506
3	比亚迪	179 211	3	北汽	160 251
4	上汽通用五菱	170 825	4	上汽	137 666
5	宝马	163 521	5	宝马	128 883
6	梅赛德斯	145 865	6	大众	84 199
7	雷诺	124 451	7	日产	80 545
8	沃尔沃	112 993	8	吉利	75 869
9	奥迪	108 367	9	现代	72 959
10	上汽	101 385	10	丰田	55 155

资料来源：EV Volumes. https：//www. ev－volumes. com/.

具体车型上，特斯拉 Model 3 蝉联全球最受欢迎新能源汽车车型，2020 年全球销量累计 36.5 万辆。其次是五菱宏光 MINIEV 和雷诺 ZOE，销量分别为 11.9 万辆和 10.0 万辆。五菱宏光 MINIEV 定位为微型纯电动车，售价区间为 2.88 万～3.88 万元，于 2020 年 7 月 24 日上市，上市即大受欢迎，并于 9 月、10 月、11 月和 12 月连续四个月蝉联中国新能源汽车销量冠军。

表 7－17　2019 年和 2020 年全球新能源汽车销量 Top10 车型

2020 年			2019 年		
排名	车型	销量（辆）	排名	车型	销量（辆）
1	特斯拉 Model 3	365 240	1	特斯拉 Model 3	300 075
2	五菱宏光 MINIEV	119 255	2	北汽 EU 系列	111 047
3	雷诺 ZOE	100 431	3	日产聆风	69 873

（续上表）

2020年			2019年		
排名	车型	销量（辆）	排名	车型	销量（辆）
4	Model Y	79 734	4	比亚迪元	67 839
5	现代 KONA	65 075	5	上汽宝骏 E 系列	60 050
6	大众 ID. 3	56 937	6	宝马 530e	51 083
7	日产聆风	55 724	7	三菱欧蓝德 PHEV	49 649
8	奥迪 e – tron	47 704	8	雷诺 Zoe	46 839
9	宝骏 E 系列	47 704	9	现代 KONA EV	44 386
10	欧拉黑猫	46 796	10	宝马 i3	41 837

资料来源：EV Volumes. https：//www. ev-volumes. com/.

二、美国新能源汽车市场分析

美国新能源汽车激励政策主要有五类，即税收减免、温室气体排放标准（Greenhouse Gas Emissions，GHG）、先进车辆贷款支持项目、汽车燃料经济性标准（Corporate Average Fuel Economy，CAFE）和零排放车辆法案（Zero – Emission Vehicle，ZEV）。ZEV 法案最早在加州推行，后扩展至美国 12 个州。受限于篇幅原因，本小节主要介绍加州推行的 ZEV 法案。

（一）ZEV 法案

ZEV 法案最早由加州空气资源委员会（California Air Resources，CARB）（CARB）于 1990 年制定并实施。CARB 提出，大型汽车制造商在加州生产销售的车辆中，零排放汽车销售占比在 1998 年、2001 年、2003 年分别需达到 2%、5%、10%。2001 年，CARB 对 ZEV 法案进行修订，规定车企在加州生产销售的车辆中，有 2% 的零排放车辆（ZEV）、2% 的先进技术零排放车辆（Advanced Technology PZEV）及 6% 的部分零排放车辆（PZEV）即可满足要求。

2008 年，CARB 对 ZEV 法案进行大幅度修订，并因此建立了 ZEV 积分交易制度，该制度于 2009 年正式实施。根据修订后的 ZEV 法案，CARB 根据销售规模对车企进行分级，对中型车企和大型车企进行监管，若受监管车企达不到 ZEV 积分目标，则对达不到的每个积分罚款 5 000 美元。ZEV 积分可在不同车企间进行交易，具体分级标准和积分标准见表 7 – 18 和表 7 – 19。

每个车企的 ZEV 积分目标等于该车企汽车销量乘以零排放车辆占比目标。2012 年、2013 年、2014 年零排放车辆占比目标为 12%，2015 年、2016 年、2017 年零排放车辆占比目标为 14%，2018 年零排放车辆占比目标为 16%。

表 7 – 18 美国 ZEV 法案中的车企分级标准

分级	销量（辆）①	监管要求
小型车企 SVM	≤4 500	无监管要求
独立小型车企 ISVM	<10 000	无监管要求
中型车企 IVM	≥4 501 且≤60 000	服从 ZEV 监管要求
大型车企 LVM	>60 000	服从 ZEV 监管要求

资料来源：CARB. https：//ww2. arb. ca. gov/.

表 7 – 19 ZEV 积分要求和积分值

ZEV 类型和要求		每辆车的积分
ZEV（零排放汽车）	纯电续航 <50 英里	1
	50 英里≤纯电续航 <75 英里	2
	75 英里≤纯电续航≤100 英里	2. 5
	纯电续航 >100 英里	3
	纯电续航 >100 英里且具有 15 分钟快充能力	4
	纯电续航 >200 英里	4
	纯电续航 >200 英里且具有 15 分钟快充能力	5
	纯电续航 >300 英里且具有 15 分钟快充能力	7
PZEV（部分零排放汽车）	满足 SULEV 尾气排放标准，且对废气处理系统提供 15 年或者 15 万英里的质保	0. 2
AT-PZEV（采用先进技术的部分零排放汽车）	采用混合动力、压缩天然气或甲醇燃料电池技术，同时具有与 PZEV 相同的排放标准和质保	0. 2
Enhanced AT-PZEV（加强版采用先进技术的部分零排放汽车）	采用电动或氢燃料电池系统的 AT-PZEV	0. 2

资料来源：CARB. https：//ww2. arb. ca. gov/.

2016 年，CARB 对车企规模分级、ZEV 积分计算和积分清缴制度等进行了修改，新修订的法案于 2018 年开始执行实施。根据新修订的 ZEV 法案，汽车销量介于 4 500 辆与 20 000辆之间的中型车企和销量大于 20 000 辆的大型车企需要服从 ZEV 法案的积分要求。在积分计算方面，修订后的法案删除了 PZEV 和 AT-PZEV 零排放车辆类型，增加了 TZEV、HICE、BEV 和 NEV 等车型，同时不再将具备 15 分钟快充能力作为零排放车型判定条件，续航里程成为唯一判定条件，具体见表 7 – 21。在零排放车辆占比目标方面，法案区分了

① 销量为监管年之前 3 年内的平均销量。

大型车企和中型车企的零排放车辆占比目标，大型车企达成零排放车辆占比目标只能依靠 ZEV 积分，而中型车企可以用 TZEV 积分弥补未达成的 ZEV 积分目标，具体见表 7 - 22。

表 7 - 20　2016 年修订后的 ZEV 法案车企分级标准

分级	销量（辆）	监管要求
小型车企 SVM	<4 500	无监管要求
中型车企 IVM	≥4 500 且≤20 000	服从 ZEV 监管要求
大型车企 LVM	>20 000	服从 ZEV 监管要求

资料来源：CARB. https://ww2.arb.ca.gov/.

表 7 - 21　2016 年修订后的 ZEV 法案中的积分要求和积分分值

ZEV 类型	说明	要求	每辆车的积分
ZEV	纯电动汽车和燃料电池车	纯电续航 <50 英里	0
		50 英里≤纯电续航≤350 英里	$0.01 \times R$① $+0.5$
		纯电续航 >350 英里	4
TZEV	过渡性零排放车辆	纯电续航 <10 英里	0
		10 英里≤纯电续航≤80 英里	$0.01 \times R + 0.3$
		纯电续航 >80 英里	1.1
		纯电续航≥250 英里	0.75
HICE	氢燃料电池汽车	纯电续航≥75 英里	$0.01 \times R + 0.5$
BEV	增程式混合动力汽车	纯电续航≥350 英里	4
NEV	低速电动车	最高速度不超过 20 mph，加速不低于 6 秒	0.15

资料来源：CARB. https://ww2.arb.ca.gov/.

表 7 - 22　大型车企和中型车企零排放车辆占比目标

时间	美国大型车企零排放车辆占比目标	时间	美国中型车企零排放车辆占比目标	
2018	5.00%	2018	2.50%	2.00%
2019	7.00%	2019	3.00%	4.00%
2020	10.00%	2020	3.50%	6.00%
2021	12.00%	2021	4.00%	8.00%
2022	15.00%	2022	4.50%	10.00%
2023	17.00%	2023	5.00%	12.00%

① R 是指 UDDS 工况下纯电动模式的续航里程。

（续上表）

时间	美国大型车企零排放车辆占比目标	时间	美国中型车企零排放车辆占比目标	
2024	20.00%	2024	5.50%	14.00%
2025	22.00%	2025	6.00%	16.00%

资料来源：CARB. https：//ww2. arb. ca. gov/.

加州的 ZEV 法案既规定了车企每一年需要达成的零排放积分要求，也给予了车企间 ZEV 积分交易的自由。在政策约束和市场化积分交易的共同作用下，加州车企纷纷向纯电动转型，特斯拉等纯电动车企也顺势崛起，推动加州地区交通领域温室气体排放大幅减少。同时，ZEV 法案也促进了加州地区新能源汽车市场的繁荣，2019 年加州地区新能源汽车销量达到 15.6 万辆，占据美国新能源汽车总销量的 47%，是美国新能源汽车销量最多的地区。

（二）美国新能源汽车市场

2020 年，美国共售出新能源汽车 32.8 万辆，同比增长 3.80%。从车型结构看，纯电动类型售出 26.02 万辆，插电式混合动力类型售出 7.16 万辆，燃料电池类型售出 0.09 万辆。美国新能源汽车市场近年来并未像中国、欧洲等地出现井喷式增长，而是在 2018 年销量见顶后开始小幅波动。从新能源汽车车辆类型看，纯电动汽车是美国市场的主要销售车型，2020 年其市场份额为 78.40%。

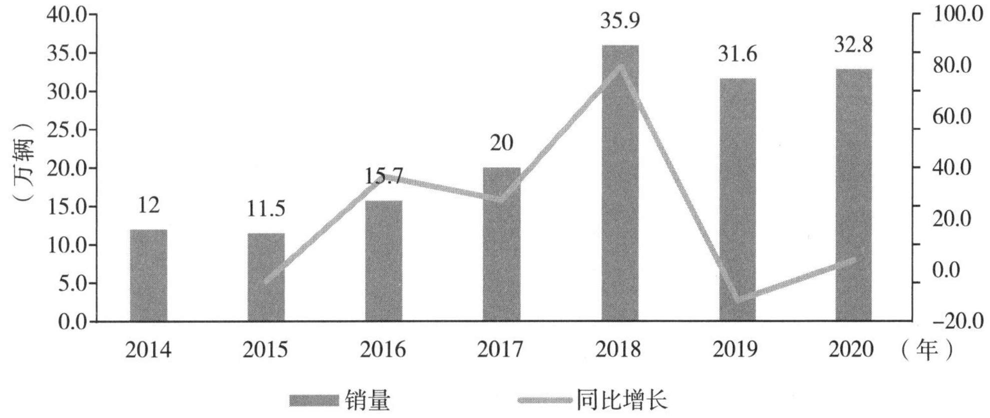

图 7－31　美国新能源汽车历年销量变化

资料来源：EV Volumes. https：//www. ev－volumes. com/.

从具体车企看，特斯拉以 20.56 万辆的销量荣登美国新能源汽车销量冠军，第二名和第三名分别是大众和通用集团。作为全球新能源汽车销量冠军，特斯拉在美国的销量占据了美国新能源汽车销量总和的 62.68%，是大众新能源汽车销量的 5.6 倍。并且，特斯拉销售的所有车型均为纯电动汽车，占美国纯电动汽车销量的 79.02%。

表 7-23 2020 年美国新能源汽车销量 Top10 企业

排名	车企	销量（辆）
1	特斯拉	205 600
2	大众	36 950
3	通用集团	30 399
4	戴姆勒集团	16 042
5	现代—起亚	14 308
6	日产	9 564
7	宝马集团	8 329
8	吉利控股	6 197
9	FCA	5 861
10	福特	5 568

资料来源：Marklines. https://www.marklines.com/cn/vehicle_sales/index.

三、欧洲新能源汽车市场分析

（一）欧洲新能源汽车政策

欧洲地区的新能源汽车政策可以分为两个层面，即欧盟层面的强制性法规与欧洲各国为鼓励居民购买新能源汽车而出台的各种购置优惠政策。本小节主要介绍欧盟的两个强制性法规。

欧盟层面出台的强制性法规主要有 2009 年在欧洲议会和理事会通过的第 443/2009 号法规（EC）和 2019 年通过的第 2019/631 号法规（EU）。根据第 443/2009 号法规，2015 年，欧盟地区新登记的乘用车需满足二氧化碳排放量低于 130 g/km 的强制性标准，2020 年该标准提高至 95 g/km，超出标准部分将进行罚款。法规同时规定，2012 年、2013 年、2014 年欧盟地区需要有 65%、75% 和 80% 比例新登记乘用车达到碳排放量强制性标准。第 443/2009 号法规效果显著，根据欧盟环境委员会（EEA）的统计数据，2013 年欧盟地区新售出乘用车碳排放量就已达到 2015 年目标（130 g/km），2015 年新售出乘用车碳排放量为 119.5 g/km，比 2015 年目标低 8.0%。然而，法规设定的 2020 年目标（95 g/km）却迟迟无法达到。2016 年，欧盟地区新登记乘用车平均 CO_2 排放量达到 118.1 g/km 的历史最低值；2016 年以后，欧盟地区新登记乘用车的碳排放量并未如预期逐年下降，反而逐年上升；2019 年该数值回升至 122.4 g/km，距离 95 g/km 的目标值差距较大。

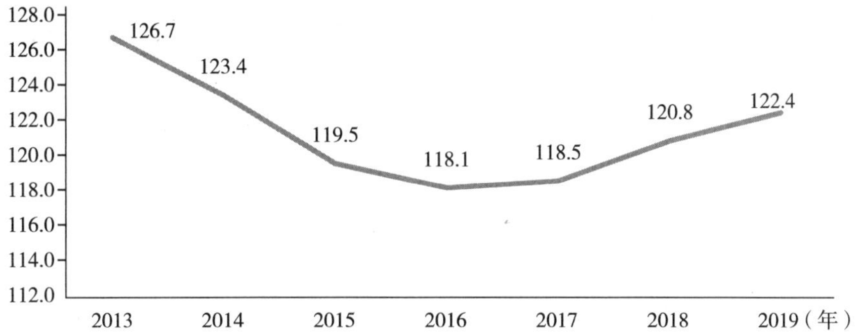

图 7－32　2013—2019 年欧盟地区乘用车二氧化碳排放量（g/km）

资料来源：EEA. https：//www. eea. europa. eu/.

2019 年，欧洲议会和理事会通过第 2019/661 号法规。该法规规定，2020 年欧盟地区新登记乘用车中至少 95% 需要满足 95 g/km 的二氧化碳排放量控制目标，2021 年开始所有新登记的乘用车都需要满足 95 g/km 的二氧化碳排放量控制目标。同时，第 2019/661 号法规还规定，2025 年，欧盟地区新登记乘用车二氧化碳排放量不高于 81 g/km，相比 95 g/km下降 15. 0%，2030 年该值进一步调整为 59 g/km，相比 95 g/km 下降 37. 5%。在惩罚措施方面，第 2019/661 号法规规定，2020 年开始，新售出乘用车的二氧化碳排放量若超过排放标准，则超出的每 1g/km 将被给予 95 欧元的罚款。

（二）欧洲新能源汽车市场

根据欧盟第 2019/661 号法规，2020 年欧盟地区新登记乘用车中至少 95% 需要满足 95 g/km的二氧化碳排放量控制目标。在该规定的影响下，2020 年欧洲地区新能源汽车销量出现了大幅上升。根据欧洲汽车工业协会数据，2020 年欧洲地区新能源汽车总销量为 133. 7 万辆，同比增长 143. 1%。从图 7－33 可以看出，2020 年以前，欧洲地区新能源汽车销量总体上呈现稳步上升的趋势，增速较为平稳，而在 2020 年则出现了大于 100% 的销量增长。

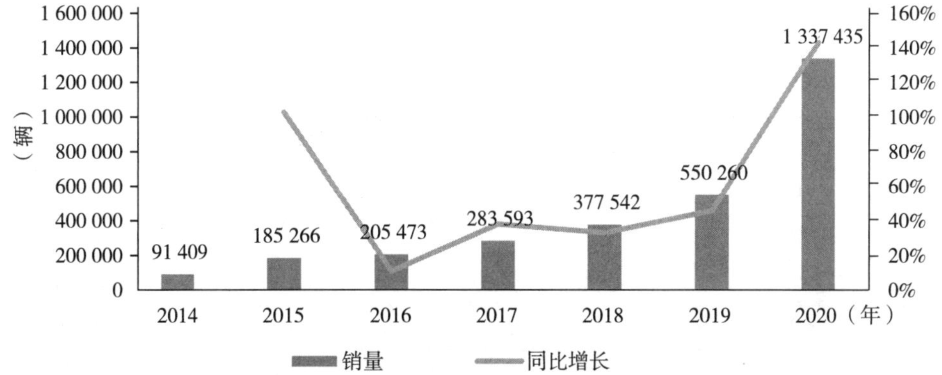

图 7－33　2014—2020 年欧洲新能源汽车销量

资料来源：ACEA. https：//www. acea. be/.

在动力类型方面，ACEA 数据显示，2020 年，欧洲地区纯电动汽车共销售了 728 602 辆，占新能源汽车销售总量的 54.5%，市场占比较 2019 年下降了 10 个百分点，插电式混合动力汽车共销售 608 833 辆，所占比例为 45.5%，较 2019 年提升了 10 个百分点。

分国别看（如表 7 – 23 所示），2020 年德国新能源汽车销量 394 943 辆，同比增长 262.9%，销量居欧洲地区之首，其中纯电动汽车售出 194 474 辆，同比增长 206.3%，插电式混合动力汽车售出 200 469 辆，同比增长 342.1%。德国新能源汽车销量大幅增长来源于德国政府对新能源汽车的高额补贴。2016 年，德国首次退出新能源汽车补贴政策，对售价不超过 60 000 欧元的新能源汽车给予最高 4 000 欧元/辆的购置补贴。2020 年，补贴金额进一步提高，纯电动汽车最高可获得 9 000 欧元/辆的购车补贴，且该补贴将延续至 2021 年底。

欧洲地区新能源汽车销量排名第二名的是法国。2020 年法国共售出新能源汽车 185 719辆，相比 2019 年增长 202.4%。在售出的新能源汽车中，纯电动车型售出 111 127 辆，同比增长 159.5%，插电式混合动力车型售出 74 592 辆，同比增长 301.2%。法国实行奖励与惩罚并行的新能源政策。一方面，法国对二氧化碳排放量超过标准的汽车征收高额罚款；另一方面，法国对纯电动汽车给予最高 7 000 欧元/辆的补贴，并对二氧化碳排放量低于 50 g/km 的插电式混合动力汽车给予每辆 3 000 欧元/辆补贴。另外，法国还在充电设施建设和停车等方面给予新能源汽车相关补助与支持。

英国是欧洲地区新能源汽车销量第三的国家。2020 年英国售出新能源汽车 17.5 万辆，同比增长 140%，其中纯电动车型售出 10.8 万辆，插电式混合动力车型售出 6.69 万辆。排名第四的是挪威，其新能源汽车销量为 10.6 万辆，同比增长 32.7%。挪威新能源汽车市场规模虽不及德国、法国和英国，但自 20 世纪 90 年代挪威便开始发展清洁能源汽车，为清洁能源汽车提供税收等优惠政策，目前其新能源汽车渗透率为 74.8%，是欧洲新能源汽车渗透率最高的国家。在挪威之后，瑞典、荷兰以 9.4 万辆和 8.9 万辆的销量分居欧洲新能源汽车销量第五和第六名。

从以上分析可以看出，欧洲新能源汽车市场主要集中于德国、法国、英国等国家，其中德国、法国和英国这三个国家的新能源汽车销量占据了欧洲总销量的 56.5%，德国、法国、英国、挪威和瑞典五国的新能源汽车销量则占据了欧洲总销量的 71.4%。

表 7 – 24　2019—2020 年部分欧洲国家新能源汽车销量

地区	2020 年（辆）	2019 年（辆）	变化率（%）
奥地利	23 618	11 417	106.9
比利时	46 337	17 737	161.2
捷克共和国	5 243	1 229	326.6
丹麦	32 533	9 415	245.5
芬兰	17 475	7 863	122.2
法国	185 719	61 419	202.4
德国	394 943	108 839	262.9

（续上表）

地区	2020 年（辆）	2019 年（辆）	变化率（%）
匈牙利	6 042	2 939	105. 6
爱尔兰	6 505	4 790	35. 8
意大利	59 894	17 170	248. 8
卢森堡	5 158	1 899	171. 6
荷兰	89 129	66 607	33. 8
波兰	8 099	2 717	198. 1
葡萄牙	19 697	12 681	55. 3
西班牙	41 233	17 474	136. 0
瑞典	94 077	40 406	132. 8
冰岛	4 216	2 138	97. 2
挪威	105 709	79 640	32. 7
瑞士	33 975	17 451	94. 7

资料来源：ACEA. https：//www. acea. be/.

第三节　中国新能源汽车产业存在的问题与发展建议

一、新能源汽车产业发展存在的问题

（一）盲目投资，重复建设

自开展新能源汽车财政补贴以来，我国新能源汽车产业投资热度极高，为我国新能源汽车产业发展提供了充裕资金，但也存在盲目投资、重复建设等现象。根据中国汽车流通协会数据，仅 2015 年至 2017 年 6 月底，国内建设新能源汽车项目超过了 200 个，投资规模达 10 000 亿元，各车企所规划的新能源汽车产能超过了两千万辆，同期我国新能源汽车销量仅 77. 7 万辆，产能明显过剩。另外，多地纷纷上马建设新能源汽车产业园，产业园过度投资问题突出。例如，某新能源企业在兰州、天津、攀枝花、珠海等多地签下高达 800 亿元的新能源产业项目，其在全国布局的产业园区有 11 个之多，但 2019 年其新能源客车销量仅为 2 000 余辆，2020 年 1—8 月销量不足千辆，销量并无法支撑起如此多产能。江西上饶曾提出汽车产业“653111”发展目标，即 2023 年左右建成 6 家整车企业、实现 120 万辆的汽车产能、1 500 亿元的产值。然而，根据媒体报道，上饶所引进的多家汽车厂商已岌岌可危，产业园也处于空置状态。

（二）充换电基础设施建设不足，利用率不高

截至2020年12月，中国新能源汽车保有量为492万辆，充电基础设施（公共充电设施、随车配建充电设施）保有量为168万台，对应车桩比为3∶1，距离1∶1的车桩比仍有差距。另外，根据中国充电联盟的采样数据，我国私人充电设施整体未配建率为29.8%，私人充电桩缺口较大。电动汽车快速充电时间约为30分钟，慢充则长达10余个小时，充电桩建设不足导致新能源汽车排队充电时间长，严重影响驾驶体验。同时，新能源汽车目前续航里程较短，“里程焦虑”问题突出，充电桩建设不足进一步加剧了消费者对新能源汽车长途旅行的担忧。

除了充电桩建设不足，充电桩利用率不高导致充电基础设施运营企业盈利困难则是制约行业发展的另一个因素。根据中国电动汽车百人会发布的《中国充电服务市场如何健康发展》，2018年我国公共充电设施利用率不足10%。充电基础设施利用率不高主要源于两个原因——分布不合理和后期维护缺失。目前，我国充电基础设施集中分布于北上广深等一线城市，且大多分布于市中心地区，这造成城市远郊以及二、三线城市充电基础设施严重不足，车主在一线城市以外需要花费较长时间才能找到公共充电桩进行充电。与此同时，大量充电基础设施在建成后疏于维护，部分充电设施出现损坏甚至荒废，进一步降低了充电基础设施的利用率。

（三）燃料电池汽车技术亟须突破

我国新能源汽车发展战略为“三纵三横”①，燃料电池汽车是我国新能源汽车发展战略中的重要一环。然而，关键零部件技术成熟度不高、国产化程度低成为制约我国氢燃料电池汽车产业发展的重要因素。如前文所述，我国企业集中于燃料电池电堆系统集成，在上游零部件领域存在大量产业空白，如质子交换膜、双极板、空压机、气体扩散层等。以质子交换膜为例，表性产品有戈尔公司的Gore Select增强型质子交换膜、杜邦公司的Nafion膜系列、苏威集团的Aquivion系列膜和日本旭化成公司ACIPLEX系列膜等。东岳集团是我国少数几家能够量产质子交换膜的厂家，但其产品的稳定性、一致性和耐久度与国外产品相比仍有一定差距，其量产的质子交换膜厚度可以做到15 μm，但戈尔集团已量产的质子交换膜的厚度最低可以做到8 μm（截至2019年）。

除了上游零部件领域，在我国企业涉足较多的燃料电池电堆/系统领域，我国与国外相比也有较大技术差距。国外汽车厂商如丰田Mirai、本田Clarity、现代Nexo的燃料电池功率已达到100 kW左右，商用车的燃料电池输出功率则在30～200 kW。我国首款销售的燃料电池汽车上汽大通FCV80，其额定功率仅30 kW，功率输出远小于国外厂商。并且，受制于燃料电池系统等多方面技术制约，截至2020年，我国并没有量产销售的燃料电池乘用车，已量产销售的燃料电池汽车皆为商用车。

---

① 以纯电动汽车、插电式混合动力汽车、燃料电池汽车为“三纵”，以动力电池与管理系统、驱动电机与电力电子、网联化与智能化技术为“三横”。

（四）动力电池安全性仍需提高

新能源汽车保有量不断提升的同时，新能源汽车所引起的安全事故也逐渐增多。根据一览众咨询统计，2020 年国内有报道的新能源汽车自燃起火事故有 61 起，其中纯电动汽车起火 51 起，占比 84%，插电混合动力汽车起火 2 起。从起火事故发生时车辆所处的状态看，汽车静置状态时发生事故达到 30 起，占比约 50%，充电时发生事故的有 17 起，占比 28%，另外有 14 起是在行驶过程中发生起火事故。

新能源汽车起火事故频发的原因是动力电池安全性不足。动力电池作为一种化学电池，内短路、过充、过热和机械触碰等因素都可以造成其起火燃烧。当动力电池燃烧时，其最高温度可以达到 1 000 ℃，比普通汽油 500 ℃的燃烧温度高了一倍。并且，动力电池起火后火势蔓延极快，会迅速吞噬周围物体，释放大量浓烟和氟化氢等有毒物质，常见的二氧化碳或干粉灭火器无法起到灭火作用，只能使用大量水对其进行降温。因此，当新能源汽车起火燃烧时，往往会造成严重的财产或人员损失。

二、新能源汽车产业发展建议

（一）完善充换电基础设施，加大氢能基础设施前瞻性布局

加大公共充电基础设施建设力度，在满足城区充电桩需求的同时，积极推进高速公路、城郊和乡村地区公共充电基础设施建设；鼓励新建居民区配建充电基础设施，出台相关举措帮助已建成小区增设充电基础设施，满足居民新能源汽车充电需求；加强顶层设计，提前规划布局加氢设施建设；出台相关举措支持加氢站建设，对加氢站建设给予适当补贴。

（二）加强核心技术攻关，加快关键零部件国产化

当前，我国新能源汽车产业链仍然存在薄弱环节，如汽车芯片 IGBT、燃料电池质子交换膜等。我国应在如下方面完善产业链，提高产业链国产化水平：首先，组织高校、企业对产业链核心环节进行集中攻关，包括汽车芯片、汽车操作系统、燃料电池关键零部件等；其次，加强高校与企业合作，推动生产、教育和研究融合，加快科技成果产业化，切实提高我国新能源汽车产业链国产化水平；最后，支持企业研发创新，通过财政资金资助、税收减免优惠等多种举措鼓励企业对高精尖技术进行研发，引导企业走上自主创新的道路。

（三）加快动力电池梯次利用和回收利用体系建设

我国在废旧铅酸电池方面已建立完善的回收利用体系，但锂离子电池领域的回收利用仍存在大量空白。锂离子电池的使用寿命为 5 ~ 8 年，据此计算，我国第一批投入使用的动力电池已到了退役年限。目前，动力电池的回收有两种方式，首先是对符合能量衰减程度的退役动力电池进行梯度利用，其次是对无法梯度利用的电池进行回收再生利用。我国

应加强相关法律法规制定，以立法的形式强制动力电池回收利用。同时，引导新能源车企、锂电池生产企业与废旧动力电池处置企业开展合作，推动动力电池梯次利用与废旧处置。

（四）在大力发展新能源汽车的同时，同步发展清洁能源

新能源汽车虽然实现了低碳排放，但其依赖的电力供应却并不低碳。根据国家统计局数据，在 2019 年我国的能源结构中，原煤、原油、天然气所占比例分别为 68.8%、6.9%、5.9%，水电、核电、风电所占比例为 18.4%。从我国能源结构可以看出，火力发电依然是电力供应的主要来源，这导致我国新能源汽车虽然在车辆端实现了清洁排放，但电力供应上游的碳排放依然非常高。因此，我国要实现真正的低碳发展，需要同步发展清洁能源，大力推进水电、风电、核电、太阳能等绿色清洁电力设施的建设，改善能源结构，减少电力供应对原煤的依赖。

第八章　新能源产业[①]

第一节　中国新能源产业发展分析

一、新能源产业的内涵

（一）新能源概念

1. 联合国对新能源的定义

联合国对新能源的定义最早是在1978年第33届大会中提出的，大会决议将新能源界定为不属于常规能源的其他能源。这一定义随后在1980年联合国新能源及可再生能源会议中得到丰富与完善。在该会议上，将新能源更深入地定义为：基于新材料与技术，开发利用常规的可再生能源，达到取之不尽、用之不竭的目的，从而代替存量有限、破坏环境的化石能源。不久后，联合国开发计划署（UNDP）进一步明确了新能源的范围。大中型水电、新可再生能源（小水电、太阳能、风能、现代生物质能、地热能、海洋能）、传统生物质能都在新能源的范畴之内。

2. 中国对新能源的定义

中国对新能源的界定也处于不断完善的过程中。国家计划委员会（以下简称“国家计委”）于1995年列举出，可再生能源包括水能、生物质能、风能和海洋能。[②] 随后国家计委又于1997年定义新能源为：在转化或加工可再生资源后形成的电力或清洁燃料。[③] 2009年国家能源局将新能源的定义进一步扩充为：在新技术基础上，已开采待规模化利用或者正试验待开采的能源形式。[④] 根据我国现有情况，新能源的范畴如图8－1所示：

---

① 本章作者：刘沁欣，暨南大学产业经济研究院硕士研究生。

② 国家计划委员会．新能源和可再生能源发展纲要（1996—2000）［Z］．1995－01－05.

③ 国家计划委员会．新能源基本建设项目管理的暂行规定．1997－05－27.

④ 国家能源局．新能源发展规划发布会［Z］．2009－06－01.

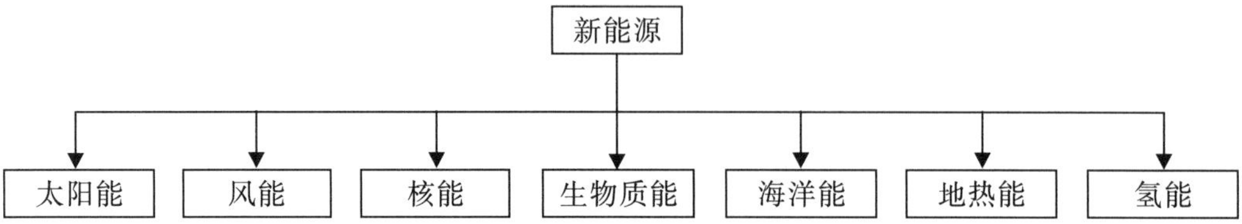

图 8－1　中国新能源的种类

资料来源：根据公开资料整理绘制。

（二）新能源产业构成

新能源产业作为我国战略性新兴产业的主要构成①，源于新能源的开发和应用，指的是从事新能源开发等一系列过程工作的所有企业或机构的总和。新能源作为能源供应的有效补充手段，具有减少碳排放、节省资源的特点。因此，发展新能源产业有利于改善环境和治理生态，是实现经济社会可持续发展的不二选择。

限于篇幅以及国内外统计口径的差异，本章主要选择光伏发电、风电、核电、生物质发电这四类新能源产业细分领域作为研究对象。

二、新能源产业发展环境分析

（一）政策环境

1. 战略规划引导新能源产业从萌芽走向成熟

在 2008 年国际金融危机爆发后，培育引领全球经济的新兴产业成为经济重振的主要着力点。在此背景下，2010 年，新能源产业被提升到战略性新兴产业高度。紧接着，我国出台新能源产业发展的十年规划，指明了新能源的发展路径。随后，为进一步推进新能源各细分产业的发展，国务院办公厅于 2014 年对新能源发展提出了具体的目标。在明确的量化指标下，截至 2019 年底，我国新能源累计装机容量全球占比超三分之一。② 然而，由于我国新能源产业起步晚，能源结构转型所需的科技力量跟不上，自主创新的投入和产出都相对较弱，能源安全仍面临诸多挑战。为此，能源安全战略在 2016 年发布，从顶层设计层面指引我国能源长远安全可持续发展。2020 年"碳中和"目标的提出，意味着我国要提升非常规能源在一次能源消费中的地位，而这其中拥有突出的资源禀赋和技术、快速下降的成本等特点的光伏、核电、风电等新能源将成为发展重点。

---

① 国务院．关于加快培育和发展战略性新兴产业的决定［Z］．2010－10－10.

② 国家电网有限公司．服务新能源发展报告 2020［Z］．2020－05－20.

表 8-1　我国新能源产业重点战略及观点梳理

颁布时间	名称	主要内容
2010 年	《国务院关于加快培育和发展战略性新兴产业的决定》	新能源被纳入重点发展的战略性新兴产业
2010 年	《2011—2020 年新兴能源产业发展规划》	提出推动电源结构转型，加大新能源的开发力度，新能源产业化进程提速
2014 年	《能源发展战略行动计划（2014—2020 年）》	到 2020 年，核电、风电、光伏装机容量分别达到 5. 8 GW、20 GW、10 GW
2017 年	《能源生产和消费革命战略（2016—2030）》	加强新能源产业技术创新，将技术优势转化为产业优势和经济优势
2020 年	习近平总书记在第七十五届联合国大会一般性辩论上的讲话	中国的二氧化碳排放力争于 2030 年前达到峰值，争取在 2060 年前实现碳中和

资料来源：中国政府网 . http：//www. gov. cn.

我国对新能源产业制定的战略具有因地制宜、统筹兼顾、合理布局的特征，从源头上避免了盲目、无序和违规建设，从而保障了新能源产业的健康蓬勃发展。随着战略的进一步完善，我国新能源产业也从初步探索时期逐步走向了成熟生长时期。

2. 财税政策激励新能源产业提速发展

前期投入高、投资回报期长、融资风险大使得新能源产业起步的发展举步维艰。我国政府加快补充与完善财政优惠政策，以保障新能源产业更好、更快、更稳地发展。2010 年前，我国对生物燃料乙醇、秸秆能源化利用、光电应用等多个新能源产业工程进行了补助，加快了部分新能源领域的技术进步和产业化步伐。然而由于产业政策设计上存在一定问题，新能源项目获批规模大，补贴资金缺口逐年扩大，补贴支付延迟，影响着产业未来的收支平衡。对此，国家发改委出台了“补贴退坡”政策，即补贴金额逐年递减，新能源产业短期和中长期的发展目标得以统筹兼顾。2018 年，“531 新政”出台，标志着补贴政策步入全面退出前的三年过渡期，倒逼新能源产业实现高质、可持续发展。随后，为改善补贴政策逐步退出对行业短期盈利能力的影响，2019 年国家发改委出台《平价上网通知》，引导无补贴平价上网项目获取社会资本投资，同时减免接网等输电费，项目前期成本大幅降低。

表 8-2　我国新能源产业重点财政补贴政策梳理

颁布时间	名称	主要内容
2013 年	《关于预拨可再生能源电价附加补助资金的通知》	预拨付风力发电、太阳能发电、生物质能发电、其他可再生能源发电补助资金，其中风电补助达 93. 14 亿元

（续上表）

颁布时间	名称	主要内容
2018 年	《关于 2018 年光伏发电有关事项的通知》（简称“531 新政”）	引入了竞价补贴预算上限，对新能源项目的工程造价、发电小时数、非技术成本等方面提出了更高的要求
2019 年	《关于积极推进风电、光伏发电无补贴平价上网有关工作的通知》（简称“《平价上网通知》”）	允许社会资本投资新能源微电网等无补贴平价上网项目，以试点方式开展就近直接交易；同时减免接网及消纳未涉及的上一电压等级的输电费

资料来源：中国政府网 . http：//www. gov. cn.

我国针对新能源产业也专门制定了税收优惠政策。例如，公共基础设施项目新增风电、光伏发电和生物质发电，相关企业第一年至第三年免缴所得税，第四年至第六年缴纳半数所得税即可。随着新能源产业的不断发展，我国的税收优惠政策已覆盖产业化的所有新能源领域。

政府推进在新能源产业的财政补贴、税收减免等政策，利用宏观调控手段刺激了社会需求，将经济资源合理配置到新能源产业中。在政策的支持下，新能源行业的高速发展期已来临。

（二）经济环境

1. 中国新能源行业投融资前景严峻

我国能源结构伴随着经济社会进步而发生调整，逐步以多元化新能源为中心，朝着低碳节能、清洁环保、安全高效的能源体系方向迈进。新能源行业在政策支持下，发展迅速。2018 年，补贴政策步入全面退出前的三年过渡期，新能源产业投融资环境受到重大影响。从新能源行业的投资金额和投资事件数量来看，2018 年前，增长态势明显。但是，2018 年，新能源行业投资金额、投资事件数量分别下降至 206.83 亿元、68 件，同比下降 18.65%、43.80%。

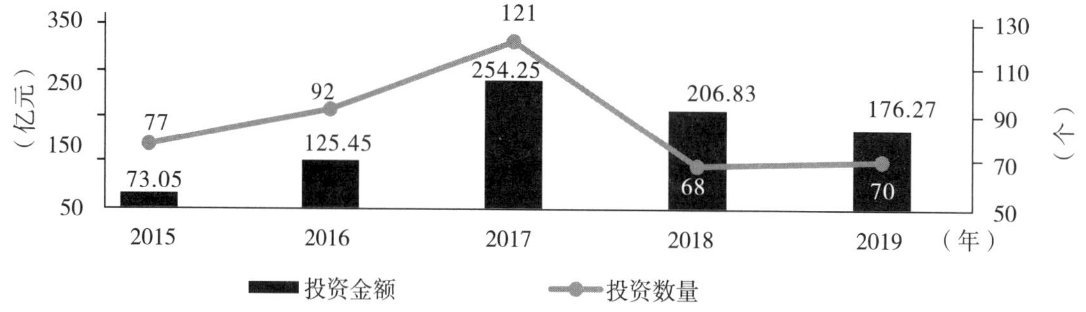

图 8－2 2015—2019 年中国新能源行业投资金额与投资数量

资料来源：前瞻产业研究院 . 2020 年中国新能源行业融资发展现状分析［EB/OL］. https：//www. qianzhan. com/analyst/detail/220/200326－e3c24c95. html.

由于新能源项目在前期需要大额的资金投入，融资需求大，中国新能源企业对银行信贷和政府补贴有着高度依赖性。所以随着“补贴退坡”政策逐步实施，新能源项目补贴下降，获批难度提升，加上项目存在前景不明、投资回报无法量化的情况，领域内融资变得更加困难。目前国内新能源产业在“补贴退坡”政策环境下，处于洗牌的过程中。国企在发展的压力下，需利用资金、技术优势，切实加快大型新能源项目的研发与建设，以确保项目的顺利开展直至盈利。而银行对于高杠杆的新能源民营企业采取收紧贷款的方案，行业融资渠道单一，形势严峻。反观国外，风投、私募、碳交易等融资方式已在新能源企业中普及，因此国内新能源行业需拓宽融资来源，从而支撑产业平稳发展。

2. 平价上网推动新能源成为绿色金融产品

《平价上网通知》明确，经营风电、光伏发电的公司在按要求获得可再生能源绿色电力证书（以下简称“绿证”）后，可售卖绿证获益，绿证市场化交易将被激活。同时，绿证市场化交易在国家出台多项措施的背景下，市场将进一步扩大。此外，在可再生能源配额机制落地后，无法达到配额要求的企业将会采购绿证以达到目标，绿证市场化交易将逐步完善。目前绿证交易发展处于初期，中国绿证认购平台数据显示，截至 2021 年 8 月 25 日，绿证成交数量只有 77 723 个，风电绿证平均成交价格为 177.4 元/个，光伏绿证平均成交价格为 680.4 元/个，价格对比欧洲自愿绿证系统较高，未来绿证交易市场有较大发展空间。

另外，《平价上网通知》指出，要推进以固定电价收购的定价策略和实施以全额保障的政策，这极大提升了新能源投资方的信心，同时也促进了新能源产业的技术突破和全产业链商业模式的创新，助力产业高质发展。例如，分布式新能源相较于传统新能源发电站具有减少成本、降低弃风率、削减配电投资等特性，未来将大规模普及。在新一代信息技术的融合下，平价上网将驱动集生产、传输、存储、消费、交易于一体的能源互联网的建立，推动新能源产业形成共享经济新商业模式。

（三）社会环境

1. 环境污染状况依然严峻，节能减排仍是重点

改革开放以来，我国的经济增长依靠高污染和高能耗的企业大规模开发环境资源拉动。虽然 GDP 增速明显，但是这种高投入、低产出的低质量生产方式，使得环境问题日益严峻，给企业和社会的可持续性发展带来极强的不确定性。据了解，我国环境破坏造成的经济耗损最高占比 GDP 的 3.05%。[①] 中国承受巨大的节能减排压力，环境污染治理问题将越来越受到重视。

使用新能源能起到节约资源、减少污染物排放的作用。据测算，秸秆耗费在 10.5 万吨左右的生物质发电工程，在资源节省方面，分别可减少原煤、原铁矿、石灰石、原铜矿的消耗量 59 948.9 吨、39.2 吨、24.9 吨、3.6 吨；在污染物减少上，分别可削减二氧化

① 专家解读北京绿色 GDP：北京污染的感觉被放大了［EB/OL］.（2006－09－08）. http：//news. cctv. com/society/20060908/100128. shtml.

碳、二氧化硫、氮氧化合物、一氧化碳的排放量 78 551.7 吨、806.7 吨、767.4 吨、172.3 吨。[①] 因此，为解决环境污染和气候变化问题，新能源的开发与利用是有效途径之一。

2. 我国能源对外依存度高，能源安全受到影响

我国作为世界上人口最多的国家之一，能源资源有限，人均能源资源呈现出贫乏的特点。具体而言，我国人口占世界总人口的 20%。然而，人均煤炭、石油、天然气等常规能源都无法达到世界平均水平的一半。因此，作为世界上最大的能源消费国，我国能源愈发依赖进口，对外依存度日益上升。2019 年我国石油对外依存度为近年来最高，突破 70.8%。此外，2018 年我国天然气消耗量超越日本，成为第一大天然气进口国。由于能源进口比重大，我国能源供应对国际能源市场形势反应敏感，能源安全问题亟待解决。

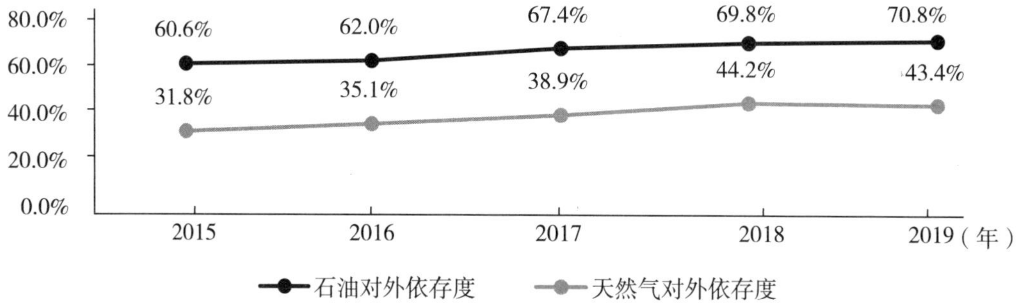

图 8－3 2015—2019 年中国石油、天然气对外依存度

资料来源：中国石油集团经济技术研究院《2019 年国内外油气行业发展报告》，2020 年 1 月。

相比之下，新能源分布相对均衡，而且可以再生和反复利用，其供应的安全性是经济社会发展的重要保障。因此，我国大力推动使能源系统向新能源转型的“能源生产和消费革命[②]”，旨在削弱国际能源市场变化对我国能源供给产生的不良影响。新能源产业在国家政策的扶持下，不断深入推广，市场潜力巨大。

（四）技术环境

1. 技术进步引领产业高质发展，成本下降带动产业化发展

技术进步提高了各环节效率，带动产业高质发展。例如，在氧化铝钝化硅表面技术创新的带动下，主流常规单晶电池片转换效率由 19.8% 上升到 21.5%。可见，技术进步是新能源行业可持续发展的内生动力。

技术进步同时通过降低能耗，起到成本下降的效果。例如，风机大型化、叶片轻量化等技术革新使得风电开发成本下降明显。据统计，2010—2017 年，陆上风电、大型光伏地面电站平准化度电成本降幅分别达到 25%、72%。新技术的出现和发展使得新能源迅速产

① 陈建华，郭菊娥，席酉民，等．秸秆替代煤发电的外部效应测算分析［J］．中国人口·资源与环境，2009，19（4）．

② 2014 年 6 月 13 日，习近平主持召开中央财经领导小组会议强调，积极推动我国能源生产和消费革命。

业化，资源节约效果显现。

2. 国产化有效推动了我国新能源产业链降本

在产业链降本的进程中，我国制造企业是关键所在。由于我国在资源和劳动力上比较优势明显，同时在政策引导下，产业链完整性高，各项技术的产业化导入进展较为顺利。过去几年，虽然价格周期性震荡在风机、光伏组件等产品中出现，但下降走势仍势不可挡。例如，随着国产风电主机大规模批量生产，设备价格由 6 000 元/千瓦下跌至 3 000 元/千瓦。在光伏产业中，我国实现了“硅料—硅片—电池片—组件”产业化的同时，通过产业集聚与规模效应，成为相关环节的全球制造基地，产业降本更为明显。

3. 技术更迭也会形成制造业产能淘汰的局面

技术更迭会使实力不同的企业产能出现分化。技术进步在制造环节上总是伴随着落后产能的淘汰，即以企业破产的形式体现。这是因为在技术进步的背景下，企业若无法跟上产业发展步伐，会由于低质产品积压而造成现金流失控，从而被市场淘汰。因此，新能源企业为顺应行业发展态势，将会在研发上进行更大规模的投入。虽然加大力度研发新产品、新技术是企业建立竞争优势的关键，但研发不确定性强，技术路线选择、产线折旧又无法准确预测。风电、光伏制造企业在此状况下，平均资产负债率已达60%。如果企业在市场判断、产能投放上出现偏差，企业破产压力将倍增。

三、新能源产业发展现状

（一）光伏发电产业

1. 产业链概况

光伏产业是指运用太阳能光伏发电技术将太阳光转化为电能而形成的完整产业体系。太阳能电池的研制是光伏产业的中枢所在，现已研制出包含晶硅电池、薄膜电池、聚光光伏电池三种类型的电池。由于聚光电池未能实现规模化量产、薄膜电池存在光电转换效率较低的缺点，因此，晶硅电池成为光伏产业的发展主体。总体来看，光伏产业链较长，主要包括三个环节，分别是上游的硅原料与硅片生产、中游的能源利用与转化、下游的产品销售、运用。

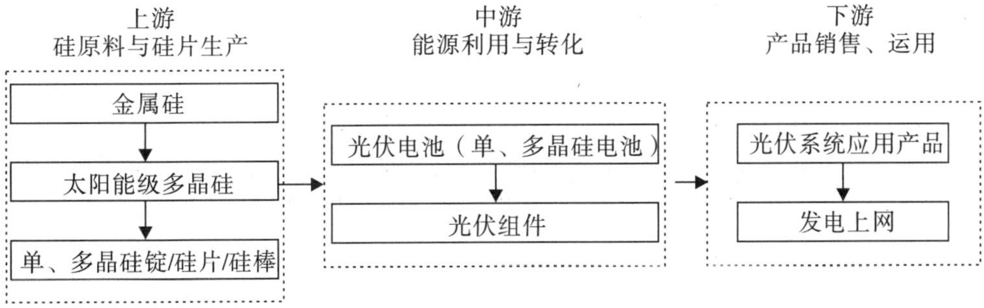

图 8-4 光伏产业链示意图

资料来源：根据公开资料整理绘制。

光伏产业链各环节的对应领域、要素投入密集特性、市场竞争格局均存在差异。第一，产业链行业跨度大。例如，硅原料的生产属于冶金行业、晶硅的提纯属于化工行业、电池组件的生产属于半导体行业等。第二，产业链不同环节包含能源密集、技术密集、资金密集等特质。例如，上游炼制硅原料的环节具有能源、资金、技术密集三大特性，而中游电池产品的生产存在典型的规模经济效应，是资金密集型环节。第三，市场竞争随着产业从上游至下游技术难度的降低而变得激烈。光伏产业链技术壁垒最高的环节是上游高纯度硅原料的炼制，该环节呈寡头垄断的局面。而中游和下游由于进入门槛不高，众多企业参与，呈现垄断竞争格局。

2. 发展现状

（1）光伏产业规模化发展速度快。

我国光伏产业虽然起步晚，但是在国家一系列激励政策的引导下，发展速度惊人。从产业整体规模来看，由于欧洲光伏产业需求在 2010 年后减缓，我国光伏产业抓准时机迅猛发展。光伏新增装机量由 2011 年的 2.7 GW 上升到 2017 年的 52.8 GW，年复合增长率达 52.92%。2018 年，光伏产业在“531 新政”的影响下，由于引入了竞价补贴预算上限，发展变缓。

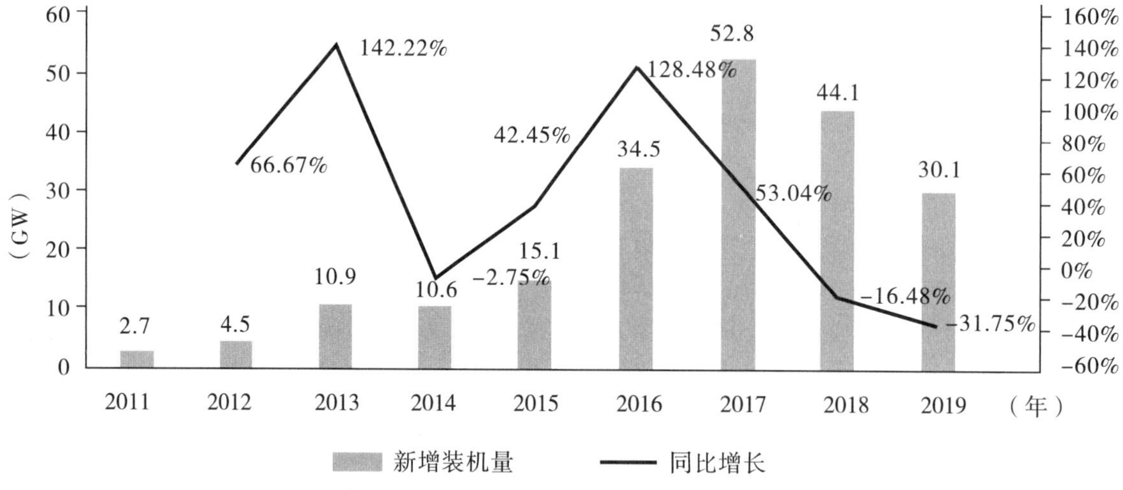

图 8-5 2011—2019 年光伏新增装机量

资料来源：国家能源局网站. http：//www. nea. gov. cn/.

“531 新政”的出台，对光伏项目的工程造价、发电小时数、非技术成本等方面提出了更高的要求。分布式光伏发电凭借其以用户侧自发自用为主，能有效降低或避免附加的输配电成本等特征，成为光伏产业重点发电方向。2019 年，我国分布式光伏市场份额已达 30.9%。

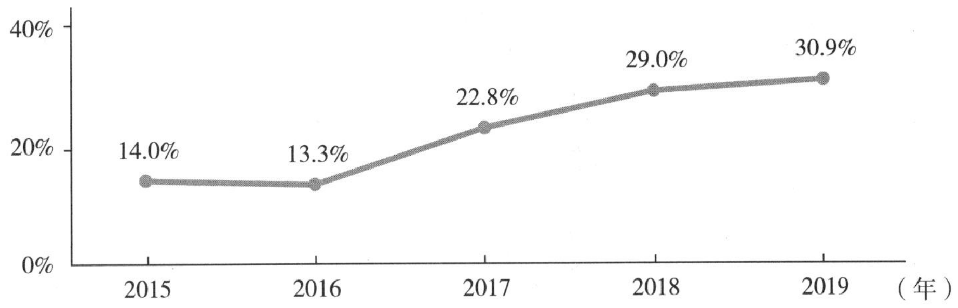

图 8-6　2015—2019 年分布式光伏市场份额

资料来源：前瞻产业研究院《中国光伏配件行业市场前瞻与投资战略规划分析报告》，2020 年 4 月。

（2）我国光伏产业链完整。

随着光伏应用市场规模的持续扩大，我国光伏产业链各环节产能均有明显增幅，产业链完整度进一步提升，光伏产业具备全球竞争力。

在硅料方面，2019 年我国多晶硅有效产能达 46.6 万吨，产量为 34.3 万吨，占全球总产量的 67.3%，连续九年位列全球第一。我国多晶硅领域五家龙头企业江苏中能、四川永祥、新特能源、新疆大全、东方希望 2019 年总产量达 26.2 万吨，占据全球硅料 51.6% 的市场份额。其中江苏中能自 2013 年以来持续位列全球市占率第一，而四川永祥于 2019 年取代德国 Wacker 成为全球多晶硅第二大供应商。

表 8-3　2011—2019 年全球多晶硅主要供应商生产规模排名

	2011 年	2013 年	2015 年	2017 年	2018 年	2019 年
江苏中能	第三	第一	第一	第一	第一	第一
四川永祥	—	—	—	第八	第八	第二
OCI	第四	第三	第三	第三	第三	第三
Wacker	第一	第二	第二	第二	第二	第四
新特能源	第六	第六	第五	第四	第四	第五

资料来源：中国光伏行业协会 . 2011—2019 年多晶硅、硅片、电池片、组件全球排名前十企业变化 [EB/OL]. 北极星太阳能光伏网 . https://guangfu.bjx.com.cn/news/20201228/1125336.shtml.

在硅片方面，2019 年我国硅片产能为 173.7 GW，产量为 134.6 GW，占全球总产量的 93.7%。由于光伏产业下游领域开始大量运用单晶硅，单晶硅在 2019 年首次超越多晶硅的市场份额。专注于单晶硅片应用领域的隆基股份、中环股份一跃而上，在 2019 年分别以 24.3%、17.8% 的市场份额位列全球硅片企业的第一、第三。

表 8-4　2011—2019 年全球硅片主要供应商生产规模排名

	2011 年	2013 年	2015 年	2017 年	2018 年	2019 年
隆基股份	—	第五	第二	第二	第二	第一
保利协鑫	第一	第一	第一	第一	第一	第二
中环股份	—	—	第十	第四	第三	第三
晶科能源	—	第四	第三	第三	第四	第四
晶澳太阳能	—	—	第四	第九	第五	第五

资料来源：中国光伏行业协会.2011—2019 年多晶硅、硅片、电池片、组件全球排名前十企业变化[EB/OL]. 北极星太阳能光伏网.https：//guangfu. bjx. com. cn/news/20201228/1125336. shtml.

在电池片方面，2019 年我国电池片总产能达到 163. 9 GW，产量为 110. 3 GW，占全球总产量的 78. 7%。在下游组件需求和产能双双扩大的背景下，外购电池需求激增，通威股份、晶澳太阳能、隆基股份在成本、技术优势的支撑下，产能大幅增长，迅速抢占市场。2019 年通威股份、晶澳太阳能、隆基股份分别以 13. 4 GW、9. 2 GW、8. 4 GW 的产量，占据全球光伏市场的 9. 56%、6. 57%、6. 00%，超过韩国韩华、加拿大阿斯特等主要为自家光伏组件配套生产的光伏电池生产商，位列全球电池片企业的前三。

表 8-5　2011—2019 年全球电池片主要供应商生产规模排名

	2011 年	2013 年	2015 年	2017 年	2018 年	2019 年
通威股份	—	—	—	第六	第一	第一
晶澳太阳能	第二	第三	第一	第二	第四	第二
隆基股份	—	—	—	—	第七	第三
韩华	—	第七	第三	第三	第二	第四
爱旭股份	—	—	—	第八	第八	第五

资料来源：中国光伏行业协会.2011—2019 年多晶硅、硅片、电池片、组件全球排名前十企业变化[EB/OL]. 北极星太阳能光伏网.https：//guangfu. bjx. com. cn/news/20201228/1125336. shtml.

在组件方面，2019 年我国光伏组件产量为 98. 6 GW，占全球总产量的 71. 3%。晶科能源、晶澳太阳能、天合光能分别占据全球 12. 2%、9. 3%、8. 6% 的市场份额，依然为全球前三大组件供应商。隆基股份在下游单晶硅普及推广的趋势下，顺势推广单晶硅组件，市场占有率超越加拿大阿斯特、韩国韩华，位列全球组件企业的第四。

表 8-6　2011—2019 年全球光伏组件主要供应商出货量排名

	2011 年	2013 年	2015 年	2017 年	2018 年	2019 年
晶科能源	第八	第四	第三	第一	第一	第一
晶澳太阳能	—	第七	第四	第四	第二	第二

（续上表）

	2011 年	2013 年	2015 年	2017 年	2018 年	2019 年
天合光能	第四	第二	第一	第三	第三	第三
隆基股份	—	—	—	第七	第四	第四
阿斯特	第五	第三	第二	第二	第五	第五

资料来源：中国光伏行业协会 .2011—2019 年多晶硅、硅片、电池片、组件全球排名前十企业变化［EB/OL］. 光伏网 . https：//guangfu. bjx. com. cn/news/20201228/1125336. shtml.

由此，2019 年我国光伏各环节产量占全球比重均超过 60%，确立了全球竞争优势。我国已经由“两头（原材料和销售市场）在外”的世界加工制造基地转向光伏全产业链创新发展基地。

（3）集聚效应明显。

我国光伏产业已呈现环渤海、长三角、珠三角、中部地区和西部地区五大区域同步发展的局面。这主要是依靠龙头企业的迅速发展吸引配套企业的进入，从而形成产业集聚发展的局面。在光伏概念板块 40 家上市企业中，有 23 家分布在浙江、江苏、广东三大省份，其余分布在四川、河南、山东等 11 个省、自治区。在龙头企业的带动下，区域内光伏产业发展迅速。从 2019 年新增装机布局看，华北、东北、华东、华中、西北、华南地区新增装机分别为 8. 58 GW、1. 53 GW、5. 31 GW、3. 48 GW、6. 49 GW、4. 72 GW，占全国新增装机的 28. 5%、5. 1%、17. 5%、11. 6%、21. 6%、15. 7%。

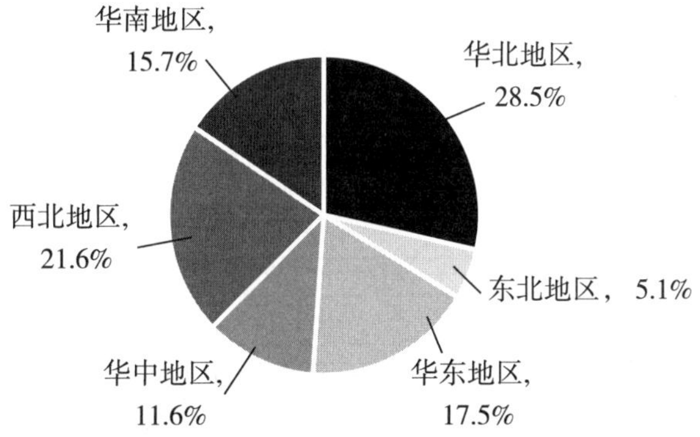

图 8－7 2019 年光伏发电新增装机容量地区布局情况

资料来源：国家能源局网站 . http：//www. nea. gov. cn/.

河北省作为环渤海光伏产业的中心，拥有英利、晶澳两家大型光伏企业，并以此形成了两个相关的高新技术产业化基地，主要进行光伏系统及应用产品的生产。江苏省作为长三角光伏产业的中心，拥有中利集团、协鑫集成在内的九家光伏板块上市公司，以及三个国家级光伏产业高新技术产业化基地，主要进行光伏电池及组件的生产。深圳作为珠三角光伏产业的中心，拥有南玻集团、东旭蓝天新能源、科士达、拓日新能源、珈伟股份在内的五家上市企业，主要进行下游应用产品的生产。借助四川、内蒙古、青海、陕西等省、自治区的能源原料优势，西部地区主要进行多晶硅的生产与提纯，拥有通威股份、特变电工、宁夏银星、隆基股份四家上市公司。

（4）民营企业占领制造市场。

国内光伏产业最初从产业链中游切入，然后逐渐布局产业链其他环节。由于这些环节主要参与的是国际化自由竞争市场，不正当竞争干预较少，再加上政府政策的支持，民营资本大量布局制造环节。目前，国内光伏产品制造企业中，民营企业占据大头。这是因为政府对光伏产业制造环节干预较少，民营企业在自由的市场环境中能极大地调动自主性和创造性。具体来看，上游的多晶硅龙头企业江苏中能、硅片的龙头企业保利协鑫和隆基股份，中游的电池片龙头企业天合光能均为民营企业。

相较于制造环节多样化的市场参与主体，产业链下游则呈现国有大型电力企业垄断的局面。这与光伏电站建设制度有关。我国光伏电站建设采取招投标制度，国有大型电力企业资金优势明显，再加上国企的软约束资金激励其以低价进行投标，民营企业竞争处于劣势。国内光伏电站的运营呈现一超多强的竞争格局，以央企中电投为首，后面国企、民企群雄逐鹿。

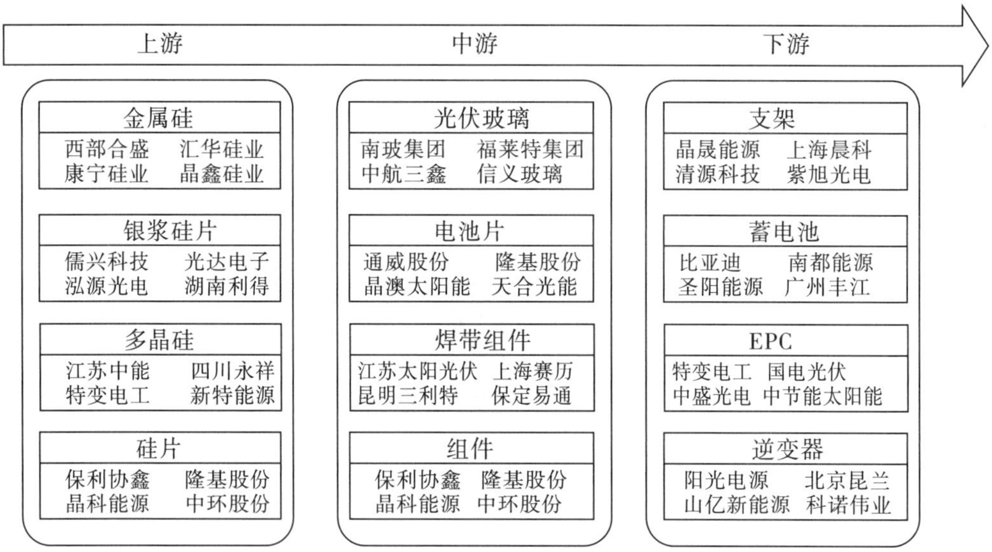

图 8－8 我国光伏产业链各环节龙头企业

资料来源：根据公开资料整理绘制。

（二）风电产业

1. 产业链概况

风电产业是指运用风电装备将风能转化为电能而形成的完整产业体系。风电产业分为两大板块：风电装备制造、风电场建设运营。风电产业核心是风电机组的制造，风电建设和运营的能力代表了风电企业实力的强弱。总体来看，风能产业链上游为设备制造，包括风机研发、设计和制造三个环节；中游为风电厂开发与运营，涉及风能评估、风电场规划、风机安装、风电场运行、风机维护五个环节；下游为消费端，则包含风电并网及电网运行两个环节。

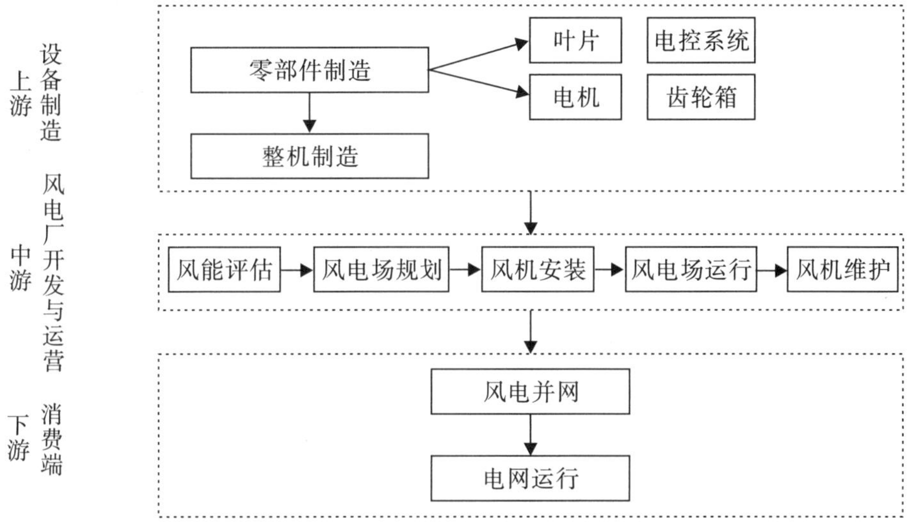

图 8－9　风电产业链示意图

资料来源：根据公开资料整理绘制。

从风电产业两大部分看，风电装备制造属于机械制造行业，风电场建设运营属于电力行业。风电机组作为风电产业链的核心环节，是风电项目成本的主要组成部分，占总成本的 74%～80%。因此，降低风电机组成本是风电开发成本下降的关键所在。而由于目前我国未能研发出风电机组关键零部件生产技术，成本控制难度较大，风电的普及推广受到限制。

表 8－7　我国风电与其他典型电力的成本构成比较

单位：%

成本要素	风力发电	其他典型电力
机组设备	74～82	>15
基础建设	1～6	20～25
电气安装	1～9	10～15
并网	2～9	35～45
咨询	1～3	5～10
土地	1～3	5～10
财政投入	1～3	5～10
道路建设	1～3	5～10

资料来源：胡其颖．风能利用的发展预测［J］．可再生能源，2005（6）：75－76，78。

2. 发展现状

（1）我国陆上风电规模稳居世界第一。

据全球风能理事会统计，2019 年中国风电新增装机 25.74 GW，累计装机 210 GW，同比增长 14%，占全球风电装机累计容量的 37%，位居全球第一（见图 8－10）。其中，陆上风电新增装机 23.76 GW，占全球陆上风电新增装机的 44%。陆上风电新增装机容量在 2010 年超过美国之后，处于全球首位。

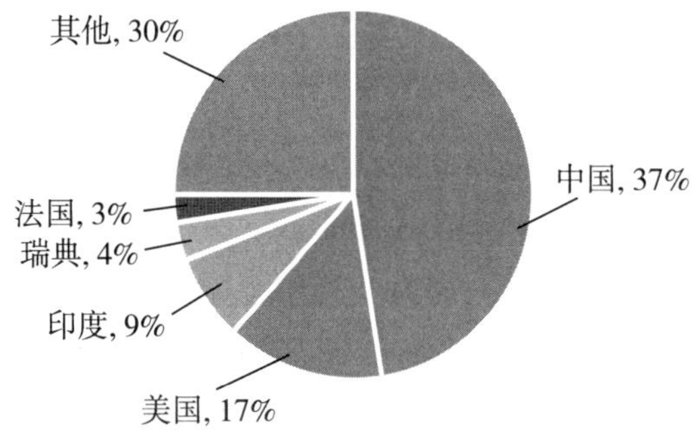

图 8－10　2019 年各国风电装机累计占比

资料来源：智研咨询《2020—2026 年中国风能风电行业市场行情动态及战略咨询研究报告》，2020 年 4 月。

在陆上风电建设日趋完善的背景下，加上我国海上风电资源广阔，东部沿海可利用风能资源达 7.5 GW，风电政策转向扶持海上风电项目，海上风电装机容量占比逐年攀升。国家能源局数据显示，我国海上风电市场占比从 2013 年的 0.58% 上升至 2019 年的 2.82%，市场份额稳步提升（见图 8－11）。

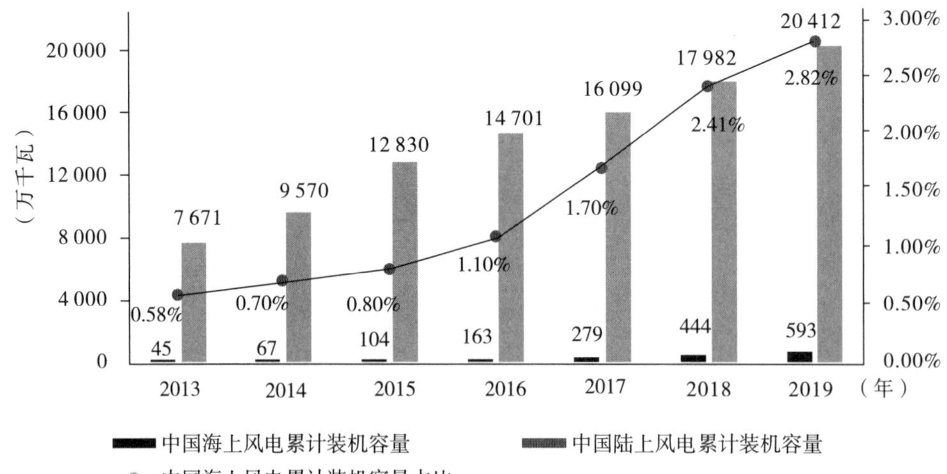

图 8－11　2013—2019 年中国陆上、海上风电累计装机容量对比情况

资料来源：国家能源局网站 . http：//www. nea. gov. cn/.

（2）风电项目集中于风能资源丰富的地区。

三北（东北、华北、西北）地区可开发风电资源充足，风电装机量全国领先。三北地区地形平坦，风速受干扰程度低，是我国最大风能资源区，包括东北三省、河北、内蒙古、甘肃、青海、西藏、新疆等省、自治区近200千米宽的地带，适于大规模开发利用。三北地区累计探测储量达2 977.78 GW，占全国累计探测储量的69%。探测储量带动着装机容量的迅速提升，至2019年底，三北地区共有7个省（自治区）风电累计并网容量在10 GW以上。

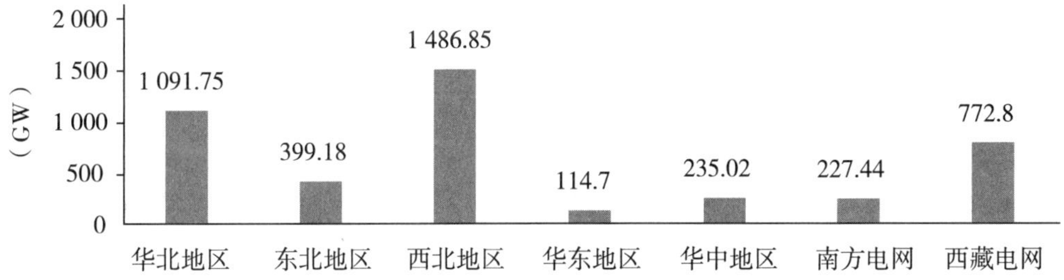

图8－12　我国各地区风电资源总储量

资料来源：国家能源局网站. http：//www. nea. gov. cn/.

表8－8　2019年我国风电累计并网容量前十的地区及其发电量情况

省（自治区、直辖市）	累计并网容量（吉瓦）	发电量（亿千瓦时）
全国	210. 05	4 057
内蒙古	30. 07	666
新疆	19. 56	413
河北	16. 39	318
山东	13. 54	225
甘肃	12. 97	228
山西	12. 51	224
宁夏	11. 16	186
江苏	10. 41	184
云南	8. 63	242
辽宁	8. 32	183

资料来源：国家能源局网站. http：//www. nea. gov. cn/.

东南沿海地区是我国风能资源第二丰富的区域。在冬春季的冷空气以及夏秋季的台风影响下，年有效风功率密度在200瓦/平方米以上，如台山、平潭、东山、马祖、东沙等地区，年可利用小时数为7 000～8 000小时。江苏在充足的海上风能资源的支持下，至2019年底，风电累计并网容量达10. 41 GW。

（3）弃风问题逐渐改善。

风能资源充足的地区与用电量需求大的地区存在空间错配现象。三北地区虽然风能资源充裕，但工业发展相对缓慢，电力消纳能力相对较低；而华东、华南、华中地区人口多、经济发展快、用电负荷大。弃风问题在资源空间错配的现象下凸显。2019 年，新疆、内蒙古、甘肃的弃风率在 5% 以上，弃风电量依次为 66.1、51.2、18.8 亿千瓦时，弃风率分别为 14.0%、7.1%、7.6%。三省（区）弃风电量占全国比重高达 81%，弃风电的情况较为严重。

自国家 2016 年发布风电投资预警机制以来，全国的弃风率情况显著改善。2016—2019 年，弃风率从 17.2% 降至 4%，降幅明显。2019 年，红色预警区域仅有新疆（含兵团），甘肃、吉林、黑龙江预警等级降至绿色。"红六省"① 正有序退出，区域布局逐步改善并朝着合理化方向发展。

（4）各环节竞争梯队明显。

位于产业链上游的叶片制造环节，主要有三类企业参与竞争，行业竞争较为激烈：一是民营专业化叶片企业，如上海艾郎、天顺叶片等；二是国有大型企业，如中材科技、时代新材、中复连众等；三是海外叶片巨头在中国设立的工厂，如 LM、TPI 等。

中游的风机整机市场呈寡占型市场结构。截至 2019 年底，我国 70 家风电整机制造商累计装机容量达 210 GW。在市场进一步调控和加速整合的背景下，国内风机整机制造企业的市占率愈发集中，前五家企业累计装机容量占总市场的比例已由 2013 年的 54.1% 增加至 2019 年的 75.1%。其中，金风科技占据全国 27.1% 的市场，装机容量达 57 GW，风电市场占有率已经连续九年排名第一。

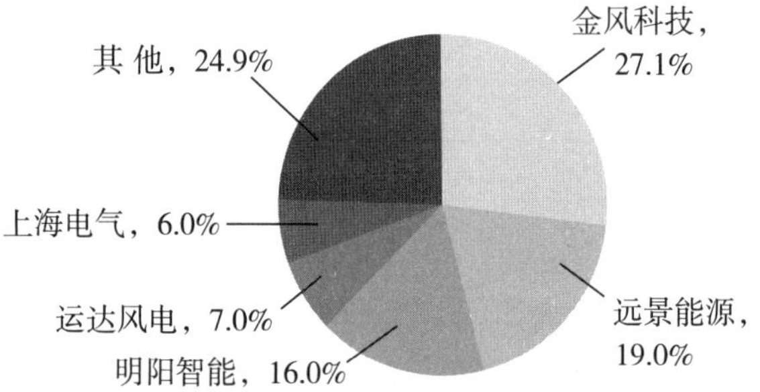

图 8－13　2019 年中国风电整机制造商累计装机市场份额情况

资料来源：中商产业研究院《2020—2025 年中国风电行业市场前景及投资机会研究报告》，2020 年 3 月。

① 国家能源局. 关于 2017 年度风电投资监测预警结果的通知［Z］. 2017－02－22.

在产业链下游的风电场投资运营环节，“五大四小”① 发电集团基本垄断整个市场，是我国新能源发电投资的主力。不过在风电运营项目高投资回报率的吸引下，其他国企和民营企业开始参与市场竞争，“五大四小”集团的市场份额逐年下降。具体而言，“五大四小”核准的风电项目占当年核准项目的比例已从 2011 年的 70% 下降至 2019 年的 50% 以下。省、市、自治区下属的电力或能源企业，凭借地方资源的优势，慢慢成为风电运营的重要参与主体，约占 15% 的市场份额。而港资、民营以及外资企业约占 5% 的市场份额。总体看，虽然“五大四小”的市场份额呈下降趋势，但是由于企业规模较大，凭借其较强的开拓能力仍能维持其垄断地位。

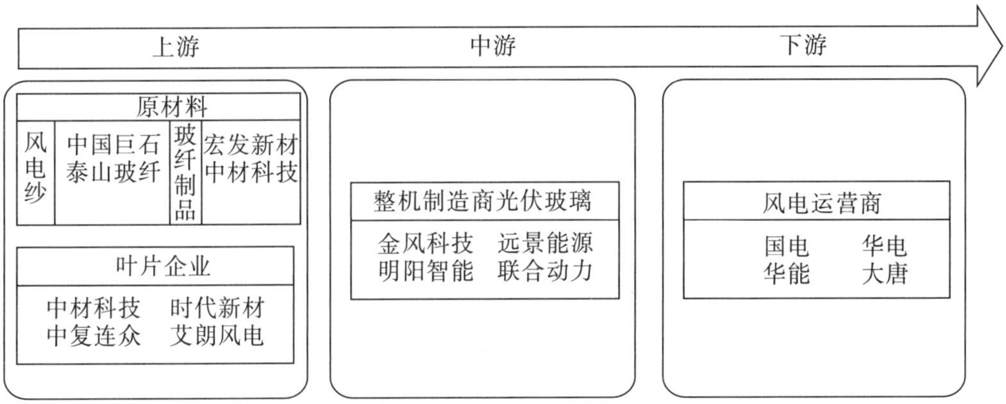

图 8－14 我国风电产业链各环节龙头企业

资料来源：根据公开资料整理绘制。

（三）核电产业

1. 产业链概况

核电产业是指将核反应堆聚变或裂变产生的热能转化为电能而形成的完整产业体系。核电产业链上游参与铀矿开采加工和核燃料循环；中游涉及设备制造；下游负责核电站设计、土建、安装、调试及运营。出于对安全性的权衡，国企垄断着上、下游市场；中游设备制造环节多、市场大，主要以国企为主导力量，民企活跃于各细分领域。

① 五大集团公司为中国华能集团公司、中国大唐集团公司、中国华电集团公司、中国国电集团公司和中国电力投资集团公司；四小“豪门”公司为华润电力、国华电力、国投电力与中广核。

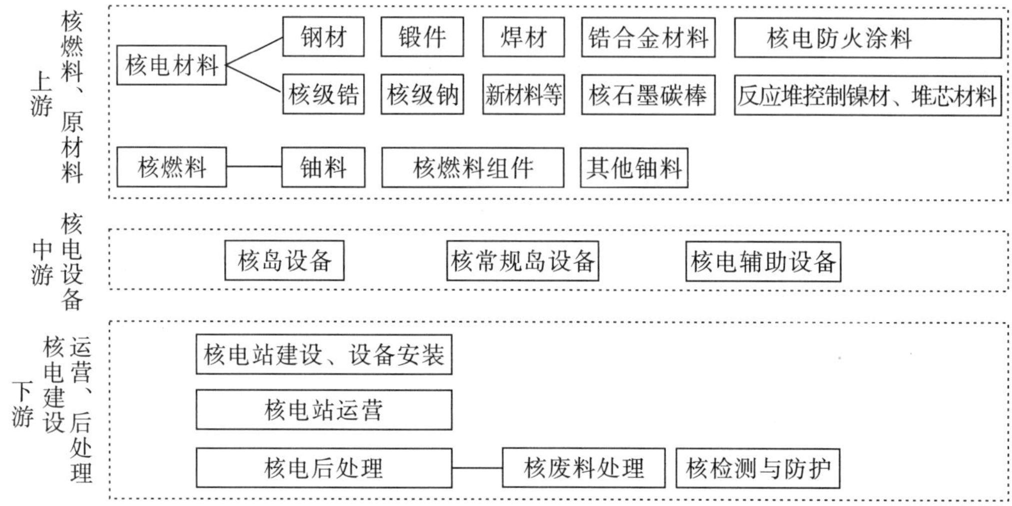

图 8-15 核电产业链示意图

资料来源：根据公开资料整理绘制。

纵观核电产业链，核电站建设环节是重中之重。在核电站投资中，核电设备投资占比最高，达 50% 左右，高于基础建设投资（40%）以及辅助设施投资（10%）。从产业链的毛利率来看，核电设备的毛利率也高于其他环节。其中，核岛关键零部件的利润率达 45%，处于产业链各环节毛利率水平的榜首。

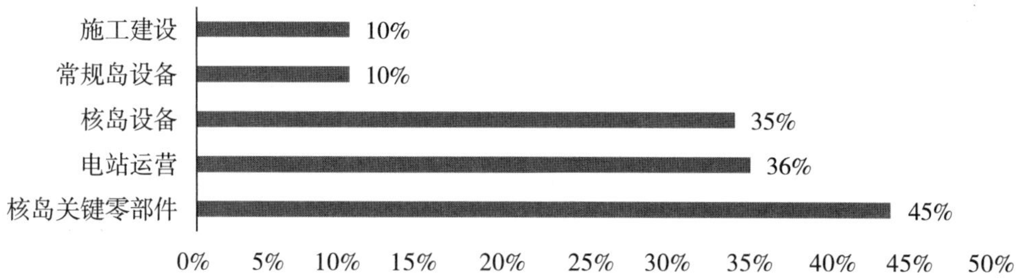

图 8-16 核电产业链各环节毛利率对比

资料来源：前瞻产业研究院．核电行业产业链分析［EB/OL］. https：//www. qianzhan. com/analyst/detail/220/180828-7de87b34. html.

2. 发展现状

（1）重启核准打开核电产业成长空间。

在煤电、水电增速放慢的背景下，核电在国内能源结构中的地位稳步上升。截至 2019 年，在运核电机组 47 台，在建核电机组数 12 台。核电全国累计发电量为 71 422. 10 亿千瓦时，运行核电机组累计发电量为 3 481. 31 亿千瓦时，同比增长 5. 17%，占全国累计发电量的 4. 88%，仅次于火电、水电、风电。广东、浙江、福建、江苏、辽宁、山东、广西、海南的核电发电量位列全国前八。

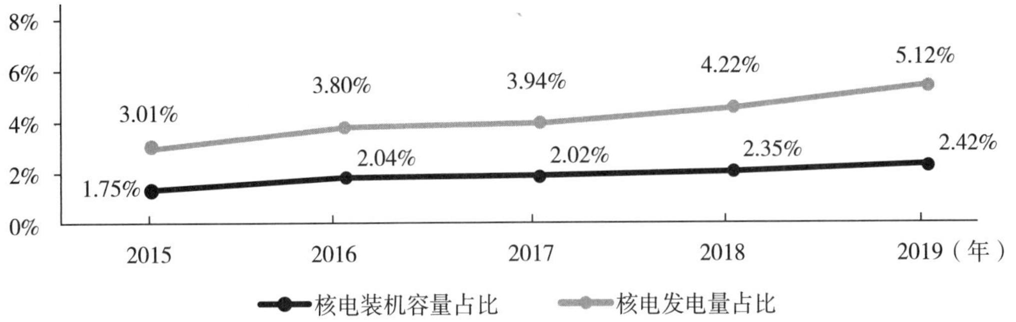

图 8-17　2015—2019 年核电装机容量、发电量占比情况

资料来源：国家能源局网站. http：//www. nea. gov. cn/.

核电项目招标进程加快。根据国家能源局规划，我国核电发电量 2025 年将达到 4 668 亿千瓦时。核电在 2016—2018 年经历了三年“零审批”时段，规划完成压力较大，项目建设需求强烈。2019 年 7 月，国家能源局宣布山东荣成、福建漳州、广东太平岭核电项目审批通过。核电项目建设提速，产业复苏在即。

（2）核电产业链各环节发展较为充分。

核电产业链各环节竞争格局具有较大差异。在国防安全要求下，产业链上游只有中核建中、中核北方两家公司具有相关资质及能力。长期以来，中核集团独揽国内铀矿勘察与开采权，其子公司中国核燃料是中国最主要的核燃料生产、供应、服务集成商，并承包我国所有投运核电站的核燃料。中核集团下的铀业公司在核燃料制造领域一家独大。

在产业链中游，核岛设备是核电设备的核心部件。在国内核岛设备的供应方面，以上海电气、东方电气、哈电集团为核心的三大核电装备制造基地，以中国一重、二重和上重为主的大型锻件和反应堆容器制造集团，以及相关配件厂家都已完成初步布局。

在产业链下游，我国对核电相关资质有所限制，三大核电集团旗下的设计院负责核电站的设计工作。核电运营由中广核、中核两家公司平分市场。截至 2019 年底，中广核、中核分别管理在运核电反应堆 24 座、23 座。

（3）“一带一路”倡议提升我国核电影响力。

中广核资料显示，有 28 个“一带一路”沿线国家将核电纳入发展规划，预计形成 150 GW 的装机规模。若按照三代机组 1.6 万元/千瓦估算，市场总量将超过 2.4 万亿元。虽然对外贸易在政治、经济、军事等因素影响下，具有极大的不确定性，核电企业出口量难以准确估计，但是在国外市场空间巨大的吸引下，加快核电走出去已成为我国核电发展的重要方向。目前，核电集团在“走出去”战略的支持下开启海外征程。“一带一路”助力核电开辟海外市场。

“华龙一号”、CAP1400 技术助力中国核电“走出去”。自主研发核心技术是核电出口的先决条件。CAP1400 是在美国 AP1000 基础上采用拥有自主产权的“非能动安全设计”升级改进而成，容量已超过 135 万千瓦。中核与中广核自主研发“华龙一号”采用“能动 + 非能动”的安全理念，设计寿命达 60 年，换料方案为 18 个月，可利用率达 90%，实现了安全性和经济性的平衡，市场竞争优势明显。

（4）安全性稳步提升。

我国核电安全运营水平始终处于国际前列。在国家核电安防的严格要求与落实下，我国核电产业从未发生2级以上的运行事故，产业始终维持安全稳定运行状态。为确保核电经济性与安全性与时俱进，我国核电产业已迈入三代核电时期。相较于二代技术，三代安全性更有保障，平均成本相应降低，经济效益突出：单机功率提升1.5倍，为100万~150万千瓦；换料周期延长1.5倍，为18~24个月。目前我国在建使用三代技术的核电站占比高达80%。在三代技术的支持下，核电产业整体安全性和经济性将进一步提升。

（四）生物质发电产业

1. 产业链概况

生物质能是指以生物质作为媒介，将太阳能通过生物质的光合作用以化学能的形式储存在生物质中的能量，是一种可再生能源。生物质能产业指的是通过物理、化学、生物三大类转化技术将生物质能转化为燃料或者电能而形成的完整产业体系。生物质发电是目前发展最成熟、规模最大的生物质能应用领域，即通过焚烧生物质或转化实现可燃气体的燃烧发电。本章着重分析生物质发电产业。

从产业链构成来看，生物质发电产业的上游主要进行农林废弃物等原材料的处理；中游进行生物质发电，涉及发电设备的制造等；下游则为各类电网用户。

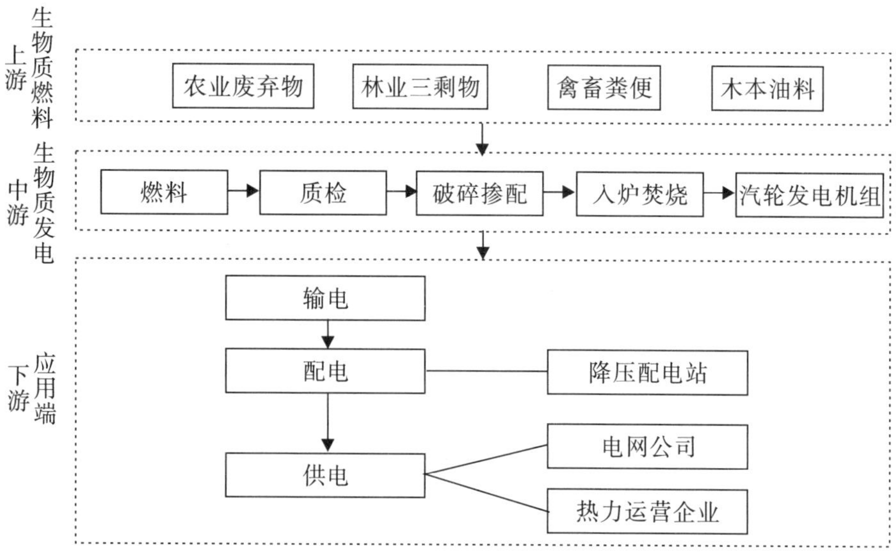

图8-18 生物质发电产业链分类

资料来源：根据公开资料整理绘制。

生物质发电产业上游与农林种植业紧密相关，整个产业具有区域性和季节性特点。一是由于资源分布和各地区生产特性的差异，生物质发电呈现区域经营特征。由于生物质燃料种类较多，来源分布较广，收集成本较高，上游企业倾向于在原材料丰富的地区建立基地，从而导致上游产业区域性明显。二是受上游燃料供应的影响，生物质发电具有明显的季节性。以秸秆为例，生物质发电厂商在农作物收割的夏、秋季节获得充足燃料，发电设备运转效率高，而在冬、春季节由于秸秆燃料不足，设备被迫停工，从而呈现出季节性产业特征。

2. 发展现状

（1）政策助力生物质电产业发展。

生物质能资源丰富，国家大力支持产业发展。《中国生物质能源行业分析报告》显示，在世界消耗的能源中，生物质能占比 14%，位列在石油、煤炭、天然气之后，是世界第四大消费能源。为合理利用生物质能，推动生物质能发电，我国发布了一系列生物质能利好政策，如《生物质能发展“十三五”规划》《关于印发促进生物质能供热发展指导意见的通知》等，并通过直接补贴的形式加快产业发展。2020 年生物质能发电补贴预算达 53. 41 亿元。

生物质能发电投资在国家政策和财政补贴的助力下持续增长。我国生物质发电投资额由 2012 年的 754 亿元增至 2019 年的 1 502 亿元，增长已超 1 倍；全国已投产生物质能发电项目也由 2012 年的 359 个增至 2019 年的 1 094 个。我国生物质资源丰富，开发利用潜力巨大，生物质发电产业进入产能扩张期。

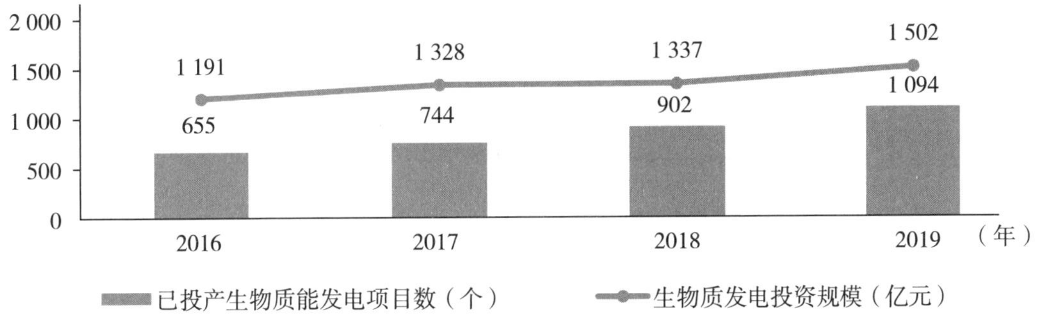

图 8－19　2016—2019 年中国生物质发电投资情况

资料来源：国家能源局网站. http：//www. nea. gov. cn/.

（2）生物质发电占比逐年扩大。

近年来，生物质发电技术逐年成熟，生物质发电装机容量增势迅猛。我国在生物质燃烧、沼气能开发等领域的技术优势明显。例如，“双循环流化床生物质气化装置”的研制，使得生物质气化过程中的碳转化率和气化强度大幅提升。在政策的引导和技术的支撑下，我国生物质发电产业蓬勃发展，截至 2018 年底，我国生物质发电装机规模位列全球第一。

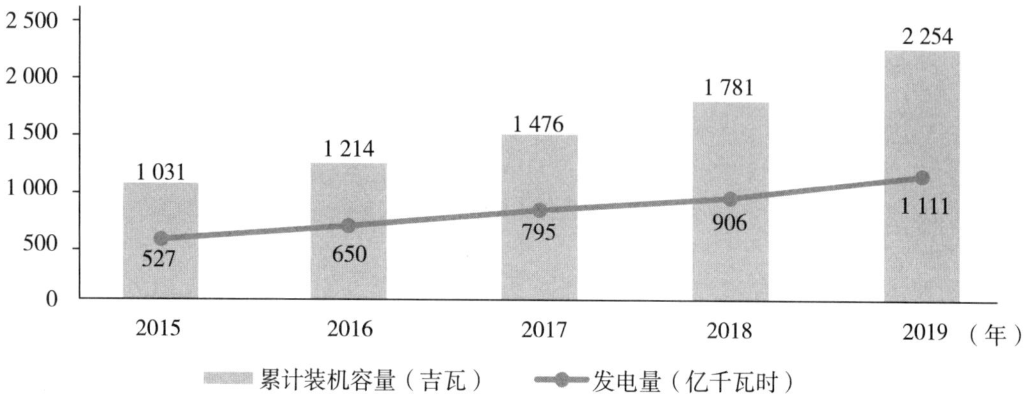

图 8－20 2015—2019 年生物质发电装机容量、发电量情况

资料来源：国家能源局网站．http：//www. nea. gov. cn/.

在我国可再生能源发电中，生物质发电的比重逐年加大。2019 年我国生物质能源累计装机容量、发电量占可再生能源相应指标分别为 2. 84%、5. 45%，相比于 2014 年分别上升了 0. 71%、2. 21%。我国生物质能发电在可再生能源中的地位稳步提升。

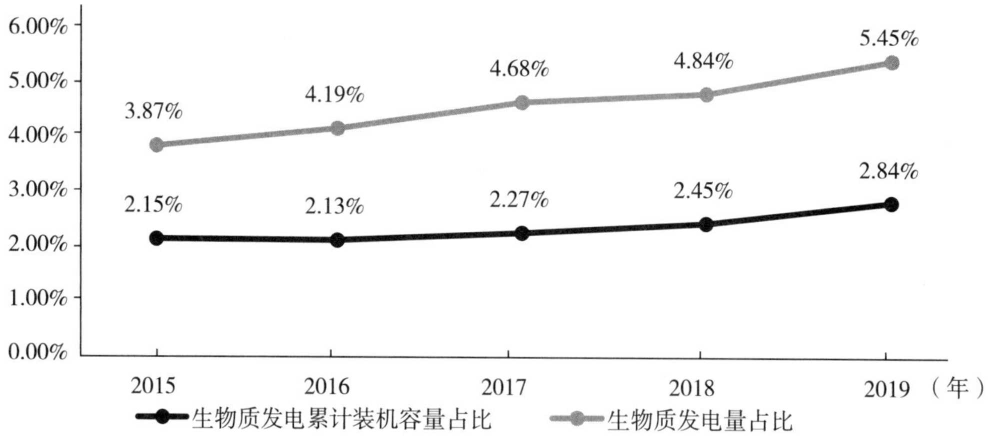

图 8－21 2015—2019 年我国生物质发电占可再生能源发电的比重

资料来源：国家能源局网站．http：//www. nea. gov. cn/.

（3）生物质发电集中区域侧重点有所不同。

由于各地区资源禀赋的差异，在各地政府不同的政策引导下，各区域生物质能重点发展领域存在差异。一是，华北、东北、华中和华南这些农作物种植广的地区为生物质发电提供了丰富的原材料，农林生物发电项目在以上地区集中。2019 年，农林生物质发电累计装机容量排名前五的省份依次是山东（18. 2%）、安徽（13. 1%）、黑龙江（10. 5%）、湖北（6. 4%）、江苏（6. 2%），合计占该领域累计装机容量的 54. 4%。二是，华东、华南地区经济水平、人民生活水平高，垃圾排放量也多，为垃圾焚烧发电提供了原料支持，垃圾焚烧发电项目在这些地区集中。2019 年，垃圾焚烧发电累计装机容量排名前五的省份依次是广东（16.3%）、浙江（14.5%）、山东（11.7%）、江苏（10.84%）、安徽（5.5%），合计占该领域累计装机容量的53.34%。

（4）垃圾发电细分领域行业集中度高。

垃圾焚烧领域前十大企业市场占有率从2015年的58%提升至2019年的60%，跑马圈地阶段基本结束，行业竞争格局已经成形。目前垃圾焚烧行业主要的参与者分为三类：一是国有企业（光大国际、中国环境保护集团、康恒环境、绿色动力、深圳能源、北京控股、重庆三峰、上海环境、广州环保、瀚蓝环境等）；二是民营企业（锦江环境、粤丰环保、旺能环境、伟明环保、中国天楹等）；三是外资企业（威立雅中国等）。光大国际2019年在手产能占整个市场产能的11%，全年项目中标金额113.5亿元，占全国总中标金额的20%，龙头地位无可撼动。康恒环境以占比6%的产能、占比12%的中标金额紧随其后。

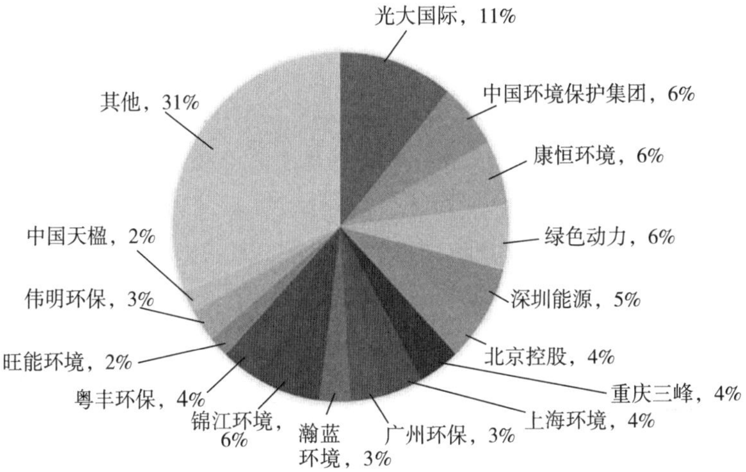

图8-22 中国垃圾发电市场企业在手产能占有率情况（截至2019年底）

资料来源：前瞻产业研究院《2021年中国再生资源产业全景图谱》，2021年2月。

第二节 发达国家新能源产业发展分析

一、日本光伏产业

（一）光电收购价格逐年下调，光伏产业进入调整期

“福岛核事故”发生之后，为减少核能在能耗中的占比，日本政府在2012年出台《支持引进住宅光伏系统的补贴措施》《可再生能源上网电价补贴政策（FIT）》等，助力光伏电站在家用住宅和工商企业屋顶的推广应用。在高额补贴的激励下，日本光伏产业飞速发

展。截至2016年，日本累计装机总量达到35.5 GW，位列世界第二，仅次于中国。然而，在2017年，随着光伏补贴价格的下调，新增装机量为5.8 GW，同比下降15%，日本光伏市场发展渐缓。2018年光伏补贴价格进一步下调，新增装机量降为5.5 GW，日本光伏产业进入调整期。

表8-9 2016—2019年日本光伏发电上网固定收购价格

单位：日元/千瓦时

类型/规模	分类	2016年	2017年	2018年	2019年
10kW以下住宅型太阳能系统	无搭配PCS（电源输出控制设备）	31	28	26	24
	搭配PCS	33	30	28	26
	无PCS，且搭配双重发电	25			24
	搭配PCS，且搭配双重发电	27			26

资料来源：日本经济产业省网站. https://www.meti.go.jp/.

除补贴下降之外，为推动太阳能电价的降低，日本政府从2017年开始实施招标计划。招标方案的出台实现了成本的降低，最低、最高中标价格分别为14.25日元/kW、15.45日元/kW，相较于固定收购价格有较大降幅。

（二）首批太阳能家庭FIT到期，住宅储能需求攀升

日本具有国土面积小、电力需求大、土地资源紧缺等特点，屋顶光伏和分布式电站为光电产业主要模式。2019年，首批家庭光伏FIT协议即将到期，在日本逐步降低光伏市场补贴的背景下，光电逐渐走向市场化运营。电力公司将依据市场运行情况，逐步降低上网电价，家庭光伏发电收益将减少，家庭对住宅储能的需求将由此上升。

除家庭对储能需求上升之外，由于地理位置原因，台风、地震等自然灾害对日本的光伏电站供电带来巨大不确定性。为保持光伏发电的稳定性，日本政府加快发展“光伏+储能”的步伐，在新能源发电侧大范围部署加强锂电池储能系统、普及零能耗住宅（ZEH）方案等。政府规划中明确纳入储能系统的应用，日本光伏市场的新动力已然出现。

（三）组件回收政策体系已完善，电站主要设备退役已规划完成

日本光伏市场为提升空间利用率，主要以住宅屋顶项目为主。由于许多项目是在FIT政策颁布后同时段建立的，预计未来几年组件将批量“退役”。日本太阳光发电协会（JPEA）认为，需要提前研究如何处置达使用寿命的组件，以达到减少环境污染、提高资源利用的目的。

日本政府已经建立光伏组件回收相关政策体系，相关公司也在主动践行社会责任。例如，在政府财政支持下，日本Next Energy & Resources公司使用回收组件建造的光伏电站正式运营。该项目通过回收包括单晶硅、多晶硅、CIS薄膜组件等，重组光伏机组，总装机量达280.78 kW。此外，为增加非光伏发电盈利以及承担社会责任，该项目还在场地周围植树造林，降低光伏产业建设对环境造成的伤害。

二、欧洲风电产业

（一）产业平稳发展，各国着力推进风电增速

欧洲在20世纪90年代初开始进行风电装机，风电产业由此发展壮大。一直到2003年，欧洲风电装机同比增长率保持在30%以上。近年来，随着装机基数的扩大，增速逐步下降，装机容量增量保持10~15 GW。由于欧洲国家援助标准改为了欧盟成员国自查，监管政策发生了变化，2016年起许多国家引入拍卖机制，为项目的开发营造了新的环境。该机制的出台，短期内限制了风电项目的许可数量，使得欧洲新增风电装机容量在2018年明显下降。不过，随着拍卖机制的进一步成熟，项目开发在政策引导下有序增长，2019年新增装机容量达15.4 GW。

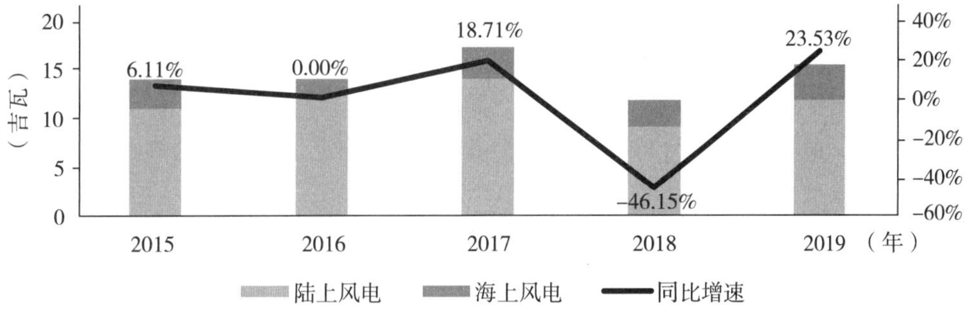

图8-23 2015—2019年欧洲新增风电装机容量情况

资料来源：欧洲风能协会网站. http://www.ewea.org/.

欧洲各国为实现节能减排纷纷制订可再生能源相关计划，助力欧洲风电产业的加速。英国、西班牙、德国、瑞典和法国是欧洲风电装机最多的五个国家，占全欧洲新增装机容量的63.8%，其中英国以15.54%的占比位列第一。

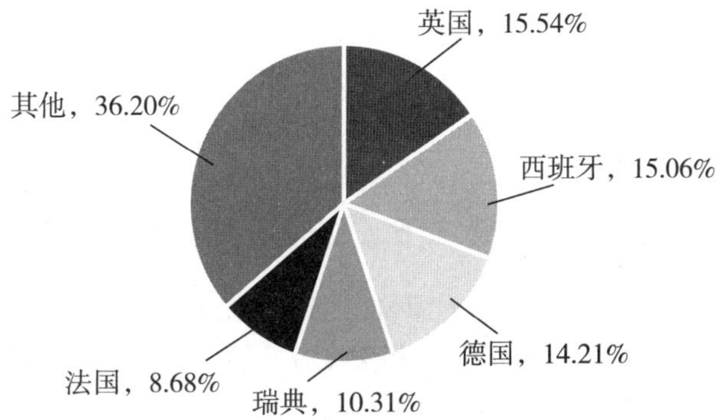

图8-24 2019年欧洲主要国家新增风电装机容量占比

资料来源：欧洲风能协会网站. http://www.ewea.org/.

（二）产业成本降低，单位容量风电投资下降明显

随着风电产业逐步成熟，产业链各环节竞争加速，产业链成本下降趋势明显。成本下降意味着同一规模下风电项目所需的投资金额降低。欧洲风能协会的数据显示，2015—2018 年，陆上风电的平均成本从 2 欧元/瓦下降至 1.3 欧元/瓦，海上风电的平均成本从 4.4 欧元/瓦下降至 2.4 欧元/瓦，两者降幅均超 30%。

西班牙是 2019 年全欧洲投资风电产业最多的国家，投资容量和投资额度均为欧盟成员国榜首，共计投资 28 亿欧元，占 2019 年欧洲风能投资总额的 21.94%。西班牙将大部分资金投入了陆上风电市场，带来了 2.3 GW 的陆上风机新增容量。这是因为在欧洲大部分地区，陆上风电是最具经济性的发电形式，能运用较小的资金投入形成较大的产出。

（三）分散式风电极具特色，丹麦风电全民参与

丹麦具有国土面积小、人口密度大等特点，因此风电产业早期的发展就以分散式风电的模式展开。丹麦的分散式风电规模较小，在社区周围分散式分布，就近接入配电网。

全民参与风电是丹麦风电产业的特色。按照法律规定，开发商必须通过公开招标的形式，将风电项目的部分股份卖给当地居民。同时居民享有电力公司售电收入的率先偿付权，保障着居民的权益。除此之外，为消除风电功效不稳定带来的并网难点，丹麦在区域间建立分散式输电网，保障可再生能源的输送与电网的稳定。为降低弃风率，提高风电的使用率，除正常供电外，丹麦将多余的风电用于区域供暖系统等。在以上措施的推进下，丹麦已成为全球风电能源利用率最高的国家。分散式风电发电总装机容量达 3 GW，贡献了风电总发电量的 50%。

（四）绿色协议加速推进，欧洲风电大有可为

2019 年 12 月欧盟公布“欧洲绿色协议”，以应对气候变暖、推动经济可持续发展。协议提出，欧洲到 2050 年将实现风电发电量占可再生能源发电总量的 50%。根据欧洲风能协会测算，为实现该目标，欧洲每年须新增超过 30 GW 的风电装机容量。2019 年风力发电占可再生能源总发电量的 11%，装机容量为 15.4 GW，所以为达到绿色协议的目标，年风电新增装机容量还需增加近一倍。欧洲风电市场仍有较大发展空间。

三、美国核电产业

（一）核管会、行业协会双管齐下，保障美国核电安全运营

美国核管制委员会（NRC）（以下简称“核管会”）主要负责监督核反应堆的安全、颁发相关许可证，以及监管核电站运营等相关工作。由于核管会具有处罚和直接关停核电站的权力，核电厂在委员会高标准的监督下，安全运营得到保障。除此之外，核管会还负责核电从业人员的考核与培训，确保产业发展的人才供应。例如，反应堆操作员许可证的获得，须通过核管会设置的测试和认证，时长一般在两年以上。在取得许可证后，每月还

需进行再培训，在反应堆模拟器上进行操作的巩固。如此严苛的从业人员管理是美国核电被评为“最安全产业”的基石。

一些行业组织的存在，也保证着美国核电的安全运营。如核电运营研究所（INPO）通过定期评估各核电厂的安全经营情况，总结经验与不足给各核电厂进行分享，促进了核电行业整体的运营机制、绩效等改善，有助于行业企业的共同进步。

（二）核电延寿成为重要战略，功率提升增强核电运营能力

截至2019年，美国有56座核电厂处于运营状态，通过核管会许可证更新的核电机组97台，其中95台正常运行。2019年，核电发电量占比全美发电量的19.7%，达8 094亿千瓦时，平均能力因子高达93.4%，核电在美国占据重要地位。

美国核电产业发展较早，目前部分核电机组陆续达到设计寿命。美国出于经济性和环保的考量，在对设备老化管理、技术改造、安全性评估等进行充分的检查和论证后，决定对符合要求的机组采取延寿运行的策略。美国核能研究所（NEI）经测算表示，在运核电机组的延寿运行是实现“碳中和”目标的最具经济性方式之一。截至2019年底，美国已有86台在运核电机组延寿20年，运行寿期达60年，其中有4台机组得到二次延寿批准，运行周期可达80年。此外，美国核管会正在审查另外6台机组的二次延寿申请。

在延寿的基础上，美国为确保延寿的核电机组经济效益发挥到最大，持续通过技术改造优化核电机组功率。从1977年开始，美国核电机组的增容改造已达154台次，分别提升堆热功率、电功率至21.10 GW、7.03 GW。

（三）核电竞争力减弱，核电站退役数量呈上升趋势

核电机组若未达到延寿的要求，将面临退役。2013年以来，美国已有7座核电站停运，2座核电站计划于2024年或2025年退役。此外，2020年8月28日，美国最大的核电运营商Exelon宣称正在评估是否全面撤资核电。根据美国PJM公司的测算，已明确美国在2020—2025年期间退役的核电站总产量可达约9.3 GW。

表8-10 2013年以来美国退役或放弃延寿机组表

业主	电站名称	原计划退役时间	现状
Duke	Crystal River	2016年	2013年3月起长期停运
Dominion	Kewaunee	2033年	2013年7月总长期停运
S. C. Edison	San Onofre	2022年	2013年6月起长期停运
Entergy	Vermont Yankee	2032年	2014年12月起长期停运
OPPD	Fort Calhoun	2033年	2016年10月起长期停运
Exelon	Oyster Creek	2029年	2018年9月起长期停运
Entergy	Pilgrim	2032年	2019年5月起长期停运
PG&E	Diablo Canyon	2024/2025年	2018年3月撤回延寿申请，将于2024年、2025年退役

（续上表）

业主	电站名称	原计划退役时间	现状
First Energy	Perry	2026 年	2018 年 11 月撤回延寿申请，将于 2024 年、2025 年退役

资料来源：美国核电发展困境及其市场应对策略研究［EB/OL］. 北极星电力新闻中心 . https：//news. bjx. com. cn/html/20210118/1130291. shtml.

美国页岩气革命带来的燃气发电成本下降，是核电机组退役的原因之一。依据美国能源信息署（EIA）的报道，2008 年页岩气革命爆发后，美国天然气产量激增，使得天然气价格从 12 美元/MBtu 下降到 3 美元/MBtu，主导发电侧市场电价的降低，推动美国进入能源低价时代。而核电站的建立与维护相较于天然气而言，成本高，不具优势，因此只能被动接受市场价格，核电厂经营收入出现明显下降。

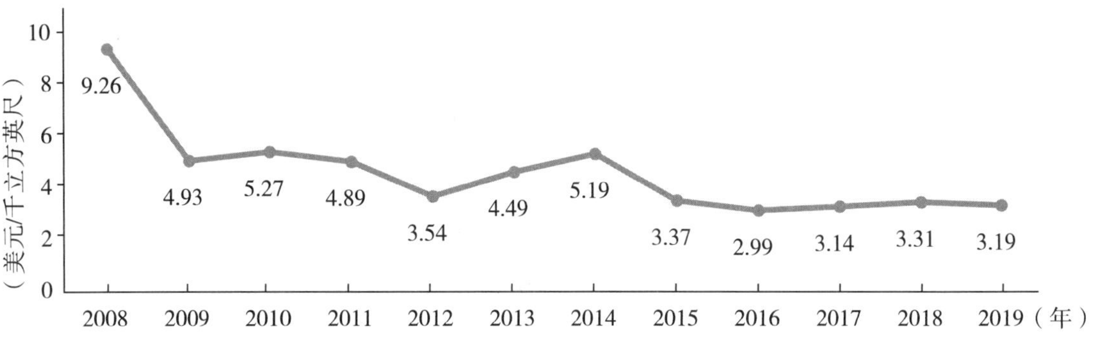

图 8 - 25　2008—2019 年美国天然气价格变化

资料来源：美国能源信息署网站 . https：//www. eia. gov/.

此外，核电在美国电力市场改革中“市场失灵”，进一步使得核电失去市场竞争力。美国电力市场以拍卖的形式决定电网供应商，这种竞争性的电力价格反映的仅仅是电的商品属性，核电的零碳环保、带动社会投资、促进社会就业等公益性没有体现。而且相较于风电等其他形式的可再生能源，核电厂的补贴支持较少。例如，风电等可再生能源享受生产税收抵免 22 美元/兆瓦时的补贴以及优先并网等政策。核电在此背景下，受到明显的市场冲击。此外，由于环保监管的研究进一步严苛，如海水升温限制等进一步增加了核电的生产成本，核电的市场空间挤压明显。

四、德国生物质发电产业

（一）生物质产业崛起，原料对外依存度高

德国作为欧洲可再生能源发展的排头兵，2019 年，可再生能源发电总量达 242. 6 亿千瓦时，占总发电量 40. 1%。其中，生物质发电 44. 8 亿千瓦时，占总发电量的 7. 4%，与

光伏发电量相差无几。

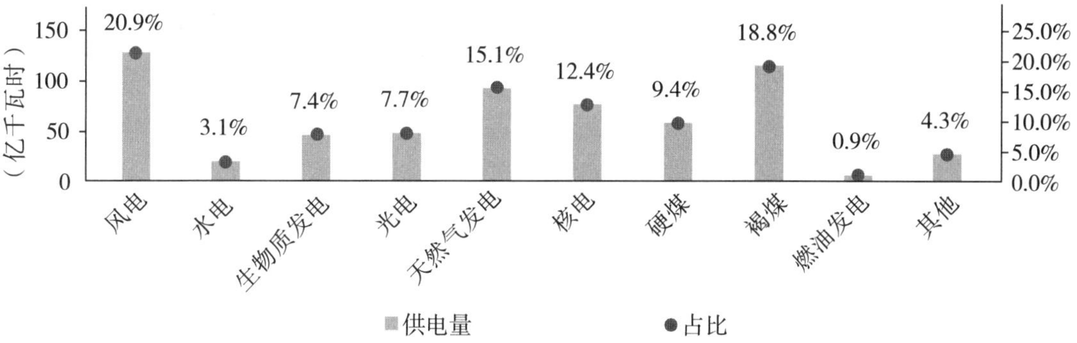

图 8－26 2019 年德国一次能源供电量及占比

资料来源：国际能源署网站 . http：//www. iea. org/.

德国生物质电的发展得益于国家政策的支持。2007 年内阁特别会议商讨了生物质能长期规划，2009 年出台《德国生物质能行动计划》，使得生物能源在德国能源中的地位更加稳固。在政策的引导下，相比于 2007 年，德国生物质能在 2019 年全国能源供应占比已经翻了一番，已提前并超额完成规划目标。

表 8－11 德国生物质能长期目标规划

能源	2007 年（实际）		2020 年（规划）	
	可再生能源	生物质能	可再生能源	生物质能
在一次能源中占比（%）	6. 7	4. 9	16	11
在最终能源中占比（%）	8. 6	6. 2	18	10. 9
在电力供应中占比（%）	14. 2	3. 9	30	8
在热力供应中占比（%）	6. 6	6. 1	14	9. 7

资料来源：德国内阁特别会议《2007 年德国综合能源和气候变化方案》，2007 年 4 月。

德国在生物质原料上有限，对进口的依赖性比较强，特别是生物柴油的原料。由于欧盟生物柴油产量 50% 以上都由德国提供，在生物柴油需求不断提升后，原料进口也会日益增长。海外生物质资源供应的不确定性影响着德国生物质能的可持续发展。

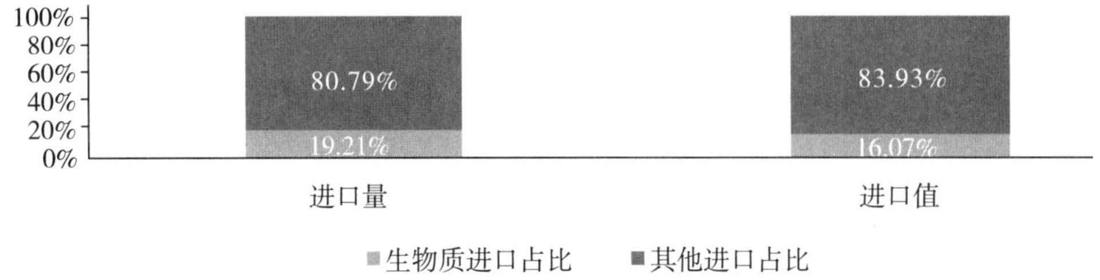

图 8-27 2019 年德国生物质能进口比例

资料来源：德国联邦统计局网站. https://www.destatis.de/DE/Home/_inhalt.html.

（二）制定规范与标准，保障生物能源继续扩张

由于德国在开拓国外生物质资源方面迟迟未采取行动，优质的生物质资源供应源很难找到，而德国本土的木本生物质资源几乎全部被用于家用供暖，生物质原料紧缺现象日趋明显。在国内生物质原料供不应求的情况下，国内原料价格明显高于海外进口燃料价格。为确保可持续的生物质供应，德国提出了一系列的标准与规范。《联邦林业法》明文强调了可持续森林管理规范，以此保障农作物的可持续生产；《可再生能源加热法》明确生物质作物的种植方法及其衍生品的检验方法。

除此之外，为缓解生物质种植所带来的土地利用冲突，德国也进行了一系列的探索。一是政府提供研究经费帮助地方设计符合当地需求的生物质作物生产办法；二是对秸秆等生物废料的使用项目进行补贴，确保生物质的废品和副产品不会受到食品生产等的竞争；三是政府大力支持可持续性生物质的研究与发展，以提高生物质利用率。例如，德国的《可再生能源法》规定，若生物质发电过程中可形成热电联产，将给予激励。

第三节 新能源产业发展过程中存在的问题

一、新能源产业存在的通病

（一）创新不足，核心技术依赖国外

在新能源产业发展初期，我国选择以技术壁垒相对较低的中游装备制造环节为切入点，以规模优势带动产业迅速发展。由于产业从中游开始发展，致使产业链上游研发力度欠佳，新能源领域的关键技术研究还处于瓶颈期。以风电为例，因风力强度控制技术缺乏，风电强弱变化不定，甚至需要消耗大量的煤、天然气等能源，以满足输电的稳定性。因此，为确保发电效率，我国新能源产业很多技术、设备需从国外进口。又由于技术贸易壁垒的存在，我国进口设备存在使用发达国家淘汰设备的现象。以上情况的出现，究其根本，是我国自主研发能力薄弱，关键技术研发投入低而造成的。核心技术依赖进口造成设备投资和运维成本高，影响新能源产业的发展。

（二）产能过剩，新能源并网消纳难

1. 产业标准体系缺失，产能过剩难以缓解

我国在新能源领域加大财政与财税支持，促使新能源产业迅速崛起，但过大的财政补贴与支持力度导致非理性投资的出现。再加上产业标准体系尚未完备，如行业准入标准未确立、检测认证体系的不完善等，产业发展形成了抢装机、轻质量，重规模、弱研发等现象，质量存在隐患，影响产业的高质发展。其中抢装机、重规模带来的产能过剩现象，使得我国资源浪费严重，违背了发展新能源产业的初心。例如，电力消纳能力无法匹配风力发电的增长，风电产业“弃风”现象严重；生物质发电停工待料，许多生物燃料企业闲置或倒闭等。

2. 并网难题待突破，消纳未达预期

我国新能源装机规模的飞涨带动了发电量的持续上升，但由于新能源发电并网问题仍未解决，消纳能力有待提升。一方面，新能源电力并网须进行调频调峰，传统电网为保障电网的稳定运行，不得不放弃大量的新能源电力；另一方面，由于并网问题以及特高压电网建设缺乏，新能源电力输送到需求端存在较大难度，电力供给与需求难以匹配。因此，国内弃风弃电问题仍然未找到有效解决办法，现行电力市场交易机制未能改善消纳问题，中国新能源产业的可持续发展受到限制。

（三）人才缺乏，新能源产业运营成本高

人才储备是支撑新能源开发利用的关键所在。虽然，我国新能源产业发展迅速，在规模上处于世界领先水平，但专业人才紧缺程度日趋严重，给行业发展敲响了警钟。例如，我国风电装机容量世界第一，但是开设相关专业的学校数量有限，人才储备无法跟上。从目前新能源产业人才构成看，绝大多数为基础工人，学历水平相对较低，中高级工程师数量不足，在专业的理论和实践能力上均有很大的提升空间。全方位掌握新能源发电运行、管理、维护等技术的综合性人才十分紧缺。在人才紧缺的情况下，技术和服务水平难以跟上，人、物、财等生产要素浪费严重，运营成本随之提高。

（四）市场待完善，产业需求估量难

我国新能源产业起步晚，依靠政策推动行业增长，市场的成熟度与稳定性还有待提升。新能源产业是资金密集型产业，需要大量的资金投入进行开发与运维。国家为鼓励产业发展，进行了大量的财政补贴，但是产业需求链并未建立起来，从需求端来推动市场增长的模式还有待探索。新能源产品的节能环保效果在短期内是隐性的，可能无法获利，所以市场为逐利将会倾向价格较低的常规能源，新能源产品市场的需求并未得到开发。此外，我国在新能源的长期性发展上缺乏导向性指标，也给行业的发展造成了一定的阻碍。

二、制约各细分产业发展的因素

（一）太阳能光伏产业

1. 光伏发电站建设的非技术成本仍较高，抑制光伏发电项目的经济效应

据统计，在光伏电站建设总成本中，超20%的成本属于非技术成本。具体而言，一是土地成本。由于土地税费缺乏标准化计价方式，多收费、乱收费的情况时有发生。二是财务成本。由于银行对新能源企业采取收紧的贷款政策，国内光伏电站建设贷款利率相较于国外而言至少高4%。在补贴退坡政策实施后，融资成本将成为发电站建设重点核算的领域。三是并网成本。一方面电网对并网柜、计量装置、网络安全隔离系统的安装指定厂家，产品价格往往高于市场；另一方面电网审批周期长，企业代建接入工程，价格高。以上非技术成本使得光伏发电项目的经济收益受损严重。

2. 受补贴退坡政策影响，光伏产业盈利能力下降

根据国家发展规划的要求，光伏发电的补贴政策在2020年全面退出，从2021年起，光伏行业需要通过降低发电成本、提高环境效益与传统能源进行市场化竞争，实现平价上网。逐年下降的标杆电价以及逐渐取消的补贴将倒逼企业探索生产成本下降的模式，以确保企业的正常运行。在没有补贴的情况下，如何解决光电空间错配现象，也是光伏产业未来发展的重中之重。

（二）风电产业

1. 风电市场出现非理性竞争

风电产业的竞争在平价上网的推动下出现非理性的趋势，低价中标危害着市场的正常秩序。由于投标价格低，开发商不愿分出利润给设备商，风机制造企业为抢占市场，大幅降低设备报价。风机制造厂商不断向下游挤压利润空间，已无法通过价格传递有效资源配置信息，一些拥有优质产能的零部件供应商选择利润更高的海外市场，剩下的规模较小的供应商只能被迫退出风机制造环节，风电产业发展受到限制。

2. 海上风电存在盲目投资现象

2018年公布竞价上网政策以来，海上风电项目集中核准现象在各地涌现。然而，这些项目是否成熟、是否符合建设条件还有待考究。为顺应海上风电大规模兴起的走向，风电机组设备商加快推出6 MW及以上机型。但由于研制时间较短，设备稳定性和发电量水平还未通过大量实验。再加上海上风电运维难度大，新风电机组投入市场进行运用存在较大的不确定性。

3. 环保问题影响风电产业健康发展

在建设风电场的过程中，会对植被等生态造成破坏。一些风电场建设企业对于恢复生

态的关注度和执行力缺失，造成了较为严重的环境问题。中、东、南部地区已有多个省份停止发展风电产业，以保护生态环境。

（三）核电产业

1. 核燃料对外依存度高

核燃料是实现核裂变反应的关键物质，是核电产业链上游的核心所在。目前核电站核燃料的使用以3%纯度的铀为主，天然铀成本占核燃料成本约50%。由于天然铀纯度仅0.71%，因此铀资源的开采、加工、供应是产业链上游发展的基石。然而我国大部分铀资源属于纯度低、埋藏深的非常规铀，需要较高的开采成本，因此，我国大量从海外进口铀。我国铀资源对外依存度在70%以上。长期上涨的铀价一方面会降低我国核电产业的利润空间，另一方面受国际政治事件的不确定性的影响，我国核工业的持续稳定发展具有较大的不确定性。

2. 核电产业政策风险高，产业高速发展还须等待

日本福岛核事故发生后，为引以为鉴，中国出台“国四条”，对全国核电项目进行安全检查。我国核电审批在2016—2018年全面停滞，核电相关企业一度经营困难。显然，核电行业有较高的政策依赖性，政策风险较高。虽然2019年核准重新开始，但由于核电建设项目备选的厂址资源匮乏，后续须加大在内陆地区的核电建设投入，对核电产业提出了极高的要求，技术在短期内难以支持，发展仍需看长期。

（四）生物质发电产业

1. 原料供给难以适应大规模开发利用

一方面，生物质的利用半径小，利用效率难以提升。多数生物质的体积密度不到煤炭的1/10。例如稻草的体积密度大约为50 kg/m^3，而烟煤达800 kg/m^3 ~ 900 kg/m^3。生物质的能量密度与煤炭也有较大差距，牛粪的热值为7 000 kJ/kg，而无烟煤高达33 000 kJ/kg。如此对比，生物质的利用半径普遍被认为仅有80 km ~ 120 km，大型电厂对生物质能的利用受到局限。

另一方面，生物质能收、储、运各环节协同有待提升。由于生物质原料没有形成完好且专业的收、运、储、供体系闭环，加之原料供应的季节性和区域性，价格不稳定，成本高，推广难度随之增加，严重阻碍了生物质能源的应用。

2. 生物质发电成本较高，不利于行业的长期发展

根据国际可再生能源署的报道，2010—2017年，生物质的发电成本始终维持在0.07美元/千瓦时上下，而风电、光伏发电、核电等发电成本下降幅度明显。如果生物质电要逐步取代化石能源，须大幅度降低发电成本，才能具备价格优势。

从成本构成来看，燃料成本占生物质发电成本最大比例，达60%。这主要是燃料在收购到运用的环节中，需要经过一系列设备的加工处理，同时对劳动力的素质要求也很高，

所以产生大量成本。反观风电与光伏，燃料成本为零，因此生物质发电在原料端不具价格优势。此外，我国关键设备国产率低，进口设备又与国产原料存在一定的匹配问题，造成了很高的运维费用，进一步增加了生物质发电的成本。由于生物质上游为农林产业，与民生和环保关系紧密，短期内发电成本降低空间较小，对于行业的长期发展起到了一定的制约效果。

第四节　新能源产业发展趋势展望

一、新能源行业发展的共同趋势

（一）微电网引领产业可持续发展

我国可再生能源发展规划与电网建设规划存在一定的不匹配性。风电、光伏发电等新能源发电建设区域由于电网分布的限制以及有限的外输通道，导致资源优势难以发挥，限电形势严峻。大范围的“弃风弃光”现象，在可再生能源输出与电网配套设施建设滞后形成的时空错配中显现。

国家为解决上述空间错配问题，通过两方面具体举措，推进微电网的发展。一是核准设立新能源微电网示范项目；二是加快推进新能源微电网规划和标准体系建设。微电网的设立有助于解决复杂多样的并网问题，通过大电网系统的调度与把控，微电网能平滑地接入大电网系统内部，达成电能和电压联合运转的目标。微电网的储能设备和电源保留在了用户端，减小了输电走廊的占用面积，起到降低生产周期、节约生产成本的效果。此外，微电网能起到能源的就地产生与消纳的效果，输电配电效率得到提升，为新能源的可持续发展提供新出路。

（二）绿色金融促进产业资本化进程

企业利润空间被过高的融资成本挤压，我国新能源技术的改进与产业化发展受限。一方面，因新能源企业不良贷款率偏高，金融机构广泛采取信贷收紧的措施，融资成本高。据前瞻产业研究院统计，我国多数光伏企业融资成本普遍比境外高4%～6%。另一方面，由于技术水平不高，新能源企业获得海外资本青睐的可能性低。在行业结构重组和国际贸易复杂多变的背景下，我国新能源企业缺乏在境外资本市场的竞争力。

当今“能源＋金融”相互交融所形成的全新绿色金融时代已来临，中国核证自愿减排量（CCER）将成为缓解新能源产业资金压力的利器。为2060年实现“碳中和”的目标，随着中国CCER的建立完善，新绿色金融的潜力将被更深入挖掘。中国CCER交易今后将成为企业碳资产交易的主体，对新能源产业的资本化发展意义非凡。使用CCER来完成碳排放目标一定程度上为控排企业节约了成本，减排项目在使用CCER后也会产生收益，两者共同助力企业加快绿色低碳发展的步伐。具体到CCER与新能源产业来看，CCER资产在新能源的开发与利用中产生，而通过交易CCER资产产生的收益又将重新运用于新能源产业。这种双向的良性循环，将有力推动我国新能源企业实现绿色低碳发展，加快新能源产业化进程。

（三）智慧能源提升产业数字化水平

在国家电力体制改革、中国制造 2025、节能减排创新升级和互联网去中心时代等的推动下，智慧能源产业和能源互联网的发展进程将加快，能源互联网生态新模式正逐步建立。具体来看，能源互联网中的电能是数据和信息传输的载体，煤电和可再生能源的电站是电能产生、运用的地方，储能装置作为后台储备角色，与互联网中的服务器相当，输电线路通过连接生产端与应用端起到串联的作用——“能源互联网”模型基本构成。

能源和信息在物联网、云计算和大数据的推动下充分交融，最后使得新能源产业迈入智慧能源引领的智能微电网时代。智慧能源的“智慧”体现在电力能源产品能在能源互联网中实现自由买卖。这就需要智能能源借助互联网和现代通信技术等手段，即时持续跟踪、监测、分析能源的生产、使用、调度情况，并做到实时反馈与优化。因此，在物联网引领的智能能源时代的推动下，新能源产业将迈入全新的数字化时代。

（四）储能配置助力产业高质发展

风电、火电等新能源发电无调节能力，再加上自然因素的影响使得其发电量呈现间歇性特点，给电网运行调度加大了难度。在此背景下，密集的新能源储能配置政策发布，鼓励或强制新能源发电站具备储能设施，同时加快一次调频功能改造。这些政策的出台反映了电网调频资源稀缺与新能源发电充足之间的矛盾，同时也反映出电网对于储能的需求越来越大。

新能源电站配置储能系统，能起到提高资源的利用效率的效果。以风电为例，通过配置储能系统，凌晨期间因风电超过电网负荷的部分会给储能系统蓄电，然后在风力相对较小的白天释放出来，避免了弃电的资源损失。同时，储能系统兼具调峰、调频的服务，可通过这类辅助服务取得额外收益。新疆地区做出了很好的新能源储能实践，实现了 0.55 元/kWh 的度电收益。因此，在新能源发电站配置储能系统后，产业发展将更具经济效益。

二、驱动各细分产业发展的因素

（一）太阳能光伏产业

1. 产业链逐步完善，助力扩大光伏市场

我国光伏产业生产规模占全球光伏产业规模达 50%，稳居世界第一。近两年来，国家对光伏产业的重视程度持续提升，技术不断更新换代，全光伏产业链已在我国初步形成，产能持续增加，成本随之降低。在市场的倒逼下，上游制造厂商须通过技术创新实现转换效率的提升和原材料成本的降低，为光伏制造业的持续发展蓄力。

2. 实行平价上网，产业持续发展未来可期

2019 年《平价上网通知》的出台，标志着我国光伏产业迈入平价项目阶段。随后，

国家能源局发文提出，要帮助促成无补贴平价上网项目建设，为平价上网创造了有利环境。平价上网政策实施后，一方面使得光伏相较于传统能源的竞争力凸显，光伏产业将在平价上网政策的助力下加速市场化进程；另一方面，平价之后，产业发展环境得以优化。降价压力在平价实施后放缓，波动性也将有所下降，产业的商业模式也将修复。光伏产业在平价上网的带动下将持续高质发展。

3. 乘能源清洁化红利，注入光伏产业发展新动力

2020年，习近平主席强调，中国力求2030年前二氧化碳排放达峰值，力图2060年前实现碳中和。① 而2019年，占据我国一次能源消费结构核心地位的仍是化石能源，其中煤炭、石油、天然气占比分别达57.70%、18.90%、8.10%。在此背景下，我国能源结构将在碳中和目标下进行调整，光伏行业有望享受能源清洁化转型红利。在国家政策的扶持下，在光伏产业的自身经济性逐步显现的环境下，光伏产业的渗透率将持续提升。

（二）风电产业

1. 因地制宜，分散式风电模式有望持续改善弃风现象

大规模风力发电能源的并网，使得消纳能力短时间无法匹配需求，而电网对输出与供给的实时平衡有严格要求，因此风电能源存在较多的弃电情况。根据爱尔兰科克大学研究推算，2030年欧洲可再生能源弃电率将低于1%，中国与之存在明显差距。借鉴国际经验，分散式风电是改善弃风现象的有效途径之一。分散式风电模式运用就地开发、就近利用的理念，缓解了风能资源富饶地区的转化压力。为更好地提高分布式风电的高风能利用效率、降低社会用能成本，国家出台一系列政策扶持其发展。2017年分散式风电建设计划出台②，产业投资加大。2020年相关管理办法进一步完善③，开始引导社会资本参与分散式风电项目。在国家大力支持下，大力开发分散式风电的条件已基本具备，电网消纳压力有望减少。

2. “平价后时代”启动全产业链协同创新新篇章

风电行业将在2022年以后迈入“平价后时代”，发电效率、度电成本和经济效益将为产业发展重要着力点。从成本端来看，风电机组成本占风电投资60%左右，是项目实现平价的关键环节。根据美国通用电气公司的测算，单机功率和年发电能力在风轮直径由116米增加至160米后，将实现倍速增长，度电成本随之下降30%左右。我国主轴承、齿轮箱轴承等风电关键部件仍然需要进口满足需求。进口关键部件价格高，运维成本也高。因此，通过集合全产业链的力量进行技术攻关，打造利益、命运、责任共同体实现全产业链协同创新，是风电行业实现可持续健康发展的重要突破点。

---

① 第七十五届联合国大会一般性辩论，2020年9月22日。

② 国家能源局．关于加快推进分散式接入风电项目建设有关要求的通知［Z］．2017－05－27.

③ 国家能源局．分散式风电项目开发建设暂行管理办法［Z］．2018－04－16.

（三）核电产业

1. 电源清洁化趋势明显，核电替代煤电指日可待

火力发电形成的二氧化硫、氮氧化物等副产物，对环境污染的程度极高，而核电作为清洁能源可以有效避免上述污染问题。尽管风电、光伏发电等可再生能源也可达到减少污染物排放的效果，但因其间歇性、波动性、低可预测性的特点，功率输出不稳定，预测发电量的难度大。因此，从理论上而言，风电、光电无法替代火电作为基荷电源而运行，甚至还需要火电协助进行调峰调频，清洁能源的效果难以发挥到最大作用。反观核电，在输出稳定性上，不受自然条件的干扰；在经济效益上，核电拥有"基荷"能源特性，不需要进行电网的调峰，燃料能效高。因此，在清洁能源发展的趋势下，从发电特性看，核电是电力系统替代火电作为基荷电源的最佳选择。

2. 基建投资稳增长驱动核电需求上升

核电建设周期长、投资规模大，扩内需、补短板优势明显。核电建设既可以拉动投资，又不会在短期内使得电能供应能力明显上升，是推动能源结构优化的重要选择。在煤电去产能政策导向下、水电开发延缓的背景下、风光发电补贴退坡的影响下，电源工程投资大幅放缓。2019 年全国电网工程投资额同比下降 9.62%。受疫情影响，经济增速放慢，经济下行承压显著。为此，特高压、高铁、公路等基建投资力度持续加大。核电建设产业链长、投资数额大，成为逆周期投资、拉动增长的关键举措。若投资额以三代机组 1.6 万元/千瓦平均造价估算，每个核电站每一期 2 台机组拥有 150 万千瓦的容量预估，每一期工程的项目投资额达 480 亿元。在当前经济形势下，核电建设已然成为电力行业新基建政策的最好着力点之一。

（四）生物质发电产业

1. 垃圾围城现状堪忧，生物质电指出明路

在人才引进政策的推动下，各城市常住人口进一步扩大，城市垃圾产生量随之上升。生态环境部的数据显示，2019 年我国大、中城市生活垃圾产生量为 23 560.2 万吨，同比上涨 11.41%。上海以 1 076.8 万吨的生活垃圾，超过北京成为生活垃圾产生量最大的城市，广州、重庆和深圳紧随两者之后。2019 年，垃圾产量排在前十的城市共生产了 6 987.1万吨生活垃圾，占 196 个大、中城市生活垃圾产生总量的 29.66%。因城市土地资源有限，垃圾处理能力难以跟上垃圾产生的速度，"垃圾围城"现象愈演愈烈。垃圾焚烧直接发电，一方面可改善环境，另一方面能缓解能源问题。因此，在垃圾分类的大背景下，生物质发电效率将得到改善，助力行业高质发展。

2. 实施竞争式上网电价，行业迈入市场化运营进程

2020 年，国家能源局明确，自 2021 年 1 月 1 日起，生物质发电项目全部通过竞争方式确定上网电价，鼓励生物质能非电利用和高附加值利用。[①] 该政策的出台使得原来以发

---

① 国家发改委，财政部，国家能源局．完善生物质发电项目建设运行的实施方案［Z］．2020－09－16.

电为主要盈利点的产业发展模式亟待改变。由于生物质发电兼具经济和社会效益：一方面通过处理有机固体废物改善环境，另一方面通过收购燃料生产清洁可再生能源惠农富农，探索实现生物质能产业可持续发展的“生物循环经济”模式，将是未来重点研究的方向。

第五节　新能源产业发展策略建议

一、加强产业工人培养，增强产业竞争力

在新能源发展的大趋势下，人才作为支撑产业长期发展的中坚力量，须得到充分重视。我国应加大对专业人才的培养力度，为自主创新能力的提升铺路，以塑造产业竞争力。目前新能源在高校中属于新兴学科，涉及多个专业的交叉，教学内容具有综合性和复杂性，必须从实践的过程中不断探索和完善。为培养更多的新能源高素质人才，国家应出台一系列政策引导高校开设相关专业，探索以校企合作的形式进行联合培养，为产业发展提供兼顾理论知识和实践经验的高层次人才。

除此之外，在国家重视产业工人发展的驱使下，行业协会等社会组织应加强新能源行业对现有基础人才的技能培训，制订新能源培训计划与方案。协会可考虑创建“工企对接、政企互动”的互助协作模式引导，建设新能源工人远程视频培训学习平台，通过培训持续提升新能源基础工人综合素质，以此为新能源产业高质量发展提供人才保障。

二、支持技术创新，利用财税政策改善产业融资现状

为突破关键技术“卡脖子”问题，应从产学研合作、激励机制、财税支持“三管齐下”，助力产业高质发展。

一是打造高校、科研院所、企业产学研用一体化创新产业链条，提升关键技术的研发水平，加强自主设计与制造，降低对国外先进技术及设备的依赖。

二是设立有效的创新激励机制，对产业中贡献突出、技术创新能力强的团体和个人给予物质、精神等多方面激励。具体而言，为激励新能源企业加大研发，进行技术革新等工作，政府应借助财税政策给予新能源企业资金支持，以确保企业愿意承担高成本、高风险的技术研发与革新工作。对于产业中研发力度大、创新程度高的企业，除对研发费用进行加计扣除外，可以考虑按一定比例将研发费用在企业所得税中直接抵扣，以保证企业有更多的资金投入技术研发中。

三是加大对支持新能源产业的金融机构的税收优惠政策，缓解产业融资困难的现状。新能源产业前期投入成本和后期的运维成本都很高，仅仅依赖政府的财政补贴还远远不够。政府应考虑按照金融机构对新能源产业提供的信贷服务比例，实施税收优惠，从而确保新行业能多渠道满足融资需求。

三、加大行业资金支持，探索产业基金扩充新途径

建立以政府专项资金与各类机构资金相结合的资金支柱体系，旨在支撑新能源产业发展。一是统筹各类财政专项资金支持新能源产业的发展。采用奖励、补助、委托借款、股权投资等多种形式，着力支持关键技术研发、研发机构建设、创新创业人才引进和重大项目建设，不断扩大财政资金的带动作用。二是强化各类金融机构对科技产业的资金支持。积极推动银企合作，鼓励商业银行为重点新能源企业提供融资支持；设立具有政府背景的融资担保机构、村镇银行等新型金融机构，为中小型新能源企业提供资金支持；引入风险投资机构，扶持重点企业上市融资；通过不断创新和拓宽融资渠道，引导各类金融机构资金流向新能源企业。三是扩充新能源产业基金规模，利用基金收益反哺产业发展。为扩大基金规模，可考虑从化石燃料消费中筹集，一方面解决新能源基金资金不足的窘境，另一方面还可引导传统能源企业向新能源企业转型。

四、提升企业知名度，打响品牌

做好市场营销，提高品牌知名度，增强品牌效应。打造一批适应市场需求的专业化营销团队，通过与项目所在区域的政府部门、行业协会、地产商以及潜在客户加强沟通、提升服务，不断形成和巩固一批高忠诚度的重大客户群体，快速扩大市场占有率。市场营销工作的关键在于信息，因此新能源企业须注重信息收集渠道的构建，强化信息收集、关注地区动向，力争承接一批影响力大、市场关注度高的代表性项目，不断提升行业和地区的品牌影响力。通过实施兼并收购、重组等外延式扩张，进一步整合产业链；通过业务扩张、分公司建设，将公司业务发展成为国内乃至国际在新能源领域的领导品牌。

五、坚持科技进步，推动企业成果产业化

一是完善研发创新及成果转化体系。建立健全研发体系，形成以研发部门牵头、各业务部门提供思路的合作创新体系，提升科技研发整体性，加大科技成果与市场需求接轨；二是加快人才引进，打造增质提效攻坚能力。加大科技人才引进力度，与高校达成人才战略合作，力求精准引进一批适合企业发展的“数字化、绿色化”转型方向的高层次综合性人才；完善高层次人才管理工作机制，明确工作职责，发布相关工作办法；三是创新科技管理体制机制。改革完善公司科技创新管理体制，逐步建立包括成果转让、股权激励、项目跟投在内的创新激励机制。完善涉及科技项目立项、评审、科技成果奖励、成果转化、经费管理、对外合作、技术引进等多个方面的管理制度，加强企业关键技术等领域的研发储备。

六、企业应建立健全激励机制，留住人才

面向企业中层及以上实施股权激励。新能源企业应考虑引进战略投资者，并实施管理层及核心骨干持股方案，以此促进公司健全激励约束机制，充分调动相关人员积极性，有效地将股东、公司和经营者个人利益捆绑在一起，激发公司活力。

面向全体员工建立差异化激励薪酬分配体系。新能源企业应以内部公平性和外部竞争性为基础，以提升薪酬激励性和管理规范性为导向，建立并实施一套有效吸引和激励人才的差异化薪酬分配体系，进一步激活企业的人才活力。一是优化职位等级体系，设计多系列多层级通道，拓宽员工职业发展路径；二是采用差异化薪酬模式，以年薪制、岗位绩效工资制、协议工资制等多种薪酬模式，适用不同岗位员工，体现岗位与薪酬的匹配；三是加大员工业绩激励力度，设置超业绩奖励、重大科研项目成果奖、重大贡献奖、优秀员工奖等专项奖励项目，充分调动员工工作的积极性和创造性；四是坚持员工收入与岗位价值贡献挂钩，员工年度绩效考核根据不同系列、不同岗位工作特点有针对性地制定考核指标，员工绩效分配与部门、个人绩效考核结果挂钩；五是员工薪酬水平以市场水平为导向，重点向一线骨干、优秀员工倾斜，吸引并留住人才，确保薪酬水平的外部市场竞争力；六是提高员工基本工资水平，确保员工基本生活保障。

以上薪酬制度改革，有利于新能源企业稳定人才队伍，激发员工的工作积极性，保障企业持续健康向上发展。

第九章　新材料产业[①]

第一节　中国新材料产业发展分析

一、我国对新材料的定义

材料是科技和产业发展的基础和先导，新材料产业被定义为“国民经济的先导产业”。工业和信息化部制定的《新材料产业发展指南》将新材料定义为：新出现的具有优异性能和特殊功能的材料，或是传统材料改进后性能明显提高和产生新功能的材料。[②]

随着时代的发展和科技的进步，各产业对材料的要求越来越严格，目前先进无机非金属材料、先进金属材料、高分子及复合材料、高性能稀土材料、新能源与节能环保材料、信息功能材料、高端生物医用材料、前沿新材料与材料基因工程是“十四五”时期新材料产业的重点发展方向。

二、新材料产业的特点

（1）产品性能优异。相比传统材料，新材料在性能和功能上都有明显的提升和改进，新材料的研发能有效提升下游应用产品的质量与性能。新材料产业处于产业价值链的上游，同时能够带动其他产业的发展。新材料产业是未来高端装备制造的重要产业基础，其中高温合金、先进钢铁、宽禁带半导体材料、稀土功能材料等新材料，是支持我国高端装备性能提升的关键材料。

（2）技术壁垒高。与传统材料不同，新材料产业产品知识含量和专利技术含量较高，并且具有强大的竞争优势，产品研发周期长，研发投入高。如果某个企业在技术上有了突破，就容易形成技术壁垒，别的企业需要投入相当长的时间进行技术攻关才能跨越技术上的壁垒。一旦拥有专利权，产生技术壁垒，专利技术会给企业带来更高的利润。许多国外公司的关键技术对我国严格保密，因此国内许多重要高端新材料需求对外依赖性强，这也是我国多种高端装备发展受制于人的主要原因之一。

（3）行业景气周期长。目前国内新材料企业的技术应用研究和质量生产管理水平同国外发达国家相比仍存在一定差距，材料自给缺口大，许多核心技术新材料对外依赖性强。

---

① 本章作者：陈茗，暨南大学产业经济研究院研究生。

② 工业和信息化部、发展改革委《新材料产业“十三五”发展规划》，2016 年 4 月。

一般而言，技术壁垒越高，越容易产生较大的产能缺口。我国新材料关键技术与发达国家相比还有很大的差距，技术的落后导致我国新材料产业行业存在进入壁垒高、产品研发周期长、产能不够自给自足等问题，由此可以推出，我国新材料产业仍有较大的发展空间，景气周期相对较长。

（4）产学研一体化程度高。新材料从实验室的研究开发到产品的生产应用，再到市场规模化这一过程比较漫长，同样也需要完整的一体化运转经营系统。产学研的高度一体化对某项具体应用需求可以进行针对性研究，以提高材料性能，提升研发速度，促进新材料产品走向实际应用，提高效率，节约资源。

（5）投资风险高。在研发新材料过程中需要投入大量的资金，且研发周期长，技术难度大，其发展存在技术和市场需求的不确定性。新材料产业对技术装备投资要求比较高，需要持续的外部资本支持，并且产品的研发和技术的创新都存在很大的风险。

三、新材料的分类

（一）分类

新材料品种分类十分广泛，按组成成分可分为金属材料、无机非金属材料、有机高分子材料、先进复合材料四大类；按材料性能可分为结构材料和功能材料。为了较为精确地分析和判断材料的发展阶段，我国根据《新材料产业发展指南》①，将新材料划分为三大类——先进基础材料、关键战略材料和前沿新材料。

1. 先进基础材料

先进基础材料是性能优异、产量丰富、应用面广泛的高端制造关键材料，在所有战略高端装备制造业和战略性新兴产业的发展建设中起着至关重要的作用。先进基础材料在各行业和各领域都有着广泛的应用，比如有色金属行业、纺织行业、建筑材料行业、海洋工程行业，以及在国防军工建设、现代航天航空、现代轨道交通、先进清洁能源、电子信息等领域，也正因为如此，先进基础材料的发展状况被越来越多的国家和企业重视，它也成为国家工业高新技术发展水平与综合实力的重要组成部分。

先进基础材料主要可以分为先进钢铁材料、先进有色金属材料、先进化工材料、先进建筑材料和先进轻纺材料。基础零部件用钢、高强韧钛合金、镁合金、工程塑料、高端聚烯烃、特种合成橡胶等都是它的代表品种。随着科技的不断发展，世界各工业大国都十分重视先进基础材料的工程体系发展以及技术的创造与发明，我国也十分重视先进基础材料的研发，但是我国这方面的发展与发达国家相比还有一定的差距，在高精尖技术路线、人才储备和科研投入上的巨大优势使得美国、日本、德国等发达国家在新材料行业处于领先地位，特别是在战略高端装备制造关键基础材料等各个方面已经形成行业垄断竞争优势，这对我国高新技术产业发展战略形成了较大的制约。因此，为实现科技强国的目标，我们必须提高产品的研发水平，加大在先进基础材料人才与资金上的投入，并做到高效使用，

① 工业和信息化部、发展改革委、科技部、财政部《新材料产业发展指南》，2016 年 12 月。

不要一味追求专利数量，而应该落实到实践应用中，在“十四五”战略规划期间努力做到推动生产过程的智能化和绿色化改造，提高先进基础材料的国际竞争力。

2. 关键战略材料

关键战略材料广泛应用于新能源、智能电网、舰船运输车、轨道交通等各个领域，其具体包括的产品有高端装备特种合金、高性能分离膜材料、稀土功能材料、新型显示材料、新型能源材料和生物医用材料等。关键战略材料为实现国家战略信息化和在医疗卫生、环境绿化以及国防工业领域的突破性进展的是核心材料。进入 21 世纪，科技发展飞跃，世界性大工程也在不断推进，这也意味着新材料产业发展的天花板在不断提升，同时对关键战略材料的需求越来越大，要求也越来越高。此外，关键战略材料的重要性还体现在有利于改善人民福祉、促进社会经济的发展与进步和推动产业结构升级与转型上。比如凭借着稀土资源禀赋优势，我国的高性能稀土永磁材料产业已经成为具备全球竞争优势的产业之一，产能占全球 80% 以上，高性能稀土永磁材料目前被广泛应用于节能环保制造产业等低碳经济领域，这对我国低碳经济的持续发展起着关键作用。

3. 前沿新材料

在重大应用前景方面，前沿新材料是最具战略性和关键性的新材料，可能对未来工业科技发展带来革命性影响，对新材料产业未来的发展起到支撑和引领作用。前沿新材料是我国新材料产业发展市场上占比最小的部分，仅占比 3%，未来发展空间还很大，但同时极具挑战性。

四、中国新材料产业发展战略与政策

我国是工业大国，正迈上工业强国之路，以新一代信息技术、新能源、智能制造等为代表的战略性新兴产业在 2012 年《“十二五”国家战略性新兴产业发展规划》中被正式确定，这也标志着我国未来产业的发展方向和主要任务非常明确，各产业的不断进步与发展对新材料产业也提出了更高的要求。目前，全球范围内都在积极发展新材料，随着国际关系的变化，以美国为代表的发达国家在不断发展本国新材料产业的同时，在贸易方面不断对关键技术和产品的出口设置壁垒，比如 2019 年日本限制向韩国出口半导体核心材料，导致断供后三星 2019 年第三季度净利润暴跌 52%，还有中兴、华为事件凸显出核心技术的重要性，这些事件都进一步警醒我们要加强我国新材料自主创新意识，提高自主研发能力，尤其是核心技术的研发。

为推动新材料产业高质量发展，支撑制造强国战略的实施，2017 年 12 月，中国工程院正式启动“新材料强国 2035 战略研究”重大咨询项目。为了提升新材料领域的竞争力，实现我国从材料大国到材料强国的转变，我国先后制定一系列政策、规划来驱动新材料产业市场的发展，比如《新材料产业发展指南》《“十三五”国家战略性新兴产业发展规划》《有色金属行业发展规划（2016—2020 年）》《稀土行业发展规划（2016—2020 年）》《增强制造业核心竞争力三年行动计划（2018—2020 年）》《“十三五”先进制造技术领域科技创新专项规划》《国家新材料生产应用示范平台建设方案》《国家新材料测试评价平台建设方案》《重点新材料首批次应用示范指导目录（2019 年版）》《中国制造 2025》等。

新材料产业链条环节多，对技术的要求也特别高，前期需要投入大量的资金，存在很大的不确定性，是一个政策依赖性很强的产业，因此，新材料产业发展必须依靠体制机制创新，进一步明确创新政策转型的重点。为推动我国材料领域科技创新和产业化发展，国家制定了一系列政策来支持新材料产业的发展，习近平总书记也曾多次强调新材料的重要性。2014 年 6 月 3 日，习近平总书记出席 2014 年国际工程科技大会时指出：信息技术、生物技术、新能源技术、新材料技术等的交叉融合正在引发新一轮革命和产业变革，这将给人类社会发展带来新机遇；2015 年 10 月 23 日，习近平总书记提到：新材料产业必将成为未来高新技术产业发展的基石和先导，对全球经济、科技、环境等各个领域发展产生深刻影响；2017 年 6 月 22 日，习近平总书记考察山西钢科碳材料有限公司时强调：新材料产业是战略性、基础性产业，也是高技术竞争的关键领域。我国高度重视新材料产业的发展，自从 2017 年起，“新材料”一词连续三次出现在政府工作报告中。

我国新材料产业政策不断完善，特别是“十二五”以来，通过制定规划、出台专项措施等方式，形成了一批政策措施。2015 年 5 月《中国制造 2025》提出要高度关注颠覆性新材料对传统材料的影响，做好超导材料、纳米材料、石墨烯、生物基材料等战略前沿材料的布局和研制，加快新材料产业的发展。新材料产业其他相关政策如表 9 - 1 所示：

表 9 - 1　我国新材料产业发展相关政策

颁布时间	主要内容
2010 年 10 月	国务院《关于加快培育和发展战略性新兴产业的决定》
2012 年 1 月	工业和信息化部《新材料产业“十二五”发展规划》
2012 年 7 月	国务院《“十二五”国家战略性新兴产业发展规划》
2015 年 4 月	国务院“制造强国战略”
2016 年 4 月	工信部、发改委、科技部、财政部发布《关于加快新材料产业创新发展的指导意见》
2016 年 12 月	“十三五”国家战略性新兴产业发展规划
2016 年 10 月	有色金属工业发展规划（2016—2020 年）
2016 年 10 月	稀土行业发展规划（2016—2020 年）
2017 年 1 月	四部委发布《新材料产业发展指南》
2017 年 9 月	重点新材料首批次应用保险补偿机制
2017 年 12 月	新材料技术成熟度等级划分及定义
2018 年 1 月	国家新材料生产应用示范平台、测试评价平台等重点平台建设启动
2018 年 3 月	《新材料标准领航行动计划（2018—2020 年）》
2018 年 11 月	战略性新兴产业分类（2018）（新材料统计）等政策措施
2019 年 3 月	两会政府工作报告指出连续三年将新材料作为培育壮大的新兴产业之一，促进新兴产业加快发展
2020 年 9 月	《关于扩大战略性新兴产业投资培育壮大新增长点增长极的指导意见》

资料来源：据公开资料整理。

为促进新材料产业发展，各地政府也积极出台了一系列政策，比如《山东省新材料产业发展专项规划（2018—2022 年）》提出发展目标：到 2025 年，山东省全部新材料产业主营业务收入超过 2 万亿元。重庆市出台的《重庆市新材料产业发展实施方案》助推新材料产业发展，目前已经建成了 4 个国家级新材料产业基地。广东省正着力打造以广州、深圳、佛山、中山、肇庆等市为重点的高性能复合材料及战略前沿材料产业基地。深圳市提出实施新材料产业扶持计划，对于综合评审得分大于或等于 80 分的项目，按照总投资的 40% 给予资助，资助最高不超过 500 万元。山西省鼓励新材料龙头企业把一般制造环节外包，以此吸引产业链配套的中小型企业集聚，对认定的省级“专精特新”中小企业给予一次性奖励，最高不超过 30 万元，对进入全国民营企业 500 强的新材料企业，省财政给予 100 万元奖励。

第二节　中国新材料产业市场分析

一、市场规模不断扩大，但仍存在差距

中国新材料产业建设不断突破瓶颈，现已取得阶段性的进展，科技创新能力大幅提升，相关企业与人才不断成长，整体的综合实力大幅增强，为国民经济发展与国防建设提供了有利的支撑。现在正是新材料产业飞速发展的时代。首先，中国产业信息网统计显示，我国新材料产业总产值在 2010 年为 0. 65 万亿元，2019 年已经增至 4. 5 万亿元，这十年间年均复合增速达到了 21. 2%，增速十分显著，预计我国新材料产业产值有望在 2021 年突破 7 万亿元；其次，我国新材料占全球新材料产值比重也在不断提升，从 2016 年的 20% 左右提升至 2019 年的 23% 左右，占比较大的新材料如特种金属功能材料为 32%，但是前沿新材料仅占总额的 3%，可以看出我国新材料在高精尖材料领域上弱势明显，我国在新材料产业的自主开发、创新创造以及资源保障上还存在很多问题，需要进一步改进和完善，以增强新材料产业的国际市场竞争力。

从中国新材料市场产业规模图（见图 9 – 1）可以看出，随着时间的推移，我国新材料产业规模不断扩大。当今世界科技革命发展迅猛，新材料产品日新月异，材料更新换代的速度越来越快。从国内看，“十四五”时期是我国开启全面建设社会主义现代化国家新征程的第一个五年，是站在“两个一百年”奋斗目标历史交汇点的关键期，我们要抓住机遇进行产业优化升级与转型，助力新材料产业发展壮大。一方面，其他各战略性新兴产业的发展离不开新材料的支撑；另一方面，我国的工业市场规模巨大，未来工业发展要做到高效清洁可持续，若要满足这些要求，工业化材料的转型升级非常关键。

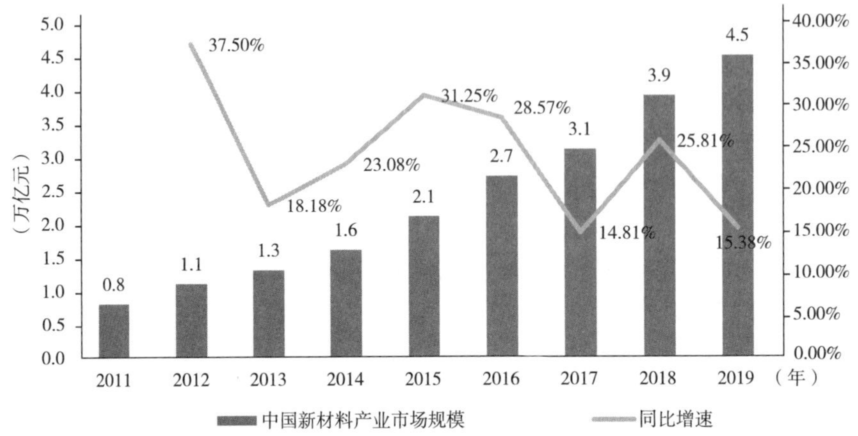

图 9－1　2011—2019 年中国新材料市场产业规模

资料来源：中商产业研究院《2021 年中国新材料产业市场前景及投资研究报告》，2021 年 3 月。

二、市场结构发展不平衡

我国新材料产业规模虽然在不断扩大，但存在产业市场结构发展不平衡的问题。首先，根据中国产业信息网的统计，中国 2019 年新材料产业中，占比较大的新材料分别为特种金属功能材料（32%）、现代高分子材料（24%）和高端金属结构材料（19%），前沿新材料仅占总额的 3%。虽然我国先进基础材料多个领域产量在全球具有竞争力，但是还存在材料品质还不足、产能过剩的情况；其次，在关键战略材料领域，我国部分产品对外依存度高，相关技术不完备，尤其是在贸易摩擦中，外国加大了技术的管控；最后，我国的前沿材料占比极低，缺乏市场竞争优势，材料原始创新不足，科研学术作品很多，但是学术成果转化率较低。这些都是我国新材料产业结构中存在的不合理问题，有待解决。

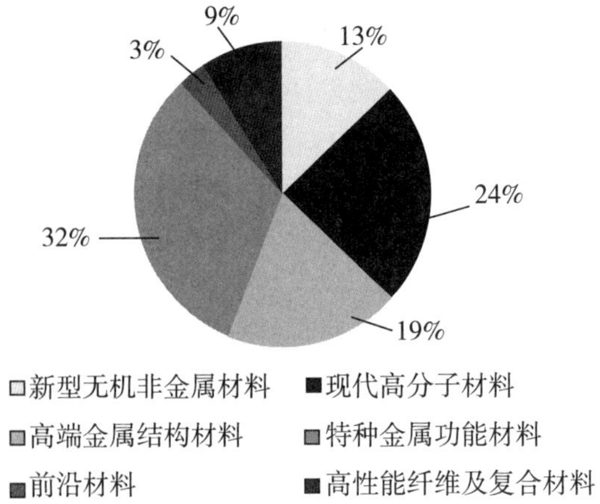

图 9－2　中国新材料产业结构

资料来源：万联证券《2020 年新材料行业研究报告》，2020 年 11 月。

三、受到投资者青睐，机遇和挑战并存

新材料投资规模稳步提升，行业发展机遇挑战并存。一个产业的良好发展需要资金的不断投入，同样只有未来发展前景优秀的行业才会迎来更多投资者的关注。据统计，随着国家和地区对产业政策的大力支持以及外部环境的推动，大量资本投入新材料行业，行业整体发展迅速。图 9－3 显示出中国新材料产业投资数量整体呈上涨趋势，尤其是 2017 年和 2018 年投资规模都破百万亿元，在 2019 年受到中美贸易摩擦的影响，投资数量和投资规模都有所下降。2017—2019 年分别有 115 起、74 起和 59 起投资，累计投资规模高达 389. 12 万亿元，其中 2019 年单笔投资规模相比 2011 年增加近一倍，投资规模达到 89. 87 万亿元。新材料产业利润水平较高，再加上国家的政策支持，未来有很大的发展前景，这些优势会不断吸引投资者进入新材料市场，但是这个行业壁垒高、投入资本大、技术性强、贸易方面存在一些管制，这些也是该行业发展中所面临的挑战。

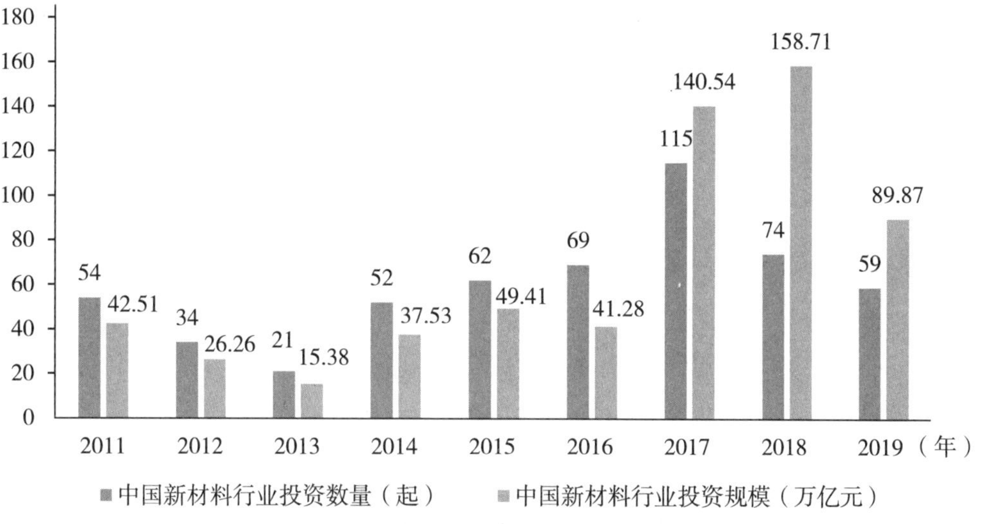

图 9－3 中国新材料行业投资数量及规模

资料来源：万联证券《2020 年新材料行业研究报告》，2020 年 11 月。

四、关键材料依赖进口，疫情影响短期发展

我国关键材料领域尚有空白，进口依赖现象严重，新冠肺炎疫情对产业发展带来短期冲击。2020 年的疫情暴发不仅影响了全球的经济发展，也给全球新材料产业的发展产生了重大影响。工信部在“2018 国家制造强国建设专家论坛”上表示“中国制造业创新力不强，核心技术短缺的局面尚未根本改变”，并且根据调查，我国关键材料对进口依赖度很大，有 32% 的材料领域尚处于空缺状态，其中 52% 需要从国外进口。高端芯片的制造与研发一直是我国的短板，比如计算机和服务器通用处理器的高端专用芯片以及智能终端处理器等储存芯片供需缺口比较严重，在中美贸易摩擦中最突出的就是美国对我国芯片的打

压，2021 年第一季度我国芯片供不应求，在光刻机技术上我国还不能完全独立制造使用，大都需要依赖进口资源。而如涉及高端装备，则又可以明显看出我国高精尖新材料严重不足。在高档数控机床和装备仪器、运载火箭、大飞机、航空发动机、汽车等关键精加工生产领域中，关键新材料的使用非常重要，但据统计，在这些高端装备制造及检测设备中有 95% 的关键材料不能国产化，需要进口。此外，我国半导体核心材料国产化率也较低，尤其是硅片、光刻胶、靶材等关键材料的国产化率不到 5%，对进口的依赖性很强。

2020 年，新冠肺炎疫情席卷全球，严重拖累全球经济增长，给新材料产业造成了沉重的打击。疫情的暴发对新材料的供给端和需求端都产生了较大的影响。从供给端来看，为了控制疫情，全国实行了交通管控，企业员工返回受阻，复工推迟，很多企业出现停工停产现象，再加上物流交通受到严格管控，导致许多原材料不能得到高效的运输，这些因素使得新材料产业全年产能有所减少。从需求端来看，新材料的市场需求在此期间发生了变化，部分材料品种因不符合市场发展的新需求而被淘汰，一些具有良好性能和价格优势的新型材料品种的需求大幅提升。并且海外疫情目前并没有得到很好的控制，这对我国新材料在海外运输和市场开拓上都产生了严重影响。另外，疫情的暴发对新材料企业资金链影响比较大，新冠肺炎疫情冲击到各个行业，停工停产影响产品的销售和资金的正常运转，上游原材料、物流运输等成本的上升都对产业资金流要求很高。

五、中国新材料产业集群发展现状

（一）三大集群各具特色，优势互补

产业集群是指相关企业或者机构集中在一个特定领域或者某一具体的地理空间。产业集群的形成有利于形成规模经济效益，有利于产业间的学习与交流。首先，在集群内，企业之间能够进行有效的分工协作和优势互补，进而提高生产效率；其次，集群内公司可以资源共享，降低企业的运输成本、交易成本和市场信息搜寻成本；最后，产业集群的发展也更容易产生规模经济效益，知识溢出和技术扩散会更加明显，这有利于企业之间进行高效竞争，助推产业的快速进步和市场规模的扩大。长三角、环渤海和珠三角新材料产业集聚区是我国三大综合性新材料企业集聚区，这三大集聚区的相似点为：第一，是大型企业的聚集地，并且集聚程度很高；第二，拥有丰富的教育资源，有许多高校与高质量人才，科研实力雄厚；第三，是我国重点发展的经济区，投入的资金和优惠政策极具优势；第四，拥有各自的资源禀赋优势，有产业发展所需要的高端要素在此集聚。各区域凭借自己的地理特点、资源禀赋和人才优势发展新材料产业，这也导致各区域之间产业种类与发展规模均存在差异。

长三角地区拥有经济发达的上海、南京和杭州等城市，是我国“一带一路”与长江经济带的重要交集地区，众多的优势也促成了其工业的发展，比如交通便利、物流发达，各基础设施建设完备，发达的金融、物流和工业体系吸引了众多人才，并且地区经济实力雄厚，是我国影响力强大的科技创新高地。新材料产业作为国民经济发展的重点产业和工业发展的重要支柱，其在长三角的发展重要性不言而喻，已经有许多新材料相关企业在此建

设成立形成产业集群，例如航空航天、新能源、汽车、电子信息、新兴化工等产业集群。在长三角地区，新材料产业规模较大的城市有上海、南京、苏州、杭州、宁波等，这些城市利用自身区域优势重点进行新材料产品的研发制造，专注发展新能源汽车、电子信息、医疗和高性能化工等行业。长三角目前是我国新材料产业基地数量最多的地区，也是新材料产业的重要消费市场。环渤海地区主要包括北京、天津两大直辖市及河北、辽宁、山东、山西和内蒙古中部地区。该地区拥有清华大学、北京大学、天津大学等著名高校，有着优秀的人力资源和浓厚的科学研究氛围，并且能源资源充沛。环渤海地区在纳米材料、生物医用材料、新能源材料、电子信息材料等领域发展较好，以山东为代表的环渤海地区更倾向于战略基础材料、高性能材料、特种材料和前沿新材料的研发生产。珠三角地区地理位置优越，以出口导向型为主，广东新材料工业总产值超万亿元，广州、深圳、佛山等地是新材料产业主要分布的城市区，这些区域产业集中度高，技术创新型中小企业占主导地位，电子信息材料、改性工程塑料、陶瓷材料等材料发展优势明显，以生产高性能钢材、高性能复合材料和稀土等领域新材料为主。

（二）新材料产业园区、开发区逐渐增多

新材料产业园区和开发区数量增加，后续发展势头良好。为了更高效地实现新材料成果的转化和规模化发展，大概有 40 家区域性新材料产业基地获得科技部批准，各产业园凭借各自的资源优势、地理优势和技术优势大力发展各自区域特色产业园区。例如：湖南省拥有中南大学、国防科技大学、湖南大学、湖南稀土院等重点高校和科研院所，其在新材料领域厚积薄发，近些年发展速度非常迅猛，在先进电池材料、先进硬质材料和复合材料上具有一定竞争力，已经在研发生产的基础上形成了众多具有优势的材料产业链，并且凭借各个区域的资源禀赋条件和技术形成了五大特色产业密集区，主要有长株潭新材料产业密集区、岳阳精细化工材料产业密集区、郴州衡阳有色金属材料产业密集区、娄底薄板新材料产业密集区、湘西锰锌铝新材料产业密集区①，在如此多的建设优势以及当地政府的重视下，湖南省的新材料产业在 2020 年取得了很好的成绩，产业增加值1 400亿元，年均增速超过 12%。鄂尔多斯拥有充足的煤炭资源，其在煤炭、电力、化工和冶金等产业协同发展，取得较好的经营业绩，并且在绒纺材料、能源材料、化工材料、无机非金属材料、纳米材料、有机高分子材料和功能复合材料领域有着重大突破与进展。

我国新材料产业发展势头良好，新材料开发区数量也在逐年上涨。据相关统计，目前我国新材料开发区逾 300 家，其中江苏省开发区数量达到了 43 家，居全国第一。作为全国最早的专业性精细化工园区，江苏省泰兴经济开发区在精细化工和新材料领域深耕多年，连续 8 年进入全国化工园区前十强，目前已经发展成为化工领域的领先园区，为实现“十四五”良好开局，2021 年园区工业目标也已设立，预计完成新开工亿元以上项目 18 个，新竣工亿元以上项目 15 个。

---

① 一文全面看清湖南省新材料产业园（2019 版）［EB/OL］. http：//www. xincailiao. com/news/news_detail. aspx? id = 556238.

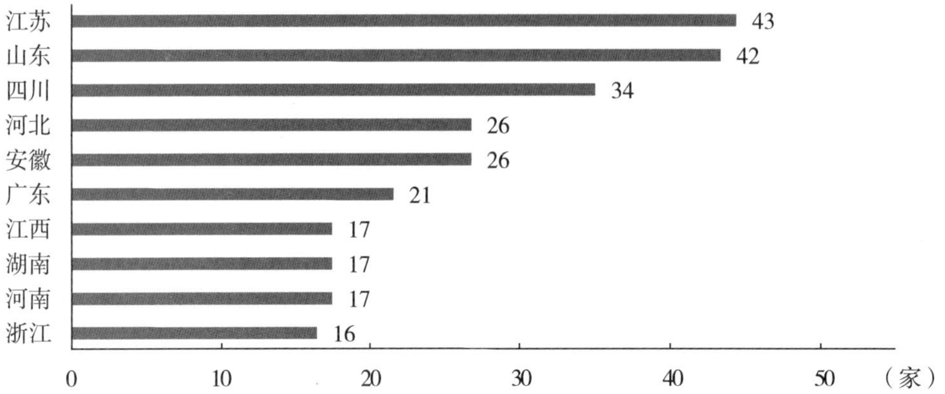

图 9-4　2019 年新材料开发区数量前十省份

资料来源：中商产业研究院《2019—2024 年中国新材料产业市场前景及投资机会研究报告》，2019 年 12 月。

六、中国新材料企业数量较多，但规模较小

中国新材料规模以上企业（主营业务收入大于或等于 2 000 万元）2019 年主要经济指标如表 9-2 所示。从表中数据可看出 2019 年化学原料和化学制品制造业规模以上工业企业总计 21 596 个，资产合计 73 164.4 亿元，主营业务收入为 66 225.4 亿元。2019 年中国石化企业 500 强的销售收入占全行业总销售收入的 70.1%，[①] 其余两万多家化工企业创造的营收不到 30%，从这点可以看出我国新材料企业数量较多，但是规模比较小，多为中小企业。在中国新材料行业中，还缺乏在国际市场上具有竞争实力的龙头企业，要想形成强劲竞争实力的产业，在努力突破技术瓶颈的同时，还要注重企业规模的发展，毕竟企业是给人才培养和技术升级创造环境的关键，我国企业也可以参照外国龙头企业的发展历史和模式，从中取优，或进行内部结构升级，或进行企业重组合并，努力扩大企业规模，以享受规模经济效益的红利，提升市场竞争力。

表 9-2　中国新材料规模以上企业主要经济指标

按行业分类规模以上工业企业	规模以上工业企业单位数（个）	主营业务收入（亿元）	资产合计（亿元）	利润总额（亿元）
黑色金属矿采选业	1 163	3 614.8	9 375	235.2
有色金属矿采选业	1 230	2 752.4	5 694.6	320.6
非金属矿采选业	3 173	3 556.6	4 160.2	344.5

① 2020 石油和化工企业 500 强发布　中石化、中石油、中海油位列前三甲［EB/OL］. http://www.ccin.com.cn/detail/da9c0b831caa07990b1abaa03faac5a5.

（续上表）

按行业分类规模以上工业企业	规模以上工业企业单位数（个）	主营业务收入（亿元）	资产合计（亿元）	利润总额（亿元）
化学原料和化学制品制造业	21 596	66 225. 4	73 164. 4	3 797. 5
化学纤维制造业	1 882	9 175. 3	8 547. 8	362. 6
橡胶和塑料制造业	19 413	25 667. 0	22 962. 1	1 421. 9
非金属矿物制品业	36 148	56 269. 7	54 672. 5	4 887. 8
黑色金属冶炼和压延加工业	5 113	70 376. 4	65 730. 7	2 852. 4
有色金属冶炼和压延加工业	7 251	53 968. 9	42 263. 3	1 581. 0
金属制品业	24 687	36 535. 0	24 687	1 786. 0

资料来源：国家统计局．中国统计年鉴（2020）［EB/OL］. http：//www. stats. gov. cn/tjsj/.

第三节　中国新材料产业链发展概况

一、新材料产业链

新材料产业链分为上、中、下游三领域。上游主要是基础材料领域，主要是钢铁材料、有色金属材料、纺织材料等；中游主要是核心新材料领域，在上游基础材料的基础上进行精加工和再创造，主要有前沿新材料、高性能纤维及复合材料、无机非金属材料、化工新材料和金属新材料等；下游主要是新材料应用领域。新材料产业行业交叉性很强，应用广泛，主要涉及电子信息、新能源、汽车工业、家电行业、医疗行业、节能环保行业等。

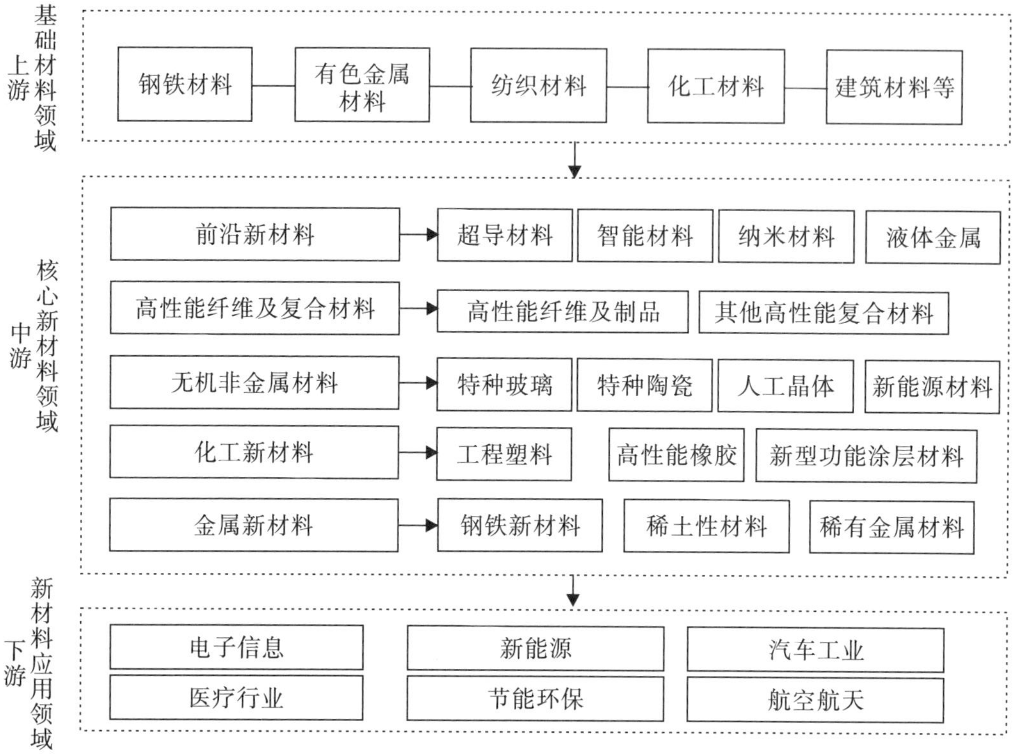

图 9-5 新材料产业链

资料来源：根据公开资料整理绘制。

二、新材料产业上游领域

新材料行业的上游是一些基础原材料，包括钢铁材料、有色金属材料、纺织材料、化工材料、轻工材料和建筑材料。本部分主要以钢铁和有色金属材料为例进行介绍。

（一）钢铁材料行业规模不断扩大，但仍存在结构性问题

1. 钢铁产销量规模不断增加

钢铁是一种由铁和其他元素结合而成的合金，一般是指铁碳合金，是整个国民经济发展的基础，也是基建、航天航空、汽车等各个行业发展所需的重要原材料之一。据世界钢铁协会统计，2019 年全球粗钢产量达到 18.69 亿吨，同比增长 3.03%。2019 年钢铁行业规模以上企业主营业务收入达 64 969.9 亿元，利润总额达到 2 677.1 亿元。根据国家统计局数据，我国生铁、钢材和粗钢在 2019 年的产量分别为 80 937 万吨、120 477 万吨和 99 634万吨，增长率分别为 5.3%、9.8%和 8.3%。钢铁下游需求主要来自建筑（包括地产和基建）、机械、汽车等领域，下游产业的快速发展带动钢铁材料需求量的上升。

2015 年我国提出供给侧结构性改革，要做到要素优化配置，提升经济增长速度。国家

越来越重视经济可持续发展，节能环保成为重要发展目标，随着环保督查力度的加大、市场需求的日渐旺盛，2018 年我国钢材价格走高，进口铁矿石价格稳定，行业效益最佳。2019 年钢材价格震荡下行，在铁矿石等材料价格上涨的影响下，钢铁企业利润下滑。数据显示，中国钢铁行业规模以上企业营业收入从 2017 年的 70 243.3 亿元下降至 2020 年的 72 776.9亿元，2020 年营业收入同比增长 5.2%。在行业利润总额方面，2018 年行业利润总额最高为 4 029.3 亿元，2018 年以来，钢铁行业利润总额呈现下降态势，2020 年钢铁行业实现利润总额 2 464.6 亿元，同比下降 7.5%。

表 9－3　2017—2020 年中国钢铁行业营业收入和利润情况

单位：亿元

年份	中国钢铁行业营业收入	中国钢铁行业利润总额
2017	70 243.3	3 419.4
2018	67 255.6	4 029.3
2019	70 724.8	2 677.1
2020	72 776.9	2 464.6

资料来源：国家统计局网站．http：//www.stats.gov.cn/tjsj/.

2. 中国已成为世界最大钢铁生产国

中国、日本、美国、印度、俄罗斯、韩国以及欧盟是全球钢铁工业产能集中地。2019 年，中国钢铁产量位居全球第一，为 9.96 亿吨，占全球钢铁产量的 53.31%，同比增长 7.33%；其次是印度，产量为 1.11 亿吨，占全球钢铁产量的 5.95%，同比增长 3.74%；日本居第三位，产量为 0.99 亿吨，占全球钢铁产量的 5.31%，同比下降 4.81%。

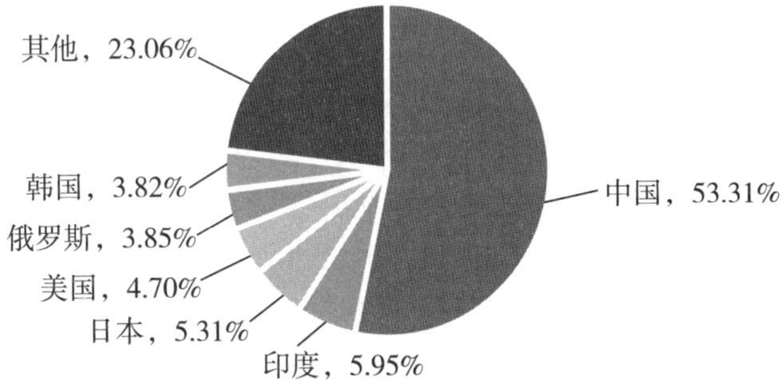

图 9－6　2019 年全球钢铁产量地区分布情况

资料来源：前瞻产业研究院．2020 年全球钢铁行业发展现状分析［EB/OL］. https：//bg.qianzhan.com/trends/detail/506/201014－287f3d0d.html.

钢铁材料也是生产钢材的重要原料之一，钢材的需求直接影响到钢铁材料的产出。改革开放以来，中国钢铁工业迅猛发展，钢材产量快速增加并且常年位居世界第一。从中国钢材产量图（见图 9－7）可以看出，钢材产量整体呈上升趋势，2017 年小幅下跌，但随后产量上升明显，到2020年钢材产量达到132 489.2万吨。

图9－7　2013—2020年中国钢材产量及增长率

资料来源：国家统计局网站. http：//www. stats. gov. cn/tjsj/.

3. 钢铁供需继续改善，但结构性问题仍存在

据Mysteel调研数据，2021年1—12月全国新增生铁产能7 145.3万吨，淘汰生铁产能4 415.2万吨，全年预计净新增2 730.1万吨。表9－4是国内外钢铁需求及粗钢总产量情况，粗钢的总需求和总产量总体呈增长趋势，2014年粗钢总需求为89 858万吨，总产量为91 261万吨，2019年粗钢总需求为98 380万吨，总产量为99 634万吨，可以看到在2015年和2018年粗钢总产量低于总需求，在2019年有所改善，产量大于需求。虽然供需有所改善，但是钢材行业仍存在结构性问题。“十三五”期间，通过供给侧改革消耗了钢铁行业部分过剩的产能，但是一些升级装备生产线所生产的大部分材料还是以普通钢材为主，并没有做到钢铁材料的转型升级；随着基建行业的快速发展，从产品结构可看出，建筑钢材占据了我国钢材产量将近一半的市场份额，2020年我国建筑钢材占钢材总产品的45.5%。2020年疫情的爆发造成了钢铁材料市场供需的严重错配，进而加速2021年上半年钢铁价格上升，在控制价格以及碳排放达标的背景下，中国钢铁行业将迎来重大转型升级和产业结构的优化发展。

表9－4　钢铁国内外需求及产量

单位：万吨

年份	国内需求	外部需求	粗钢总需求	粗钢总产量
2014	81 962	7 896	89 858	91 261
2015	78 494	9 559	88 053	86 878
2016	80 313	9 416	89 728	90 572
2017	84 422	6 779	91 201	92 522

（续上表）

年份	国内需求	外部需求	粗钢总需求	粗钢总产量
2018	88 234	6 100	94 334	92 801
2019	92 580	5 800	98 380	99 634

资料来源：申万宏源 2014—2022 年钢铁行业投资策略．基建春风徐来，钢铁投资乘风而起［EB/OL］. http://www.hibor.com.cn/data/efab3542eb11d34abe5aa8dfba8a9461.html.

（二）有色金属材料生产平稳，增速提升

有色金属又被称为非铁金属，是铁、锰、铬以外所有金属的统称，主要分类有重金属、轻金属、贵金属及稀有金属。有色金属及其合金广泛应用于机械制造业、建筑业、电子工业、航空航天、核能利用等领域，是制造业中重要的结构和功能材料。

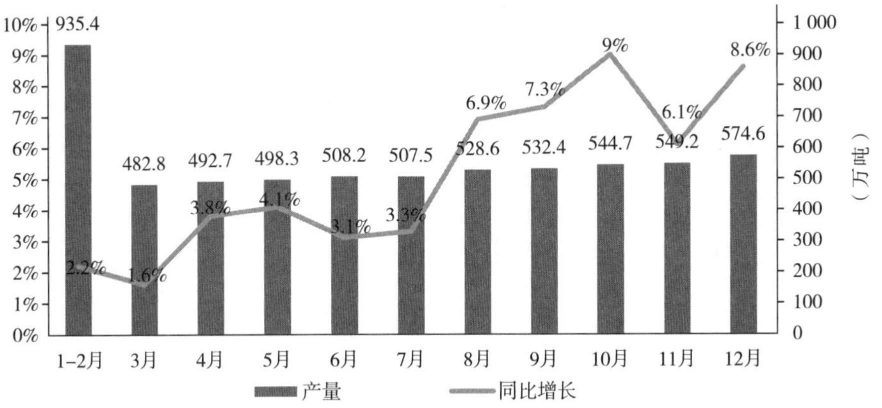

图 9－8　2020 年中国十种有色金属产量及增长情况

资料来源：国家统计局网站. http://www.stats.gov.cn/tjsj/.

从图 9－8 中的数据可以看出，随着 2020 年疫情的有效控制，复工复产都有序进行，我国有色金属材料行业生产平稳，增速提升。在一系列刺激消费政策的出台下，十种有色金属产量都得到了明显的提高，根据国家统计局最新数据，2020 年 12 月十种有色金属产量达到 574.6 万吨，同比增长 8.6%，其中，精铜产量为 98.6 万吨，同比增长 5.9%；原铝产量 326.8 万吨，同比增长 7.6%。在市场方面，国内外金属价格总体上呈持续上涨趋势，并且主要金属的价格大多超过疫情前的水平。以铝为例，由于需求旺盛，国内库存下降，市场依旧表现为供不应求的局面。2020 年 12 月，国内 SHFE 三个月期铝最高至 15 465 元/吨，最低降至 15 260 元/吨，收于 16 485 元/吨，同比上涨 17.4%；国外 LME 三个月期铝最高涨至 2 000.5 美元/吨，最低跌至 1 976 美元/吨，收于 1 979.5 美元/吨，同比上涨 11.1%。利润方面，2020 年 11 月单月利润环比增加，同比保持增长。根据国家统计局统计，2020 年 11 月 8 596 家规模以上有色金属工业企业（包括独立黄金企业）实现利润达 238.5 亿元，环比增长 37.3%，同比增长 50.4%。消费方面，有色金属下游终端行

业延续向好势头。[①] 以铝为例，进入 12 月，铝行业进入传统消费旺季，下游订单数量逐渐增多，进一步推涨了原铝的消费量。整体看来，有色金属材料行业保持着良好的运行态势，但是海外新冠肺炎疫情的反复给有色金属材料产业的恢复造成了一定困难。另外还有许多因素会影响有色金属材料行业的出口贸易，比如人民币升值带来的通胀预期推涨商品价格、疫情影响下外围宏观经济的不确定性等。

经过多年发展，我国诞生了一大批原材料领域的世界级公司，如全球最大的白钨生产商洛阳钼业；世界上最大的钨冶炼产品加工企业及最大的钨粉生产基地之一厦门钨业；矿产金铜锌产量均位居国内前三甲的紫金矿业；中国最大铜生产基地江西铜业；全球最大的稀土产品供应商和最大的稀土企业集团与稀土产业基地北方稀土；中国和世界钴粉产品的主要供应商之一寒锐钴业；国内钴行业龙头华友钴业；在以锂为核心的新能源材料供应商中处于全球领先地位、世界第二大的锂生产商天齐锂业；全球铅锌联合冶炼，综合回收及渣处理工艺流程最全、最完善的企业之一驰宏锌锗；西部最大的有色金属矿业公司之一西部矿业。

三、新材料产业中游领域

（一）化工新材料规模扩大，但自给率不足

1. 市场规模不断扩大，但材料生产无法满足内需

化工新材料广泛应用于航空航天、新能源汽车、生物医药等各个领域，是工业发展非常重要的材料，未来部分传统化工产业转型升级的方向就是化工新材料。化工新材料包括以下六大类：高性能树脂、高性能合成橡胶、高性能纤维、功能性膜材料、专用化学品、无机新材料。中国是制造业大国，随着国内国际市场的不断扩大，工业的快速发展使得化工新材料需求激增。我国化工新材料产业已经建立了完整的体系，但是我国相关领域仍存在许多短板和空缺，要想有更好的发展还需要投入大量的资本以及提高技术创新含量。我国已经形成了三大综合性化工新材料产业集聚区，分别是环渤海、长三角和珠三角地区，这三大地区凭借自身的区域优势主要承担化工新材料的研发、高端制造等功能。图 9 - 9 是我国 2017—2019 年化工新材料产销量图，无论是产量还是销量都在不断提升，2019 年产量达到 2 542 万吨。虽然随着产业的快速发展以及各大工程的不断进行，我国高端制造业对化工新材料的实际需求很大，但是从图中可以明显看出我国化工新材料供不应求。我国化工新材料产品市场规模不断扩大，在 2019 年已经达到 8 300 亿元，进口 1 384 万吨，国内产量约 1 720 万吨，销售收入约 4 800 亿元，总体自给率 60%。中国化工新材料产业近 5 年年均增速超过 10%，预计 2025 年，化工新材料市场规模将会是 2019 年的将近 3 倍，达到 2.2 万亿元。[②]

---

① 中国有色金属产业月度景气指数报告［EB/OL］. http：//www. chinania. org. cn/html/hangyetongji/tongji/2021/0129/42144. html.

② 财通证券研究所．聚焦化工行业“十四五”规划：石化和化工行业“十四五”规划指南解读［EB/OL］. http：//www. hibor. com. cn/data/3f6ce5231fc9f8f57db19a263af3acc6. html.

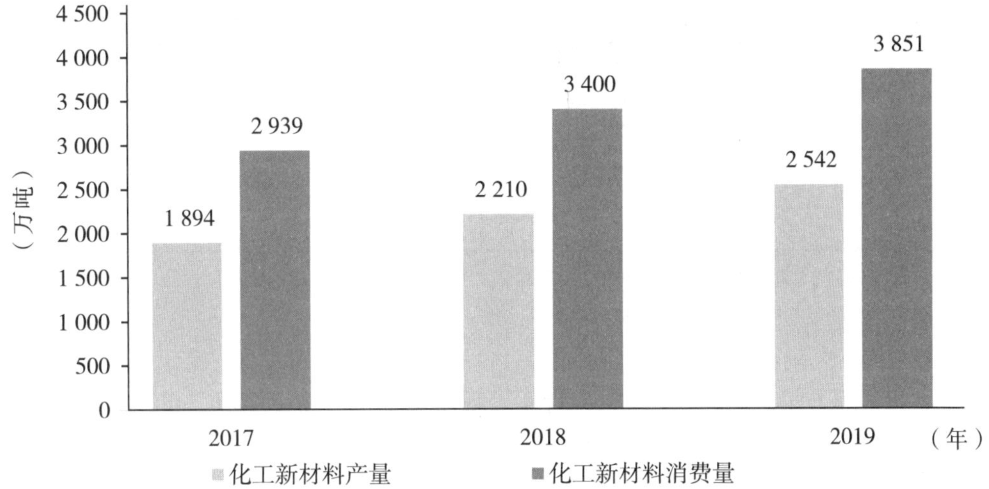

图 9－9　2017—2019 年中国化工新材料产销量

资料来源：中研普华产业研究院. 2020—2025 年中国化工新材料行业全景调研与发展战略研究咨询报告［EB/OL］. https：//www. chinairn. com/report/20181107/105411379. html.

2. 化工新材料应用广泛，部分材料自给率低

我国化工新材料严重依赖进口，核心材料自给不足。化工新材料是化学工业生产中最关键的领域，也是我国化学工业体系最急需发展的领域。经过“十三五”的发展，化工新材料行业整体的自给率已达到了 61%，但高端聚烯烃自给率最低，仅为 41%，高性能树脂自给率也不到 60%。

图 9－10 是我国 2019 年化工新材料重点领域需求状况，从图中可以看出化工新材料应用领域具体包括轻量化材料高性能轮胎材料、新能源汽车材料、新一代信息技术、航空航天、轨道交通、环保精细化学品等，以上各个领域中对化工新材料需求最大的是新一代信息技术产业，需求量达到 3 413 亿元，其次是节能与防腐，为 1 600 亿元。

表 9－5　化工新材料行业表现消费量及自给率

序号	化工新材料行业	消费量（万吨）	自给率
一	高性能树脂	2 231	58%
1	高端聚烯烃	1 200	41%
2	工程塑料	554	60%
3	聚氨酯	291	114%
4	氟硅树脂	46	108%
5	其他高性能树脂	141	67%
二	高性能合成橡胶	338	70%
1	特种合成橡胶	254	70%
2	热塑性弹性体	84	69%
三	高性能纤维	9.4	64%

（续上表）

序号	化工新材料行业	消费量（万吨）	自给率
四	功能性膜材料	55	85%
五	专用化学品	353	70%
六	石墨烯	0.06	98%
合计		1 987	61%

资料来源：财通证券研究所．化工行业：聚焦化工“十四五”规划：石化和化工行业“十四五”规划指南解读［EB/OL］．http：//www.hibor.com.cn/data/3f6ce5231fc9f8f57db19a263af3acc6.html.

表9－5是我国2019年化工新材料行业表现消费量及自给率情况，可以看出高性能树脂消费量最高为2231万吨，其次是高性能合成橡胶，消费量为338万吨，最后是高性能纤维，消费量为9.4万吨；在这些化工新材料细分行业中自给率最低的是高端聚烯烃为41%，自给率最高的是聚氨酯为114%。

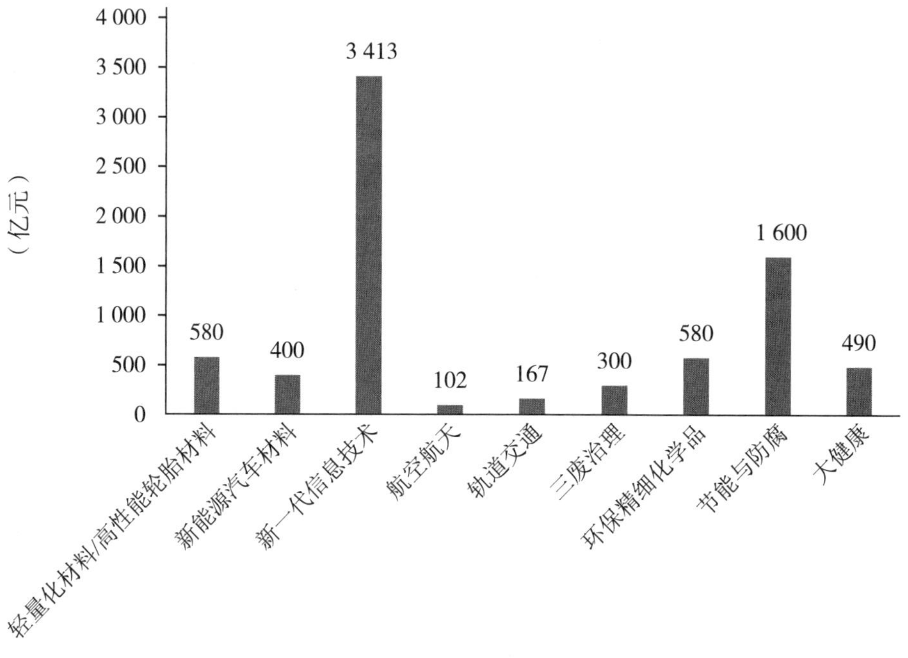

图9－10　2019年化工新材料重点领域需求状况

资料来源：石油和化学工业规划院．石化和化工行业“十四五”规划指南［EB/OL］．http：//www.hibor.com.cn/data/3f6ce5231fc9f8f57db19a263af3acc6.html.

（二）中国半导体材料规模增长较快，但全球市场竞争度较低

1. 中国2020年半导体材料规模增长最快，但占全球市场份额较低

半导体材料是制作晶体管、集成电路、电力电子器件、光电子器件的重要材料。半导

体材料市场可以分为晶圆材料市场和封装材料市场。其中，晶圆材料主要有硅片、光掩膜、光刻胶、光刻胶辅助设备、湿制程、溅射靶、抛光液、其他材料。封装材料主要有层压基板、引线框架、焊线、模压化合物、底部填充料、液体密封剂、粘晶材料、锡球、晶圆级封装介质、热接口材料。

中国大陆成为2020年半导体材料规模增长最快的市场。2020年全球半导体材料市场规模达到539亿美元。其中，中国台湾市场为119.5亿美元，增长率为4.3%，继续位居全球第一；中国大陆超过韩国达到95.2亿美元，增长率为9.2%，跃居全球第二。国际半导体产业协会（SEMI）预计，2021年全球半导体材料市场将达到565亿美元的规模，其中中国台湾将依旧保持第一位，中国大陆将突破100亿美元大关，达到104亿美元，居全球第二，并且继续扩大优势，领先第三名韩国①。

图9－11的半导体材料市场占比中，硅片占比最高，达到33%，是最主要的半导体材料，目前硅片直径已经发展到18英寸的规格，但是我国在18英寸硅片上的产量很低，主要依赖进口。硅片具有极高的技术壁垒，全球市场呈现出寡头垄断的格局，日本信越化学和SUMCO一直占据主要市场份额，双方占有全球市场份额一半以上，其他主要公司有德国Siltronic（德国化工企业Wacker的子公司）、中国台湾环球晶圆和韩国SK Siltron。上述五家供应商合计占据全球90%以上的市场份额。我国硅产业集团规模较小，仅占全球半导体硅片市场份额2.18%。

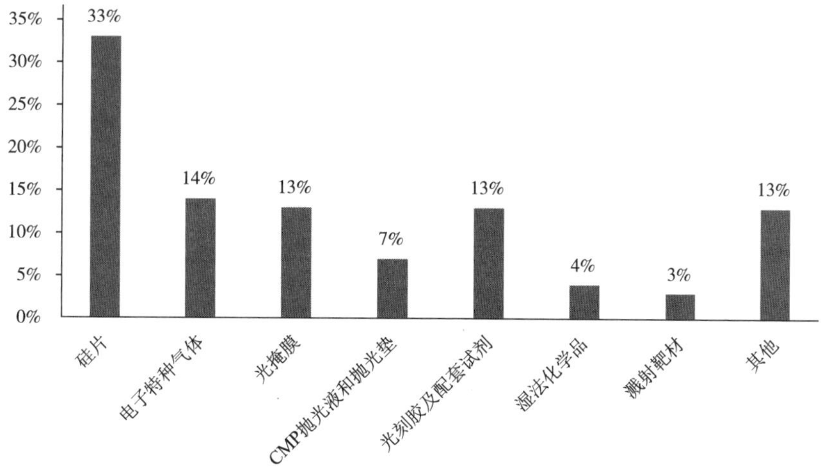

图9－11 半导体材料市场占比

资料来源：前瞻产业研究院.2020年中国半导体材料行业发展报告［EB/OL］. https://bg.qianzhan.com/report/detail/2011051011220492.html.

① SEMI Material Market Data Subscription，November 2020。

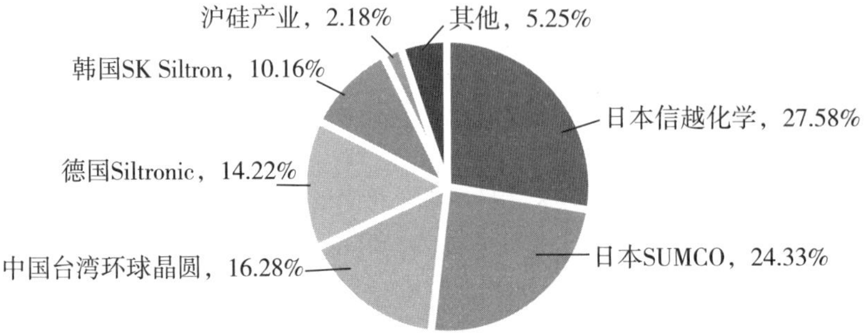

图 9-12 2018 年全球硅片企业市场份额情况

资料来源：沪硅产业招股说明书［EB/OL］. http://stock.jrj.com.cn/share，disc，2019-11-04，688126，000000000000qhr00.shtml.

2. 中国半导体市场竞争度弱，需要努力突破技术瓶颈

半导体材料行业对技术要求很高，许多发达国家和地区早期不断进行核心技术的突破和创新，在长期的积累下取得了优异的成绩，在全球市场上占据龙头地位。欧美日韩等地的企业在高端半导体材料的研发中占有垄断位置，比如：硅片全球前五大公司日本信越化学、日本 SUMCO、德国 Siltronic、中国台湾环球晶圆、韩国 SK Siltron 的市场份额合计达 90% 以上，日本的 JSR、东京应化、日本信越、富士电子材料、美国罗门哈斯的光刻胶市场份额超过 85%，现在国内企业已经开始实现光刻胶的突破，北京科华、苏州瑞红、飞凯材料、容大感光等企业已经在不同领域推进国产替代，它们目前占据着国内 46% 左右的光成像阻焊油墨和石墨光刻胶市场份额。CMP 材料方面，卡博特、日立、FUJIMI、慧瞻材料、陶氏等企业市场份额达 90%。[①] 相比较之下，我国在半导体研发方面落后于发达国家，国内企业研发投入和积累不够，国内半导体材料在国际分工中多处于中低端领域，大部分产品不能自给自足，自给率不到 30%，尤其是晶圆制造材料，严重依赖进口以及光刻机研发技术突破存在困难。另外，国内半导体材料企业集中生产 6 英寸以下的材料，在技术性更高的 8 英寸、12 英寸生产线上我国企业参与度很低。表 9-6 是我国半导体核心材料国产化情况，可以看出在半导体核心材料中光掩膜、硅片、电子特种气体、SOI 的市场占比都超过了 20%，但是大部分材料严重依赖进口。在 2019 年中美贸易摩擦中，美国就强压中国半导体、芯片技术，并对华为芯片供给进行打压。这是对我国半导体相关产业发展的一个警醒：要发展自己的芯片技术，不要再被技术“卡脖子”。

表 9-6 半导体核心材料国产化率

材料名称	全球市场空间（亿元）	国内市场空间（亿元）	国内市场占比	相关企业	国产化率
硅片	588.54	129	21.92%	沪硅产业、有研新材、中环股份	5%

① 东莞证券研究所．新材料行业 2020 年下半年投资策略：受益产业升级和进口替代［Z］. 2020.

（续上表）

材料名称	全球市场空间（亿元）	国内市场空间（亿元）	国内市场占比	相关企业	国产化率
SOI	36.25	7.5	20.69%	上海硅产业	5%
光掩膜	233.69	51.45	22.02%	菲利华、石英股份、清溢光电	小于10%
光刻胶	107.94	20.5	18.99%	北京科华、晶瑞股份（苏州瑞红）、飞凯材料、强力新材、南大光电、雅克科技	小于5%
电子特种气体	261.36	56.6	21.66%	苏州金宏、佛山华特、大连科利德、巨化股份	30%
化学制剂	101.45	19.4	19.12%	江化微、晶瑞股份（苏州瑞红）、华谊、上海新阳、凯圣氟等	40%
靶材	50.15	10	19.94%	江丰电子、有研亿金	大部分进口
CMP 材料（抛光液和抛光垫）	128.25	25	19.49%	上海新安纳、安集微电子、时代立夫、鼎龙股份	小于15%
其他材料	211.82	37	17.47%	—	—

资料来源：大硅片、光刻胶、FMM 等 8 大高度依赖进口的半导体材料大解析［EB/OL］. 新材料在线. http：//www.xincailiao.com/news/news_detail.

（三）中国碳纤维发展有较大突破，进口依赖度高

1. 中国碳纤维的市场规模处于上升趋势，但整体产品处于中下游水平

碳纤维是一种无机高分子纤维，含碳量高达90%以上，它的制成主要使用高温分解法，是由聚丙烯腈等纤维在1 000℃以上高温的惰性气体下碳化制作而成。碳纤维按照原料分类可分为PAN基、沥青基、粘胶基；按照丝束大小可分为宇航级和工业级两类。宇航级也被称为小丝束，小丝束碳纤维在工艺控制上的要求比较严格，主要应用于国防军工，如飞机、导弹、火箭等产品，还应用于体育用品，如网球拍等。工业级又被称为大丝束，它的生产成本相对较低，性价比高，主要应用于工业领域，如医药卫生、土木建筑、能源等。碳纤维主要有如下特征：模量高、密度小、比强度高、耐超高温、耐低温、耐酸、耐油、耐腐蚀等，也正是这些特征决定了碳纤维在各个领域的广泛使用和重要地位，它可以提升产品的性能。

如图9－13所示，中国碳纤维市场规模近年来一直处于上升趋势，在2019年达到8.22亿美元，相比较2018年同比增长15.61%。2020年中国碳纤维市场规模约为10.27亿美元，6年复合增长率约17.6%。我国碳纤维市场产业虽然取得明显进步，但与日本、

美国等发达国家相比还存在一定差距。

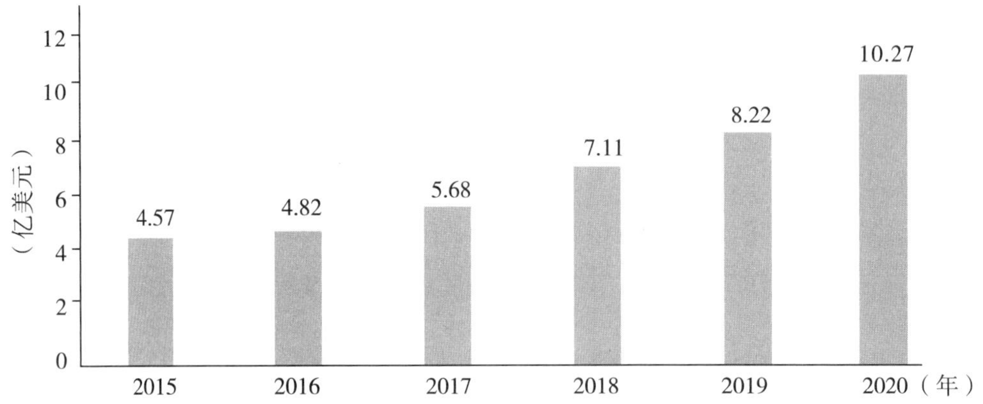

图 9－13 中国碳纤维市场规模

资料来源：前瞻产业研究院《中国碳纤维行业深度调研与投资战略规划分析报告》，2021 年 5 月。

2. 我国碳纤维"有产能，无产量"情况严重

我国碳纤维需求总量总体呈上升趋势（见表 9－7）。2009 年我国碳纤维需求量为 8 600吨，其中进口量为 8 400 吨，占比 97.70%，国产量仅占 2.30%。随着技术的发展、我国经济实力的不断加强，碳纤维的需求量和国产量都有了提升，比如 2019 年我国碳纤维需求量达到 37 840 吨，这个数量相比较 2009 年增加了 3 倍多，国产的量 12 000 吨，占比 31.7%，虽然国产率不高，但是相比十年前的 2.3% 已经有了很大的突破。

表 9－7 我国碳纤维需求和进口情况

单位：吨

年份	2009	2010	2011	2012	2013	2014	2015	2016	2017	2018	2019
需求总量	8 600	9 433	9 297	8 132	15 111	14 793	16 908	19 563	23 487	31 000	37 840
需求增速	4. 90%	9. 70%	－1. 40%	－12. 50%	85. 80%	－2. 10%	14. 30%	15. 70%	20. 10%	32. 00%	22. 10%
进口总量	8 400	8 983	8 497	7 452	13 611	12 793	14 408	15 963	16 087	22 000	25 840
进口占比	97. 70%	95. 20%	91. 40%	91. 60%	90. 10%	86. 50%	85. 20%	81. 60%	68. 50%	71. 00%	68. 30%
国产总量	200	450	800	680	1 500	2 000	2 500	3 600	7 400	9 000	12 000
国产占比	2. 30%	4. 80%	8. 60%	8. 40%	9. 90%	13. 52%	14. 80%	18. 40%	31. 50%	29. 00%	31. 70%

资料来源：2019 全球碳纤维复合材料市场报告［EB/OL］. 新材料网 . http：//www. xincailiao. com/news/news_detail. aspx？ id＝552915.

3. 碳纤维下游需求丰富，但领域集中度高

从图 9－14 中可以看出，碳纤维的应用十分广泛，涉及领域有建筑、体育、船舶、汽车、电子电气、航空航天等，应用占比却相差很大。占比最多的是体育类，中国台湾体育

和中国大陆体育占比合计为37%；其次是风电叶片，达36.5%，需求量为13 800 吨，这两者占比之和已经超过七成，最低的是船舶100 吨，占比为3.1%。

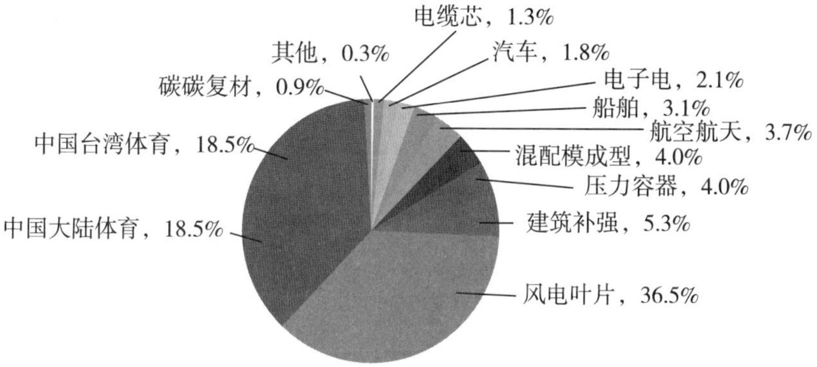

图9－14 2019 年我国碳纤维下游需求情况

资料来源：2019 全球碳纤维复合材料市场报告［EB/OL］. 新材料网 . http：//www. xincailiao. com/news/news_detail. aspx? id =552915.

中国大陆碳纤维需求进口的主要来源国和地区有日本、中国台湾、美国、墨西哥、韩国和英国，其中日本的占比最高，达29.8%；其次是中国台湾，占比为21.9%。

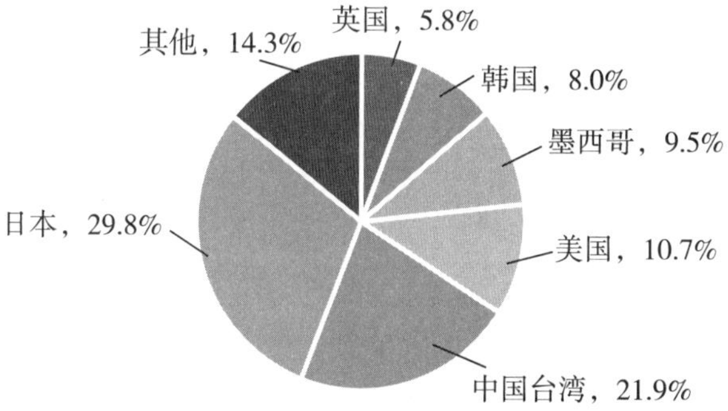

图9－15 2019 年我国大陆碳纤维需求中进口来源情况

资料来源：2019 全球碳纤维复合材料市场报告［EB/OL］. http：//www. xincailiao. com/news/news_detail. aspx? id =552915.

4. 发达国家碳纤维市场占比突出，中国碳纤维产能较强

全球碳纤维产能最强的是美国和日本，2019 年，中国碳纤维理论产能为2.69 万吨，较2018 年增长0.37%。全球碳纤维产能是15.49 万吨，我国在全球占比是17.37%。全球排名第一的是美国3.73 万吨，排名第二的是日本2.91 万吨。图9－16 是2019 年全球碳纤维主要生产企业产能情况，排名第一的是日本东丽，产能高达5.4 万吨；其次是我国的民族企业中国蓝星，产能为2.68 万吨，第三是韩国晓星，产能2.4 万吨。

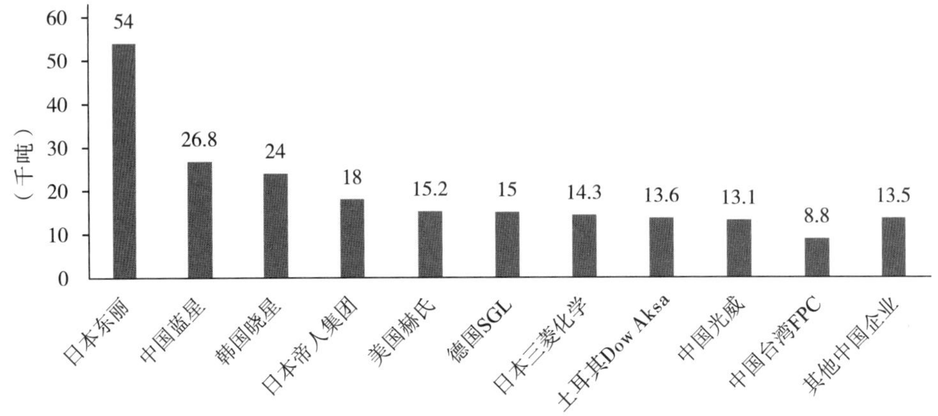

图 9-16 2019 年全球碳纤维主要生产企业产能汇总

资料来源：2019 全球碳纤维复合材料市场报告 [EB/OL]. 新材料网 . http://www.xincailiao.com/news/news_detail.aspx? id=552915.

2019 年，我国碳纤维产能千吨以上的企业有 7 家，分别是集团、中复神鹰、江苏恒神、光威复材、兰州蓝星、中简科技、太钢钢科；产能在 500 ~ 1 000 吨的企业有 4 家，分别是中油吉化、吉林江城、上海石化和河南永煤。

表 9-8 2019 年中国碳纤维行业生产竞争格局

企业名称	企业概述	产品概述
中复神鹰	中国建材集团控股；公司为集原丝、碳丝及复合材料研发、生产和销售等业务为一体的技术企业	实现碳纤维产量从 20 吨到 1 000 吨的突破；掌握湿丝纺丝和干喷湿纺技术，可批量供应国产 T700、T800 和 M30 碳纤维
江苏恒神	拥有碳原丝、碳纤维、上浆剂、织物、树脂、预浸料等复合材料制品的全产业链企业	产品广泛应用于航空航天、轨道交通、海洋工程、工程机械、新能源等领域
浙江宝旌（曾用名：浙江精功）	是碳纤维制造商，产品涉及碳纤维、芳纶纤维、玻璃纤维、树脂、差别化纺织纤维以及模具等	产业涵盖了碳纤维制造、复合材料技术研发和复合材料制造；公司形成了高强碳纤维复合材料及制品的研发、生产、销售完整产业体系
光威复材	以高端装备设计制造技术为支撑，中国碳纤维行业生产品质最多样化的企业之一	形成从原丝开始的碳纤维、树脂、复合材料制品的完整产业链布局

资料来源：2019 全球碳纤维复合材料市场报告 [EB/OL]. http://www.xincailiao.com/news/news_detail.aspx? id=552915.

四、新材料产业下游领域

（一）半导体材料应用端——集成电路

1. 集成电路市场规模不断扩大，核心技术有待突破

受益于集成电路规模的扩大，作为集成电路关键材料的半导体材料的需求猛增。为促进半导体行业的发展壮大，我国陆续颁布了许多支持集成电路发展的政策，例如《国家集成电路产业发展推进纲要》《关于促进集成电路产业高质量发展的若干政策》等，芯片的发展需要长期的积累和资金的不断投入，为此我国还建立了集成电路产业投资基金，一方面有利于资金的合理高效应用，另一方面有益于给予产业发展充足的资金支持。我国集成电路产业销量也在逐年提升，从2015年的3 609.8亿元增长至2019年的7 562.3亿元，同比增长15.8%。我国集成电路产量规模也在不断扩大，到2020年已经有2 614.7亿块，同比增长29.6%。我国已经意识到芯片自主研发的重要性，未来我国集成电路的销售额会越来越高，芯片核心技术也会突破瓶颈，实现自主创新。

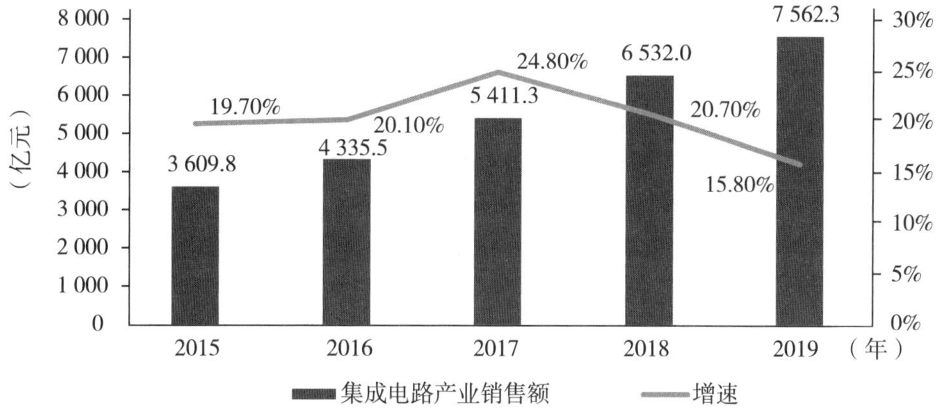

图9－17　2015—2019年中国集成电路产业销售额及增速

资料来源：国家统计局网站．http：//www.stats.gov.cn/tjsj/.

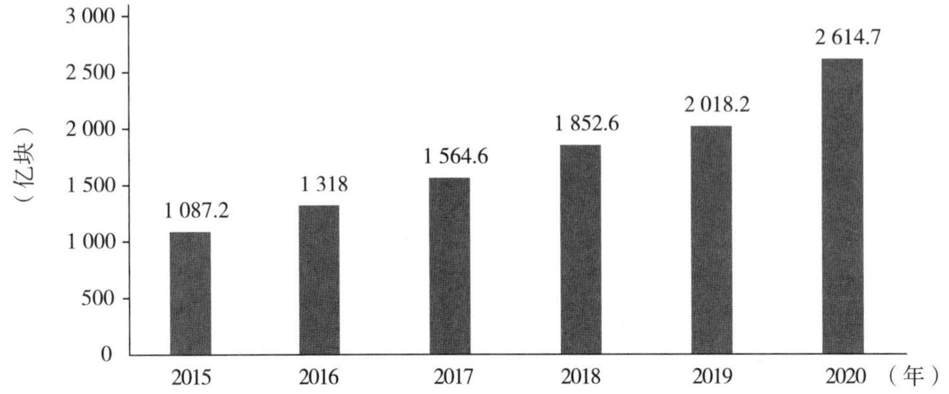

图9－18　中国集成电路产量

资料来源：国家统计局网站.http：//www.stats.gov.cn/tjsj/.

2. 受中美关系以及新冠疫情影响，中国集成电路供不应求

我国集成电路进口空间很大，需求扩大使得半导体材料受益。我国半导体供不应求，导致我国的集成电路进口金额巨大，从图9－19中可以看出，我国集成电路贸易逆差比较严重，并且整体呈现扩大的趋势。2014年我国集成电路进口额达2 176亿美元，出口额为609亿美元，贸易逆差额为1 567亿美元；2020年我国集成电路进口额达3 560亿美元，出口额达1 185亿美元，贸易逆差额为2 375亿美元；2019年由于中美贸易摩擦，美国严格限制对我国芯片的出口以及半导体技术的管控，导致集成电路进口额下降，贸易逆差缩小了一点。由此可以看出我国集成电路供需缺口很大，发达国家对我国芯片的打压促使我国要加快芯片的国产研发，扩大自己的产能，提高自己的技术。新冠肺炎疫情爆发后，在线经济得到了空前活跃的发展，集成电路产品需求强劲，但是疫情的爆发也影响了产能的供应，目前我国在半导体产业链上的订单还很多，供不应求。未来几年将迎来国内半导体材料需求高峰期，可关注我国长江存储、中芯国际、华虹等重点晶圆厂。

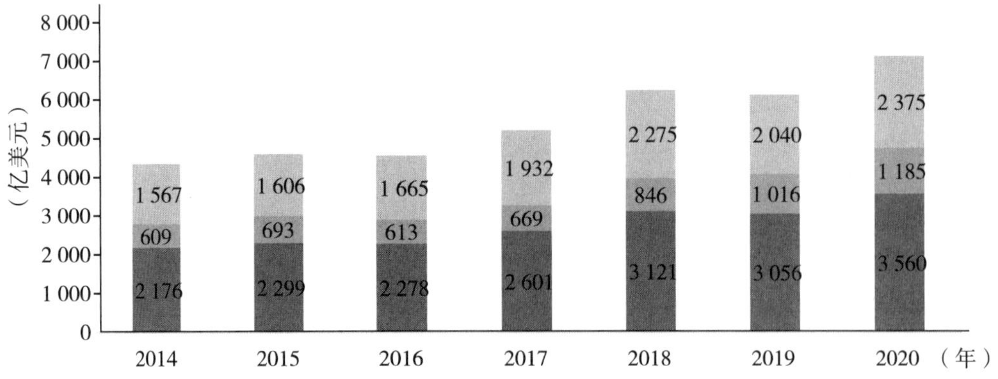

图9－19　2014—2020年中国集成电路进出口额

资料来源：国家统计局网站.http：//www.stats.gov.cn/tjsj/.

3. 中国集成电路行业竞争激烈，市场集中度较低

我国集成电路上市企业主要有国科微、欧比特、紫光国微、富满电子、华天科技、圣邦股份等。2019 年华天科技总资产为 160. 4 亿元，紫光国微总资产为 63. 99 亿元，欧比特总资产为 39. 47 亿元，国科微总资产为 18. 8 亿元，圣邦股份总资产为 17. 05 亿元。2019 年国科微、欧比特、紫光国微、富满电子、华天科技、圣邦股份六家上市企业集成电路营收综合占全国集成电路总收入的 1. 74%，企业市场占有率低，市场竞争激烈。

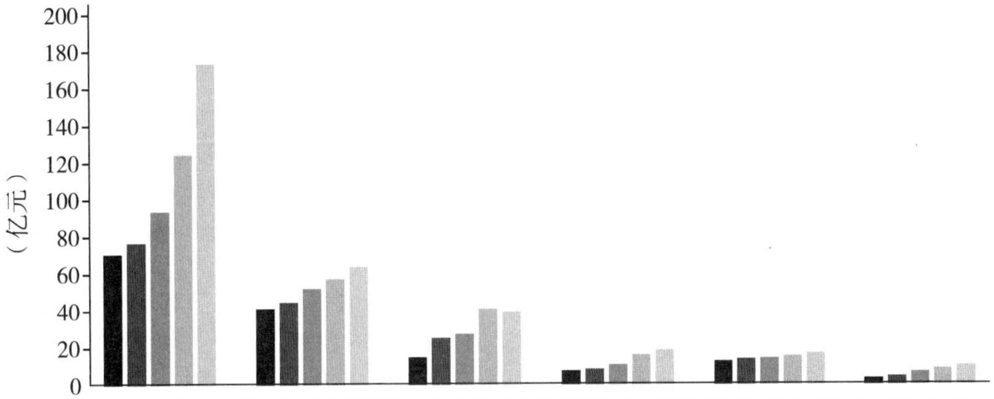

年份	华天科技	紫光国微	欧比特	国科微	圣邦股份	富满电子
■2015	70.69	41.29	14.98	7.575	12.81	3.573
■2016	76.77	44.67	25.33	8.484	13.93	4.562
■2017	93.66	52.07	27.54	10.86	14.32	6.953
■2018	124.4	57.26	41	16.27	15.45	8.746
■2019	173.3	63.99	39.47	18.8	17.05	10.34

图 9－20　2015—2019 年中国集成电路主要上市企业总资产收入

资料来源：公司年报；智研咨询. 2020 年中国集成电路市场竞争格局分析：行业竞争激烈，市场集中度较低［EB/OL］. https：//www. chyxx. com/industry/202012/916460. html.

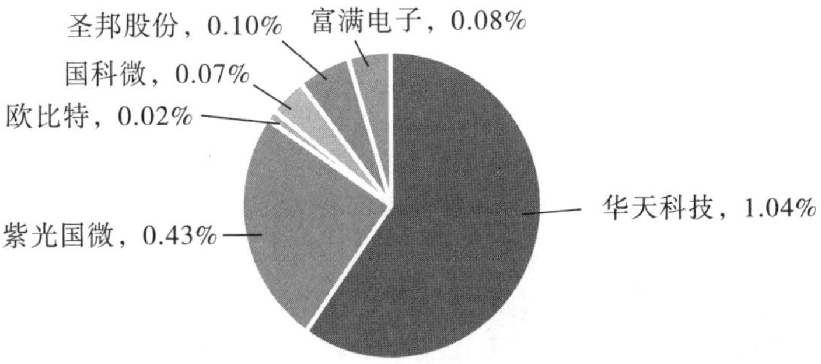

图 9－21　2019 年中国集成电路企业市场占有率（按营业收入）

资料来源：智研咨询. 2020 年中国集成电路市场竞争格局分析：行业竞争激烈，市场集中度较低［EB/OL］. https：//www. chyxx. com/industry/202012/916460. html.

（二）碳纤维材料应用端——军机

1. 下游需求旺盛，“激活”新材料产业发展动力

我国军机升级换代加速促进高端碳纤维需求。高端碳纤维主要应用于国防军工等高科技领域，随着我国制造业规模的壮大，我国的军机数量和质量都有了很大突破，军机换代也加速促进碳纤维的需求，尤其是对高端碳纤维的技术和质量要求越来越高。根据《飞行国际》发布的《World Air Force 2019》数据显示，美国各类战机数量排行第一，其次是俄罗斯，中国排名第三。2019 年我国各类战机总数为 3 187 架，美国 13 398 架，俄罗斯 4 078架。其中我国作战飞机 1 624 架、特种飞机 97 架、战斗直升机 902 架、运输机 193 架；美国作战飞机 2 826 架、特种飞机 759 架、战斗直升机 5 429 架、运输机 940 架；俄罗斯作战飞机 1 591 架、特种飞机 125 架、战斗直升机 1 448 架、运输机 401 架。①

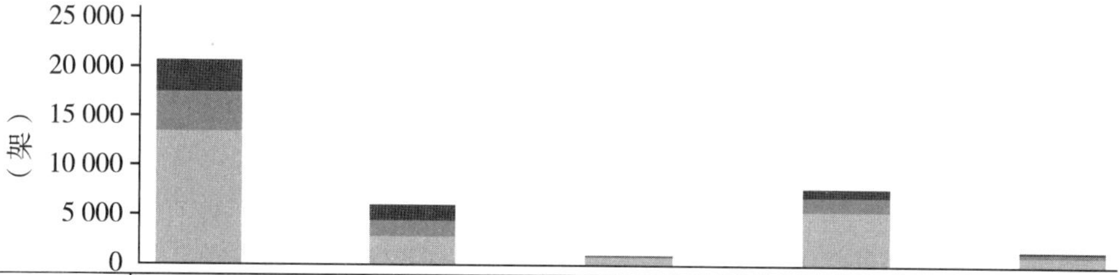

国家	各类战机总数（架）	作战飞机（架）	特种飞机（架）	战斗直升机（架）	运输机（架）
■ 中国	3 187	1 624	97	902	193
■ 俄罗斯	4 078	1 591	125	1 448	401
■ 美国	13 398	2 826	759	5 429	940

图 9 - 22　2019 年中美俄各类战机数量对比

资料来源：World Air Force 2019. 飞行国际 . 2019 年 12 月 .

碳纤维具有“轻而强”和“轻而硬”的性能，因此它在战斗机和直升机的机体、主翼、刹车片等部位有着广泛的应用。随着军用飞机越来越先进高端，复合材料在军用飞机的使用量比例越来越高，比如美国战机中早期的 F - 14A 和 F - 16A 复合材料使用比例分别只有 1% 和 2%，而第四代战斗机上的复合材料使用比例有了很大的提升，比如 F - 22 使用比例为 24%，F - 35 使用比例为 36%。

我国战斗机碳纤维复合材料使用比例也在不断提升，从最早的歼 - 8 到最新的歼 - 20，碳纤维复合材料的比例从 1% 上升至 27%。

① 东莞证券研究所 . 受益产业升级和进口替代：新材料行业 2020 年下半年投资策略［EB/OL］. http：//www.hibor. com. cn/data/2d059d945b13b24925df7ddd167444bf. html.

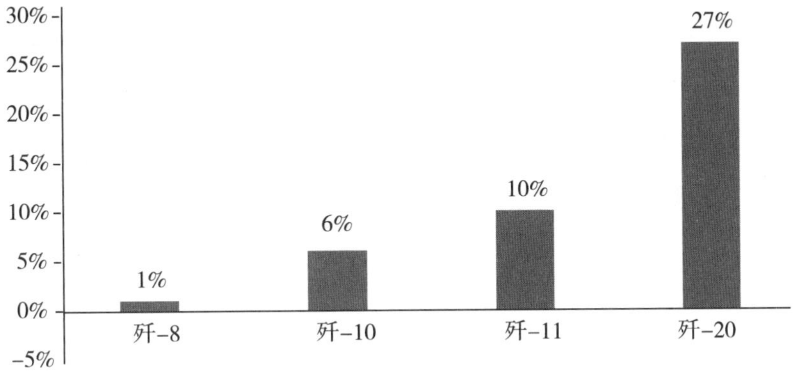

图 9 - 23　碳纤维复合材料占整机质量比

资料来源：东莞证券研究所．受益产业升级和进口替代：新材料行业 2020 年下半年投资策略［EB/OL］．http：//www. hibor. com. cn/data/2d059d945b13b24925df7ddd167444bf. html.

第四节　发达国家新材料产业发展分析

一、全球新材料产业发展现状

（一）全球积极布局新材料产业建设，市场规模不断扩大

新材料对于工业的发展非常关键，一个国家要发展高端装备和前沿高新科技就更离不开新材料的应用，在国防安全方面也随处可见新材料的使用，因此全球都在积极布局新材料产业的建设。时代的发展，科技的进步再加上需求的扩大，这些因素都促使全球新材料产业规模在不断扩大。2016 年全球新材料产业规模为 2. 09 万亿美元，2017 年为 2. 32 万亿美元，2018 年为 2. 56 万亿美元，2019 年达到 2. 82 万亿美元，总体趋势向好。全球新材料产业竞争激烈，在竞争格局上已经形成了三大梯队，分别是以美国、日本、欧洲等发达国家或地区为代表的第一梯队，这些发达国家或地区在早期进行新材料领域的开拓，已经积累了许多科研经验和技术专利，在新材料领域的许多产品中处于绝对的垄断地位；其次是韩国、俄罗斯、中国等正处在快速发展阶段的国家，产业成长快，后来居上，在众多领域取得了巨大进展；第三梯队主要包括印度和巴西等发展中国家，这些国家虽然在新材料研发方面的综合实力较弱，但也在积极布局产业链的发展，依靠自身的劳动力比较优势和资源禀赋条件发展相关领域，近些年也取得了不错的成绩。

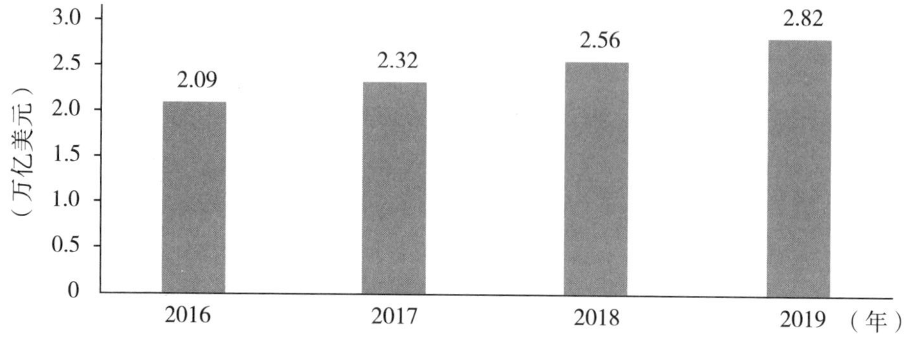

图 9－24　2016—2019 年全球新材料产业产值

资料来源：前瞻研究院．2020 年全球新材料产业发展趋势报告［EB/OL］. https：//www. chyxx. com/industry/202004/850677. html.

（二）各国积极实施政策推动新材料产业发展

现有许多发达国家非常重视新材料的发展，并把新材料产业作为国家重点发展产业，以新材料、节能环保等新兴产业促进新一轮的产业革命和经济发展。美国于 2011 年启动了“材料基因组计划”，希望以新材料与信息技术的结合来快速推动新材料领域的发展。德国于 2013 年推出“工业 4. 0”战略，目标是在未来的制造业中，以智能化生产促进工厂适应产品的快速开发、灵活生产和复杂环境的需要。日本一直致力于新材料领域的技术研发和应用，特别是传统材料的性能改进和资源回收再利用，并发布了《日本科技创新综合战略 2017》，主要为了推进材料、纳米等基础技术研发。韩国 2017 年发布了《推动半导体研发国家政策技术》，预计在 2018—2028 年向半导体领域投入 22 亿美元，主要为了实现半导体领域的技术突破，奠定半导体强国地位。

表 9－9　发达国家或组织新材料产业政策

国家或组织	出台的政策	新材料相关领域
美国	先进制造业国家战略计划、重整美国制造业政策框架、先进制造伙伴计划（AMP）、纳米技术签名倡议、国家生物经济蓝图、电动汽车国家创新计划、“智慧地球”计划等	新能源材料、生物与医药材料、环保材料、纳米材料、材料基因组、先进制造
欧盟	欧盟能源技术战略计划、物联网战略研究路线图、欧洲生物经济、彩虹计划、旗舰计划	低碳产业相关材料、信息技术（重点是物联网相关材料）、生物材料、石墨烯等
英国	低碳转型计划、英国可再生能源发展路线图、技术与创新中心计划、英国工业 2050	低碳产业相关材料、高附加值制造业相关材料、生物材料、海洋材料等
德国	能源战略 2050、高科技战略行动计划、国家生物经济研究战略 2030	可再生能源材料、生物材料、电动汽车相关材料、纳米材料、电子、信息通信等

（续上表）

国家或组织	出台的政策	新材料相关领域
日本	新增长战略、信息技术发展计划、新国家能源战略、能源基本计划、创建最尖端 IT 国家宣言、下一代汽车计划、海洋基本计划	新能源材料、节能环保材料、信息材料、生物医用材料、纳米材料、新型汽车相关材料等

资料来源：万联证券研究所．新材料行业专题研究报告之一：需求爆发催生万亿市场，新材料发展乘风破浪［EB/OL］．http：//www. hibor. com. cn/data/bc36ebb8440f7bdd7ff828759b609d59. html.

（三）全球新材料市场结构不断优化

在各国产业政策的积极引导下，全球新材料产业规模增长的同时，市场结构也得到了优化。由于 3D 打印材料和石墨烯等新兴产业技术的不断突破，前沿新材料增长速度较快，未来发展空间巨大，从图 9－25 中可以看出，全球前沿材料占比较低，但是随着高精尖技术的不断突破，前沿新材料比重由 2018 年的 3. 10% 上升到 2019 年的 8. 00%；2019 年全球新材料产业构成中先进基础材料占比 49. 00%；关键战略材料占比 43%，比 2018 年提高近 5 个百分点。

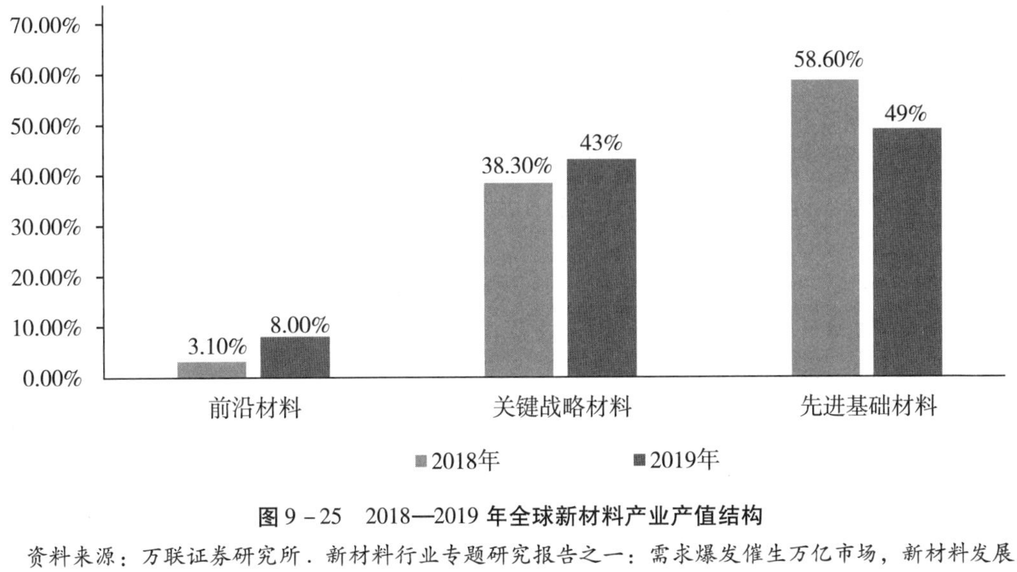

图 9－25　2018—2019 年全球新材料产业产值结构

资料来源：万联证券研究所．新材料行业专题研究报告之一：需求爆发催生万亿市场，新材料发展乘风破浪［EB/OL］．http：//www. hibor. com. cn/data/bc36ebb8440f7bdd7ff828759b609d59. html.

（四）全球新材料产业分布不均，呈现出显著的差异化特征

从全球范围来看，发达国家整体处于领先地位，它们拥有领先的技术设备，具有完善的产业发展体系，有着长期的科研经验并且还有国家大比例的资金投入和财政支持，这些优势使得其在高端材料产品的生产中占据绝对的垄断地位。各个国家也形成了自己的工业

体系，特色不一，比如日本的纳米材料和电子信息材料在全球来说都非常有实力，韩国的显示材料、存储材料很有优势，其中著名的三星、LG 等企业在相关材料领域实力很强，此外，俄罗斯的航空航天材料在国际市场上的竞争优势也很强。相比较之下，发展中国家与发达国家的差距较大，但是随着中国、印度等国家对新材料产业的重视加强，近些年的新材料产业发展进步很快，比如中国的半导体照明材料、稀土永磁材料发展较好。展望未来，全球新材料市场发展重点也会出现转变，预计会呈现逐步向亚洲地区转移的趋势，技术、资本、劳动力以及企业家才能等要素将会有所变化，地区发展的差异化可能会继续加剧。

（五）全球产业集约化发展，高端材料垄断严重

美国、欧盟、日本、韩国、俄罗斯是全球新材料龙头企业的主要集聚地，这些龙头企业在高端材料上占据垄断地位，在全球新材料产业市场上占据主导位置，比如美国的陶氏杜邦、宣伟、普利万等；日本的三立化学、信越化学等；韩国的三星、LG 化学等企业在新材料的部分高附加值产品中起着垄断作用。在半导体照明材料领域，国际代表性企业有美国通用电气、荷兰飞利浦、德国欧司朗等；在化工材料领域，国际代表性企业有美国埃克森美孚、日本森田化工等；在生物医疗材料领域，国际代表性企业有德国拜耳、瑞士罗氏、美国辉瑞等；龙头企业如东丽、帝人东邦、三菱丽阳、美国赫氏、韩国晓星和德国西格里的碳纤维产能占全球产能 70% 以上；日本和美国有 5 家企业占全球 90% 以上的 12 寸晶圆市场份额；日本的日亚化学等 3 家企业在液晶背光源发光材料上占据垄断地位，拥有全球 90% 以上的市场份额；另外，在生产有机氟材料领域，陶氏杜邦、Daikin、Hoechst、3M、Ausimont、ATO 和 ICI 7 家公司拥有全球 90% 的生产能力；在半导体硅材料领域，信越化学、SUMCO、Siltronic、SunEdison 等企业拥有全球 80% 以上的生产能力。[①]

表 9－10 部分新材料国际代表性企业一览

新材料领域	国际代表性企业
半导体照明材料	美国通用电气、荷兰飞利浦、德国欧司朗等
有机硅材料	美国道康宁、美国通用电气等
有机氟材料	美国 3M、法国阿托化学等
化学品工程塑料	德国巴斯夫、美国陶氏杜邦等
液晶高分子、高性能树脂	日本宝理塑料等
电子信息材料	美国英特尔、日本信越化学等
化工材料	美国埃克森美孚、日本森田化工等
生物医疗材料	德国拜耳、瑞士罗氏、美国辉瑞等

资料来源：平安证券研究所．新材料系列深度报告之一（总览篇）：制造强国之基，市场前景广阔［EB/OL］．http：//www. hibor. com. cn/data/d95c6ac1571b650b424a560c0f787018. html.

① 平安证券研究所．新材料系列深度报告之一（总览篇）：制造强国之基，市场前景广阔［EB/OL］．http：//www. hibor. com. cn/data/d95c6ac1571b650b424a560c0f787018. html.

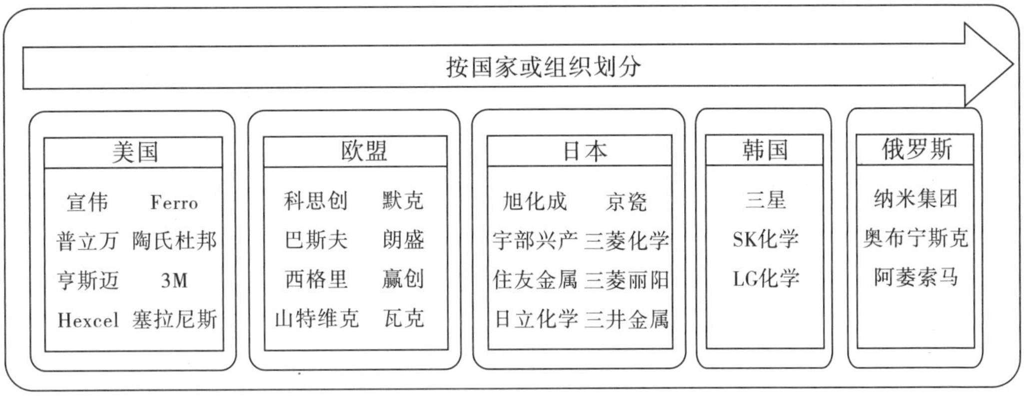

图 9－26　世界新材料市场概况

资料来源：万联证券研究所．新材料行业专题研究报告之一：需求爆发催生万亿市场，新材料发展乘风破浪［EB/OL］．http：//www.hibor.com.cn/data/bc36ebb8440f7bdd7ff828759b609d59.html.

二、美国新材料产业发展概况

美国在新材料全领域都有很强的实力，在国际上也一直处于领先地位，美国政府高度重视新材料的发展，并把它作为国家经济发展和国防安全的重要产业。在政策层面上，美国政府不遗余力地推动新材料领域科技创新，颁布许多产业政策并制定相关产业规划来发展新材料。技术领先优势和政策支持是推动美国新材料发展的重要动力，也是美国保持新材料产业全球领先地位的关键因素。

美国从 2010 年开始就在清洁能源领域实施关键材料战略计划；2014 年在众多新材料领域开展材料基因组计划；2016 年在轻质金属、复合材料、新兴半导体、碳纤维领域实施国家制造业创新网络战略规划。在财政金融政策上，美国每年的材料研究费用高达上千亿美元，远高于我国的研发费用支出。在人才政策上，美国相应的移民政策、外国留学生政策以及国际交流合作政策等吸引了众多高层次人才。从政策发展来看，美国的新材料发展政策不仅在覆盖的领域上特别密集，主要包括国防安全、清洁能源、特种材料、生物材料、能源材料及半导体材料等，而且在财政支持以及人才引进方面也出台了许多优惠政策。美国的新材料研究多服务于国家安全，产业发展带有浓重的军工特点，美国在航空航天及电子计算机技术等方面的发展优势也获益于此。美国著名的新材料企业有埃克森美孚、陶氏杜邦、PPG、3M、空气化工产品有限公司。下表是美国跨国新材料企业巨头，例如世界超大型上下游一体化跨国石油石化公司埃克森美孚 2020 年世界 500 强排名第 11，世界上最大的多元化服务性公司通用电气世界排名第 77。

表9－11 美国跨国新材料企业巨头

美国企业	2020年营业额（百万美元）	2020年世界500强排名	企业说明
埃克森美孚	264 938	11	世界超大型上下游一体化跨国石油石化公司，全球最大的石油公司之一
陶氏杜邦	85 977	100	跨国化工公司
3M	32 766	380	跨国产品多元化公司
PPG	15 146	209	跨国化学品公司
英特尔	71 965	138	跨国企业、精细化工、工程塑料领域领先
通用电气	95 214	77	世界上最大的多元化服务性公司，在半导体照明材料、有机硅材料等领域领先

资料来源：据公开资料整理。

三、德国新材料产业发展概况

德国是世界工业强国，在电气、汽车、化学、生物技术、电子与信息技术等领域取得的成就一直以来都举世瞩目。新材料产业是德国的支柱产业之一，德国新材料产业集约化发展的重要特征是技术创新和技术进步。自2011年提出和实施“工业4.0”战略以来，以德国为中心的欧洲西北部城市群已经成为欧盟经济活跃、国际竞争力不断增强的创新引领区。据《全球竞争力报告》显示，德国是全球最具创新力的国家。

德国工业有着深厚的基础，具备完善的基础设施、生产体系、研究机构以及丰富的高素质人力资本，这些优势促使德国的制造业一直处于快速平稳的发展态势中，德国在新材料领域也处于国际领先地位，具有很强的竞争实力。德国在政策上特别支持高新技术产业的发展，2012年德国投入资金2亿欧元正式启动“原材料经济战略”科研项目；2013年德国颁布了《关于实施工业4.0战略的建议》；2016年德国发布《数字战略2025》，重点支持项目如工业3D打印等；2019年2月5日，为提高国家的科技创新力，德国公布了《国家工业战略2030》计划草案。德国颁布的《高技术战略2020》中注的领域有电子学和电子系统、信息技术系统、通信系统、信息技术安全和人类—技术互动和微系统技术等，主要服务于汽车、自动化、医疗卫生、物流和能源。德国新材料企业比较著名的企业有世界最大化学品生产基地巴斯夫；在化工、高性能材料、能源等领域领先的赢创；还有全球领先碳素石墨材料生产商西格里；等等。

四、日本新材料产业发展概况

日本是新材料技术最先进的国家之一，日本政府制定了许多关于新材料领域的规划，并投入大量的科研经费重点开发相关产业，也取得了许多领先成果和专利。日本还通过政产学研合作来提高科研成果的转化率，促进新材料产业规模化发展，加强科技创新互通互融，日本的电子信息材料、碳纤维复合材料、半导体材料及特种钢等新材料领域在国际市场上占据领先地位。日本还非常注重对传统材料性能的提升和产品的转型升级，注重资源回收利用和环境保护。其材料产品实用性强，符合绿色环保标准。

为了提升科技创新实力，促进产业规模化发展，提升市场竞争力，日本也出台了一系列政策来支持新材料产业的发展，比如2015年提出的《日本科技创新综合战略2015》，重点关注综合型材料的开发；2016年提出的《第五个科学技术基本规划（2016—2020年）》，重点发展材料、纳米技术等共同基础技术，并确保研发投资规模占GDP比例的4%以上；日本在新材料的一些领域里已经领先全球，比如：用来制造洲际弹道导弹喷管和飞机骨架的高强度碳纤维材料，用于制造最高性能军用雷达的宽禁带半导体收发组件材料，还有用来制造最新涡轮发动机涡轮叶片的高性能单晶叶片等高精尖材料技术。目前，日本是全球唯一一个能制造第五代单晶材料的国家，在全球占据强劲的领头地位。日本新材料产业凭借其超前的研发优势和丰富的高素质研发人才等资源，在新材料领域有着领先发展的趋势，比如日本的环境、新能源材料和电子半导体三个领域在国际市场上占据着重大份额。日本在发展产业的同时也非常注重低碳经济和可持续发展，为做到节能环保制定了《环境基本法》《资源有效利用促进法》《绿色购入法》等一系列相关法规，在生产发展的同时做到低碳环保，这一点也是值得我国借鉴和学习的地方。日本比较著名的新材料企业有东丽、信越化学、旭化成、三菱化学、三井化学株式会社、京瓷株式会社、欧姆龙株式会社等。

第五节 新材料产业发展过程中存在的问题

一、新材料产业研发资金紧张，高端技术人才缺口较大

新材料产品的研发前期需要投入许多资金，并且整个研发周期较长，这意味着对企业现金流的要求会比较高，需要持续投入资金，才能支撑产品的正常研发，新材料产业是一个风险较大的行业。我国新材料企业普遍成立时间较晚，大多数属于中小型企业，年产值在1亿元以下，现金流压力较大，这给新材料产品的研发带来了困难。另外，我国高质量人才尤其是高新技术方面的人才缺口比较严重，据教育部、人力资源和社会保障部等部门公布的《制造业人才发展规划指南》预测，到2025年我国新材料领域人才供不应求，缺口量将有400多万人。[①] 人力资源是技术创新的重要动力，要想新材料产业发展得越来越好，人才引进的相关政策应得到重视。

二、新材料核心技术有待突破，高端材料自给率低

新材料产业属于技术密集型、资金密集型的战略新兴产业。经过几十年的发展，我国

① 教育部、人力资源和社会保障部、工业和信息化部．制造业人才发展规划指南［Z］．2016.

已在新材料研发方面取得了长足的进步，填补了不少供应缺口，但总体来看，我国新材料产业发展还存在许多问题，比如自主开发能力比较薄弱、高精尖技术专利不够、高附加值产品市场竞争力不足、新材料产品创新与发达国家相比差距较大、产业体系发展模式不够完善等，这些问题也导致我国新材料产业发展国际竞争力不强。此外，我国新材料供应严重依赖发达国家，尤其是高端制造业的关键核心材料，完全自给率仅在20%左右。新材料产业作为技术密集型产业，行业发展的主要门槛就是技术创新与研发，技术水平的高低直接影响产业发展的上限，我国的新材料产业起步较晚，缺乏前期长时间的积累，与发达国家同期相比，在技术装备与创新能力上仍有较大差距。我国新材料企业产品研发尚未脱离跟随仿造阶段，自主创新能力有待增强，在高端产品市场缺乏竞争力。但近年来，这种差距已在不断地缩小。

三、成果转化率低，产业结构不够合理

我国新材料产业仍处于初级发展阶段，并且当前新材料企业发展规模普遍不大，缺乏具有国际市场竞争力的龙头企业，产业规划存在许多不足，资产配置不够合理，成果转化率低，尚未形成完整的产业链经济，整体发展缺乏统筹规划。产业布局不够清晰，部分地区产业发展重点不够突出，产业结构的关联性不够紧密，存在没有进行差异化分工、低水平重复建设多、低端产品种类产能过剩、高端产品研发不足等问题，这些问题都会影响产业的可持续发展。

第六节 “十四五”新材料产业发展趋势展望

我国新冠肺炎疫情的防控让我们深刻感受到国家的强大，中国市场力量的庞大，2020年我国是全球唯一一个GDP增速为正的国家，2021年正值“十四五”规划开局之年，在这期间，我国要加快构建以国内大循环为主体、国内国际双循环相互促进的新发展格局，促进国家经济稳步发展。在经济体不断发展壮大的背景下，新材料产业也会迎来新的挑战和机遇。我国也会不断加快推动新材料产业高质量发展，实现产业布局优化。

随着科技的发展，下端应用市场规模的扩大会进一步加大中上游产品的需求，加速新材料产业市场的壮大。现在多数新材料产品尚处于导入期和成长期，市场容量较小、市场渗透率较低，通过加强产品创新、重视技术研发，未来的市场空间会进一步扩大。预计到2025年我国新材料产业产值将突破10万亿元大关。

“十四五”期间，我国会重点发展新材料产业，中国将会进入“新材料”强国之列。我国经济粗放式增长模式导致我国新材料产业处于需求量大、技术含量较低的环节，我国基础材料大而不强，并且80%以上的新材料企业属于传统金属类和化工类的材料企业，产业存在结构老化问题，亟需发展高性能、功能化的先进基础材料，加快技术升级和改造。先进钢铁材料、有色金属材料、先进石化材料等先进基础材料将是“十四五”期间我国重点发展的对象。

第七节 “十四五”新材料产业发展策略建议

一、促进产业兼并重组，形成规模效应

产业并购有益于产业形成规模效应，使得生产交易成本下降，利于产业优势的形成。我国新材料产业中在国际上有竞争优势的企业很少，在国际市场上不具有龙头效应，而美国的跨国材料巨头资金雄厚、规模庞大，有着国际化和寡头化的特点，这种特点的形成主要是通过企业不断地兼并重组。我国也可以尝试进行产业并购，扩大产业规模，提高产业集中度，增加大型新材料企业，增强龙头企业的引领和规划作用，通过企业并购重组也可以实现优势互补，加强技术的发展与突破，增强人力资本的流动，发挥集聚效果。

二、加快技术突破，实现材料创新的自立自强

我国已经是材料大国，在部分新材料领域已经取得了很大的进步，比如有机硅、稀土功能材料、超硬材料等一批新材料的产能已经位居世界前列，占据一定的市场地位，但是我国先进制造业在快速发展的过程中也暴露出很多问题，比如我国新材料产业“大而不强”的问题比较严重，最主要的表现在于自主创新能力不强，许多高精尖材料仍主要依赖于进口，材料的原创性、基础性、支撑性研究不足，“卡脖子”问题突出，产业链自主可控性不强。自主创新能力不足会导致我国无法抢占全球新材料科技创新竞争的机会。因此，“十四五”期间，我国应提升新材料产业整体性能，实现关键材料供应链自主可控，在技术上有所突破，提升创新能力。

三、促进政产学研合作，提高生产效率

虽然我国整体市场空间很大，但是从单个新材料企业规模来看通常偏小，难以同时拥有技术创新所需要的全部生产要素，而政府、高校和科研院所可以结合在一起，利用各自的功能特点补充企业的不足，让产学研、政产研一体化，提高生产转化效率，满足企业的要素需求。① 我国在新材料产业标准、进出口、人才、产业集聚等方面的政策支持力度不够，尤其是对知识产权的保障力度不够强，政府可以加大相关政策力度，推进产业发展，吸引人才进入新材料产业市场。另外，政府应该引导建立政产学研合作组织，在生产中建立指导机制，帮助设立技术中心实验室，同时还要做到信息公开透明，建立完善的科技信息服务平台，激发企业创新动力。政府应正确引导各类研究人员开展科研生产活动，让不同分工链条上的研究人员实现知识共享，推动材料技术不断从实验室走向市场。在学术与研发方面，要做到提高新材料科技成果转化率。据统计，我国新材料领域成果很丰富，科

---

① 胡续楠．中国新材料产业集约化发展研究［D］．长春：吉林大学，2019。

技论文和发明成果数量位居世界第一，我国拥有实力强大的研发团队，其中院士200余人，科技活动人员达到115万人。尽管科研论文和发明成果都很多，但是科技成果转化率低，在科技成果转化为现实生产力的过程中，需要投入大量资金，并且中间阶段的实验环节风险大、耗时久。我国的中间阶段实验环节比较薄弱，许多高校和科研机构不具有自己的试验车间。另外，企业出于利益考虑，倾向于选择已经成功的产品进行量产，不敢有较大的技术新尝试。“十四五”时期我国应该加大对中试环节的支持力度，出台相关政策支持中试环节的突破。

四、提高产业集群竞争力，加强知识产权布局

新材料产业在“十二五”期间发展迅速，初步形成以环渤海、长三角、珠三角等地区为代表的综合性新材料产业集群。总体看来，这些产业集群大部分处于初级发展阶段，未来发展潜力很大。目前我国的新材料产业集群未能充分利用地区的资源、技术以及结合当地的文化特点，还未能打出自己的名牌，缺乏自己的亮点和特色，并且产业集聚区整体规划存在问题，产业关联度不够。部分集聚区内龙头企业数量较少，企业市场竞争力不强，没有形成大中小企业协同发展的生态。为了培养具有国际竞争力的世界级新材料产业集群，在“十四五”时期我国应该重点关注产业集群的建设，建立并完善新材料产业发展体系，加强产业基地的发展，提高产业集群竞争力。我国应健全知识产权保护制度，严惩侵权行为，将知识产权竞争力发展成为产业竞争力，在全球范围内积极加强知识产权布局，同时对核心技术实行严密保护。

第十章　高端装备制造产业[①]

第一节　高端装备制造产业发展分析

一、高端装备制造产业的定义

高端装备一般指传统制造业谋求革新、改造升级和新兴产业发展所需的各类技术装备和生产装备，是国家产业发展的重要基础。相对应地，高端装备制造业则是生产这些具有高技术含量、高附加值的先进装备的产业。目前，对于高端装备制造产业的定义尚未统一，本书依照《高端装备制造业“十二五”发展规划》将高端装备制造业的概念界定为以高新技术为引领，处于价值链高端和产业链核心环节，决定着整个产业链综合竞争力的战略性新兴产业。

高端装备制造业涉及的领域繁杂，本章考虑到数据收集处理难度和报告分析目的，根据《战略性新兴产业分类（2018）》将高端装备行业分为智能制造装备产业、航空装备产业、卫星及应用产业、轨道交通装备产业、海洋工程装备产业等五大主要细分领域进行深入研究。

二、高端装备制造产业的特征

高端装备制造业作为传统装备制造业的高端领域，在生产工艺、生产过程、行业壁垒等多方面都体现了自身的产业特征，这些主要表现在以下几方面：

（1）技术密集，研发投入大，具有高附加值。高端装备制造业是典型的技术密集型、高研发投入的产业，其生产过程需要用到多门学科和多个行业领域的专业性知识，各种机械设备的产品对于技术的精密性有较高要求，这就需要企业不断投入高额的研发投入以提高技术水平和产品质量，尤其是龙头企业，更需要不断攻克核心技术难题，以保持自身竞争优势。高研发投入、高技术含量、良好的品牌形象，都使得高端装备制造业成为一个代表性的高附加值产业。

（2）进入壁垒高。高端装备制造业有较高的行业进入壁垒，这种壁垒主要表现在技术进入壁垒、资本进入壁垒、行政壁垒等方面。高端装备制造业在初始阶段需要较高的资本投入，并且在后续生产环节中需要企业掌握领域内的关键技术，对企业的资本规模和技术

---

① 本章作者：陈燕虹，暨南大学产业经济研究院硕士研究生。

水平提出了高要求。同时，高端装备制造业的部分领域比如航空装备制造业、卫星及应用制造业等需要有政府的相关许可证方能持续运营，使得高端装备制造业的进入壁垒越来越高。

（3）在产业链的核心位置，产业影响力大。高端装备制造业在产业链中位于核心位置，其产品的技术含量和生产工艺是其他产业发展水平和竞争力的重要影响因素，其发展会带动上下游多个细分领域的发展，产业带动力强。

三、高端装备制造产业链概况

高端装备制造产业链整体较为复杂，涵盖原材料、设计研发、生产销售以及后续的产品应用维修与服务等众多细分环节。其生产过程的技术门槛较高，对于技术精密性、产品安全性、稳定度等方面的要求较高，集中反映了一个国家的制造水平和工业技术水平。从产业链环节来看，高端装备制造业产业链主要由三大部分组成，分别是上游的研发设计和原材料零部件；中游的零部件和具有较强垄断性的整机制造环节；下游的高端装备产品的系统集成和应用环节，其应用端具有应用范围广泛、订单金额大和客户集中度较高的特性。上游材料主要包括钢铁、橡胶、塑料等基础性的制造业原材料和纳米材料、高强度特种钢等新材料，伴随着技术水平的提高和成熟，新材料的应用愈加广泛，现已成为高端装备制造业发展的强大助力之一。虽然近年来我国在高端装备制造技术领域取得了较大突破，但部分核心零部件（主要指伺服器、减速器、数控系统、控制器等）制造技术仍然是现阶段我国高端装备制造业技术发展的主要制约关卡。高端装备制造业产业链结构见图10－1。

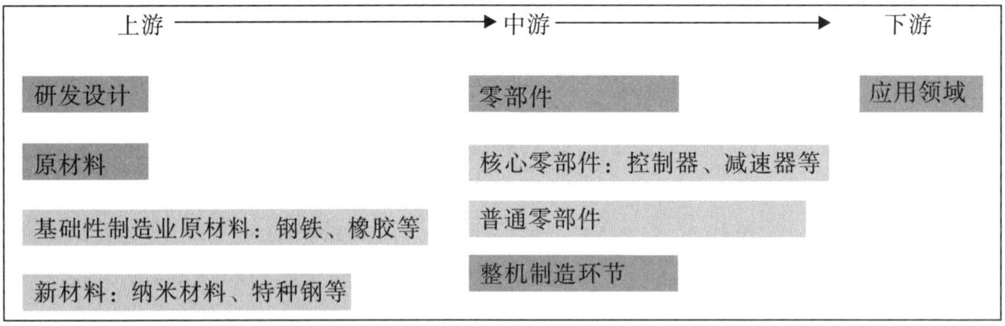

图10－1 高端装备制造产业链

资料来源：和君辽宁新兴产业研究院《辽宁高端装备产业白皮书》，2019年9月。

第二节　中国高端装备制造产业发展分析

一、中国高端装备制造业产业发展环境

（一）国内政策红利持续释放

高端装备制造业作为战略性新兴产业之一，是我国经济提质增速和产业结构高效调整的重要动力。进入21世纪后，我国国内经济发展速度加快，同时面临的国际竞争也愈发激烈，当前国内的装备制造业有许多核心技术仍然受制于国外企业，这种限制在某种程度上阻碍了我国经济的长期、高效和安全的发展，同时对国家经济安全造成了一定威胁。在此背景下，国家高度重视装备制造业“高端”领域的发展，不断进行顶层设计，陆续颁发的一系列政策为我国高端装备制造业的发展提供了良好的政策红利。2014年“中国制造2025”概念首次被提出，强调大力发展高端装备制造业并从营造公平竞争环境、完善金融扶持政策、加大财税政策支持力度、健全人才培养体系、完善中小微企业政策、进一步扩大制造业对外开放等8个方面提出了有针对性的战略举措。随后，国家又陆续颁发了《增强制造业核心竞争力三年行动计划（2018—2020年）》《重大技术装备进口税收政策管理办法》等多个政策，在税收优惠、技术创新氛围等方面给予了高端装备制造业发展的重大支持。此外，针对高端装备制造业的各个细分领域，国家也陆续出台了一系列政策为其长远发展保驾护航，尤其强调行业技术标准体系的建立和规范性，注重自主创新。在地方层面，各省市立足于各自经济现状，针对性地制定了促进高端装备制造业良好发展的政策。北京市在2017年发布了《北京市“十三五”时期现代产业发展和重点功能区建设规划》，在规划中提出要加快构建高精尖经济结构，促进高端制造业智能精细发展，重点支持发展传感器、智能仪控系统等核心装置以及高档数控机床、智能机器人等高端智能装备；广东省也制订了《广东省培育高端装备制造战略性新兴产业集群行动计划（2021—2025年）》，为高端装备制造业拓展新的发展空间提供了指引。上海、浙江等省市也为本地区的高端装备制造业的发展制订了较为合理高效的一系列政策规划，持续释放“政策红利”，助力高端装备制造业产业技术的革新和产业体系的健全与完善，并取得了良好的成效。高端装备产业相关政策见表10－1、表10－2、表10－3。

表10－1　国家及部分省市高端装备产业相关政策

颁布时间	名称	相关内容
2010年10月	《关于加快培育和发展战略性新兴产业的决定》	提出通过增强自主创新能力、培育良好市场氛围、促进国际交流合作、加大财税金融政策扶持、引导社会资本投资、推进深化改革创新等举措培育发展战略性新兴产业

（续上表）

颁布时间	名称	相关内容
2015 年 5 月	《中国制造 2025》	强调发展高档数控机床和机器人、航空航天装备、海洋工程装备等十大重点领域；提出营造公平竞争环境、完善金融扶持政策、加大财税政策支持力度、健全人才培养体系、完善中小微企业政策、进一步扩大制造业对外开放等八个方面的战略支撑和保障
2017 年 12 月	《增强制造业核心竞争力三年行动计划（2018—2020 年）》	提出实施整合多方资源、加强产业支撑体系、强化激励政策和金融支持政策、扩大国际合作等战略增强制造业竞争力
2019 年 11 月	《关于推动先进制造业和现代服务业深度融合发展的实施意见》	明确提出推进智能工厂建设，促进装备制造业和服务业深度融合、加快重大技术装备创新
2020 年 1 月	《重大技术装备进口税收政策管理办法》	对符合规定条件的部分关键零部件及原材料的必要性进口免征关税和进口环节增值税
2020 年 5 月	《2020 年政府工作报告》	报告指出要推动制造业升级和新兴产业发展，支持制造业高质量发展，发展工业互联网，推进智能制造，培育新兴产业集群，提高科技创新支撑能力等

资料来源：根据公开资料整理。

表 10－2 部分省市高端装备产业相关政策

颁布时间	省市	名称	相关内容
2017 年	北京市	《北京市“十三五”时期现代产业发展和重点功能区建设规划》	提出要加快构建高精尖经济结构，促进高端制造业智能精细发展，重点支持发展传感器、智能仪控系统等核心装置以及高档数控机床、智能机器人等高端智能装备
2018 年	江苏省	《江苏省高端装备研制赶超工程实施方案（2018 年修订）》	围绕省短板装备领域，在高档数控机床、智能成套装备等行业领域，以资金补助、专款专用等形式分批组织实施高端装备研制赶超工程项目
2019 年	上海市	《上海市高端智能装备首台突破专项支持实施细则》	对高端智能装备的各项首台突破提供相对应的专项资金支持

（续上表）

颁布时间	省市	名称	相关内容
2020年	广东省	《广东省培育高端装备制造战略性新兴产业集群行动计划（2021—2025年）》	实施创新链突破，完善人才链和政策链；构造产业创新平台和创新体系；落实技术装备研发奖补政策；加强品牌建设，培育龙头企业，深化产业开放合作，重视知识产权
2020年	天津市	《天津市海洋装备产业发展五年行动计划（2020—2024年）》	制定产业规模发展目标，力争从2019年的200亿元发展到2024年的600亿元，精心建造五大高端产品，打造五大产业集群的天津市海洋装备产业发展路线图

资料来源：根据公开资料整理。

表10－3　高端装备细分领域产业相关政策

颁布时间	名称	相关内容
2016年5月	《近期推进通用航空业发展的重点任务》	培育通用航空市场；加快通用机场建设；促进产业转型升级；扩大低空空域开放；强化全程安全监管
2017年12月	《轨道交通装备关键技术产业化实施方案 》	重点围绕高速智能绿色铁路装备、先进适用城市轨道交通装备、新型技术装备研发试验检测平台等领域，组织实施关键技术研发及产业化项目，进一步完善轨道交通装备体系
2017年11月	《海洋工程装备制造业持续健康发展行动计划（2017—2020年）》	到2020年，我国海洋工程装备制造业国际竞争力和持续发展能力明显提升，产业体系进一步完善，专用化、系列化、信息化、智能化程度不断加强，产品结构迈向中高端，力争步入海洋工程装备总装制造先进国家行列
2017年11月	《高端智能再制造行动计划》	针对高端智能再制造提出加强关键技术创新与产业化应用，推动装备研发与产业化应用，实施示范工程，培育产业协同体系，加快标准研制，探索产品推广应用新机制，建设产业公共信息服务平台，构建金融服务新模式
2018年1月	《国家智能制造标准体系建设指南（2018年版）》（征求意见）	按照“共性先立、急用先行”的原则，制定安全、可靠性、检测、评价等基础共性标准，识别智能装备标准、智能工厂标准、智能服务标准、智能赋能技术标准、行业应用标准，带动行业应用标准的研制工作。推动智能制造国家和行业标准上升成为国际标准

（续上表）

颁布时间	名称	相关内容
2020 年 5 月	《关于 2019 年国民经济和社会发展计划执行情况与 2020 年国民经济和社会发展计划草案的报告》	支持商业航天发展，延伸航天产业链条，拓展导航、遥感等卫星应用

资料来源：根据公开资料整理。

（二）市场需求趋势

高端装备制造业集中反映了一个国家的工业水平和技术创新能力，是促进产业升级和国际竞争力的强大武器。近年来，在经济结构调整、人口结构改变，对外开放水平不断提高等一系列因素的综合作用下，我国高端装备制造业的市场需求量不断增长，以下主要就影响我国高端装备制造业的三大宏观背景分析其市场需求情况。

（1）“双循环”发展格局下，中国制造业大而不强。2020 年，“双循环”概念首次提出，随后习近平总书记又多次在各个方面阐释了内涵，强调要推动以国内大循环为主体、国内国际双循环相互促进的新发展格局的形成。这意味着中国在需求端上的内需将进一步被激活，相应地，对中国供给端上的制造业水平也提出了更高的匹配要求。目前，我国已经是毋庸置疑的“制造大国”，制造业增加值在全球占比不断提高。然而，我国制造业的总体实力仍与美国、英国等发达国家存在显著差距，高端装备制造业的发展相对落后，先进制造领域的发展依旧是我国一大发展短板。因此，在双循环的背景下，提高制造业水平和促进制造业转型升级以刺激内需的需求更加紧迫，这也必将拉动我国对高端装备的需求量。

（2）人口红利逐渐减退，人口老龄化加剧。在过去很长一段时间，丰富廉价的劳动力一直是我国制造业发展的一大竞争优势。然而近年来，我国人口老龄化逐渐加剧，人口红利也在不断减退（见图 10－2），这使得我国制造业企业的国际比较竞争优势受到进一步削弱以及利润空间不断被挤压。为了应对这一系列挑战，中国制造业企业需要不断进行技术革新和降低生产成本、提高产品质量，企业通过使用“工业机器人”等一系列智能制造装备以提高生产智能化、自动化水平，这也为我国高端装备制造业的发展迎来了广阔的市场前景。

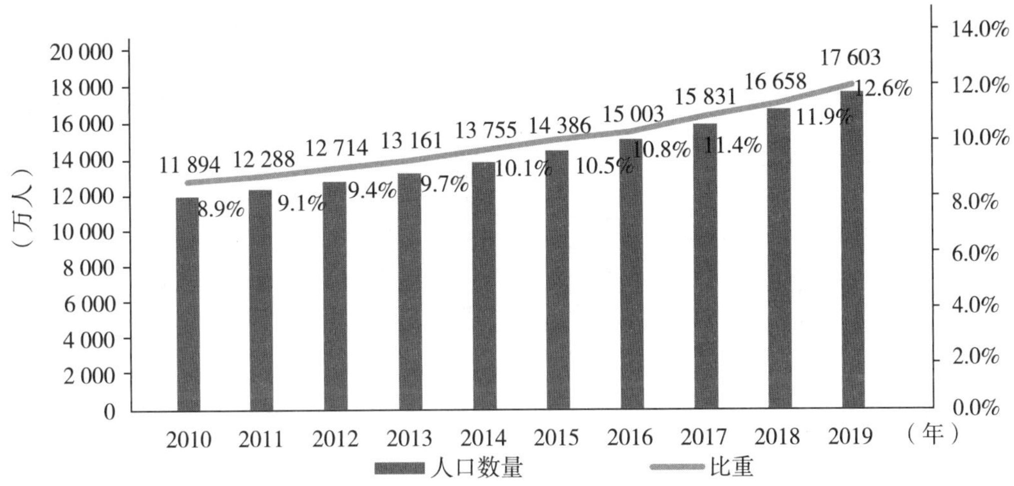

图 10－2　中国 65 岁以上人口数量图

资料来源：国家统计局．https：//data. stats. gov. cn/easyquery. htm？ cn = C01.

(3)“一带一路”倡议提供广阔市场空间。“一带一路”是我国对外开放的重要倡议和落脚点之一，同时也为我国经济发展开拓了新的市场空间。在“一带一路”倡议的指引下，我国高端装备制造业企业不断加快“走出去”的步伐。而“一带一路”沿线国家大多是基础设施不完善、制造业发展较为落后的发展中国家，在其未来的经济发展中，为了谋求新的经济发展点首先需要完善基础设施，因而对铁路、机场等基础设施建造的需求量巨大，为我国高端装备制造业提供了庞大的市场空间。

二、中国高端装备制造产业市场规模

高端装备制造产业市场规模不断扩大、占制造业比重快速提高，整体发展呈上升态势。尽管我国已成为制造业大国，但由于大部分核心技术仍然掌握在国外企业手中，我国在制造业价值链中只能处在“微笑曲线”的中低端位置。为了改变制造业“大而不强”的事实，抢占未来经济发展制高点，近年来国家高度重视高端装备制造业的发展，鼓励企业加快核心技术突破，为高端装备制造业的发展营造了良好氛围。2012 年我国高端装备制造业销售收入仅有 2. 58 万亿元，但在 2018 年末，国内高端装备制造业实现了 10. 80 万亿元的销售收入，增长速度迅猛。以 2018—2022 五年期间约 17. 66% 的年均复合增长率推算，预计 2022 年我国高端装备制造业将能实现 20. 70 万亿元的销售收入。此外，2015 年末高端装备制造业销售收入达到了 15% 的占比，这一占比将有望在 2020 年提高至 25%，高端装备制造业的企业数量也将不断增加。随着我国不断攻克技术难关、逐渐突破高端装备制造技术瓶颈，高端装备制造业将会迎来更加广阔的发展前景。

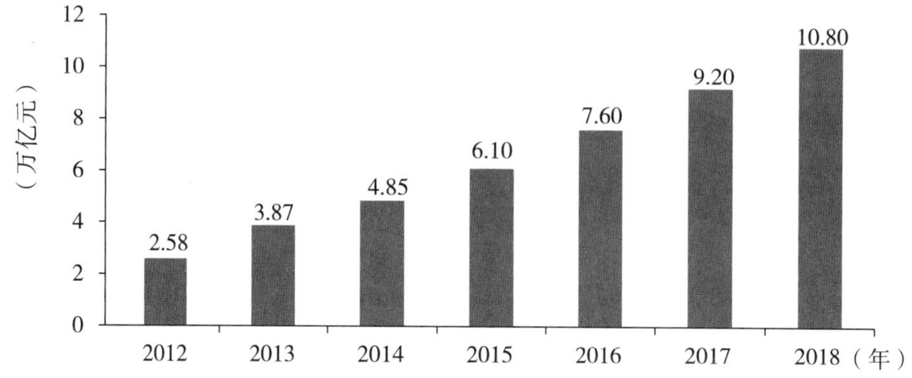

图 10-3 2012—2018 年中国高端装备制造业销售收入

资料来源：高端装备制造业发展空间巨大 四大方面成为地方发力重点 [EB/OL]. https://bg.qianzhan.com/report/detail/300/181121-917edf59.html.

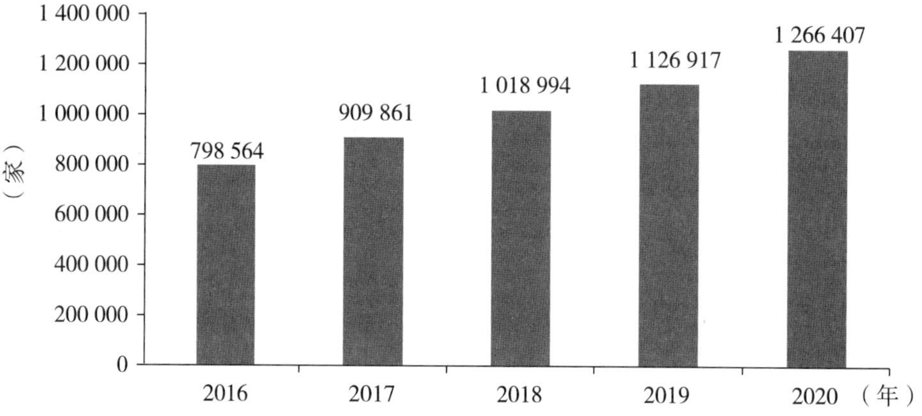

图 10-4 国高端装备制造企业数量

资料来源：前瞻产业研究院《聚集十四五：中国六大新支柱产业十四五发展全景前瞻》，2021 年 3 月。

三、中国高端装备制造业产业布局

近年来，为了促进本地产业结构调整、推动制造业向产业链和价值链高端攀升，各地区相继出台产业规划，培育壮大本地高端装备制造业产业规模，鼓励高端装备制造业集聚发展。而高端装备制造业产业链条长，本身就具有易形成产业集聚的特性，内外作用下，我国高端装备制造业的集聚速度大大加快。从区域层面看，目前我国高端装备制造业已经形成了“两核、两翼多中心”的空间布局，即以环渤海地区和长三角地区为两核，以珠三角地区和东北为两翼，以西部地区为支撑，中部地区发展迅速的产业空间分布格局。从这一分布可以看出，我国高端装备制造业集聚区与我国传统制造业生产基地存在一定程度的重合现象，传统制造业生产基地由于经历了较长时间的发展，基础设施、劳动力素质和技术氛围等生产条件较为充分，这些都为高端装备制造业产业集群的形成奠定了良好的基础。未来，随着东部地区的土地价格、劳动力成本等生产成本不断攀升，对企业的资金实力和竞争力提出了更高的要求，这些都将促使部分企业将高端装备制造业的生产基地转移至成本较为低廉的中西部地区，从而使我国高端装备制造业的生产布局进一步向中西部扩散。

从具体分布看，环渤海地区的北京市凭借其强大的科研实力和大量高水平人才储备资源成为全国航空装备、卫星及其应用、数控机床等众多行业的研发中心。辽宁、山东、河北充分利用其沿海的地理位置优势，因地制宜，大力发展海洋工程装备、数控机床等高端装备制造业。目前山东省内已经有了黄岛区、东营开发区等多个高端装备制造产业园区。长三角地区的高端装备制造业主要分布在上海、江苏和浙江地区，上海闵行开发区智能制造基地目前吸引了 ABB、西门子等一大批行业龙头企业入驻，产业规模优势明显；外高桥智能制造产业服务园现聚集了全球顶尖的 7 家机床龙头企业和美国机床协会等服务平台，园区内现共有来自德国、美国、瑞士等全球多个国家多达 150 家企业；江苏省的高端装备制造业则主要聚集在南京、南通和常州，在轨道交通装备、海洋工程装备等高端细分领域总体发展较为充分；浙江省主要发展轨道交通装备与数控机床产业。珠三角地区较多城市都布局了高端装备制造业，其中比较具有代表性的是广州、珠海和深圳等地。目前，就智能制造装备而言，广州已经有 2 100 余家相关企业，其中规模以上的企业约 308 家。在政策扶持和产业发展的驱动下，广州正形成更大规模的高端装备制造业产业集群。以黑龙江、吉林为代表的东北地区是中国传统的老工业基地，工业发展的疲软以及环境的恶化不断倒逼其装备制造业的改造升级，促使高端装备制造业有了较为快速的发展。中西部地区的湖南省株洲市和山西省太原市是轨道交通装备的重要生产基地，同时湖南省与江西省航空装备产业规模效应也不断增强。

第三节　高端装备制造产业细分领域研究

一、智能制造装备产业

（一）智能制造装备产业概述及产业链结构

智能制造装备指具有感知、分析、推理、决策、控制功能的制造装备，是信息技术和智能技术不断创新成熟后应用于制造业并与其融合的产物。其产业链主要分为三大环节：上游的传感器、减速器等核心零部件，是我国目前在智能制造装备产业链中相对滞后的环节；中游的数控机床、工业机器人、3D 打印装备、人工智能等智能制造装备整机环节；下游的系统集成层（见图 10 - 5）。智能制造装备产业涵盖的行业众多，考虑到篇幅及数据收集难度，本小节探讨的细分行业以工业机器人、高档数控机床、3D 打印三大细分行业为主。

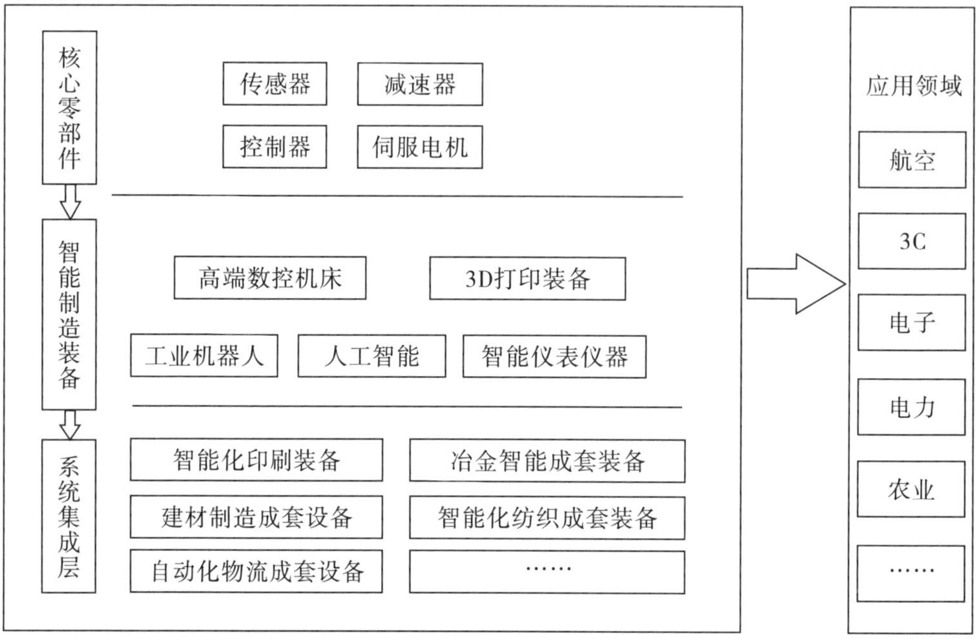

图 10－5 智能制造装备产业链

资料来源：智能制造装备行业产业链全景梳理及区域热力地图分析［EB/OL］. 前瞻网 . https：//www. qianzhan. com/analyst/detail/220/201224－c0d2e907. htm.

（二）智能制造装备产业市场分析

智能制造装备产业体系日渐完善，产业规模不断扩大。作为我国智能制造行业发展的中坚力量和高端装备产业的重点发展方向，虽然国内智能制造装备产业起步时间较晚，但在《智能制造装备产业“十二五”发展规划》和《中国制造 2025》等政励和日益增长的市场需求的策激和驱动下，我国智能制造装备已初步形成以新型人工智能、工业机器人、自动化成套生产线等为代表的产业体系，产业体系不断完善，产业规模增长较快。2015 年中国智能制造装备产值规模达到 9 039 亿元，2019 年产值规模增加至 17 776 亿元，年增长率基本保持在 18% 以上。

从产业链视角来看，国内智能化高端装备在智能制造装备市场中占比最大且有上升趋势。从产业链细分环节看，2015—2018 年国家高度重视高端装备制造业，通过税收补贴、研发资金支持等多样化举措助推高端装备制造业的发展。在这种产业发展大背景下，我国智能化高端装备产业规模增速可观，连续几年在智能制造装备产业中占比最高，预计随着智能装备制造产业的不断发展，这一占比将会逐年上升。同时，智能制造装备产业中的减速器、伺服系统等关键零部件所占份额也呈上升趋势。

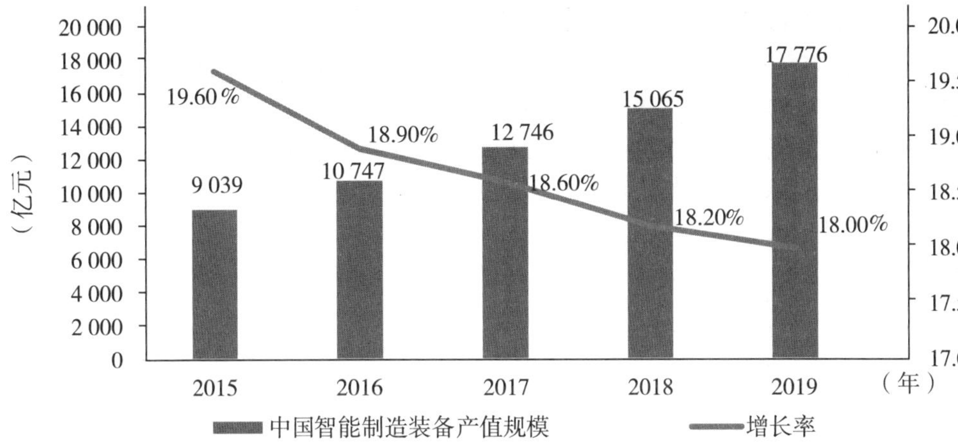

图 10－6　2015—2019 年中国智能制造装备产值规模及增长率

资料来源：2020 年中国智能制造装备行业规模及发展趋势预测分析［EB/OL］. https：//baijiahao.baidu. com/s？ id = 1674135088752903550&wfr = spider&for = pc.

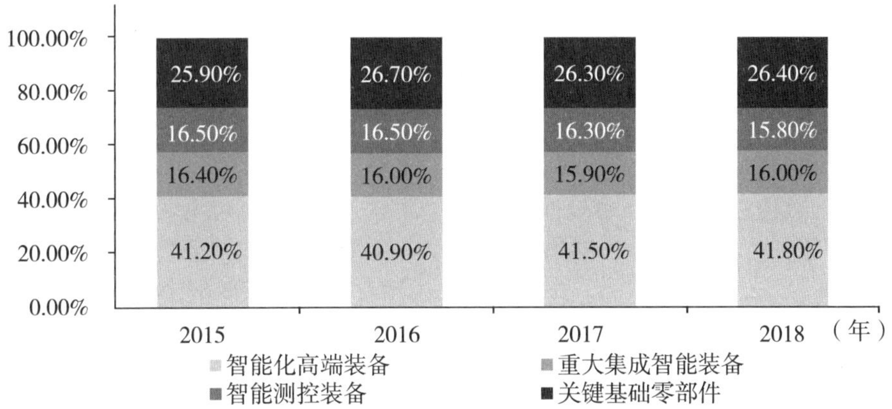

图 10－7　2015—2018 年中国智能制造装备市场结构

资料来源：2019 中国智能制造发展白皮书［EB/OL］. 赛迪顾问 . https：//www. doc88. com/p－9763919326531. html.

从细分行业视角来看，智能制造装备产业表现出了总体趋势一致又略有差异的发展态势：

（1）国内工业机器人产业发展呈现生产规模不断扩大、销量增速逐渐放缓的趋势。21 世纪以来，国内工业机器人产业开始加速增长。2003 年，国内市场的工业机器人销量突破 1 000台，同比增速超过 170%，远远高于同期全球工业机器人销量的平均增速水平。2005—2009 年，即使曾历经全球经济危机，我国工业机器人销量增速也仍始终保持在世界工业机器人销量平均增速之上。全球经济危机过后，经济系统的稳定推动国内工业机器人的产销量迎来了新一波增长期。2015 年《中国制造 2025》强国战略印发后，国家大力支持技术含量高、产业带动力强的高端装备制造业的发展，推动国内工业机器人的产销量迅猛发展，产量在2015—2017年翻了两番，销量也增加了一倍以上。随后，受中美贸易摩擦和宏观经济下行压力影响，国内工业机器人发展有所放缓。2020年后，一方面产业升级改造对制造业智能化提出了更高的要求，推动了智能制造装备的发展，同时工业机器人下游的新能源汽车的应用领域市场逐渐回温，国内对工业机器人的需求量增加，生产规模逆势实现正增长。另一方面，我国在新冠肺炎疫情方面管控得当，制造业复工复产速度较快，使得全球大部分工业机器人订单都转移至中国，从而实现产量上升。

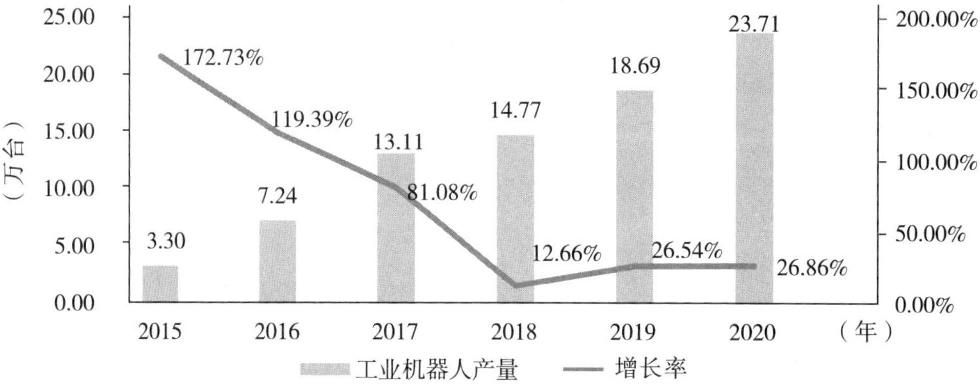

图10－8 中国工业机器人产量及增长率

资料来源：国家统计局网站．https：//www. stats. gov. cn/easyquery. htm？ cm = A01.

（2）高档数控机床国产化率较低，产业发展相对滞后。高档数控机床指“具有高速、精密、智能、复合、多轴联动、网络通信”等一系列功能的数控机床，相对于传统机床，其具有精度更高、生产效率更高、稳定性较强等综合优势。数控机床与基础制造装备作为装备制造业的“工作母机”，其行业技术水平和产品质量与我国装备制造业的国际竞争力密不可分。目前我国制造业亟需提高技术水平和向“制造强国”迈进，在《中国制造2025》战略的支持下，我国数控机床产业规模已经不断突破新数值，总体规模庞大，但也出现了低档数控机床产能过剩、高档数控机床市场供需矛盾的现象。在中高档数控机床市场，由于与其相配套的中高档数控系统的核心技术被外国企业所垄断，我国中高档数控机床的市场规模与整体数控机床的产业规模存在较大差距，中高档数控机床的国产化水平远远落后于低档数控机床，其中2014—2018年高档数控机床的国产化率甚至不及10%。因此，未来一段时间，化解过剩的低档数控机床产能，集中资源自主生产高档数控机床将成为重点发展方向，高档数控机床产业规模将有望实现较快增长。

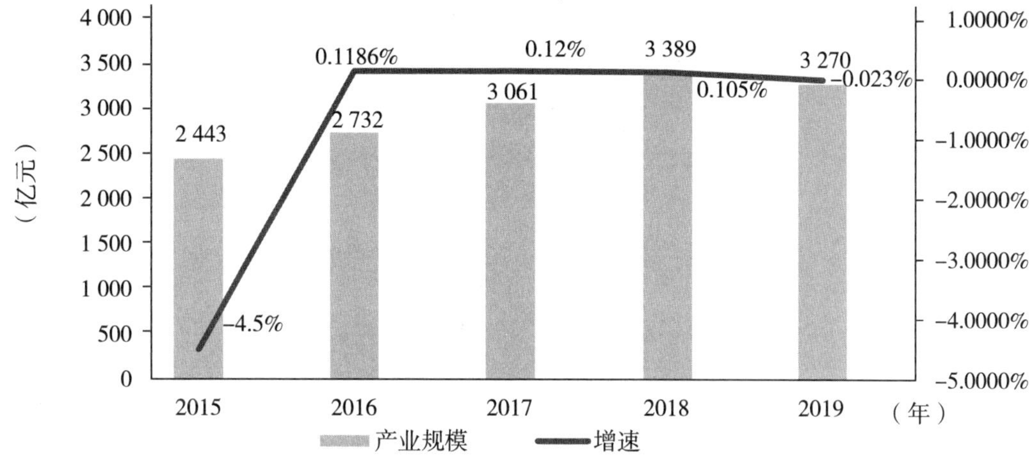

图 10－9　2015—2019 年中国数控机床产业规模及增速

资料来源：2020 年中国数控机床行业发展现状分析　产业规模有所下降至 3 270 亿元［EB/OL］. https：//bg. qianzhan. com/trends/detail/506/200608－a1a186b9. html.

（3）3D 打印产业规模发展较快，3D 打印设备占据最大份额。3D 打印亦称增材制造技术，主要分为桌面级和工业级，其中桌面级 3D 打印机相对简单易携、操作难度较低，普遍应用于家庭和日常办公场所；而工业级 3D 打印机精度高，主要应用于医用器械、航空航天、模具制造等技术含量较高的制造业领域。目前，我国的 3D 打印产业虽然整体仍处于起步阶段，但其发展速度十分迅猛。伴随着 3D 打印技术的日益成熟以及市场需求的推动，我国 3D 打印应用领域逐渐拓宽，在航空航天、船舶制造等行业都得到了广泛且日渐深化的使用。2017—2019 年，我国 3D 打印产业规模同比增速较高，产业规模从 2017 年的 96.00 亿元扩大至 2019 年的 157.47 亿元，突破了 150 亿元大关。2020 年新冠肺炎疫情席卷全球，3D 打印设备成为在新冠肺炎疫情中帮助医生了解病人肺部状态的重要辅助机器，使得 3D 打印设备的市场需求量扩大，需求量增速明显加快。据国家统计局相关数据显示，2020 年 1—2 月，3D 打印设备产量同比大幅增长，增速高达 101.0%。从 3D 产业细分结构看，2019 年其产业链上游的 3D 打印材料产业和下游的 3D 打印服务产业 2019 年分别以 40.94 亿元和 45.67 亿元的产业规模各占比 26% 和 29%，中游的 3D 打印设备则占据最大份额，产业规模高达 70.86 亿元，占比 45%。据赛迪顾问预测，2020—2022 年 3D 打印设备与 3D 打印材料的占比将会有所下降，而 3D 打印服务占比将会呈上升趋势。

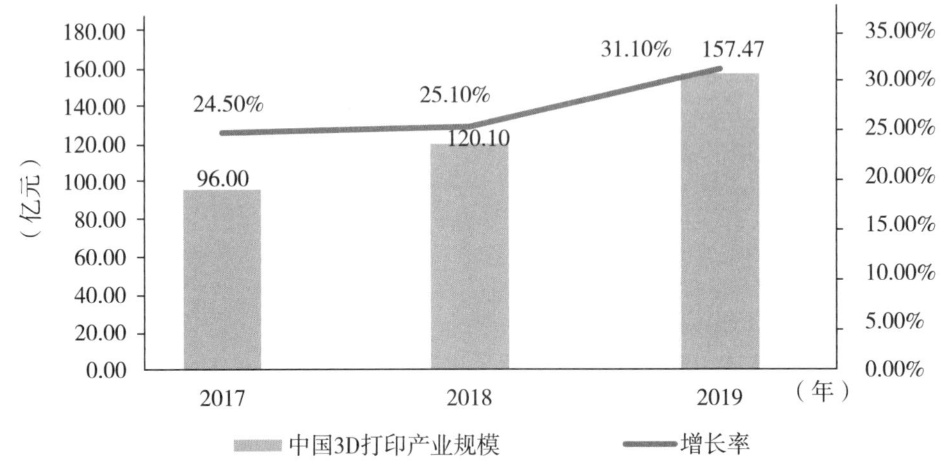

图 10 – 10　2017—2019 年中国 3D 打印产业规模及增长率

资料来源：赛迪顾问. 2019 年 3D 打印产业数据［EB/OL］. https：//www. sohu. com/a/378192999_378413.

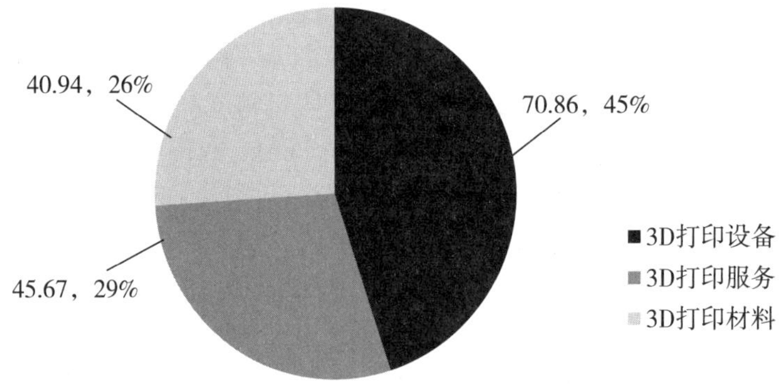

图 10 – 11　2019 年中国 3D 打印细分产业规模（单位：亿元）与结构比重

资料来源：赛迪顾问. 2019 年 3D 打印产业数据［EB/OL］. https：//www. sohu. com/a/378192999_ 378413.

从区域分布看，国内智能制造装备产业链上的代表性企业表现出了一定的区域分布特点，具体来看，其主要集中分布在工业基础较好、基础科研水平较高、经济水平高的广东、江苏、上海、浙江、北京等省市，即主要分布在珠三角、长三角以及京津冀地区。中西部地区由于缺乏专业技术人才、基础设施不健全，智能制造装备产业的成长环境较为恶劣，竞争力、带动能力强的龙头企业数量较少，智能制造装备产业发展水平与东部沿海地区存在明显差距。目前，我国已经初步形成了以广东省为核心的智能制造装备产业集群。广东省是我国制造业大省以及世界级制造业基地，雄厚的工业基础以及大批高校和科技园的聚集成为其培育智能制造装备产业的优势条件。随着 2015 年的《珠江西岸先进装备制造产业带布局和项目规划（2015—2020 年）》、2021 年的《佛山三龙湾高端创新集聚区发展总体规划（2020—2035 年）》等一系列支持政策的落地，广东省智能制造装备产业发展规模进一步扩大，在产业链不同环节都涌现了一批代表性企业，譬如控制器环节的深圳市英威腾电气股份有限公司、数控机床领域的广东创世纪智能装备股份有限公司、系统集成的南兴装备股份有限公司等。表 10－4 列出了我国部分省市智能制造装备产业链上的代表性企业。

表 10－4 中国部分省市智能制造装备产业链上的代表性企业

省市	代表性企业
辽宁省	数控机床：沈阳机床股份有限公司
	机器人：沈阳新松机器人自动化股份有限公司
北京市	控制器：北京金自天正智能控制股份有限公司
	数控机床：北京北一机床股份有限公司
	智能专用装备：天地科技股份有限公司、三一重工股份有限公司
浙江省	数控机床：宁波海天精工股份有限公司
	增材制造装备：浙江先临三维科技股份有限公司
	智能专用设备：浙江鼎力机械股份有限公司
	智能仪表仪器：浙江中控技术股份有限公司
上海市	减速器：上海纳博特斯克传动设备有限公司
	机器人：上海新时达电气股份有限公司
	系统集成：上海克来机电自动化工程股份有限公司
	智能仪表仪器：上海威尔泰工业自动化股份有限公司
广东省	传感器：盛思锐贸易（深圳）有限公司
	控制器：深圳市英威腾电气股份有限公司
	伺服电机：深圳市汇川技术股份有限公司
	机器人：广东拓斯达科技股份有限公司
	数控机床：广东创世纪智能装备股份有限公司
	系统集成：南兴装备股份有限公司、广东利元亨智能装备股份有限公司
陕西省	数控机床：秦川机床工具集团股份有限公司
	增材制造装备：西安铂力特增材技术股份有限公司
山东省	系统集成：软控股份有限公司
重庆市	智能仪表仪器：重庆川仪自动化股份有限公司

资料来源：智能制造装备行业产业链全景梳理及区域热力地图分析［EB/OL］. https：//www.qianzhan.com/analyst/detail/220/201224－c0d2e907.htm.

（三）智能制造装备产业竞争情况

1. 行业竞争

（1）工业机器人。在国内工业机器人产业发展的起步阶段，由于产业链上游的减速器、控制器、伺服系统等核心零部件研发技术和生产技术难度较大，较高的行业进入壁垒将大部分厂家排除在市场外，使得上游核心零部件形成了以全球工业机器人“四大家族”为主的寡头垄断市场竞争格局，外国品牌摄取了大部分的行业利润。国内厂商在一开始只能选择以经营中游的机器人本体制造为主，随后通过纵向一体化等市场行为涉足上游业务。产业链中游的工业机器人本体制造环节对技术和资金量的要求较低，企业面临的进入门槛低于上游的核心零部件环节，因此目前国内大部分工业机器人企业都聚集在本体制造环节，市场竞争者较多。产业链下游的系统应用主要集中于汽车和3C领域，目前我国一些中小企业的实力仅能从事系统二次开发，在市场的竞争中处于劣势地位。

（2）高档数控机床。高档数控机床产业链主要涵盖上游的核心零部件数控系统、主轴、丝杆、刀具等功能部件、钢铁铸件，中游的数控机床产品以及下游的应用环节。其中上游数控系统的核心技术目前仍被国外企业垄断，导致我国大部分中高端数控机床市场都被国外企业譬如德国西门子、日本发那科（FANUC）所占据，而国内数控系统企业只能被迫活跃在低端市场，在高端数控系统领域的发展较为空白；国内中游的高档数控机床市场竞争格局属于寡头市场，日本企业山崎马扎克、德国通快、美国考科斯考尔等国外企业占据了大部分的市场份额，随着技术的突破以及下游的汽车制造、航空航天等行业对高档数控机床需求量的增加，我国高档数控机床发展加速，沈阳机床等企业的市场份额有所上升。现阶段高档数控机床的国产化率虽然有所上升，但其国产化率与中低档数控机床的国产化率相比明显偏低，仍有很大的市场潜力和发展空间。下游数控机床的应用领域则仍主要以汽车和航天为主，随着3C产业的发展，消费电子将反向促进高档数控机床的发展并有望成为其未来主流市场。

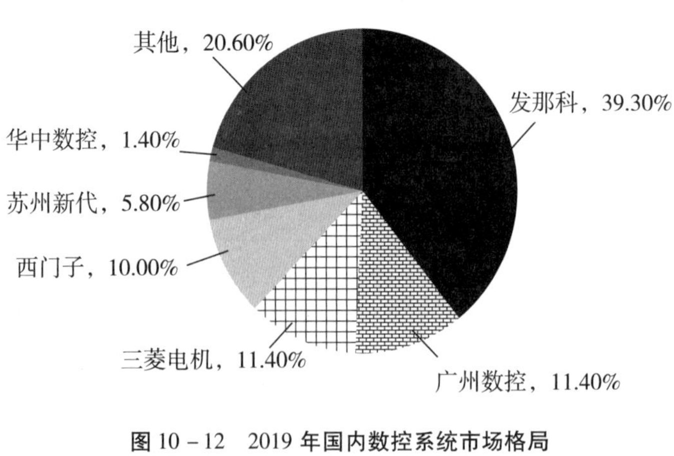

图10－12　2019年国内数控系统市场格局

资料来源：2020年中国数控系统行业市场规模增长及下游分布、厂商竞争格局分析［EB/OL］. http：//www.leadingir.com/datacenter/view/5706.html.

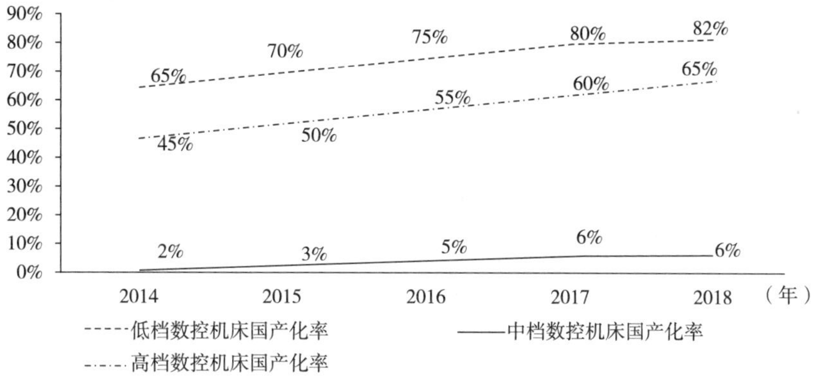

图 10－13 2014—2018 年中国不同档次数控机床国产化率

资料来源：2019 年中国数控机床行业竞争格局及发展前景分析 智能高端发展、企业竞争愈发激烈 [EB/OL]. https://bg.qianzhan.com/report/detail/300/191128－f937cb4a.html.

（3）3D 打印。在 3D 打印领域，相较于欧美等发达国家，我国起步较晚且精细化和专业化水平较低，导致我国 3D 产业整体竞争力居于劣势。目前全球的 3D 打印市场大部分被欧美国家瓜分，就 2019 年全球工业 3D 打印企业出货量占比来看，3D 打印出货量占比高的企业主要来自美国和德国。而 3D 产业在我国属于国家支持型产业，具备较好的发展前景，近年来不断有企业瞄准这一市场并正式进军。但现阶段我国本土制造的 3D 打印设备打印稳定性较差，打印质量成熟度较低，导致国内品牌在市场上缺乏竞争优势，中国 3D 打印市场的主流品牌仍然以 EOS、3D Systems、GE、Stratasys 等国外品牌为主，本土较为出名的仅有铂力特、先临三维等少数几个品牌。

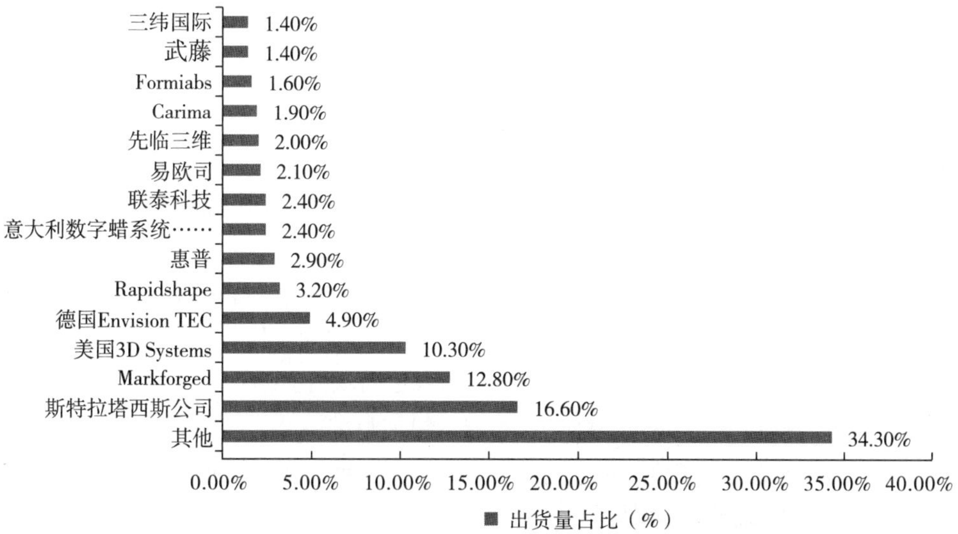

图 10－14 2019 年全球工业 3D 打印企业出货量占比

资料来源：2020 年全球 3D 打印产业区域市场竞争格局分析 美国产业位列第一 [EB/OL]. https://www.qianzhan.com/analyst/detail/220/200907－08e99a08.html.

2. 行业壁垒

（1）技术壁垒。智能制造装备是新一代信息技术、制造技术与智能技术交互融合并不断创新的产物，其所在产业是典型的技术密集型产业，需要有大量高水平技术人才不断开展研发工作和投入高额研发资金，高技术要求成为其一大进入壁垒。譬如3D打印所使用的金属材料不仅要强度高、耐腐蚀、耐高温，同时还需要具备性能稳定、材料绿色无毒等多样化功能，需要企业开展大量研发攻关，对企业技术能力要求极高；工业机器人产业链上游控制器的核心底层算法技术、伺服系统的系统材料和编码器技术与机器人的稳定性、故障率和精准度紧密相关，同时工业机器人减速器还需要符合稳定、使用寿命长等标准，这些都构成了工业机器人行业的技术进入壁垒，使行业潜在进入者放弃进入市场。

（2）资金壁垒。从研发到生产直至最后的销售服务，智能制造装备产业资金的投入到最终产品的产出需要经历较长的周期且企业需要进行大金额的研发投入、设备购买以及生产投入，这就要求企业具备充裕的现金流和一定的资金实力。以高档数控机床为例，高档数控机床需要有精密度高的生产设备与之配套，这些生产设备往往价格高昂。同时，高档数控机床行业具有规模经济效应，只有尽量建成完整的生产链，才能降低平均成本，获得竞争优势，而建立生产链本身也需要资本投入，进而构成了高档数控机床的进入壁垒。

（3）品牌及客户壁垒。智能制造装备主要应用于汽车、航空航天等领域，这些下游市场对智能制造装备的稳定性、安全性、可靠性等产品性能以及后续产品维修服务要求较高，因此其为了减少搜寻成本，往往青睐于选择智能制造装备行业内已经在产品质量、运营服务等积累了良好品牌声誉和评价的厂家，长此以往，客户对品牌的黏性效应就产生了。而新进入行业的厂家受限于信息不对称，产品较难被了解和认可，品牌及客户黏性成为其面临的一大壁垒。

（四）行业发展存在问题

1. 核心零部件与整机发展脱节

国内智能制造装备产业虽然在整机制造环节取得了巨大进步，但上游的核心零部件环节由于缺乏相应的核心技术，大部分关键零部件都只能依赖于从国外进口，缺乏自主生产能力和健全的自主创新体系。目前缺乏核心技术的零部件环节主要集中在高档数控系统、传感器、智能仪表仪器等方面。以传感器和数控系统为例，我国2 000多家从事生产传感器的企业里现有70%为小型企业，自主生产的传感器在设计技术、封装技术、装备技术等方面较为薄弱，处于低档区间，因此高档传感器需要依赖进口获得。高档数控系统市场也主要被日本、德国等国家瓜分，高档数控系统和高档数控机床自产率低、对外依赖性强。核心零部件技术的缺失成为我国智能制造装备进一步发展的瓶颈，也是我国亟需攻克的关卡。

2. 重点领域专业人才紧缺

智能制造装备产业需要一批具备机械、自动化控制、信息化等综合知识素养以及丰富实践经验的专业人才与之配套。但由于智能制造装备行业在我国发展时间较短，我国尚未建立这方面人才的完整的培养机制，高等人才引进政策没有得到完全落实，导致智能制造装备行业严重缺乏专业性人才。

3. 部分细分领域存在产能过剩的隐患

为了增强我国制造业竞争实力，国家及地方重点支持智能制造装备产业等高技术产业的发展，但部分领域却缺乏一定的规划和顶层设计，导致产业发展存在一定的乱序现象。① 以工业机器人为例，目前上海、天津、江苏等多个省市都大力发展工业机器人产业，虽然使工业机器人产业获得了高速发展，但出现了一些机器人企业无序扩张的行为，行业内存在低端产品重复生产、价廉质劣产品恶性竞争的现象。如果后续缺乏一定的规划引导，有可能发展成同光伏产业相类似的产能过剩的局面。

（五）行业发展建议

1. 加快产业结构调整进度，实现深度“智能化”

生产过程的智能化应该是涵盖全产业链的智能化，但现阶段我国产业的智能化仅仅停留在智能制造体系中的初步建设，在智能设计与智能管理方面整体水平不高。这种情势下要求我国加快产业结构调整进度，企业需要有针对性地优化智能资源，注重引进新技术和改造生产设备，不断提高自动化和智能化水平。

2. 完善创新体系和人才培养体系

技术是产业发展的强大推动力，我国智能制造装备产业若想取得长远发展，需要不断增强自主创新能力和攻克核心技术，促进产学研研发体系的构建。同时需要开设相关的高等教育课程和对行业人员进行定期培训以培养专业人才队伍，并适时引进国外高素质的专业人才，为我国智能制造装备实现良好发展奠定坚实的人才基础。

3. 创新管理模式，引导产业有序发展

智能制造装备产业属于战略性新兴产业范畴，其与传统产业存在较大区别，因此在管理时不能一味依照传统管理模式，而应该结合产业特点，不断激发新的管理思维和创新管理模式；同时有关部门需要完善顶层设计，避免部分细分产业发展失调造成资源浪费和效益受损，不断加强产业园区管理，实现有序合理聚集。

二、航空装备产业

（一）航空装备产业概述及产业链结构

航空装备产业属于战略性新兴产业之一，具有产业关联度高、带动效应强的特点，是我国实现经济发展方式转变、经济发展提质增速的一大落脚点，同时也对维护国家安全有重要的战略意义。我国航空装备产业现已形成相对完整的产业链，包含上游航空装备设计研发及航空原材料供应、中游的航空发动机、机载设备等航空部件和航空装备整机制造以及下游的航空应用及配套服务。

---

① 俞朝杰．试论智能制造装备产业的现存问题及发展思路［J］．内燃机与配件，2020（9）：207－208.

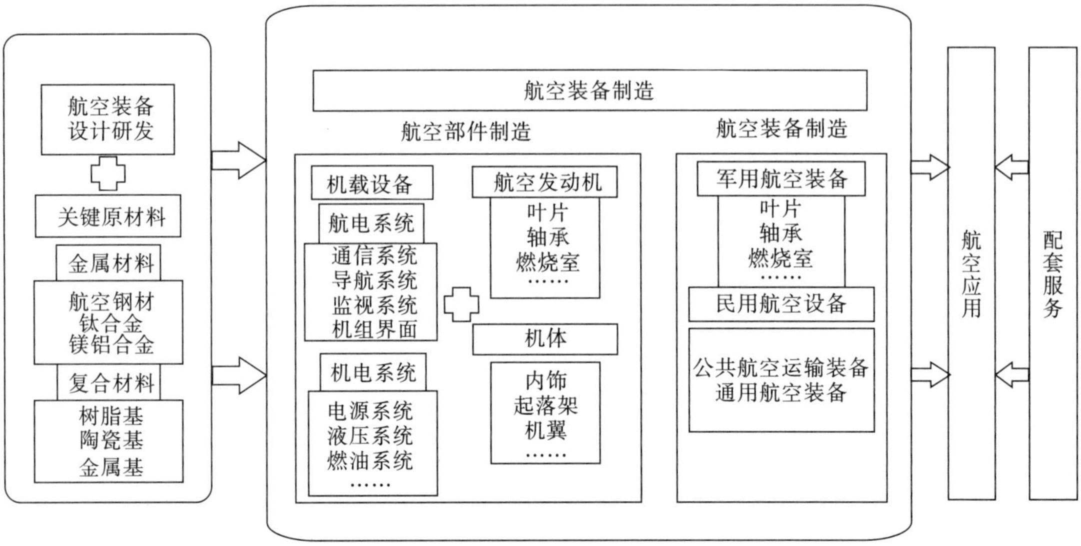

图 10－15　航空装备产业链图

资料来源：航空装备行业产业链全景梳理及重点区域分析［EB/OL］. https：//www. qianzhan. com/analyst/detail/220/210104－505de3df. html.

（二）航空装备产业市场分析

中国航空装备行业发展持续高景气，航空器整机市场占比过半但增速有所放缓，整机制造领域外其他领域增速水平较高，保持在15%以上，驶入发展快车道。航空装备制造业被誉为“现代工业之花”，其产业链复杂，涉及原材料、核心零部件、飞机总装等多个环节，生产过程对仪表仪器、新材料、数控机床等行业形成了巨大的市场需求，有助于推动我国相关薄弱行业技术水平不断提高和增强竞争力。发展航空装备产业，是当前形势下维护我国战略安全和推动产业结构调整的必然选择。近年来，在《中国制造 2025》《近期推进通用航空发展的重要任务》等多项利好政策的保驾护航下，我国航空装备迎来了良好的产业发展契机，交出了亮眼的成绩单。国产 C919 项目顺利推进，截至 2021 年 2 月 23 日已累计获得 28 家客户共 815 架订单，带来了将近 5 000 亿元的市场规模，同时转包生产订单量也在稳定中逐渐上升，天津 A320 总装线的生产效率也较之前有了一定幅度的上升。航空装备产业总体规模持续扩大，从 2017 年的 747. 4 亿元增加至 2019 年的 934. 1 亿元，产业规模增速保持在 10% 以上且有进一步提高的趋势。

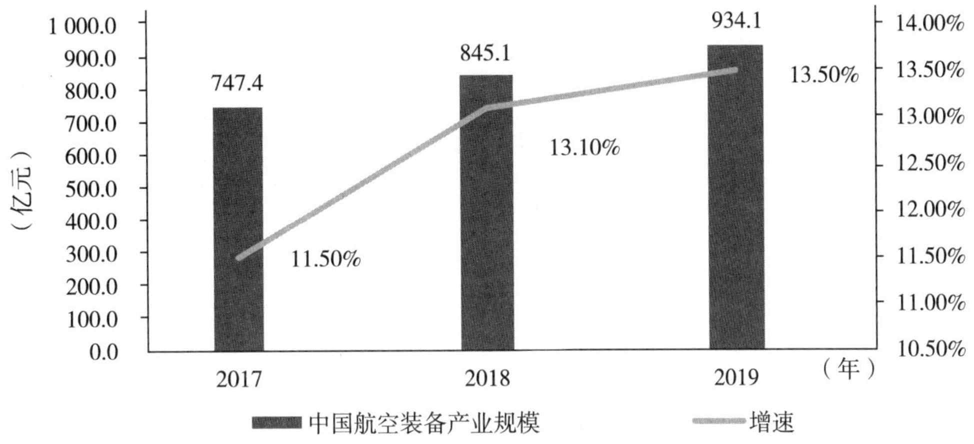

图 10－16　2017—2019 年中国航空装备产业规模及增速

资料来源：赛迪顾问《中国航空装备在全球疫情影响下的新机遇》，2020 年 4 月。

航空装备制造是航空装备产业链的关键环节，主要由航空器整机、航空零部件、航空发动机、机载设备与系统四部分组成。随着国内 C919、ARJ21－700、CJ－1000 等项目顺利推进，我国航空装备产业规模也不断扩大。2017—2019 年航空装备四大细分领域的产业规模都处于增长区间。2019 年航空器整机规模最高，以 524.02 亿元的产业规模占据 56.1%的比重；航空零部件、航空发动机、机载设备与系统等细分领域则分别以 268.09 亿元、103.69 亿元、38.30 亿元的产业规模占比 28.7%、11.1%和 4.1%。

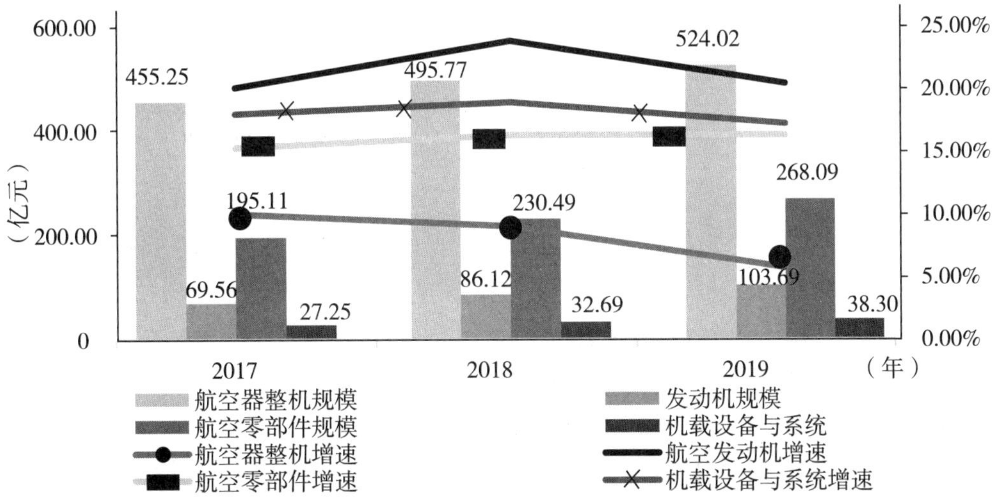

图 10－17　2017—2019 年中国航空装备细分领域产业规模及增速

资料来源：赛迪顾问《中国航空装备在全球疫情影响下的新机遇》，2020 年 4 月。

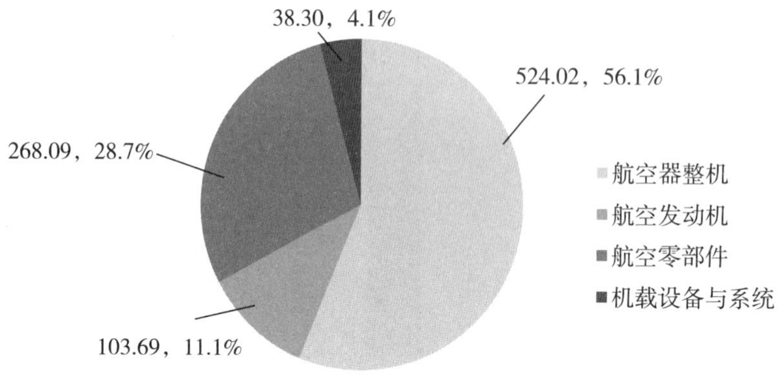

图 10－18　2019 年中国航空装备细分产业规模（单位：亿元）与结构

资料来源：赛迪顾问《中国航空装备在全球疫情影响下的新机遇》，2020 年 4 月。

航空器整机又可以进一步细分为军用飞机和民用飞机。军费投入的不断增加和制造业的不断发展使我国军用飞机的数量和质量有了较大程度的突破，但与美国等国家相比还有较大的进步空间。截至 2019 年底美国共有 13 266 架军用飞机，居于全球首位，而我国仅有 3 210 架军用飞机，其中战斗机和武装直升机数量较多，分别为 1 603 和 903 架，而特种飞机、教练机、运输机数量则明显偏少。同时我国现有战斗机机型多是较为老旧的二代机型，而 J－10、J－16、J－20 等三代半或四代新机型较少，可见若与美国对标，我国尤其需要重视先进战机的发展。在民用飞机方面，国家民航局公布的数据显示截至 2019 年底我国共有 3 818 架民用飞机，其中窄体飞机保有量最大，为 3 645 架。2010—2019 年民航飞机数量增速基本保持在 10% 以上，2019 年底受到波音 737MAX 机型停飞影响，民用飞机数量增速出现轻微下跌。

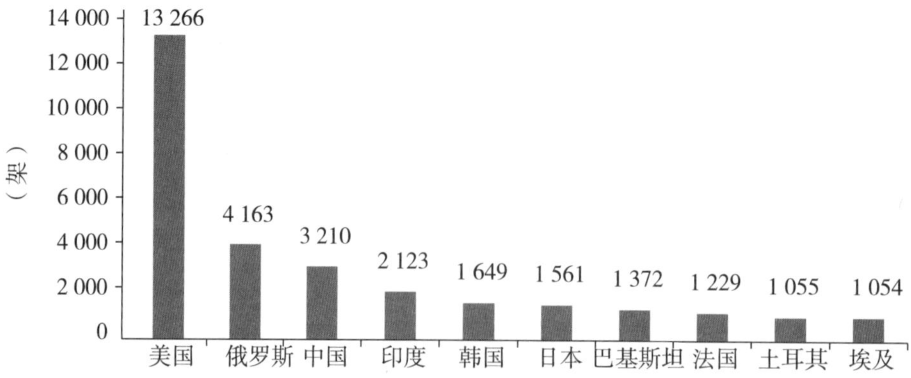

图 10－19　2019 年全球主要国家军机数量

资料来源：2020 年全球及中国飞机制造行业发展前景分析　军机和民机扩需空间大［EB/OL］. https：//xw. qianzhan. com/analyst/detail/220/201109－2427fb41. html.

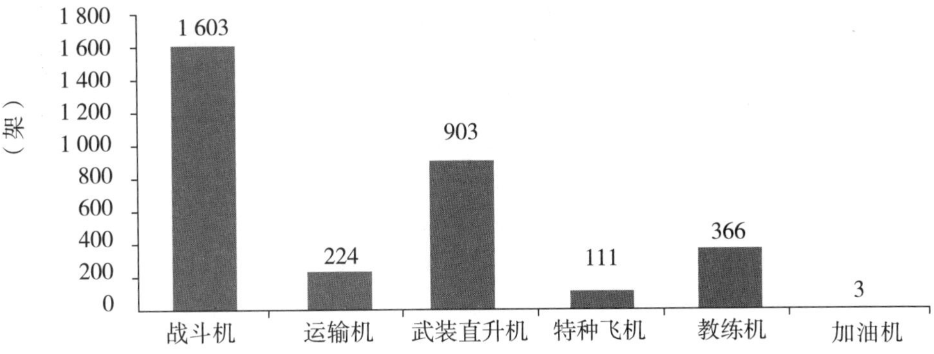

图 10－20　2019 年底我国各类军机数量

资料来源：东北证券《国内航空零件先进制造典范，受益军工高景气》，2021 年 3 月。

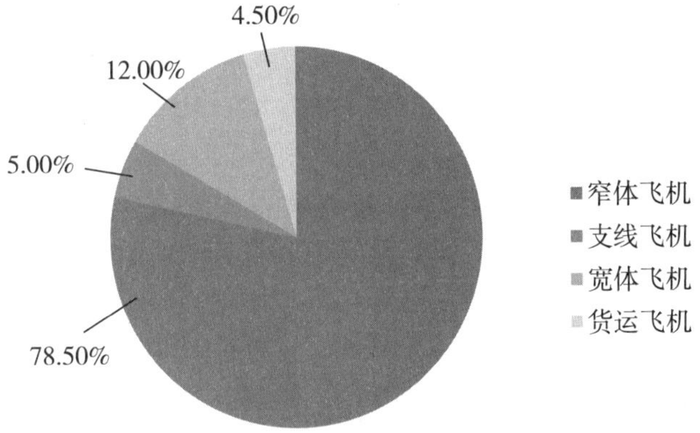

图 10－21　2019 年国内民航飞机机型占比

资料来源：《2019 年民航行业发展统计公报》。

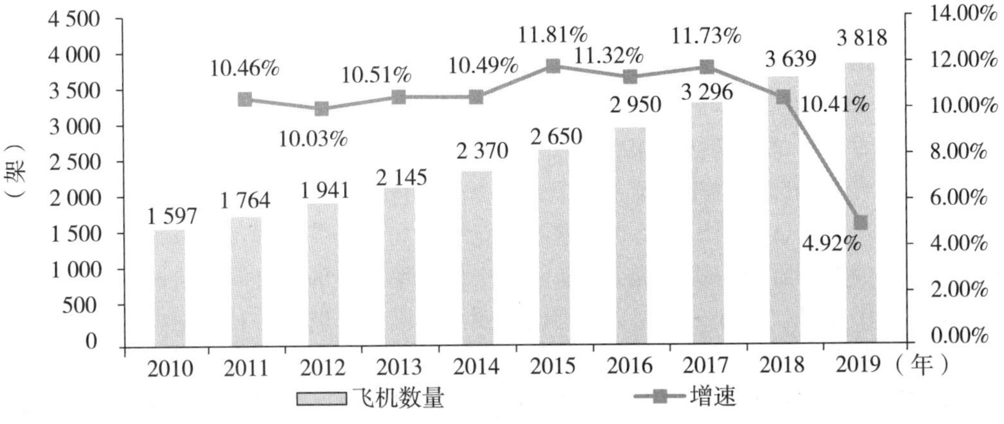

图 10－22　2010—2019 年中国民航飞机数量及增速

资料来源：2010—2019 年民航行业发展统计公报。

从区域分布来看，我国航空装备制造业主要集中分布在陕西省、江苏省、四川省等地区。截至2020年末，我国有90多个航空产业园，其中陕西省就有11个。陕西省本身具备了良好的工业基础和充沛的航空航天专业人才资源，具备发展航空装备产业的有利条件。“十三五”以来陕西省大力支持航空装备产业发展，着力构建产业创新体系和搭建产业聚集发展平台，产业链各环节都有一批具备行业竞争力的龙头企业，如上游金属原材料环节的宝钛股份、西部超导；机载设备环节的中航电测、晨曦航空；航空发动机的领袖企业中国航发；军用航空装备整机环节的中航西飞集团。陕西省现已发展成为我国航空装备产业第一大省。

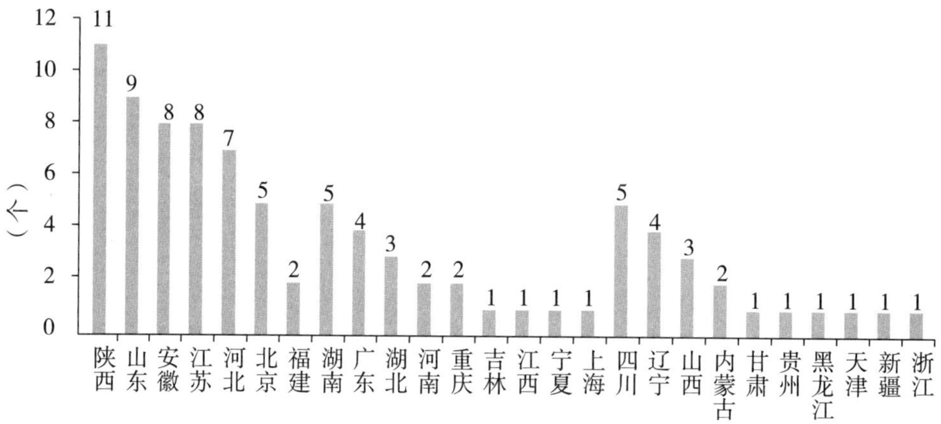

图10-23　2020年底中国航空产业园省市分布数

资料来源：2021年中国航空产业园产业全景图谱［EB/OL］. https：//www. qianzhan. com/analyst/detail/220/210308-083c5c8a. html.

（三）航空装备产业竞争情况

1. 行业竞争

航空装备产业上游主要为装备设计研发、原材料环节。设计研发环节技术难度较大，市场参与者以科研院所为主，主要为中航工业集团下属的科研院所。关键的原材料主要分为钛合金、航空钢材等金属材料和碳纤维、陶瓷基等复合材料。以碳合金和碳纤维为例，西部超导、宝钛股份以及西部材料占据了大部分的钛合金市场份额，其中宝钛股份是钛合金行业的龙头，整个钛合金市场呈寡头垄断的竞争格局；具备高强度、高硬度、轻质量等多种优良特性的碳纤维则是我国航空装备制造中使用率最高的非金属复合材料，市场主要被光威复材和中简科技瓜分；陶瓷基国内的主要厂商则为中航高科和火炬电子。

航空装备制造产业的部件制造包括机载设备、发动机和机体。机载设备主要包含航电系统和机电系统。飞机上所有的电子系统总和称为航电系统，机电系统则是执行飞行保障功能的所有飞机系统的总称。机载设备占据了30%的飞机总价值份额，其行业壁垒较高，目前的市场参与者多是中航工业下属企业。其中民用航电系统正逐步实现国产化替代，军用航空市场则大部分被中航电子垄断；机电系统的参与者则主要为中航机电、江航装备和北摩高科；被誉为“飞行器心脏”的航空发动机直接影响飞行过程的平稳性和安全性。在过去，缺乏自主制造高性能航空发动机的技术一直阻碍着我国航空装备产业的发展，并对我国航天安全造成了一定威胁。近年来，我国致力于攻克航空器发动机研发技术，国产化率不断提高，但与国外欧美等发达国家相比仍有巨大的进步空间。目前全球的民用航空器发动机市场形成了“3 +3”的寡头垄断格局，即以通用电气（GE）、普·惠（PW，又称罗罗）、罗尔斯 - 罗伊斯（RR）及其独自或合作创立的三家合资公司 CFM、IAE、EA 构成，6 家公司占据了全球将近 90% 的市场份额。从现有统计数据来看，国内在营机组的发动机也主要来自国外 CFM、IAE 等公司，其中 CFM 公司在国内民机发动机的市场份额高达6. 91% 。在军用航空器发动机领域，技术垄断性极强，目前全球仅美国、英国、法国、俄罗斯、中国掌握相关技术，主要的供货商为美国的 GE、PW，我国的中国航发集团，英国的 RR，法国的 SNECMA 以及俄罗斯的联合发动机制造集团。

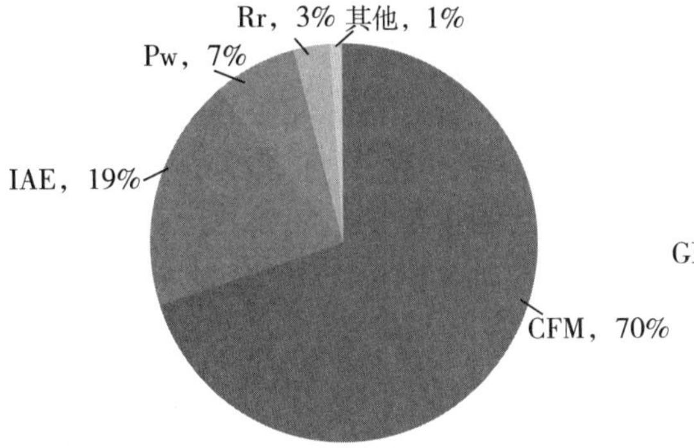

图 10 - 24　2018 年全球民用宽体发动机厂家市场份额

资料来源：广发证券研究所《航空发动机，国之重器，扬帆起航》，2020 年 12 月。

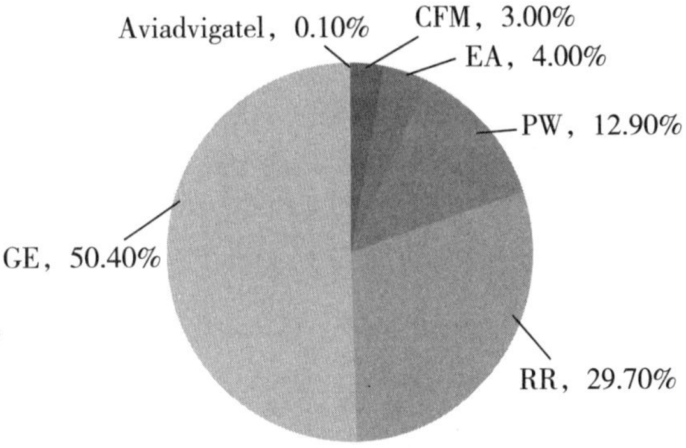

图 10 - 25　2018 年全球民用窄体发动机厂家市场份额

资料来源：广发证券研究所《航空发动机，国之重器，扬帆起航》，2020 年 12 月。

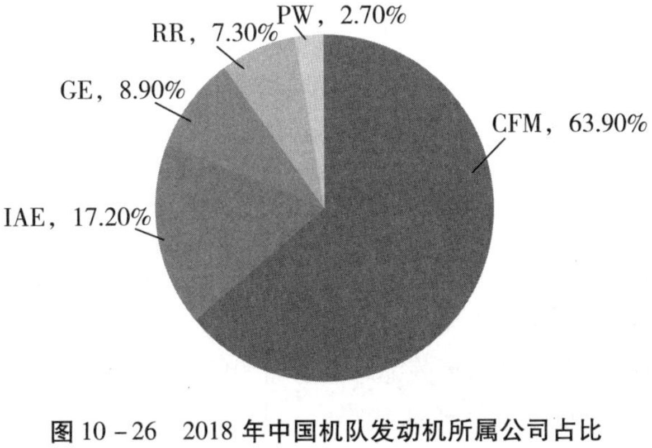

图 10 - 26　2018 年中国机队发动机所属公司占比

资料来源：2019 年中国飞机产业全景图谱［EB/OL］. https：//www. qianzhan. com/analyst/detail/220/190222 - d32e255e. html.

航空装备整机市场分为军用航空装备市场和民用航空装备市场。目前在民用航空装备的客机领域，国际市场大部分被波音和空客两大公司占据，国内市场也同样是被这两家公司垄断。根据中国民航网相关数据，目前我国民航飞机国产化率处在低水平，中国商飞和中国西飞由于尚处于起步阶段，竞争力较弱，大部分市场都被外国企业抢占，民航飞机市场集中度高，呈寡头垄断格局。就2019年我国机队构成比例来看，516架宽体客机全部来自波音和空客，窄体客机中由波音和空客生产的就高达3 108架，而中国商飞仅生产了21架。在军机方面，由于其具有较高的行政壁垒，各个细分机种的市场参与者较少，中航沈飞、航天彩虹和中航西飞分别是我国唯一的歼击机总装上市公司、唯一的军内军贸无人机总装上市公司和唯一的军用大飞机总装上市公司。

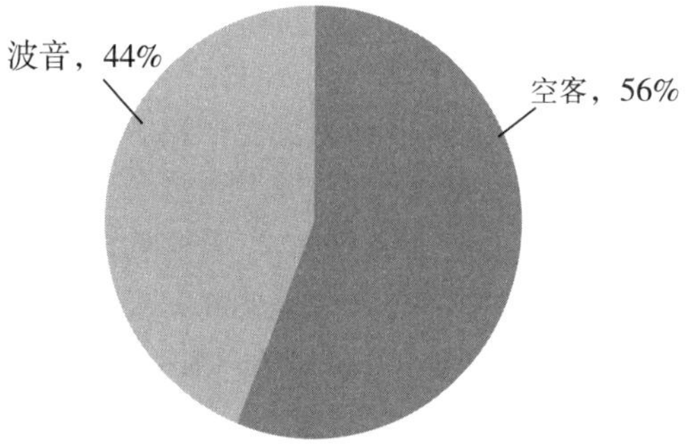

图10－27　2019年中国民航宽体客机机队构成

资料来源：华泰证券《大国复苏，军工崛起》，2021年3月。

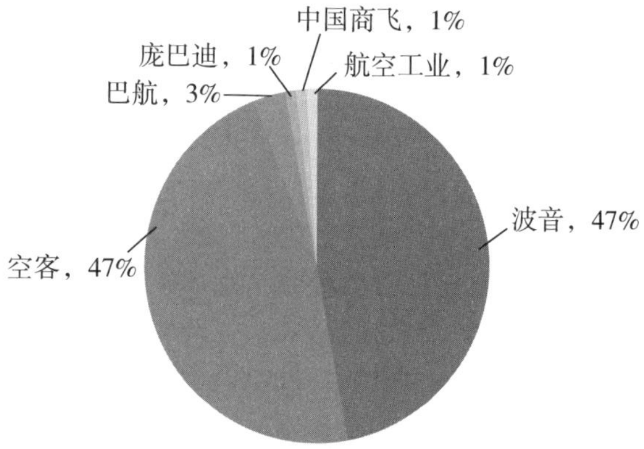

图10－28　2019年中国民航窄体客机机队构成

资料来源：华泰证券《大国复苏，军工崛起》，2021年3月。

2. 行业壁垒

（1）行政壁垒。航空装备产业是关系我国国防安全的战略产业，国家高度强调要把控好航空装备质量，并要求产业链上某些细分领域的企业需获得许可证方能进入市场，从而构成了相应的行政壁垒。例如，航空装备下游的维修行业需要获得维修许可证方能进入维修市场。在航空机载产品方面，企业须具备中国民航局颁发的零部件制造人批准书（PMA）和技术标准规定项目批准书，方能有资质合法化进行民机机载产品的研发和制造，而若要进一步将机载产品销售安装于航空器上，还需要得到我国民航局的产品适航认证。

（2）技术壁垒。航空装备产业链中有较多环节的技术门槛都较高，企业需要掌握较高端的技术才能进入并在市场竞争中生存。譬如随着整机更新换代，航空发动机为了与之匹配，需要不断提高自身性能，这对研发水平提出了更高的要求，同时航空发动机的运作环境属于高温、高压、高转速、高负载的状态，这就需要材料性能和制作工艺达到较高标准。这些都构成了航空发动机市场的高进入壁垒，也是其寡头垄断格局形成的一大因素。

（3）资金壁垒。航空装备产业的产品研发工作不仅难度系数大，同时需要投入大量资金，在较长的研发周期内企业需尽量保证能持续投入资金，这对企业的规模和现金流提出了较高的要求，形成了较高的资金壁垒。

（四）行业发展建议

1. 着力攻克核心技术，提高航空装备自产率

航空装备产业是我国重点发展的新兴产业，对经济社会发展和国防战略安全有着重要作用。近年来我国航空装备产业规模不断扩大，研发实力和产品技术含量也有所提高，但核心技术较为欠缺，导致部分零部件仍需依赖进口，例如虽然我国推力大于25kN的涡轮风扇喷气发动机等产品的竞争力不断提高，出口规模逐渐扩大，但部分高性能发动机仍需从美国、法国等发达国家进口。2020年的1—7月我国航空发动机的进口规模就达到了46.89亿美元，其中有26.93亿美元的航空发动机是从美国进口的。因此，为了摆脱高端零部件的进口依赖性，我国应不断加大航空装备的研发投入和提高研发效率，构建产学研研发体系和中小企业技术创新服务体系，不断提高我国在高质量、高性能产品上的自主生产率和市场竞争力，并进一步向国外进军，以获得更多的国际市场份额，提高我国在全球航空装备产业价值链的位置。

2. 树立精品企业品牌，打造品牌知名度

我国现有民用航空装备的企业数量总体偏少、规模较小，本土缺乏较突出的优质品牌。航空装备产业具有一定的品牌和产品壁垒，拥有较高品牌和产品知名度的更容易增强市场竞争力和获得较高的市场份额。国际上精品的航空装备品牌大部分来自美国、法国、英国等国家，譬如垄断航空器整机市场的波音和空客两家公司分别来自美国和法国，而国内仅有中国航发几家企业在国际上知名度不足。面对这一现状，我国应助力打造民族优秀品牌，不断提高企业产品性能，通过高质量产品积累良好的市场口碑，同时应注重建立良好的企业形象，进而逐步提高整个品牌价值和市场知名度，使精英品牌加快“走出去”的步伐。

3. 加强航空装备产业人才培养

受限于国内航空装备产业起步较晚、行业积累不足，我国航空装备产业面临着专业人才供应不足的窘境，行业人才缺口较大。教育部、人社部和工信部联合发布《制造业人才发展规划指南》，预测至2025年航空航天装备的人才缺口将达47.5万人。人才资源是航空装备产业健康长远发展的重要支撑，为了应对有效人才供应不足的困境，我国应加强航空装备专业人才的培养力度，引进国外高精尖人才，打造航空装备企业科研技术队伍。同时应适当引导高校航空装备产业相关的优质毕业生资源流向航空装备产业，减少“学而不就”的现象出现，不断壮大我国航空装备产业人才队伍，为航空装备产业的腾飞蓄势。

4. 加强航空装备产业园建设，促进资源高效整合

目前我国已经建立了一定数量的航空装备产业园，但部分地区产业园数量较少且存在规划管理乱序现象。因此，应在部分区域加强航空产业园建设和园区管理，促进知识创新资源、高质量劳动力有序向园区集中和吸引领袖企业落地，通过产业集聚效应实现规模效应、知识溢出效应和品牌效应，推动区域航空装备产业链不断完善和全国航空装备产业链

的联动化，进而提高国内航空装备产业整体成熟度和竞争力。

三、轨道交通装备产业

（一）轨道交通装备产业概述及产业链结构

在界定轨道交通装备的概念时，首先应初步了解轨道交通的概念。轨道交通指车辆需在特定轨道上行驶的一类交通工具或运输系统。传统的轨道交通为铁路系统，随着其基础设施的不断完善和技术的不断革新，轨道交通类型日益丰富，地铁、轻轨、有轨电车等新型轨道交通不断涌现。总的来说，轨道交通可以划分为两种类型，即铁路轨道交通和城市轨道交通。在界定了轨道交通概念的基础上，我们可以进一步界定轨道交通装备的概念。轨道交通装备即指轨道交通在运输过程中所需使用的各类装备的总称，可以对应分为城市轨道交通装备和铁路轨道交通装备。

从产业链角度看，轨道交通装备产业链上游包括结构和功能设计、铝合金等基础原材料和特殊材料，中游主要涵盖轨道交通装备产品制造，主要有座椅、车内装饰、转向架、轮对等零部件，通信信号系统、制动系统等系统集成以及整车制造，下游则为轨道交通装备的运营和检测维修环节。

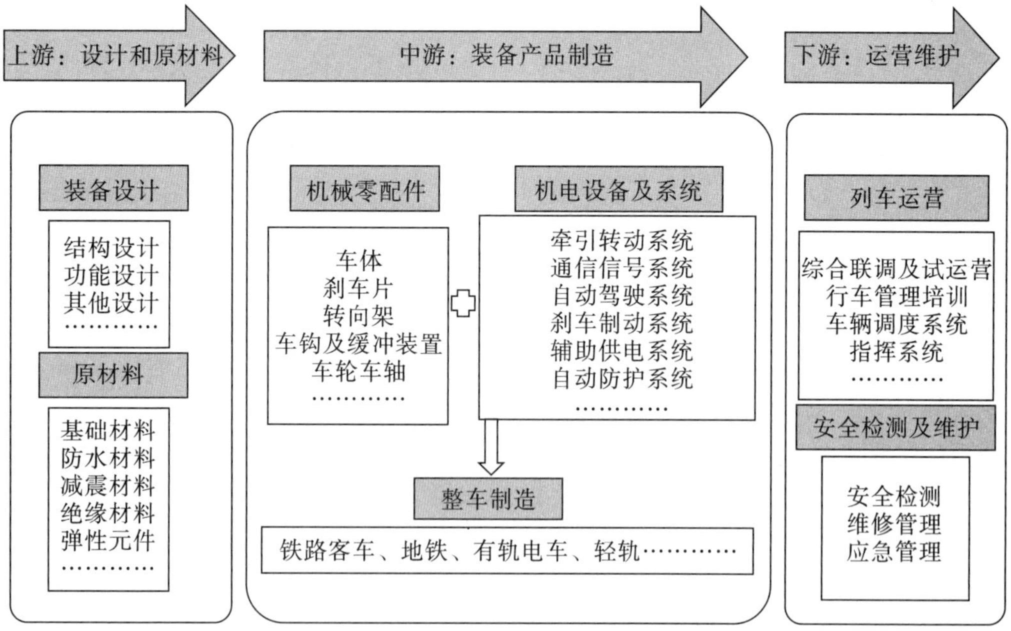

图 10－29　轨道交通装备产业链

资料来源：轨道交通装备产业链全景梳理及重点区域分析［EB/OL］. https://www.qianzhan.com/analyst/detail/220/210119－78e1d8c9.html.

（二）轨道交通装备产业市场分析

近年来城市交通压力大、噪音污染严重、客货运载能力低等问题日益突出，加强轨道交通等基础设施的建设刻不容缓。在国家高度重视轨道交通建设的背景下，大量资金流向轨道交通产业，城轨交通产业的投资完成额和铁路的固定资产投资完成额基本保持稳步上升。不断增加的轨道交通运营里程对轨道交通装备形成了巨大的市场需求，从需求端刺激了轨道交通装备产业的发展。

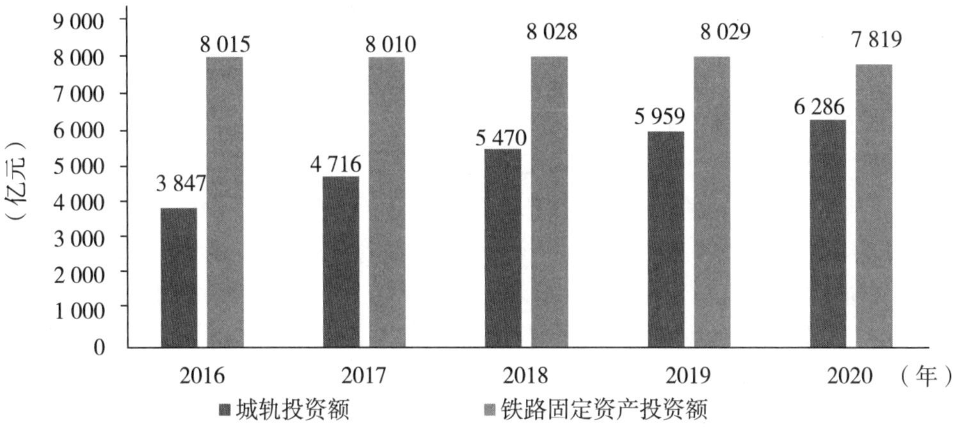

图 10－30　2016—2020 年中国轨道交通投资情况

资料来源：《城市轨道交通 2020 年度统计和分析报告》；2016—2020 年《铁道统计公报》。

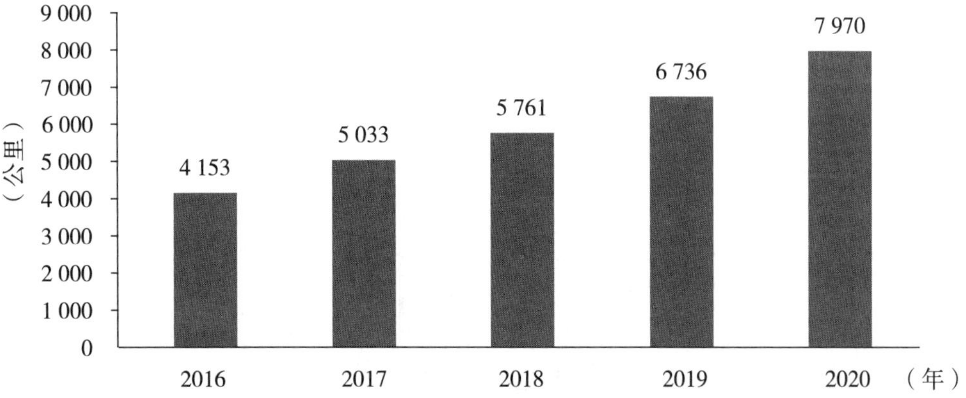

图 10－31　2016—2020 年中国城市轨道交通运营里程

资料来源：《城市轨道交通 2020 年度统计和分析报告》。

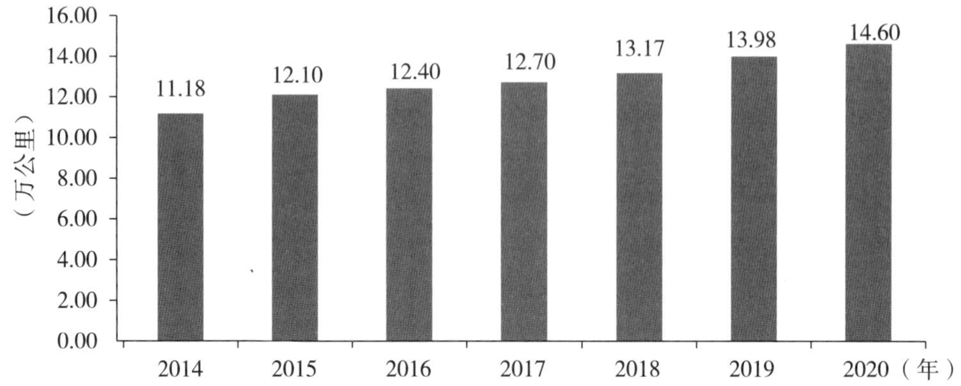

图 10-32　2014—2020 年中国铁路运营总里程

资料来源：2014—2020 年《铁道统计公报》。

轨道交通装备产业市场规模持续扩增。历经 60 多年的发展，中国轨道交通装备制造业在核心技术领域不断实现新的突破，形成了具备自主研发能力、设施配套完整的产业制造体系和城轨车辆、机车车辆核心零件等十个专业制造系统，产业发展有了质的飞跃，成为我国目前在高端装备制造领域自主研发水平最高、核心竞争力最强的代表性行业之一。国内的轨道交通装备产业规模不断扩增，根据有关数据统计，2015—2019 年中国轨道交通装备市场规模持续扩增，从 2015 年的 3 899 亿元扩大至 2019 年的 7 190 亿元，随着基础设施投资加速和轨道交通装备产业在市场拓展、国际化经营、技术创新、协同发展等方面持续精准发力，预计轨道交通装备产业的规模将进一步扩大化。同时，城轨车辆和动车组等产品数量不断攀升，城轨车辆数量和动车组数量分别从 2014 年的 17 300 辆、13 696 辆增加至 2020 年的 40 998 辆、30 620 辆，增长较快。

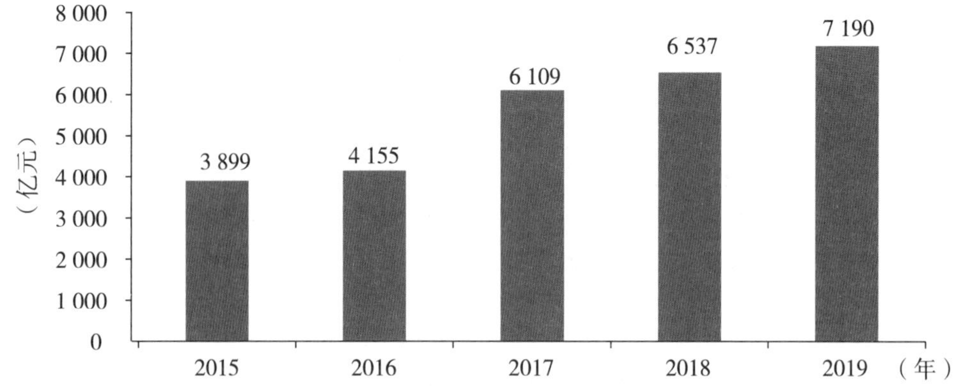

图 10-33　2015—2019 年中国轨道交通产业市场规模

资料来源：2020 年中国轨道交通装备产业发展现状及市场规模预测（图）[EB/OL]. https://www.askci.com/news/chanye/20200810/1628261179090.shtml.

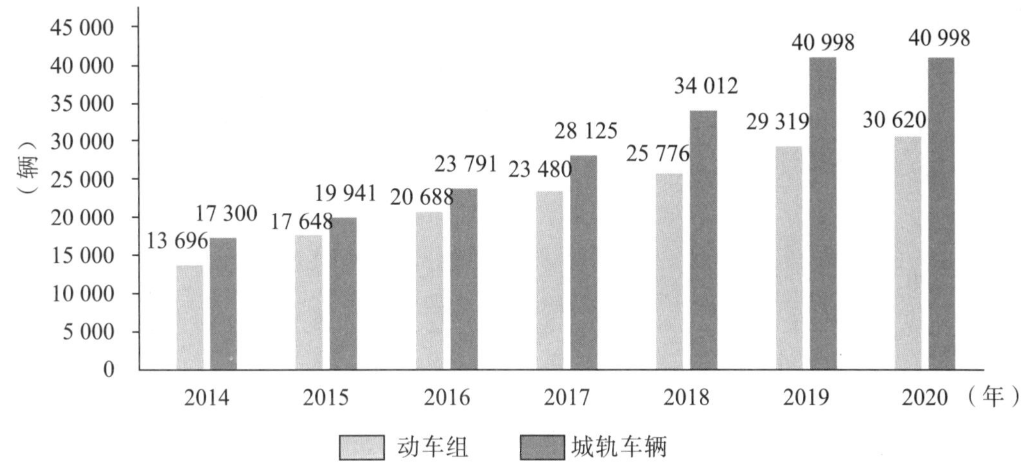

图 10-34 2014—2020 年中国动车组和城轨车辆数量

资料来源：2014—2020 年《交通运输行业发展统计公报》；2014—2020 年《铁道统计公报》。

轨道交通装备国际竞争力增强，出口规模扩大。由于我国在轨道交通装备领域不断实现技术突破，轨道装备产品的质量和性能持续优化，在国际市场的认可度逐渐提高，“走出去”的步伐不断加快。2017 年由中车长春轨道客车股份有限公司制造的美国波士顿橙线地铁车登陆美国市场，2018 年“中国造”的轨道交通装备产品首次出口墨西哥，这同时也是国产轨道交通装备产品首次在墨西哥市场出场亮相，中车集团作为我国轨道交通装备行业的龙头企业和唯一的轨道交通车辆集成商，其整车设备现已出口至 102 个国家或地区，产品覆盖面极广。中国轨道交通装备产品的海外市场逐渐由印度、巴基斯坦等发展中国家扩大至澳大利亚等发达国家，不断实现市场多点突破，成为一张彰显我国装备制造技术水平的闪耀的名片。

从区域分布看，由于轨道交通整车与轨道交通设备及零部件在产业链上是密切配套的关系，加上整车运输不便，因此在产业布局上轨道交通设备和及零部件企业往往分布在整车制造地的附近。轨道交通整车制造需要较为完善的工业基础和一定的人才支撑，使其主要分布在高等学校和科研机构数量较多以及传统工业较为发达的地区。目前我国的轨道交通整车企业如中车株洲电力机车有限公司、中车唐山机车车辆有限公司、中车青岛四方机车车辆股份有限公司及中车长春轨道客车股份有限公司等企业都主要集中聚集在湖南、河北、山东、吉林四个省份，这四个省份的整车产量占据了 68% 的轨道交通装备整车产能。而轨道交通设备及其零部件因为围绕着整车企业布局，最终使轨道交通装备产业形成了以长春、株洲、唐山、青岛、南京为分布核心的五大产业集群。

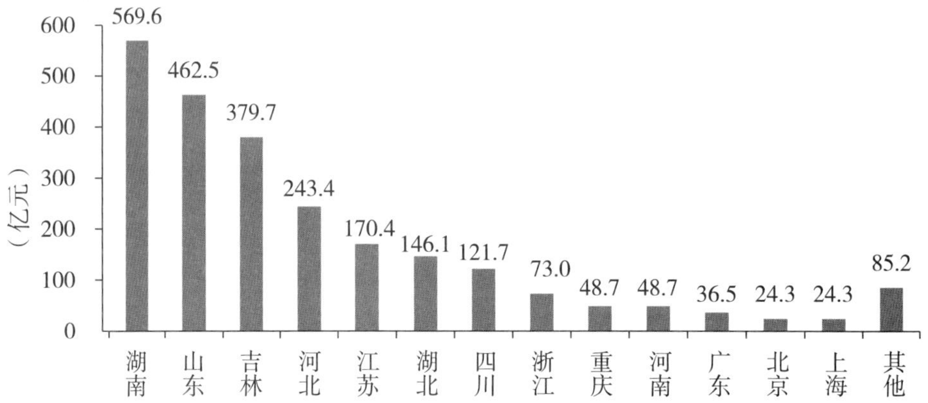

图 10 - 35　2019 年中国轨道交通整车产业规模分布

资料来源：2020 年中国新基建城际高速铁路和城市轨道交通产业链全景图深度分析汇总 [EB/OL]. https://www.qianzhan.com/analyst/detail/220/200518 - e0ccab0d.html.

（三）轨道交通装备产业竞争情况

1. 行业竞争

全球轨道装备产业形成以中国中车为首的寡头垄断格局。从整体来看，全球轨道交通装备产业的市场集中度较高，2019 年中国中车企业就占据了全球 53% 的轨道交通装备销售额，连同加拿大庞巴迪、法国阿尔斯通、德国西门子几家企业就占据了全球 82% 的市场销售额，国内轨道交通装备市场也主要被中国中车占据。

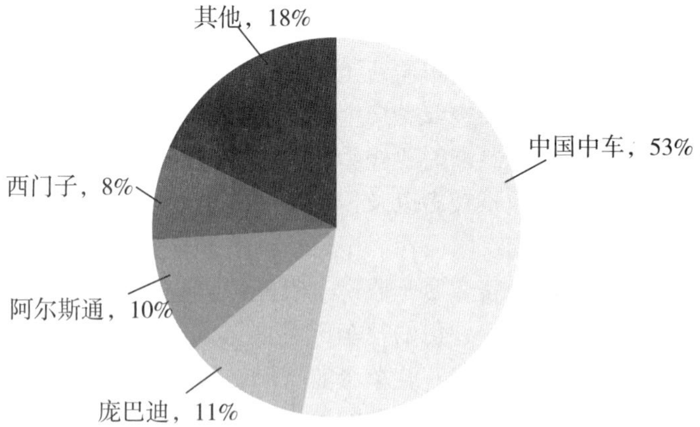

图 10 - 36　2019 年国际轨道交通装备企业竞争格局

资料来源：2020 年全球轨道交通装备产业竞争格局分析：中国中车市场份额超五成（图）[EB/OL]. https://www.askci.com/news/chanye/20200810/1132421179058.shtml.

从细分行业来看，轨道交通装备涵盖了车内装饰、车椅等基础零部件，转向架、轮对等核心零部件，信号通信系统、制动系统等系统集成以及整车装备制造。转向架是在所有零部件中彰显轨道交通装备产业竞争力的较为重要的零部件，我国转向架市场呈寡头垄断格局，市场的主要参与者由中车下属企业及其分支机构构成。制动系统的行业门槛较高，行业内竞争者较少，国内市场大部分被国外品牌占据，是我国轨道交通装备目前国产化最低的部分。2019 年德国克诺尔苏州子公司就占据了高达 60% 的市场份额，未来的国产替代还有较大空间。在轮对方面，较高的产品技术标准对厂商研发实力提出了一定的要求，阻挡了一部分企业进入该行业，从而使得市场较为集中。全球实现规模经营的轮对企业主要有德国 BVV、意大利路奇霓、日本住友金属工业、西班牙 CAF 以及合资公司 GHH-Bonatrans，国内的高铁轮对市场则主要被 BVV 和智奇（中意合资）公司占据。《中国经营报》相关数据显示，2019 年国内新增动车组轮对 50% 的市场份额都被德国 BVV 所占据，其还占据了 10% 的维修换装市场份额。通信信号涉及铁路安全，企业需要通过严格的技术审查和产品试运行测试，合格后获得相关的生产企业认定证书，整个审查周期较长，行业壁垒较高。在整车制造环节，则形成了以中国中车为主的寡头垄断企业。

2. 行业壁垒

（1）行政壁垒。轨道交通装备产品质量与公共交通运营的安全性紧密相关，因此需要符合较高的安全技术标准，我国在轨道交通装备产品方面的把控较严，企业在进入这一行业时需要经过一定时间的资质审核查验并获得相应的许可证，譬如《铁路产品认证管理办法》等规定明确提出不同类别的配套产品需通过中国铁道科学研究院或主机厂认证，或需经过技术审查、运用考核合格后方可批量应用，这在一定程度上构筑了进入轨道交通装备行业的行政壁垒。

（2）技术与资金壁垒。轨道交通装备产品在生产过程中需要应用到材料成型、焊接、表面处理等多种生产技术，且不同的细分产品生产技术又各有差异，对轨道交通装备企业的技术水平提出了较高要求。同时轨道交通车辆配套产品需要与整车制造达到较高的产品匹配度，这也需要一定的制造技术和长时间的实践磨合，使得进入本行业的技术壁垒相对较高。此外，轨道交通装备从研发到资质审查再到试运营需耗费较长时间，投入较多资金，企业需要一定的资金实力来推进整个项目的顺利进行，构筑了进入轨道交通装备产业的资金壁垒。

（3）客户壁垒。轨道交通整车制造企业对配套产品的标准往往较高，要求其能有较高的技术含量和在产品的质量、安全性方面有一定的可靠性，同时轨道交通整车企业更青睐于选择能针对客户需求提供定制化、多样化产品并给予完善的售后保障的配套产品供应，这就需要相关配套产品制造商在项目运营方面积累较丰富的经验。因此，一般来说轨道交通整车企业最后往往会选择规模化经营、研发水平较高和运营机制较为完善的配套产品企业作为本公司的长期合作伙伴，而新进入的企业建立品牌知名度和被客户了解并获得信任需花费较长的时间，其面对的客户壁垒较大。

（4）管理壁垒。轨道交通车辆的配套产品种类繁杂，相应的生产技术工艺也各有不同，这就需要配套产品制造商具备提供多样化产品的制造能力并且能在规定时间内尽快供货，这种制造能力对企业的应变能力和统筹能力提出了较高的要求，往往建立在配套产品企业有精益化的管理制度的基础上，而新进入轨道交通装备的企业在短时间内建立高水平的管理人才队伍和高效完善的管理制度的难度系数较高，因此在起初难以被整车制造企业纳入配套产品供应商的考虑范围，存在较大的管理壁垒。

（四）行业发展建议与展望

1. 加大技术创新力度，着力攻克制动系统和轮对两大轨道交通装备国产化壁垒

我国轨道交通装备产业总体发展水平较高，居于世界前列，但在轨道交通整车的配套产品方面存在一定的进口依赖，国产化水平较低，尤其表现在制动系统和轮对方面。制动系统和轮对是我国在高铁核心零部件国产化方面最后亟需攻克的壁垒，虽然中国中车现已具备自主生产转向架的技术，但其关键零部件轮对仍需依赖 BVV 和智奇（中意合资）公司提供，制动系统的市场也几乎被德国克诺尔公司占据，不利于我国轨道交通装备产业实现进一步自主快速发展。为了应对这一现状，我国应有针对性地加大在制动系统和轮对方面的研发投入，争取尽快提高这两大产品的国产化率，减少进口依赖。

2. 大力培育细分行业高端人才

产业技术的高速发展离不开人才资源的依托，我国在轨道交通装备部分譬如制动系统等细分行业的发展水平和生产技术与美国、德国等国家存在较为明显的差距，缺乏相应的专业高端人才是造成这一局面的一大原因。因此，为了尽快攻克部分零部件的核心技术难题，进一步提高我国轨道交通装备整体竞争力，应结合国内轨道装备发展的具体人才需求，积极培养相关细分行业的高精尖管理人才、研发人才、专业技术人才，制定和完善人才保障机制，通过相关政策鼓励和支持企业培养和引进高端人才，使国内轨道交通装备的发展有强大的人才支撑。

3. 加强工业园区建设，推动产业集聚发展

目前，我国已经建成了一定数量的轨道交通产业规模园区，但总体数量不多，且部分地区园区管理上存在些许混乱，不利于最大限度地发挥产业集聚正向效应。因而，我国及部分地区应因地制宜，推动轨道交通整车企业和配套企业有序集聚发展，在产业布局和企业之间的管理协作上加大统筹协调力度，不断优化产业园区发展环境，促进轨道交通装备实现良好持续发展。

四、海洋工程装备产业

（一）海洋工程装备产业概述及产业链结构

海洋工程装备，顾名思义即以海洋资源开发为核心，人类在进行海洋资源开发时所需使用的装备。海洋工程（以下简称“海工”）装备产业具有极强的产业辐射效应，产业链主要包括海工装备基础、海工装备制造和工程总包与服务三大块，其中上游的海工装备基础又可细分为装备设计、材料涂料和配套零部件与系统，是整个产业链的关键环节；中游的海工装备制造则主要是生产辅助装备和钻井平台；下游则是工程总包与服务。

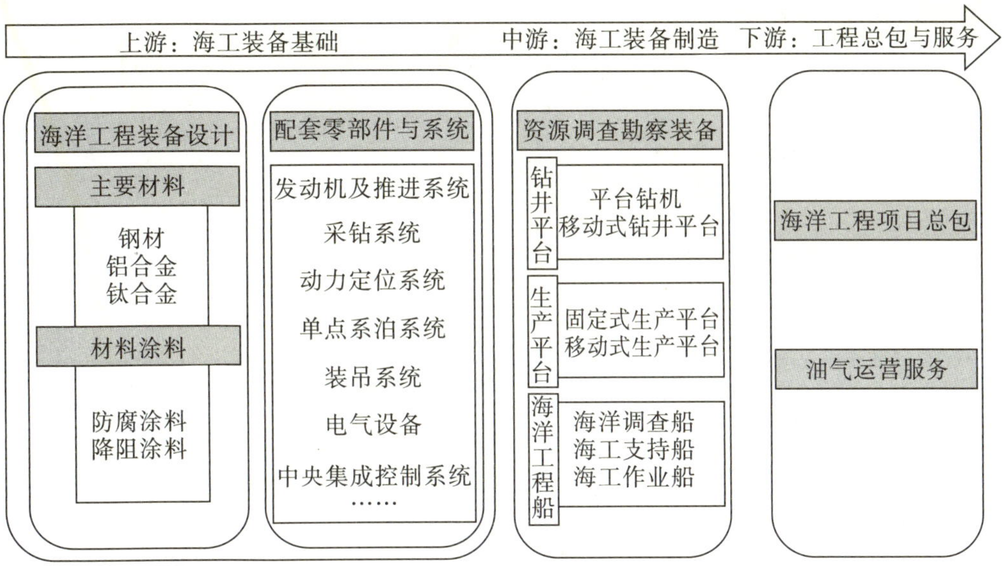

图 10-37 海洋工程装备产业链

资料来源：海洋工程装备行业产业链全景梳理及区域热力地图［EB/OL］. https：//www.qianzhan.com/analyst/detail/220/210122-5dfee839.html.

（二）海洋工程装备产业市场分析

受全球市场低迷及新冠肺炎疫情影响，中国海洋工程装备产业规模轻微缩减但总体实力较强。相较于发达国家，我国海洋工程装备产业起步时间较晚，在 20 世纪 70 年代左右才逐渐有意识地进行海洋工程装备产业方面相关配套设施的布局，产业整体处于发展的初级阶段且发展较为缓慢。90 年代国际石油危机的爆发导致全球经济环境出现较大幅度震荡和海洋工程装备需求量剧减，海洋工程装备产业发展环境恶化，导致与发达国家相比，我国海洋工程装备产业整体发展速度和技术水平更加滞后。进入 21 世纪后，在市场需求的刺激下，国内海洋工程装备产业迎来了产业发展的黄金期，承接了一批重量级订单，先后完成了当代先进自升式钻井平台、3 000 米深水半潜式平台等具备高技术水平的海洋工程装备的设计建造，产业制造技术得到不断提升，海洋工程市场规模在全球市场所占比例总体呈上升趋势，我国“海工装备制造强国”的梦想版图日益清晰。2014 年全球石油市场供过于求现象的严峻化导致石油价格从高位大幅跌落，随后几年全球海工装备市场的景气度一直不高。在全球市场低迷的影响下，我国近几年的海洋工程装备产业规模也出现滑坡，其中海洋工程专业设备的市场规模从 2014 年的 727.5 亿元降至 2018 年的 410.2 亿元，但与全球海工装备市场规模的下降幅度相比，我国产业发展相对稳定，市场规模下降幅度较小。2019 年国际石油市场供需矛盾格局稍微改善，海洋工程装备市场方才稍微出现些许回暖迹象，但随之暴发的新冠肺炎疫情又削弱了其市场回暖的趋势，我国海洋工程装备企业的生产经营活动也遭到了一定干扰，但由于国内疫情把控较为迅速、有效，产业受到的波动相对较小。

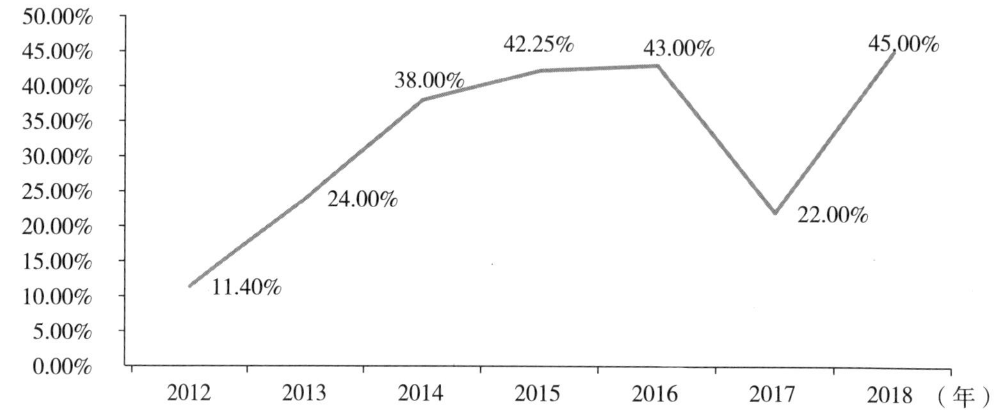

图 10－38　中国海洋工程装备占全球比重

资料来源：2018 年全球海洋工程行业市场现状与发展趋势　中国海工装备市场份额接近 50% [EB/OL]. https：//www. qianzhan. com/analyst/detail/220/190704－39af3f4f. html.

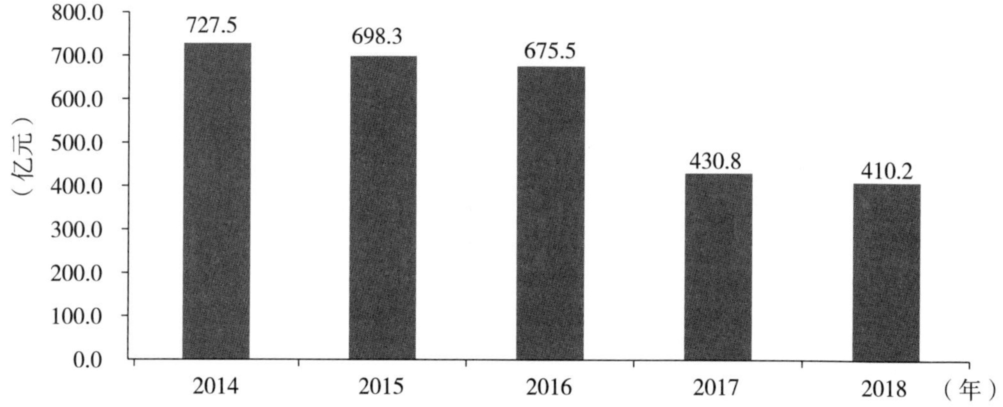

图 10－39　海洋工程专用设备制造业市场规模

资料来源：中国船舶工业行业协会 . http：//www. cansi. org. cn/.

从产业区域布局看，由于海洋工程装备的运行环境处于海洋，同时海洋装备往往体积较大、重量较重，运输成本和运输难度系数较高，因此，海洋工程装备企业往往分布在江苏省、浙江省、广东省等沿海地区，目前基本形成了环渤海、长三角、珠三角这三大海洋工程装备产业集聚区，各大集聚区的部分代表性企业见表 10－5。

表 10－5　海洋工程装备产业集聚区部分代表性企业

产业集聚区	代表性企业
环渤海地区	大连东方船舶重工有限公司、中远船务工程集团有限公司、大连港集团有限公司、大连船舶重工集团舵轴有限公司、中国石化长城润滑油集团有限公司、中国船舶重工股份有限公司、中国船舶工业贸易有限公司、中国国际海洋工程（天津）集团有限公司、海洋石油工程股份有限公司、青岛武船重工有限公司等

（续上表）

产业集聚区	代表性企业
长三角地区	江苏扬子江船厂有限公司、招商局邮轮制造有限公司、南通中远海运船务工程有限公司、上海佳豪企业发展集团有限公司、中船科技股份有限公司、中国船舶集团有限公司等
珠三角地区	广东中远海运重工有限公司、广州珠江化工集团有限公司、中山广船国际船舶及海洋工程有限公司、三一海洋重工有限公司、广东粤新海洋工程装备有限公司等

资料来源：根据公开资料整理。

（三）海洋工程装备产业竞争情况

海洋工程装备的上游主要涉及海洋工程装备设计、原材料、防腐涂料、采钻系统、发动机及推进系统等一系列配套部件。海洋工程装备设计需要掌握较为精密复杂的技术，这对一般企业而言难度较高，上海佳豪企业发展集团有限公司是我国目前唯一海工装备设计公司。防腐涂料也是海洋装备产业发展所需的重要工程材料，其中海洋工程装备主要用到的是防腐性能更为优越的重防腐涂料。目前重防腐涂料市场上的活跃主体几乎都是国外品牌，其中我国海洋工程重防腐涂料60%的市场份额都被佐敦公司抢占，本土企业市场份额很小。而在海工装备制造方面，我国虽然已逐步进军深海海工装备制造市场，但目前仍然以浅海海工装备制造为主，相关企业主要有中远船务、中国船舶等。

从全球竞争格局看，由于在地理位置、产业基础、经济实力、技术实力等方面各有不同，各国的海洋工程装备产业发展水平参差不齐，全球的海洋工程装备市场竞争大致可分为三大梯队：欧美处在第一梯队，在高附加值和高技术壁垒的海工装备设计制造和关键设备制造上表现突出，垄断了大部分市场；亚洲的国家则主要活跃在装备制造领域，部分国家如韩国和新加坡处在第二梯队，长期的海洋工程装备制造经验的积累使其掌握了高端的海工装备建造和改装能力；中国和阿联酋等则相对处在末位，位于全球竞争格局的第三梯队，海洋工程装备制造技术的不断成熟是其目前从浅水装备市场迈向深海装备市场的重要条件。近年来，与全球其他国家相比，中国的海洋工程装备发展较为良好，产业规模不断扩大。2019年，下游建材市场较为低迷，这种市场的低迷情绪波及了海洋工程装备市场，引起全球海洋工程装备产业竞争格局发生变动。为了应对这种市场情绪，中国企业在原有的业务范围内不断积极开辟新的细分市场以寻求新的利润点，如部分企业开始在韩国所擅长的浮式生产平台建造领域逐步有序地进行相关的产业布局，在此情况下，韩国受到中国和新加坡的双重挤压，市场份额不断缩减，2019年全年仅仅承接了金额数为11.7亿美元的两座浮式生产平台工程订单，全球占比下降至15%；中国的订单额则较为可观，在浮式生产平台订单和海工船订单上分别取得了10艘22.5亿美元和21艘13.4亿美元的喜人成绩，占据了全球46%的市场份额。

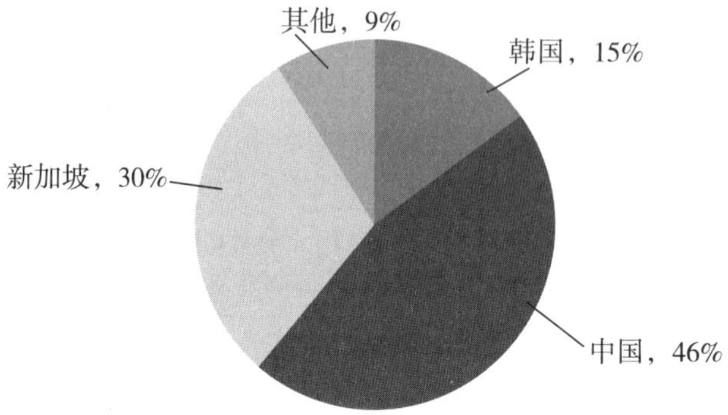

图 10－40 2019 年全球海工装备成交结构

资料来源：2019 年全球海工市场回顾与展望［EB/OL］. http：//wap. eworldship. com/index. php/eworldship/news/article? id = 156329.

（四）行业发展建议与展望

1. 增强自主创新能力，迈向产业价值链高端

我国虽然近年来不断地在朝深海装备制造方向发展，但由于缺乏相关核心技术的支撑和高水平的人才资源，目前国内海洋装备制造产业发展重心仍然集中在浅海海洋工程装备制造领域。同时，我国在配套装备领域上的本土国产化率较低，发展较为空白，高端配套装备的对外依赖性较大，这种高端配套设备发展速度的滞后状况，使得我国在海洋工程装备制造方面处于价值链的相对低位。为了实现我国成为真正的海洋工程装备强国的目标，下一步应加强产业前沿高端技术的突破，培养一支行业高精尖人才队伍，提高高端配套产品的自主创造能力，从而提高我国在海洋工程装备产业价值链的位置。

2. 把握产业发展趋势，推动海洋工程装备产业朝下一阶段发展

未来，海洋工程装备的作业环境将从浅海区域逐渐转向深海区域，面临的作业环境复杂性会大大提高，同时为了适应深海的作业环境，海洋工程装备的规模会逐渐向大型化发展，此外各种水下装备的应用领域也会不断拓宽。因而我国应准确把握海洋工程装备产业的发展趋势，不断提高高端、大型和多样化海洋工程装备的制造水平。

五、卫星及应用产业

（一）卫星及应用产业概述及产业链结构

卫星及应用产业是借助空间基础设施，充分利用空间资源服务于人民生活、经济发展以及科学研究等领域的新兴产业之一，是我国推动产业结构转型升级的重要引擎，同时也是我国高端装备制造业的重点发展方向。其产业链可分为三大环节：上游的卫星制造及发射环节技术壁垒较高，目前市场参与者仍以国有企业为主，成熟企业数量少于中下游环节；中游为地面设备和卫星运营服务环节，市场规模较大；下游卫星应用领域主要包含卫

星遥感、卫星通信和卫星导航，在自然资源、军工国防、气象等领域都得到广泛的应用。

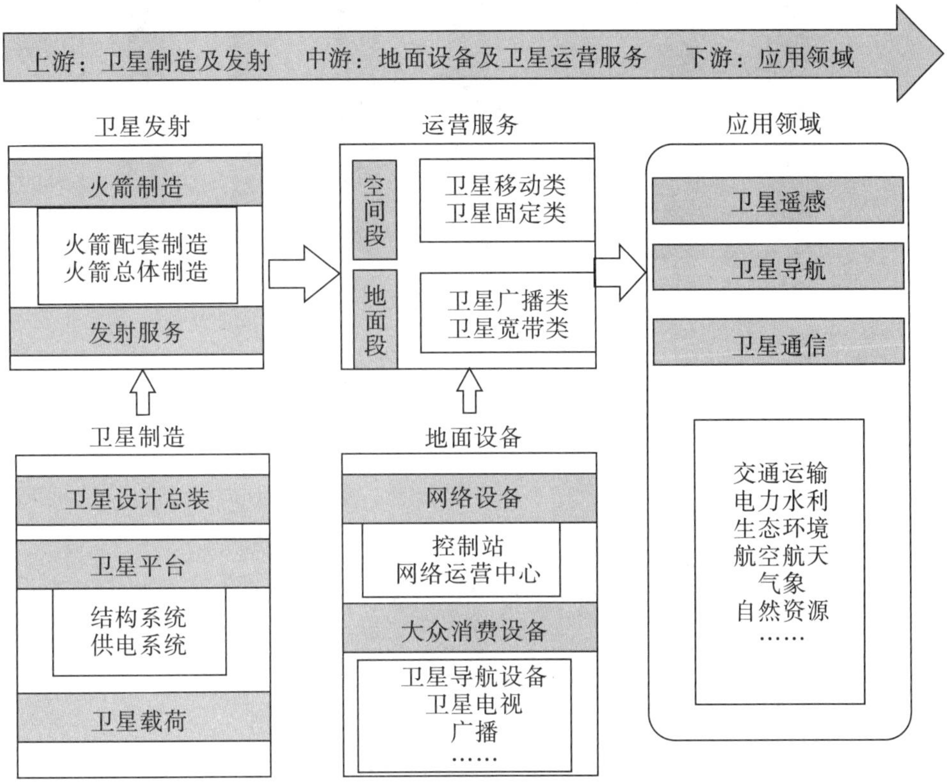

图 10－41　卫星及应用产业链

资料来源：中国卫星及应用行业产业链全景梳理及区域热力地图［EB/OL］. https：//www. qianzhan. com/analyst/detail/220/201231－983eb070. html.

（二）卫星及应用产业市场分析

从全球视角看，21 世纪以来卫星及应用产业处于高速发展区间。2010—2018 年期全球卫星收入处于逐年上升态势，2019 年卫星服务业和卫星制造业收入出现了一定下降，使得整体卫星产业收入出现小幅滑坡，但产业收入依旧高达 2 710 亿美元，占据了全球航天产业规模的 74%。从行业结构看，地面设备制造业和卫星服务业的产业规模遥遥领先，分别占据 48. 13% 和 45. 44% 的卫星应用产业收入，而卫星制造业和卫星发射服务业则居于其后，分别占比 4. 62% 和 1. 81%。

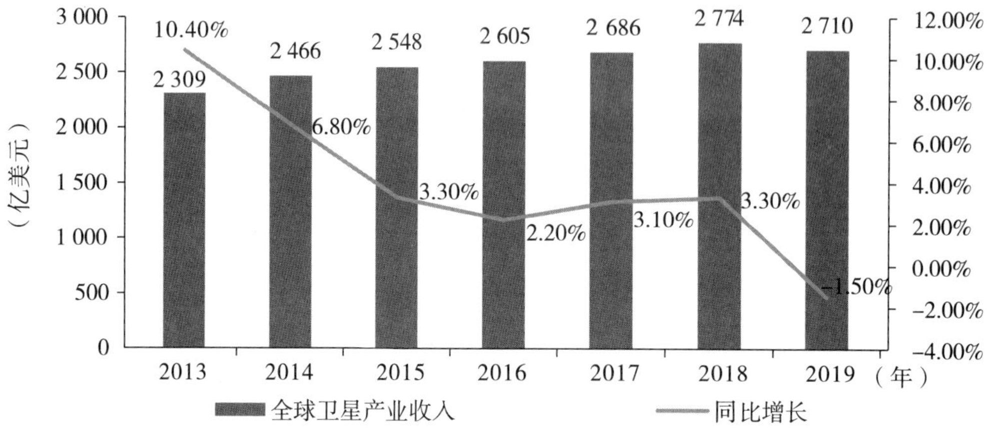

图 10－42　全球卫星产业收入及同比增长率

资料来源：美国卫星产业协会《2020 年卫星产业状况报告》，2020 年 7 月。

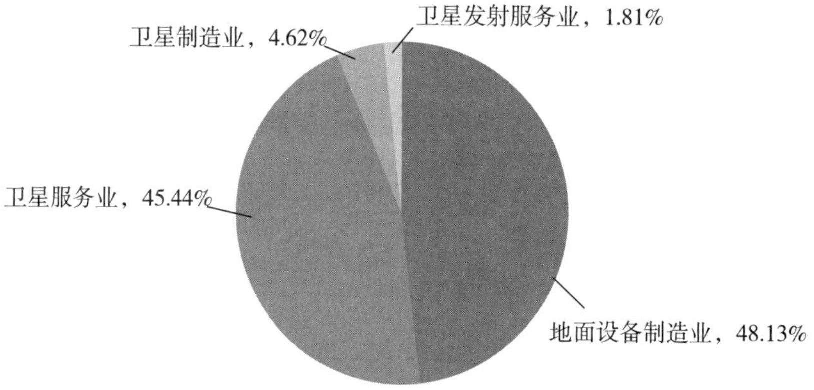

图 10－43　2019 年全球卫星产业收入细分行业结构

资料来源：美国卫星产业协会《2020 年卫星产业状况报告》，2020 年 7 月。

从在轨卫星数量看，全球现有 2 787 颗在轨活跃卫星，我国就有 375 颗。当前应用范围较为广泛的卫星主要有三类，即遥感卫星、导航卫星以及通信卫星，其余的还有应用于教育、科研等领域的卫星，由于其在总的卫星数量中占比极小，本章不赘述。

国内遥感卫星发展较为稳定，产业规模持续扩大。遥感卫星方面，截至 2020 年 7 月中国拥有共计 181 颗遥感卫星，仅次于美国，其中民用和商业型遥感卫星数量占比分别达到了 40. 88% 和 25. 97%，合计超过了 60%。2019 年遥感卫星发射总量虽然有所下降，但发射数量占比有所提高，是我国目前在轨卫星中数量最多的卫星类型。此外，得益于国家释放的政策红利以及地理信息行业规模的增长，中国遥感卫星总体市场规模不断扩大，2019 年其规模达到 75. 50 亿元，2012—2019 年复合增长率达到 9. 1%。

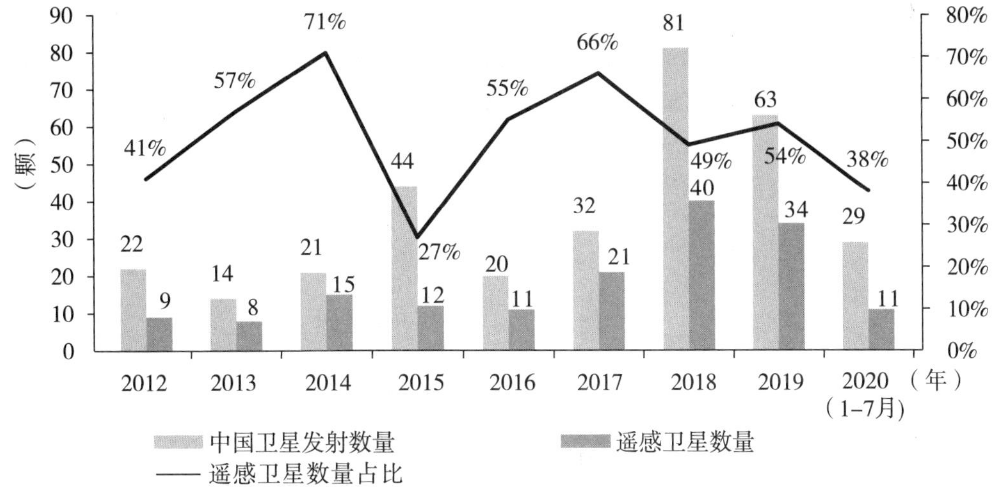

图 10－44　2012—2020 年中国卫星发射数量及遥感卫星数量

资料来源：USC 全球在轨卫星数据库。

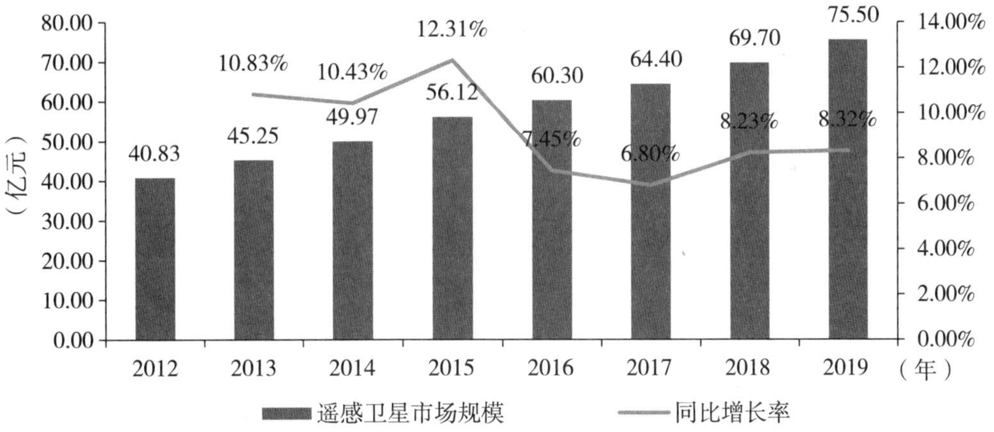

图 10－45　2012—2019 年中国遥感卫星市场规模及同比增长率

资料来源：2020 年中国遥感卫星行业市场现状与发展前景分析　中国遥感卫星行业市场稳中向好［EB/OL］. https：//www. qianzhan. com/analyst/detail/220/210108－9bd17343. html.

国内卫星导航与位置服务产值稳定上升，北斗产业链产值逐步下移至中下游。根据产业生命周期理论，我国导航与位置服务行业目前正处于产业发展四个阶段中的成长阶段，发展前景光明。《2020 中国卫星导航与位置服务产业发展白皮书》指出，2019 年我国在卫星导航与位置服务领域实现了高达 3 450 亿元的产值，同比增长率为 14. 40%，其中卫星导航与位置服务产业的直接相关产值为 1 166 亿元，占据总产值 33. 80% 的份额，而北斗系统的深入应用使得衍生关联产值达到了 2 284 亿元，占比 66. 20%。截至 2020 年 7 月，我国共发射了 35 颗北斗三号卫星，2020 年 7 月 31 日北斗三号系统的“三步走”战略全部实现，标志着由我国自主建设、独立运行的全球卫星导航系统全面建成，这也是目前四大覆盖全球范围的卫星导航系统之一，现已在车辆自主导航、无人驾驶、灾害预警等多个领域得到广泛应用。北斗系统的不断成熟使得产业链产值正逐步从中上游的基础器件、软件、数据移向中下游的终端集成、系统集成以及运营服务，随着该系统的不断拓展完善，预计产业链下游运营服务的市场规模将会进一步扩大。

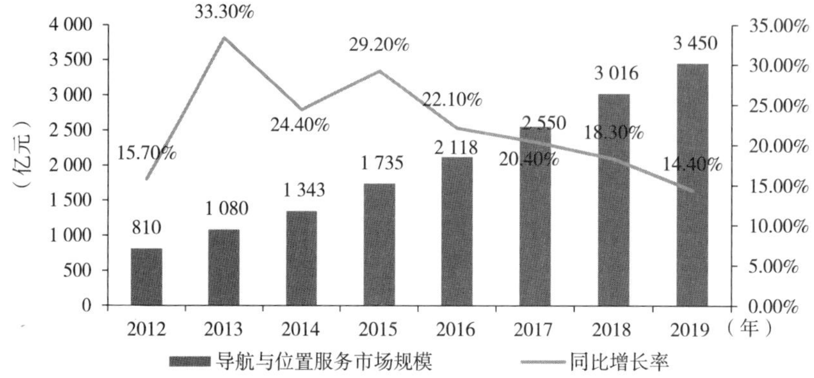

图 10-46　2012—2019 年中国卫星导航与位置服务产业总产值及同比增长率

资料来源：行业深度！一文带你了解 2021 年中国卫星产业市场规模、竞争格局及发展趋势［EB/OL］．https：//baijiahao. baidu. com/s？id = 1714236371235119174&wfr = spider&for = pc.

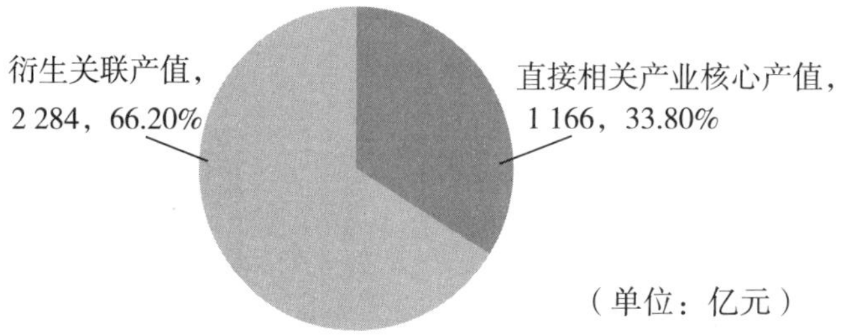

图 10-47　中国卫星导航与位置服务产业构成

资料来源：行业深度！一文带你了解 2021 年中国卫星产业市场规模、竞争格局及发展趋势［EB/OL］．https：//baijiahao. baidu. com/s？id = 1714236371235119174&wfr = spider&for = pc.

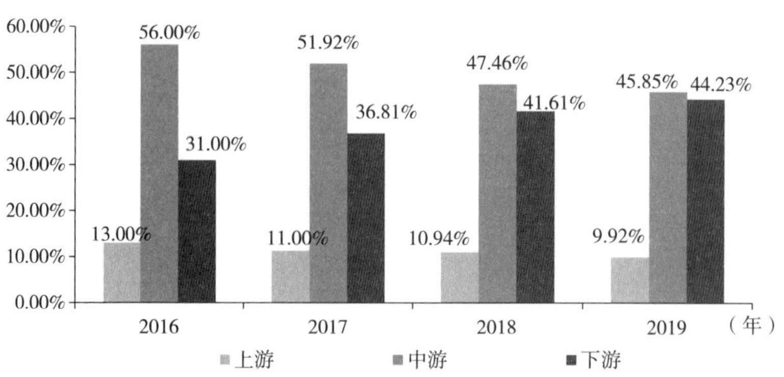

图 10-48　2016—2019 年中国北斗卫星产业链产值分布

资料来源：国信证券《卫星导航定位应用专家，受益北斗产业加速发展》，2021 年 5 月。

通信卫星面临重大发展机遇，政策红利与关键技术发展推动行业规模持续扩大。近年来，国家接连颁布了《“十三五”国家信息化规划》等政策鼓励通信卫星的规模化应用，同时设计与制造技术、宽带与软件化技术等卫星通信关键技术的不断发展使卫星通信产业迎来了良好的发展契机。2015—2019 年，国内卫星通信市场规模从 460 亿元扩大至 682 亿元，发展速度较快。目前，通信卫星根据所处轨道的差异可大致分为高轨道卫星、中轨道卫星以及低轨道卫星。与中、高轨道卫星相比，低轨卫星具有传输时延低、损耗小、灵活度高等优势，现已成为我国通信卫星的重点发展领域以及各国的重要竞争市场。同时，由于小卫星在节能、制造成本、质量等方面与大型卫星相比优势更为突出，因此在低轨通信系统中的卫星往往是小卫星。

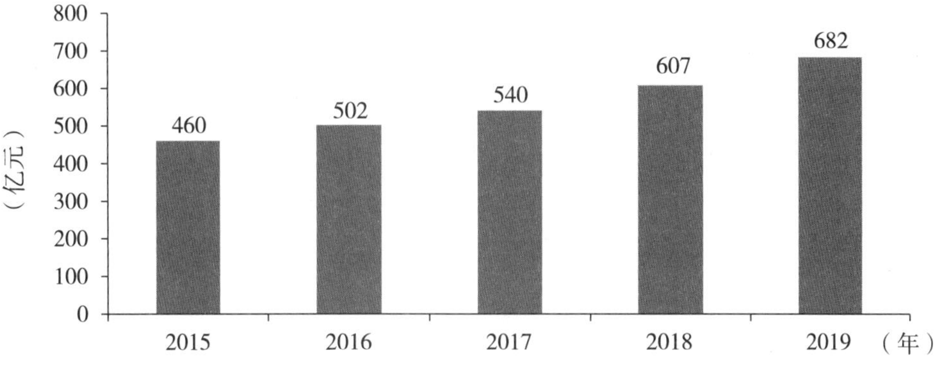

图 10－49　2015—2019 年中国卫星通信市场规模

资料来源：2021 年中国卫星通信行业市场现状与发展前景分析　卫星国家队、民营企业纷纷布局［EB/OL］. https：//www. qianzhan. com/analyst/detail/220/210325－7f8c6b29. html.

从卫星及应用产业的区域分布结构来看，与国外发达国家相比，我国卫星及应用产业链上的企业分布较为分散，产业集中度相对较低。目前卫星及应用产业主要分布在环渤海、长三角、珠三角、中部等科研资源丰富、产业基础雄厚的地区，并呈现以省会城市发展为主导，其余新兴城市逐渐布局卫星及应用产业的特点。其中，卫星导航应用产业布局逐渐向东部经济发展水平较高的城市（如沈阳、宁波、青岛）以及内陆基础设施较为完善的省会城市（如武汉、合肥）集中，而卫星通信和卫星遥感具备自然灾害监测、海洋污染监测等多种功能，是应对解决公共灾害危机时的重要辅助工具。因此，在政策引导和公益化需求的作用下，其主要布局在山体滑坡、泥石流等自然灾害发生频率较高的偏远地区。

（三）卫星及应用产业竞争情况

1. 行业竞争

卫星及应用产业链上游涵盖卫星制造和卫星发射，行业技术门槛较高，企业数量较少。其中卫星制造的市场参与者主要以航天五院、中国卫星、上海航天技术研究院、航天科工二院等国有企业为主，而九天微星、长光卫星、千寻定位等民营企业在卫星制造市场所占的份额较小。卫星发射主要包括火箭制造和发射服务，产业门槛极高，企业数量是整个产业链环节中最少的。航天科技集团和航天科工集团是我国运载火箭建设的主力军，其中航天科技集团旗下的长征系列运载火箭发射表现突出，现已突破300次关卡，星际荣耀、蓝箭航天等民营企业目前尚处于成长阶段，从2018年开始方才陆续初步实现发射成功，起步较晚，未来仍有较大发展空间。地面设备环节进入壁垒相对较小，行业内企业数量较多，中国航天科技集团、中国卫星、北斗星通等多家企业的经营范围或多或少涉及地面设备的建设。在卫星运营及应用方面，国内现仅有中国卫通一家卫星运营公司，国内卫星运营的市场格局为高度垄断，而卫星应用主要包括卫星导航、卫星遥感以及卫星通信，目前卫星已在多个领域得到广泛应用，相关企业则有航天宏图公司、华力创通、超图软件等。

2. 行业壁垒

（1）行业准入壁垒。卫星及应用产业的发展与我国资源开发、空间信息安全、国防安全息息相关，因此国家在部分环节严格把控行业准入，企业在进入某特定领域前需先取得相关资质，如卫星通信服务业具有严格的市场准入限制，企业展开合法经营的前提是获得工信部运营牌照，而目前国内仅有中国卫通、中国通信以及中国交通通信信息中心三大主体获得了第一类卫星通信业务牌照，其中中国卫通是国内唯一目前拥有通信卫星资源且自主可控的通信运营企业，高度的行业管制成了潜在企业进入行业时需面对的较高的行政壁垒。

（2）技术壁垒。卫星及应用产业具有极高的技术壁垒，尤其是在卫星制造和卫星发射环节，对技术水平要求极高。卫星及应用产业涉及航空航天、物理、算法等一系列学科的高端知识，同时各个生产环节工作流程极其复杂，需要有扎实的专业基础和高端的技术水平，随着新技术的不断革新，企业还需花费大量精力学习和掌握这一系列高端技术。此外还需要有一批高水平研发人才、专业管理人才等与之匹配，这些都需要较长时间的积累，成为行业潜在进入者所需面对的技术障碍。

（3）资金壁垒。卫星及应用产业需要高昂的资金投入，一般来说，建立覆盖一定区域的卫星网络需要好几颗卫星在运转，然而单颗卫星的造价就至少要百万美元，一般企业难以承担在构建卫星网络以及建立相关配套设施上高昂的资金投入。此外，由于卫星市场需求变化快，企业需针对市场风向及时发射新卫星或更新卫星，这也需耗费大量资金，这种资金要求构筑了本行业的资金壁垒。

（四）行业发展建议与展望

1. 集中力量降低卫星制造成本，增强竞争力

《2018年中国商业航天产业投资报告》中提及我国2025年前在商业卫星方面预计达到3 100颗的发射总量，而其中仅一颗卫星在制造时就需要429万美元的高昂资金投入。而横向对比来看，“星链”（Starlink）项目在乐观状态下单颗卫星的制造成本仅需50万美元左右，亚马逊制造单颗卫星也仅需100万美元，其成本优势明显优于我国。为了进一步拓宽我国商业卫星的盈利空间，促进卫星更大范围的普及化应用，未来应集中力量优化卫星制造流程，在不影响卫星运营质量和安全性的前提下，尽量将相关技术集中起来，如尽

量在一个空间完成卫星制造较多的生产过程，这不仅可以进一步降低行业进入的技术门槛，同时可以缩短卫星制造的产业链，减少无效的资金耗费，进而降低整体制造成本和增强成本竞争力。

2. 低轨道通信卫星将成为重要趋势

与中轨道通信卫星和高轨道地球同步通信卫星相比，低轨道卫星由于所处的轨道较低，传输效率较高、损耗较小，其通信终端在体积、质量、输送时效等方面与地面移动通信终端差异较小，同陆地通信系统的兼容度和匹配度更高，更符合现代通信市场需求。目前在卫星通信领域的竞争也主要集中在低轨道通信卫星方面，例如，OneWeb、亚马逊等龙头企业和 Google、Facebook 等互联网企业为了抢占有限的卫星轨道，都陆续制订了一系列低轨道通信卫星建造计划，近几年我国卫星通信领域的部分代表性企业也参与到了激烈的低轨道卫星建设竞争中去，如“虹云”和“鸿雁”的低轨卫星项目陆续启动。在不断发展革新的卫星通信技术以及日益旺盛的市场需求的强有力的推动下，低轨道通信卫星的发展前景极其光明，将会成为未来很长一段时间内通信卫星的主要发展方向。

3. 北斗系统市场规模将持续攀升，产业智能化水平不断提高

我国北斗三号系统现已处于世界领先水平，在交通、海事、采矿等大大小小共十几个行业得到普遍化深入应用，应用范围仍有不断拓宽、深入的趋势。在终端设备方面，截至 2019 年底，各种带有卫星导航定位功能的设备销售总规模达到了 4.6 亿台，北斗兼容性芯片和模块也售出了约 1 亿片。当前，我国北斗系统的智能化水平正不断提高，有望在智能用户服务、智能应用等方面实现更高水平，从而进一步打开北斗系统的新市场，实现更大的市场规模。

第四节　全球高端装备制造产业发展分析

一、全球高端装备制造产业发展现状

（一）市场环境分析

随着高端装备制造业在国家产业发展中所扮演的角色日益重要，美国、英国、德国等发达国家都纷纷加大在财政、税收、技术补贴等方面支持高端装备制造业发展的力度，一批发展中国家也陆续加入发展高端装备制造业的队伍。美国在 2011 年和 2012 年先后提出了《先进制造业伙伴关系计划》和《先进制造业国家战略计划》，两大发展计划都强调支持先进制造业的研发工作；德国于 2018 年 9 月份发布的《高技术战略 2025》中提及要不断储蓄人工智能专业力量，扩大人工智能应用范围，通过人工智能的率先发展引领新一轮的创业热潮。

表 10 - 6 归纳了高端装备制造产业发展水平较高的美国、德国、日本等国家主要的产业政策，从表中可以观察到这些政府采取多方出资、研发机构设点、投入研发经费、政府

战略引导等多样化措施为高端装备制造业营造了良好的发展环境，使高端装备制造业取得了较为可观的发展成效。

表 10－6 国外部分国家高端装备产业政策梳理表

国家	颁布时间	名称	相关内容
美国	2011 年	《先进制造业伙伴关系计划》	提出投资下一代机器人，国家科学基金会、航空航天局、卫生研究院与农业部以共同出资的形式支持下一代机器人研发
	2012 年	《先进制造业国家战略计划》	增加制造业技术投资和总体研发投入，培养先进制造业增长所需的技术工人
	2013 年	《国家制造业创新网络计划：一个初步设计》	设立 15 个与先进制造业密切相关的研究机构，构建专门为先进制造业生产研发服务的技术体系，着重突破 3D 打印等革命性领域的核心技术
日本	2010 年	《产业结构调整蓝图 2010》	指出五个重点发展产业，其中包括机器人、航天航空等高端装备制造领域
	2016 年	《2016—2020 第五期科学技术基本计划》	以制造业为核心，促进制造业和信息技术之间的相互融合，创造新价值与新服务
德国	2013 年	《德国工业 4.0》	强调建设一个网络、研究智能工厂和智能生产两大主题，推进三大转变
	2018 年	《高技术战略 2025》	战略内容涉及强调提高人工智能领域技术水平，扩大人工智能应用范围
英国	2012 年	《英国工业 2050 战略》	政策强调注重价值链整合和实施高价值战略，将发展高质量制造业作为未来重点发展方向

资料来源：根据公开资料整理。

（二）总体市场规模不断扩大，部分领域市场较为低迷

高端装备制造业作为国家实现经济增长动力转型与产业结构有效优化的重要出发点和落脚点，其发展水平集中体现了一个国家的制造能力和技术水平，是国际竞争的重要内容。近年来，众多国家充分意识到高端装备制造业对本国经济高质量发展和社会稳定的重要性，同时人工成本的上升、市场需求的高端化、社会就业问题的严重化等经济社会因素也倒逼着国家加快布局高端装备制造业的脚步，使得全球高端装备制造产业及其大部分细分领域的发展规模有了一定的增长。虽然 2020 年全球新冠肺炎疫情的蔓延使得部分产业发展受到较大的冲击，但大部分细分产业总体仍然呈现较为稳定的增长趋势，譬如数控机床产业的市场规模从 2017 年的 1 342 亿美元增加至 2019 年的 1 492 亿美元，轨道交通装备

产业的市场规模从2017年的2 089.9亿美元上升至2019年的2 203亿美元。而海洋工程装备产业由于前期全球石油价格剧跌致使大量产品出现较为严重的积压现象，导致近年来相关企业的运营存在较大的困难，同时新冠肺炎疫情的蔓延也对其发展造成进一步冲击。2012—2019年全球海洋工程装备市场的成交额持续走低，从2017年的94.5亿美元降至2019年的78.8亿美元，2020年1—7月全球海洋工程装备建造市场的合同总额也仅有35.2亿美元，同比下降了27.5%。

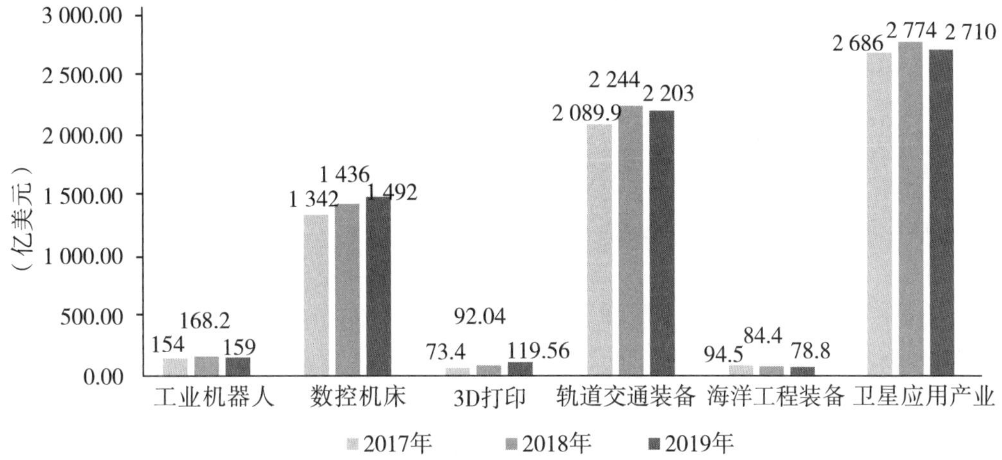

图10－50　全球高端装备细分领域市场规模

资料来源：根据公开资料整理。

（三）市场竞争

各国对高端装备制造业重视程度的提高，使得其国际竞争日益激烈，但因为美国、英国等国家不断寻求创新开拓，掌握了大部分的装备制造核心技术，所以高端装备的核心零部件等高附加值市场大部分被其垄断，而发展中国家由于在高端核心技术发展上相对薄弱，导致其产品相对缺乏国际竞争力，在国际市场中所占的份额较小。如在3D打印设备领域，2019年美国3D打印机安装量占据了全球34.4%的市场份额，而中国仅有10.8%，差距明显；数控机床方面，2019年日本产业规模居全球第一，占据32.1%的市场份额；航空发动机市场四大巨头（美国的GE和PW、法国的SNECMA和英国的RR）因为在发动机制造技术上具有核心技术优势，垄断了全球航空发动机大部分市场份额。

（四）全球产业格局逐渐重塑

长期以来，美国、德国、日本等发达国家在基础设施、技术水平、产业发展基础等方面遥遥领先于中国、印度等发展中国家，它们基本垄断了高端装备制造业的核心技术和关键材料，牢牢把控着高端装备制造业的高附加值环节。而技术水平相对落后、产业基础较为薄弱的发展中国家只能被迫居于低附加值环节，全球产业价值链固化，导致国家间的发展差距愈加明显。近年来，发展中国家持续加大对本国高端装备制造业的政策支持和核心技术的研发支持，产业发展取得了一定突破，譬如中国中车几乎垄断了一半的全球轨道交通装备市场，海洋工程装备产业正逐渐朝深海装备市场发展。发展中国家不断地攻克核心技术，其逐渐在高端装备制造产业各领域实现量的积累与最终的质的突破，使其正不断朝全球高端装备制造业的高附加值环节迈进，预计在未来将能逐步打破原先固化的价值链状态，逐渐塑造新的高端装备制造业产业格局。

二、美国高端装备制造产业发展概况

美国在智能制造装备、航空装备、卫星及应用装备等高端装备制造业的众多细分领域具有较强的国际竞争力，其产业发展水平长期处于世界领先水平。这不仅源于其先进的研发技术和深厚的产业发展基础，也离不开美国政府陆续出台的一系列与高端装备制造业相关的产业政策与产业发展规划。21 世纪以来，美国为了缓解本国社会就业矛盾和促进“制造业回流”，陆续出台了一系列政策，重新恢复并加大对先进制造业的重视程度。2010 年的《制造业促进法案》中提及了联邦政府即将采取的重要举措，其中包括投入7 000万美元以支持下一代机器人的技术研发工作。2012 年美国国家科学技术委员会颁布的《先进制造业国家战略计划》围绕着增加技术和研发投资、培养技术工人、优化联邦政府对先进制造业的投资结构等方面提出了实现先进制造业国家战略计划的几大举措。2013 年美国《国家制造业创新网络计划》提出建立 15 家制造业创新研究所的目标，其旨在构建一个服务于制造业技术创新的产学研多方主体参与的创新网络，并着力突破 3D 打印等领域的核心技术研发。

这一系列积极的产业支持政策叠加上美国原先就较为扎实的产业发展基础和先进的研发技术，使得美国在先进制造业的发展上迅速实现新的腾飞，在高端装备制造业的各个细分领域上的表现也十分突出。如在 3D 打印领域使用频率最高的熔融沉积成型（FDM）技术即为美国的 Stratasys 公司所发明，其同时也率先推出了世界第一台基于此技术的 3D 打印机，在 3D 打印发展上美国的产业规模长期处在世界前列，2019 年其 3D 打印产业规模高达 40. 82 亿美元，遥遥领先于第二名的中国的 12. 82 亿美元与第三名的日本的 11. 04 亿美元；在遥感卫星领域，截至 2019 年 12 月 16 日美国共计拥有了 445 颗遥感卫星，占全球比例超过一半；在航空装备的核心零部件即航空发动机领域，由于航空发动机对研发技术和制造技术的门槛较高，目前掌握该核心技术并具备独立生产能力的企业只有少数几家，而这其中竞争力较强的就有两家来自美国，分别为美国的 GE 和 PW。预计凭借着完备的研发体系和强大的制造业基础，美国将会在未来很长一段时间内持续保持其在高端装备制造业的领先地位。

三、日本高端装备制造产业发展概况

日本在发展高端装备制造业的过程中极其注重产业创新。其在国家产业创新方面长期坚持着先对外引进先进技术，随后结合本国产业发展实际加以消化吸收，最后通过不同技术之间的相互融合实现再创新的产业创新政策。迈入 21 世纪后，日本又提出了自主创新的产业政策，“官产学”三者相结合的产业创新体系逐渐健全和完善，将高端装备制造业引向了独立创新式高质量发展的道路。此外，日本政府出台的一系列产业政策也是其高端装备制造业能保持较强国际竞争力的重要支撑。2010 年，为了改变经济停滞不前的现状，对产业结构进行有效规划，日本确定了“产业结构调整蓝图”，在蓝图中提出了未来将投入较多资源重点发展的五大领域的产业，其中就包括了机器人和航天航空等高端装备制造产业。2016 年日本《2016—2020 第五期科学技术基本计划》正式启动，提出四大举措以激活经济主体创新活力和提高产业整体创新竞争力，其中强调需围绕着制造业这一核心，促进信息技术和制造业深度融合，进而使新价值和新服务得以源源不断地被创造出来。

现如今，日本在高端装备制造产业的众多细分领域都处在世界前列，尤其是在智能制造装备领域。譬如在工业机器人方面，占据了全球大半市场份额的工业机器人“四大家族”中就有两家企业来自日本。在数控机床方面，日本拥有一流的制造技术和庞大的产业规模，2019 年其以 479 亿美元的产业规模居于世界首位，稳坐“世界第一数控机床生产国”的宝座。

四、德国高端装备制造产业发展概况

德国是工业国中突出的后起之秀，其在机械设备制造、汽车制造、电子电气工业等多个细分领域的发展速度和发展水平都十分突出，高端装备制造业也是德国的优势产业之一，在全球处于领先地位。而德国之所以能在高端装备制造业的发展道路上走在全球前列，离不开其政府出台的一系列政策以及完善的多元创新体系的支持。2011 年德国提出“工业 4. 0”的大体概念，随后的《高技术战略 2020》中正式将其确定为国家重大战略，该战略强调最大程度促进信息技术与制造技术的高度融合，实现高水平的柔性生产。2018 年 9 月为了进一步促进科技创新，德国政府提出了《高技术战略 2025》，该战略涉及抗击癌症、智能诊治等多个领域的发展任务，其中重点强调壮大人工智能专业人才队伍、扩大人工智能应用范围。德国政府对制造业的顶层设计为高端装备制造业的发展储蓄了一批专业人才资源，再加上其提供的各种优惠政策，使其高端装备制造业得以快速发展。此外，德国也高度重视产业创新，提倡以产业创新引领产业进步，建立了包括联邦政府和州政府、高等学校、各类研究机构等多方主体的创新体系，充分调动和利用了社会创新资源。同时，政府每年都提供大量资金给高等院校和研发机构用于支持其研发活动，使社会创新成果能源源不断地产生，这也是德国能在高端装备制造业的核心技术环节上保持先进水平的重要原因。

第十一章　数字创意产业[①]

第一节　中国数字创意产业发展分析

一、数字创意产业概况

（一）数字创意产业概念及产业构成

数字创意产业是2016年出台的《“十三五”国家战略性新兴产业发展规划》新增的一个战略性新兴产业。不同于以实体为载体进行艺术创作的传统创意产业，数字创意产业是以CG（电脑图形，Computer Graphics）等现代数字技术为主要技术工具，强调依靠团队或个人通过技术、创意和产业化的方式进行数字内容开发、视觉设计、策划和创意服务等。从全球范围来看，数字创意产业尚未以一个统一的标准进行定义，因此每个国家对创意产业的定义也不一致。在国内，关于数字创意产业的概念也有分歧。例如，国家金融与发展实验室认为数字创意产业包含数字技术和数字内容两大方面；而2017年文化部发布的《关于推动数字文化产业创新发展的指导意见》指出，数字创意产业在文化领域具体体现为数字文化产业，数字文化产业以文化创意内容为核心，依托数字技术进行创作、生产、传播和服务，呈现技术更迭快、生产数字化、传播网络化、消费个性化等特点。上述定义均表明数字创意产业最显著的特点是以数字技术为基础，通过人的创作来形成产品实物或者是内容软件。

根据2018年11月国家统计局发布的《战略性新兴产业分类（2018）》，数字创意产业主要由四大部分组成，即数字创意技术设备制造、数字文化创意活动、设计服务、数字创意与融合服务，而每个部分下又有不一样的细分行业，具体如表11－1所示。

---

① 本章作者：何嘉淇，暨南大学产业经济研究院硕士研究生。

表 11－1　数字创意产业下各部分细分行业

数字创意产业	数字创意产业细分行业	国民经济行业
数字创意技术设备制造	数字创意技术设备制造	电影机械制造、广播电视节目制作及发射设备制造、广播电视接收设备制造、专业音响设备制造、应用电视设备及其他广播电视设备制造、电视机制造、音响设备制造、其他智能消费设备制造
数字文化创意活动	数字文化创意软件开发	应用软件开发
	数字文化创意内容制作服务	动漫、游戏数字内容服务、其他数字内容服务
	新型媒体服务	互联网其他信息服务、其他数字内容服务、数字出版
	数字文化创意广播电视服务	有限广播电视传输服务、无线广播电视传输服务
	其他数字文化创意活动	其他电信服务、互联网游戏服务、地理遥感信息服务、其他数字内容服务、其他技术推广服务、广播电视影视节目制作、文艺创作与表演
设计服务	数字设计服务	工程设计服务、规划设计管理、工业设计服务、专业设计服务
数字创意与融合服务	数字创意与融合服务	互联网广告服务、其他广告服务、科技会展服务、旅游会展服务、体育会展服务、文化会展服务、旅行社及相关服务、电子出版物出版、图书馆、博物馆

资料来源：国家统计局．战略性新兴产业分类（2018）［EB/OL］．http：//www. stats. gov. cn/tjgz/tzgb/201811/t20181126_ 1635848. html.

上表细分行业的划分再次印证了数字创意产业将数字产业与文化内容、创意服务相融合这一特点，数字是产业的基础，创意则是产业的核心。

（二）数字创意产业环境分析

1. 政策环境：从综合到细分领域，从国家到地方层面，不断释放利好政策

“数字创意产业”这一概念提出以来，中央和地方纷纷推出各项支持鼓励数字创意产业发展的政策，数字创意产业市场得以迅速发展。

“数字创意产业”一词最早出现在 2016 年的《政府工作报告》上，报告中提到：“要大力发展现代服务业发展，大力发展数字创意产业。”当年 11 月国务院印发《“十三五”国家战略性新兴产业发展规划》，明确数字创意产业作为战略性新兴产业，产值规模达 8 万亿元、成为新支柱产业的目标。具体来说，到 2020 年，形成文化引领、技术先进、链条完整的数字创意产业格局。

在“十三五”规划的引领下，各有关部门积极出台相关产业政策，推动数字创意产业的发展。具体政策内容见表 11－2。

表 11－2 与数字创意产业相关的政策文件

颁布时间	名称	主要内容
2017 年 3 月	《关于进一步激发社会领域投资活力的意见》	激发文化等领域的投资活力，明确推进文化、体育等领域“投贷联动”
2017 年 4 月	《文化部“十三五”时期文化产业发展规划》	明确“十三五”时期文化产业发展的总体要求、主要任务、重点行业和保障措施，以 8 个专栏列出 22 项重大工程和项目
2017 年 4 月	《文化部关于推动数字文化产业创新发展的指导意见》	对文化产业实践进行理论性总结及提升，通过实施数字内容创新发展工程，推进数字文化在电子商务、社交网络的应用等措施鼓励数字文化产业发展
2017 年 5 月	《文化部“十三五”时期文化科技创新规划》	提出文化创新、文化科技重点研发、文化大数据、文化装备系统提升等多个工程，为强化顶层部署、构建文化科技创新体系提供新思路
2017 年 5 月	《国家“十三五”时期文化发展改革规划纲要》	明确“十三五”时期文化发展改革的主要目标，对文化精品创作方面的工作进行部署，涵盖文化建设各方面
2017 年 8 月	《关于进一步扩大和升级信息消费持续释放内需潜力的指导意见》	再次强调需要丰富数字创意产业的内容和服务
2017 年 8 月	《社会领域产业专项债券发行指引》	推出文化产业专项债券
2018 年 3 月	《关于推动资本市场服务网络强国建设的指导意见》	充分发挥资本市场服务实体经济的功能，努力扶持数字创意产业等新兴产业的发展
2018 年 11 月	《战略性新兴产业分类（2018）》	新增数字创意产业及其明细分类，产业分类得到有效细分

资料来源：根据公开资料整理。

除综合性政策外，数字创意产业内各细分领域的政策也陆续出台。例如，2018 年财政部与国家税务总局联合发布《关于继续延续动漫产业增值税政策的通知》，继续为动漫产业提供税收优惠，如动漫软件出口免征增值税等。另外，各地也抓紧制定了各项鼓励数字创意产业发展的政策，北京、天津、上海、广东等地均出台了“十三五”数字创意产业规划，将数字创意产业增加值列入本地 GDP 目标中，同时鼓励建设各类创意设计园区，对相关产业的企业实施税收优惠及财政补贴，促使数字创意产业在当地蓬勃发展。

2. 经济环境：投资需求旺盛，消费结构加快调整升级

近年来，我国战略性新兴产业发展迅速。2015 年，战略性新兴产业增加值在我国国内生产总值所占比重达到 8% 左右，产业创新能力和盈利能力明显提高，新一代信息技术等领域一批企业的竞争力进入国际市场第一方阵，高铁、通信、核电设备等产业的国际化发展实现重大突破，大批新兴产业集群的发展带动了区域经济转型升级。战略性新兴产业的广泛融合，涌现了大批新技术、新产品、新业态、新模式，为传统产业的转型升级提供了契机。其中，数字技术与文化创意、设计服务深度融合，使得创意经济作为一种新的发展模式日渐兴起，叠加国内人力、资本等要素持续优化，新兴产业投资需求旺盛，良好的经济环境也为创意产业的发展打下基础，数字创意产业的蓬勃发展将成为经济新常态下促进经济社会发展的强大动力。

目前，我国已进入消费需求持续增长、消费结构加快升级、消费拉动经济作用明显增强的发展阶段，居民消费正在由商品消费逐步向服务消费转变，服务消费市场总体规模持续扩大，第三产业增加值占国内生产总值的比重逐步上升。截至 2020 年，第三产业增加值占国内生产总值的比重为 54.5%，这为数字创意产业的发展提供了巨大契机。

3. 社会环境：数字文化消费群体持续扩大

我国互联网的急速发展为人们的生活带来极大的便利，也逐渐奠定了庞大的网络用户基础。随着互联网技术的提高、老年人上网率的提高，我国互联网用户群体持续扩大，为数字创意产业提供了一个良好的社会基础。

随着互联网普及率的不断提高，网络娱乐类产品用户规模也快速扩张，为数字创意产业的发展建立了群众基础。2021 年 2 月 3 日，中国互联网络信息中心（CNNIC）正式发布的第 47 次《中国互联网络发展状况统计报告》显示，截至 2020 年 12 月，我国网民规模已达到 9.89 亿人，比 2020 年 3 月增长 8 540 万人，其中我国农村网民规模达 3.09 亿人，占网民整体的 31.3%，城镇网民规模达 6.80 亿人，占网民整体的 68.7%。截至 2020 年 12 月，网络新闻用户规模达 7.43 亿人，占网民整体的 75.1%，其中手机网络新闻用户达 7.41 亿人；网络游戏用户规模达 5.18 亿人，占网民整体的 52.4%，其中手机游戏用户达 5.16 亿人；网络音乐用户规模达 6.58 亿人，占网民整体的 66.6%，其中手机网络音乐用户有 6.57 亿人；网络文学用户规模达 4.60 亿人，占网民整体的 46.5%，其中手机网络文学用户就有 4.59 亿人；网络视频（含短视频）用户规模达 9.27 亿人，占网民整体的 93.7%，其中短视频用户为 8.73 亿人，占网民整体的 88.3%。

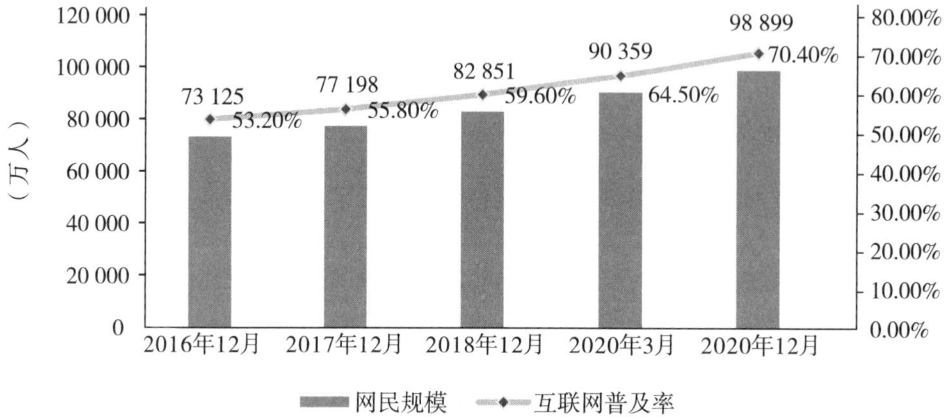

图 11－1 2016—2020 年中国互联网网民规模与互联网普及率

资料来源：中国互联网络信息中心．中国互联网络发展状况统计报告［EB/OL］．http：//www．cnnic．net．cn/hlwfzyj/hlwxzbg/hlwtjbg/202102/P020210203334633480104．pdf．

随着各地加强“互联网＋文化产业”的新发展模式，鼓励传统文化、非物质文化遗产、剧目等数字化转化和数字化开发，各类文创企事业单位不断推出多样化产品，如博物馆与虚拟现实（VR）相结合、敦煌“数字供养人”计划、综艺《国家宝藏》等；又如2018 年，陕西历史博物馆的文创产品在网络平台的旗舰店销售额达 33 万元，《敦煌古乐重生》音乐会举办当晚的网络实时关注人数超过千万。诸如此类的文创 IP 产品吸引了大量普通民众的关注，民众对文创的体验意愿逐步提高，数字文化消费力度持续增强，助力数字创意产业成长成熟。

4．技术环境：先进数字技术发展迅猛

目前，第五代移动通信（5G）、人工智能（AI）、云计算、物联网、虚拟现实、区块链等数字技术飞速发展，推动数字创意产业不断进行变革和壮大，数字创意产业发展迎来新高度。本节主要介绍以上六种推动数字创意产业发展的先进数字技术。

5G 技术是新一代信息通信技术发展的捷径，也是数字化新时代下开启万物互联的重要数字化基础设施。与 4G 技术相比，5G 技术突破了 4G 技术时代的数字信息传输障碍，可以在技术层面上满足不断变化的文化创意需求，如故宫博物馆利用全覆盖 5G 网络形成“端—边—管—云”的一体化管理运营模式①，为故宫博物院传承保护中华民族优秀传统文化提供新渠道。另外，由于 5G 技术传输速度快、带宽足、延时低，短视频、网络直播等新型媒体内容创作将会爆发更加旺盛的生命力，数字创意内容生产将具有更强的及时性和互动性，如在 VR 领域里面，5G 技术将能弥补 VR 产品在渲染力、体验性等方面的不足；在游戏领域，5G 网络环境能够让玩家获得更加良好的体验感和探索性，减少游戏终端的负荷。5G 技术既改变了人们的生活方式，也推动了数字创意产业转型升级，加速数字创意生产模式变革。

① 陈能军，李凤亮．5G“新基建”赋能数字创意产业高质量发展［EB/OL］．（2021－02－24）．https：//www．chinanews．com．cn/ll/2021/02－24/9418224．shtml．

人工智能技术是提高我国创新能力、推动重点领域突破发展的关键性核心技术。目前，我国人工智能行业进入成长期，我国是世界上人工智能专利最多的国家，人工智能产出第一。2020 年人工智能行业核心产业市场规模超过 1 500 亿元，融资规模达到 1 402 亿元①，产业规模爆发式增长，增长潜力大。人工智能可以多方面深入数字产业各细分领域，帮助数字创意产业相关企业降低运营成本，从内部提高工作效率，增强外部数字营销竞争力。

我国云计算市场发展迅速，技术不断发展成熟，云计算应用从互联网行业向政务、金融、工业、医疗等传统行业加速渗透融合，进而形成新模式、新业态。2019 年，我国云计算整体市场规模达 1 334 亿元，增速 38.6%，其中公有云市场规模达 689 亿元，私有云市场规模达 645 亿元，我国公有云市场规模持续扩大并首次超过私有云市场。② 云计算有利于实现数创企业信息系统架构和运营管理模式的数字化转型，具有显著的降本增效的作用。

物联网是指通过信息传感设备，将任意的物体与网络进行连接，物体通过信息传播媒介进行信息交换和通信，以实现智能化识别、定位、跟踪等功能，是让所有独立的普通物理对象实现互通互联的网络，具有普通对象设备化、自治终端互联化与普适服务智能化的特征。目前，该技术主要应用于智能家居、智慧交通等，根据中国互联网协会发布的《中国互联网发展报告（2021）》，物联网市场规模已达 1.7 万亿元，有效推动了基础设施的智能化发展，提高资源配置效率与人民的生活质量。

虚拟现实技术是引领全球进行新一轮产业变革的重要力量，也是经济发展的新增长点。我国 VR 技术市场规模在 2018 年就已经超过 100 亿元，属于高速增长时期。目前“VR/AR + 产业”的运作模式已经在工业、军事、医疗、航天、教育、娱乐等领域形成较为成熟的应用，其背后巨大的商业价值也逐步凸显出来，如利用 VR 技术将南越王宫博物馆内南越王时期的建筑、文物及文化活动等进行虚拟展示和虚拟复原，让更多人深入了解南越国历史，同时也因其热度带动了相关文创产品的设计、生产和销售等服务的发展。

区块链技术是新一代信息通信技术的重要演进，利用密码学技术和分布式共识协议保证网络传输与访问安全，是一种分布式的网络数据管理技术，可以实现数据多方维护、交叉验证、全网一致、不易篡改。③ 我国积极推行与区块链技术相关的政策，大力扶持区块链技术应用落地，积极促进自有技术创新。2020 年，我国国家部委、各级地方政府发布的相关政策法规已超过 200 份，超过 30 个区块链产业园区建立，超过 80 家上市公司涉足区块链技术，积极部署供应链金融等领域的应用，同时形成以北京、山东为主的环渤海区块链产业集群，以浙江、上海、江苏为主的长江三角洲区块链产业集群，以广东为主的珠江三角洲区块链产业集群和以重庆、湖南为主的湘黔渝区块链产业集群。目前，包含核心技术、扩展技术和配套技术所组成的区块链技术体系逐步建立，区块链技术持续在数据流通、网络规模等方面创新演进，加快促进多领域协同发展。对于数字创意产业而言，区块

---

① 艾媒咨询 . 2020 年人工智能产业白皮书［R/OL］.（2021 - 02 - 08）. https：//www.iimedia.cn/c400/76947.html.

② 中国信息通信研究院 . 云计算发展白皮书（2020 年）［R/OL］.（2020 - 07）. http：//www.caict.ac.cn/kxyj/.

③ 中国信息通信研究院 . 区块链白皮书（2020 年）［R/OL］.（2020 - 12）. http：//www.caict.ac.cn/kxyj/.

链技术的迅速发展能有效促进产业上下游高效协作，提升产融结合效能，在产业发展中具有越来越关键的作用。

未来，数字创意产业将朝着交互方式更好、表现形式更多、沉浸式体验更佳的方向发展，而这些都离不开数字科学技术的创新和进步。

（三）数字创意产业市场现状

1. 总体市场规模持续扩张

当前，国内尚无专门的反映数字创意产业整体经济规模和市场规模的权威数据，本节将从数字经济与文化及相关产业的规模来了解数字创意产业总体市场情况。2016—2019年，文化及相关产业增加值、数字经济总体规模稳健上升，其中2019年数字经济总体规模为35.84万亿元，文化及相关产业增加值总体规模达到4.44万亿元；数字经济占GDP比重在5年内显著上升，2019年达到36.20%的水平，而文化及相关产业增加值占GDP的比重则连续4年都维持在4%以上的水平，并逐年缓慢上升。

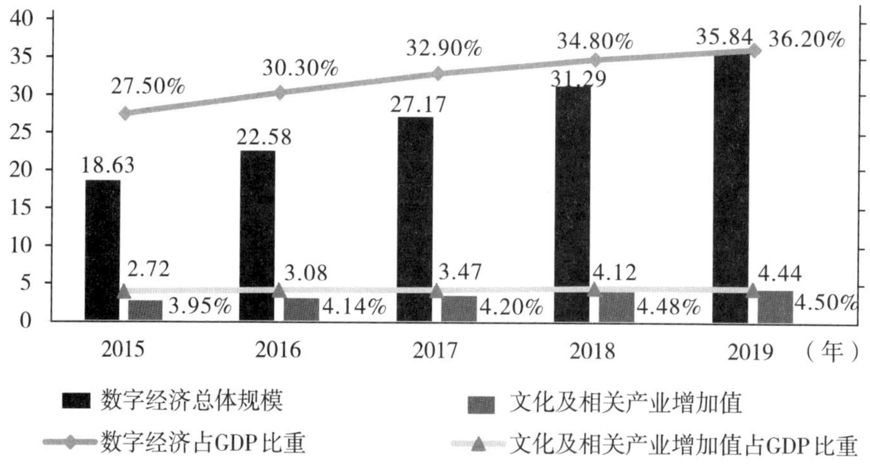

图11－2 2015—2019年我国数字经济与文化及相关产业发展规模

资料来源：中国信息通信研究院《中国数字经济发展白皮书》，2020年7月；《中华人民共和国2019年国民经济和社会发展统计公报》，2020年2月。

2. 细分领域各产业市场规模有所差异

数字创意产业具体可以分为四个细分领域，每个细分领域下又有多个不同的细分产业，且市场规模各不一样。囿于篇幅，本节主要简单介绍两类典型细分产业的市场规模。

（1）可穿戴设备制造业。可穿戴设备包括智能手环等，可以通过软件支持和数据交互等来实现强大的功能，目前人们主要用于娱乐、运动等方面。2018年可穿戴设备出货量为1.780亿部，2019年可穿戴设备出货量达到3.365亿部，同比增长89%，市场规模已经超过600亿元。

（2）虚拟现实设备制造业。虚拟现实设备在多个领域发力，有效推动各领域实现创新发展。虚拟现实设备目前主要应用于游戏领域和视频领域，2019 年，我国虚拟现实产业在游戏领域应用占比 36.8%，在视频领域占比达到 20.5%，在直播领域占比 11.3%，在教育领域占比 7.3%，用户基础规模较大。同年，虚拟现实设备市场规模达 398.4 亿元，同比增长 52%，近四年增速均保持在 50% 以上，前景广阔。

（3）数字文化创意服务方面行业种类繁多，以游戏、动漫、数字出版等行业为代表，形成多个新的经济增长点。2020 年中国数字游戏市场规模达 2 786.87 亿元，同比增长 20.71%，其中自主研发产品占八成以上。我国在线漫画市场规模年均复合增速高达 149%，2019 年市场规模为 26.8 亿元，泛二次元用户规模逐年增长。2019 年中国数字阅读用户达 4.7 亿人，比 2018 年增长 8.8%，同时数字化阅读率不断提升，2019 年数字化阅读接触率达 79.3%，数字出版市场规模日益扩大。

（四）数字创意产业生产布局

产业集群化是产业发展的重要趋势，产业集群化可使企业降低交易成本、及时获取集群内部信息、降低资产专用性、获得各项政策优惠。自《“十三五”国家战略性新兴产业发展规划》提出要发展数字创意产业以来，各省市纷纷响应号召，建立数字创意产业园区，同时大量引入数字创意相关企业以形成产业集群，充分发挥产业集聚效应，积极引导数字创意产业健康平稳发展。目前，我国共有 2 700 余个数字创意产业园区，分布在 31 个省、自治区、直辖市中，具体如图 11－3 所示。

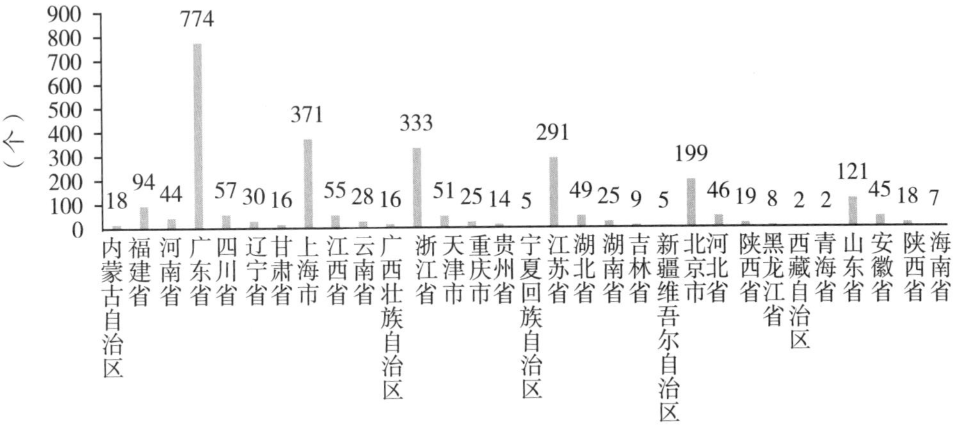

图 11－3　2021 年国内数字创意产业园区数量及其分布

资料来源：据前瞻产业园区库（https：//y.qianzhan.com/）数据制图。

总体而言，我国数字创意产业园区整体分布不平衡，主要集中于东部较为发达的地区，而且数字创意产业园区的发展主要依赖于地方政府的政策和补贴支持。截至 2020 年 7 月，我国超过 30 个省区市就数字创意产业园的发展提出了指导意见及补助支持，其中 20 个制定了数字创意产业园发展的阶段性目标，并陆续推出各种政策扶持行业发展，促进了各地数字创意产业园区的快速发展。具体来说，目前广东省的数字创意产业园数量位于全国首位，产业园区发展相对成熟。这主要是因为广东较早开始布局数字创意产业。早在2011年，广东省文化厅在《关于加快珠江三角洲地区文化创意产业发展的指导意见》中提出，要以广州、深圳为核心，珠三角地区其他七个地级市为支点，以若干文化产业集群、文化产业园区（基地）和重大项目为支撑构建文化产业带，支持珠三角各城市因地制宜发展特色文化产业，为广东省数字创意产业发展提供了良好的政策环境。随后，在2015年，广东省人民政府印发《广东省推进文化创意和设计服务与相关产业融合发展行动计划（2015—2020年）》，提出加快数字内容产业发展，建设“珠江两岸文化创意产业园”，预计投入582亿元，共建设37个创意园区，在数字创意产业布局方面领先抢跑。目前，广东省数字创意产业集群发展优势明显，已初步形成覆盖创作、生产等各个环节的产业链，珠三角内各城市产业集聚地各具特色，在不少细分领域已建立领先优势，国际化程度逐渐提高。2020年9月，广东省工业和信息化厅联合广东省体育局、广东省文化和旅游厅、广东省广播电视局、中共广东省委宣传部印发《广东省培育数字创意战略性新兴产业集群行动计划（2021—2025年）》，提出要高标准建设15个以上省级数字创意产业园、20个以上省级数字创意公共平台，深化布局数字创意产业生产，为数字创意产业提供一个良好的发展平台。

全国数字创意产业园区数量排第二的是上海，这是因为长三角地区数字经济领域相对优势明显，2019年长三角地区数字经济总量达到8.63万亿元，占全国的28%，数字经济占当地经济总量的比重高达41%，具有较强的数字经济实力。另外，上海是国内首个联合国教科文组织认定的“设计之都”，因此长三角在设计方面具有良好的发展基础，而数字创意产业对设计具有相当高的要求，这为长三角建设产业集群提供了良好的技术水平。在国家提出“十三五”要大力发展数字创意产业之后，上海市政府印发了《关于加快本市文化创意产业创新发展的若干意见》，提出要建成一批业态集聚、功能提升的文化创意园区；浙江省积极扶持100个数字骨干企业，实施100个园区数字化改造，2019年印发了《浙江省加快数字创意产业发展的指导意见》，要求浙江省要形成省级数字创意产业创新综合体5个以上、数字创意产业示范基地10个以上；江苏省则将数字创意产业列入“十三五”发展核心，不断调整优化各类数字创意产业园区，加快建设特色数字产业创新基地。不过，因为长三角相对重视制造业和高科技行业，发展模式过于追求“大”项目、“硬”科技，而忽略“小”创业和“软”创意①，加上上海在数字创意产业方面的中心引领作用相对较弱，因此长三角数字创意产业园区发展势头不如珠三角城市群。

京津冀地区发展差距较大，其中北京数字创意产业园有199个，河北和天津分别仅为46个和51个。北京是全国的政治中心和文化中心，为数字创意产业的发展提供丰富的文化资源和人才支撑。2018年，北京市印发《关于加快市级文化创意产业示范园区建设发展的意见》，为创意园区内的发展提供各类政策和资金支持，如提出对数字创意园区内符合条件的新建设文化设施项目按照新建功能和规模从市政府固定资产投资中安排资金补贴，优先推荐示范园区内符合条件的文化企业申报国家文化产业发展专项资金等；随后又印发《关于推进文化创意产业创新发展的意见》，提出加强老旧厂房的创意化改造，建设

---

① 何金廖. 长三角地区数字创意产业的发展机遇与挑战［EB/OL］.（2019-11）. http://ccmc.ecnu.edu.cn/0c/6a/c26237a265322/page.htm.

新型城市文化空间，优化文化创意产业功能区、文化创意产业示范园区等的布局，实现集聚发展、错位发展。区域内其他城市群虽然也提出建设数字创意产业园区的相关文件，但是由于区域整体缺乏系统的整合与互动，一体化进程缓慢，区域内产业园区布局分布不均衡的现象较为明显，因此相对于珠三角和长三角，京津冀的数字创意产业园区数量较少，地区整体竞争力较差。

值得关注的是，伴随着数字创意产业园区的高速扩张，一些问题也逐渐浮上水面，例如数字创意产业园区的同质化现象非常严重，缺少必要的分工，不利于本地产业链的完善；又例如由于数字创意产业园过度依赖政策优惠，创新能力不足，盈利模式欠佳，仅靠政府补贴维持，难以实现产业升级，发展空间有限……这些问题都亟待解决。

（五）数字创意产业链概况

总的来说，数字创意产业的产业链由三部分组成。产业链的上游是内容制作方，涵盖内容较为丰富，主要是指提供创意策划、创意内容产品，包括应用软件开发、动漫、游戏数字内容服务、影视节目内容制作、文艺创作与表演、互联网广告服务、数字设计服务等。产业链的中游则是平台提供方，指多种数字创意技术及设备，即利用数字技术将上游的创意产品进行数字化加工或将其传播，主要是数字创意技术及设备制造行业，包括 AI 技术、大数据技术、文化资源数字化处理技术、虚拟现实技术、全息投影技术等。产业链的下游是渠道方，直接对接消费者，主要是整合已经完成制作的数字创意相关产品等并向大众推广、销售或提供其他服务。目前渠道方提供线上和线下服务，线上服务主要是指各类网络平台、应用市场或网络媒体，线下服务则是包括文化会展服务、其他会展服务、电子出版物出版、图书馆等数字创意与融合服务。各细分领域产业的产业链也有所差别，此处不赘述。

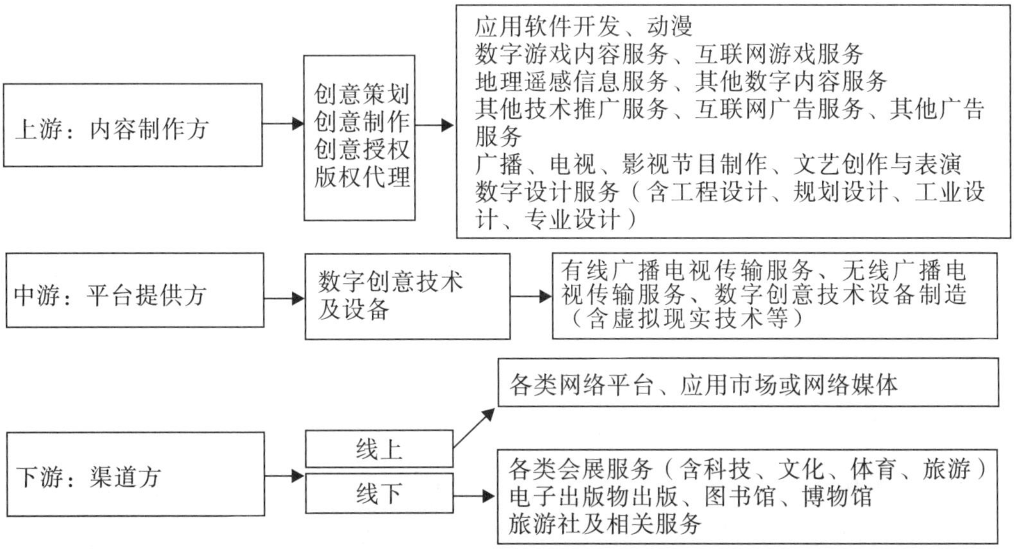

图 11－4　数字创意产业链

资料来源：根据公开资料制作。

二、数字创意产业细分领域产业研究

（一）虚拟现实技术及设备

虚拟现实技术是一种利用3D交互逻辑的成像技术，它通过电脑模拟生成一种实时动态的三维立体逼真图像，主要包括模拟环境、感知、自然技能和传感设备等方面，能让用户在使用过程中增强沉浸感和体验感。虚拟现实技术设备种类丰富，目前已开发的有虚拟现实头戴显示设备、增强现实眼镜、个人穿戴虚拟现实设备等。

1. 市场规模：增速有所放缓，出货量持续增加

近年来，随着虚拟现实的概念不断走进民众生活，人们对其了解也逐渐深入，虚拟现实行业飞速发展，目前，我国已成为全球虚拟现实产业创新创业最活跃、发展潜力最大的地区之一。从行业规模来看，2015—2019年来我国虚拟现实行业市场规模迅速扩大，5年里年均增速超过100%。据公开数据显示，中国虚拟现实行业的市场规模已经从2015年的15.4亿元增长到2019年的398.4亿元，其中2016年增速超过200%，这主要是由于国家提出要大力发展虚拟现实技术而引发了一轮资本热潮。2018年之后增速有所放缓，虽然行业有所“降温”，但增长率仍然保持在50%的水平并持续增长，随着国家对虚拟现实行业的大力支持，虚拟现实行业的市场规模将会迎来峰值，虚拟现实技术设备出货量持续增加，行业有望实现进一步扩张。

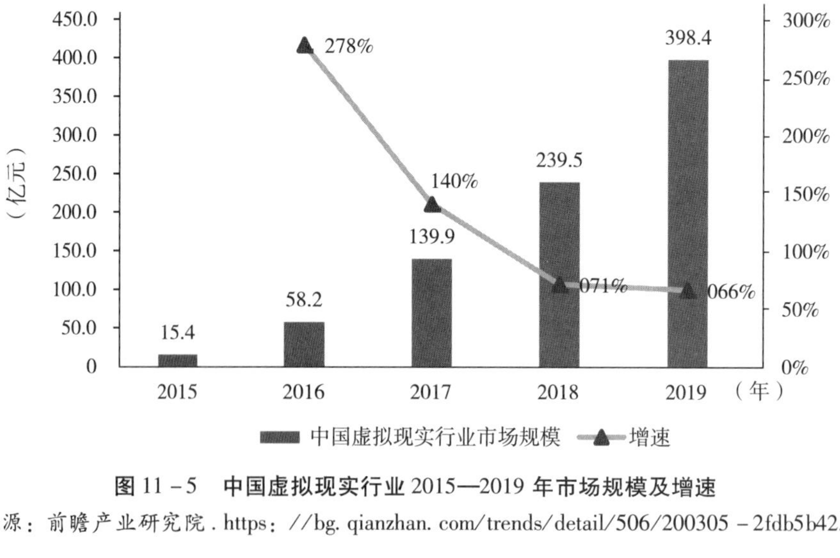

图11－5 中国虚拟现实行业2015—2019年市场规模及增速

资料来源：前瞻产业研究院. https://bg.qianzhan.com/trends/detail/506/200305－2fdb5b42.html.

由于虚拟现实技术及设备的受众逐渐增加，虚拟现实技术及设备由最初只在游戏方面抢占市场份额逐步过渡到被多个行业或者部门投入使用。图11－6为2020年国内各行业部门VR/AR支出规模占比，截至2020年，虚拟技术及设备在其他市场的份额也有所扩张，市场规模排第二的是分销与服务（19.40%），而公共部门的规模占13.80%，排行第

三。这主要是因为2020年新冠肺炎疫情在全球范围内迅速蔓延，居家隔离、远程办公等防疫措施倒逼公共部门加速信息化发展，推动医疗、教育等民生行业的技术进步。例如，教育行业是公共部门里面支出规模最大的场景，这是因为疫情下中小学实行线上教育，要求老师录制教育视频而增加了对教育行业应用场景信息化发展的需求，也进一步增加了虚拟现实技术设备的投入使用。

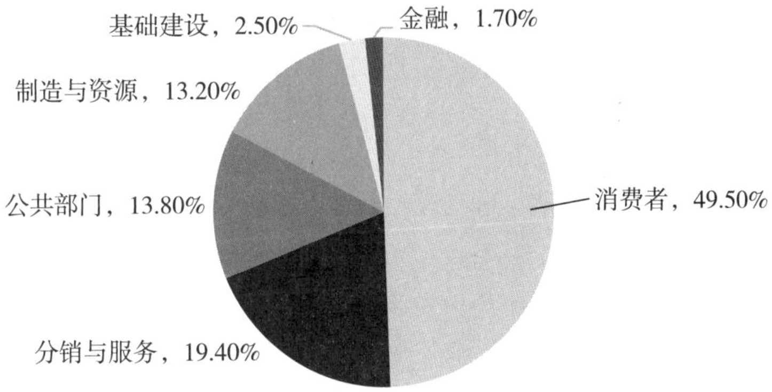

图 11-6 2020 年中国各个行业部门 VR/AR 支出规模

资料来源：IDC 中国 . https：//baijiahao. baidu. com/s? id = 1672925757851583391&wfr = spider&for = pc.

2. 进入和退出壁垒：存在较为明显的资金壁垒和技术壁垒

图 11-7 为 2012—2020 年国内虚拟现实技术企业注册数量变化。2012—2015 年虚拟现实技术设备领域相关企业每年注册数量不到 500 家，2016 年虚拟现实技术遇到行业大热，企业注册数量迅速超过 1 000 家，随后增速放缓，但仍持续增加，2020 年企业注册数量将近3 000家，目前相关领域企业超过 1 万家，这也表明了该行业进入壁垒相对较低，新注册企业容易进入市场并持续经营，抢占一定的市场份额。也正因如此，虚拟现实技术设备行业的规模得以迅速扩张，更多的 VR 设备走进人们的生活中，各家企业在竞争中不断提高自家 VR 产品的质量以给人们带来更好的体验感和沉浸感。

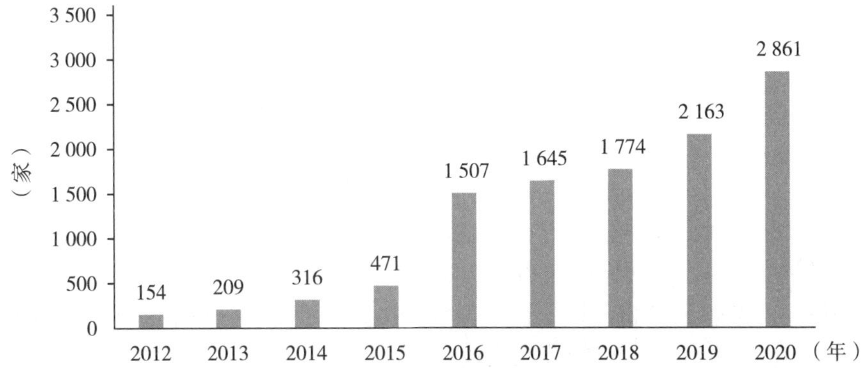

图 11-7 2012—2020 年国内虚拟现实技术相关企业注册数量

资料来源：据企查查（https：//www. qcc. com/）数据制图。

虚拟技术行业的进出壁垒主要体现在技术壁垒和资金壁垒。IDC 中国的数据显示，虚拟现实技术设备领域相关企业注册资本在 100 万以上的超过 70% 的，其中注册资金为 100 万元~300 万元的企业占比 32%，其次是注册资金 1 000 元万以上的企业，占比 26%。当必要资本量越大，资金筹措越困难，所制造的退出壁垒也会相对提高，因为企业一旦决定退出该市场，就意味着以前的资金投入将会成为沉没成本，尽管注册资金只是投入资金的一部分，但注册资金过高，也会导致退出所产生的沉没成本增加，因此增加了企业退出市场的难度。图 11 - 8 是 2012—2020 年我国虚拟现实行业企业注销数量，企业注销数量在 2017 年以后逐年减少，这也证明行业由于存在一定的资金壁垒从而难以顺利退出市场。

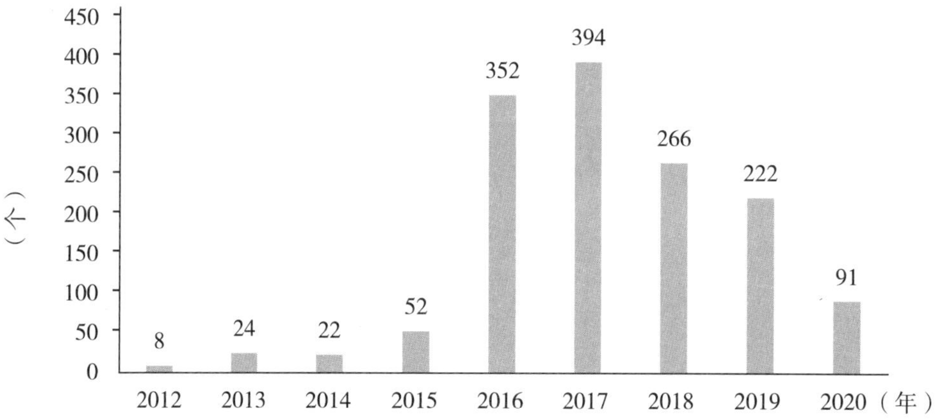

图 11 - 8　2012—2020 年我国虚拟现实行业企业注销数量

资料来源：据企查查（https://www.qcc.com/）数据制图。

技术壁垒则主要体现在 VR 软件的开发上。目前国内虚拟现实软件短板突出，软件开发属于一个较新的领域，技术不如国外成熟，并且由于硬件用户相对分散，内容变现时间难以估计，这使得许多与虚拟现实技术相关的软件开发商不敢贸然进入市场，而进入市场的 VR 创业公司数量虽然逐年增长，但大多数公司都是追求概念、盲目跟风，真正进行虚拟现实技术开发并且有较硬的技术水平的公司较少。

3. 合作与并购行为：以横向并购为主，积极推进产学研合作

2016 年被称为虚拟现实技术（VR）行业的元年，国内 VR 行业不断刷新融资纪录，大量资本纷纷涌入虚拟现实技术行业，如 2016 年暴风魔镜获得中信资本、天神互动、暴风鑫源、华谊兄弟等投资方 2.6 亿元的 B 轮融资，盟云软件分别花费了 1.12 亿元、1.68 亿元、1.92 亿元收购了酷炫游、一点网络、一天互联 100% 的股权，等等。其他行业的公司可以利用对初创 VR 公司的投资进入该领域，同时提前为自己产品进行数字化转型打下基础（如华谊兄弟等），用硬件抢先布局；而同行业的企业可以通过横向并购以获得核心技术与市场份额，如盟云软件斥巨资收购其他 VR 公司就是为了提高自己的市场份额，以进一步成为国内 VR 云软件领域的领先企业。

2017 年以后，虚拟现实行业资本盲目跟投的情况有所减少，行业投资趋向理性化，各投资机构或者企业更青睐具有核心技术的虚拟现实硬件设备企业或者虚拟现实内容制作企

业，资本从技术领域逐步转向应用领域，且投融资主要集中在天使轮。

在合作方面，中国电子信息产业发展研究院、北京航空航天大学虚拟现实技术与系统国家重点实验室等虚拟现实领域主要企业、研究机构成立虚拟现实产业联盟（IVRA），积极召开产业大会，鼓励各企业与政府建立战略合作关系，推进虚拟现实与各行业融合应用，打造完整的产业生态体系。

（二）动漫产业

动漫产业包括动画和漫画，该产业以“创意”为核心，借助手绘或者电脑制作而来的虚拟角色形象，通过画面呈现出一定的故事，是一种包括动漫图书、报刊、电影电视、音像制品、舞台剧和基于现代信息传播技术手段的动漫新品种等直接产品的开发、生产、出版、演出和销售，以及与动漫形象相关的服装、玩具等衍生品的生产和经营的产业。

目前动漫产业的产业链主要分成三个部分。上游是动漫内容生产、制作行业，包括动漫作者、漫画工作室、动画制作公司；中游是动漫内容传播方，包括电影院线、电视台、在线漫画平台、在线视频平台等；下游为衍生品变现方，包括实物衍生品开发及销售泛娱乐内容开发和运营等。上游行业先通过设计制作出一系列的动漫作品，交由中游行业进行发行和传播给民众，而当动漫作品具有一定的传播度和知名度后再进行衍生产品的开发和销售，既能变现，也能扩大作品影响力，从而提高市场占有率。

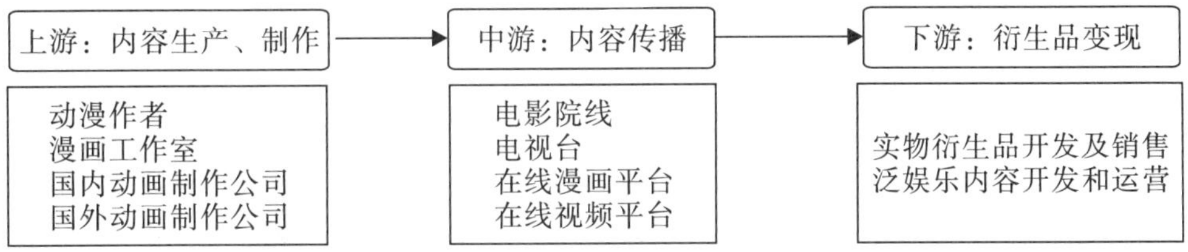

图 11－9　动漫产业产业链

资料来源：笔者绘制。

1. 市场规模：产值规模持续扩大，增幅有所震荡

2015 年以来，随着国漫类型和题材向多元化方向发展以及二次元用户规模的扩大，人们对动漫的接受度也进一步提高，对国漫的需求日益增加。为进一步增强我国文化竞争软实力，国家积极鼓励发展动漫产业，在国家多项政策和资金的扶持下，我国动漫产业规模持续扩大，2016 年国家提出发展数字创意产业之后其总产值增速高达 17.59%，随后总产值持续保持增长。值得关注的是：2015—2020 年动漫产业的增幅并不稳定，其中 2017 年跌至 11.36%，这主要是由于 2017 年出现 ACG 联盟资金断裂的负面消息，使得当年动漫行业遭遇寒冬；2020 年则由于新冠肺炎疫情影响，电影院线持续性关闭，衍生品生产及线下销售遭到阻滞，动漫作品线下宣传困境重重，这导致产值增幅有所下降。

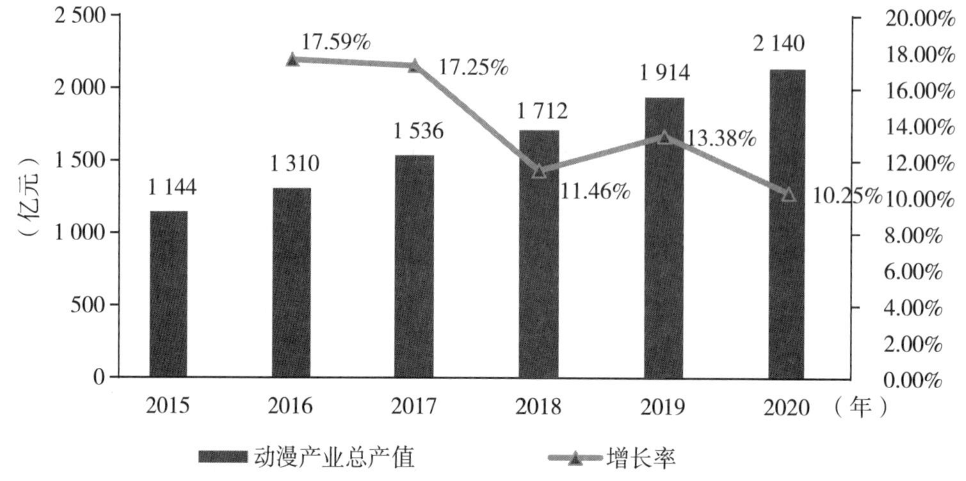

图 11－10　2015—2020 年中国动漫产业总值规模及增长率

资料来源：前瞻产业研究院. https：//bg. qianzhan. com/trends/detail/506/200402－163c5b88. html.

随着我国互联网规模的扩大和互联网网民普及率的提高，我国非低幼向国产番剧质量的提高和产量的增加，在线动画应运而生，并且市场规模持续扩大，但其增长率呈现持续下降的趋势，这主要是受到行业环境的影响，广告主营销预算削减，同时资本回归理性，用户增长遭到瓶颈而使得增速放缓，但总体来说，增长率仍然保持在 30% 左右的位置。

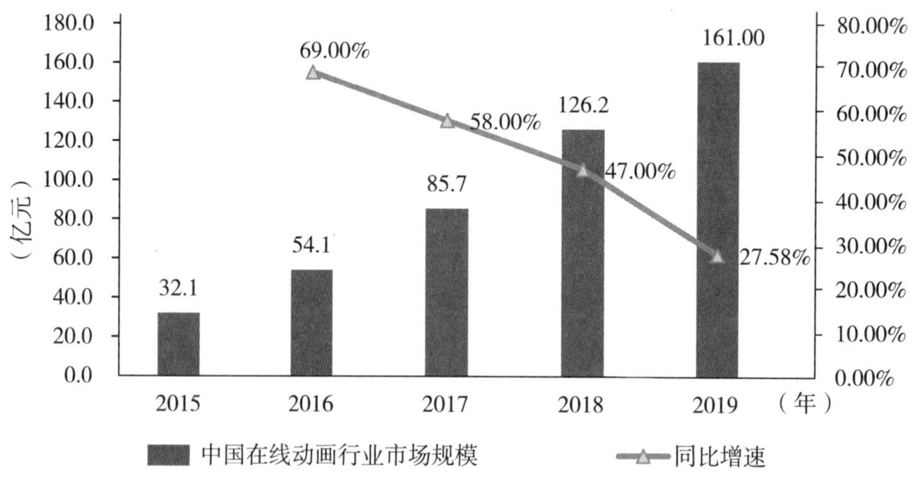

图 11－11　2015—2019 年中国在线动画行业市场规模及增长率

资料来源：2020 年中国动漫产业市场分析：市场规模将近 2000 亿　资本市场投资渐趋理性［EB/OL］. https：//bg. qianzhan. com/trends/detail/506/200402－163c5b88. html.

2. 行业竞争格局：区域分布不均衡

企查查数据显示，截至 2021 年 6 月国内存续的动漫企业超过 20 万家，其中广东省动漫企业数量最多，超过 4 万家。目前已基本形成以广东、上海、北京为首，珠三角、长三角和环渤海协同发展的核心区域，代表企业包括奥飞娱乐、腾讯动漫、央视动画等。而个人动漫创作工作室分布则相对分散，以上海、杭州一带为主，西部则是西安和川渝两地，东部地区比西部地区数量更多、质量更高。

互联网的发展不仅为人们提供了更多可以观看动漫的渠道，也为动漫原创作者提供了作品发布和展示的机遇，对比起从前动漫作品在制作前后分别要经过广电部门的备案与审查，音像制品要通过出版社出版，制作和发行门槛显著降低，因此大量漫画工作室、动画工作室得以生存并且迅速成长，也因此吸引了大量互联网巨头如腾讯、新浪等相继建立网络漫画平台，使得漫画作品数量迅速增长。当然，由于漫画工作室、动画制作公司的规模普遍偏小，主要由个人经营，所以市场占有率不高，市场集中度相对较低，竞争激烈。

值得关注的是，国内动漫产业还面临国外动漫如美国、日本的冲击。美国的迪士尼公司、华纳兄弟娱乐公司、皮克斯工作室等和日本宫崎骏开创的吉卜力工作室等动漫作品在我国具有较大的粉丝群体，占有我国动漫产业大部分的市场份额。而且，与国外动漫产业相比，我国动漫产业的创作型人才缺乏，在内容创作方面远落后于国外动漫产业。

从长期来看，随着人才培养方式的改变，我国动漫产业与其他国家动漫产业的差距将会逐渐缩小，而在资本的助力下，有潜力的动漫企业的发展规模将会逐渐扩大，无法满足市场需求的动漫企业将会被市场淘汰，行业格局将会逐渐稳定下来。

3. 并购行为：集中在上中游产业

企业的并购行为是企业提升自身竞争力、实行外部扩张与进入其他领域的一个重要方式，通过收购和兼并，企业能够扩大生产和经营规模，产生协同效应，降低交易成本，提高工作效率，也可以有效进入新领域而不被其他竞争对手报复，扩大公司经营版图。

动漫产业的核心在于内容的创作，上游内容制作投入成本较高，但后期可以重复生产；动漫产品的传播非常依靠中游产业，也就是有效的渠道方，这使得并购更加倾向于这两个方面。从横向并购方面来说，上游产业通过并购可以整合资源，降低再生产成本，实现规模的扩大；从纵向并购方面来说，可以通过控制上下游全过程产业链提高运营效率，对其他竞争对手形成一定的进入壁垒，巩固其垄断地位。因此，动漫产业多数在上游领域和中游领域进行并购扩张。自 2010 年以来，动漫产业投资并购事件数量逐年翻倍增加，尤其在 2016 年国家提出大力发展数字创意产业之后，当年有超过 100 起投融资并购项目，动漫产业资金链层面相当活跃。在 2017 年之后遭遇行业寒冬期，投融资项目数量有所减少，直至 2019 年动漫投资并购因《哪吒之魔童降世》等作品的爆红而重新变得火热，项目数量短暂增加，随后保持较为稳定的状态。在未来，行业内部将会随着动漫产品的成熟而进一步加速行业整合。

表 11－3 列出了动漫产业内较为经典的并购案例，可以看出企业并购主要集中在对内容制作企业或者是对渠道方的并购，进一步印证了上述说法。其中，国内目前最大的动漫并购案例是 2015 年奥飞动漫以 9.04 亿元的对价收购北京四月星空公司（有妖气）100% 的股权，是奥飞娱乐向上游领域深化布局的一步大棋，不仅扩大企业内部 IP 内容，而且也有利于完善产业链闭环，提高企业在行业内的地位。

表 11－3 动漫产业经典并购案例

时间	并购案例	作用
2010 年	奥飞动漫斥资 9 000 万元收购广东嘉佳卡通影视有限公司 60% 的股权	取得稀缺的卫视频道经营权，与公司内容制作业务形成协同效应，升级公司经营模式
2012 年	奥飞动漫花费 1 600 万元收购广东明星动画 70% 的股权	扩大公司业务范围，布局上游内容创作，支持《开心宝贝》项目发展，提高内容制作市场占有率
2012 年	奥飞动漫以 600 万元收购北京万象娱通网络有限公司 37.5% 的股权	奥飞动漫内容进入移动视频领域，补充公司现有内容播放平台，实现动漫内容多终端传播
2015 年	奥飞动漫以 9.04 亿元的交易对价收购北京四月星空公司（有妖气）100% 的股权	扩大公司的 IP 矩阵，巩固公司"以 IP 为核心的泛娱乐生态系统"战略，完善公司全产业链布局
2016 年	长城动漫分别以 50 750 万元、20 000 万元收购灵境科技、迷你世界 100% 的股权	将公司现有原创动漫形象与灵境科技的虚拟现实技术、迷你世界的青少年受众群体进行整合，延伸动漫受众群体，利用被收购企业的协同优化实现"虚拟动漫形象＋现实娱乐体验"的线上线下互通的运营模式，丰富线下衍生品行业
2018 年	快手全资收购 ACFun	完善商业化结构，建立一个亚文化内容社区，强势进驻二次元领域
2020 年	哔哩哔哩全资收购绘梦动漫	加强对原创动画的布局，进一步完善内容产业链闭环，提高内容差异化优势，提高产能稳定性

资料来源：根据公开资料整理。

4. 经营情况：盈利能力较弱

营业利润率是指企业一定时期内营业利润与营业收入的比率，营业率越高，表明企业市场竞争力越强，发展潜力越大，盈利能力也越强。我国动漫企业营业利润在 2016 年达到峰值，但营业利润率还不到 10%，在 2017 年之后持续走低（如图 11－12 所示）。这表明，我国动漫产业虽然前景广阔，但目前产业内的盈利能力相对较弱，动漫本身带来的收入十分有限。

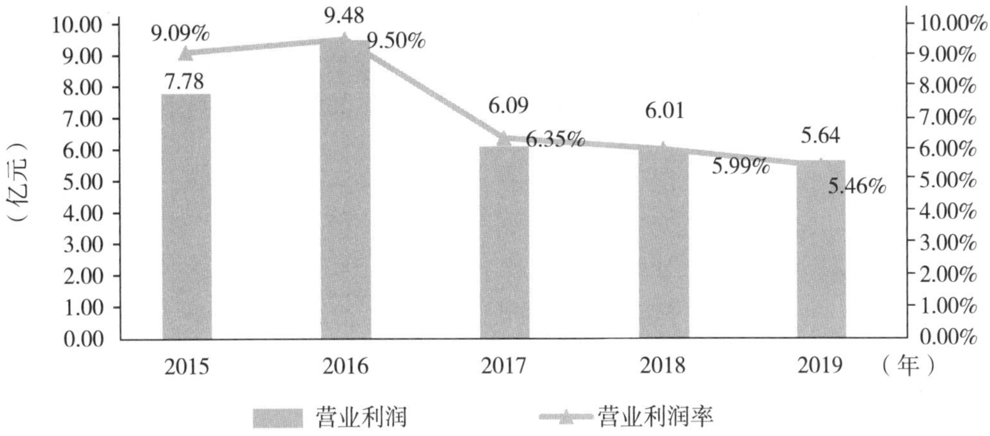

图 11－12 2015—2019 年中国动漫企业营业利润和营业利润率

资料来源：智研咨询《2021—2027 年中国动漫行业市场竞争现状及发展趋势分析报告》，2021 年 1 月。

动漫产业的变现渠道很长，整个行业的产业链基础主要集中在上游内容创作，有优质 IP 作品的支撑才能积攒一定的粉丝群体，从而将无形的 IP 转化为实体产品，利用流量转化为实体产品，实现无形资产的变现，最后开发衍生产品并进行销售，实现良性发展。而这个过程中，上游内容作品的质量难以保证，作品缺乏对传统文化元素进行现代化加工。作品建立黏性较强的粉丝群体基础需要较长的时间，因此，整个变现过程存在大量的不确定性，这也是企业盈利能力较差的一个重要原因。另外，在过去，动漫产业的发展比较依赖政府补助及扶持性政策，政策一旦减少，将会对企业的盈利造成一定的打击。2016 年，由于国家提出大力发展数字创意产业，乘着这股“东风”，动漫产业获得资本青睐，从而迅速发展，但随着资本的逐渐理性和退场，市场环境逐渐转差，行业内企业的营业利润也迅速下降，动漫企业发展困境尽显。伴随着互联网平台和数字经济的崛起，内容创作变现难、时间长的困境将会得到有效解决，动漫产业也会迎来高效率运转的资源整合，行业发展将会面临新机遇。

（三）游戏产业

游戏产业是涉及电子游戏的开发、营销和销售的领域，是数字创意文化活动中重要的细分行业，具有低能耗、低污染、高产业价值等多个特点，也是一种广泛应用的传播媒介，是社会主义文化事业的重要产业，具有传播中国优秀文化和展现国家形象的作用，也有利于我国新时期经济高质量发展。目前，游戏种类繁多，分类方法也有多种，以游戏平台种类进行区分的话，游戏可以分为主机游戏、PC 游戏、移动游戏、网页游戏四类。截至 2020 年，国内游戏市场中移动游戏市场占有率最高，达 75. 24%；其次是 PC 游戏，占 20. 07%；网页游戏占 2. 73%；剩下的主机游戏则占 1. 96%。

由于每种游戏的产业链结构都有所差异，本节主要描述比较通用的产业链。产业的最上游是 IP（intellectual property）制作，具体来说是指游戏内容制作时所用到的主体、人物等素材，如三国题材游戏的 IP 就是三国。在确定 IP 之后，对游戏内容进行开发，制作成一款完整的游戏。游戏开发制作完成之后进行发行，也就是选择传播渠道以让下游用户接触到，一般通过媒体、分发平台、广告平台等，其中分发平台指苹果商城、第三方等。同时，现在游戏发行方也会兼顾游戏运营业务以及游戏衍生品的开发和制作，以维护自己的用户群体，扩大游戏的影响力和传播度。

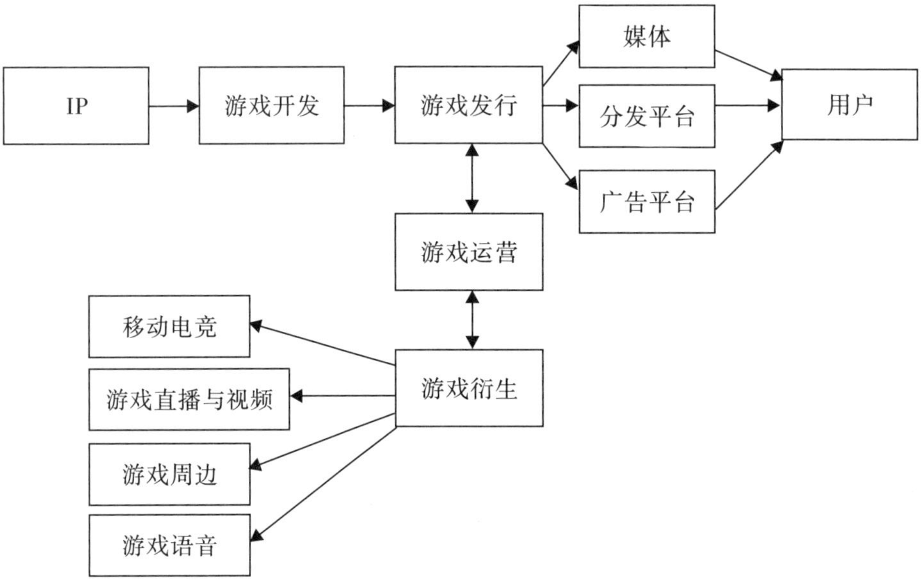

图 11－13　游戏产业通用产业链

资料来源：根据公开资料绘制。

1. 市场规模：持续扩大，移动游戏是主力

2015—2020 年，我国游戏产业规模稳步上升，中国游戏市场实际销售收入持续增加，早在 2017 年就已经突破 2 000 亿元大关。从增幅来说，2018 年起，国内游戏产业在整体收入上的增幅明显放缓，主要是因为游戏上线必须通过文化部的审批拿到“文号”，同时也得通过国家新闻出版广电总局的审批拿到“版号”，而当年 3 月相关监管机构进行改革，游戏版号暂停审批，许多本土游戏及国外游戏无法按时上线，叠加当年人们消费意愿下降，行业发展大受影响。不过，整体行业在 2019 年逐渐回暖，同时 2020 年由于新冠肺炎疫情的影响，人们待在家里的时间大大增加，娱乐方式的限制使得人们开始关注游戏领域，而游戏产业也及时响应号召，开发多种抗疫题材的网络游戏，传播防疫知识，因此 2020 年整体收入增幅明显上升。另外，自主研发游戏是国内游戏企业的重要收入来源之一，总体而言，国内自主研发游戏销售收入在国内持续稳定增加，增幅相对稳定。

图 11－14　2015—2020 年中国游戏市场、自主研发游戏市场实际销售收入及增长率

资料来源：中国音数协游戏工委《2020 年中国游戏产业报告》，2020 年 12 月。

细分领域方面，移动游戏市场规模持续扩大，收入保持上升，成为游戏产业的重要增长引擎，而客户端游戏市场和网页游戏市场则持续萎缩，实际销售收入和市场占比显著下降。这主要是因为 PC 端游戏和网页游戏的用户数量趋于稳定，人口红利逐步消减。移动游戏用户规模则稳步上涨，尤其是在疫情期间，人们待在家里有更多时间接触手机，开始尝试移动游戏，2020 年用户规模接近 7 亿，移动游戏逐步成为游戏市场的主要驱动力。

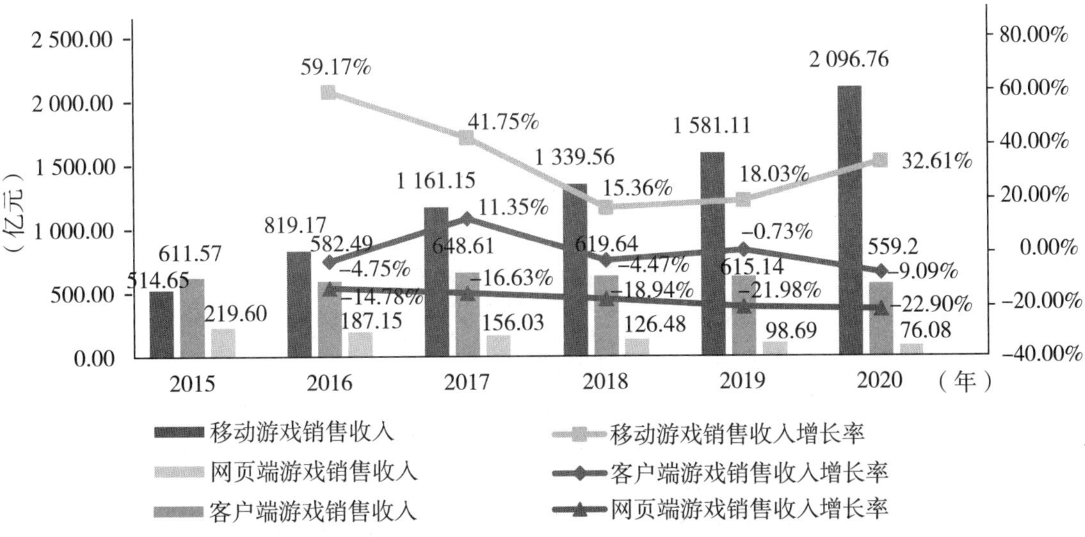

图 11－15　2015—2020 年中国游戏细分领域市场销售收入及增长率

资料来源：中国音数协游戏工委《2020 年中国游戏产业报告》，2020 年 12 月。

2. 市场集中度：逐渐向头部企业集中

目前，国内游戏行业面临行业竞争格局的调整，行业内逐渐向头部企业集中，而对细分领域里面的移动游戏而言，这种趋势尤为明显。

国内主机游戏是一个寡头垄断的市场，国外游戏企业占据了国内市场的大部分市场份额，如索尼、任天堂等，这是因为与其他通用平台游戏不同的是，玩家只能通过买专用的游戏机来玩自己感兴趣的主机游戏。而主机游戏的产业链整合程度很高，头部公司拥有IP、硬件生产、游戏开发、游戏发行几个关键环节，具有较高的技术壁垒，其他新进入的游戏企业只能选择在已发行的主机游戏中发行自己企业的游戏，这使得国内企业在这个领域的市场份额很小，所以行业集中度非常高。

网页游戏的门槛较低，而且高度依赖流量并以此变现，媒体和分发平台的影响比较小，所以有大量中小型企业致力于开发网页游戏，行业内集中度较低，市场相对混乱。PC游戏中 PC 是一个通用平台，为游戏提供一个可以获得更多用户的渠道，游戏分发过程中分发平台作用起到的作用很小。其中，包括三七互娱、腾讯、疯狂游戏在内的头部企业主要是通过对内容和营销的高度整合来获得高额利润，进一步巩固自己的市场地位，而非头部公司的产品一般会选择 Steam 平台进行分发。

在移动游戏领域，近几年头部企业市场占有率不断提高，其他厂商空间遭到挤压。2019 年，腾讯游戏占国内移动游戏市场份额的 57%，在移动游戏行业中排名第一；网易游戏紧随其后，18%；而三七互娱虽然市场占有排名第三，但是市场占有率才 6%，与前两家公司差距较大。行业内规模前三名的公司的市场份额高达 87.8%，市场集中度较高，中小企业较难夺得市场份额。2020 年，受新冠疫情影响，游戏需求激增，叠加版权因素，导致更多的中小规模游戏企业退出行业，龙头企业市场占有率进一步提高，行业寡头垄断趋势明显。

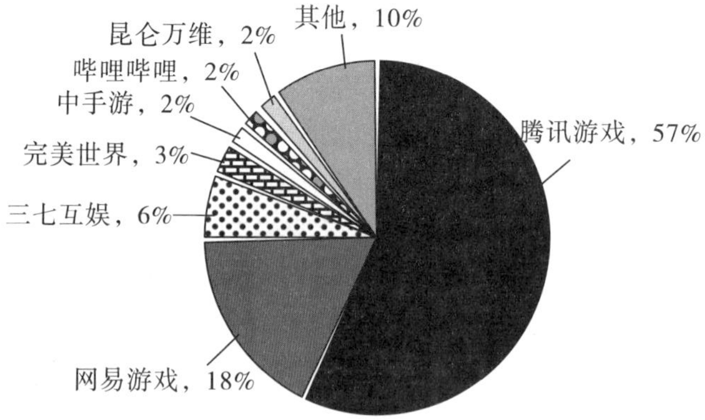

图 11－16 2019 年中国移动游戏各个企业市场份额

资料来源：2019 年中国游戏细分市场发展现状 移动游戏收入占据游戏市场近七成份额［EB/OL］. https：//www. qianzhan. com/analyst/detail/220/200221－370730f4. html.

3. 研发行为：研发支出持续增加

国内游戏产业的迅速发展以及各类游戏的开发更新，都离不开智能信息技术的更新迭代。随着5G技术的推广和应用，产业的升级和转型需要新一轮的研发创新。同时，面对激烈的同业竞争与国外游戏的冲击，企业不断增加研发投入，以寻求突破与进步，提升游戏产品的品质和核心竞争力，这进一步刺激了国内自主研发游戏市场的发展。国内自主研发的网络游戏在国内游戏市场所占的份额日趋提高，2019年占比达84.00%，这表明企业积极开展游戏的自主研发，力求为市场提供更加个性化的游戏产品或服务，提高自身差异化优势。

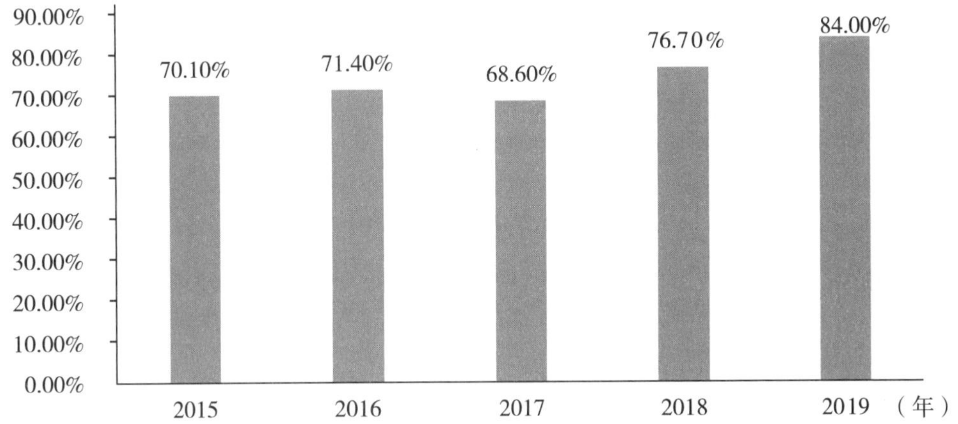

图11－17　2015—2019年中国自主研发网络游戏在国内游戏市场中的份额

资料来源：伽马数据《2020中国游戏创新与发展趋势报告》，2020年9月。

图11－18是我国头部游戏企业2015—2019年的研发投入支出，可以看出各大企业在研发支出方面都持续加码。其中，腾讯游戏作为行业龙头，其研发支出额一直位居高位，超过百亿元。腾讯从2007年就开始布局自主研发游戏，建立四个研发工作室以加大研发力度，大大增强自身的研发实力，为自己产品质量和数量夯实基础，也增强了核心竞争力。网易游戏的研发费用稳定上升，研发和运营方面相对成熟，涉猎游戏种类较为广泛。完美世界近几年研发范围覆盖全平台，始终维持高研发平台，长期深耕大型多人在线角色扮演游戏（MMORPG），因此研发投入也超过十亿元。而三七互娱自主研发时间相对较晚，所以研发投入金额是四家头部企业内最低的，但其自研产品的数量在非常短的期限内超过了完美世界，这也表明其实施了合适的研发战略，其未来市场表现值得期待。

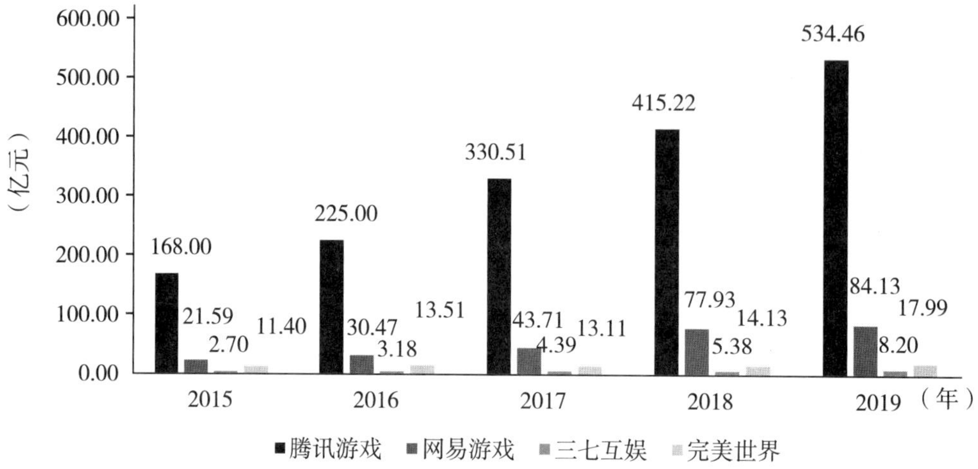

图 11－18　2015—2019 年游戏行业头部企业研发投入额

资料来源：根据各企业历年财务报告整理、绘制。

4. 技术创新能力：核心技术能力较差，关键部件依赖进口

创新是游戏产业的核心竞争力，是行业发展的主要动力，具有创意的产品能够吸引大量用户下载，有利于企业提高市场份额。图 11－19 是 2018—2020 年国内游戏产业创新力指数，可以看出，这三年来游戏产业创新力指数不断上涨，2020 年 1—6 月创新力指数达到 125.8，表明我国游戏产业的自主创新能力持续提高，这得益于国家支持游戏产业的发展、游戏企业加大研发力度。

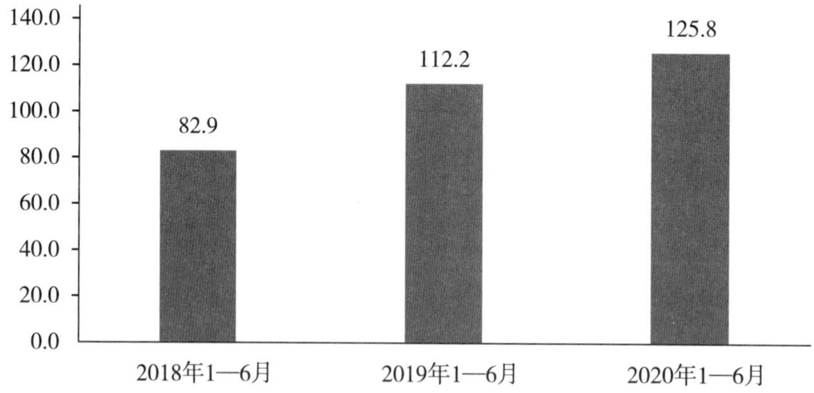

图 11－19　2018—2020 年 1—6 月中国游戏产业创新力指数

资料来源：伽马数据《2020 中国游戏创新与发展趋势报告》，2020 年 9 月。

目前，国内游戏企业的创新主要集中在产品多元化方面，比如在游戏的 IP 研发上面有多种冷热门题材的结合或拼接。但就技术创新能力而言，国内游戏企业面临极大的困境。相比国外，国内游戏在硬件质量、系统适配、操控等核心技术层面仍然面临较大的壁垒，对国外核心技术、硬件设备依赖性较大导致游戏研发成本过高，难以为用户提供高质

量的游戏产品。仅仅拥有 5G 技术不能有效支撑云游戏的发展，发展 VR、AR 等新技术和其他核心技术以降低对硬件的依赖是当前企业进行技术创新的一个重要方向。

5. 盈利能力：盈利能力较强

净利润是企业盈利能力的一个重要指标，可以有效体现游戏公司业务的经营效率。图 11－20 是 2019 年国内前 10 名游戏企业的盈利情况。由图可见，国内游戏头部企业盈利能力较为强势，腾讯和网易净利润超过百亿元，也印证了其在游戏市场上的龙头地位。值得关注的是，游戏产业整体的盈利能力较强，基本都在 10% 以上；涉及整个产业链多个细分领域业务的公司净利率相对较低，这是因为产品发行投入较大；业务相对集中在产业链某个环节的游戏企业净利率相对较高，如 IGG，达到了 24.69%。虽然行业盈利能力较强，但由于游戏产品存在着品质的不确定性，仍有一定风险。因此，行业内各企业更需要通过不断提高自主创新能力、加大研发投入，以保证产品的优质水平，有效避免不确定性风险。

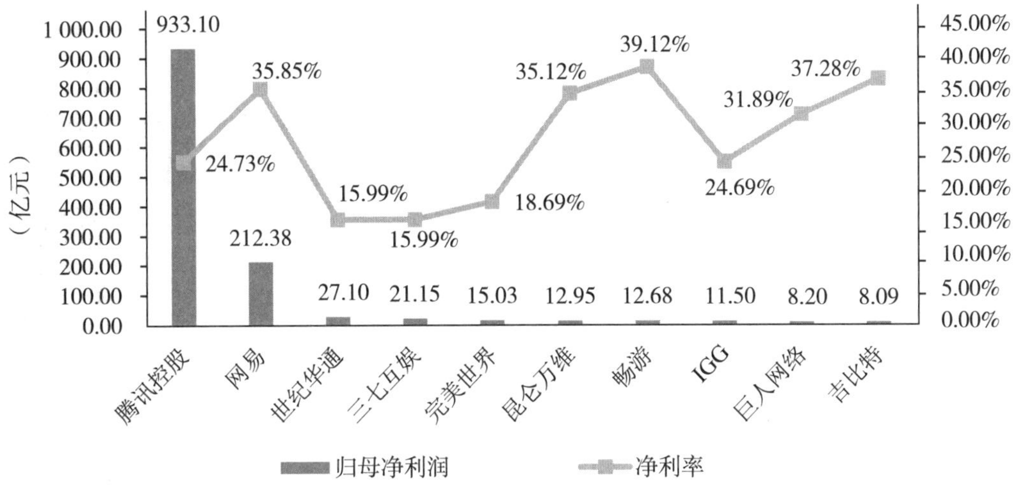

图 11－20　2019 年中国前 10 名游戏企业盈利情况

资料来源：中国 20 强游戏公司上半年业绩盘点：强者恒强时代完全到来［EB/OL］. https：//baijiahao. baidu. com/s？ id＝1645630601348837178&wfr＝spider&for＝pc.

（四）网络文学产业

有别于传统的文学，网络文学依托互联网平台，借助超文本链接和多媒体等手段来演绎作品，是一种以新兴媒体为载体、以互联网用户为受众的文学作品和含有一部分文学成分的网络艺术品，具有多样性、互动性强、知识产权保护困难的特点。网络文学最初起源于 20 世纪 90 年代末，在探索中行业渐趋规范，随着云计算、大数据等新技术的迅速崛起，网络文学也在不断优化进步，目前已有相对成熟的产业链。

网络文学产业链的上游是内容创作方，主要是各种文学作品的原创作者，他们不仅提供了丰富多样的文学作品，也是文学作品版权的提供方，向位于中游的网络文学网站或者网络文学的 App 提供作品，而网站或者 App 向上游支付版权费，并且负责作品的推广和运营服务；而这些网络文学网站则为下游的用户群体提供丰富的文学内容，用户可以在网站上对感兴趣的文学作品进行订阅或打赏，网站也会把用户订阅获得的一部分收益返还给与平台签约的作者。另外，中游的IP衍生运营方在向网络文学网站或者上游作者支付版权费并获得IP授权后可以把作品改编成游戏、动漫等多种形式以实现变量，进一步提高网络文学作品的传播度，网络文学作品盈利模式得到进一步扩大。

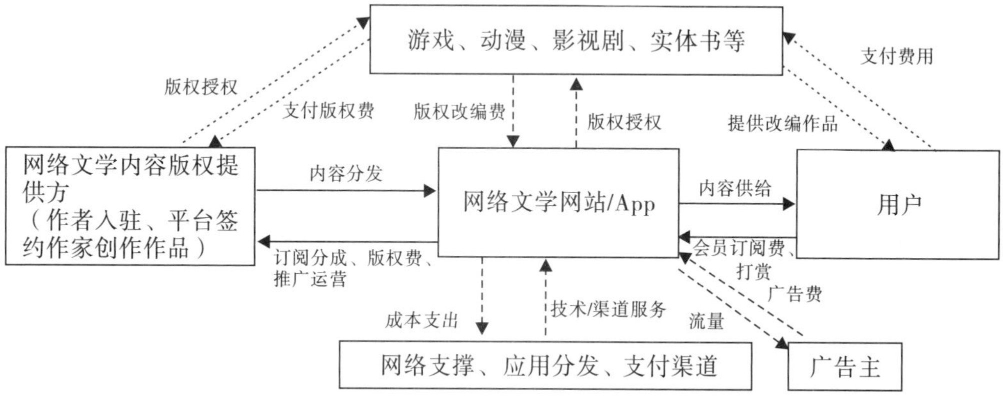

图 11-21 网络文学产业链

资料来源：笔者绘制。

1. 市场规模：手机网络文学规模逐步成为主流

2015—2019年，国内网络文学市场规模持续增长，在2019年超过200亿元，增长率始终保持在20%的水平上，这主要是由于网络文学市场上出现多部优质的IP，吸引大量用户关注，人们更愿意为优秀的文学作品付费；国家出台了多项打击网络盗版文学的政策和措施，有效保护了正版文学作品的合理权益。而随着优质内容处于一个新的积累时期，市场规模增速逐渐放缓。

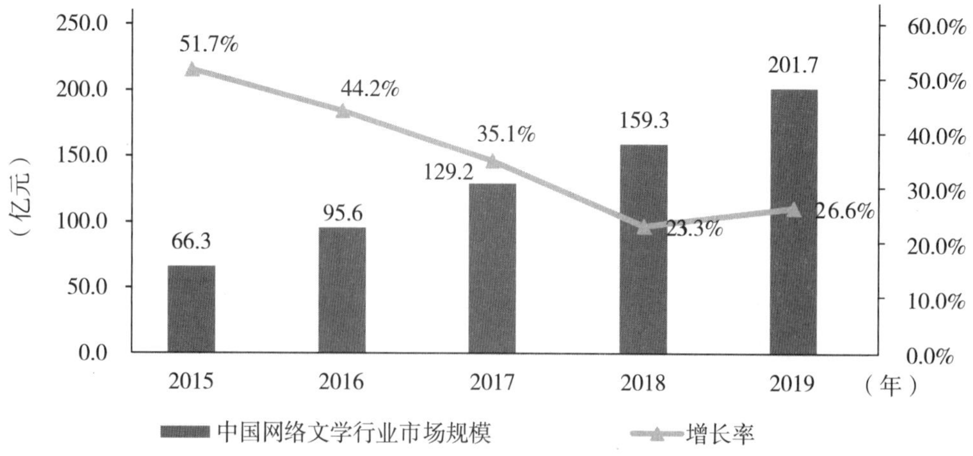

图 11-22 2015—2019年中国网络文学行业市场规模及增长率

资料来源：艾瑞咨询.2019年中国网络文学出海研究报告[EB/OL]. https://baijiahao.baidu.com/s?id=1677097722619307653&wfr=spider&for=pc.

从用户的角度来讲，网络文学用户规模持续扩大，截至2020年12月，网络文学用户规模达4.60亿人，其中手机网络文学用户规模为4.59亿人，占手机网民的46.5%，这表明用户利用手机进行网络文学阅读逐渐形成习惯，未来网络文学仍有较大的发展空间。

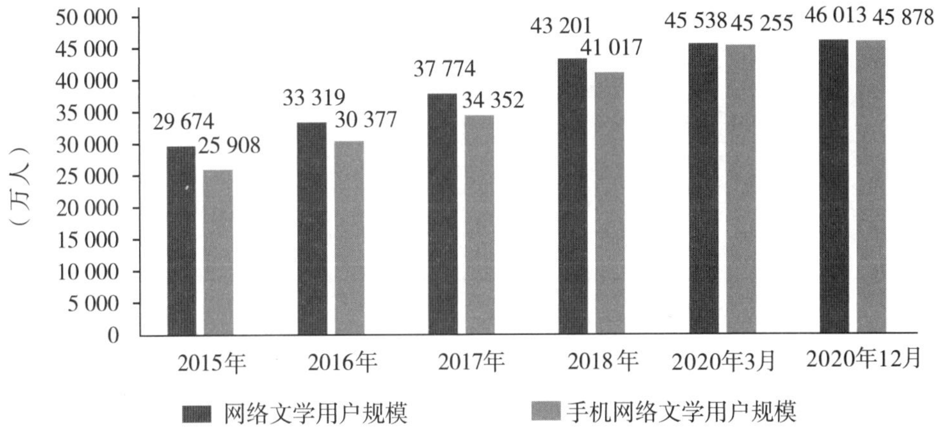

图11－23　2015—2020年国内网络文学用户规模、手机网络文学用户规模

资料来源：2020年中国网络文学行业用户规模不断扩大　阅文集团龙头地位稳固［EB/OL］. http：//free. chinabaogao. com/wenhua/202003/032juu62020. html.

2. 行业竞争格局：龙头企业竞争加剧

国内有大量涉足网络文学的在线平台，但大部分是搬运或照抄其他平台的内容作品，同质化问题严重，拥有稳定的原创作品或者原创作者的平台能够在行业中有效地提升市场地位，而规模较大、原创内容储备丰富的网文在线平台则能获得更高的市场占有率，甚至成为龙头企业。中小规模在线网文平台数量多、竞争激烈、市场份额占比低，虽然网络文学原创作品储备丰富的大规模在线网络文学阅读平台较少，但是市场份额相对较大，早在2017年，行业前十的在线网文阅读平台的市场占有率就已经达到70%，行业集中度相对较高。表11－4是国内比较大型的部分原创网络文学平台，可以发现大部分网络文学平台都在网络文学发展初期便存在，而且多被腾讯、百度等互联网头部企业收购，背靠互联网头部企业让这些平台拥有更多资金发展自身，进一步巩固市场地位。而在网络文学阅读App方面则是由掌阅科技和阅文集团两家上市公司占据龙头地位，其他同业公司市场份额很少。

值得关注的是，近期免费阅读平台异军突起，给付费网文阅读平台带来较大的冲击，在已固化的网文市场格局中撕开了一道口子，叠加新技术的出现，网络文学在线平台的寡头格局有望被打破。在短期会有不少企业前来分一杯羹，进入网文市场，竞争加剧，但随着时间的推移，具有技术、资金或者作品优势的平台将会稳定下来从而淘汰劣势平台，最终行业将会集中在头部公司里。

表 11－4 国内主流原创网络文学平台

成立时间	原创网络文学平台名称
2002 年	起点中文网
2003 年	逐浪小说网
2003 年	晋江文学城
2005 年	飞卢小说网
2006 年	17K 小说网
2007 年	四月天小说网
2008 年	纵横中文网
2009 年	红薯中文网

资料来源：根据公开资料整理。

3. 并购行为：互联网头部企业持续并购网络文学企业，布局泛娱乐

自 2013 年以来，各大互联网头部企业纷纷布局网络文学产业，通过一系列并购和投资行为以较低的成本进入市场，减少时间成本，避免遭到竞争对手的报复，为进一步开发 IP 全生态产业链打下基础。表 11－5 为网络文学行业内规模较大的并购案例，可以看出互联网头部企业纷纷利用资本将网络文学在线阅读平台收入旗下以整合资源，虽然各有侧重，但目的都在于围绕 IP，打通文学、游戏、影视等泛娱乐产业链。其中，作为泛娱乐产业链条中的上游，网络文学不仅可以直接产生价值，也拥有多样化的版权衍生和二次价值变现。

表 11－5 互联网头部企业收购在线网络文学阅读平台案例

时间（年）	并购方	并购案例
2013	百度	收购纵横中文网，并于 2014 年成立百度文学，包括百度书城 App、熊猫看书及纵横中文网等平台
2014	腾讯	收购盛大文学，随后与腾讯文学合并组成阅文集团，旗下共有八个文学类网站品牌
2014	阿里巴巴	收购 UC（包括 UC 书城）和书旗小说，但在 2015 年才成立阿里文学，旗下仅有 UC 书城和书旗小说网两个平台
2016	完美世界	收购百度文学
2020	字节跳动	收购塔读文学、秀文科技、九库文学等多个网文阅读平台
2020	百度	入股掌阅科技、七猫小说

资料来源：根据公开资料整理。

例如，字节跳动接连投资多个网络文学平台企业，布局在线免费阅读，加快推进自身网络文学业务的发展；又如，腾讯的“老对手”百度在 2016 年卖出百度文学，退出网络

文学市场后也卷土重来——入股七猫小说和掌阅科技，网文行业将从阅文和掌阅“独大”回归到巨头间高强度竞争的局面。这主要是由于2020年腾讯系的阅文集团的潜在问题接连浮出水面，如作者维权风波、新旧管理层交接、免费阅读业务发展缓慢等。因此，2020年网络文学行业投资并购和合作行为非常活跃，新老对手纷纷入场谋求发展，产业整体迈入发展新阶段。

另外，2020年新冠肺炎疫情的袭击催生了“宅经济”，促使“互联网+”文娱业态迅速崛起，网络文学发展迎来新机遇。在居家防控疫情期间，成为兼职或者全职的网络文学作者成为越来越多年轻人的选择，仅阅文集团2020年第一季度就新增作者将近一万名。年轻人加入网文作者的队伍，将自己对疫情的关怀融入文字之中，相关内容的网文大量涌现，抗疫、脱贫等题材的都市网络文学成为大热，也吸引了更多资本的关注。

第二节 全球数字创意产业发展分析

一、全球数字创意产业发展概况

数字创意产业作为数字技术与创意产业结合而成的新形态，在我国的发展时间相对短暂，但在全球范围内却已有时日，并形成了美、亚、欧三足鼎立的局面。虽然中国数字创意产业扩张迅速，发展势头良好，但无论是从产业规模还是核心技术支撑来看，欧美、日韩等地在数字创意产业里都处于较为领先的地位，布局更为深远。

虽然数字创意产业在美、亚、欧三个地区较为发达，但是各个国家对数字创意产业内细分领域的发展侧重点都有所不同。与中国关注数字内容、文化旅游产业不同的是，美国以版权为核心，着重发展电影产业；日本着眼于动漫产业；韩国着眼于游戏、动漫产业；英国关注时装设计、数字传媒、音乐等产业。但无论各国重点关注哪个领域，他们都在数字技术进步和创意产业升级两条道路上积极探索，力求在数字创意产业全球价值链中占据主导地位，以推动传统产业的升级转型，增强自身的核心竞争力。

（一）英国数字创意产业概况

英国是全球最早提出“创意产业”这一概念的国家，早在1997年，布莱尔政府便设立了英国文化、媒体和体育部（DCMS），其中包括了创意产业工作组，后又发布文件明确产业包含了出版、电视和广播、电影和录像、电子游戏、时尚设计等十三个细分行业，提出要大力发展创意产业。英国DCMS推出多项扶持政策，包括财政扶持、人才培养、提供贷款，支持文化产品的研发、制作、出口等，为创意产业的发展提供了一个良好环境。经过十余年的努力，英国创意产业成为英国经济增长速度最快的产业，在2013年，英国的创意产业出口额已位列全球第二。

2015年，英国又出台了《英国2015—2018年数字经济战略》，主动推动创意产业与数字经济紧密融合，明确提出创意产业向数字化转型的战略。英国从人才培养、技术研发、出口等多方面着手，建立政府、企业和第三方组织合作机制，为产业发展提供充足的空间，可见英国对于与数字经济融合发展的创意产业的重视程度。2018 年，英国在《创意产业：行业协议》（*Creative Industries：Sector Deal*）中把创意产业确立为具有国际竞争优势的核心产业，创意产业持续承担着经济增长极的重任。在政府的大力支持下，英国的创意产业规模持续扩大。英国 DCMS 公布的数据显示，2019 年该部门为英国经济贡献了 291.9 亿英镑，占了英国总体经济增加值总额（GVA）的 14.8%，其中创意产业贡献了 115.9 亿英镑，占英国总附加值的 5.9%，2010—2019 年创意产业的 GVA 增幅达 43.6%，逐步成为英国经济发展的支柱性产业。另外，2010 年以来，英国创意产业占 GVA 份额较大，增长的份额的 71.9% 都归功于创意产业，其次是数字部门（64.4%），不过自 2018 年开始，数字部门增长份额占整个部门增长份额的数字上升到 91.7%，产业数字化转型有序推进。

（二）美国数字创意产业概况

美国数字创意产业中最核心的是版权产业，并以此对数字创意产业进行划分，分为核心版权产业、交叉版权产业、部分版权产业和边缘版权产业四个细分领域。各领域下子产业内容如表 11 -6 所示，既涵盖电影、音乐等泛娱乐产业，也包括相关机器制造与零售、生活用品等贴近大众的产业。

表 11 -6　美国数字创意产业分类

分类	核心版权产业	交叉版权产业	部分版权产业	边缘版权产业
内容	书籍、报纸和期刊、运动图片、录音音乐、广播和电视广播、各种格式的软件（包括电子游戏）	电视机的制造与批发销售，录像机的制造与批发销售，CD/DVD 机的制造与批发销售，录音机的制造与批发销售，其他相关设备的制造与批发销售	包括只有其创造的产品的某些方面或部分符合版权保护条件的产业，如服装、纺织品与鞋类，珠宝与铅笔，其他工艺品，家具，家用物品，瓷器及玻璃，玩具与游戏，建筑，室内设计，博物馆	为发行版权产品的一般批发与零售，大众运输服务，电信与网络服务

资料来源：美国国际知识产权联盟（IIPA）《Copyright industries in the U. S. Economy：the 2020 Report》，2020 年 12 月。

美国非常重视数字创意产业的版权保护问题，实施数字化版权保护战略。一方面，设立多个机构加强对版权的监管，打击盗版现象；另一方面，政府颁布《版权法》《跨世纪数字版权法》等一系列法律法规，进一步规范版权市场；同时鼓励企业和基金会多方投资，为新兴创意企业的成长提供肥沃的土壤。现在，美国创意产业主要分布在加利福尼亚州、纽约州、得克萨斯州、佛罗里达州，各州发展重点不一，正是各州发展领域的多样性，使得美国数字创意产业欣欣向荣，成为全球范围内创意产品出口第一的国家，其对经济增长的贡献更是超越了美国许多行业，是美国的支柱性经济行业之一。

数字创意产业对美国经济增长具有十分重要的作用。2016—2019 年其创意产业的年均增长率为 4.85%，其中核心版权领域的增长率为 5.87%，而同期美国经济的增长率不过 2.48%，创意产业的重要性可见一斑。2016—2019 年，美国创意产业对美国经济的增加值持续走高，占比也持续加大。其中 2019 年，创意产业整体对美国 GDP 增长贡献超过 25 亿美元，占比 11.99%，其中核心版权领域对美国 GDP 增长的贡献高达 15.87 亿美元，占比 7.41%，是四个细分领域里增长值最高的领域。

表 11－7　2016—2019 年美国数字创意产业增加值

名称	2016 年	2017 年	2018 年	2019 年
创意产业附加值（百万美元）	2 207.00	2 291.57	2 431.62	2 568.23
核心版权产业附加值（百万美元）	1 339.46	1 339.91	1 494.99	1 587.16
美国 GDP 总值（百万美元）	18 715	19 519	20 580.20	21 427.70
创意产业占 GDP 比重（%）	11.79	11.74	11.82	11.99
核心版权产业占 GDP 比重（%）	7.16	7.17	7.26	7.41

资料来源：美国国际知识产权联盟（IIPA）《Copyright industries in the U. S. Economy：the 2020 Report》，2020 年 12 月。

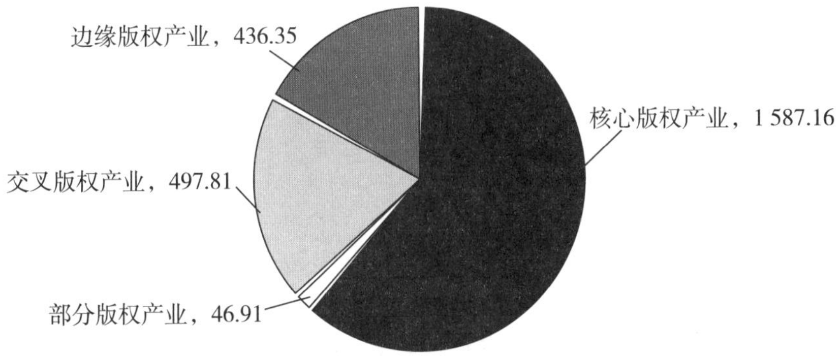

图 11－24　2019 年美国数字创意产业各领域的附加值（单位：百万美元）

资料来源：美国国际知识产权联盟（IIPA）《Copyright industries in the U. S. Economy：The 2020 Report》，2020 年 12 月。

除此之外，创意产业还为美国提供了大量的就业岗位。图 11－25 是 2016—2019 年美国创意产业就业的相关指标，可以看到，近几年来美国创意产业的就业人数持续上升，到 2019 年就已经超过 1 170 万人，占美国劳动力总数的 7.71%，其中仅核心版权领域就已经为 570 万美国人提供了就业岗位，当年平均薪水达到 107 805 美元，远超美国当年平均水平（75 214 美元）。这些数据也进一步佐证了创意产业作为美国经济增长的关键引擎的地位。随着数字技术的不断研发，创意产品也有了更加多样化的分销渠道，美国国际知识产权联盟对创意产业数字化转型表示乐观，即使新冠肺炎疫情对行业造成一定的冲击，但美国对创意产业强大的法律保护、有效的执法与整体市场的自由和开放会让创意产业的稳定性和持续增长性在长期内得以保持。

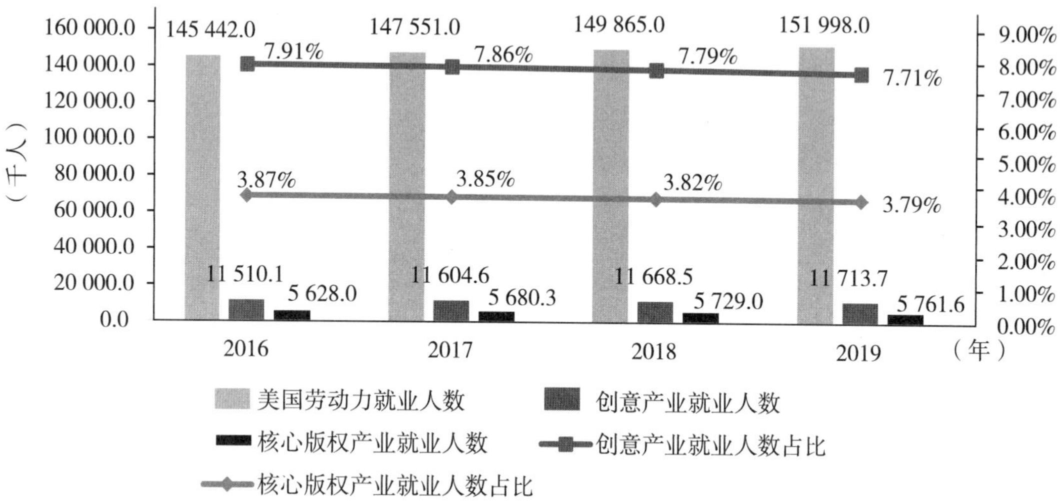

图 11－25　2016—2019 年美国创意产业就业人员数据

数据来源：美国国际知识产权联盟（IIPA）《Copyright industries in the U. S. Economy：The 2020 Report》，2020 年 12 月。

（三）日本数字创意产业概况

日本的创意产业主要分为内容、休闲和时尚三大块，涵盖出版物、影像（包括电影和电视节目等）、音乐和动漫等产业，其中动漫产业是最为著名的细分领域之一，在全球范围内超过 60% 的动漫作品由日本制作，影响力十分巨大。

相比起英、美，日本的创意产业起步时间相对较晚，但发展迅速。从 2004 年开始，日本政府相关部门提出与发展创意产业相关的政策，2006 年又一次提出数字创意产业振兴战略，2007 年经济产业省提出创意产业全球化战略，标志着日本将逐步迈向数字创意产业大国。日本根据自身实际状况，立足“出口导向”和“文化立国”战略，通过设立多个审议会、幕僚会议等制定扶持政策，并以政府为主导，不断加强企业、学界和政府的联系，引导产业健康发展。在日本各地方政府的努力下，各城市基于自身特色选择并且发展合适的创意产业，并变成自身的优势，最终形成产业集群。目前，创意产业以东京为中心向周边辐射，京都和名古屋也有不少企业集聚，其中东京发展了大量以数字内容为主的创意产业企业，而京都则在动漫、电影和文旅领域发力，提出“产学公”写作发展战略，由于日本中部集聚了大量汽车企业及配套生产厂商，名古屋主要发力于工业设计和数字化创意产业。各地根据自身条件承担协同配套、旅游目的地等其他功能，避免行业同质化现象，不断增强日本数字创意产业在国际中的竞争力。

二、全球数字创意产业分布格局

目前，全球数字创意产业存在明显的区域性差异，基本形成结构化层级格局，可以将发展数字创意产业的城市分成四种级别——核心城市、重点城市、新兴城市与发展中城市。其中，核心城市队伍较为稳定，截至2017年，前三名城市分别为东京、香港、首尔，核心城市（十个）里面有八个是亚洲城市，欧洲的代表城市是伦敦，美洲的代表是纽约。亚洲城市主要是由于拥有更加悠久的文化与历史，而且积极释放政府红利，大力支持工业互联网、大数据、区块链等新技术发展，因此爆发出前所未有的潜力。另外，中国内地城市里北京从2008年的第七名上涨至第四名，增速最快，这主要是北京互联网产业发展迅猛，较多互联网企业总部落户于北京的原因。重点城市则包括了五个亚洲城市、三个欧洲城市、一个美洲城市和一个大洋洲城市，且都是各国经济中心；新兴城市则涉及较多国家的文化中心，如米兰、海得拉巴、墨尔本等，它们有着丰富的文化资源，具有深厚的艺术基础，可以推动数字创意产业快速成长。

在数字创意产业企业数量方面，全球数字创意企业呈现出先增后减的态势。随着数字技术的兴起和各个国家出台一系列利好政策，数字创意企业数量迅速增加，在2013年达到了6 085家，但随后由于全球经济环境变差，缺乏有效需求、新旧动能转换面临挑战等问题使得经济增长动力变弱，数字创意产业发展遭到一定的阻滞，再加上随着产业不断成熟，产业内部有实力的企业不断进行并购以整合相关资源，企业数量开始减少，2017年减至5 327家。

第三节　数字创意产业存在的问题与未来发展趋势

一、我国数字创意产业存在的问题

自从被确立为战略性新兴产业之后，数字创意产业的规模持续扩张，日益成为我国转变经济发展方式、产业实现数字化升级、满足人民日益增长的精神文化需要的重要支撑，对我国到2035年基本实现社会主义现代化远景目标、建成富强民主文明和谐美丽的社会主义现代化强国具有重要的作用和意义。虽然“十三五”以来，我国数字创意产业在技术装备、数字内容制作等领域全面开花，但在发展中所遇到的问题也逐渐浮出水面，值得政府、非营利组织和企业等多方关注。

（一）产业园区扩张速度过快，定位同质化现象严重

国家在“十三五”规划中提出要大力发展数字创意产业之后，各地纷纷响应号召建立多个数字创意产业园区，创意园区数量暴涨至2 700多个，而没有认证的至少有1万个，竞争十分激烈。创意园区的爆发性设立虽然为数字创意企业提供了一个落脚之地，但由于扩张过快，缺乏对园区的详细规划，反而导致创意园区定位同质化现象较为明显，园区内外企业缺乏相互性联动，甚至引发恶性竞争。同质化现象具体分为两个方面。一方面，各区域集群的数字创意产业园发力的产业有所相似，难以与当地实际情况和资源相结合。例如，青岛、武汉、长沙、深圳等多地都建立了动漫产业创意园区，但是各地动漫产业形态相似，缺乏主导的产业，资源错配现象明显，不利于国内数字创意产业竞争力的整体提

高。另一方面，区域集群内各地级市同类型的数字创意园区重复建设，并没有形成完整的产业链生态系统，产业上下游协同效应无法充分发挥，产业集群的集聚效应大打折扣。园区同质化乱象频出不仅使创意园区的盈利能力受到严重影响，而且也无法持续吸引更多企业进入园区以发挥集聚效应，大多数园区都出现了不同程度的荒废，从长期来看，这不利于数字创意产业的持续健康发展。

（二）数字创意产业核心技术的创新能力不足，关键零部件过于依赖进口

“十三五”以来，国内超高清显示技术装备、虚拟现实和增强现实等技术和装备朝着更高分辨率、更具沉浸式体验感方向不断进步，技术和标准逐步走在世界前列的同时，产量也在逐步提高。数字技术的产业链初步形成，并且进入普及阶段，这为数字创意产业的发展提供了强有力的技术特征。但是，我国数字创意技术与装备行业的技术水平与美国、英国等发达国家存在较大差距，尤其是在关键技术领域方面，国内部分芯片、传感器仍然高度依赖进口，基础研究水平较差，关键技术体系尚不成熟，无法实现全过程自主研发生产。例如，国内无人机发展迅猛，其中大疆拥有全球将近70%的市场份额，在无人机领域具有较优势的市场地位。但是，大疆无人机产品里面的陀螺仪、主控芯片等核心零部件并非国产，而是来源于国外供应商，这意味着大疆无人机的生产受制于国外零部件供应商。另外，我国吸引全球创新资源的能力较弱，自主创新能力不足导致国内的数字技术设备仍处于较为低端的水准。渲染处理、感知交互都有待提高，软硬件的系统集成能力不强，高端的技术产品仍然较为匮乏，这也导致了数字创意产业的发展面临技术上的瓶颈，无法实现进一步突破，为国内经济发展带来更大的影响。

（三）内容制作创意不足，缺乏IP品牌

数字创意产业不仅关注数字技术，也关注内容制作，创意是数字创意产业持续发展的根基，没有创意内容的企业犹如失去命脉，难以为继。国内数字创意产业在内容创作方面创新能力相对较差，创意不足，内容质量更是良莠不齐。例如，在影视领域，目前市面上多数是翻拍经典作品，自主创作的作品较少，《笑傲江湖》《仙剑奇侠传》等经典IP被多次“炒冷饭”，新创剧本屈指可数，而立意有深度的创意作品更是凤毛麟角，上一次走出国门、影响力较大的原创作品已是10年前的《甄嬛传》，可见国内创意作品的匮乏。

同时，虽然我国历史文化悠久，但创意内容制作企业并未充分利用以进一步加工创作，内容题材的匮乏使得国内数字创意作品的精品率较低，并未像美国那样形成具有全球影响力的IP品牌，盈利能力再次受限。像美国的数字创意产业在IP开发和打造方面具有较强的优势，知名企业迪士尼打造的漫威宇宙在全球范围内广泛流行，也使得其报表数据十分亮眼，进一步巩固市场龙头地位。相比较之下，我国数字创意产业龙头企业IP开发能力较差，未来抢占全球市场份额之路将会十分艰辛。

（四）高端人才缺口大，人才培养机制尚未完善

数字创意产业的良性发展离不开人才的支撑，人才是创意内容的重要创造者和传播者。但当前产业优秀人才普遍集中在东部一线城市，中西部数字创意人才缺口较大，产业

人才分布不均的现象显著。而且，数字创意产业需要大批精通内容创作、技术研发、营销推广的复合型人才，而国内人才培养周期长、机制不完善、待遇差距大使得复合型人才缺口较大，更不用说高端复合型人才了。数字创意产业人才的缺失，也进一步制约了产业的成长成熟。

二、“十四五”期间数字创意产业的发展趋势

“十四五”时期是我国全面建成小康社会、实现第一个百年奋斗目标之后，乘势而上开启全面建设社会主义现代化国家新政策、向第一个百年奋斗目标进军的第一个五年。面对当前日趋复杂的国际环境，世界经济陷入低迷，国内新冠肺炎疫情防控进入常态化阶段，经济结构持续优化，这给数字创意产业的发展带来了重大的机遇。

当前数字创意产业市场规模持续扩大，势头正好，预计“十四五”期间，数字技术将会和创意内容进行深度融合，我国在数字创意技术设备、数字内容创新和创新设计三大细分领域进行全方位布局，重点关注 VR/AR 产业、超高清产业、智能内容生产平台、数字文化内容创作等，不断丰富数字创意产业的内涵，完善数字创意产业的全过程产业链，让产业主体进入全球价值链的中高端，让数字创意产业成为国民经济的支柱性产业，为建设成社会主义文化强国做出贡献。具体来说，在技术方面，产业内部将会聚焦专用芯片的研发与生产，在科技前沿领域不断提高自主创新能力，推进电视频道高清化改造，进一步普及和推广沉浸式视频、云转播等应用，不断增强全息影像的沉浸式体验感；在产业园区建设方面，数字创意产业园区得到进一步规范，带动全国数字创意产业取得实质性进步，提高我国在全球数字创意产业的核心竞争力。

三、“十四五”期间数字创意产业的发展策略建议

（一）合理规划产业园区建设，促进跨区域协同发展

实现数字创意资源最优化配置，是推动数字创意产业发展的首要条件。各地政府应该结合自身实际情况选定细分产业，然后再结合本地优势资源，合理设定数字创意产业园区的定位和建设规划，使得数字创意园区内尽可能覆盖全产业链的内容，降低交易成本，充分发挥规模效应，实现有效资源在区域内的优化配置。同时积极促进企业间的联合协作，建立完整的数字创意产业带，推动数字创意产业市场跨区域协同发展，提升区域产业竞争力和数字创意产业整体实力。

（二）大力提高自主创新水平，掌握关键核心技术

从数字创意产业的长远需求出发，应始终坚持创新在数字创意产业中的核心地位，多措并举鼓励企业进行创新，提高自主研发水平。一方面，可以对企业实施多项高新技术税收优惠，对积极进行技术研发并拥有专利成果的企业给予一定的财政补贴，支持基础技术研发创新；另一方面，鼓励企业联合高等院校、科研院所、行业组织共建国家产业创新中

心，形成以企业为主体、市场为导向，产学研用深度融合的技术创新体系，集中资源攻破关键零部件、数据共享平台等核心技术，研发出更多具有中国特色的高端产品，为数字创意产业提供强有力的技术支撑。

（三）推进数字化高水平人才培养队伍的建设，激发人才创新活力

加强对创新型、复合型高端人才的培养，提高人才培养的质量。以完善的薪酬福利、社会保障等制度引进海内外人才并壮大高技能人才队伍，不断完善数字创意人才体系。鼓励数字创意产业各细分领域的龙头企业采用多形式培养专门人才，鼓励校企合作，高校为数字创意企业输送高质量人才，而企业为高校学生提供更好的能力展示平台。推行以原创作品培育原创人才的机制，激发人才的创新活力和作品创作的积极性。

（四）加速推动传统文化产业数字化转型，培育优质创意 IP

中华民族五千多年的历史，能够为数字创意产业提供丰富的资源和素材，但一直缺乏数字创意企业的用心挖掘。因此，可以借助 VR/AR、4K 高清等先进的数字技术重现这些优秀传统文化，加速推动中华优秀文化数字化转型，形成新的业态，提供更加优质的创意素材，为培育创意 IP 夯实基础。除此之外，还可以采用政府专项资金补助、建设创意内容交流平台等形式鼓励企业开展创意 IP 的开发和建设，努力打造具有中国特色的“爆款”IP，并在全球范围内传播，提高中国在全球数字创意产业的影响力。

参考文献

［1］白京羽，林晓锋，尹政清．全球生物产业发展现状及政策启示［J］．生物工程学报，2020，36（8）．

［2］北汽福田汽车股份有限公司，中国汽车技术研究中心有限公司．中国车用氢能产业发展报告（2020）［M］．北京：社会科学文献出版社，2020．

［3］崔胜民．新能源汽车技术解析［M］．北京：化学工业出版社，2016．

［4］曹阳，洪亮，宋文，等．中国生物医药产业 SCP 分析［J］．中国新药杂志，2013，22（4）．

［5］丁纯，李君扬．德国“工业 4.0”：内容、动因与前景及其启示［J］．德国研究，2014，29（4）．

［6］郭江江．战略性新兴产业发展新趋势新特点［J］．浙江经济，2020（12）．

［7］国家工业信息安全发展研究中心．工业和信息化蓝皮书：战略性新兴产业发展报告（2015—2016）［M］．北京：社会科学文献出版社，2016．

［8］胡明晖．从《科学技术基本计划》看日本科技发展战略［J］．科学管理研究，2012，30（2）．

［9］胡续楠．中国新材料产业集约化发展研究［D］．长春：吉林大学，2019．

［10］黄群．德国 2020 高科技战略：创意·创新·增长［J］．科技导报，2011（8）．

［11］马彦．生物医药产业价值链的整合化研究［D］．上海：复旦大学，2007．

［12］朴明哲．日本科学技术分领域推进战略［J］．全球科技经济瞭望，2007（3）．

［13］邵志刚，衣宝廉．氢能与燃料电池发展现状及展望［J］．中国科学院院刊，2019，34（4）．

［14］吴翠玲，李培进，蔡国友，等．对生物医药产业可持续发展战略的思考［J］．中国生物工程杂志，2003（11）．

［15］魏房忠．长三角地区政务服务“一网通办”的实践与思考［J］．中国信息化，2020（9）．

［16］温海涛．基于 SCP 的我国生物医药产业绩效评价［J］．环渤海经济瞭望，2020（9）．

［17］吴善略，张丽娟．世界主要国家氢能发展规划综述［J］．科技中国，2019（7）．

［18］俞朝杰．试论智能制造装备产业的现存问题及发展思路［J］．内燃机与配件，2020（9）．

［19］于潇宇，刘小鸽．新常态下中国产业政策的转型：日本工业化后期产业政策演变的经验启示［J］．现代经济探讨，2019（3）．

［20］杨玉霞．我国医药制造业 SCP 分析［J］．时代经贸，2020（20）．

［21］中共安徽省委关于制定国民经济和社会发展第十四个五年规划和二〇三五年远

景目标的建议［N］. 安徽日报，2020－12－11.

［22］中共中央国务院印发长江三角洲区域一体化发展规划纲要［N］. 人民日报，2019－12－02.

［23］周正柱，李瑶瑶，冯加浩. 协同创新背景下长三角区域科技创新一体化发展［J］. 科学发展，2020（11）.

［24］中国汽车工业协会，中国汽车技术研究中心有限公司，丰田汽车公司. 中国汽车工业发展报告（2020）［M］. 北京：社会科学文献出版社，2020.

［25］中国汽车技术研究中心有限公司，日产（中国）投资有限公司，东风汽车公司. 中国新能源汽车产业发展报告（2020）［M］. 北京：社会科学文献出版社，2020.

［26］中国汽车技术研究中心有限公司，大连泰星能源有限公司. 中国新能源汽车动力电池产业发展报告（2020）［M］. 北京：社会科学文献出版社，2020.